北京房山年鉴

2010

BEIJING FANGSHAN NIANJIAN

北京市房山区地方志编纂委员会 编

方志出版社

图书在版编目（C I P）数据

北京房山年鉴. 2010/北京市房山区方志编纂委员会编.
—北京：方志出版社，2010.11
ISBN 978-7-80238-958-8

Ⅰ.①北… Ⅱ.①北… Ⅲ.①房山区—2010—年鉴
Ⅳ.①Z521.3

中国版本图书馆CIP数据核字（2010）第213315号

北京房山年鉴(2010)

编　　者：北京市房山区方志编纂委员会
责任编辑：李志喻
出 版 者：方 志 出 版 社
（北京市建国门内大街 5 号中国社会科学院科研大楼 12 层）
邮编　100732
网址　http://www.fzph.org
发　　行：方志出版社出版发行部
（010）85195814　85196281
经　　销：新华书店总店北京发行所
法律顾问：北京市大禹律师事务所
印　　刷：廊坊市飞腾彩印制版有限公司
开　　本：787×1092　1/16
印　　张：29.25
字　　数：742千字
版　　次：2010年11月第1版　2010年11月第1次印刷
印　　数：0001—2000册
ISBN 978-7-80238-958-8/K·588　　定价：60.00元

编辑说明

一、《北京房山年鉴》为综合性资料工具书。在房山区委和房山区人民政府的领导下，由房山区地方志编纂委员会主持编纂，区史志办公室具体实施。

二、本年鉴以邓小平理论和“三个代表”重要思想为指导，全面贯彻落实科学发展观，遵循中国共产党十一届三中全会以来的路线、方针和政策，坚持四项基本原则，运用辩证唯物主义和历史唯物主义的观点、方法，科学地反映客观情况。

三、《北京房山年鉴》自1987年开始编辑。以年度断限，逐年记载房山区各项事业的基本情况和主要成就，资料翔实准确，具有权威性和实用性。《北京房山年鉴（2010）》收录内容的时限为2009年1月1日至2009年12月31日。

四、本年鉴采用文章和条目两种体裁，以条目体为主。设特载、专文、概况、大事记、政治、经济、文化事业、社会生活、乡镇概况、主要组织机构及领导名录、附录共11个栏目。条目编排一般分4个层次：类目、分目、子目、条目。计收入1393个条目。

五、本年鉴资料主要由各单位采编员撰写并经各单位主管领导审查后采用。所用统计数据，以《北京市房山区统计年鉴（2010）》为准。统计年鉴以外的数据，均以有关业务部门数字为准。照片由各单位提供。

六、本年鉴对房山区的党政机关、事业单位、部分企业的全称与简称的使用，参见《主要组织机构及领导名录》，随文不再括注简称。

七、本年鉴得到了全区各单位的大力支持和协助，《主要组织机构及领导名录》的核实得到区委组织部、区编办的帮助，在此一并深表谢意。

目 录

特 载

专 文

概 况

大事记

政　治

中国共产党北京市房山区委员会

审　判

人民武装

人民团体

·房山区总工会·

经　济

综合经济管理

文化事业

教 育

史志 档案

· 史志工作 ·

· 档案工作 ·

广播电视 信息化建设

· 广播电视 ·

· 信息化建设 ·

社会生活

人 口

劳动和社会保障

民　政

卫　生

乡镇概况

主要组织机构及领导名录

附　录

领导活动

△ 8月1日，区委书记刘伟（右一）慰问驻区部队官兵

△ 6月14日，区委副书记、区长祁红（左三）到窦店镇检查“三夏”工作

△ 6月12日，区人大常委会主任郭先英（右二）到良乡物流基地就开发建设进展情况进行调研

△ 11月10日，区政协主席范文彦（右二）察看窦店超越电缆有限公司生产经营情况

政 治

△ 12月30日，中共房山区委六届八次全体（扩大）会议在区会议中心召开

△ 1月6日至8日，房山区第六届人民代表大会第四次会议在韩村河山庄会议中心召开

△ 1月5日至7日，中国人民政治协商会议北京市房山区第六届委员会第三次会议在昊天假日酒店召开

△ 2月9日，中共房山区第六届纪律检查委员会第四次全体会议召开

政 治

9月13日，“让北京FUN起来”——房山中央休闲购物区（CSD）启动新闻发布会在北京银泰柏悦酒店举行

4月1日，房山区宣传思想文化系统“践行科学发展观 服务‘三保’行动年”活动动员大会召开

4月1日，区直机关工委召开学习实践科学发展观征求意见座谈会

7月9日，“为祖国放歌，为祖国骄傲”——房山区庆祝新中国成立60周年系列文化活动拉开帷幕

参加首都国庆60周年群众游行的房山区方阵

政　治

△ 1月13日，房山区集中清理执行积案活动动员部署大会在区法院召开

△ 3月27日，房山共青团创业青年夜校成立暨第一期培训班开班

△ 国庆前夕，房山民警在重点路段巡逻

△ 6月26日，房山区第一个村级联合党支部——长阳镇稻田地区联合党支部成立

经 济

6月26日，长周路竣工通车

11月5日，北京石化新材料科技产业基地揭牌

11月10日，房山区人民政府与碧桂园控股有限公司签订战略合作框架协议

2月26日，北京首个果蔬食用菌深加工项目在房山区开工

经 济

▲ 5月17日，2009春季北京国际长走大会暨第十五届房山旅游文化节开幕式在长沟镇举办

▲ 3月29日，北京房山世界地质公园博物馆在长沟镇奠基

▲ 10月18日至20日，第四届全国柿生产和科研进展研讨会在张坊镇召开

▲ 11月18日，房山区农业局揭牌

▲ 11月12日，房山区市政市容管理委员会、房山区城乡环境建设委员会办公室揭牌

▲ 11月19日，北京粮油交易所交易中心建设项目签约

经 济

1月17日，北京市中科房山创业投资基金有限责任公司揭牌

12月，轨道交通房山线中唯一一座一体化车站——长阳站封顶，图为施工人员在站台层建设安全控制室

大石窝镇南河村有机生菜销往麦当劳

3月5日，西藏小型猪养殖项目落户周口店镇

琉璃河镇窑上村北京瑞雪环球科技有限公司郁金香种植温室

治理后的刺猬河

文 化

1月9日，房山区2009年文化惠民暨春节文化大餐进农家启动仪式在阎村镇文化广场举行

10月22日，由房山区教委承办的北京第四届可持续发展教育国际论坛在韩村河山庄会议中心举办

房山市民观看新中国成立60周年图片展

7月1日，举行房山区新农村数字家园设备发放仪式

文化

2月9日，“新经轨、新生活、新发展”——房山区2009年正月十五花会汇演暨花会走街活动在西潞和拱辰街道办事处举办

6月23日，佛祖肉舍利重返房山云居寺

9月23日，“激情欢舞·祝福祖国”庆祝新中国成立60周年群众文艺汇演在房山体育场举行

8月8日，房山区组织500名太极拳爱好者参加了在奥林匹克公园景观大道举行的北京市万人太极拳表演创吉尼斯世界纪录活动

文 化

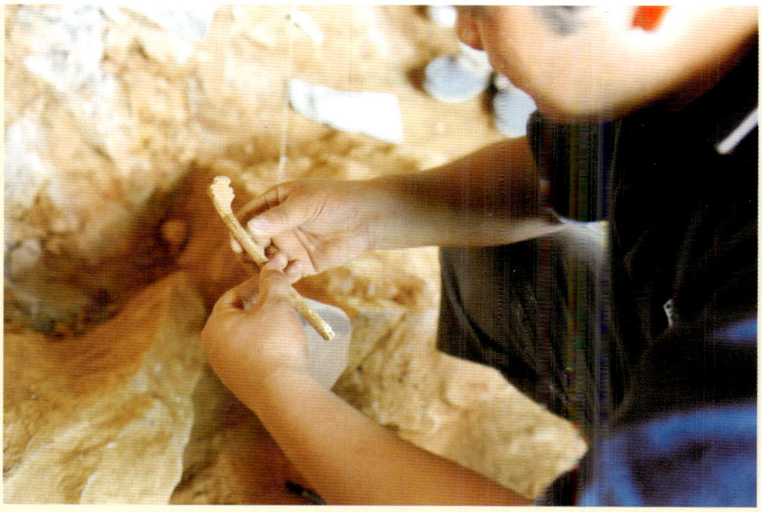

▶ 8月10日，在周口店遗址发掘现场新发现一根大型动物长骨化石

◀ 10月16日，在北京市第一届“档案馆日”活动中，普通百姓第一次走进档案保管库房

▶ 6月18日，房山区第七届全民健身体育节在房山体育场开幕

文 化

▶ 9月24日，房山广电中心全程录制播出大型互动访谈节目——“感动房山”

▶ 9月2[illegible]日，北京1039车友会的近百名游客和北京爱山户外文化国际俱乐部的30余名外国人到南窖乡水峪村探访古民居

▶ 佛子庄乡五档花会入选市、区非物质文化遗产名录，图为陈家台银音会

社　会

2月27日，房山区召开创建国家卫生区授牌仪式暨表彰大会

3月1日，房山区首次举办国际民防日活动

1月，房山区被国家人口和计划生育委员会评为“全国计划生育优质服务先进单位”

6月28日，拱辰街道北关东路社区第七届居民委员会选举现场

7月28日，房山区首批经济适用房配售启动

特 载

坚定不移地走新型城市化道路 努力开创“三化两区”建设新局面

——2009年12月30日在区委六届八次全体（扩大）会议上的报告

中共房山区委书记 刘 伟

各位委员、同志们：

本次全会的主要任务是：深入贯彻落实党的十七大、十七届四中全会、中央经济工作会议和市委十届七次全会精神，认真总结2009年工作，准确把握当前形势，研究部署2010年各项任务，动员全区党员干部群众进一步解放思想、抢抓机遇，再接再厉、真抓实干，将“三化两区”建设不断引向深入，努力开创各项工作新局面。下面，我受区委常委会委托，向全会作工作报告。

一、关于2009年的工作

2009年，是宏观经济形势异常严峻的一年，也是全区上下抢抓机遇、化危为机、实现跨越发展的一年。面对国际金融危机和产业结构调整的双重压力，在市委、市政府的正确领导下，全区上下以开展深入学习实践科学发展观活动为契机，统一思想、迎难而上，夺取了“保增长、保民生、保稳定”攻坚战的重大胜利，圆满完成了国庆60周年庆祝活动服务保障任务，经济社会发展取得可喜成绩，房山开始步入快速发展的新阶段。主要经济指标大幅增长，特别是财政收入、税收、固定资产投资三项指标的总量均实现历史性突破，预计同比分别增长1.34倍、1.6倍和1.27倍，增速在全市位居前列。

总结一年来的工作，我们深切地感到，这些成绩的取得，主要得益于以下四个方面：

一是得益于我们强化首都意识，在首都发展大格局中找准定位、谋求发展。区委紧紧抓住开展深入学习实践科学发展观活动的重要契机，结合贯彻“三个北京”的新要求，重新审视房山的发展定位，通过解放思想大讨论，找准了发展瓶颈，确定了“三化两区”的新思路。各地区、各单位围绕“三化两区”，调整优化了各自的发展战略，形成了加快发展的整体合力。针对城市化速度慢、水平低和功能区规模小、带动力不强两大瓶颈问题，全力推进融入市区工程，大力实施“破冰”行动，打赢了轨道交通房山线拆迁、117亿元土地储备等战役，高端要素加速涌入，土地收益大幅提高，城市化第一拉动力效应开始显现；通过统一规划、整体包装，重点功能区都提升到了市级层面，特别是北京石化新材料科技产业基地、窦店高端汽车零部件产业基地、中央休闲购物区（CSL）、中国房山世界地质公园等功能区都取得了重要进展，将成为扩大我区经济总量、提升区域影响力的新支撑。实践证明，我们只有在首都发展大局中来定位房山的发展，全面依托首都优势，加速融入市区，才能不断缩小与市区的发展差距，实现经济社会的跨越发展。

二是得益于我们坚持首都标准，以争创一流的气魄化危为机、借势发展。全区上下积极响应市委、市政府“打赢一场硬仗、办好一件大事”的号召，以最高的工作标准、最好的精神状态，全力以赴、攻坚克难，圆满完成了“三保”任务和国庆60周年庆祝活动服务保障工作。坚持把保增长作为首要政治任务，抓住中央和北京市扩内需、保增长的政策机遇，用所能达到的最高标准确定了今年的主要经济指标，加大投资力度，狠抓项目建设，加快培育文化创意、高端旅游等新兴产业，推进石油化工、建筑建材房地产等传统优势产业的优化升级，大幅度超额完成了全年任务，打赢了一场保增长的攻坚战。区域经济实力进一步增强。坚持保民生、保稳定与保增长协调推进，抓住首都加快城乡一体化发展的契机，落实各项惠民政策，全区就业形势保持总体平稳，教育、医疗、社会保障等公共服务水平不断提升，和谐稳定的社会局面进一步巩固。坚持把做好国庆50周年庆祝活动服务保障和加快房山发展有机结合起来，不仅出色完成了承担的各项任务，实现了“为房山争光、为首都添彩、为国庆献礼”的目标，而且锤炼了全区干部群众团结协作、争创一流的精神，把全区维稳工作、精神文明建设和城乡环境建设提升到了新的水平，进一步树立了房山的新形象。实践证明，什么样的工作标准决定什么样的工作状态，什么样的工作状态决定什么样的工作业绩。只有始终坚持用首都标准来衡量各项工作，我们才能紧跟首都发展步伐，不断取得更大成绩。

三是得益于我们充分发扬创新精神，通过体制机制改革激发发展活力。年初以来，为有效应对国际金融危机、完成“三保”任务，我们打破常规、创新机制，建立了全新的工作模式。区委坚持全区一盘棋，强化区级统筹，区四大部门密切配合，加强沟通协调，有效整合各类优质资源，集成各种发展优势，形成了领导带头、部门协作、上下联动的整体合力。借鉴奥运“双进入”体制，建立了项目负责制和扁平化协调督办机制，实行区领导联系重大项目制度，形成了一套快速反应、高效运转的战时工作机制。调整了乡镇财税体制，进一步理顺了各方利益关系，充分调动了基层服务企业的积极性。通过体制机制创新，提高了办事效率，加快了重点工程和重大项目的实施进度，为实现“三保”目标、加快“三化两区”建设奠定了良好基础。实践证明，充分发扬创新精神，有效整合行政资源，构建充满活力、富有效率的体制机制，是我们应对新形势、迎接新挑战、实现新跨越的重要保证。

四是得益于我们以作风建设为重点，大力加强党的建设，为全区发展提供坚强保障。区委结合开展深入学习实践科学发展观活动和领导干部作风建设年活动，坚持“围绕中心抓党建、抓好党建促发展”，通过优化班子结构、强化基层基础、深化源头预防等措施，进一步促进了领导干部工作作风的转变，形成了全区动员、各方参与、推动发展的良好局面。全区各级领导干部带头落实“五加二”“白加黑”，针对功能区建设、征地拆迁、旧村改造等难题，深入一线、靠前指挥，采取措施、化解矛盾，表现出昂扬向上的精神状态和真抓实干的良好作风，确保了各项工作的落实。各基层党组织对照“三化两区”要求，认真查找不足，完善发展思路，积极组织党员干部投身发展实践、破解发展难题、带领群众致富，充分发挥了基层党组织的战斗堡垒作用，为应对国际金融危机、推进“三化两区”建设做出了应有贡献。实践证明，全区各级领导班子和干部队伍是一支团结务实、拼搏争先的队伍，是一支不畏艰难、善打硬仗的队伍。继续大力弘扬这些良好作风，不仅是我们做好各项工作的前提，也是房山实现新一轮发展的有力保障。

回顾一年来的工作，我们之所以能在异常困难的形势下取得显著成绩，离不开全区广大党员和干部、群众的无私奉献，离不开各地区和各单位的努力拼搏，离不开驻区单位和社会各界的大力支持。在此，我代表区委、区政府向大家致以崇高的敬意和诚挚的感谢！

二、关于当前的形势和主要任务

准确把握当前形势，认真分析我们面临的重大机遇和严峻挑战，是加快推进“三化两区”建设、实现房山跨越发展的前提。

从宏观形势来看，中央经济工作会议指出，世界经济复苏基础并不稳固，我国经济回升的基础还不牢固，强调既要保持宏观经济政策的连续性和稳定性，继续实施积极的财政政策和适度宽松的货币政策，又要根据新形势新情况着力提高政策的针对性和灵活性。这既有利于我们争取信贷支持，保持投资规模的稳定性和重点工程、重大项目投资的连续性，又使我们面临宏观政策可能调整的不确定性。

从首都发展来看，市委十届七次全会指出，首都已经进入了全面建设现代化国际大都市的新阶段，强调要从建设世界城市的高度，审视首都的发展建设，提高科学发展的水平、规划建设的档次和服务管理的水准。围绕加快“三个北京”建设，市委、市政府做出了实施城南发展行动计划、打造永定河绿色生态发展带、加快生态涵养区发展、做大做强高端功能区、大力发展实体经济等一系列决策部署。这既为我们高起点规划建设新城、加快重点功能区建设、打造区域经济新的增长点带来了历史性机遇。同时，又使我们面临尽快退出低端资源型产业的压力，需要我们加快调整产业结构、转变经济发展方式，尽快融入首都经济发展大格局。如果我们不能在首都全面建设现代化国际大都市的过程中迅速找准定位、突出自身特色，加快城市化进程，转变经济发展方式，房山与市区的发展差距将会再次被拉大，甚至可能被边缘化。

从我们自身来看，经过努力，我区与兄弟区县的发展差距进一步缩小，房山开始步入快速发展阶段，经济发展明显提速。但我们更要看到，房山目前尚未进入城市化和功能区互动发展的良性循环，推动区域经济高速发展的基础还不稳固。尽管今年主要经济指标均实现快速增长，但产业结构不合理、产业层次低，经济总量不足、质量不高的问题并没有得到根本解决，重点功能区建设还未成为区域发展的有力支撑；尽管城市化明显加速，但由于我区城市化起步较晚、底子较差，新城形象没有根本提升；尽管在一些重要区域、关键节点上有所突破，但以点带面、全面推进的区域发展格局仍未形成；尽管近年来我们在改善民生方面做了大量工作，但对照中央关于改善民生的新理念，我们改善民生的压力还很大。要看到房山是人口大区，农民数量多，历史遗留问题多，人均财力有限，特别是在重点工程、重大项目实施过程中，受心理期望值过高等多种因素影响，出现了部分群众不理解、不支持的问题。因此，如何抓住首都新一轮发展带来的重大机遇，实现城市化带动与功能区支撑的“双轮驱动”、改善民生与加快发展的良性互动，推动全区经济社会跨越发展和可持续发展，已经成为我们当前面临的主要任务。

新形势、新任务，要求我们必须进一步深化对“三化两区”内涵的认识，坚定不移地走一条新型城市化道路。要按照“四位一体”的规划思路，统筹考虑产业发展、城市建设、人口规模和土地利用，加快构建“两轴、三带、五园区”的区域发展新格局，努力打造以良乡、燕房两个新城组团为中心，以窦店、琉璃河、长沟等重点镇为节点的环状城市群落，高起点、高标准、高速度推进全区的城市化进程。“两轴”即京石高速公路发展轴和良乡、燕房组团连接线发展轴。“三带”即东部发展带、中部发展带和西部山区发展带。东部发展带即京石高速公路以东、永定河以西地区，以中央休闲购物区（CSD）、窦店高端汽车零部件产业基地、都市现代农业示范区等为支撑，打造城市前沿发展区；中部发展带即京石高速公路以西平原地区，以燕房组团为核心，以北京石化新材料科技产业基地为支撑，辐射带动周边地区，形成中部城市集群；西部山区发展带，以中国房山世界地质公园和北京（房山）历史文化旅游集聚区为支撑，以长沟镇、河北镇两个市级旅游集散镇为依托，重点打造休闲会所、文化创意等高端产业，以浅山区发展的突破带动山区整体发展。“五园区”即北京石化新材料科技产业基地、窦店高端汽车零部件产业基地、中央休闲购物区（CSD）、中国房山世界地质公园和都市现代农业示范区五个重点功能区。

实现这一新蓝图，需要我们准确把握国家和首都发展趋势，抢占发展先机，不断提高工作的前瞻性、主动性和创造性，坚定不移地走新型城市化道路，促进城市化与功能区融合发展，实现人口、资源和环境相互协调，又好又快地推进“三化两区”建设。

三、关于2010年的工作

2010年是全面完成“十一五”规划的收官之年，也是启动“十二五”规划编制工作、全面推动“三化两区”建设的重要一年。做好2010年的工作，对于我们加快转变经济发展方式、实现房山跨越发展，具有十分重要的意义。

全区工作的总体要求是：深入贯彻落实党的十七大、十七届四中全会、中央经济工作会议和市委十届七次全会精神，以科学发展观为统领，以解放思想为先导，以走新型城市化道路为核心，强化区域统筹，强化执行落实，在做大做强功能区、规划建设新城示范区、加快农村和山区发展、保障和改善民生等方面取得实质性进展，又好又快地推进“三化两区”建设，为“十二五”期间房山跃居首都发展前列奠定坚实基础。

全区经济社会发展的主要预期目标是：地区生产总值同比增长10%左右，地方财政收入同比增长20%左右；城镇居民人均可支配收入同比增长8%以上，农村居民人均纯收入同比增长10%以上；城镇登记失业率控制在4%以内；地方全社会固定资产投资保持350亿元以上的规模；规模以上工业万元产值综合能耗降至0.88吨标准煤以下；二级和好于二级天数占监测天数的66%。

完成上述目标任务，要着力抓好以下工作：

（一）以做大做强功能区为抓手，着力加快产业结构优化升级

按照核心区、功能区、功能拓展区的思路，将所有街道、乡镇纳入功能区发展范畴，形成“5+X”的功能区发展格局，实现功能区全覆盖，带动产业结构优化升级，加快转变经济发展方式。

一是以功能区建设带动产业结构优化升级。按照“优一、强二、大三”的思路，发挥功能区带动新兴产业聚集、促进传统光

势产业升级和低端资源型产业退出的重要作用，加快产业结构调整。要依托都市现代农业示范区等功能区，大力发展都市型现代农业，切实提升一产的品牌竞争力。要依托北京石化新材料科技产业基地、窦店高端汽车零部件产业基地等功能区，积极培育石化新材料、现代制造等战略性新兴产业，延伸产业链条，形成产业集群，促进石油化工等传统优势产业优化升级，进一步提升二产的核心竞争力。要依托中央休闲购物区（CSD）、中国房山世界地质公园等功能区，加快培育户外体育、高端旅游、现代物流等新兴产业，不断提升三产的综合竞争力。要加快四大建筑集团整合，推动企业资质升级，提高建筑建材房地产三大业的核心竞争力。要加快发展壮大民营经济，制定优惠政策，畅通融资渠道，打造企业品牌，培育民营企业家群体。

二是全力加快重点功能区建设。要以打造市级高端功能区为目标，举全区之力、凝全区之智，高标准规划建设五大重点功能区，争取列入全市“十二五”规划和城南重点功能区发展规划，成为承接首都经济功能的重要组成部分。其他功能区也要努力做大做强，争取列入全区重点功能区范围。抓住全市土地利用规划修编的契机，做好功能区内用地指标的调整工作，促成土地一级开发顺利实施和重大项目尽快落地。结合房山新城总体规划修编，在重点功能区周边预留一定比例的城镇建设用地，用土地收益来弥补功能区因出让产业土地形成的资金缺口，实现资金总体平衡。组建功能区管委会，下设公司，明确开发主体，理顺管理体制，实现功能区与行政区功能相互衔接、发展相互融合。成立区级招商引资机构，组建专业化招商队伍，变招商引资为招商选资，提高项目入驻门槛，聚集一批高端、高效、高辐射力的重大项目，打造产业高地。

（二）以规划建设新城示范区为突破口，加速推进城市化进程

结合首都建设现代化国际大都市的契机，高起点规划，高标准建设，高水平管理，全面提升我区城市化水平。

一是高起点规划建设新城示范区。抓住市委、市政府打造永定河绿色生态发展带的重大契机，聚焦长阳地区，以中央休闲购物区（CSD）为依托，抓紧规划建设能够承担首都城市高端功能、代表房山新城形象的示范区。要加快基础设施和公共服务设施建设，打造国际一流的地标性建筑，积极吸引人才、科技、信息等高端要素聚集，实现与市区发展的全面对接、功能的深度融合；要围绕区域功能定位，加强城市建筑整体风貌研究，不断提升示范区的城市品位。要加快新城主城区建设步伐，坚持同步规划、同步投入，统筹建设良乡、燕房两个新城组团。加速推进拱辰街道一至五街改造工程，加快实施燕房组团老城区改造工程，重点抓好城关地区的旧村改造，进一步改善两个组团的中心区面貌，为加快城市化和功能区建设腾退发展空间，不断提升对周边地区的辐射带动作用。抓住2010年全市继续实施土地储备的契机，扎实做好土地储备工作，确保完成土地一级开发计划。着力抓好路、水、电、气、热等基础设施建设，完善城市功能，提高新城综合承载力，全面提升区域城市化的总体水平。

二是高标准打造城市群落。按照“龙头带动、片状组团”的原则，以功能区为依托，以轨道交通西延线、京石第二高速开工建设为契机，实现良乡、燕房两个新城组团与窦店、琉璃河、长沟等小城镇在产业、交通、资源、功能等方面的对接，形成功能互补、发展互动、布局合理的城市群发展新格局。要统筹考虑功能区和所在新城组团及小城镇的发展，把功能区的生活区、配套区与城市群的规划建设融合起来，实现规划相互衔接、功能相互补充、发展相互促进。要加快

城乡结合部改造，积极探索“整体规划、整体开发、整体转居、整体安置”的城乡结合部改造新模式，进一步提升城乡结合部地区的社会管理和公共服务水平，加快融入城市群落。

三是提高城市管理水平。在巩固“创卫”成果的基础上，明确管理职责，形成部门统筹、协调联动的工作机制。强化城市环境综合整治，加快绿化美化建设，保持市容市貌整洁有序；加快引入数字化城市管理系统，不断提高城市管理的科技化、网络化和精细化水平。

（三）以城乡一体化为目标，加快农村和山区发展步伐

按照城乡和区域协调发展的要求，加大统筹力度，创新发展思路，推动农村和山区发展再上新水平。

一是以新理念引领农村发展。要从“三化两区”建设的大局来统筹考虑城乡规划、产业发展、基础设施等问题，通过与城市化和功能区建设的有效对接，全面破解“三农”问题。要以城市化理念引领农村建设，抓住北京市全面落实小城镇发展规划的机遇，积极探索迁村并居的有效模式，逐步引导农民向城镇集中。认真抓好48个试点村的集体经济产权制度改革工作，为加快农村城市化进程奠定基础。要以工业化理念带动农村产业发展，充分发挥功能区的辐射带动作用，延伸农业产业链条，促进二、三产业发展。抓住与中粮集团合作的契机，依托都市现代农业示范区，有效整合全区农业资源，培育龙头企业，实现农业的产业化经营、规模化发展、品牌化带动，做强农村产业支撑。要以现代化理念改善农村面貌，以环境建设和基础设施建设为重点，大力推进村庄环境整治，完善农村基础设施，抓好新能源推广利用，进一步改善农村面貌。

二是着力破解山区发展瓶颈。要按照开发与涵养并重的原则，强化统筹、集成政策、整合资源，通过政府引导、市场运作，加快开放引进步伐，走出一条资源与资本有效对接的山区发展新路子。要大力引进高端要素。以中国房山世界地质公园为龙头，对南、北两沟进行统一规划、整体包装，制定优惠政策，积极引进大企业、大集团，加快山区资源整合，抓紧培育文化创意、高端旅游、后台服务等新兴友好产业，为促进山区农民增收致富、改善山区发展面貌提供有力支撑。以浅山区为突破口，抓住与碧桂园集团合作的契机，启动青龙湖国际红酒城的前期建设，打造葡萄酒庄园产业带，推动山区快速发展。要加快实施人口搬迁工程。按照集中安置与分散安置相结合的思路，积极争取政策支持，大力推进安置项目建设；统筹研究外迁人口的转居、社会保障、就业以及腾退土地集约利用等问题，健全配套措施，确保山区人口迁得出、稳得住、能致富，为山区涵养与发展提供空间。要打造良好的生态环境。坚持把生态环境的建设与管护有机结合起来，建立健全长效机制，落实生态补偿政策，大力推进废弃矿山修复工程，搞好绿化美化建设，举全区之力，加快山区生态恢复，尽快把山区打造成为首都的休闲旅游胜地、友好产业高地。

（四）以加强文化建设为主线，不断提升城乡文明水平

紧紧围绕“三化两区”建设主题，强化舆论宣传，创新活动载体，彰显人文精神，提升城市品质，为建设现代化新房山提供强大的精神动力。

一是大力弘扬房山精神。坚持把社会主义核心价值体系与房山精神有机结合起来，进一步升华“团结、务实、拼搏、争先”的房山精神。大力倡导开放包容、合作共赢、创新创业的现代意识，用“三化两区”思路引导群众思想，用“三化两区”建设的成绩激发广大群众投身发展的热情。通过政策宣传、典型示范，营造积极向上、团结奋进的

舆论氛围，教育引导全区广大群众树立顾全大局、不等不靠、艰苦创业的观念，支持全区中心工作，配合重点工程、重大项目的推进，用实际行动为“三化两区”建设作贡献，形成加快发展的整体合力。

二是着力塑造房山形象。大力宣传房山发展的新战略、新成就，扩大房山知名度，提升区域影响力。要依托新城和重点功能区建设，努力打造一批富有房山特色、体现时代气息的区域品牌。要深入开展精神文明创建活动，围绕“爱首都、讲文明、树新风”主题，积极开展礼仪、秩序、服务、环境等文明引导行动，倡导新风尚、营造新环境，进一步提升全区城乡文明程度，展示良好的人文形象。

三是加强公共文化建设。健全文化基础设施，加快区群众文化服务中心建设，推进基层文化活动场所规划建设和升级改造，不断完善公共文化服务体系。抓好“文化志愿者下乡”活动，继续推动“文化周末大舞台”向基层延伸，广泛开展全民健身活动，不断丰富基层群众的文体生活。

（五）以改善民生为重点，切实加强社会建设

紧紧抓住首都率先形成城乡一体化新格局的重大契机，强化统筹、健全机制，保障和改善民生，进一步提升社会建设水平。

一是大力保障和改善民生。保障和改善民生是我们发展经济的最终目的，也是实施扩大内需战略和推动经济发展方式转变的重要举措。要依托首都优势，不断提升公共服务水平。采取合作共建等方式，积极吸引市区教育、卫生、科技等优质资源进入，引进和建设一批高水准的社会事业项目，完善公共服务体系。推进中小学办学条件标准化建设，加快区级医院功能升级，逐步建立城乡统一的居民医疗保障制度，让城乡居民得到更多实惠。要依托城市化带动，加快转变农民生活方式。结合新城和小城镇开发建设，研究制定“农转居”的相关政策和实施方案，统筹考虑农民集中安置、整体转居、社会保障衔接等问题，有效维护农民利益。按照“保基本、广覆盖”的要求，逐步将失地农民、山区搬迁人口、农转居人员纳入城市社保体系，不断扩大社会保障覆盖面。结合城中村改造，加快保障性住房规划建设，解决低收入家庭的住房难问题。要依托功能区建设，加快转变农民生产方式。把功能区和农民就业基地的用工计划与农民的就业需求结合起来，把转变就业观念与提高就业技能结合起来，积极引导农村劳动力非农就业。落实稳定和扩大就业的各项政策措施，拓宽就业渠道，完善就业服务网络，实施创业带动就业工程，不断提高城乡劳动力就业水平。

二是切实加强社会建设和管理。要从提升全区城市化水平的高度来认识加强社会建设和管理的重要性，认真贯彻落实《房山区社会建设总体规划》，充分发挥区委社会工委（区社会办）的职能作用，进一步加大对全区社会建设和管理的统筹力度。积极推进社区规范化建设，重点抓好社区办公和服务用房建设，改善社区管理条件。积极争取市级资金支持，建立社会组织发展专项补助资金，扶持社会组织健康发展。实施社会工作者素质提升工程，建立经常性志愿服务制度，切实加强社会工作人才队伍建设。搭建管理服务平台，落实管理服务措施，加强对流动人口及各类特殊人群的管理服务，不断提升社会管理服务水平。

（六）以创建“平安房山”为载体，努力维护全区社会稳定

当前，房山正处于快速发展期，同时也处于矛盾凸显期，维护稳定的任务异常艰巨。要认真履行第一责任，主动服务第一要务，巩固国庆安保成果，形成维稳工作长效机制，集中力量解决影响全区稳定的源头性、根本性、基础性问题，努力为“三化两

区”建设营造良好的社会环境。

一是认真抓好矛盾排查化解工作。按照抓源头、清积案、建机制、强基层的要求，努力化解老矛盾，有效预防新矛盾，着力构建依靠基层党政组织、行业管理组织、群众自治组织共同化解社会矛盾的工作格局。进一步健全稳定预警机制和风险评估机制，巩固领导干部大接访活动成果，认真落实各级领导干部接访及下访、约访等制度，完善“大调解”工作体系，着力解决征地拆迁、涉法涉诉等信访突出问题，努力做到抓早、抓小、抓苗头，及时化解各类矛盾纠纷，从源头上预防和减少社会矛盾。

二是切实加强社会治安综合治理。坚持打防结合、预防为主的方针，完善社会治安防控体系，形成党委政府领导、部门各负其责、公众广泛参与的格局。大力加强基层基础建设，做实做强乡镇综治维稳机构，整合基层维稳工作力量，进一步夯实全区安全稳定的基础。深入开展基层平安创建活动，做到专群结合、群防群治，强化社会面控制，维护良好的社会治安秩序。加大对各类违法犯罪活动的打击力度，抓好同“法轮功”等邪教组织的斗争，确保全区社会安全稳定。

三是着力维护公共安全。树立安全发展的理念，健全安全生产制度，完善应急管理机制，强化对交通、矿山、建筑施工、危险化学品等重点行业领域的安全监管，坚决防范和遏制重特大安全事故的发生。

四、全面提高党的建设科学化水平，为“三化两区”建设提供坚强的政治保证

完成2010年各项任务、推进“三化两区”建设，关键在全区各级党组织和广大党员干部。要深入贯彻落实党的十七届四中全会精神，全面加强党的建设，进一步提高各级党组织的创造力、凝聚力和战斗力。

（一）以解放思想为先导，为“三化两区”建设提供思想保障

解放思想是我们应对新的形势要求、实现跨越发展的重要法宝。全区各级党组织要把思想建设放在首位，巩固深入学习实践科学发展观活动成果，围绕全区发展的新目标、新战略，结合本地区、本部门的实际，进一步解放思想、找准差距，理清思路、明确举措，把思想和行动统一到“三化两区”建设上来。要强化科学发展意识，清醒认识全区发展所处的阶段，准确把握新型城市化道路的内涵，努力提高统筹协调和处理利益关系的能力。要强化忧患意识，既要看到我们所取得的成绩，又要看到与兄弟区县的差距，切实增强加快发展的紧迫感和责任感。要强化创新意识，敢于打破陈旧观念和条条框框的束缚，创新工作思路，创新方式方法，开创各项工作新局面。要强化机遇意识，增强识别机遇的敏锐性和用好机遇的能力，敢想敢干，排除一切不利因素，争取发展的主动权。

（二）以提高推动科学发展能力为核心，为“三化两区”建设提供组织保障

2010年全区发展的任务目标已经明确，关键在于抓好落实，关键在于提高推动科学发展的能力。要按照围绕中心、服务大局、拓宽领域、强化功能的要求，抓班子、带队伍、聚人才、强基层，夯实全区发展的组织基础。抓班子建设，坚持正确用人导向，用好的作风选人，选作风好的人，选齐配强领导班子，真正把那些德才兼备、业绩突出、群众公认的干部选拔到重要的岗位上。抓能力提升，加大干部培训力度，创新干部培训形式，提高干部队伍的素质能力。调整完善二级班子考核办法，加大对区直机关的考核力度，切实把干部在推进“三化两区”建设中的工作业绩，作为考核评价干部的重要内容，努力营造想干事、能干事、干成事的良好氛围。抓人才引进，实施人才强区战略，坚持“引才”与“引智”相结合，着力引进一批懂资本经营、懂项目运作、懂功能区管

理的领军人才，为加快全区发展提供人才保障。抓基层基础建设，结合全区第二批深入学习实践科学发展观活动，以农村党组织书记“领头雁”工程为抓手，以农村“两委”换届选举为契机，配强“两委”班子，夯实基层基础，提高基层党组织为群众办实事、谋利益的能力，发挥基层党组织推动发展、服务群众、凝聚人心、促进和谐的作用。完善党员教育管理机制，开展党员队伍教育培训年活动，更好地发挥党员的先锋模范作用。

（三）以强化党风廉政建设为重点，为“三化两区”建设提供作风保障

打赢2009年“三保”任务攻坚战，是我们坚持勤政廉政、发扬真抓实干作风的结果。2010年的各项任务仍然十分繁重，更加需要我们强化党性党风党纪，大力弘扬良好作风。要认真抓好党风廉政建设。健全完善勤廉共建机制，严格落实党风廉政建设责任制，强化廉政风险防范管理，推进勤政保障体系建设，努力从源头上预防和惩治腐败。围绕全区中心工作，强化对扩内需促发展政策措施贯彻落实情况的监督检查，确保重点工程、重点项目的顺利推进。要进一步深化作风建设年活动。在巩固领导干部作风建设年活动成果的基础上，深入开展党员作风建设年活动，广大党员干部要带头谋发展、带头破难题、带头促和谐，以优良的党风促政风带民风，形成凝聚党心民心的强大合力。要积极推进政府职能转变。适应全区快速发展的新要求，结合政府机构改革，深化服务型机关创建，推进战时机制长效化，推进“绿通”变“普通”，建立健全灵活高效的工作机制，提高服务质量和办事效率，为加快全区发展提供有力的体制机制保障。

发挥党委统揽全局的作用，规范党委与人大、政府、政协的关系，支持人大、政协围绕中心开展工作，充分发挥人大代表、政协委员的作用，为推进“三化两区”贡献力量。继续加强党管武装工作，促进国防后备力量建设。支持工青妇等群团组织依照法律和章程开展工作，做好老干部工作、统战工作和民族宗教工作，调动一切有利于发展的积极因素，形成推动全区科学发展的整体合力。

同志们，房山正处在跨越发展的关键时期，各项工作十分繁重。我们要深入贯彻落实科学发展观，解放思想、开拓创新，振奋精神、扎实工作，在新的起点上加快推进“三化两区”进程，为建设“富裕、靓丽、文明、和谐”的现代化新房山而努力奋斗！

北京市房山区人民代表大会常务委员会工作报告

——2010年1月13日在房山区第六届人民代表大会第五次会议上

北京市房山区人大常委会主任 郭先英

各位代表：

我受房山区第六届人民代表大会常务委员会委托，向大会报告一年来的工作，请予审议。

一、2009年的主要工作

2009年是国庆60周年和实现保增长、保民生、保稳定的重要之年，也是房山经济社会发展实现新突破的一年。一年来，在区委的统一领导下，区人大常委会坚持以邓小平理论和“三个代表”重要思想为指导，深入学习实践科学发展观，认真执行区六届人大四次会议决议，突出推进科学发展，着力改善民生，着力保障法律法规的实施，着力

增强监督实效，积极履行宪法和法律赋予的各项职责，为实现“三保”目标、加快“三化两区”建设，作出了积极的贡献。

（一）紧紧围绕中心，积极推进“三化两区”建设

按照我区应对国际金融危机、加快发展的战略部署，常委会主动服务大局，充分发挥职能作用。

围绕调结构保增长开展监督，着力推进功能区建设和产业发展。大力推进投资拉动战略的实施。专题听取审议了全区固定资产投资和重大项目落实情况的报告，提出了健全政府投资管理体系、优化投资布局、拓宽投融资渠道、用足用好绿色通道、加快项目建设等意见。区政府认真落实审议意见，建立了固定资产投资项目台账，全程跟踪服务，及时解决问题，使我区固定资产投资和经济持续快速增长。

大力推进功能区建设。对于区政府提出的以信贷方式落实石化新材料科技产业基地、高端汽车零部件产业基地和良乡物流基地建设资金的3项议案，常委会在深入调研的基础上，及时逐项作出决议，并提出严格资金管理、提高使用效益等建议，为解决资金短缺问题、加快功能区建设提供了重要保障。坚持把常委会依法履职与发挥代表作用结合起来，组织代表对石化新材料科技产业基地和都市农业示范区等功能区进行视察，积极促进重大项目建设。

大力推进产业发展。召开了推进科学发展座谈会，人大代表与政府部分负责人共同探讨了产业结构调整、加快区域发展的途径。听取审议了农业服务体系建设情况的报告，建议要统筹服务资源，扶持多元化服务组织，加大资金支持力度，完善农产品流通服务体系。根据常委会建议，区政府理顺关系，明确职责，加强了以公益性服务组织为主体、其他组织广泛参与的多元化农业服务体系建设。关注新兴产业发展，组织代表对我区旅游产业进行视察，就旅游产业定位、整合旅游资源、强化管理体系建设、打造支柱产业等方面提出了建议，对于我区旅游业的发展起到了积极的作用。

围绕以民生为重点的社会建设开展监督，着力促进社会事业发展。积极推进城市化进程。听取审议区政府关于统筹解决城市基础设施建设资金的报告并作出了决议。适时组织人大代表对轨道交通、京石快速铁路、西南交通枢纽、拱辰街道一至五街改造和土地储备项目等重点工程进行视察，有力地促进了城市基础设施建设。

积极推进生态环境建设。常委会充分运用代表联系网，广泛收集民意，就巩固创卫成果、提升环境水平等10个方面需要解决的问题与区政府召开了联席会。根据相关意见，区政府制定了创建国家生态区规划，明确了加快建设环境友好产业和生态宜居新区的目标及措施。组织人大代表对农村五项基础设施建设、小流域治理和水务重点工程进行视察，提出了落实新农村建设政策和资金、建立环境整治与管理长效机制、加强河道治理和山区生态建设等建议。为了以良好的环境迎接国庆60周年，组织代表对全区环境整治及美化和“护城河”工程等进行了视察，积极营造洁净喜庆祥和的氛围。

积极推进群众关注的社会事业发展。听取审议了文化建设工作报告，强调要加强基层文化设施和文化队伍建设，健全投入保障机制，提高文化设施利用率。区政府加大了农村社区文化设施建设力度，开展了多种形式的文化下乡活动，丰富了群众的文化生活。组织代表对我区中小学标准化建设情况进行视察，提出了要科学规划教育基础设施，缩小城乡差距等建议。组织代表对全区卫生基础设施建设情况和甲流防控工作进行视察，建议要统筹好经济发展项目与民生项目、完善区乡（社区）双向转诊机制，以

满足人民群众的就医需求。

围绕提高财政资金使用效益开展监督，有效规范资金运行和管理。依法履行财政预算监督职能。听取审议了 2008 年财政决算报告，审查批准了财政决算。听取审议了 2009 年财政预算执行情况及审计工作报告，审查批准了 2009 年财政预算调整方案。初审了 2010 年财政预算（草案），提出了统筹兼顾，确保重大建设工程资金需求，建立财政支出绩效考评激励机制等审议意见，并跟踪抓好审议意见的落实。区政府健全了财税等部门联席会制度和非税收入支出管理细则，开源节流保重点、保民生，提高了财政资金的使用效益。

（二）强化法律监督和司法工作监督，积极推进民主法制建设

常委会把推进民主法制建设作为根本任务，进一步强化监督工作，努力维护社会公平正义。

着眼于维护法律的严肃性，加强对法律实施情况的监督。根据代表和人民群众的要求，常委会把新颁布的《城乡规划法》列为监督重点，听取审议了实施情况的报告，提出了以规划引领发展、完善城乡规划体系、加快村庄规划编制、整合土地资源等审议意见，有效促进了《城乡规划法》的实施。针对法律实施中的难点问题，听取城市管理与执法工作汇报，组织代表对《土地管理法》实施情况进行执法检查，推动行政执法机关查处各类违法建设行为，保障了法律的贯彻落实。采取调研与检查相结合的方法，对《劳动合同法》实施情况进行了跟踪监督，强调要对劳动合同落实中的薄弱环节加强检查，确保《劳动合同法》的贯彻实施，努力构建和谐稳定的劳动关系。进一步强化对行政执法工作的监督，与市人大联合对《村民委员会组织法》《老年人权益保障法》《义务教育法》《农产品质量安全法》等 9 部法律法规实施情况开展了执法检查，切实维护了人民群众的合法权益。积极参与了《侵权责任法》《妇女权益保障法》《国防动员法》等 8 部法律法规的立法调研工作。

着眼于维护公平与正义，加强对司法工作的监督。听取审议了区检察院诉讼监督工作报告，强调要进一步健全监督机制和程序，强化法律监督职能，维护司法公正。区检察院认真落实审议意见，从提高法律监督能力、加大判决案件审查和抗诉工作力度等方面制定了 5 项措施，增强了监督的实效性。听取了区法院关于执行公开工作汇报，提出了创新执行方法、健全责任追究和激励机制、强化机构建设、有效化解矛盾等建议。组织 70 余名代表旁听了法院案件审判，参与了案件执行工作以及“法检两院开放日”活动，较好地发挥了代表对司法工作的监督作用。

着眼于推进依法行政，加强工作评议和任后监督。以维护社会和谐为目标，对劳动就业和司法局开展人民调解工作情况进行了专项评议和满意度测评。按照评议意见，劳动部门采取有效措施进一步强化就业服务工作。司法局加强了基层人民调解工作，促进了社会稳定。加强对评议意见落实情况的跟踪，专题听取了区体育局关于完善体育设施配套机制等整改落实情况的汇报。坚持依法任免，共任免地方国家机关工作人员 53 名、任命人民陪审员 50 名。进一步规范任免程序，采取法律知识考试、提任人员供职发言、撰写履职报告、书面评议等方式，强化了对依法任命人员的全员监督。通过依法任免、专项评议等项工作的开展，促进了政府组成部门依法行政、依法办事。

认真做好信访工作，共接待处理群众来信来访 50 件次。对于容易引发群体访的来信来访，重点批转，加强协调，积极化解不稳定因素。对于涉及民生的来信来访，跟踪督办，使一些影响群众正常生活的问题得到了较好解决。

（三）注重落实民意，提升议案建议办理质量与实效

办好议案对于维护人民群众利益、促进经济发展与社会和谐具有重要意义，常委会把办好议案建议作为履职的重要工作来抓。

突出办理实效，着力推进议案建议的落实。在区六届人大四次会议上，代表们围绕经济发展与改善民生提出并列入大会的议案共3项11件，转交区政府办理的建议111件。对此，常委会通过“三注重”狠抓议案建议的办理工作。一是注重议案质量。要求代表深入调查研究，广泛了解制约发展的难点和百姓关注的热点，提早谋划，突出重点，使提出的议案切实紧扣发展与民生。二是注重督办机制创新。健全了统分结合、沟通协调、市区议案衔接、测评补办和评比表彰五项督办制度，实现了督办工作制度化、规范化。三是注重办理实效。坚持督办与沟通协调相结合、与代表视察检查相结合、与审议工作报告相结合，强化事前、事中、事后连续督办，有力地推动了议案建议的办理。区政府成立了议案办理领导小组，制定了任务书，明确了办理责任、标准和时限，加快了办理进程。截至目前，关于改善老旧小区公共设施的议案，已完成了宜春里、永安西里等13个小区的水管改造、污水井翻修、楼体修缮和粉饰任务，使老旧小区生活环境得到有效改善；关于加强农村文化、体育基础设施建设的议案，区政府投资新建了一批文化大院、图书室、数字影院和球场等文化体育设施，配备了健身器材，使我区基层文化体育设施建设居于远郊区县前列。同时，采取文化下乡、放映电影、健身指导等形式，丰富了基层文化体育生活；关于加快山区搬迁工程的议案，经过积极努力，目前，集中安置工程已开工建设，周口店和青龙湖2个分散安置项目正在进行规划审批等前期准备工作。111件代表建议特别是10件重点建议办理工作也取得了明显成效，关于对设施农业后续帮扶、改善燕山至良乡交通、公共卫生间开放等建议都得到了较好落实。

进一步加强闭会期间代表建议的收集、转交和办理工作，一年来，区人大代表共提出平类建议36件，目前已办结26件，解决了北关环岛路面整修和学生乘车难等问题。

抓住事关长远发展的重大问题，积极履行职能。当前，我区正处于资源型产业退出、替代产业发展的攻坚期。为推进房山经济社会快速发展，常委会借助市人代会这一平台，充分发挥人大代表助推发展的重要作用。在市十三届人大二次会议上，37名市人大代表，根据发展需求和全区人民的愿望，有针对性地提出议案23件、建议40件，其中4项列入了大会议案，占全市所列议案的1/9，特别是关于加快首都西南山区产业发展的议案，列入了市重点督办的城南建设议案。常委会采取邀请市人大领导到我区调研、组织市人大代表询问催办等形式推进了议案的办理。市政府出台了《促进城市南部地区加快发展行动计划》，未来三年，将在城市基础设施和功能区建设、产业发展、民生改善等方面加大对城南地区的政策、资金倾斜力度，为加快我区发展赢得了良好机遇。关于垃圾治理和城乡居民就业等3项议案，市政府都给予了政策支持。关于轨道交通延伸、发展旅游和文化创意产业及加强河道治理等建议，市里也拿出了解决措施。这些议案建议的有效落实，将进一步加快我区经济社会发展，使人民群众享有更多的改革与发展成果。

（四）健全代表工作新格局，有效发挥人大代表作用

常委会紧紧依靠代表开展工作，积极为代表履职提供服务保障。

进一步密切联系群众，拓宽民意表达渠道。充分发挥“两网”征集民意的作用。以“科学发展、破解瓶颈”为主题，开展了常委会组成人员联系代表网和市、区、乡（镇）、

村四级代表网联系活动，收集到人民群众对推进科学发展的建议200余条。充分发挥“两旬”联系群众的作用。区人大代表开展了以“促发展、强建设”为主题的代表旬活动，采取多种形式深入企业、农村、社区，就城市化建设、产业发展、山区结构调整和创建国家生态区开展专题调研和难点解析，同时还汇集了173条意见建议。乡镇人大代表开展了以“保增长、保民生、保稳定”为主题的代表旬活动，收集到城市建设、企业发展、新农村建设等多项有价值的意见建议。对于“两网两旬”收集的意见建议，主任会认真研究，提炼出重点，上报区委，转交区政府，区委书记、区长两次作出批示，要求将意见建议纳入全区科学发展观学习实践整改方案中，认真整改。

一年来，人大代表共联系群众2万余人，收集到了事关科学发展和民生渴求的有益建议，为领导把握民情、科学决策发挥了应有的作用。

强化知情知政，扩大代表政治参与面。注重代表素质建设，分层分类搞好培训，举办了农村代表培训班和代表履职经验交流会，增强了代表的作为意识和履职能力。注重保障代表的知情权，通过召开情况通报会、座谈研讨等形式，积极为代表提供各类信息，保障了代表的知情知政。注重强化专业代表小组建设，在原有教育、农村专业代表小组的基础上，成立妇女代表小组，开展学习、调研、视察等活动，较好地发挥了代表的特长和作用。注重代表的履职载体建设，有计划、多形式地邀请代表列席常委会会议、参加审议工作报告以及视察检查、议案建议督办等工作，丰富了代表参与地方国家事务管理的渠道和途径。一年来，代表有64人次列席了常委会会议，170余人次参加了视察检查和委室调研等活动，广大代表积极谏言献智，为推进科学发展，加强民主法制建设，作出了积极的贡献。

加强制度建设，提高代表履职水平。围绕代表作用的发挥，制定了《关于加强区人大代表与人民群众联系的若干意见》，从制度上保障和深化了代表与人民群众的联系。继续实行代表履职登记卡、代表接待选民、代表向选民述职等制度，促进了代表工作的制度化、规范化。开展了评选“十佳”代表活动，宣传了典型经验，有效地调动了代表履职的积极性和能动性。

继续组织人大代表投身“百村帮扶”工程，10余名代表依托企业优势，帮助经济薄弱村完善基础设施、建立企业、培训技术人员，促进了帮扶村的经济发展。

（五）切实加强常委会及其机关建设，提高履职能力和服务水平

一年来，常委会坚持以学习实践科学发展观为主线，围绕服务“三化两区”建设，进一步加强了自身和机关建设。

深入学习实践科学发展观，努力提高谋发展促和谐能力。以“强化人大职能，有效推动‘三化两区’建设”为实践载体，深入开展了学习实践科学发展观活动，举办了常委会组成人员培训班、工作研讨会及机关学习交流会，开展了学习调研和解放思想大讨论活动。坚持把学习实践活动与弘扬机关精神相结合、与创建学习型机关相结合，把学习实践成果真正落实到机关建设中。按照边整边改、突出实践特色的要求，认真分析查找问题，广泛征求意见，制定出了21条有针对性的整改措施，并认真加以整改，使凝聚力量、推动科学发展的能力得到进一步提升，克艰进取、着实求效等机关精神得到进一步深化，测评中得到了满意的评价。

健全工作机制，增强工作实效。在工作实践中，注重改进工作方式，健全了督办反馈机制。对于常委会监督议题，通过审议意见书、主任会建议书、视察检查建议书进行反馈，形成了规范的监督、反馈、跟踪落实机制；健全了议案建议办理和激励机制。通

过市区议案衔接、评比表彰和统分结合等办法，形成了统筹协调的督办机制；建立了民意融入决策机制，注重民意的收集、筛选和提炼，加强与政府的沟通联系，努力推进民意进入重要决策；建立了代表联系群众机制和市区乡三级人大联动机制，形成了人大代表密切联系群众和市区乡三级人大联动的工作格局。通过各项机制的建立，提高了工作质量和效能。

深入调查研究，为科学民主决策提供依据。按照领导干部作风建设年的有关要求，围绕"三保"目标开展了以"两访、两问"为主要内容的基层行活动，几位主任率领机关工作人员深入乡村、企业、社区和政府组成部门进行座谈调研，了解社情民意。围绕"三化两区"建设，加强对全区经济社会发展中的重点和难点问题的调查研究，形成了中小企业发展、产业结构调整、城市化建设等13篇调研报告和难点解析，有5篇被市级刊物采用。进一步强化监督议题的调研，详细了解工作和法律法规在基层的落实情况，对于各项审议议题，注重会前深入调研，着力分析深层次问题，为提高常委会审议质量，增强监督的针对性和实效性奠定了良好的基础。

进一步加强对基层人大工作的指导。针对乡镇人大工作者调整较多的实际，举办了人大专职主席和人大街工委主任培训班，讲授了人大理论和法律知识，交流了基层人大工作经验。坚持联系乡镇制度，定期深入基层指导工作，支持乡镇和街道人大拓宽思路、完善制度，创新有为地开展工作，有效地发挥了基层人大的作用。

各位代表：

过去的一年里，常委会在推进科学发展和民主法制建设、反映民意、维护民利等方面所取得的成效，都是在区委的正确领导下、常委会组成人员和全体人大代表共同努力的结果，也是"一府两院"、乡镇街道人大和全区人民大力支持的结果。在此，我代表区六届人大常委会向全体人大代表致以崇高的敬意！向所有关心、支持人大工作的同志表示由衷的感谢！

面对建设"三化两区"的新任务，代表与人民群众的新期盼，我们清醒地认识到，常委会的工作仍存在一些差距和不足，主要是：对人大制度运行机制和监督方式还需要进一步深化与完善，监督力度和实效有待增强；服务代表和发挥代表作用有待加强；议案建议办理和督办机制需要继续完善，常委会及机关工作质量还需要进一步提高。对此，我们将认真研究和改进。

一年来的人大工作实践，我们感到：

只有始终坚持区委的统一领导，及时把区委的主张通过法定程序转化为全区人民的意志和自觉行动，把党的领导、人民当家作主和依法治国统一起来，才能坚持和完善好人民代表大会制度。

只有紧紧围绕全区工作中心，想长远、谋大事，抓住发展和民生难点履行职责，促进科学发展与社会和谐，才能更好地发挥人大及其常委会的职能作用。

只有把握人大特点和时代脉搏，不断完善与人民代表大会制度和人大职能相适应的工作方法，适应新形势的要求，才能使人大工作富有生机、充满活力。

只有健全民意融入决策机制，真正把代表和人民群众的意愿和智慧纳入到决策之中，让群众更多地享有改革与发展成果，才能使人大常委会真正成为人民信赖的权力机关、工作机关和代表机关。

二、2010年工作任务

2010年是建设"三个北京"的重要一年，也是深入推进"三化两区"建设的关键之年。区人大常委会要在区委的领导下，深入贯彻落实科学发展观和中央、市委的决策部署，按照区委六届八次全会提出的任务目标，着眼于加快发展与维护民利，强化对发展重点和民生热点的监督推进，强化民主法制建设，促进司法公正，进一步完善工作方式，增强工作实效，为加快“三化两区”建设，实现全区跨越发展和构建和谐房山作出新贡献。

坚持服务发展和改善民生，努力推进经济社会持续发展。认真贯彻中央经济工作会和区委全会精神，抓住事关科学发展的重点和关键开展监督，听取审议“十二五”规划编制和科技事业发展情况报告，组织代表对南城议案进行跟踪落实、对重点功能区建设及项目、现代服务业发展情况进行视察，跟踪抓好意见建议的落实，推动经济结构调整和新兴产业发展，提高发展质量和效益。立足于促发展保民生，加强对财政预算执行和重大投资项目资金使用绩效的审查监督，提高财政资金运行质量，确保集中财力办大事保民生。围绕“绿色北京”建设，审议通过创建国家生态区规划，听取垃圾处理工作汇报，推进绿色生产、消费和环保体系建设，着力打造生态宜居新房山。关注民生需求，围绕发展和民生热点开展专项工作评议，对保障性住房、城市基础设施建设、基层医疗卫生等与群众切身利益密切相关工作进行监督，协调好各种利益关系，不断满足群众的利益诉求，推进有关部门把保障群众的住房需求与吸引高素质人才和城市发展统筹考虑，提升城市形象和品质。

坚持维护社会公平正义，努力推进法律实施和司法公正。加强法制建设，听取审议“五五”普法规划实施情况的报告，推进普法工作深入开展，提升公民的法律素质。落实国家产业政策，听取我区贯彻《大气污染防治法》和节能减排工作报告，组织代表对《绿化条例》实施情况进行专项检查，推进低碳经济发展和产业友好新区建设。进一步加大法律监督力度，听取《人口与计划生育法》实施情况的报告，对《文物保护法》《食品安全法》《义务教育法》落实情况进行专项检查。围绕司法公正这一主题，听取审议民事审判工作和区检察院贯彻落实市人大常委会《关于加强人民检察院对诉讼活动法律监督工作决议》的报告，确保司法权力得到依法行使，公民、法人和其他社会组织的合法权益得到尊重，维护社会公平正义。

坚持密切联系群众，努力提高代表工作质量和水平。进一步加强代表素质建设，健全代表联组和专业代表小组学习、培训、专题调研等工作制度，保障代表知情知政。加强联系群众的网络和机制建设，落实代表联系群众若干意见，积极探索建立以“两网、两旬”为重点的联系群众长效机制，畅通民意表达渠道，推进民意融入决策制度化、规范化。进一步完善代表工作格局，健全代表履职与常委会行使职权有机衔接的工作机制，拓宽代表在闭会期间活动的空间和渠道，积极搭建代表履职平台，努力为代表提供服务保障，有效发挥人大代表作用。进一步改进议案建议办理工作，完善督办和激励机制，加大沟通协调和跟踪落实力度，提高办理质量和代表满意度，有效推进群众关注热点问题的解决。

坚持务实创新，努力加强常委会和机关建设。认真贯彻落实市委第三次人大工作会议精神，协助筹备好区委人大工作会议。加强常委会工作机构建设，打牢工作基础，抓落实、促深化，更好地发挥在推进科学发展中的职能作用。根据人大监督的性质和特点，建立向代表和群众征集监督议题，监督工作向社会公开等机制，健全调研、审议、跟踪落实制度。改进工作方式，完善督办模式和程序，综合运用各种监督方法，加大监督力度，增强监督实效。深化学习型机关创建工作，加强思想政治和专业素质建设，不断提高学习创新、调查研究能力，沟通协调、推动工作能力，破解难题、服务保障能力，努力打造政治坚定、业务精湛、作风过硬的人大干部队伍，更好地服务全区工作大局。密切区、乡（镇）人大的工作联系，指导乡镇人大依法开展工作，加强制度建设，增强工作实效。积极探索建立区乡人大联动机制，总结推广基层人大工作经验，提升全区人大工作的整体水平。

各位代表：

随着经济、政治、社会、文化和生态文明建设的全面发展，我区开始步入快速发展的新阶段，做好人大工作，责任重大、使命光荣，让我们在区委的正确领导下，与时俱进，开拓创新，凝聚力量，着实工作，为开创"三化两区"建设新局面作出更大贡献！

政府工作报告

——2010年1月12日在北京市房山区第六届人民代表大会第五次会议上

北京市房山区人民政府区长　祁　红

各位代表：

我代表区人民政府，向大会报告工作，请予审议，并请政协各位委员提出意见和建议。

一、2009年工作回顾

过去的一年，在中共房山区委的正确领导下，在区人大、区政协的监督和支持下，区政府认真贯彻落实党的十七大和十七届三中、四中全会精神，深入践行科学发展观，按照建设"人文北京、科技北京、绿色北京"的总体要求，扎实推进"三化两区"建设，打赢了"保增长、保民生、保稳定"的攻坚战，圆满完成了国庆60周年服务保障任务，取得了经济社会跨越发展的新成绩。

——经济实力迈上新台阶

主要经济指标大幅增长。预计地区生产总值比上年增长10%。财政一般预算收入、区域税收、固定资产投资三项指标总量均实现历史性突破，增速均居全市各区县首位。财政收入完成52.7亿元，增长1.4倍。其中：房山地区完成47.3亿元，增长1.5倍；燕山地区完成5.4亿元，增长1.1倍。一般预算收入完成23.3亿元，增长37.4%；基金预算收入完成29.4亿元，增长4.8倍。土地收益大幅增加，全年达到27.6亿元，表明城市化第一拉动力作用开始显现。区域税收完成145.3亿元，增长1.6倍。全社会固定资产投资完成350亿元，增长1.2倍。城镇居民人均可支配收入和农村居民人均纯收入分别增长8%和12%。充分发挥政府的经济调节职能，全力以赴保增长。投资拉动经济增长成效显著。圆满完成117亿元土地储备投资任务，固定资产投资超亿元项目达到50个。落实消费刺激政策，促进经济增长取得实效。社会消费品零售额增长9%。旅游业接待游客人数和综合收入持续增长。帮扶企业效果明显。坚持运营帮扶和发展帮扶并重，努力解决企业生产经营难题，重点领域和行业支撑作用得到加强。工业企业主要经济指标降幅逐月收窄，回升势头明显。建筑建材房地产三大业走出低谷，企稳向好的趋势不断巩固。

——新城建设取得新突破

把打破交通瓶颈作为推进城市化的突破口，着力改善交通环境。通往市区的快速通道建设全面提速。轨道交通房山线建设得到了全区各界的大力支持，拆迁速度和建设速度创下了房山建设史上的新纪录。京石客运专线、京石第二高速、京良路及西延线、丰良路等道路正在建设或开展前期准备。区域路网建设取得实效。长周路竣工通车，良黄路改建工程开始施工，5条城市道路相继建成。优化公交线路，科学指挥调度，改善换乘环境，缓解运力紧张，新城公共交通服务水平得到新提升。水、电、气、热等基础设施不断完善，一批重点项目相继竣工。把新城中心区改造作为推进城市化的着力点，集成棚户区改造、保障性住房、拆迁安置用房等政策，加快改善新城中心区面貌。拆迁和建设全面铺开。全区拆迁面积达到216万平方米，拆迁总量占全市的1/4。拱辰街道一至五街改造项目、城关街道槠榆树街等保障性住房项目、重点工程回迁安置用房项目均按时间进度快速推进，在施面积达到200万平方米，主体竣工面积达到65万平方米，120户居民入住新居。加大投入力度，5个市级小城镇基础设施加快完善。坚持建管并重，新城管理与服务水平不断提升。加强规划引领，共编制完成各类规划32项。加强环境建设，完成刺猬河二期治理，启动万亩滨水森林公园项目拆迁。加强新城管理，巩固“创卫”成果，创建垃圾分类地区，努力打造健康城市。加大城市顽疾治理力度，城市文明形象不断提升。继续开展大气污染治理，空气质量二级和好于二级天数达到239天。

——功能区建设呈现新局面

重新确定布局，实施破冰行动，引进高端要素，发展友好产业，功能区建设取得重大突破。新型工业化发展迈出坚实步伐。提升合作层级，推进燕房合作，北京石化新材料科技产业基地揭牌，“厂中村”拆迁正式启动，200亿元投资计划稳步推进。参股京西重工，完成海外并购，全面展开拆迁，窦店现代制造业产业基地前期基础工作扎实推进。抢抓政策机遇，大力发展新能源产业，与中核集团积极谋划北京中核科技产业基地。高端服务业培育取得重大进展。全力打造中央休闲购物区（CSD），推出“Funhill”房山新标识，加快运作奥特莱斯项目。北京西南良乡物流基地“两横两纵”路网初步形成，项目引进工作有序展开。北京良乡高教园区征地拆迁取得重大突破，市政基础设施基本建成，校区建设稳步实施。农游新产业发展整体推进。引进中粮集团，重组五谷道场，都市现代农业示范区建设蓄势待发。中国房山世界地质公园建设取得新进展。世界地质公园博物馆进入展陈布置阶段。长沟旅游集散特色镇建设规划编制完成，建设项目全面展开。北京（房山）历史文化旅游集聚区重点工程有序推进，云居国际文化园项目破土动工，周口店遗址博物馆迁建工程开始拆迁。

——社会主义新农村建设取得新成果

都市型现代农业持续健康发展。农业总产值完成40.6亿元，增长4.1%。大力发展设施农业，新增设施面积3000亩。着力打造农产品品牌，磨盘柿被确定为地理标志产品国家标准，食用菌产业跻身全国十强。继续优化种养业结构，启动了小麦籽种更新工程，引进了新型养殖品种。农民组织化程度不断提高，农民专业合作社累计达到385家。实施农田景观治理，加强农村信息化建设，增加政策性农业保险险种，农业生产保障能力和抵御风险能力进一步提高。农村改革继续深化。全面落实农业补贴政策，初步建立低收入农户增收帮扶机制。搭建农村土地流转平台，开展集体林权制度改革试点，稳步推进集体经济产权制度改革。实施“百村帮扶”工程，经济薄弱村发展后劲得到加强。村庄建设扎实推进。集成政策资金支持，广泛凝聚各方力量，全面完成207个市级重点村“5+3”工程，新增受益农户9.6万户。大石窝镇水头村成为我区第四个北京最美乡村。村庄环境整治力度不断加大，排名始终处于全市前列。

——山区建设取得新进展

把山区作为建设生态宜居新区的主战场，加大“退、迁、建”力度，山区面貌持续改观。加快低端资源型产业退出步伐，关停4家煤矿、9家水泥厂和51家石灰厂。深入开展大规模集中整治，始终保持打击私挖盗采高压态势。加快实施山区人口迁移工程，集中安置项目起步区进入施工阶段。完成516户、1484人险户搬迁。加快提升山区生态涵养发展功能，持续开展北部山区环境综合整治，大力实施京津风沙源治理、废弃矿山修复、清洁小流域综合治理、水源地保护等工程，完成绿化造林3万亩。加快山区基础设施建设步伐，连接南北两沟的重要通道六石路竣工通车，108国道复线续建工程完工。对北部山区交通拥堵进行综合治理，山区交通环境得到改善。加快发展山区生态服务型经济。两个沟域经济试点产业特色突出，建设成效明显。加强资源整合，促进产业融合，积极筹划金融后台服务、高端休闲旅游等业态发展。重点突破浅山区，政企联手打造高端葡萄酒产业取得可喜进展。

——社会建设取得新成绩

就业形势总体平稳，城镇登记失业率为3.59%。强化政策扶持，加强就业服务，拓宽就业渠道，1.27万名城镇登记失业人员实现就业，1.06万名农村劳动力实现转移就业，实现城镇新增就业1.3万人。援助1.2万名就业困难人员实现就业，保持“零就业家庭”动态为零。深化与中心城区的就业协作，千余名劳动力实现跨区就业。社会保险覆盖面继续扩大，各项社会保险待遇进一步提高。城镇职工五项社会保险参保人数大幅增长，养老保障三项制度覆盖人群新增10万人，累计达到52万人。社会救助体系不断完善，发放救助金1.2亿元。为1060户农村优抚社救对象翻建改造住房，为1000户重残人家庭进行无障碍改造。各项社会事业健康发展。组织实施科技项目29项。办学条件标准化建设稳步推进，新改建25所学校，对43栋建筑进行抗震加固，燕山前进中学投入使用。以理顺职成教育体制、确立成人学校法人地位为标志，率先完成终身教育体系建设，跻身郊区前列。卫生服务设施不断健全，建成良乡医院门急诊综合楼，开工建设区妇幼保健院门诊病房楼，7个社区卫生服务中心投入使用。新增90个新农合村级直报网点，农民看病报销更加便捷。农民健康促进工程覆盖面继续扩大。加强甲型H1N1流感防控，疫情形势总体稳定。扎实开展人口和计划生育工作，低生育水平保持稳定。区群众文化服务中心前期手续基本完成。良乡体育中心游泳馆、综合馆主体竣工，成功举办第七届全民健身体育节。着力解决群众最关心、最直接、最现实的利益问题，为群众办理的30件重要实事全部完成。统计、广电、民防、档案、老龄等工作也取得新成绩。

——精神文明和民主法制建设取得新成效

以“迎国庆、讲文明、树新风”为主题，深入开展文明村镇等系列创建活动。文化活动丰富多彩。成功举办第十五届旅游文化节暨北京国际长走大会，组织文化周末大舞台等文艺演出1000余场。全面加强社会建设。加快筹建首批社区办公用房。开展社区规范化建设试点，圆满完成第七届社区居委会换届选举。深入开展村务公开民主管理示范单位创建，推行村务点题公开。落实征兵新政策，实施拥军优属工程，军政、军民关系进一步巩固。以“法律六进”活动为主线，“五五”普法工作持续深入。以国庆60周年服务保障为重点，安全稳定工作进一步加强，实现了“大事不出、小事也不出”的目标。落实安全生产责任制，加强高危行业监管，未发生重特大安全生产事故。健全应急预案体系，加强实战演练，突发公共事件处置能力进一步提高。加强食品、药品监管，城市运行平稳有序。健全维稳工作格局，加大信访排查化解力度，实现国庆和全国“两会”等敏感期信访“三零”指标。严厉打击各类违法犯罪活动，社会局面稳定可控。切实保障少数民族群众权益，全区民族团结、宗教和睦。精心组织、周密安排，高质量完成所承担的国庆阅兵任务，组织 6500 人参加天安门广场群众游行和联欢活动，受到了市委、市政府的表彰。区内活动丰富多彩，营造了喜庆祥和的社会氛围。

——政府自身建设得到新加强

全面执行区人大及其常委会决议，依法向区人大常委会报告工作。坚持向区政协通报工作，认真听取各民主党派、人民团体和社会各界人士意见。全年共办理人大代表议案、建议 337 件，政协委员提案 215 件。深入开展学习实践科学发展观活动，科学发展的能力和水平得到提高。建立健全重大事项依法决策制度，科学决策机制不断完善。深化政府机构改革，进一步理顺了政府职能。深入贯彻政府信息公开条例，主动公开信息 2.8 万条。健全非紧急救助服务体系，公众诉求办结率达到 99%。扎实推进服务型机关创建，政府工作人员服务意识不断增强。落实领导干部作风建设年各项部署，切实提高各级行政机关的执行力。加强廉政建设和反腐败工作，始终保持警钟长鸣。

各位代表、各位委员，2009 年是全区经济社会发展极不平凡的一年。在市委、市政府和区委的坚强领导下，我们不仅经受住了国际金融危机的严峻考验，还取得了跨越发展的新成绩，全区经济社会发展呈现出结构优化、质量提升、速度加快、环境改善的良好局面，成果来之不易。这些成果的取得，是全区上下以开展深入学习实践科学发展观活动为契机，找准发展定位，理清“三化两区”新思路，以理念创新、思路创新推动工作创新的结果；是围绕大幅度超额完成全年任务目标，强化区级统筹，采取战时体制，实施破冰行动，通过体制机制创新激发发展活力的结果；是全区各级机关及其工作人员切实转变工作作风，以“五加二、白加黑”的工作状态奋力拼搏的结果；是区人大、区政协和社会各界大力支持、合力攻坚的结果。在此，我代表区人民政府，向全区各级人大代表、政协委员和各界人士，向驻区中央、市属单位和驻区部队，向为房山发展作出贡献的全区广大干部群众和纳税人，致以崇高的敬意和诚挚的感谢！

在看到成绩的同时，我们也清醒地认识到，全区经济社会发展还面临着不少困难和问题。一是产业结构不合理、产业层次低，经济总量不足、质量不高的问题还没有得到根本解决，重点功能区建设还未成为区域发展的有力支撑，调整产业结构、转变发展方式的任务非常紧迫。二是由于我区城市化起步较晚、底子较差，新城基础设施欠账较多，新城面貌亟待改善，建设任务非常艰巨。三是虽然近年来我们在改善民生方面做了大量工作，但是公共服务体系还不够完善，公共服务供给水平较低，与人民群众的期待有较大差距。四是安全稳定工作需要进一步加强，特别是需要在解决历史遗留问题、防范化解发展中产生的新问题方面下工夫。五是政府改革创新的力度需要继续加大，作风建设和效能建设还要进一步深化。对这些问题，我们一定要高度重视，采取更加有力、有效的措施努力加以解决。

二、2010 年工作安排

2010 年是实施“十一五”规划的冲刺之年，是为“十二五”规划打基础的关键之年。机遇与挑战并存，机遇大于挑战。2010 年，宏观经济政策将保持连续性和稳定性，提高针对性和灵活性，这总体上有利于我们继续保持较高的投资强度。市委市政府指出，首都经济社会发展已经进入了全面建设现代化国际大都市的新阶段，强调要从建设世界城市的高度审视首都的发展建设。这要求我们要高起点规划建设新城、高标准建设重点功能区，加快调整产业结构、转变经济发展方式，尽快融入首都经济社会发展大格局。

面对新形势、新要求，我们要进一步深化对“三化两区”内涵的认识，坚定不移地走新型城市化道路。要按照“四位一体”的规划思路，统筹考虑产业发展、城市建设、人口规模和土地利用，加快构建“两轴、三带、五园区”的区域发展新格局，努力打造以良乡、燕房两个新城组团为中心，以窦店、琉璃河、长沟等重点镇为节点的环状城市群落，高起点、高标准、高速度推进全区的城市化进程。“两轴”即京石高速公路发展轴和良乡组团、燕房组团连接线发展轴。“三带”即东部发展带，包括京石高速公路以东、永定河以西地区，重点发展休闲购物、现代制造、都市农业等产业，打造城市前沿发展区；中部发展带，包括京石高速公路以西平原地区，以燕房组团为核心，重点发展石化新材料产业，辐射带动周边地区，形成中部城市集群；西部山区发展带，依托山水文化资源，重点发展休闲旅游、文化创意等低碳高端产业，以浅山区发展的突破带动山区整体发展。“五园区”即北京石化新材料科技产业基地、窦店现代制造业产业基地、中央休闲购物区（CSD）、中国房山世界地质公园和都市现代农业示范区五个重点功能区，争取列入北京市“十二五”规划和城市南部地区重点功能区发展规划。

2010年政府工作的总体要求是：以邓小平理论和“三个代表”重要思想为指导，以科学发展观为统领，深入贯彻落实党的十七大、十七届三中、四中全会、中央经济工作会和市委十届七次全会精神，按照区委六届八次全会的统一部署，坚定不移地走新型城市化道路，在功能区建设、新城建设、农村和山区发展、社会事业发展、维护和谐稳定等方面取得新突破，又好又快地推进“三化两区”建设，全面完成“十一五”时期经济社会发展目标，为“十二五”期间房山跃居首都发展前列奠定坚实基础。

2010年全区经济和社会发展的主要预期目标是：地区生产总值同比增长10%左右；地方财政收入同比增长20%左右；城镇居民人均可支配收入同比增长8%以上；农村居民人均纯收入同比增长10%以上；城镇登记失业率控制在4%以内；全社会固定资产投资保持350亿元以上的规模；规模以上工业万元产值综合能耗降至0.88吨标准煤以下；空气质量二级和好于二级天数占监测天数的68%。

（一）做大做强功能区，加快建设友好产业新区

按照“优化一产、做强二产、做大三产”的思路，突出抓好重点功能区建设，继续加大投资力度，加强为企业服务，促进产业结构优化升级。

创新功能区发展的体制机制。按照核心区、功能区、功能拓展区的思路，创新发展理念，将所有乡镇、街道纳入功能区发展范畴，实现功能区全覆盖。按照功能衔接、发展融合、条块结合、运转高效的原则，创新管理体制，组建功能区管委会。按照统一规划、统一开发的原则，创新生产要素供给的平衡机制，算好土地和资金两本账。按照渠道拓宽、门槛提高的原则，创新招商体制，组建区级招商机构，建立专业化队伍，变招商引资为招商选资，促进投资强度密度不断提高，资源节约集约高效利用。

着力形成“5+X”的功能区发展新格局。高标准建设五个重点功能区。北京石化新材料科技产业基地重点是推进“厂中村”拆迁和前后朱各庄搬迁，加快基础设施建设，着力促成新项目落地。充分发挥北京石油交易所的聚集效应，加快与石化行业龙头有效对接。窦店现代制造业产业基地重点是加快土地一级开发，确保减振器新工厂建成投产。中央休闲购物区（CSD）重点是启动奥特莱

斯项目，实现CSD商务广场落成营业。中国房山世界地质公园重点是抓好北京（房山）历史文化旅游集聚区建设，推进地质公园博物馆、周口店遗址博物馆迁建、周口店原始公社、云居国际文化园等项目建设，确保通过联合国教科文组织的中期评估。高标准建设长沟旅游集散特色镇。都市现代农业示范区重点是依托优势资源，深化政企合作，与中粮集团共同打造都市现代农业的新品牌。积极推动其他功能区发展。北京良乡高教园区加快土地一级开发，完善基础设施，强化园区管理，大力引进重点高校。北京西南良乡物流基地突出抓好基础设施建设。北京中核科技产业基地重点是促成投资项目尽早落地。

继续保持较高的投资强度。抓好政府投资项目管理，增强经济发展后劲。本着集中财力办大事的原则，统筹安排好政府投资项目建设时序和资金供应量。着力启动民间投资，优化投资结构，加大产业性投入。抓好在建重大基础设施和产业项目投资，保持投资的连续性和稳定性。继续实行经济增长责任制、重大项目调度机制等有效措施，强化项目管理，保障投资项目按时间进度稳步推进。抓好土地储备工作。立足于当期促投资、未来调结构，推动土地供应由“多储快供”向“优储优供”转变，高质量完成百亿元土地储备开发任务。

继续加大服务力度。对接国内外市场需求，强化政策引导和服务，加快建筑建材房地产、商贸流通、旅游等优势产业升级步伐，不断增强核心竞争力。建立节能减排工作平台，理顺工作体制，设立专项基金，推动节能减排工作持续深入。加强与中央单位、大型央企、国际总部对接；建立沟通机制，搭建交流平台，提高服务水平。完善扶持中小企业发展的政策和服务体系，继续解决好企业经营当中的实际困难，营造良好的发展环境。完善绿色审批通道机制，把“串联”变“并联”，把“绿通”变“普通”，提高行政审批效率。

（二）全面提速城市化，加快建设生态宜居新城

坚持以人为本，统筹城乡资源，以良乡、燕房两组团为核心，以小城镇为依托，高标准规划，大手笔运作，提速城市化进程，大幅提升要素集聚能力，促进经济社会发展步入城市化带动与功能区支撑“双轮驱动”的快车道。

着力完善城乡基础设施。加快建设通往市区的快速通道。全力以赴保障轨道交通房山线按时建成通车，力争开工建设西延线。启动京石第二高速、京良路及西延线、丰良路建设。进一步优化区域路网，实施良常路和良黄路改建等一批道路建设工程。继续完善新城城市道路，良乡组团重点是实施东区8号路、苹柳西街、东环路等道路建设，燕房组团重点是建设好东北环线。充分发挥北京西南交通信息指挥中心功能，构建全区信息采集、共享和综合指挥体系，进一步提高交通信息化水平。加快完善水、电、气、热等基础设施，继续实施农村安全饮水工程，着力提高供电保障能力，加快推进天然气入户，启动新城集中供热工程。力争开工建设循环经济产业园。

全面加快新城建设步伐。高起点规划建设新城示范区。以长阳地区为重点，以中央休闲购物区（CSD）为依托，高水平规划设计，高标准建设施工，积极策划推广“长阳半岛”，打造房山新城示范区。按照“三年大变样”的目标，加快改造提升新城两组团主城区。集成政策支持，加大资金投入，加快推进拱辰街道一至五街改造、城关街道楮榆树街等保障性住房、重点工程回迁安置用房项目建设。高标准打造城市群落。按照“核心带动、片状组团”的思路，着力推进5个市级小城镇建设，辐射带动一般建制镇发展。加强对京石高速公路发展轴和良乡组

团、燕房组团连接线发展轴的统一规划，整体开发建设，加快融入城市群落。

加强新城环境建设与管理。开工建设万亩滨水森林公园，完成河道主体工程和公园基础设施。持续改善城市水环境，启动大石河综合治理工程。围绕永定河绿色生态走廊建设，积极探索水岸经济发展的思路和模式。继续推进垃圾分类，完善收集运输体系，切实提高垃圾减量化、资源化、无害化水平。开展国家卫生区复查迎检工作。扎实推进环境综合整治，加强市容市貌管理，彻底消除城市顽疾，坚决遏制反弹。规范交通运营秩序，新城两组团实现客货有序分流，持续改善道路交通环境。加强环境污染治理，严格执行主要污染物化学需氧量和二氧化硫排放标准。

（三）推进城乡一体化，加快农村和山区发展步伐

按照城乡和区域协调发展的要求，加大统筹力度，创新发展思路，推动农村和山区发展再上新水平。

加快农村改革发展。大力发展都市型现代农业。继续增加设施农业面积，扩大"房山亩业"等特色农产品品牌知名度。完善农业技术推广、动植物疫病防控、农产品质量监管体系，提高农业科技支撑水平。大力支持农民专业合作社发展，规范提升农民专业合作组织。继续扩大政策性农业保险覆盖面。深化农村各项改革。全面推进集体林权制度改革，逐步实施生态效益补偿，促进林业经济持续健康发展。完善农地流转信息平台和支持保护政策，全面推进农村集体土地确权发证工作。加快农村集体资产处置和产权制度改革，探索农村集体土地利用、拆迁补偿安置新模式，做大做强集体经济，确保农民利益不受损、就业有保障、增收有保证。全面完成第一轮社会主义新农村村庄建设任务。完成204个市级重点村"5+3"工程，实现对全区所有行政村都进行环境和基础设施改善的承诺。从制度设计入手，本着政府主导、农民主体、部门帮扶、社会参与的原则，完善新农村建设管理长效机制，保障新农村建设持续深入。

加快推进山区建设。坚持生态涵养与开放开发并重的原则，进一步加大"退、迁、建"力度，促进山区可持续发展。坚决退出低端资源型产业。煤矿企业采矿证到期不再延续，到2010年底，全区彻底退出煤矿开采业。深入推进非煤矿山关闭整顿，按计划完成年度关闭任务。整顿规范矿产资源开发秩序，始终保持打击私挖盗采的高压态势。加快推进山区人口万人迁移工程，全力建设集中安置区。完成山区险户搬迁年度任务。大力发展山区低碳高端产业。以浅山区为突破口，启动青龙湖国际红酒城前期工作，推动葡萄酒庄园产业带建设，带动高端旅游、后台服务、商务会展等新兴友好产业发展。大力发展沟域经济，高标准规划包装，重点建设好3条沟域。加强生态环境建设，完成绿化造林、废弃矿山生态修复和清洁小流域综合治理年度任务。

（四）着力改善民生，加快推进社会事业发展

统筹城乡就业和社会保障工作，大力发展以改善民生为重点的社会事业，大办顺民心、解民忧、惠民生的好事实事，让人民群众得到更多实惠。

进一步稳定就业形势。落实促进就业政策，扶持创业带动就业，开发多种形式的公益性岗位，实现城镇新增就业1.2万人，帮助1.1万名城镇登记失业人员就业。整合城乡人才市场和劳动力市场，完善区、乡、村三级就业服务体系，加强村级服务站建设，深化城乡就业协作，搭建城乡统一的公共就业服务平台，实现农村劳动力转移就业1万人以上。健全面向高校毕业生、就业困难人员的就业帮扶长效机制，保持"零就业家庭"动态为零，逐步消除纯农就业家庭。结合功能区建设，增强农民就业培训的针对性，完

成新型农民培训5.2万人次。推进劳动合同制度建设，妥善解决劳动争议，维护劳动关系和谐稳定。

进一步提高社会保障水平。继续做好城镇社会保险扩面征缴工作，按时足额发放社会保险待遇。推进新农合、一老一小、无业居民大病医疗保险制度改革，加快实现居民医疗保障制度城乡一体化。全面推进社会保障卡工程，实现“持卡就医、实时结算”。完成农民健康促进工程三年规划，实现农民四种慢病免费供药全覆盖。树立“大民政”理念，统筹社会救助制度，整合规范各专项、临时救助政策，加大对低收入群体的帮扶力度。推动社会福利服务由补缺型向适度普惠型转变，落实好居家养老、助残服务、老年优待等政策。加大残疾人康复工作力度，对1500户残疾人家庭进行无障碍改造。

进一步提高公共服务水平。壮大教育整体实力，推进办学条件标准化建设。继续实施学校新改建和抗震加固工程。改善教师教研培训条件，加快房山教师进修学校新校区建设。加强校际结对帮扶及教师支教工作，提升教育均衡水平。推动职成教育发展，为经济社会发展提供人才和智力支撑。增加公办园数量，提升学前教育覆盖率。推进医疗卫生事业健康发展。加快卫生基础设施建设，良乡医院门急诊综合楼正式投入使用，完成区妇幼保健院门诊病房楼主体工程，启动房山第一医院新建工程。健全卫生服务体系，提高医疗服务水平。加快体育基础设施建设，完成良乡体育中心一期工程，启动二期工程。深入开展全民健身运动，办好第九届全民运动会。贯彻落实“科技北京”行动计划，组织实施50项科技计划项目。健全文化基础设施，开工建设区群众文化服务中心。加强文物保护工作。认真组织好文化周末大舞台等群众文化活动，深入开展“文化下乡”活动，不断满足人民群众的基本文化需求。加快广播电视数字化建设，推进电视数字高清网络化发展。加强人口与计划生育工作，计划生育率达到96%以上。精心组织，稳步实施，办好向群众承诺的30件重要实事。

（五）提高社会建设水平，努力维护和谐稳定

健全社会建设政策体系和支撑体系，巩固和发展全区政治安定、社会稳定的良好局面。

加强社会建设、管理和服务。推进社区规范化建设，提高社区建设和服务水平。完善社会志愿服务体系，加强社会志愿服务工作。不断扩大政府公共服务供给。落实购买社工岗位、“枢纽型”社会组织管理等政策，鼓励社区社会组织向社会化、专业化方向发展，逐步健全社会公共服务体系。深入推进和谐社区、和谐村镇建设。加快少数民族村经济发展，做好民族宗教事务管理工作。积极开展国防教育和双拥共建，落实各项优抚安置政策。

加强精神文明和民主法制建设。围绕“爱首都、讲文明、树新风”主题，积极开展礼仪、秩序、服务、环境等文明引导行动，进一步提高全区人民文明素质和城市文明程度。加强舆论引导和政策宣传，大力弘扬“团结、务实、拼搏、争先”的房山精神，用“三化两区”思路引导群众思想，用“三化两区”建设的成绩激发广大群众投身发展的热情。深入开展“五五”普法，进一步提高全区人民的法制观念和公民意识。完善居务公开、协商议事、社区民主听证等各项制度，认真组织民主日、民主议政日活动，进一步扩大基层群众自治范围。依法组织好第八届村委会选举工作。

加强“平安房山”建设。健全安全生产问责制度，加大对重点行业和重点领域监管力度，坚决遏制重特大安全生产事故发生。强化食品、药品和其他生活必需品的市场监管，保障人民群众食品和用药安全。扎实做好甲型H1N1流感等人群传染病防控工作。落实重大

决策信访风险评估机制，加强信访排查、积案化解、源头预防工作，坚决杜绝各类群体性事件。抓好应急避难场所建设，提高城市综合防护和防灾减灾能力，有效应对各类突发事件。加大对出租房屋管理力度，完善流动人口服务与管理制度。加强社会治安综合治理，严厉打击各类违法犯罪活动，严防各种敌对势力和邪教组织制造事端。

（六）加强政府自身建设，提高行政能力和水平

着力提高科学决策、民主决策和依法行政能力，加快建设服务型政府。

切实提高依法行政水平。坚决执行区人大及其常委会的决议，自觉接受人大监督，严格落实重大事项报告制度。主动加强与人民政协的联系，认真听取各民主党派、工商联、无党派人士和人民团体的意见。坚持与人大代表、政协委员的联系制度，及时、高质量地办理议案、建议和提案。深入贯彻政府信息公开条例，增强政府工作透明度。制定并落实《房山区 2010—2014 年依法行政工作实施方案》。认真落实重大事项依法决策制度，严格按照法定权限和程序履行职责。加强行政复议工作，完善依法行政考核制度，全面推进法治政府建设。

切实提高科学决策水平。按照“三化两区”发展战略，高水平编制“十二五”规划，突出做好功能区和重点地区规划，实现经济社会发展规划与土地利用规划和城市发展空间规划“三规”衔接、专项规划与总体规划衔接、规划与政策衔接。健全宏观经济预警预测机制，促进政府决策的科学化、精细化和常态化。抓好重点指标、重点行业的监测评价，提高统计监测评价水平。高质量开展第六次全国人口普查，为科学决策提供依据。

切实加强勤政廉政建设。巩固深入学习实践科学发展观成果，加强公务员队伍建设，进一步提高政府工作执行力和服务管理水平。扎实开展作风建设年活动，切实增强服务意识，优化服务环境，不断提高履职效率、管理效能和服务效果，着力创新创优。进一步办好政风行风热线，及时掌握社情民意。加强对政府投资项目的监管，加大财政资金监控力度，做到公开透明。认真落实党风廉政建设责任制，扎实推进惩治和预防腐败体系建设，从源头上防止腐败，努力建设为民、务实、廉洁、高效的政府。

各位代表、各位委员，发展蓝图已经绘就，发展前程无限美好。站在新的起点上，我们的发展任务十分繁重，使命无上光荣。让我们在区委的正确领导下，齐心协力、紧抓机遇、迎难而上、奋力拼搏，全面加快城市化、工业化、现代化进程，为建设产业友好、生态宜居的新房山而努力奋斗！

中国人民政治协商会议
北京市房山区第六届委员会常务委员会工作报告

——2010 年 1 月 11 日在政协北京市房山区第六届委员会第四次会议上

政协北京市房山区委员会主席　范文彦

各位委员：

我受中国人民政治协商会议北京市房山区第六届委员会常务委员会委托，向大会作工作报告，请予审议。

一、2009 年工作回顾

六届三次会议以来，区政协常委会坚持以邓小平理论、“三个代表”重要思想和科学发展观为指导，深入学习贯彻中共十七大和十七届四中全会精神，在市政协的指导和中共房山区委的领导下，以迎接新中国和人民政协成立 60 周年为契机，以“保增长、保民生、保稳定”为主线，坚持围绕中心、服务大局，认真履行政协职能，为建设“三化两区”新房山作出了新贡献。

（一）把握大局，突出重点，政治协商助推发展

突出协商重点，丰富协商内容，通过全体会议、考察视察、对口协商等形式，围绕全区发展大局，积极协商议政，收到了明显成效。

全会协商主题鲜明。充分运用全体会议这一政治协商的最高形式，紧紧围绕事关全区改革发展稳定的重大问题，深入研讨、建言献策，为区委区政府明确工作思路，推动工作落实提供了有力支持。六届三次会议期间，委员们深入学习中共房山区委六届七次全会精神，认真讨论了《政府工作报告》及其他工作报告，以高度负责的精神，在工业、农业、文教、卫生、旅游以及公共交通等方面提出了 17 项建设性意见。举办了“促进产业发展、扩大经济总量”和“加快城市基础设施建设，提高城市管理与服务水平”两个专题座谈会。委员们与区委区政府及有关职能部门的领导就产业结构调整中工业发展、优化“产业基地和主导产业”发展布局、进一步深化“燕房”合作，以及城市建设与管理中轨道交通建设、市政工程建设、旧城改造、巩固创卫成果等重要问题进行了深入研讨，提出了多项建议。组织了“促进房山卫生事业发展”专题论坛，13 名委员分别就农村医疗卫生网络建设、卫生人才队伍建设、民营医疗资源整合等方面的问题建言立论，得到了区委区政府及有关部门的高度重视，引起了社会各界的广泛关注。

日常协商重点突出。以市政工程建设、新农村建设及设施农业发展、教育卫生体育事业发展为重点，组织政协常委和相关委员开展了三次常委会视察活动。就轨道交通施工及沿线规划与开发、市政工程征占地与拆迁安置政策落实，新农村建设长效机制建立、设施农业发展、农村土地经营承包权流转，教育卫生设施规划布局、重点工程建设、政策与资金支持等关键问题，有针对性地提出了意见和建议，为区委区政府科学决策，推动工作落实，提供了智力支持。各专委会充分发挥优势，组织委员积极开展对口协商，先后对长周路改建、京石快客专线拆迁建设、长阳土地储备项目运作、南窖水峪生态村发展、重点乡镇联栋温室花卉基地建设等开展视察活动。各民主党派、人民团体及各界委员围绕产业结构调整、城市基础设施建设、和谐社区创建等工作开展视察协商活动，有效促进了相关工作的开展。积极参与首都西南五区第三届区域经济发展论坛，组织了论文征集、课题调研等工作，完成了多篇论文，其中四篇论文收入论坛文集。

（二）紧贴实际，关注民生，民主监督富有成效

探索有效途径，完善工作机制，选择区委区政府重视和人民群众普遍关心的重要问题，深入开展民主监督活动，有效发挥了政协民主监督的独特优势和作用。

民主评议深入有效。为充分发挥民主评议的作用，促进全区交通运输业又好又快发展，对全区交通运输管理工作开展了为期 20 多天的民主评议。听取了区交通局总体工作情况汇报和专题情况汇报，分成三个小组对凯捷风公司、红煤厂检查站等 16 个所属单位进行了考察和评估，分别形成了民主评议报告，组织了综合测评。根据民主评议情况，形成了《政协房山区第六届委员会主席会议

关于推进全区交通运输业发展的建议案》，在进一步完善房山综合交通发展规划、深化公交与货运体制改革、营造安全有序的交通运输环境等五个方面提出了意见和建议。区委、区政府及有关部门积极吸纳相关建议，改进和创新交通运输管理工作，在规划调整、信息化建设、客运线路优化、标准化站点改造等方面都取得了新的成效，进一步提高了交通运输的管理服务水平。

专项监督紧贴实际。结合深入学习实践科学发展观活动，各民主党派、人民团体和各族各界委员深入实际、深入群众，通过访查、座谈、填写意见表等形式，对区委区政府及区直各单位的工作开展监督，及时提出批评和建议。同时积极开展经常性的民主监督活动，对区地税局的各项工作、区国税局七个基层所的工作以及部分区直部门的单项工作开展明察暗访，及时反馈意见。50 余名特约监督员对党政机关、执法部门及其工作人员的工作适时开展监督活动，促进了相关部门工作的改进和服务水平的提高。

（三）求真务实，献智出力，参政议政成效明显

以实现“三保”任务为目标，认真做好调查研究、提案和社情民意信息工作，为实现全区经济企稳回升和社会和谐稳定发挥了重要作用。

调研工作成果丰富。以“保增长、保民生、保稳定”为重点，深入开展调查研究，取得了明显成效。一是突出重点选择课题。围绕实现“三保”任务要求，与区委区政府和区直部门加强沟通与交流，在中小企业应对金融危机、关矿地区替代产业培育、土地流转、设施农业发展等方面确定了 23 项重点调研课题，课题的选择保持了与区委区政府中心工作的一致性。二是明确责任认真实施。坚持政协领导牵头，各专委会和各民主党派、人民团体及有关界别分别承担课题任务的工作制度，组织委员深入实际开展调查研究，全年开展调研及研讨交流活动 80 余次，完成调研报告 25 篇。在历时一个多月的“三保”专题调研活动中，50 多名委员分成四个专题组，走访各类中小企业 100 余家，就工业、商业、农业企业在金融危机中面临的主要困难和问题进行了全面深入的调查。召开了区政府、区政协主要领导和部分委员、企业代表参加的专题协商会。在此基础上形成了区政协《关于实现“保增长、保民生、保稳定”目标，促进我区中小企业发展的建议》，在建立中小企业联系帮扶机制，加大规划、土地问题解决力度，努力解决中小企业融资难问题等六个方面提出了多项建设性意见，为区委区政府制定应对金融危机的扶持性政策措施提供了有力的决策支持。针对政协报送的建议，区委书记刘伟同志、区长祁红同志先后作出了重要批示。区政府综合各方面情况，参照政协提出的建议，制定了 23 项政策。随着各项政策措施的落实，特别是完善区域规划和土地规划、搭建融资平台、建立审批绿色通道等综合性政策措施的出台，为受困企业渡过难关，进而实现区域经济企稳回升发挥了重要的推动作用。市政协主席阳安江到房山考察工作时，对区政协“三保”调研活动给予了充分肯定。三是注重实效促进转化。以促进工作落实为落脚点，多渠道多形式推动调研成果转化。在全年完成的调研报告中，《做大做强房山区食用菌产业》的调研报告已转化为主席会议建议案，其他调研报告已转化为本次会议的提案、大会发言、专题座谈发言以及专项建议等。同时在市政协有关刊物刊发调研报告 3 篇，在《房山调研》刊发 6 篇，在《房山政协》调研专刊刊发 23 篇，发挥了调查研究服务决策、推动工作的作用。

提案工作规范有序。突出提案工作在履行政协职能中的全局性作用，以提高提案质量和督办质量为着力点，推进提案工作深入开展。六届三次会议期间收到的 232 件提案

全部办理完毕，委员满意和基本满意率达到98.5%。一是提案质量进一步提高。通过区情通报会，电视、网络、报刊等媒体面向社会广泛征集提案线索，组织召开群众代表座谈会听取意见，编发《提案征集通知》和《提案参考目录》等办法，为委员把握区情、确定提案主题、撰写高质量的提案提供了帮助，有效提高了团体提案和委员个人提案质量。二是提案办理质量进一步提高。确定了《关于加强设施农业建设和管理工作的建议》《关于开通燕山至良乡公交专线的建议》等6件重点提案，分别由主席、副主席牵头督办，促进和带动了各项提案的承办。各专委会主动与承办单位联系，及时掌握提案办理情况，负责督办的6件提案顺利办复。协调区发改委、文委、交通局、人力资源和社会保障局，组织了提案承办集中答复会，使提案办理工作更加公开透明，落实效果更加明显。《关于我区城市雨污水排放基础设施不健全，汛期存在灾情隐患》的提案，经区政府研究部署，区水务局组织实施了18项水利工程，其中刺猬河综合治理二期工程形成了3.46公里的河道景观，大大提高了城市防洪防灾能力，改善了城市水环境。《关于解决昊天学校进出道路的建议》的提案得到了落实，使困扰昊天学校师生出行的难题得以解决。

社情民意贴近民生。把反映社情民意作为党和政府联系人民群众的桥梁和纽带，发挥委员的主体作用，深入基层、深入群众，通过不同渠道体察民情，了解民意，及时向有关部门反映群众的心声和诉求。全年收集社情民意信息近百条，向区委、区政府及有关部门报送60余条，使一些群众普遍关心和反映集中的热点难点问题得到了解决。

（四）发挥优势，城乡统筹，积极主动多办实事

按照城乡一体化发展的要求，发挥优势，统筹安排，以开展“百村帮扶”与“共建和谐社区”活动为重点，努力为新农村和社区建设多办实事，取得了良好的社会效果。

集成力量推进新农村建设。按照区委区政府开展“百村帮扶”活动的要求，组织动员委员采取多种形式积极参与新农村建设。在2008年12名委员联系帮扶12个村的基础上，再增6名委员和6个帮扶村，采取多种形式开展帮扶活动，为帮扶村联系发展项目、筹集建设资金、谋划发展计策。政协机关积极为周口店娄子水村和新增帮扶村涞沥水村先后筹集资金105万元，支持主导产业发展和村容村貌的改善。此外，部分具有一定经济实力的委员以回报家乡、服务“三农”为己任，帮扶自己家乡的村，在生产发展、村庄建设、就业培训等方面给予资金、项目、技术和智力支持，特别是实行股份合作经营，积极探索农村和企业共同发展的有效模式，为新农村建设注入了活力。

结对帮扶促进和谐社区建设。始终把“共建和谐社区”活动作为促进和谐房山建设的重要载体，召开了“共建和谐社区”活动再动员大会，对全年开展“共建和谐社区”各项工作进行部署。各专委会和各民主党派、人民团体与结对共建的30个社区，通过召开共建帮扶对接会等形式协商共建事宜，以拱辰、西潞和城关街道等部分社区为重点，广泛开展共建活动。全年共为社区筹集资金43万元，为结对社区捐赠了电教器材、办公用品、图书和健身器械；组织开展了知识讲座、医疗义诊、书画笔会、义务修理等活动；城关街道的部分委员积极捐款捐物，为20个社区建立了电子知情台。在三年的“共建和谐社区”活动中，先后与40个社区建立了结对共建关系，累计捐款150万元，还有大量物品，支持和推动了和谐社区建设。

（五）高举旗帜，弘扬主题，履行职能的工作氛围更加和谐

高举“两面旗帜”，弘扬“两大主题”，

以庆祝人民政协成立60周年为契机，汇集力量，营造氛围，为履行职能创造了有利的社会环境。

认真开展庆祝人民政协成立60周年活动。以重温历史、展望未来、推动科学发展为主题，精心组织庆祝人民政协成立60周年系列活动，进一步扩大了人民政协的影响力。一是积极参加市政协组织的庆祝活动。向市政协报送了10篇由政协领导、委室主任和新老委员撰写的政协理论与实践的探讨性文章，文稿数量在全市区县政协中名列前茅，文稿质量也具有较高的水平，将收入市政协编纂的专项文集。同时，还参加了市政协组织的其他庆祝活动。二是组织了主题征文活动。历届政协委员、各民主党派、人民团体和各族各界人士踊跃撰写文章，以自己的亲闻、亲见、亲历，抒发对人民政协的感悟，畅谈履行职能的体会。活动期间，收到征文近百篇，编辑形成了《与共和国同行——房山区政协庆祝人民政协成立60周年文集》。三是编辑制作了专题片《光辉历程》。追踪时间脉络，运用独特视角，回顾人民政协60年和房山政协28年的辉煌历程，展现了人民政协作为我国基本政治制度的生机与活力。四是召开了庆祝人民政协成立60周年大会。区四大部门主要领导、区政协历届领导和新老委员代表欢聚一堂，在共话历史中增强了荣誉感，深化了对人民政协事业的理性思考；在共话未来中增强了使命感，坚定了做好新时期人民政协工作的信心，增添了推动科学发展、建设“三化两区”新房山的动力。在主题活动中，还举办了书画笔会、摄影比赛、学习交流等活动，营造了团结民主、和衷共济、共同谱写人民政协事业新篇章的浓厚氛围。

努力为各民主党派、人民团体和政协委员履行职能营造环境。政协领导和常委按照分工，通过走访、座谈、慰问等方式，保持与民主党派、人民团体负责人的联系，就政协六届三次会议、政协2009年工作安排以及一些重要问题广泛协商讨论。坚持政协主要领导与委员约谈制度，认真听取和征求委员的意见和建议。政协领导班子成员和常委及机关干部主动深入基层，与委员所在单位领导和委员互通情况、征求意见，增强了委员的荣誉感和使命感。加强与“归侨、侨眷、台胞、台属”界和少数民族与宗教界委员的联系，开展视察、考察、联谊等活动，鼓励委员为落实统战政策、促进民族团结、实现祖国统一大业多做工作。

切实做好文史工作。做好文史资料的征集整理和选编工作，完成了《房山文史资料》第23辑的编辑，全书收录稿件40余篇、近20万字、照片20幅。探索文史工作新思路，继前两年分别完成《房山历代人物》和《房山历代陵墓》编辑出版后，对房山历代寺观的历史资料进行搜集、挖掘、整理，完成了《房山历代寺观》一书的编辑出版，扩大了文史工作领域。

适时做好宣传工作。对政协六届三次会议进行了全方位、多层次的宣传，使社会各界对会议期间开展政治协商、专题论坛、专题座谈等履职工作有了更加全面的了解。对庆祝人民政协成立60周年系列活动，调查研究、考察视察、民主评议和提案等重点工作，“百村帮扶”、“共建和谐社区”等特色活动，及时进行深度宣传。编辑了《六届三次会议文件汇编》、专题论坛、专题座谈、民主评议全区交通运输管理工作、2008年优秀调研报告等文集，进一步扩大了政协的社会影响力。

（六）夯实基础，提升素质，自身建设不断加强

以委员队伍建设和政协机关干部队伍建设为着力点，切实加强自身建设，为各项工作顺利开展提供了保障。

切实加强委员队伍建设，履职能力不断提升。通过培训班、研讨会、专题报告会等

形式，组织委员认真学习政治、经济、文化、科技、法律知识，全年开展学习交流活动20余次，参加委员600多人次。组织了学习中共十七届三中、四中全会精神辅导报告会和胡锦涛同志在庆祝人民政协成立60周年大会上的讲话精神报告会。在各项履职活动中适时向委员通报金融危机背景下国内外形势变化、区委区政府“三化两区”发展新思路以及实现“三保”目标、推进功能区建设的总体部署和主要措施，夯实了委员履行职能的思想基础，进一步增强了做好政协工作的自觉性和主动性，有效提高了履职水平。

切实加强机关队伍建设，服务水平得到提高。以深入学习实践科学发展观活动为契机，把“围绕科学履职，服务‘三保’目标，解决突出问题，提高履职实效”作为学习实践载体，推动活动深入开展。通过学习心得交流和调研成果交流，使全体机关干部在深化理性认识、丰富实践思考两个层面都有了新的提高。经过广泛征求意见和深刻剖析，查摆出了工作中存在的主要问题，明确了整改方向，制定了整改措施，并把整改措施的落实责任化、具体化。针对履行政协职能中制度不够完善、程序不够规范的薄弱环节，制定了关于进一步规范政治协商、民主监督工作的四项制度（草案）；适应工作要求，对机关委室干部队伍进行了调整充实，优化了机关干部队伍结构；各委室结合实际，细化措施，认真整改，提高了工作效率和服务水平。

六届三次会议以来，在常委会的领导下，通过全体政协委员和机关干部的不懈努力，各项工作取得了新成绩。但是，按照科学发展观的要求，工作中仍然存在着差距与不足，在学习实践科学发展观活动中查找出的政治协商制度有待规范、民主监督制度有待完善、参政议政职能有待深化以及各项工作推进不够平衡等问题，虽然经过整改取得了阶段性成果，但是，在新的一年里仍然需要进一步加大整改力度，取得更加明显的成效。

二、2010年工作安排

2010年是贯彻落实中共十七届四中全会和中共中央、北京市委一系列重大战略部署，建设“人文北京、科技北京、绿色北京”，加快首都建设世界城市进程的关键之年；是巩固2009年经济企稳回升基础，继续应对国际金融危机冲击，加快经济发展方式转变，推动国民经济进一步向好发展，实现宏观调控目标的关键之年；是建设“三化两区”新房山，推动全区科学发展、跨越发展的关键之年。面对新形势、新任务和政协工作的新要求，区政协工作的指导思想是：高举中国特色社会主义伟大旗帜，以邓小平理论和“三个代表”重要思想为指导，以科学发展观为统领，以胡锦涛总书记在庆祝人民政协成立60周年大会上的讲话精神为动力，在中共房山区委领导下，按照区委六届八次全会的总体部署，围绕全面完成“十一五”规划目标任务和启动“十二五”规划编制，把握规律，发挥优势，求真务实，全面履行政协职能，努力开创政协工作新局面，为建设“三化两区”新房山作出新贡献。

（一）加强理论学习，指导工作深入开展

始终把思想理论建设放在突出位置，以建设学习型政协为目标，坚持理论联系实际的学风，有计划地组织开展系列学习研讨活动，深化政治理论和专业知识学习，指导工作有效开展。

强化政治理论学习。把政治理论学习作为武装头脑、把握规律、指导工作的重要抓手。重点抓好中共十七届四中全会、中央经济工作会议精神和胡锦涛总书记在庆祝人民政协成立60周年大会上重要讲话精神的学习，着力在领会精神实质、把握总体要求上下工夫，切实把中央和市区的方针政策、决策部署与人民政协工作的新思想、新要求、新举措落实到履行政协职能的各项工作当中。适时组织政协与统战理论的学习，安

排国情、市情、区情通报会，进一步提高委员的思想理论水平。

强化专业知识学习。切实抓好调查研究、提案、社情民意撰写等专业知识的学习培训，有针对性地抓好市场经济、法律法规和各种新知识、新技能的学习，提高委员分析思考问题、研究解决问题的能力和水平。坚持学习与实践有机结合，创新方式方法，开辟有效途径，搞好研讨交流，丰富实践活动，努力提高委员履行职责的能力素质，切实担负起新时期人民政协工作的历史重任。

（二）全面履行职能，服务全区改革发展

把推动科学发展作为履行政协职能的第一要务，坚持围绕中心、服务大局，全面履行各项职能，为建设现代化新房山贡献力量。

明确主题，深入开展政治协商。结合全区年度工作重点，以全区“十一五”规划各项任务的完成和“十二五”规划编制的启动为切入点，按照重要问题协商于决策之前和决策执行过程中的原则，选择事关全区发展的全局性、战略性、前瞻性问题，明确协商主题，规范协商程序，深入开展政治协商。要紧紧围绕建设“三化两区”新房山的战略构想，就未来一个时期全区经济、政治、文化、社会和生态建设，重点功能区规划建设的总体布局、统筹协调、可持续发展，以及新农村建设、就业增收、维护社会稳定等问题，深入开展调查研究、考察视察活动，建睿智之言，献务实之策，推动全区经济社会又好又快发展。主办好首都西南五区第四届区域经济发展论坛，按照论坛组委会的要求，制定工作方案，明确论坛主题，深入研讨论证，为实现西南五区经济社会的新发展贡献力量。

突出重点，不断深化民主监督。丰富监督形式、明确监督重点，深入开展民主监督活动，及时提出批评和建议，促进区委区政府相关工作的改进和创新。继续开展对区政府重点工作的民主评议，进一步完善工作机制，改进方式方法，增强民主评议的针对性、实效性。认真开展对全区年度重点工作、重点工程和实事工程的监督，对市政基础设施工程、重大建设项目和重要民生工作的落实情况开展专项监督。继续对区委区政府重要职能部门及其工作人员贯彻落实党和国家方针政策、法律法规情况进行监督。探索民主监督的新形式，在建立并发挥民主监督小组作用，加强对财政税收和维护社会稳定工作专项监督等方面取得新成效。

注重实效，切实搞好参政议政。紧密联系全区工作实际，深入开展调查研究，认真做好提案和社情民意工作，进一步提升参政议政水平。强化调查研究的基础作用，在新城建设管理、产业结构调整、新农村建设、就业增收、社会保障体系建设等事关房山科学发展和促进民生改善等重要问题中遴选调研课题，认真组织实施，深入研讨交流，推动成果转化，为区委区政府科学、民主、依法决策提供支持和服务。发挥提案在履行政协职能中的全局性作用，以提高提案质量和办理质量为着力点，促进提案工作整体水平不断提升。要更加重视全区社会各界民众反映提案线索的收集整理和吸纳，重视民主党派、人民团体和专委会等集体提案的提出和办理，重视与区委区政府以及提案承办部门的联系沟通，努力开创提案工作新局面。发挥政协社情民意作为党和政府联系人民群众的桥梁纽带作用，引导委员深入实际、深入群众，多渠道了解和反映社情民意，搞好社情民意信息的办理，协助区委区政府做好化解矛盾、理顺情绪、促进和谐的工作。

（三）营造和谐氛围，努力提升履职水平

高举“两面旗帜”，坚持“两大主题”，努力为委员履职尽责营造团结、民主、和谐氛围，不断增强政协的凝聚力和影响力。

切实发挥民主党派和人民团体作用。坚持和完善联系沟通机制，就政协全局性工作和年度工作思路、工作重点与民主党派、人民团体共同协商，增进共识、凝聚力量，巩固和发展多党合作的政治格局。高度重视民主党派、人民团体作用的发挥，积极创造各种有利条件，支持民主党派、人民团体开展调查研究、考察视察和提案撰写等履职活动，促进履职水平不断提升。

切实发挥委员作用。加强和完善情况通报制度，通过视察考察、研讨交流和区情通报等途径，使委员及时了解国情、市情和区情，为委员知情明政创造良好条件。加强政协组织、政协委员、委员所在单位的相互联系与沟通，通报情况、征求意见，切实发挥委员在本职工作中的带头作用、政协工作中的主体作用、界别群众中的代表作用。加强与“归侨、侨眷、台胞、台属”界委员的联系，为实现祖国统一大业多做工作；发挥少数民族和宗教界委员的作用，促进民族团结、宗教和睦。发挥各族各界委员科技、管理、资金等优势，以“百村帮扶”、文化科技卫生下基层、结对共建等活动为载体，积极开展送温暖、献爱心活动，为促进发展、服务百姓多办实事。

切实做好文史和宣传工作。开阔思路，拓展领域，深入挖掘房山文史资源，继续搞好《房山文史资料》的征集、编辑和出版工作，展示房山文化特色。进一步加大宣传工作力度，搞好总体策划，采取多种形式，适时对政协各项工作进行全方位、多角度宣传，扩大政协工作的社会影响力。

（四）加强自身建设，不断开创政协工作新局面

以创建学习型、服务型、创新型、和谐型政协为目标，不断加强自身建设，努力把政协工作提高到新水平。

进一步加强履行政协职能的“四化”建设。把推进履行政协职能的制度化、规范化、程序化建设与推进科学化建设统一起来，不断提升履行职能的能力和水平。从完善制度入手，针对学习实践科学发展观活动中查摆出的问题与不足，重点在完善政治协商办法、深化民主监督、规范履职活动等方面，制定相关制度，使各项履职活动的开展更加规范有序、更具实效性。

进一步加强委员和机关干部队伍建设。坚持委员学习培训制度，注重理论与实践的统一，夯实委员履行职能的政治思想基础。坚持委员履行政协职责、参加政协活动登记、考核和定期通报制度，调动委员的积极性和主动性。以巩固学习实践科学发展观活动成果为着力点，明确工作任务，落实整改措施，强化目标管理，切实增强政协机关干部的大局意识、责任意识和服务意识，不断提高政协机关建设水平。加强与北京市和其他政协组织的联系，互通情况，拓展视野，改进工作。

进一步加强专委会建设。积极探索有效推进专委会工作开展的新思路、新方式，增强政协组织系统的统筹性、协调性。切实发挥专委会在开展专题调研、组织视察考察、做好提案工作、联系界别委员和界别小组等方面的协调沟通、指导服务作用，进一步提升专委会工作水平。

各位委员，胡锦涛总书记在庆祝人民政协成立60周年大会上的重要讲话为政协工作提出了新要求。中共房山区委六届八次全会对全区各项工作作出了全面部署。新目标、新任务令人鼓舞、催人奋进，让我们团结一心，开拓进取，汇集力量，扎实工作，不断开创政协工作新局面，为建设“三化两区”新房山作出新的更大的贡献！

12月3日，“中法文化交流——周口店遗址保护、管理、利用合作谅解备忘录签字仪式”在周口店遗址举行

专 文

关于加快推进我区城市化进程的思考

中共房山区委书记 刘 伟

加快城市化进程，以城市化带动工业化促进现代化，是全面贯彻科学发展观、认真落实“三个北京”要求的战略举措，是落实区县功能定位、加快推进“三化两区”建设的客观要求。我在深入调研的基础上，立足北京建设国际化大都市的目标，结合房山实际，就如何推进全区城市化进程进行了深入思考。

一、房山区城市化的现状

近年来，在市委、市政府的正确领导下，房山区坚持以科学发展观为指导，加快转变经济发展方式，把城市化作为加快现代化建设的重要内容，全区城市化水平不断提高。主要体现在以下四个方面：

一是区域城镇空间体系初步形成。2007年初，《房山新城规划（2005—2020）》获得市政府正式批复，“首都西南枢纽、友好产业新区、山水文化名城”的功能定位的明确，为我区加快城乡规划体系编制工作、推进城乡空间资源优化配置奠定了坚实基础。围绕新城规划，在原有城镇体系的基础上，形成了以良乡、燕房两大新城组团为核心，以长沟、窦店、琉璃河、韩村河四个中心镇及长阳、阎村、青龙湖等众多建制镇为重点的城镇体系，初步建立了新城、重点镇、一般建制镇、中心村四级城镇空间结构体系，为优化城乡空间资源配置确定了方向。

二是城镇综合承载功能不断提升。近年来，我区始终坚持基础设施先行的方针，全区道路交通承载力进一步提高，多宝路、阳光大街、长虹路、西潞大街等市政道路先后实施，大件路、长周路已经建成通车，轻轨房山线、六环路正在加快建设，连接市区、沟通乡镇的快速交通网络正在形成。通过实施“引磁入房”“引万入良”、良乡污水处理厂等大型市政工程，加快长沟、长阳等乡镇的市政配套设施建设，不断加大文化、卫生、教育建设投资力度，城市综合承载力进一步提升。通过深入开展城市环境综合整治，“创卫”工作取得圆满成功，长沟镇和长阳镇分别获得“国际生态安全示范镇”和“首都园林式小城镇”称号，全区城镇面貌发生了较大改观。

三是城镇经济带动效应日趋显现。在推进城市化进程中，我区始终把发展城市经济和园区经济摆在重要位置，随着城镇综合服务功能的增强，城镇经济对区域经济的带动作用不断增强。2008 年，“三街九镇”完成税收 19.8 亿元，占 23 个街乡镇税收的 85.3%。以城镇发展为依托，全区产业园区发展步伐明显加快，2008 年，园区（基地）内企业累计达到 3321 家，上缴税金 18.5 亿元，占区域税收总额的 32.6%，初步形成带动区域发展的有效载体。

四是城镇吸纳人口能力不断增强。随着城市综合服务功能的不断完善，农村人口向城镇转移的速度呈现加速趋势。2008 年年底，全区已有非农业人口 31 万余人，占总数的 45.6%。特别是“三街九镇”以不足 39% 的区域面积，集聚了 65.5%的区域人口，仅良、房户籍非农业人口就达 14.5 万余人，占全区非农业人口总数的 46.8%。

尽管我区城市化水平有了明显提高，但受城乡二元体制和农村发展水平的制约，我区的城市化水平与北京建设国际化大都市的目标相比，与首都城市发展新区的功能定位相比，还有不少差距，主要表现为：

一是我区城市化水平与全市整体水平差距仍然较大。受思想认识、交通瓶颈等因素制约，全区上下特别是领导干部的首都意识不强，不善于从全市发展大格局中把握房山的功能定位，更没有把城市化作为全区发展的总体战略放在更加突出位置，房山融入市区的广度和深度远远不够，加之建设资金缺乏等因素制约，我区城市化水平与全市整体水平差距仍然较大，比全市 84.9%的城市化水平低了 33.3 百分点，城市化对区域经济社会发展的龙头带动作用尚未充分显现。

二是新城形象和城市功能与首都城市发展新区的要求还不相称。近年来，我区虽然加大了新城基础设施和公共服务设施的投入，但由于新城建设尤其是良乡组团基础设施建设起步较晚，市政配套设施和生态环境建设欠账较多，与新城发展还不同步；燕房组团一些老旧小区基础设施较差，供电、供气、供水、供热改造仍有大量工作要做，图书馆、体育馆、影剧院等公共文化设施存在着数目较少、档次不高的问题，与建设生态宜居新城的目标相比，还有很大差距。

三是城镇统筹发展能力还需进一步优化。受土地资源制约影响，我区新城规模偏小、空间不足的问题仍很突出，建设档次、环境面貌、综合竞争力和辐射带动能力与发达地区和先进兄弟区县还有较大差距，新城占全区经济总量的份额仅为 31%，与重点乡镇相比不占据明显优势，应有的集聚、辐射和主导功能远远没有得到充分发挥。从城镇方面来看，由于缺乏区域总体规划的协调、指导，各城镇之间横向联系不强，特色不够突出，职能分工互补不明显，难以发挥各自优势，城镇间的相互协调、整合较困难。

四是城市化与功能区尚未形成互动发展的良性态势。受城市化进程相对滞后的影响，园区（基地）发展缓慢，整体优势还不突出，对城市发展的支撑作用明显不足。2007 年，我区园区全部工业产值、技工贸收入、税收仅占全市的 3.7%、1.7%和 1.8%，与海淀、朝阳、顺义等兄弟区县的园区经济实力差距较大。

二、房山区加快推进城市化的基本思路

按照国际经验，一个国家或地区人均 GDP 达到 1000 美元至 2000 美元、城市人口超过 30%时，将进入城市化加速期。2008 年，房山人均 GDP 达到 3585 美元，城市化水平已经达到 51.6%，已经进入了城市化加速发展的时期，为我区全面加快城市化进程奠定了良好基础。我们要以科学发展观为指导，在首都发展大格局中准确把握房山的功能定位，以城市化带动工业化、促进现代化，使房山全面融入首都经济社会发展大局，实

现房山跨越发展。

（一）总体设想

以科学发展观为统领，认真落实“三个北京”要求，加快推进“三化两区”进程，按照“两轴、两带、多点支撑”的区域经济布局，抓住轨道交通房山线开工建设的重大契机，加速融入市区，全面对接首都，充分发挥房山新城在承接市区产业、吸纳市区人口、涵养首都生态的重要功能，坚持，依托重点功能区的发展，进一步提升新城和重点镇的综合承载与要素聚集功能，促进人口、产业、资金、技术向城镇集聚，最终形成“点状分布、组团发展、带状拉动”的空间发展格局，推进房山区域经济社会实现跨越发展。

两轴，指京石高速发展轴、良乡和燕房连接线发展轴。

两带，指西部浅山区发展带、东部轻轨房山线发展带。

多点支撑，指在两轴、两带交汇的重要节点，以功能区为支撑，形成多个带动区域发展的特色经济中心，支撑新城组团和中心镇发展。

（二）主要目标

通过努力，到2012年基本实现以下目标：

城市化率明显提高。全区城市化水平达到70%，年均增长4.6个百分点；新城居住人口达到40万人，重点镇中心区人口达到3万人，人口集聚率达到40%。

城市要素聚集和经济辐射能力显著增强。城市化成为全区发展的第一拉动力，城市经济在区域经济中占据主导地位，新城创造的GDP占全区经济总量的比重超过50%。镇均财政总收入超过1亿元，每个中心镇形成1个产业功能区，培育1个至2个优势产业集群，形成具有较强竞争能力的镇域主导产业。

城市基础设施和公共服务设施更加完善。突破新城建设的瓶颈制约，缩短与市区在时空上的距离，形成与市区的文化、信息、人才等高端要素的无障碍交流，建成比较完备的交通、通讯、供水、供电、供气和污染治理、防灾减灾等现代化城市基础设施体系，形成较为完备的文化、教育、艺术、新闻、广播电视、卫生、体育等城市文明设施和法制健全、管理有序的城市管理体系。

“两轴、两带、多点支撑”的城市布局基本形成。建成以新城组团为中心、重点镇为骨干、新型农村社区为基础，规模结构组合有序，功能定位优势互补，空间布局科学合理，人居环境良好的现代化城市体系。

三、加快房山区城市化进程的对策措施

在首都建设现代化国际大都市的新阶段，我们要按照建设“三个北京”的新要求，紧紧抓住首都推进城乡一体化的新契机，遵循大都市郊区城市化发展的客观规律，加快推进城市化，努力建设产业友好、生态宜居新房山。

（一）全面对接市区，加速融入首都

将全面对接市区、加速融入首都作为当前和今后一个时期的战略任务，作为推进“三化两区”战略的根本导向，按照“主动对接、全面合作、互利共赢”的要求，以观念转变为先导，以交通接轨为突破，以功能融入为根本，在全市发展大格局中明确房山定位，在全面接轨市区中彰显区域特色，努力推进房山城市化的跨越式发展。

1.转变发展理念。紧紧抓住首都建设“三个北京”、推进城乡一体化发展的重大机遇，淡化行政边界，突破地域限制，强化三种意识，从更高层次、更大空间上谋划房山的发展。一是强化首都意识，广泛宣传发动，使全区上下充分认识全面对接市区、加速融入首都的重要性、必要性和紧迫性，结合全区规划体系的优化完善和“十二五”规划的前期工作，进一步完善区域发展战略，明确提出融入首都的指导思想、目标、重点和具体措施，从城市功能、产业布局、资源配置等

方面真正把房山的发展纳入到首都整体发展格局中，并加快由规划阶段转入实施阶段，尽快在重点领域和关键环节取得突破。二是强化开放意识，尽快与市区建立起有效的交流合作机制，通过区县合作、园区共建等方式，有效引导市区优质要素向我区转移，在更大的空间范围内促进生产要素的合理流动；同时，积极参与南城及西南部地区的区域合作，加快与周边兄弟区县形成“规划共绘、设施共建、产业共兴、优势共享”联动发展机制，深化在功能区发展、重大基础设施建设、生态环境治理等方面的沟通合作，共同推动京西南区域经济社会健康快速发展。三是强化品牌意识，着力加强城市形象的总体策划设计与推介工作，充分借鉴发达城市在地区形象总体推介方面的成功经验和做法，与全国知名传媒合作，进行总体策划，整体包装，全面打造CSD——中央休闲消费区的房山品牌新形象，切实提升房山在国内外的知名度与美誉度，扩大对外影响力和吸引力。

2.突破交通瓶颈。以强化房山交通枢纽功能为目标，按照对内大循环、对外大开放的总体要求，积极开展新一轮交通基础设施建设大会战，加快形成贯穿全境、辐射京冀的“主干线网”交通框架，使首都乃至京冀地区的人流、物流、信息流等能够快速进出房山，为推动区域发展创造更加便捷的交流通道。一是要进一步畅通进京通道，以全面加快轻轨房山线建设为龙头，加快启动京良路和丰良路两条延长线建设，继续抓好六环路建设，主动配合做好京石第二高速筹备工作，加速形成多条对接市区的快速通道，实现各类交通设施与市区的无缝对接，使房山更多的区域纳入首都城市布局，用快速交通通道形成的同城效应带动整个区域的城市化。二是要完善区域内部交通体系，启动重大交通骨架项目建设，着力构建覆盖全区的“七横、八纵、十放射”的区域公路网络体系，加快建设黄良路、良乡东路延长线等连通周边新城、连接重点乡镇的道路工程，积极筹备胜南路等南沟和北沟快速通道建设项目，加快形成以良乡、燕房新城为中心，以青龙湖、长沟、琉璃河、阎村、窦店等为节点的综合交通运输通讯网，在推动城市化过程中充分发挥城市景观走廊和经济大动脉的作用。

3.彰显新城特色。认真落实“首都西南枢纽、友好产业新区、山水文化名城”的新城功能定位，努力打造与市区同等的公共服务和优于市区的生态环境，通过“三大转型”，尽快融入首都城市发展进程，使房山成为与市区既有空间组团的相对独立，又有各类资源要素无缝对接的现代化新城区。一是实现由通道型向枢纽型转变。充分利用房山连接京冀的区位优势，积极参与周边兄弟县市合作与发展，启动区域物流商贸中心建设，增强各类要素的集聚和扩散能力，形成新城人流、物流、资金流、信息流的“洼地”效应，逐步把我区建设成为服务首都、对接河北的“京冀枢纽”。二是实现由传统型向创新型转变。充分发挥生态人居环境一流、科教文化发达的优势，积极承接市区的产业梯度转移，加快培育发展人才培训、软件开发、信息工程、新型物流、文化创意等新型业态，实现城市经济由传统加工业为主向以现代服务业为主转变，将房山建设成为首都西南的科研基地、现代农业示范基地和高端物流商贸基地，成为全市新型工业化、新型城市化、农业现代化的重要区域。三是实现由资源型向生态型转变。充分发挥独特的风景旅游资源和丰富的历史文化资源优势，保护以森林、山体为屏障的近郊生态圈，开发以沿河为主线的城市生活生态岸线，通过建设区域性旅游服务中心，加快培育发展生态农业、生态旅游、文化休闲等生态产业，将房山建成具有国际品质的现代化旅游度假胜地与宜业宜居新城。

（二）坚持强化功能，提高区域城市化水平

以良乡、燕房两个组团为龙头，以中心镇为依托，坚持城市外部规模扩张与内部功能完善相统一，采取政府主导，市场运作的方式，最大限度地集聚、整合和统筹城乡资源，提高区域城市化水平。

1.老城改造和新区建设并重，强化新城组团的龙头带动功能。坚持新区建设与老城改造双轮驱动，拉开新城建设发展框架，继续完善新城空间结构，着力提升城市核心功能。一是加快新城区建设步伐。良乡新城组团东区要依托紧邻首都主城区的区位优势，以长阳、供辰等轨道交通房山线沿线区域为轴心，通过高端住宅小区、核心商务圈、现代文化创意聚集区等重要功能区建设，使之逐步成为房山新城东进发展主轴上的重要一极，减轻老城区过于集中的人口压力，带动城区产业、人口均衡布局与发展。二是推动老城改造升级。良乡新城组团要将老城区各项功能的调整、城市产业结构的调整和用地结构的调整有机结合，有序推进拱辰街道一至五街改造工程，着力增强老城区在商贸、金融、信息和社区服务等方面的功能，同时要大力改善老城区居住环境，提高居住质量，争取集中力量在老城区形成各具特色的花园式建筑群，彻底改变老城区的面貌；燕房新城组团老城区要加快启动改造工程，通过狠抓城市集中供暖等配套服务设施建设，完善城市功能，凝聚人气、商机，打造商贸、住宅和第三产业集中区，全面提升城市品位。三是完善城市综合服务功能。以关注群众日常生活的功能配套和满足群众的各种需求为重点，在巩固国家卫生区创建成果的基础上，进一步加快城市道路、供水、园林绿化、环卫设施建设，加快建设文化馆、少年宫、影剧院、图书馆等社会文化设施，进一步完善以社区卫生服务为主体，包括新城综合医疗中心、妇幼保健院、中医医院和疾控中心在内的新型卫生服务体系，为新城居民营造一个功能齐全、环境优美的生活空间。

2.突出特色与完善功能并举，强化重点城镇的综合承载功能。加快重点城镇建设，充分发挥小城镇在城乡经济社会发展中的基础作用和联结城乡的纽带作用。一是要以特色兴镇，结合自然、地理条件、历史文脉、风土人情等方面因素，综合考虑产业特色、建筑特色、自然特色、功能特色和文化特色，推行多样化、差异性的城镇发展战略，有针对性地在生产力布局、基础设施建设以及户籍、用地等政策上给予重点扶持，在全区尽快形成一批各具特色的商贸镇、工业镇、旅游镇和生态镇；二是要以功能强镇，坚持基础设施先行，突出抓好供水、供电、供气、防洪、治污配套基础设施，完善金融、科技、文化、教育、医疗等服务设施，按照产业集聚、人口集居、资源集中的思路，实现产业园区（基地）与城镇基础设施上的合理布局，着力提高城镇核心区域、重点部位、节点地区的建设水平，真正形成并发挥好城镇在一定区域的政治、经济和文化中心功能，有效地带动广大乡村的发展，形成区域联动的辐射力。

3.迁村并点与村庄改造同步，强化新农村宜居宜憩功能。坚持以城市化的思路来推动新农村建设，不断完善村庄功能，提升村庄形象，促进村庄向社区转变，推进农村与城镇对接。一是积极开展迁村并点工作，按照“科学规划、合理布局、促进集中、调整规模”的思路，加快中心村建设和空心村改造步伐，采取集中安置与分散安置相结合的方式推动山区人口搬迁工作，除少数不宜撤并的特色村外，对地质条件恶劣、规模偏小、布局分散的村适当进行撤并搬迁，把零星分散的自然村落集中建成较大的居民点或中心村，实现城乡人口资源的合理配置与建设用地的集约集聚利用；二是加快村庄改造升级，按照“生态优先、完善功能、保持特色”

的要求，以改善人居环境为重点，不断加快农村地区水、电、路、通信等公共基础设施建设，完善文化、教育、医疗等服务设施，加快农村地区与城镇地区在基础设施、服务设施建设上的对接，将城市功能引入到农村腹地，努力建成一批功能完善、特色鲜明、环境优美的宜居宜憩新村，切实让农村群众过上与城里人同等质量，甚至由于城里人的生活。

（三）坚持产业化与城市化互促并进，以功能区建设提升区域经济综合竞争力

把城市建设与产业集聚紧密结合起来，依托功能区建设推动区域经济布局调整，在全区形成三个特色鲜明的功能区域，为全面加快城市化步伐提供有力支撑。

1.打造东部城市经济带板块。通过良乡高教园区、物流基地和北京石化新材料科技产业基地建设，加快形成横通良乡、燕房两个新城组团、包括长阳、阎村等重点城镇在内的城市经济带，形成推动城市建设和区域经济实现跨越发展的核心区域。良乡新城组团东部地区要借助良乡高教园区高端人才、技术、信息汇聚的优势，着力打造高校教学区、高档居住区、高科技产业园区三大功能区，加快发展产品研发、文化创意、职业技术教育、高端酒店等高端服务业；西南区域要借助良乡物流基地等优质载体，加快建设物流设施、物流信息、物流配送三大平台，重点促进购物休闲、商贸会展、物流配送、仓储批发、电子商务等业态发展，打造京西南物流集散中心，通过加快良乡高教园区和物流基地建设，推动整个良乡新城组团的城市化进程。燕房新城组团要以建设北京石化新材料科技产业基地为目标，紧紧抓住燕房合作契机，全力为燕化的发展做好服务，依托燕化的产业链，积极开发下游产品，吸引国内外大企业、大集团落户，形成石化产业集群，壮大区域经济实力。沿轻轨房山线发展带要充分利用紧邻首都主城区的区位优势，将住房建设与城市建设结合起来，加快普通居住区和开发度假型住宅区建设，打造一批特色鲜明、造型美观的精品小区，特别是要尽快启动轨道交通周边一体化建设，依托中核集团北京科技产业基地和中央休闲消费区（简称“CSD”），加快轻轨沿线地区的配套开发，高标准规划建设一批高端商务设施，吸引高端消费群体，拉动周边地区房地产、旅游餐饮、医疗康复、酒店会展和物业服务等产业发展，促进科技、文化、教育、卫生、体育等为主体的城市公共服务产业发展，使之成为房山连接市区的发展主轴，承接市区产业转移的重要窗口。

2.打造南部平原区经济板块。充分发挥城镇基础设施和信息、政策等优势，积极引导园区、产业、资金、劳动力向城镇集中，加快形成以重点园区为龙头、各类特色专业市场为依托、规模化农业产业区为支撑的城镇经济格局，形成推动城乡协调发展、联结新城组团和西部山区的重要板块。一是加快重点功能区发展，坚持把功能区作为推动城市化的重要区域，主动加强与中关村科技园区、亦庄开发区合作，主动接受市区的辐射，窦店现代汽车零部件产业基地要抓住一期收购德尔福项目成功的契机，加快运作，加快土地一级开发，逐步形成房山乃至首都经济的新支撑；琉璃河农业示范产业基地加快与中粮集团合作，打造高端农副产品加工产业园区，形成立足北京面向全国的现代农业产业集群，示范和带动京冀农业产业化发展。二是加快培育各类专业市场，依托京石高速和其他主干道路，全面整合和升级全区各类专业市场，加快贮藏、包装、运输、信息物流配送中心等设施建设，不断完善面向首都的市场销售网络，尽快形成京冀地区规模最大、功能最完善、最具吸引力的建筑建材、特色农产品批发市场，为更多的农村剩余劳动力提从就业机会和从业场所，让更多的农民参与城镇建设。

3.打造山区经济板块。充分发挥旅游业在山区的龙头产业作用，围绕旅游目的地建设，大力推进基础设施和城市服务设施建设，努力构筑吃、住、行、游、购、娱的配套环境，加快山区城市化步伐。一是加快房山世界地质公园建设，紧紧抓住世界地质公园揭碑开园的机遇，借助区域旅游集散地的优势，充分发挥我区的品牌优势，全面整合北京人遗址、金陵遗址、云居寺、石花洞等旅游资源，以综合旅游产业为主导，以生态观光、休闲度假、历史人文、地质科普四个旅游品牌为重点，力争利用3年至5年时间，把房山世界地质公园建成集中体现“人文北京、科技北京、绿色北京”要求、带动区域发展、具有较高国际影响力的首都重要功能区。二是要以浅山区重要节点建设带动深山区发展，加快培育南沟、北沟“两带”发展区，南沟发展带以长沟为综合服务管理基地，北沟发展带要以青龙湖西部为综合服务管理基地，充分利用交通、信息和区位优势，主动顺应旅游业深层次、宽领域、多元化的发展趋势，加快观光型旅游向商务型、会展型旅游转变，带动餐饮服务、商贸物流、交通运输、房地产等第三产业的发展，加速形成纵贯南北两沟、辐射京冀的生态旅游经济带，将房山建设成为有特色、高品位、国际化、大客流的中国最佳旅游城市，更好地承担首都生态涵养发展区的功能。

（四）坚持政府主导与市场运作相结合，着力破解城市化进程中的难点问题

利用市场机制，积极在创新投融资机制、完善土地流转机制、城中村改造等方面取得突破，建立起有利于加快推进城市化的政策机制和运作机制。

1.深化城市投融资体制改革，破解融资难问题。逐步放开城市建设领域，努力改变由政府包揽城市建设的做法，按照“政府引导、市场运作”模式，逐步放开城市建设的投资领域，引导、鼓励社会力量直接投资城市建设，形成多元参与的城市建设融资格局。一是建设多元化资金筹集模式，在争取更多国家和市级建设资金投入的基础上，按照“谁投资谁收益、谁开发谁经营”的原则，积极探索BOT（建设——经营——转让）方式和TOT（转让——经营——转让）方式等特许权经营，吸引社会资本参与城市基础设施和公用设施建设。二是畅通城市土地资本积累渠道，充分发挥政府统一征地、统一开发、统一出让、统一管理的职能，探索建立城市基础设施建设基金，推行公开招标出让和拍卖出让，实现土地收益最大化，促进城市资本的保值增值和滚动发展。三是盘活城市存量资产，对确能受益并能计价的基础设施，将公共停车场、城市公交线路、垃圾处理中心等的经营权和道路、广场、花园等的保洁权，将文体场馆、标志性建筑等的冠名权，城市重大活动的广告发布权、赞助权等实行公开招标或拍卖，扩大城市发展资本增量。

2.完善土地流转储备机制，破解城建用地不足问题。一是要统筹城乡土地利用规划，加快编制与城市总体规划相适应的土地利用总体规划，合理确定城镇规模，综合考虑基础设施、土地开发储备和重要功能区等的规划实施与建设时序，在全区范围内优化土地资源配置。二是要完善土地开发储备制度，充分发挥区土地储备中心的作用，按照土地利用总体规划、城市总体规划及控制性详细规划和年度土地一级开发计划，对确定的存量国有土地、拟征用土地，统一组织进行征地、农转用、拆迁和市政道路建设，统一出让供应，建立起完善的城市土地一级开发机制，切实提高城市土地资源的开发利用水平。三是要完善征地拆迁制度，按照属地管理的原则完善拆迁制度，各乡镇（街道）为拆迁具体实施单位，对新征地拆迁群众，实行边拆迁、边安置，边农转非、边促进就业，边发安置费、边进社保统筹“六个同步”

政策，确保失地农民共享城市化的成果，确保拆迁工作顺利推进。

3.强化统筹协调机制，破解棚户区改造难题。一是要加快棚户区改造进程，把“棚户区”改选与城市建设结合起来，积极做好棚户区改造与安置房建设的有机衔接，科学安排保障性住房建设时序、规模，使之与新城建设步伐相协调，通过拱辰一至五街改造、城关椿榆树保障性住房、山区人口搬迁等项目，把分散居住的农户集中搬迁到符合城市规划要求的新社区，让搬迁群众共享城市发展的成果。二是要妥善解决改造资金问题，在严格遵循现有城市开发政策的基础上，在区级财政补贴、农民集资的基础上，积极争取市里棚户区改造的优惠政策，支持棚户区改造资金和市政基础设施及配套建设资金，平衡政府、村民和开发商的利益关系，解决棚户区改造资金失衡问题，妥善推进棚户区改造工作。

以“三化两区”建设为载体 推进房山城乡经济社会发展一体化

房山区人民政府区长　祁　红

北京提出要建设“人文北京、科技北京、绿色北京”，率先形成城乡经济社会发展一体化新格局，这为“环城乡结合部”地区提供了难得的发展机遇。房山作为环城五区之一，是承接市区产业、人才、资金、项目等高端要素的重要功能区，具有广阔的发展空间和良好的发展基础。如何紧紧抓住这一契机，融入首都发展大局，缩小与市区差距，加快推进我区的城乡经济社会发展一体化（以下简称城乡一体化）是我们急需研究解决的重大课题。

一、我区推进城乡一体化的做法和成效

城乡一体化是在高度城市化的基础上，突破城乡二元结构制度，实现城乡融合发展、协调发展的必然趋势。为推进城乡一体化，我们按照统筹城乡发展的要求，认真实施城乡联动战略，城乡建设取得了新的成效。

（一）科学构建城镇体系，初步搭建了城乡一体化的平台

根据首都城市发展新区的功能定位，编制完成了《房山新城规划（2005 年—2020 年）》和新城核心区控制性详细规划，确定了规划面积 75 平方公里、60 万人口规模的未来 15 年城市发展目标，确立了以良乡、燕房新城组团为核心，以长沟、窦店、琉璃河、韩村河等重点镇为骨架，以长阳、阎村、周口店等一般建制镇为依托的城乡发展格局，明确了新城组团与各乡镇的城市规模、城乡布局、发展战略和功能定位。近几年来，我区大力加强城镇建设，推动产业向园区集中发展，大力推进重点村的基础设施建设和社会事业发展，促进了城乡良性互动。农业人口所占比重逐渐减小，城市人口大幅增长。截至 2008 年年底，我区已有非农业人口 394660 人，占人口总数的 51.6%；特别是良乡、燕房两个组团户籍非农业人口就达 232903 人，占两个组团人口总数的 83.6%。

（二）大力推动产业优化升级，初步奠定了城乡一体化的物质基础

面对多年形成的低端资源型产业，我们退黑还绿、关旧育新，走新型工业化道路，大力发展友好产业，工业园区、高教园区、物流基地建设得到加强；一些较大项目相继

签约入驻，新兴产业快速发展，产业结构由2003年年底的5.9∶64.6∶29.5转变为2008年底的6.0∶51.4∶42.6。全区经济基本实现了传统资源型产业向现代制造业、现代服务业转变，由主要依靠二产带动向依靠一、二、三产协同发展转变。2008年，全区实现财政收入、区域税收分别达到21亿元和56.7亿元，比2003年分别增长134.8%和66.5%；城镇居民人均可支配收入和农民人均纯收入分别达到20328.9元和10073元，比2003年分别增长73.6%和68.8%，人民生活水平稳步提高。

（三）大力推进新农村建设，促进了城乡一体化

近三年，全区累计投入新农村建设资金达38.33亿元，新农村建设取得了阶段性成果。我们以都市型现代农业为目标，推动农业结构调整，加快6个农民就业基地建设，产业布局一体化趋势日渐明显，农村经济实力不断增强。2008年，全区实现农业总产值39.7亿元，比2003年增长53.8%，年均递增9%。大力推进农村五项基础设施建设和“三起来”工程，农村生产生活环境得到极大改善，一批基础设施完备、生态环境优美、产业特色突出的开放式新农村群落逐渐形成。强化各级各类教育培训，使农民的科学文化素质、专业技能水平、思想文明程度与农村城市化水平同步提高。

（四）大力加强环境整治，促进了城乡生态文明建设

我们坚持把改善城乡环境作为提升区域竞争力的重要抓手，累计投入6亿多元用于城乡环境综合整治，环境建设取得了明显成效。成功创建了国家卫生区，新城整洁有序的环境得到了群众的认可。以生态修复为重点，加强山区生态环境建设，北部山区环境呈现出由乱到治、由黑到绿、由浊到清的新变化。以绿化美化为重点，加大村庄环境治理力度，全区农村环境综合整治处于全市前列，南河、四马台、河口3个村被评为北京最美乡村，长沟和长阳分别荣获“国际生态安全示范镇”和“首都园林式小城镇”称号。加强大气污染治理，全区空气质量达标天数逐年稳步递增。

（五）大力发展社会事业，提升了城乡公共服务均等化水平

按照城乡统筹协调发展的要求，积极引导公共服务向农村覆盖，促进了城乡就业、社会保障、教育、医疗保健、文化生活等各方面协调、融合发展。劳动就业和社会保障工作进展顺利。积极推动农村劳动力向二三产业转移就业，实施就业帮扶制度，消除了“零就业家庭”并保持动态为“零”；建立“一老一小”医疗保险制度、城乡无社会保障老人养老保障制度，城乡居民最低生活保障实现了应保尽保。住房保障工作稳步推进。开工建设了城关褚榆树、长阳稻田小区等两限房及保障性住房项目。城乡教育均衡发展。五年来，共撤并中小学校138所，特别是2006年投资3.8亿元将山区9所中学一次性外迁、山区小学一次性集聚，实现了全区性的教育资源整合。医疗卫生服务水平不断提高。农民参合率达到100%，新型农村合作医疗工作继续保持全市先进水平；农民医疗保障政府补贴达3.9亿元，农民群众看病难、看病贵问题得到有效缓解。加快城乡公共文化服务设施建设。区、乡、村三级文化服务网络进一步完善，每年参加各类文化活动的群众达到50万人次，人民群众的业余文化生活更为丰富。

（六）大力加强制度建设，初步形成了城乡一体化的体制机制

围绕推进城乡统筹发展，建立健全政策措施，城乡一体化的体制机制日渐形成。一是建立了领导协调机制。分别成立了良乡、燕房两个新城领导小组和新农村建设领导小组，定期召开联席会议，研究部署一些重大基础设施项目，统筹协调城乡发展。二是

制发了一系列规范性文件。出台了《关于实施房山区北部山区环境综合整治的意见》、《关于加快推进社会主义新农村建设的实施意见》和《促进就业困难劳动力就业办法》等政策措施，对城乡一体化工作提供了有力的政策支持。三是初步建立了以工促农、以城带乡的工作制度。建立了财政向农村倾斜、以奖代补的投入机制、农村新能源利用和基础设施管护机制，形成了联牵共建的社会参与机制和大学生村官选聘机制。各项体制机制的形成，为加快推进城乡一体化提供了制度保障。

二、我区在推进城乡一体化进程中存在的主要问题

尽管我区在推进城乡一体化方面做了大量工作，也取得了一些明显成效，但距离科学发展观的新要求，距离建设“人文北京、科技北京、绿色北京”的新任务，距离首都率先形成城乡一体化的新格局和全区干部群众的新期待，我们仍存在着不容忽视的差距，推进城乡一体化的任务还十分繁重。

一是在经济发展水平方面。全市 92 个国家重点开发区中，地处京西南的房山、石景山、门头沟、崇文、宣武、大兴、丰台 7 个区县，土地开发面积仅为京东北地区的 46.9%。我区承接市级重点建设项目较少，能带动全区发展的重大项目更少。全区人均地区生产总值仅占全市人均的 39.5%，全社会人均固定资产投资额仅占全市人均的 65.5%，地方财政人均一般预算收入仅占全市人均的 16.3%。农村人口多达 37 万人，占到全市的 1/6，大量农村剩余劳动力滞留在农村，文化水平较低、就业技能较低。全区城市化率仅为 51.6%，远远低于全市 84.9% 的平均水平。全区城乡居民收入比例现为 2.02∶1，绝对值仍在继续拉大，如果与全市平均水平相比，差距更加明显。

二是在基础设施建设方面。长期以来，由于我区历史欠账较多，水、电、路、气、热集中供给能力较差，城乡基础设施落后状况始终没有根本改观。全区公路密度较低，仅为 1.29 公里/平方公里；良乡、燕房两个组团城市快速路、主干路、次干路、支路比例，没有达到北京市《城市道路交通规划设计规范》规定的 1∶2∶3∶7.5 的标准，与城八区 1∶5.05∶3.87∶9.83 的平均水平相比差距更大。一些乡镇还没有形成四通八达、循环贯通的路网，且道路建设等级较低、标准不高，缺少综合管网等配套设施，运行速度较低、通行能力较差。

三是在基本公共服务方面。全市 74 所普通高等学校，京西南地区有 11 所，而我区仅有 3 所；全市 47 家三级甲等医院，京西南地区有 10 家，而我区则为空白；全市 31 个新建及改扩建奥运场馆，京西南地区有 6 个，而我区仍为空白。现有本区医院在医疗设施、专科水平、人才配置、医院管理等软硬件建设上与市三甲医院相比存在较大差距，医疗技术水平还不能达到居民“大病不出区”的期望目标。此外，图书馆、体育馆、影剧院等公共文体设施的规模、档次、数量很难与市区相比。城乡社会保障水平差距较大。京西南地区从业人口占常住人口的比重为 27.2%，低于京东北地区 10.5 个百分点。我区城镇居民社会养老保险金人均每月 1746 元，而农民人均仅为 302 元；城镇居民最低生活保障每人每月 390 元，而农民仅为 160 元。

四是在聚集各类生产要素方面。京西南地区是全市发展的短板，房山又是京西南地区的短板。过去，我区长期以开山采石、取土烧砖、钻山挖煤等低端资源型经济为主，产业层次较低，正处于区域布局和产业结构的调整期，尚未形成各类高端生产要素纷纷涌入的“洼地效应”；主动承接首都城市核心区的辐射带动不够，引进的大项目少且规模偏小，推进城乡一体化的难度较大。

造成我区城乡发展不均衡的根本原因是长期分割的城乡二元体制。与此同时，长期分割的城乡二元体制又禁锢了我们的思想认识，导致我们融入市区的主动性不强、紧迫感不够，造成自身破解城乡一体化问题的思路不宽、办法不多、措施不力，全区城乡一体化进程相对滞后。

三、推进全区城乡一体化的思路和对策措施

目前，我区正处于城市化建设的加速期，我们要紧紧抓住北京市率先形成城乡一体化新格局的重大契机，优化城乡资源配置，加快农村城市化、农业产业化、农民市民化进程，努力使我区的城乡一体化工作走在全市前列。

全区城乡一体化的总体思路是：全面贯彻中央和市委市政府关于城乡一体化的有关会议精神，深入贯彻落实科学发展观，把率先形成城乡一体化新格局作为根本要求，认真落实“人文北京、科技北京、绿色北京”发展理念，以“坚持科学发展，加快城市化、工业化、现代化进程，努力建设产业友好、生态宜居新房山（以下简称三化两区）”为载体，以大力推进城市化进程为抓手，加快体制机制创新，加大城乡统筹力度，推进城乡规划、产业布局、基础设施、公共服务、劳动就业、社会管理一体化，努力形成以工促农、以城带乡、共同发展的新局面。

推进城乡一体化是中央做出的重大历史性决策，实施好这一决策关键在落实。我们要抓住重点，采取有力措施，建立以工促农、以城带乡的长效机制，实现由传统农业大区向现代化城市发展新区的历史性转变。

（一）统筹城乡建设，加快全区城市化进程

城市化是构建城乡一体化新格局的重要抓手，是加快“三化两区”建设的推动力量。只有加快城市化步伐，才能推动城乡一体化。

1. 加快新城组团建设。良乡、燕房两个组团是房山新城的核心区。要按照融入市区的要求，认真落实新城建设规划，大力推进规划区域内的重点项目落地，全力推进新城61.6平方公里的核心区建设，打造城市框架体系，不断提升城市形象。要全面启动轨道交通房山线周边一体化建设，依托中央休闲购物区（简称“CSD”），加快轻轨沿线地区的配套开发，高标准规划建设一批高端商务设施，吸引高端消费群体。要以改造升级为重点，积极探索社会投资、土地储备一级开发、功能性项目建设等多种方式，全力推进拆迁工作，突出抓好房良两地棚户区改造，2010年完成拱辰1—5街和城关楮榆树街改造，促进居民生活环境改善和生活方式转变。要结合实际，先行示范，大胆实践，在城中村改造、整建制转居、就业和社会保障、管理体制等方面取得新突破。

2. 加快乡镇中心区建设。按照“镇村统筹、突出重点、梯次推进、协调发展”的要求，高起点、高标准、高品位做好乡镇中心区控规编制，进一步完善城乡规划体系，切实加强乡镇建设规划、产业发展规划和土地利用规划的有效衔接，使村镇布局调整符合城乡规划。加大对乡镇中心区基础设施和公共服务设施的投入，提高设施的综合配套和利用率，进一步完善乡镇功能。推行多样化、特色化的城镇发展战略，积极探索乡镇建设与旧村改造相结合、盘活农村存量建设用地与发展产业相结合的模式，形成一批各具特色的商贸镇、工业镇、旅游镇和生态镇，使之成为连接城乡的节点和繁荣农村、集聚农民的重要载体。

3. 加快新农村建设。新农村建设已从试点阶段进入全面推进阶段，我们要以城市化的思路来推动新农村建设。抓住北京市加快城乡结合部和小城镇改革发展的机遇，调整完善镇域规划、土地利用规划、村庄体系规

划和建设规划，积极推进城乡规划一体化。重点村和一般村建设应充分发挥承接乡镇中心区辐射带动功能，着力建设产业互动、城乡共荣的新农村。抓好新农村规划试点，2010年要完成所有行政村的规划编制工作。严格用规划指导新农村建设，积极推动农民住宅节能改造，继续实施“三起来”工程。把城市要素引入农村，不断提高农村公共设施服务和管理水平。

4. 加快山区建设。山区发展事关全区城乡一体化大局。我们要抓住北京市关于促进生态涵养发展区协调发展的政策机遇，加快开发建设步伐，变资源优势为资本优势，推动山区跨越发展。一是吸引资本进山。树立经营山区的理念，在制度和机制上积极探索创新，寻找山区生态资源开发利用的新途径、新办法，将科技、人才、资金等生产要素引入山区，促进山区生态建设、基础设施建设、产业发展，培育山区经济发展新的增长点。二是鼓励人员出山。要想方设法让山区人民搬得出、留得住、有发展、能致富。年内搬迁泥石流易发区、生活条件恶劣地区险户490户1484人，启动集中安置项目起步区住宅及8号路工程建设，积极推进周口店和青龙湖分散安置项目。在安置区域周边，通过机制创新、资金支持和政策引导，积极培育特色产业和开展非农就业服务，使其有业可就，实现山区人民增收致富。三是处理好产业发展与生态保护的关系。以生态保护为前提，研究制定山区产业布局规划与实施方案，积极培育发展山区特色种植业、特色养殖业、休闲旅游业以及农副产品加工业和山区新型服务业等环境友好型产业。

5. 加快城乡基础设施建设。以道路交通设施建设为重点，尽快完成轨道交通房山线建设，加快协调京良路、丰良路与五环路的连接线建设，争取京石高速第二通道早日开工建设，将轨道交通房山线二期（西延燕房组团）列入建设计划，使全区至少新增四条直达市区的便捷通道，彻底打破融入市区的交通瓶颈。继续完善“七横、八纵、十放射”的区乡路网结构，在良乡与燕房、新城与乡镇、乡镇与乡镇之间建设一批高等级道路，大幅度改善区内出行条件，形成快速便捷的城乡道路交通网络。加强城镇给排水、电力、信息、燃气、供热、环卫等基础设施建设，推动基础设施建设向农村延伸，2010年基本完成新农村五项基础设施建设，促进农村和城镇协调发展。

（二）统筹推进城乡产业发展，加快全区工业化进程

工业化是统筹城乡协调发展的长期任务，是实现城乡一体化的经济支撑。要通过调整布局、培育产业、创造环境，推动城乡产业融合发展，实现全区工业化。

1. 合理优化产业布局。从首都产业发展的总体布局出发，顺应城乡经济不断融合和三次产业联动发展的趋势，统筹规划和整体推进城乡产业发展，努力形成“两轴、两带、多中心”的发展格局，即着力打造良乡和燕房连接线发展轴和京石高速路发展轴，推动都市型现代农业、现代装备制造业、新型建材业、石油化工新材料和生产性服务业等加快发展；东部轻轨房山线发展带，形成与良乡、燕房组团错位发展、互动发展的新格局；西部浅山区发展带，要包装好世界地质公园这个大项目，大力发展综合旅游、文化创意、商务会所等高端业态，形成带动整个山区发展的重要节点。着力打造新城、产业基地和乡镇中心区多个中心，突破地域限制，推进产业集群发展，努力实现城乡分工合理、区域特色鲜明、生产要素和自然资源禀赋优势得到充分发挥的目标。

2. 推动农村产业发展。以工业化的理念推进农业产业化，以现代农业的发展促进二三产业升级，促进农业由单一功能向多种功能、由粗放型向集约型、由注重生产向注重市场的转变，实现与首都经济的融合发展。

大力发展都市型现代农业，注重开发农业的多种功能，提高休闲旅游、观光采摘在农业总产值中的比重和水平，规划建设一批精准农业设施项目，年内新增设施农业5000亩。继续推进农业产业化经营，大力培育农业龙头企业和农民专业合作社，大力发展优质高效农业和农产品加工，提高农产品附加值，增加农业综合效益，推进一产向二三产业延伸。要按照专业化、区域化的要求，在深入分析各乡镇区域优势的基础上，对农业和农村经济实行区域化布局、专业化生产、一体化经营、社会化服务和企业化管理，逐步形成多村一品、一镇一色、一区多业、有特色、成规模的农业产业发展格局。

3. 优化产业发展环境。落实《房山区加快实施工业强区资金扶持政策》及《实施办法》等一系列产业发展扶持政策，采取多种形式对落户新项目给予财政支持。落实鼓励现有企业（纳税大户）加快发展的支持办法，对现有企业按新增税收和财力增长额给予奖励。建立完善促进产业发展联席会议制度，协调解决重点产业项目引进建设的问题，形成强有力的协调服务机制。加大新项目入驻绿色通道力度，强化领导干部联系重点企业和项目制度，要定期走访，密切联系，加强服务。加大宣传推介力度，提高房山的知名度和美誉度，广泛吸引资金、技术、项目和人才等优质要素向房山聚集。

（三）统筹改善民生，加快全区现代化进程

民生问题关系城乡百姓的切身利益。按照基本公共服务均等化的方向，要加大投入力度，吸引首都优质要素，促进公共服务向农村覆盖、现代文明向农村传播，加快农村与城市的互动互促、一体发展，让城乡群众共享改革开放和现代化建设成果。

1. 推动城乡就业一体化。要完善城乡就业促进政策、就业服务体系和就业协调机制，加快就业信息平台建设，建立城乡统一的人力资源市场和城乡一体的就业失业管理制度。推进就业信息网络村村通工程，年内做好93个村的网络设施建设工作，利用3年左右的时间，在全市率先实现就业信息服务城乡全覆盖。着力完善征地转非劳动力就业保障机制，加大对“零就业家庭”和就业困难群体的就业帮扶力度。优化创业环境，鼓励自主创业，实行就业奖励，开发就业岗位，发挥政府公共投资、重大项目和产业园区带动就业的作用，千方百计扩大就业。完善农民职业技能培训制度，实施城乡劳动力不限次免费培训政策，切实提高农民的就业能力，努力实现有就业愿望、有就业能力的农村劳动力充分转移就业。建立健全防范拖欠农民工工资的有效机制，维护进城务工农民合法权益。

2. 促进城乡教育均衡发展。积极引进中心城区的优质教育资源，加强示范校建设，进一步提升良乡、燕房地区教育水平，缩小与市区的差距。实施中小学办学条件标准化建设工程，年内完成25所中小学、82所农村中小学教师集体宿舍和139所中小学食堂改造任务，到2010年完成85所学校的达标工作。合理配置区域内各级各类教育资源，加强农村教育基础设施建设，建立城乡教师交流机制，继续选派优秀城镇教师到山区农村支教，不断提高农村地区的教育质量。

3. 推进城乡文化体育事业均衡发展。统筹城乡文化、体育设施建设，健全完善覆盖城乡的文化、体育服务设施网络体系，切实保障城乡居民共享改革发展成果。加快区级文化馆新馆、图书馆新馆、体育中心等文体设施建设，建立健全乡镇中心区、行政村的综合性文体设施建设，继续实施村级文化大院、图书室、乡镇综合文化站、农村数字电影厅等文化惠民工程，不断丰富农村文化生活，实现由“文化下乡”向“文化在乡”的转变。积极开展国庆60周年文化系列活动，努力营造文明祥和的浓厚氛围。

4. 推进城乡医疗卫生事业协调发展。立足于为全区人民提供安全、有效、方便、价廉的公共卫生和基本医疗服务，合理配置城乡医疗卫生资源，完善区、乡镇(街道)、村(社区)三级医疗服务体系和基本医疗服务体系。抓好良乡医院综合门急诊楼和妇幼保健院建设，加强乡镇卫生院、村（社区）卫生室（站）的建设，进一步缩小城乡医疗卫生服务差距。吸引中心城区优质医疗资源，加快提升房山新城医疗水平，争取 2020 年前建成 1 所至 2 所三级甲等医院。

5. 建立健全农村社会保障体系。按照个人缴费、集体补助和政府补贴相结合的要求，逐步把养老保险、失业保险、医疗保险和最低生活保障制度从城市向农村延伸，建立城乡全部覆盖、有效衔接、机制灵活的一体化社会保障体系。尤其要做好被征地农民的社会保障，做到先保后征，使被征地农民基本生活长期有保障。加强农民工权益保护，逐步实现农民工劳动报酬、子女就学、公共卫生等与城镇居民享有同等待遇。

（四）统筹改革创新，建立健全城乡一体化的体制机制

创新体制机制是加快“三化两区”建设的有效保障，是解决城乡一体化进程中深层次矛盾和问题的必然要求。我们只有大胆改革，勇于创新，才能不断破解城乡统筹发展的重点、难点问题。

1. 推进农村集体经济产权制度改革。按照资产变股权、农民当股东的思路，扩大试点、规范程序，全面推进农村集体经济产权制度改革工作。坚持创新农村集体经济实现形式，通过承包制、股份制、股份合作制等方式对农村集体企业进行改制，盘活集体资产，实现农村集体资产的保值增值。积极研究解决“撤村建居”村的资产处置问题，破解农村城市化进程中的集体资产产权利益纠纷问题、发展与稳定问题。探索解决农村股份合作制企业运行成本过高的问题，进一步强化管理、明晰产权、节能降耗、提高效益。

2. 创新农村土地经营机制。加快建立城乡统一的建设用地市场，保障符合规划的农村集体建设土地与国有土地享有平等权益。在房山新城规划和土地利用规划确定的城镇建设用地范围外，经批准占用农村集体土地建设非公益性项目，允许农民依法通过多种方式参与开发经营并保障农民合法权益。开展村庄综合整理试点，加快研究腾退土地的开发利用机制。继续完善征地补偿机制，实施留地安置、实物补偿、合作分成、土地入股等多元化征地补偿办法，及时足额给付农村集体经济组织和农民合理补偿，创新回迁房建设机制，妥善解决好被征地农民的就业、住房和社会保障等问题。

3. 完善城乡管理体制。强化街道办事处、地区办事处职能，积极探索新城组团地区、乡镇中心区的管理模式。研究探索乡镇综合体制改革，2012 年基本完成乡镇机构改革任务，着力增强乡镇政府社会管理和公共服务职能。鼓励建设中心村，支持撤并人口较少、居住分散的自然村。稳步推进“撤村建居”工作，合理设置农村社区，完善基层服务和管理网络。组建区社会工作机构，加强社会组织培育和管理。按照属地管理原则，积极探索符合和谐社区、和谐村镇建设要求的新型社会管理体系，逐步完善服务功能，提高管理水平。进一步拓宽社情民意表达渠道，不断健全城乡一体的法律援助、警务、防灾减灾、应急管理等体系，努力保持农村社会和谐稳定。

关于我区中小企业发展情况的调查与思考

房山区人大常委会主任　郭先英

改革开放以来，我区中小企业已成为经济发展的重要力量，对经济社会的贡献日益突出。当前，全球性金融危机对我国实体经济的冲击和影响日益加剧，特别是中小企业抗风险能力较差，面临的形势更为严峻。如何帮助中小企业走出困境，破解发展中遇到的难题，就显得尤为重要。在深入开展学习实践科学发展观活动中，围绕管理、服务、融资等方面，着重对中小企业发展情况进行了调研、座谈与走访，详细了解了企业生产经营状况和发展急需解决的问题，对制约中小企业发展的问题和困难做了深入思考和研究探讨。

一、中小企业发展现状及特点

近年来，区政府认真贯彻落实《中小企业促进法》，以市场为导向，不断优化所有制结构，加大政策资金支持，改善发展环境，推进二次创业，加快发展步伐。初步形成了有一定规模、门类齐全、分布广泛的发展体系，不仅为促进全区经济发展作出贡献，同时也成为保增长、保民生、保稳定和解决就业的重要力量。

（一）发展速度较快

依据国经贸中小企〔2003〕43号《中小企业标准暂行规定》，截至2008年年底，全区中小企业已发展到38060家，占全区各类市场主体的82.7%。从产业结构分析看，第三产业发展最快30219家，占79.4%；第二产业4881家，占12.8%；第一产业2960家，占7.8%，呈现“三、二、一”格局。

（二）运行态势良好

历经发展，中小企业投资领域和经营范围不断拓宽，由过去的商业、餐饮业为主逐渐向工业、建筑、科技、文化、信息转变，呈现出多领域、全方位发展态势。一是非公企业所占比重大。2008年，非公企业发展到37555家，占总数的98.7%。二是亿元工业企业效益明显。区属亿元企业发展到18家，实现产值39.2亿元，占区属规模以上工业企业总量的44%。三是农产品加工业发展较快。全区农产品加工企业发展到80家，实现产值18.7亿元，同比增长10 %。四是新兴产业不断凸现。石化新材料，新型建材、现代装备制造、生物工程与新医药、都市型工业日渐壮大，减弱了经济增长对资源型企业的依赖。

（三）经济贡献日益突出

在激烈的市场竞争中，中小企业发挥灵活多样，门类齐全，适应能力强的特点，与驻区中央、市属大中企业相得益彰，共同发展，有效填补了大型企业的市场空缺，活跃了市场经济，拉动了区域经济发展。2008年，全区中小企业实现社会现价总产值304.6亿元，同比增长3.3%；完成总收入415.6亿元，同比增长8.2%；完成企业增加值64.9亿元，同比增长2.7%；中小企业（包括个体工商户）上交税金32.1亿元，同比增长16%，占房山地区税收87.6%，成为地方税收重要来源。

（四）扩大就业的重要渠道

我区中小企业大多集中于劳动密集型产业，行业分布广泛，数量多，其资本构成一般是大企业的四分之一，也就是说，相同的资本投入量，中小企业对劳动力的需求量比大企业多3倍，从客观上为劳动者就业创造了条件。据2008年统计数据，全区中小企业安置就业29.26万人，提供了约86%的城镇就业岗位。其中：第一产业2.2万人；

第二产业13.46万人；第三产业13.6万人。不仅安置了城镇下岗职工，还有效解决了农村剩余劳动转移和就业问题，缓解了劳动力供求矛盾，保障了社会稳定和经济发展。

二、发展中存在的问题和困难

我区中小企业发展取得了可喜进步，对经济社会的贡献日益突出，但在发展中也存在一些值得重视的困难和问题，主要表现为：

（一）行政管理体制不顺畅，工作机构不完善

加强对市场主体的宏观经济管理是政府的一项主要职能。目前，全区还没有一个统一的中小企业管理机构。按现行政管理体制，中小企业主要按所属行业及所有制性质分类管理，有工商局、工业局、商务局、建委、工商联和私个协等10余个单位，在实际工作中，由于企业生产经营活动综合性强，涉及部门多，因而给政府管理造成困难：一是工作步调不一致。部门之间职能交叉，职责不清，法规政策措施不统一，甚至相矛盾，致使中小企业无所适从，真正遇到困难时，不知找谁解决，使企业失去了许多发展良机。二是管理衔接不紧密。纵向看，区、乡（镇）之间没有对应的工作机构，没有专人负责，造成工作脱节，中小企业不能得到有效帮扶和指导；横向看，部门之间缺乏统筹协调和有效的沟通渠道，致使法律法规及政策落实不到位，也影响了彼此间信息交流，以优补劣，互利共进。

（二）融资渠道不畅通，企业融资困难

流动资金和固定投资款项不足是目前我区大部分中小企业反映最为突出的问题，成为长期困扰和制约中小企业发展与生存的瓶颈问题。主要原因：一是中小企业自身素质不高。主要表现在：产权制度不明晰；财务制度不健全，财务账目透明度不高；财务数据失真，银行与中小企业信息不对称，固定资产数额少，社会信任度低。二是金融扶持不足。银行业普遍强化了信贷管理，以规避风险为第一原则，对担保贷款审批十分严格，只认可土地、房产等不动产做抵押，然而相当一部分中小企业有产无权、有地无证、有资产手续不完备，根本无法办理抵押贷款。另外，相对于大型企业，中小企业贷款风险大、成本高，利润少，也是银行贷款积极性不高的主要因素。三是融资渠道窄。政府对中小企业融资尚未建立一套行之有效的体制，尽管搭建了首创贷款担保公司房山分公司，但由于审核程序复杂、标准要求高，数量和额度有限，面对数万家中小企业，贷款担保只是杯水车薪。四是法规政策限制。区内民间资本雄厚，参与金融信贷市场的意愿强烈，苦于缺乏政策支持与引导及法律法规保护，没有正规融资渠道，巨大潜能无法释放。

（三）服务体系不健全，发展环境亟待改善

当前全区还没有针对中小企业的发展规划，对中小企业发展缺乏系统和长期的战略指导，一定程度上制约了其科学、规范、有序发展。一是思想认识不到位。有些部门单位只顾抓大项目，缺少对现有小企业的研究、指导、帮扶，特别是在用地、融资、人才引进、供电方面不能享受与国家企业的同等待遇。二是政策资金落实不到位。政府部门制定了相应扶持政策，但由于配套措施跟进不及时等因素，实际中落实较难。如争创知名品牌与ISO质量认证的认定，部门间存在不同的说法，企业奖励迟迟不能兑现。三是政策信息不畅通。一些中小企业没有上级主管单位，社会化服务体系建设又不完善，政府部门有关政策信息不能及时传递到企业，影响了企业应势而上的机遇。有的企业反映，产业及安置就业等政策知其甚晚而误事。四是行政审批难。在项目建设上，土地使用审批手续繁锁、办理时间长的问题没有得到很好解决，影响了企业生产经营活动。

此外，工商联、私个协作为政府与企业联系的纽带，受客观因素制约，经济性作用未能充分发挥。

（四）市场竞争能力不强，发展脆弱

近年来，我区中小企业发展较快，但经济总量小，产业结构层次低，依然是其显著的特点，企业生命周期普遍偏短，一般3年至5年，发展很脆弱。一是规模小。据统计资料，2008年全区在工商局注册资金500万元以下企业占总数94.98%，500万元至1000万元企业占总数2.26%，1000万元以上占总数2.76%，企业急需做大做强。二是产业层次低。在行业结构上，大多从事租赁、建筑、采掘和商业服务等低端行业，发展空间有限。三是生产营销手段低。大多数属于分散化生产经营，靠个体自身来发展，在资金、生产、市场、技术研发等方面难以形成合力和规模优势，彼此间缺乏合理有效分工，集约化、专业化水平不高。四是管理水平低。大多数没有建立现代管理制度，延习家族式管理方式，管理者素质偏低，技术管理手段落后，缺乏开拓市场、争创名牌、自主创新能力，很难适应市场竞争和发展需要。

三、对策与建议

促进中小企业健康可持续发展，是党的十七大，全国两会精神提出的明确要求，是学习实践科学发展观的具体体现，是实现保增长、保民生、保稳定、保就业的迫切需要。因此，必须从经济、社会、政治的高度，充分认识抓好中小企业发展的重要性和紧迫性。认真贯彻落实《中小企业促进法》的各项规定，抓大带小促小，凝各方之力、聚各界之智，努力为中小企业发展创造良好的发展环境。为此，应做好以下几方面工作。

（一）加强统筹领导，健全工作机构

理顺管理体系，明确管理载体，畅通政府联系支持企业渠道，推动中小企业规范有序发展。一是成立专门管理机构。鉴于我区现状，建议区政府成立中小企业领导机构，各相关委办局为成员单位，由一名主管副区长牵头，全面负责全区中小企业发展工作。下设办公室在工业局，具体负责日常的组织协调服务工作。区、镇（乡）政府要建立健全相应管理机构，明确专人负责，实行网格化管理，形成无缝衔接、统一高效、协调运转的工作管理机制。二是充分发挥工商联和私个协等行业协会作用，赋予其更多职能，协助政府做好法律法规政策的宣传与贯彻落实工作，真正发挥其桥梁纽带及经济协调作用。三是创新机制。创建中小企业发展协会，畅通沟通渠道，实现资源共享，优势互补，互联共促。四是进一步完善区、乡（镇）两级联席会议制度。主管领导参加联席会议，及时研究解决中小企业发展中的重点、难点和结点问题，增强权威性；明确各相关委、办、局的具体职责分工，加强统筹协调；主动为企业提供服务，考核有关部门与乡镇，确保企业引得来留得住发展好。

（二）进一步加大政府的扶持引导力度，为中小企业发展营造良好环境

大企业是重头，小企业是细流，无细流无以成江海。因此，在重视大企业、抓大项目落地的同时，应坚持即抓大又带小扶小，强化规划政策的导向作用，强化监管与服务，促进企业创新经营，扩大生产，发展壮大。一是科学规划，有序发展。按照国家产业政策，制定中小企业发展战略，明确基本思路、原则和目标，加强方向引导。二是依据《中小企业促进法》规定，结合本区实际，制定扶持中小企业发展的若干意见。及时配套跟进措施办法，有关部门要真正把工作落到企业。区、镇（乡）政府每年要有一定增长比例的专项资金投入中小企业发展，支持新兴有后劲的企业加快发展。三是搭建与大企业的合作平台。围绕大企业产业基地上下游产品和技术扩张需要，吸纳中小企业为其提供各项配套产品服务，加强专业技术协

作。四是加大政务公开，服务承诺制度执行力，发挥部门集成效应，及时办理中小企业项目建设，企业年检等方面手续。建立行政审批绿色通道机制，对于重点项目建设审批手续办理，要给予急事急办、特事特办的服务，并使之常态化。

（三）统筹融资服务方式，突破中小企业融资瓶颈

完善财政支持体系，创新融资机制，加大对有市场有潜力的成长型企业扶持力度。一是加大政府对中小企业融资的支持力度。完善政策体系，制定支持中小企业融资的优惠政策，发挥政策的导向作用。完善发改委宏观经济调控职能，设立金融办公室，尽早启动对小企业融资的政策统筹协调工作。加大财政投入，设立中小企业投资基金，主要用于贷款贴息、风险补偿、担保公司信贷补贴等。鼓励银行对吸纳劳动力强的中小企业增加贷款，给予其贷款贴息。二是建立多层次担保体系。以财政资金信用作担保，建立担保公司与银行合作的服务平台，放大资金投入总量；成立政府主导的担保公司，提供适合本地中小企业的服务产品；建设担保聚集区，形成担保公司、再担保公司，中小企业互助基金会等多种类型的担保链条，以满足各类中小企业多样化融资需求；建立健全区、镇（乡）、企业项目联审联保机制，扩大担保面，降低信贷风险。三是建立合规、安全、应急的融资机制。鼓励支持金融机构对在风险可控、基本面和信用状况较好、产品有市竞争力但暂时出现经营或财务困难的企业，给予短期过渡性贷款的特殊支持；探索除产权房、土地等不动产外，包括债权、股权、销售合同及农村自有房屋等作抵押品的担保模式；开展与农民专业合作组织的信贷业务，加大对农业企业的扶持。四是加强政府、金融机构、企业之间的合作，推动项目与金融信贷资金的直接对接。五是推进信用评价体系建设。成立中小企业信誉评价中心，完善中小企业信用等级管理，帮助指导企业完善财务管理制度，增强企业信用意识。六是创新民间融资制度。按照法律政策要求，支持民间资本成立小额贷款公司、担保机构，搭建个体投资者到中小企业的融资平台，将社会闲置资金引向需求最为迫切的中小企业。

（四）推进服务体系建设，提高为中小企业服务的水平

建立高效有用的服务体系，为中小企业健康发展提供保障。

一是实施人才战略。建立人才信息库，及时发布人才供求信息，重点帮助引进科技研发、经营管理、信息技术等方面高端人才和中等技术工人；建立政府引导、社会支持和市场主体相结合的培训机制，开展灵活多样的指导培训活动，满足企业不同时期需求；完善人才政策，鼓励支持优秀大学毕业生到中小企业工作，对于外地来京工作多年的高端人才给予医疗、住房等方面的照顾。二是建立由政府出资为主的中小企业发展基金。为中小企业尤其是信用等级较高、有市场、有效益、守信用的企业发展提供启动和发展的资金。三是鼓励支持符合环保、节能、低耗，循环经济特征的企业发展，在项目包装、广告宣传方面费用补贴落实到位。四是建立信息共享平台。依托区工商联合会，建立中小企业信息服务中心，整合信息资源，建立民营和中小企业数据库，开通政府与企业互联网及服务热线，提供投资、管理、市场和政策等信息服务。五是强化中介功能。支持非盈利性组织为中小企业提供服务，大力发展不同类型的中小企业行业协会和商会，扩大对中小企业服务需要。六是培育各类社会化中小企业服务机构，特别要大力发展与中小企业生产经营相密切的生产性服务业，在营销策划、产品研发等方面为中小企业提供全方位服务。

（五）全面提高中小企业素质，提高核心竞争力

企业要发展，首先要提高自身素质，政府各部门也要加强指导和支持。一是要提供信息支持。针对中小企业的特点，开展形式多样的帮助指导活动，通过培训、研讨会、咨询等多种方式，让企业了解掌握国家大政方针政策，经济信息等知识，以把握发展机遇。二是推进科学化管理。教育引导经营管理者转变观念，建立现代企业管理制度，建立完整的市场、信息、技术、政策跟踪分析机制和决策程序及法人治理结构，不断提高企业经营管理水平，增强驾驭市场的能力。三是加强企业管理队伍建设。坚持引进和培养并重，打造实用型员工与高级管理人员配备合理的企业队伍，重在培养懂经营会管理的人才，不断更新知识，适应需求，引导企业加强企业文化建设，创造企业品牌，创出最佳效益。四是鼓励企业科技创新。建立政府主导，企业投入为主体，银行借贷为支撑的科技创新投入保障机制。鼓励企业加大科技投入，建立研发中心，抓好核心技术的开发与应用，提高企业的自主创新能力。五是实施名牌战略。积极开展中小企业争创名牌工程，增强企业品牌意识，引导企业开展国内和国际质量标准认证，提高产品档次，增强市场竞争力，推动企业做大做强。

（六）积极研究探索解决中小企业用地难问题

土地是当前我区中小企业快速发展的突出问题，要切实为中小企业提供土地支持，应从五方面研究探讨解决：一是加强政策扶持。在工业园区和产业基地开辟中小企业创业园，政府为入驻企业提供租金优惠；安排新增用地不按投资额一刀切，对成长性好的企业适当降低投资门槛；盘活存量，引导帮助同有闲置厂房土地的企业资产重组。二是加强对废弃工矿用地的有效利用。目前，我区平原乡镇有废弃工矿用地7539亩，这部分地在版图中既不是建设用地，也不是基本农田。因此，应在废弃工矿用地有效利用手续办理上有所突破，允许兴办新型环保企业，在立项、手续办理等方面给予特殊政策。三是加快中小企业用地审批。对于符合土地规划的企业和农民就业基地要创新审批程序，从速从快办理手续，增强企业发展活力。四是加强土地的统筹协调。在土地资源利用上，对于早已开发建设投产的企业，可在法律法规政策允许条件下，以补交土地出让金和有关款项方式获得土地使用权；对于计划新建项目，利用占补平衡的原则，积极协调解决用地问题，促进企业发展。五是加强征地拆迁管理与服务。本地建筑房地产企业在征地拆迁遇到困难时，应按照相关法规政策，集各部门力量，协调解决，创造条件，使企业如期开工建设，拉动经济快速增长。

关于房山区土地流转情况的调查

房山区政协主席　范文彦

中共十七届三中全会通过的《中共中央关于推进农村改革发展若干重大问题的决定》明确提出：鼓励农民在依法自愿有偿的原则下，开展多种形式的土地承包经营权流转，发展农业适度规模经营。这是新阶段符合国情、顺应民意，完善农村基本经营制度，维护农民土地承包权益，坚持走中国特色农业现代化道路的重大战略举措，对于加快农村城镇化、工业化、市场化进程，促进城乡统筹发展，推动新农村建设，形成城乡经济

社会一体化发展新格局，具有重大的现实意义和深远的历史意义。科学分析当前我区农村土地流转的基本情况和主要问题，正确处理各种主体的利益关系，制定有效推进农村土地流转的对策措施，是进一步深化我区农村改革发展的必然要求和重要任务。对此，区政协组成课题组，对我区农村土地流转情况开展了调查。

一、我区农村土地承包经营权流转的基本情况

农村土地流转是在农村土地所有权归属和农业用地性质不变的情况下，将土地使用权从承包经营权中分离出来，转移给其他农户或经营者，其实质是农村土地使用权的流转。农村土地流转是改革开放以来我国农村实行以家庭联产承包责任制为主、统分结合的双层经营体制后，适应农业和农村发展要求，深化农村土地改革的一大创举，也是推进新一轮农村改革发展、进一步破解“三农”问题的关键环节。

房山区的农村土地承包经营权流转工作，是在中共北京市委下发《关于建立北京市农村集体土地承包经营权流转机制的意见》（京发〔1998〕17 号）、中共中央下发《关于做好农户承包地使用权流转工作的通知》（中发〔2001〕18 号）等文件后，在原来农户间自发流转的基础上逐步展开的。在近年的工作中，我区始终坚持依法、自愿、有偿的原则，积极稳妥地推进农村土地承包经营权的流转，取得了明显成效。目前，我区流转土地面积为 12.4 万亩，占确权土地面积 44.6 万亩的 27.8%。在流转土地中，集体经济组织内部流转的为 7.1 万亩，流转给集体经济组织成员以外的外部流转为 5.3 万亩，分别占流转总面积的 57.3%和 42.7%。

（一）农村土地流转的基本形式

目前我区农村土地流转主要有五种基本形式。一是转包：这种形式在我区农村土地流转中面积最大，流转土地 6.74 万亩，占流转总量的 54.4%，占内部流转面积的 91.2%。二是转让：流转土地 0.4 万亩，占内部流转面积的 5.6%。三是入股：流转土地 0.2 万亩，占内部流转面积的 2.8%。四是互换：流转土地 0.03 万亩，占流转总量的 0.4%。五是出租：流转土地 5.3 万亩，外部流转的土地均为这种形式，占流转总面积的 42.7%。在这五种基本形式中，转包和出租占流转总量的 97.1%，是土地流转的主要形式；入股形式尚处于探索和起步阶段，虽然所占比例较低，但具有较强的代表性，已经列为全市的典型。

（二）农村土地流转的主要特点

一是流转势头逐步加快。近几年，随着我区产业结构的调整，工业化、城市化进程的加快，特别是发展现代都市农业，推进农业产业带优化布局和加快设施农业发展，农村土地呈现出加速流转的态势，土地向种田大户、种田能手转移，实行适度规模经营的势头明显增强。2007 和 2008 两年农村土地流转量比 2006 年净增 1.8 万亩，年平均增长率达到了 8%。

二是流转工作逐步规范。区政府及主管部门不断加大管理和服务力度，推动了土地流转规范、有序、健康发展。区委、区政府和农业主管部门先后制定了三项关于推进农村土地承包经营权流转工作的政策性文件，对土地流转的范围、程序、方式等方面做出了明确规定；完善了土地流转纠纷仲裁、调解机制，受理调解、仲裁 138 起，结案率达到 100%；强化了农村承包合同管理，定期对合同的履行、兑现、归档等开展检查，保证了在合同约定期限内全部权益兑现到农民；建立了“农村土地流转信息平台”，促成土地流转已超过了 1 万亩。

三是流转基本实现了从无偿向有偿的转变。在农村土地流转中，早些年，由于以农户间自发流转为主，没能力或不愿意种地

的农民，多是把土地托由亲友和邻居经营，无偿流转的比例高，占流转总面积的60%。而近几年，随着政府主导和市场运作进程的加快，农民维权意识的提高，除少部分农户亲邻间小面积流转为无偿流转外，有偿流转已占流转总面积的92.3%。这也为今后进一步规范有序地推进农村土地流转奠定了较好的基础。

（三）农村土地流转的主要成效

第一，促进了农业适度规模经营。通过土地流转，由一家一户单独经营的小块零散土地走向了集约化、规模化经营，使农村土地资源进一步得到了优化配置。在规模经营中，现代工业、现代科技和现代管理方式的运用，加速传统农业的改造进程，促进农业集约化、标准化、品牌化建设，推动全区豆类产业、食用菌产业、肉禽产业、休闲观光产业、磨盘柿产业及花卉产业等农业主导产业发展。

第二，促进了设施农业快速发展。按照调整优化农业产业结构的思路，把推进设施农业发展与土地流转工作有机结合起来，取得了明显的成效。到2008年底，全区设施农业总面积已经超过了2.2万亩，初步形成了蔬菜、肉禽养殖、食用菌、花卉、果树为主和山区特色养殖为辅的设施农业发展的良好态势。

第三，促进了农业组织化水平的提高。农业区域化布局、专业化生产是农业组织化的重要基础，土地流转使同业农民以土地入股或转包、出租，组建农民专业合作社，实现了统一生产、统一服务、统一销售，加快了农业组织化水平的提高。目前，全区已有160多家农民专业合作社，其中大部分是以土地集约经营为主要形式的种养业合作经济组织。

第四，促进了农民就业增收。土地流转带来了“双重效应”，使土地流出方和流入方家庭收入水平均有较大幅度的提高。一方面，一部分进城的农民工通过技能培训，从“兼业农民”转化为“专业工人”，成为城市产业工人的组成部分，这部分农民既有工资收入，又有土地承包经营权的流转收益，收入水平大幅度提升；另一方面，一部分有文化、懂技术、会经营的专业农民、创业农民，成为农业规模经营的市场主体和领军人物，成倍地获得土地收益和政府的补贴收入。大石窝镇南河村农地流转后专营设施农业，每户年均增收2万元；西潞街道安庄村施行了以土地为重点的“社区股份合作制”模式后，九年间农民人均纯收入增长了41.3%。

二、我区农村土地承包经营权流转中存在的主要问题及成因

第一，发展支撑不足——难以流转。就农业自身而言，目前我区土地流转主体仍以一般农户、种植大户为主，而农业产业化龙头企业、专业合作组织的带动作用还不十分突出，全区农业产业化、规模化、集约化水平虽然正在逐年提高，但仍然处于起步阶段。因此，在流转需求上，规模较大、回报较高的土地流转量还不够大。从全区经济总体状况看，我区正处于产业结构调整的攻坚期，经济总量不足、人均水平偏低、就业拉动力弱，对农村劳动力转移、农民增收渠道拓展、农民对土地依存度的降低等方面，其作用仍不十分明显。总之，在全区农业和二三产业结构调整过渡期，面临着前所未有的压力和困难，这与农村土地流转的总量和规模具有较高的关联度。换言之，土地流转的需求不足是影响当前农村土地流转的驱动性障碍，改变农村土地流转难的现状，需要经济发展的足够支撑。

第二，工作机制不尽完善——制约流转。总体看，我区的农地流转工作，有多个方面在全市已经处于领先或靠前的位置。但是对照新一轮农村改革的新要求，仍有一定

差距，这在很大程度上制约了农村土地的规范有序流转。主要体现是，全区总体重视程度还不够高，工作的推动主要由农业经管部门承担，相关部门及各乡镇共同推进农地流转的整体合力有待增强。区乡村三级农地流转管理服务网络的完善，农地流转民主程序和报批程序的进一步规范，业务指导、合同管理、合同鉴证和纠纷调解等工作的及时跟进等方面，还需要加大工作力度。以“房山农村土地流转平台”为核心的信息化建设和信息服务功能也需进一步强化。

第三，社会保障水平较低——影响流转。受城乡二元结构的长期影响，现阶段城乡差别依然较大。特别是在社会保障方面，尽管近几年全区农村养老、医疗、社会求助等社会保障事业快速发展，覆盖城乡的社会保障体系正在逐步形成，但是，农村与城镇地区的差别依然较大。在农民看来，他们与城里人的唯一可比的，就是拥有土地。多数农民的口粮、看病、入学等经济来源主要还是依靠土地收入。年龄较大的农民对土地的依赖程度更高，也必然对流转土地心存后顾之忧。

第四，少数干部认识程度低——不思流转。土地流转在深化农村土地承包经营制度改革中具有十分重要的作用，其推进的过程与地区领导干部的认识程度密切相关。目前，我区有些乡镇重视程度较高，出台了一些政策措施，促进了土地流转的顺畅推进。但是，还有一些乡镇不够重视，政策解释、措施跟进、工作落实、评价考核等方面的工作没有完全到位，以致仍有土地流转自发、放任、随意性大、不够规范的情况。

第五，农民恋地情结深厚——不愿流转。土地是农民赖以生存的根基，农民对土地有着深厚的情结。与现阶段的经济社会发展水平相适应，目前我区多数农民的“根”依然还在农村，视土地为命根子。全面取消农业税、粮食直补等政策的落实，特别是城市化和工业化重点项目征占土地后较高额度的补偿，使农民提高了土地增值的预期目标，强化了“两不”的观念。一是不愿参与土地流转：“不占白不占，占了也白占”“转营它业是出路，在家种地为退路”“宁可撂荒，不可失地”的心理普遍存在，城镇化进程较快地区的农民甚至认为，土地撂下不种，也可以等来高额的土地回报。二是不敢参与土地流转：农民将其承包经营的土地视为生活保障的最后一道防线，特别是缺乏二三产业就业技能或没有外出打工门路的农民，对土地的依赖性更强，宁愿自己耕种，也不愿意签订土地流转合同。此外，农民对党在农村的基本政策缺乏了解，甚至心存疑虑，这也是农民不愿参与土地流转的重要因素。

三、推进我区农村土地持续有序流转的建议

（一）完善管理和服务机制，培育和发展农村土地流转的市场环境

强化管理和服务，培育和发展农村土地流转的市场环境，是提高土地产出率、资源利用率、劳动生产率，增强农业抗风险能力，依法保障土地承包与流转当事人的合法权益，推动农村土地流转走上规范化、法制化轨道，促进农村经济发展和社会稳定重要前提和保障。提高我区农村土地流转水平首先要做好这项基础性工作。

首先，要把农地流转纳入全区农村工作的重要内容，构建齐抓共管的工作格局。更加重视农地流转在发展现代农业、促进农村土地制度改革重要作用的发挥，在农村工作的总体部署上，统筹安排农地流转工作。要进一步发挥农业经管部门的职能作用，在人力、财力、物力等方面给予支持。同时，要构建由农业经管部门牵头、有关部门参与支持、各乡镇积极配合的工作机制，明确工作目标和任务，加强沟通协调，形成工作合力，提高农地流转工作的整体水平。第二，要进

一步完善区、乡、村三级管理服务网络。在硬件和软件两个方面完善管理和服务功能，积极开展农地流转的业务指导、合同鉴证和纠纷调解，指导土地流转工作顺利推进，保证公开、公平、公正交易。第三，要进一步规范农地流转机制和流转程序。严格农地流转民主程序和报批程序。属于家庭承包农户个人对外流转的，须依法经过本集体经济组织同意后方可流转；属于村集体组织对外流转的，须依法经过所在乡镇政府审核批准后方可流转。第四，要加强农村承包合同管理。按照《农村土地承包法》指导农地流转合同的签订，及时办理因农地流转引起的承包合同变更和解除；进行合同鉴证时，严格审核合同的真实性、可行性与合法性，对违背农民意愿或损害农村集体和农民利益的问题及时依法纠正，保障农地合理流转。第五，要继续做好农地流转纠纷仲裁。完善农地流转纠纷调处机制，开展纠纷仲裁工作。对农地流转中出现的问题，及时排查、化解。第六，要切实利用好“房山农村土地流转平台”。总结创建平台的管理服务经验，在原有基础上扩充流转信息，拓展服务范围，重点搞好农地流转信息项目对接，提高签订项目的数量和质量，提升农地流转管理与服务的信息化水平。

（二）实施农地流转与现代农业发展双推进工程，切实发挥农地流转在农村改革发展中的作用

从农村土地流转的性质和内在要求看，它不仅仅是流转双方的利益实现问题，更为重要的是它与“三农”大局紧密相连。农业作为战略性基础产业，在“三农”大局中居于十分重要的位置。而土地流转的根本出发点和落脚点在于推进适度规模经营，加速现代农业发展进程，从而实现农业发展、农村稳定、农民增收的目标。因此，农村土地流转与现代农业发展相辅相成、互为因果、互相促进。

从我区农业发展现状及未来趋势看，一方面，要通过现代农业的发展，扩大土地流转的需求总量；另一方面，要通过土地流转推进农业适度规模经营，提高现代农业发展水平。因此，要以发展现代农业为主线，按照农业区域功能定位，进一步完善优化粮食、蔬菜、水果及其他经济作物和现代养殖业发展布局，使土地受让方按照规划要求使用经营土地，以达到农业集约化、规模化发展的目的。近期，应以发展设施农业为突破口，抓住市政府大力发展设施农业的有利契机，认真总结推广我区发展设施农业的成功经验，按照全区设施农业“三廊、三区、五带”发展规划布局，加快推进全区2008—2012年发展设施农业6万亩、建设四个5000亩以上设施产业集群等重点任务的落实，从而实现扩大土地流转需求总量、促进农业适度规模经营、稳步增加农民收入的双重目标。在发展现代农业的过程中，要更加重视农业产业化龙头企业和农民专业合作组织的发展，在项目审批、土地使用、政策配套、资金支持等方面给予重点支持，扶持、培育、发展一批市场前景好、规模较大、带动力明显的农业产业化龙头企业和农民专业合作组织，增强农地流转的有效需求，促进现代农业健康发展。

（三）加快农村劳动力转移步伐，降低农民对土地的依存度

从根本上讲，推进农村土地流转，在坚持农地流转与现代农业发展双推进的同时，更为持续有效的途径是通过工业化和城镇化水平的提升，创造更多的劳动就业岗位，吸引农村劳动力向非农化就业转移。这样，一方面可以使大量的农村劳动力从农业生产中分离出来，从事农业以外的生产经营，通过稳定的、较高的工资性收入，提高生活质量。另一方面，农村转移人口有了相对稳定的职业，收入水平逐步提高以后，可以降低这部分人对土地的依存度，从而为农村土

地流转创造更加有利的条件。

因此，推进农村土地流转，要在农业以外的更大范围寻求突破，在吸纳农村劳动力潜力更大的城镇化和工业化中做文章，而工作的着力点是加速“三化两区”战略构想的全面实施。在城镇化建设上，坚持实施“新城带动”战略，加速区域经济向新城组团和重点城镇集聚，着力在新城组团和重点城镇建设上率先突破。为此，要加速各项基础设施的综合配套，加速重点城镇核心区与重点功能区建设，推进城市内涵发展和外延扩张，增强城镇聚集产业与人口等生产要素的承载力，提高全区农业人口的非农化水平。就工业化而言，应坚定不移地推进“工业强区”战略的实施。在区域布局上，应着力推进市、区级工业园区和就业基地建设，加速工业集约化、规模化发展，培育优势产业簇群。在产业选择上，坚持有所为、有所不为，把产业发展和项目引进与各工业园及就业基地的发展定位，与创造更多的劳动就业岗位有机结合起来。应密切关注金融危机的动态变化，捕捉并抢抓化危为机的重大项目，培育新的增长点，积蓄发展后劲。总之，要通过城镇化和工业化水平的不断提升，带动农村劳动力转移，大幅度提高工资性收入，使农民通过经济比较，更多的选择非农化就业，逐步降低对土地的长期依赖。

（四）加速农村社会保障体系建设，稳步提高农村人口的社会保障水平

在通过发展现代农业，加速城镇化与工业化这一根本途径提高农村人口就业增收，推进农地流转的同时，还有一个重要的方面：就是要更加重视农村社会保障问题。这个问题解决得好，可以逐步改变农民的恋地情结，降低农民依赖土地生存发展的程度，从而推进农村土地有序流转。

为此，要按照统筹城乡发展的要求，积极推进建立覆盖全区城乡社会保障体系战略任务的落实。一是继续完善社会救助体系。以农村低保、特困户救助为基础，以临时救助、社会互补为补充，以政策完善为支撑，形成各级政府为主导、社会参与广泛，运转协调、管理规范、网络健全的制度体系。二是继续完善农村医疗救助体系。巩固新型农村合作医疗制度成果，提高和稳定参保率，使之保持长久性和连续性；逐步提高参保标准，加大报销比例，确保“民心工程”做实做好，给农民带来更大的实惠。三是加快农村养老保险体系建设。按照“稳步推进、滚动发展、逐步到位”的原则，分批、分类梯次推进农村社会保险体系的建立和完善，力争在2010年前解决农民参加社会保险问题，实现城乡社保事业一体化发展的目标。

（五）总结推广农地流转先进经验，切实发挥典型引路的作用

从我区近几年农地流转工作的具体实践看，各乡镇和村都注重与本地农业主导产业发育、优势产业发展、农民就业增收相结合，做到了立足实际、突出特色，较好地发挥了比较优势。大石窝镇的南河村、西潞街道的安庄村，以及长阳等镇村形成的流转模式和基本做法都具有较强的典型示范作用，而且也对周边地区带来了积极影响。因此，在下一步推进农地流转的工作中，要更加注重典型引路的示范作用。

一要及时总结成功经验。区决策研究部门、农业主管部门特别是经管部门和有关镇、村，应及时对全区各乡镇在农地流转中不同模式、不同类型并取得成功经验的典型，有组织、有计划、有针对性地开展调查研究，注重从不同的个案中，总结出具有普遍指导意义的基本经验和做法，及时加以推广。必要时可以形成区级或乡镇的政策性文件，指导流转工作开展。二要组织考察和交流。一方面，在本区范围内组织管理人员、专家、农民，进行实地考察和交流，通过亲闻、亲见、亲历和现身说法，在感性认识的基础上升华理性思考，促进农地流转更加规

范有序的推进；另一方面，要组织好赴外地的参观学习，特别是沿海地区以及山东、重庆等走在全国先进行列的地区，以进一步解放思想、开阔视野、丰富实践，推进全区农地流转工作向更高层次、更高水平迈进。

（六）加强法律法规和相关政策宣传，以思想的不断解放推动农地流转顺利开展

进一步推进我区农地流转工作，一个不可忽视的问题就是要进一步解放思想、更新观念，使干部群众的思想观念从不合时宜的禁锢中解放出来，把思想认识和具体实践统一到认真落实中央和市区关于促进农地流转的政策精神上来，切实达到通过农地流转促进农村持续发展的根本目的。

首先，要加强对领导干部和核心管理人员的教育引导。任何一项工作的推进，首先取决于各级干部的理解力和执行力。因此，应把农地流转有关政策法规的学习列入全区干部培训计划，分专题、分层次组织培训。在提高认识、理解政策的基础上，要进一步完善主管部门、乡镇、村三级责任落实和考核体系，实施目标化管理，以不断加大农地流转工作的落实力度。特别是对工作开展不顺利、责任落实不到位的乡镇，要给予重点关注，实施分类指导，促进全区农地流转工作水平整体提升。第二，要对农民开展经常性的教育引导和培训。结合全区农民教育培训计划的实施，把农地流转政策法规的宣传作为重点内容，组织各部门、各乡镇开展宣教活动，使各项政策深入乡村、深入农户、深入人心，使农民不断解放思想、消除疑虑、解除后顾之忧。要组织专业人员深入农户、深入田间地头，向农民宣传解释农地流转工作的具体内容，使农民对农地流转的基本程序、基本要求、重点环节等方面，了解把握得更加全面准确，引导农民增强致富信心和维权意识，积极参与农地流转，共享改革发展成果。

长阳镇葫芦垡村北京恒源众泽园林绿化有限责任公司红掌种植基地

概 况

2009年房山区概况

一、自然环境状况

房山区隶属北京市，位于北京西南。北邻门头沟区；东北与丰台区毗连；东隔永定河与大兴区相望；南部和西部分别与河北省涿州市和涞水县接壤。位于北纬 39° 30'～39° 55'、东经 115° 25'～116° 15' 之间。全区面积 2019 平方公里，其中山区面积 1048.81 平方公里。

地势西北高，东南低，西北部为山区，东南部为冲积平原。由西北向东南依次为中山、低山、丘陵、岗台地和冲积平原，地貌类型复杂多样。

主要山脉有百花山、大房山、大安山、上方山等，其中百花山的主峰白草畔是区内最高峰，海拔 2161 米，最低处在琉璃河镇的立教洼，海拔 26 米。

房山区水系分为大清河水系和永定河水系。二级河流有永定河、拒马河。三级河流有小清河、大石河。四级河流有丁家洼河、城关东沙河、夹括河、哑叭河、刺猬河、牤牛河和周口店河。主要河流有 4 条：永定河、小清河、大石河、拒马河。其中大石河发源于境内，其他 3 条均发源于境外，为过境河。除永定河外，其他河流均属海河流域大清河水系。

房山区境内共有各级文物保护单位 302 处。其中国家级重点文物保护单位有周口店北京猿人遗址、云居寺塔及石经、金陵遗址、琉璃河商周遗址、万佛堂、十字寺 6 处；市级文物保护单位有上方山诸寺及云水洞、窦店土城、良乡塔、琉璃河大桥、白水寺石佛、姚广孝塔等共 15 处。全区共有唐、辽、金、元、明、清古塔 107 座，占北京市古塔总数的一半以上。

全年平原地区平均气温为 12.2℃，西部山区平均气温为 10.8℃。极端最高气温出现在 6 月 24 日，39.8℃。平原地区（以官道站为参考站）降水量为 404.8 毫米，比 2008 年减少 250.7 毫米。西部山区（以霞云岭站为参考站）降水量为 412.5 毫米，比 2008 年减少 316.5 毫米。2009 年全年二级和好于二级天数为 239 天，占全年总检测天数的 65.5%。

二、建置沿革

房山置县始于战国燕时。周初燕国都城遗址，在房山区董家林村。秦时，置良乡县。金大定年间（1161—1189），为守护陵寝，析良乡、范阳、宛平 3 县边地置万宁县，明昌年间（1190—1195），改万宁县为奉先县。

元至元年间（1335—1340），改奉先县为房山县。尔后历明、清、民国，良乡县、房山县一直分设。1958年房山、良乡两县合并，建北京市周口店区。1960年，周口店区更名房山县。1981年，房山县境内建北京市燕山区。1987年，撤燕山区、房山县，建北京市房山区，区府所在地房山城关。1998年11月18日，区府所在地由房山城关迁至良乡，良乡距市中心20公里，区位优势突出。

三、发展综述

2009年，全区财政收入快速增长，促进了全区经济和社会事业的全面、持续、健康发展。全年财政收入达到52.7亿元，比2008年增长1.4倍。其中，一般预算收入完成23.3亿元，比2008年增长37.4%。全区各项税收实现145.3亿元，比2008年增长1.6倍。其中，房山地区实现45.7亿元，比2008年增长24.9%；燕山地区实现99.5亿元，比2008年增长4倍。居民消费价格与工业品出厂价格明显回落。2009年，居民消费价格指数为98.5%，比2008年下降1.5个百分点。工业品出厂价格指数为94.4%，比2008年下降5.6个百分点。

2009年，在扩大内需政策作用下，全区投资项目快速推进，全社会固定资产投资完成349.8亿元，比2008年增长1.2倍。其中，第一产业完成15.8亿元，比2008年增长1.2倍；第二产业完成51.8亿元，比2008年增长44.6%；第三产业完成282.2亿元，比2008年增长1.4倍。区属固定资产投资完成270.8亿元，比2008年增长1.1倍。基础设施投资完成119亿元，比2008年增长95.8%。

2009年，全区出生6017人，比2008年减少22人，出生率为7.84‰，比2008年末提高0.03个千分点；死亡5088人，比2008年增加756人，死亡率为6.63‰，比2008年提高0.97个千分点；人口自然增长率为1.21‰。全区户籍人口达到76.7万人，比2008年末增加0.2万人。

2009年，全区城乡居民收入稳定增长。城镇居民人均可支配收入为21955.2元，比2008年增长8%；城镇居民恩格尔系数为34.2%，比2008年提高1个百分点；农村居民人均纯收入为11314.6元，比2008年增长12.3%；农村居民恩格尔系数为30.3%，比2008年下降1个百分点。城镇居民人均住房面积为29.3平方米；农村居民人均住房面积达到38平方米。

就业再就业工作取得新进展，就业形势基本稳定。到2009年底，全区新增就业1.3万人，城镇登记失业率为3.59%，城镇登记失业人员再就业率达到57.19%，比2008年提高1.74个百分点。社会保险覆盖面进一步扩大。养老保险参保15.29万人，失业保险参保17.06万人，工伤保险参保16.4万人，生育保险参保9.06万人，医疗保险参保21.53万人。农村社会养老保险参保人数达到20.69万人。城市低保标准由家庭人均月收入390元提高到410元；农村低保标准由家庭人均年收入1920元提高到2040元。全区共有2.5万人享受城乡低保。其中，1.7万人享受农村低保。

2009年，全区土地供应总量263公顷。2009年，当年关闭煤矿4座（井口4个），非煤矿山14座。截至2009年年底，全区共关闭煤矿121座（井口333个），为还北京蓝天作出了贡献。

2009年，全区二级和好于二级的天数为239天，占全年总监测天数的65.5%。北部山区各项整治工作进展顺利。到2009年底，共投入资金5.5亿元，投入人力7.6万人次，清理街巷、道路3228条，垃圾2.3万吨，河道7180米，拆除及美化残垣断壁1470延米。完成京津风沙源治理荒山造林1355.33公顷，栽植各类苗木160.2万株。环卫基础设施建设取得新突破。房山区田各庄生活垃圾填埋场、良乡粪便消纳场建设工程、半壁店生活垃圾填埋场除臭工程全部完成；建设新农村公厕307座。2009年，全区规模以上工业能耗总量619万吨标煤，比2008年下降 4.6%；万元产值综合能耗0.8187吨标煤，比2008年增长 2.5%。北京电力设备总厂、北京太行前景有限公司、中国石化集团北京燕山石油化工有限公司、中国石油化工股份有限公司北京燕山分公司等 22 家重点耗能工业企业能耗总量606万吨标煤，比2008年下降4.8%；万元产值综合能耗0.9283吨标煤，比2008年增长6.2%。

农业综合生产能力继续提升。2009年，全区农林牧渔业总产值实现 41.3 亿元，比2008 年增长 3.8%。其中，种植业完成产值18.8亿元，比2008年增长13.7%；养殖业完成产值21.7亿元，比2008年下降3.5%。粮食播种面积3.05万公顷，比2008年增加66.7公顷，增长 0.8%；粮食产量 15.8 万吨，比2008年增加0.2万吨，增长1.2%。全年粮食直补面积2.78万公顷，其中，小麦0.97万公顷，玉米1.79万公顷。粮食直补资金4747.7万元，全部发放到农户手中。农业观光园区累计达到101个，51个民俗旅游村、2820户民俗旅游接待户靠特色和周到的服务吸引了越来越多的中外游客。坚持以城市化理念引领社会主义新农村建设，实施“5+3”工程，推进城乡一体化进程。年内全区新农村建设投入资金12.85亿元。其中，村庄基础设施建设投资11.8亿元。年内完成村庄道路硬化540万平方米，村庄绿化面积150万平方米，铺设输水主、支管路795公里，铺设排水管路510公里，建污水处理站25座，新建农村公共厕所307座，户厕改造3.27万个。加大了“亮起来、暖起来、循环起来”工程的推进力度，安装太阳能路灯4800盏，建设大型沼气站3处，大型生物质气化站2处，生物质燃料加工厂 3 处；实施户用沼气池项目 500个；开工建设 5 个太阳能公共浴池，新安装太阳能热水器 1 万套；实施地热采暖示范项目600户；实施既有住房节能改造980户。“三起来”工程受益农户达4.6万户。

2009年，全区工业总产值实现779.8亿元，比2008年下降6.9%。深入实施“工业强区”战略，推进工业园区建设。到 2009年底，三大产业基地和6个农民就业产业基地累计入驻企业1944家，比2008年增加125家；完成技工贸总收入222.9亿元，上缴税金10.3亿元，比2008年分别增长1.1%和1.9%。围绕高端产业、主导产业、龙头企业，创新招商方式，拓宽招商渠道，截至 2009 年年底，全区新建、续建工业项目 93 个，计划总投资71.5亿元，实际到位资金22.3亿元。其中：5000万元以上项目35个，计划总投资58.3亿元，实际到位资金16亿元。到2009年底，2个市级开发区共有入区企业1546家，比2008年减少52家。全年实现技工贸总收入184.9亿元，比2008年增长1.2%。其中，良乡经济开发区龙头作用依然明显。年末，拥有入区企业 1535 家，全年实现技工贸总收入 178.8 亿元，分别占全部的 99.3%和96.7%。

面对严峻形势，拓展多元开发见成效。2009年，全区建筑业总产值完成221.7亿元，比2008年增长31.8%；房屋施工面积1892.1万平方米，比2008年增长20.5%。其中，区属建筑业总产值完成94.8亿元，比2008年增长 22.5%；房屋施工面积 694 万平方米，比2008 年增长 31.4%。积极实施科技创新、多元化经营、“走出去”等发展战略，企业综合实力跃上新台阶。龙建集团在理工大学工程的空心板施工质量和外墙外保温及饰面施工质量获得北京市 QC 成果一等奖，科技创新取得新成果；城建集团与北京建工路桥公司联合注册成立分公司，成功中标长周路第二和第四标段，多元化经营效果明显；韩建集团成功中标安徽淮水北调工程和山西坪上引水 PCCP 项目工程，企业走出去发展步伐加快。全力抓好保障性住房项目建设工作。2009年开工保障性住房项目5个，开工建设26.9

万平方米，主体竣工15万平方米。

2009年，全区完成社会消费品零售额99.1亿元，比2008年增长10%，其中，吃、穿、用、烧分别完成零售额20.9亿元、7.2亿元、47.8亿元和23.1亿元，比2008年分别增长10.3%、15%、11.7%和4.9%。具有自主知识产权和总部经济特征的北京石油交易所入驻企业达380余家，招收网络会员企业450家。商业规模不断扩大，2009年开业东方电子市场、53号大厦、大南郊学生用品城、宜货城等一批大中型商品交易市场，新增商业面积20万平方米；购物环境逐步优化，完成了华冠购物中心、中大瑞祥、国泰百货、燕山美廉美等10家商场的无障碍设施改造工程，共升级改造各类服务设施190处。2009年，全区外贸出口总额1.74亿美元，比上年增长10.9%。三资企业稳步发展。年内新批三资企业7家；实际利用外资3689.3万美元，比2008年增长2.2%。

通过强化旅游整体宣传，提升了全区旅游的整体形象。“走近房山”——2009春季北京国际长走大会，吸引了1.2万余名国内外人士参加；“和谐呈盛世　国宝耀房山”——佛祖肉身舍利迎请仪式和观瞻活动，接待游客5万多人次。2009年，区内有A级旅游区19家；星级饭店38家。全年接待游客达到898.8万人次，比2008年增长26.5%；旅游营业收入实现11.5亿元，比2008年增长12.7%。

“首都西南综合交通枢纽”核心工程——北京西南交通信息指挥中心顺利竣工。标志着房山区交通科技化建设的技术平台和实践媒介基本搭成，也为全面打造“数字化房山”提供了基本的技术服务体系。2009年，全区境内公共汽车线路累计达到43条。新建农村客运站4个，完成80个公交站亭建设。全年累计运送乘客4750万人次，完成货物运输量1599.36万吨。继续推进城乡路网建设，全区投资7.23亿元，实施公路新改建、公路大修、公路桥梁改造工程共计27项。2009年，全区乡村公路大修工程67项、101.79公里，总投资0.48亿元。

全年完成邮政业务总量11660.3万元，订销报刊1906.9万份，出口函件808万件，特快专递15.7万件。电信业务总收入3.6亿元，比上年增长47.3%。年末固定电话用户达到25.8万户，比2008年减少600户。其中，公用电话点2.05万个。到2009年底，全区宽带网用户达到11.97万户，比2008年增加2.45万户。

全区各类金融机构人民币存款余额达到578.3亿元，比2008年增长40.6%。城乡居民储蓄余额达到334.3亿元，比2008年增长27.4%。全区各类金融机构贷款余额达到141.8亿元，比2008年增长22.2%。

全区有普通中学51所，拥有在校生3.3万人。其中，高中在校生1万人，初中在校生2.2万人。小学112所，在校生3.7万人。职业中学5所，在校生2403人。幼儿园155所，在园幼儿1.8万人。义务教育入学率和合格率均继续保持99.9 %以上的水平，本科上线率达到40.67%，比2008年提高4.34个百分点。全区高考升学率稳步提高，首次突破85%大关，连续6年超过全市平均水平。努力推动中小学办学条件标准建设工作，全年完成了25所中小学的新建和改造任务，办学条件进一步优化。年末，全区有成人教育学校6所，在校生9825人，当年毕业生2030人。2009年，围绕全区经济结构调整和重点产业升级及“三保”任务，组织实施了房山区五项科技计划，遴选56个优秀科技项目立项，其中，社会发展14项、科技致富9项、星火计划11项、科技成果推广11项、科研试验示范11项。通过项目带动，充分显示了科技对全区各领域的引领支撑作用，促进了产业优化升级。依靠科技帮扶企业发展，抓好高新技术企业的认定工作，为经济发展注入活力。目前，全区共有22

家企业被认定为高新技术企业，涉及生物与新医药技术、高新技术改造传统产业、资源与环境技术、高技术服务业、新材料技术等领域。企业都拥有核心自主知识产权，提高了科技成果转化能力。

文化活动内容和形式不断丰富。全区现有区级文化馆2座、公共图书馆3个，乡镇文化大院511个，城镇居民人均教育文化娱乐服务支出为1927.5元，比2008年增长19.1%；农村居民人均文教娱乐用品及服务支出823.1元，比2008年增长8.7%。全力打造群众文化活动品牌，不断满足群众文化需求。“文化周末大舞台”系列活动，以府前广场文化周末大舞台为首，同时，新成立10个乡镇文化周末大舞台，包括西潞街道办事处、城关街道办事处、阎村镇、长阳镇、窦店镇、周口店镇、韩村河镇、琉璃河镇、张坊镇、十渡镇等，共组织演出215场，涉及演员1万人次，观众30万人次。全区达标数字影院已达472个，覆盖了98%的行政村。继续推进农村电影“2131”放映工程，全年送电影下乡24935场，观众累计达到39万余人次。2009年，全年广播电台播出总时长为6205小时，其中，新闻总时长为547.5小时，专题节目总时长为912.5小时，文艺节目总时长为2190小时。全年电视台播出总时长为6948小时，其中，新闻总时长821小时，专题节目总时长834小时，文艺节目总时长为2190小时。围绕“践行科学发展观 服务‘三保’行动年”活动，开设了《记者走一线 三保新看点》挂牌专栏。房山人民广播电台直播节目《直通107》中设置《“三保”新亮点》《我看房山新发展》《我们一起来关注》《和谐房山》等话题，通过短信与听友交流，收到了良好的社会反响。

为了体现全区人民庆祝国庆的喜悦心情，推出了一系列重点广播电视节目。举办了《时代节奏 大美房山》——建设“三化两区”新房山摄影邀请大赛；拍摄录制了《感动房山》大型互动访谈节目；制作播出了系列专题片《光辉的记忆》和系列主题报道《小家，大家，看变化》；房山人民广播电台开办了“‘激情房山，歌颂祖国’红歌大家唱”电台大型系列直播节目，圆满完成新中国成立60周年宣传报道工作。

到2009年底，全区共有医疗卫生机构1124个；卫生技术人员6461人，实有床位5583张。新型农村合作医疗制度进一步完善，共有40.6万人参合，其中覆盖低保户1.85万人，参合率继续保持100%。

充分利用奥运会成功举办的强大影响力，大力开展体育活动，群众体育全面进入一个崭新阶段。经常参加体育锻炼人口占全区总人口的67%，比2008年提高4个百分点。2009年，全区共有体育场馆206个，比2008年增加6个；在全区行政村健身配建率达到100%的基础上，为50个2000人以上的村每村增加了一套全民健身工程；更新2004年配建的全民健身工程122套。全区有等级体育运动员222人，其中，年内新增加9人。参加北京市体育锦标赛获得奖牌118枚，其中，金牌52枚、银牌33枚、铜牌33枚。

翠柳大街

大事记

1月

5日至7日　召开区政协六届三次会议。

6日至8日　召开房山区六届人大四次会议。

17日　北京市中科房山创业投资基金有限公司揭牌。

19日　房山区获“国家卫生区”称号。

21日　国务院安委会督查组对房山区烟花爆竹批发企业进行安全检查。国家安监总局副局长孙华山，在市安监局局长张家明和区委常委、副区长高言杰的陪同下，对熊猫烟花和逗逗烟花2家批发公司的烟花爆竹仓库进行检查。

25日　房山区“家电下乡”工作启动。

28日　市领导牛有成、夏占义等到房山区检查森林防火和动物防疫工作，区领导刘伟、王忠海等陪同检查。

2月

1日　房山区召开六届区政府第三次全体会议。

13日　市人大常委会副主任赵凤山、市政府副市长苟仲文就产业发展情况到窦店镇窦店村调研。实地察看窦店汽车城、北汽汽车改装厂、格瑞拓普生物科技有限公司。区领导郭先英、高言杰陪同调研。

14日　中共中央政治局委员、市委书记刘淇，市委副书记、市长郭金龙就“扩内需、保增长、促发展”主题到房山区进行专题调研。

26日　中粮集团入驻北京五谷道场食品基地。

是日　刺猬河综合治理（二期）工程开工。

27日　加拿大素里市教育局与区教委签署全面合作办学协议。

3月

2日　北京市推动燕房合作协调小组会议在房山区召开。

13日　召开房山区深入学习实践科学发展观活动动员大会。市委指导检查组副组长谷胜利，区领导刘伟、祁红、郭先英、范文彦、苗立峰、唐淑荣出席会议。

26日　全国政协副主席、台盟中央主席林文漪，台盟中央副主席黄志贤，台盟中央办公厅副主任吴国华，市委常委、教工委书记赵凤桐到北京理工大学良乡校区视察。区委书记刘伟陪同视察。

4月

1日　北京市春季农业生产工作会在房山区召开。副市长夏占义出席会议并带队实地检查指导房山区农业生产工作。先后实地观摩北京龙建天鸿顺鸭业有限公司、窦店镇窦店村高产创建示范田、北京格瑞拓普生物科技有限公司和窦店镇河口村等农业产业化工程。市政府副秘书长安钢，市农委主任王孝东和区领导祁红、王忠海陪同检查。

是日　轨道交通房山线(房山段)拆迁完成，历时 45 天。拆迁工作共涉及拱辰、西潞、长阳、阎村 4 个乡镇、街道办事处，拆除住宅和非住宅共 1167 家，建筑面积 25.54 万平方米。

2 日　国家文物局局长单霁翔就文化创意产业集聚区建设到大石窝镇调研。区领导唐淑荣、卢国懿陪同调研。

9 日　轨道交通房山线工程举行开工仪式。市交通委主任刘小明，市轨道交通建设指挥部办公室主任许健，市交通委副主任姜帆，市轨道建设管理公司总经理吴宏健，区领导祁红、郭先英、范文彦、刘欣国、吴会杰出席开工仪式。

15 日　副市长丁向阳就旅游产业发展情况到房山区调研。实地察看北京旅游咨询服务中心琉璃河咨询服务站、房山世界地质公园博物馆和长沟龙泉湖湿地公园建设情况，听取房山区旅游产业发展情况汇报。市发改委、市财政局、市旅游局领导，区领导刘伟、祁红、唐淑荣、王忠海、马丽英陪同调研。

是日　房山区人民政府与涿州市人民政府就实施全面对接深化经济社会发展合作协议举行签字仪式。保定市委副书记、市长于群，涿州市委书记王舟，市委副书记、市长萱晓宇，区领导刘伟、祁红、刘欣国、高言杰、梁顺、王忠海出席仪式。

23 日　副市长陈刚到房山区调研。实地察看长周路建设情况、轨道交通房山线拆迁建设和轨道交通房山线车辆段拆迁建设情况，听取房山区工作汇报，充分肯定房山区所做的工作和取得的成绩。市建委、市规划委、市国土局、市交通委领导，区领导刘伟、祁红、史全富、吴会杰陪同调研。

24 日　房山区召开推动房山科学发展加快推进“三化两区”建设座谈会。

5 月

12 日　全国第一家农村集体资产管理专业性网站——房山农村集体资产管理平台开通，农业部资产管理处领导，区领导苗立峰、王忠海出席开通仪式。

14 日　北京市“关注农村、关爱学生，促进学生与教师共同发展”研讨交流会在房山区召开。市教育学会会长李观政、北师大教育学院副院长梁威和区领导刘伟出席会议。

15 日　中央巡回检查组第一组副组长、全国政协常委、中宣部原副部长高俊良一行就开展深入学习实践科学发展观活动情况到房山区调研。市委组织部副部长、市委学习实践活动领导小组成员、办公室副主任吕和顺，区领导刘伟、祁红、苗立峰、张祝华陪同调研。

17 日　房山区举行“走进房山”——2009 春季北京国际长走大会暨第 15 届房山旅游文化节开幕式。社会各界人士 1 万多人参加 16.5 公里的长走。

26 日　召开房山区落实 1000 亿元土地开发投资工作会。会议由副区长吴会杰主持。区领导刘伟、史全富、张祝华出席会议。

28 日　市委常委、常务副市长吉林到房山区调研。市财政局领导，区领导刘伟、祁红、史全富、高言杰、王忠海、吴会杰陪同调研。

6 月

1 日　中共中央政治局常委、全国政协主席贾庆林亲笔致信蒲洼中心小学，向全体师生表示节日的问候。

2 日　市纪委副书记隋秀梅一行就“三进两促”工作到阎村镇进行专题调研。区领导史全富陪同调研。

5日　北京市推进"姐妹驿站"建设研讨会在房山区召开。全国妇联副主席、书记处书记甄砚，全国妇联权益部部长蒋月娥，市妇联党组书记、主席赵津芳和区领导刘伟、祁红、张祝华出席会议。

8日　2009年北京市"三夏"工作会在房山区召开。副区长王忠海出席会议。

10日　北京军区政委符廷贵，北京卫戍区政委刘福连，北京卫戍区政治部主任马誉炜到房山区预备役高炮三团、区人武部检查工作。区领导刘伟、祁红、王锁群陪同检查。

11日　"纵论西南崛起　聚焦房山新城"高峰论坛在房山区举办。北京日报社、京报集团领导，区领导刘伟、祁红、唐淑荣等出席论坛。

12日　房山区举办"为伟大祖国骄傲——庆祝新中国成立60周年文化周末大舞台"系列文艺演出活动。区领导刘伟、唐淑荣出席活动。

18日　举行房山区第七届全民健身体育节开幕式暨太极拳健身气功团体展示大赛。

23日　"和谐呈盛世　国宝耀房山"中华石经博览园奠基、佛祖肉身舍利迎请仪式在云居寺举行。

是日　市政协副主席赵文芝一行到长沟镇太和庄、琉璃河镇立教村天主教教堂旧址调研。区领导范文彦、李惠英陪同调研。

是日　市纪委副书记、监察局局长张厚崑一行到房山区调研。区领导刘伟、祁红、史全富陪同调研。

26日　房山区举行长周路建设工程竣工通车仪式。

30日　召开房山区纪念建党88周年暨深入学习实践科学发展观活动工作会。

7月

1日　天津市妇联主席朱丽萍、上海市妇联主席张丽丽、重庆市妇联主席兰运华、北京市妇联副主席尹玲珍到房山区参观考察。区领导郭先英、张祝华陪同考察。

2日　市政协党组书记、主席阳安江到房山区调研。区领导苗立峰、高言杰、卢国懿、李惠英、高维魁陪同调研。

3日　市人大常委会主任杜德印就加快东南城建设议案督办到房山区调研。市政府办公厅、市发改委、市农委领导，区领导刘伟、郭先英、苗立峰、高言杰、赵佳琛、李福田、梁顺、刘顺林陪同调研。

7日　市委副书记、政法委书记王安顺，副市长刘敬民到房山区调研。市公安局、市国土资源局领导，区领导刘伟、王锁群、马丽英陪同调研。

8日　召开房山区第七届社区居委会选举工作总结会。会议由副区长马丽英主持。区领导苗立峰、刘欣国、张祝华出席会议。

9日　市政府副市长程红到房山区调研。市商务委、市民委、市工商局、市粮食局领导，区领导刘伟、祁红、马丽英陪同调研。

16日　为进一步推进燕房合作，北京市人民政府与中国石油化工集团签署战略合作框架协议。市领导刘淇、郭金龙、李士祥、苟仲文、黎晓宏，中国石化集团公司领导苏树林、王天普，区领导刘伟、祁红、史全富、高言杰出席协议签署仪式。

17日　北京市人民政府与国防科技工业八大集团公司举行战略合作框架协议签约仪式。其中，房山区与中国核工业集团签署了战略合作框架协议。市领导刘淇、郭金龙、王安顺、吉林、李士祥、赵凤桐、苟仲文、黎晓宏，中国核工业集团党组书记、总经理康日新，中国航天科技集团公司党组书记、总经理马兴瑞，中国航天科工集团公司党组书记、总经理许达哲，中国航空工业集团公司党组书记、总经理林左鸣，中国船舶工业集团公司常务副总经理路小彦，中国船舶重工集团公司副总经理张必贻，中国兵器工业集团公司总经理、党组副书记张国清，中国兵器装备集团公司党组书记、总经理徐斌，中国电子科技集团公司党组书记樊友山，区领导刘伟、祁红、吴会杰出席签约仪式。

28日　举行房山区首批经济适用住房摇号配售启动仪式。市住房和城乡建设委领导，区领导刘伟、祁红、郭先英、范文彦、吴会杰出席仪式。

是日　中国国民党荣誉主席连战、国民党副主席林丰正一行参观云居寺。中台办原副主任李炳才，市委副秘书长肖培，市台办主任马玉平、副主任曹居京，区领导刘伟、张祝华陪同参观。

8月

4日至5日　国家土地督察北京局督察专员王仕程带队到房山区就13宗“非规设施农业”违法用地整改成果进行验收。市国土局的领导和区领导刘伟、祁红、卢国懿陪同检查。

6日　房山区召开区委社会工委（区社会办）成立暨社会建设大会。

21日　召开房山区第一批深入学习实践科学发展观活动总结大会。

24日　首届北京市区（县）直属机关篮球赛暨“良乡高教园区杯”篮球邀请赛在北京理工大学良乡校区落幕。

26日　地矿部原部长宋瑞祥一行到房山区指导“世界地质公园”建设。国土资源部原副部长、中国观赏石协会会长寿嘉华，中国地质科学院原院长、世界地质公园高级评审专家赵逊，与区领导刘伟、唐淑荣、王忠海座谈。

30日　市委常委、市委教育工委书记赵凤桐在房山区主持召开中核和北京石化产业基地工作座谈会。

9月

8日　辉煌的成就 华彩的乐章——北京博物馆60年成就展暨数字博物馆建设成果展巡展开幕式在周口店遗址博物馆举行

是日　市人大常委会副主任柳纪纲到房山区调研。区领导郭先英、李福田、梁顺、马丽英陪同调研。

13日　房山中央休闲购物区（CSD）启动新闻发布会在北京举行。市旅游局局长张慧光，区领导刘伟、祁红，北京创意设计协会会长袁晓波为房山品牌形象“FunHill”揭幕。祁红与Outlets中国有限公司董事局主席彭越签署打造华北最大奥特莱斯的战略合作书。区领导郭先英、范文彦、唐淑荣、赵佳琛出席发布会。

16日　市人大常委会副主任赵凤山一行就京郊农村经济社会发展问题到房山区调研。区领导刘伟、祁红、郭先英、李福田、梁顺、王忠海陪同调研。

21日　市委常委、统战部部长牛有成，市对外友好协会会长胡昭广、副会长佟树新和区领导刘伟、祁红、王忠海会见国际葡萄及葡萄酒组织(O.I.V)主席 Yves Benard、秘书长 Federico Castellucci，法中关系委员会主席 Jean-Pierre Abehassera，法国勃艮第葡萄酒文化投资发展协会主席 Philippe Garnier一行。

23日　房山区举行庆祝新中国成立60周年大型群众文艺汇演。区四大部门领导出席活动。

24日　房山区召开庆祝人民政协成立60周年大会。

10月

14日　房山区召开国庆60周年庆祝活动总结表彰大会。区四大部门领导出席会议。

17日　房山区召开2009中国房山长阳城市建设模式研讨会。

18日至20日　第四届全国柿生产和科研进展研讨会在张坊镇云泽山庄召开。

21日　房山区召开第二批深入学习实践科学发展观活动动员会。

22日　中粮集团五谷道场食品有限公司在房山区举行开业庆典暨新产品发布会。中粮集团董事长宁高宁、总裁于旭波，区领导刘伟、祁红、王忠海出席发布会。

23日　房山区召开首都国庆60周年群众“艰苦创业”方阵总结表彰会。

27日　水利部组织全国有关地区政府分管水利工作的副市长、副专员等一行45人到房山区考察民生水务工程。

11月

4日　举行白杨西路、翠柳大街、良乡粪便消纳场建设工程竣工仪式。市交通委、市路政局、市发改委领导，区领导刘伟、祁红、郭先英、范文彦、吴会杰出席仪式。

5日　举行北京石化新材料科技产业基地揭牌仪式。

6日　北京都市型现代农业基础建设及综合开发工作会在房山区召开。

12日　区园林绿化局举行揭牌仪式。

15日　房山世界地质公园高级顾问聘任仪式在北京饭店举行。市委副书记、政法委书记王安顺，副市长丁向阳，市国土资源局局长魏成林，区领导刘伟、祁红、王忠海出席仪式。

17日　市领导刘淇、杜德印、吉林、牛有成、陈刚察看南水北调北京市内配套工程——大宁调蓄库，并了解房山区规划发展思路。市有关部门领导，区领导刘伟、王忠海陪同考察。

18日　区农业局举行揭牌仪式。

12月

2日　北京市民防志愿者队伍建设现场会在房山区召开。市民防局、市社会工委、市农委、团市委等有关部门领导，18区县民防局主管领导及民防志愿者400余人和区领导王锁群、卢国懿出席会议。

3日　法国遗产行业基金会与周口店遗址博物馆签署“中法文化交流——周口店遗址保护、管理、利用合作谅解备忘录”。

5日　房山区在“2009CIHAF中国房地产三名颁奖盛典”中获“2009CIHAF中国城市科学发展创新大奖”。

16日至17日　房山区召开加快实施“三化两区”战略务虚会。

21日　中粮集团考察组到房山区调研。首先到琉璃河镇进行实地考察，随后双方进行座谈。区委副书记、区长祁红陪同调研。

23日　水利部灌排中心主任李仰斌、全国农田水利基本建设指挥部办公室主任王厚军、应伟平等领导就开展小型农田水利重点县工作到房山区调研指导。市水务局领导，区领导马丽英陪同调研。

30日　区委六届八次全体（扩大）会议召开。会上，区委书记刘伟作《坚定不移地走新型城市化道路　努力开创“三化两区”建设新局面》报告，区委副书记、区长祁红作关于全区经济社会发展工作报告，会议通过区委六届八次全会决议。会议分别由祁红、苗立峰主持。

8 月 13 日，北京市区县直属机关篮球赛暨"良乡高教园区杯"篮球邀请赛开幕式在房山区举行

政 治

中国共产党北京市房山区委员会

【概况】 2009年，面对国际金融危机和产业结构调整的双重压力，在市委、市政府的正确领导下，全区上下以开展深入学习实践科学发展观活动为契机，统一思想、迎难而上，夺取了“保增长、保民生、保稳定”（以下简称“三保”）攻坚战的重大胜利，圆满完成了国庆60周年庆祝活动服务保障任务，经济社会发展取得可喜成绩，房山开始步入快速发展的新阶段。主要经济指标大幅增长，财政收入、税收、固定资产投资3项指标的总量均实现历史性突破，增速在全市位居前列。强化首都意识，在首都发展大格局中找准定位、谋求发展。确定“三化两区”的新思路。各地区、各单位围绕“三化两区”，调整优化各自的发展战略，形成加快发展的整体合力；坚持首都标准，以争创一流的气魄化危为机、借势发展。建立全新的工作模式，形成领导带头、部门协作、上下联动的整体合力；以作风建设为重点，大力加强党的建设，为全区发展提供坚强保障。区委结合开展深入学习实践科学发展观活动和领导干部作风建设年活动，坚持“围绕中心抓党建、抓好党建促发展”，通过优化班子结构、强化基层基础、深化源头预防等措施，进一步促进了领导干部工作作风的转变，形成了全区动员、各方参与、推动发展的良好局面。

（董刚）

【六届区委常委会第71次会议】 2月16日，六届区委常委会在区委434会议室召开第71次会议。会议通报市委、市政府主要领导到房山区进行“扩内需、保增长、促发展”主题调研情况。会议听取区委组织部《关于组建和调整重点工程项目管理机构的请示的汇报》，并原则通过《窦店工业基地建设管理指挥部成员名单》《燕房新材料产业基地建设管理指挥部成员名单》《北京西南良乡物流基地建设管理指挥部成员名单》《北京（房山）历史文化旅游集聚区规划建设管理指挥部成员名单》，会议决定：区委组织部根据区委常委会意见，对以上名单进行修改后，区委办公室负责以区委、区政府名义发文。会议听取区纪委《关于召开房山区党风廉政建设工作会议的请示的汇报》，会议决定：定于2009年2月25日在区政府东二楼报告厅召开房山区党风廉政建设工作会议。会议听取燕山办事处《关于依托燕山石化资源优势加快发展我区石化新材料产业聚集区的情况汇报》。就石化新材料产业下一步发展，会议要求：抓住机遇，全力推进。要统一思想，深化“燕化的发展离不开房山，房山的发展也要依托燕化”的认识，抓住国家宏观经济政策调整给项目建设和产业发展带来的机遇，按照工业强区的要求，扎实工作，加快推进石化新材料产业发展；明确重点，突破难点。要加强协调，积极争取市委、市政府和中国石油化工集团公司的支持，建立高层合作机制。要做好基层基础工作，抓好已有项目的落地建设。要完善石化新材料工业区及产业发展规划，积极争取市有关部门的政策支持，大力推进燕房合作。会议通报了区委六届七次全会对2008年度干部选拔任用工作“一报告两评议”民主评议和民主测评情况。

（万士林）

【六届区委常委会第 73 次会议】 3 月 9 日，六届区委常委会在区委 434 会议室召开第 73 次会议。会议听取区纪委《关于清理规范党委、人大、政协和法院、检察院系统评比达标表彰情况的汇报》，会议认为：房山区的清理规范工作组织严密，措施有力，清理规范结果证明，不存在乱评比、乱达标、乱表彰问题。会议决定：区纪委根据区委常委会意见，对《房山区清理规范党委、人大、政协和法院、检察院系统评比达标表彰情况》进行修改后，按程序上报。会议听取区委宣传部《关于区委区政府理论中心组 2009 年学习安排的汇报》，并原则通过《区委区政府理论中心组 2009 年集中学习安排》。会议听取区委组织部《关于开展弘扬奥运精神、加强领导干部作风建设年活动实施方案的汇报》，并原则通过《关于开展加强领导干部作风建设年活动实施方案》，会议决定：区委组织部根据区委常委会意见，对方案进行修改后，区委办公室负责以区委名义发文。会议听取区总工会《关于推荐我区首都劳动奖章、五一劳动奖状等先进奖项情况的汇报》，并原则通过《首都劳动奖章、五一劳动奖状推荐名单》，会议决定：区总工会根据区委常委会意见，对先进事迹材料进行修改后，按程序上报。会议听取区委组织部《关于深入学习实践科学发展观活动实施意见、活动方案和相关事项的汇报》，并原则通过《关于在全区党员中开展深入学习实践科学发展观活动的实施意见》《房山区第一批开展深入学习实践科学发展观活动实施方案》《区四大部门领导参加深入学习实践科学发展观活动方案》，会议决定：区委组织部根据区委常委会意见，对《关于在全区党员中开展深入学习实践科学发展观活动的实施意见》进行修改后，区委办公室负责以区委名义发文，区委组织部根据区委常委会意见，对《房山区第一批开展深入学习实践科学发展观活动实施方案》《区四大部门领导参加深入学习实践科学发展观活动方案》进行修改后，负责以区委学习实践活动领导小组名义发文。会议通报全区 1 月至 2 月经济运行情况和有关重大工业项目引进情况。

（万士林）

【六届区委常委会第 85 次会议】 6 月 15 日，六届区委常委会在区委 434 会议室召开第 85 次会议。会议传达市委常委、组织部部长吕锡文到房山调研时的讲话精神。会议决定：史全富牵头，负责协调中国石油化工集团公司研发基地能否在房山建立分中心的有关事宜。王忠海牵头，负责协调中粮集团研发中心能否落户房山的有关事宜。王忠海牵头，负责组建琉璃河现代农业示范区建设领导小组，明确职责，确定工作方案。会议通报市委常委、常务副市长吉林到房山区调研后的有关工作落实情况。会议要求：继续加大工作力度，加强与市有关部门的沟通，积极运用政府贷款、市场运作等方式解决资金问题，加快推进北京石化新材料科技产业园区、窦店高端汽车零部件基地、房山世界地质公园等重点园区建设以及山区产业结构调整工作。会议听取区统计局《关于全区 2009 年 1－5 月份经济运行情况的汇报》。会议原则通过《房山区国庆 60 周年筹备工作总指挥部成员名单》，会议决定：区委办公室根据区委常委会意见，对《房山区国庆 60 周年筹备工作总指挥部成员名单》进行修改后，以区委办、区政府办名义印发。会议听取区委宣传部关于《中华石经博览园奠基暨佛祖肉身舍利迎请仪式活动方案》的汇报，会议决定：2009 年 6 月 23 日在云居寺和中华石经博览园举行“和谐呈盛世，国宝耀房山——中华石经博览园奠基暨佛祖肉身舍利迎请仪式”。会议听取区信访办关于解决西潞街道办事处太平庄村转户安置信访问题的情况汇报，会议要求：西潞街道等单位要做好扫尾工作，彻底解决太平庄村转户安置信访问题。会议原则通过《关于开展纪念中国共产党成立 88 周年活动的通知》《关于表彰 2007—2008 年度先进基层党组织和优秀共产党员的决定》，会议决定：区委组织部根据区委常委会意见，对通知和表彰决定进行修改后，区委办公室负责以区委名义发文。会议传达首都社会治安综合治理表彰暨“平安国庆行动”动员部署会议精神，会议决定：2009 年 6 月 18 日在区政府东二楼报告厅召开房山区“国庆平安行动”动员部署会议。

（万士林）

【六届区委常委会第 91 次会议】 7 月 27 日，六届区委常委会在区委 434 会议室召开第 91 次会议。会议听取北京石化新材料科技产业基地、窦店高端汽车零部件产业基地、中核集团北京科技产业基地、北京（房山）历史文化旅游集聚区、中国房山世界地质公园、北京西南良乡物流基地、北京良乡高教园区、都市现代农业示范区等功能区建设进展情况的汇报，会议决定：高言杰、吴会杰牵头，主动协调，尽快解决北京石化新材料科技产业基地建设的手续和资金问题，力争两个月之内取得实质性突破，区委办公室、区政府办公室要定期通报各功能区建设进展情况。会议听取区市政管委关于《房山区国庆 60 周年游园活动总体方案（讨论稿）》《房山区国庆 60 周年宣传环境布置方案（讨论稿）》的汇报。会议通报房山区区级后备干部人选推荐情况。会议通报房山区近期因小产权房、一房多卖等原因引发的几起群体访情况，会议决定：刘欣国牵头，组织建设、土地、规划等部门研究处理小产权房问题的工作意见，使此类问题及早得到妥善解决。

（万士林）

【六届区委常委会第 92 次会议】 8 月 3 日，六届区委常委会在区委 434 会议室召开第 92 次会议。会议听取区委宣传部、长阳镇关于《中央休闲购物区（CSD）品牌形象传播计划》的汇报，会议要求：要以国际一流的标准，以长阳地区为起步区，全力以赴推进中央休闲购物区（CSD）建设，要加强宣传，精心策划，积极推介，全力为加快中央休闲购物区（CSD）建设营造良好的宣传舆论氛围，会议决定：由区政府研定 1 名区领导牵头负责中央休闲购物区（CSD）建设；尽快成立一个实体公司，作为市场运作主体，具体负责中央休闲购物区（CSD）建设工作。会议传达 7 月 29 日北京市加快南城发展议案办理情况座谈会议、7 月 30 日北京市委政法委扩大会议以及 7 月 31 日北京市“迎国庆”社会面整治与防控动员部署会议精神。

（万士林）

【六届区委常委会第 95 次会议】 8 月 31 日，六届区委常委会在区委 434 会议室召开第 95 次会议。会议听取区政办党组 2009 年上半年工作情况汇报。会议听取区发改委关于全区固定资产投资完成情况的汇报。会议听取拱辰街道办事处关于拱辰街道中心区（一街至五街）改造工程进展情况的汇报。会议听取区人事局关于房山区大学生村官工作情况的汇报。会议听取区民政局关于静安墓园遗留问题及稳控措施的情况汇报。会议听取区委政法委关于房山区国庆安保工作有关情况的汇报，会议决定：适时召开房山区“国庆平安行动”暨社会面防控誓师大会，全面启动房山区国庆安保工作。会议传达8月31日北京市清理执行积案暨推进信访积案化解工作部署会议精神。

（万士林）

【六届区委常委会第96次会议】 9月7日，六届区委常委会在区委434会议室召开第96次会议。会议听取区人大常委会党组2009年上半年工作情况汇报。会议听取区信访办关于2009年第三批区级重点矛盾纠纷领导包案情况和国庆期间区领导大接访安排意见的汇报。会议听取区委宣传部关于中央休闲购物区（CSD）启动新闻发布会筹备情况的汇报，会议决定：9月13日在北京银泰柏悦酒店举行中央休闲购物区（CSD）启动新闻发布会。会议听取区委政法委关于房山区迎接中华人民共和国成立60周年动员誓师大会筹备情况汇报，会议决定：9月14日在房山体育场召开房山区迎接中华人民共和国成立60周年动员誓师大会。会议听取北京市房山世界地质公园管理处关于中国房山世界地质公园建设下步重点工作的情况汇报，会议决定：将“创建房山世界地质公园领导小组”更名为“中国房山世界地质公园管理委员会”，成立“中国房山世界地质公园高级专家顾问组”，北京市房山世界地质公园管理处根据区委常委会意见，对顾问组的机构组成和成员名单作进一步修改。

（万士林）

【六届区委常委会第106次会议】 12月14日，六届区委常委会在区委434会议室召开第106次会议。会议听取北京石化新材料科技产业基地产业发展规划情况的汇报并原则通过《北京石化新材料科技产业基地起步区产业发展规划》。会议听取城关街道关于洪寺等10个村整拆整改建设安置情况的汇报。会议听取房山规划分局关于房山新城良乡组团地名规划情况的汇报并原则通过《房山新城良乡组团地名规划》。会议听取区北部山区环境整治办公室关于2009年北部山区环境综合整治工作情况的汇报。会议通报成立房山区反恐怖工作协调小组及其办公室等情况。

（万士林）

【市领导到房山区进行专题调研】 2月14日，市委书记刘淇，市委副书记、市长郭金龙就“扩内需、保增长、促发展”主题到房山区进行专题调研。实地察看北一良工数控机床有限公司、北京燕山石化东方石化公司、燕山石化公司和北京首创轮胎公司。就做好下一步工作，刘淇强调：一要进一步转变职能，全力支持燕化等在京大型企业、重大项目的发展，实现产业链向区域经济延伸，通过大力开发下游产品，带动周边产业发展，壮大区域经济，拉动首都经济增长。二要坚定信心，坚持走自主创新之路，通过充分挖掘首都人才密集、科研院所集中的优势，依靠自主研发，带动产业升级，进一步丰富产品种类，进一步提升企业市场竞争力，带动区域经济发展。三要以规划为龙头，按照城乡一体化的要求，按照现代化城镇建设标准，加快房山区建设。四要按照“扩内需、保增长、促发展”的要求，大力发展区域经济，以振奋的精神、昂扬的斗志，确保完成2009年发展的各项指标，保证全市总体发展目标的实现。市委副书记王安顺，市委常委、秘书长李士祥，市委常委、教工委书记赵凤桐，副市长苟仲文以及市有关部门领导，区领导刘伟、祁红、苗立峰、高言杰陪同调研。

（于晓强）

【北京市推动燕房合作协调小组第一次会议在房山区召开】 3月2日，北京市推动燕房合作协调小组第一次会议在房山区召开。会上，市政协副主席、协调小组副组长熊大新介绍协调小组成员及初步方案，区委书记刘伟介绍房山区情况及深化合作的初步设想，燕山石化公司董事长、总经理王永健介绍燕山石化公司情况及深化合作的初步设想。就加强燕房合作，市政协主席、协调小组组长阳安江讲话。市政府副市长、协调小组副组长苟仲文，市政协秘书长阎仲秋，市政府副秘书长鲁勇，市政协副秘书长、办公厅主任孙新军，市工业促进局局长李平，市投资促进局局长张吉福，燕山石化公司党委书记苏文生，区领导祁红、郭先英、范文彦、苗立峰、史全富、唐淑荣、高言杰、卢国懿、吴会杰出席会议。

（于晓强）

【召开深入学习实践科学发展观活动动员大会】 3月13日，房山区召开深入学习实践科学发展观活动动员大会。区委书记刘伟强调：一要充分认识开展深入学习实践科学发展观活动的重大意义。二要确保深入学习实践科学发展观活动取得实效。三要切实加强对深入学习实践科学发展观活动的组织领导。会议由区委副书记、区长祁红主持，市委指导检查组组长陈继平对如何开展好此项活动进行指导，区委副书记苗立峰具体部署全区深入学习实践科学发展观活动。市委指导检查组副组长谷胜利和区领导郭先英、范文彦、唐淑荣、刘欣国、王锁群、张祝华出席会议。

（于晓强）

【召开推动房山科学发展加快推进“三化两区”建设座谈会】 4月24日，房山区召开推动房山科学发展加快推进“三化两区”建设座谈会。区委书记刘伟在会上表示：衷心感谢驻区中央、市属企事业单位、原区四大部门领导、民主党派、人大代表、政协委员、基层党员和群众为房山区经济社会发展提出的意见和建议，房山区进入了新的发展阶段，全区上下要紧紧抓住北京市新一轮发展已推进到城乡结合部的机遇，通过布局功能区，使经济总量迅速扩张，要进一步优化发展环境，提高服务企业意识，帮助企业进入发展的快车道，企业也要为区域经济做贡献，实现互利共赢的目标；房山区“三化两区”建设的思路已经确定，要狠抓落实，通过深入学习实践科学发展观统一思想认识，通过功能区建设，使整个房山都成为首都的功能区。会议由区委副书记、区长祁红主持，区委副书记苗立峰简要通报了全区开展深入学习实践科学发展观活动的进展情况。区领导郭先英、张祝华、李惠英出席会议。

（于晓强）

【召开领导干部大会】 5月5日，房山区召开领导干部大会。区委书记刘伟要求：要从讲政治、讲大局的高度，充分认识届中考察工作的重要意义。要坚持实事求是，客观全面地评价区级领导班子和领导干部。要坚持讲党性、讲原则，努力营造风清气正的考察环境。要统筹兼顾、合理安排，把届中考察作为推进各项工作的新动力。会议动员部署了区级领导班子和领导干部届中考察工作。市委考察组组长、市委第二巡视组组长陈继平，考察组副组长、市交通委副主任谷胜利和区领导祁红、郭先英、范文彦、苗立峰出席会议。

（于晓强）

【中央巡回检查组领导到房山区调研】 5月15日，中央巡回检查组第一组副组长、全国政协常委、原中宣部副部长高俊良一行就开展深入学习实践科学发展观活动情况到房山区调研。区委书记刘伟汇报了关于房山区开展学习实践活动情况，随后深入部分农村、企业进行实地检查。高俊良充分肯定房山区所做的工作和取得的阶段性成果，他要求：要深入贯彻落实中央及北京市委的部署和要求，继续开展好学习实践活动，确保取得实效。市委组织部副部长、市委学习实践活动领导小组成员、办公室副主任吕和顺，市委指导检查组组长陈继平和区领导祁红、苗立峰、张祝华陪同调研。

（于晓强）

【召开纪念中国共产党成立 88 周年暨深入学习实践科学发展观活动工作会】 6月30日，房山区召开纪念中国共产党成立88周年暨深入学习实践科学发展观活动工作会。会上，区委书记刘伟向受表彰的先进基层党组织和优秀共产党员表示祝贺并提出希望，向全体党员致以诚挚的节日问候。就进一步做好下一阶段工作，刘伟强调：一要适应新形势、新任务要求，用改革创新精神加强和改进党的建设。二要以人民群众满意为首要标准，认真抓好学习实践活动整改落实阶段各项工作。会议由区委副书记苗立峰主持，区领导郭先英、范文彦、史全富、唐淑荣、刘欣国、张祝华、赵佳琛等出席会议。

（于晓强）

【召开第一批深入学习实践科学发展观活动总结大会】 8月21日，房山区召开第一批深入学习实践科学发展观活动总结大会。会议全面总结全区第一批深入学习实践科学发展观活动，并对活动开展情况进行满意度测评。区委书记刘伟强调：要继续认真抓好整改落实工作，积极促进活动成果的运作和转化，精心谋划好全区第二批学习实践活动。市委学习实践活动指导检查组组长陈继平高度评价了房山区第一批学习实践活动。会议由区委副书记、区长祁红主持，市委学习实践活动指导检查组副组长谷胜利，区领导郭先英、范文彦、苗立峰等出席会议。

（于晓强）

【原国家地矿部领导到房山区指导"世界地质公园"建设】 8月26日，原国家地矿部部长宋瑞祥到房山区指导"世界地质公园"建设。先后到大石窝镇、韩村河镇实地察看并提出建设性意见。他要求：要精心谋划，充分发挥"世界地质公园"的品牌效应。组成专门机构，聘请方方面面的专家，引进专业人才，高起点、高标准编制建设规划。原国土资源部副部长、中国观赏石协会会长寿嘉华，原中国地质科学院院长、世界地质公园高级评审专家赵逊一同指导，区领导刘伟、唐淑荣、王忠海出席座谈会。

（于晓强）

【召开迎接中华人民共和国成立 60 周年动员誓师大会】 9月14日，房山区召开迎接中华人民共和国成立60周年动员誓师大会。区委书记刘伟在会上强调：要提高认识，切实增强荣誉感、责任感和使命感。要振奋精神、再接再厉，扎实做好国庆活动筹备任务和国庆安保工作。要加强领导，发挥先锋模范作用，形成合力，确保圆满完成国庆60周年的各项任务。会议由区委副书记、区长祁红主持，区领导郭先英、范文彦、史全富、唐淑荣、刘欣国、高言杰、赵佳琛等出席会议。

（于晓强）

【召开加快实施"三化两区"战略务虚会】

12月16日至17日，房山区召开加快实施"三化两区"战略务虚会。区委书记刘伟指出：一要正确认识2009年的工作。二要科学判断当前的形势。三要站在新起点，抢抓新机遇，高水平、大手笔勾画房山的新发展、新形象。区委副书记、区长祁红就如何对接市委、市政府提出建设世界城市的新目标，加快"三化两区"建设，指出：要以新目标为引领，把"三化两区"建设引向深入。要不断开创"三化两区"建设新局面。随后区四大部门领导和区直部分单位、各街道、乡镇的领导在会上共同围绕加快实施"三化两区"战略进行了研讨。

（于晓强）

【举行重点功能区建设进展情况汇报会】

12月29日，房山区举行重点功能区建设进展情况汇报会。集中听取五大重点功能区的情况汇报，充分肯定各功能区所做的工作。就统筹全区资源，全力加快重点功能区建设，区委书记刘伟强调：一要充分认识区领导牵头抓重点功能区的极端重要性。二要充分利用全区的资源优势，快速推进重点功能区建设。三要集中区级所有力量全力服务重点功能区建设。区委副书记、区长祁红要求：要进一步明确各位牵头领导的第一责任人责任和其他领导的责任，科学设置重点功能区建设机构，坚持解放思想，选好路径，想方设法推进功能区建设。区领导史全富、唐淑荣、刘欣国、王智慧、张祝华、高言杰、李江、赵佳琛、吴会杰出席会议。

（于晓强）

【区委六届八次全体（扩大）会议】 12月30日，召开区委六届八次全体（扩大）会议。区委书记刘伟作题为《坚定不移地走新型城市化道路努力开创“三化两区”建设新局面》的报告。区委副书记、区长祁红作关于全区经济社会发展工作的报告，区委副书记苗立峰传达市委十届七次全会精神。会议对区委2009年干部选拔任用工作进行“一报告两评议”，通过《区委六届八次全会决议》。会议分别由祁红和苗立峰主持。刘伟在会议总结时强调：要准确把握房山当前所处的发展阶段，进一步增强加快发展的紧迫感和使命感。要明确路径，突出重点，不断提高推进科学发展的能力。要统筹安排，扎实做好年终的各项工作。

（于晓强）

组织工作

【概况】 2009年，在区委的正确领导下，全区组织工作紧密围绕“三化两区”建设大局，坚持“三服务、两满意”（为党和国家工作大局服务，为党员、干部和各类人才服务，为人民群众服务。让全党满意，让人民满意），积极为房山科学发展选干部、配班子，建队伍、聚人才，抓基层、打基础，较好地完成了各项任务，推进了组织工作创新发展。一是以深入学习实践科学发展观活动为载体，凝聚推动全区科学发展的强大动力。全区120个单位参加了第一批深入学习实践科学发展观活动。认真组织开展解放思想大讨论活动，“三化两区”战略在全区上下得到广泛认同。在第二批学习实践活动中，全区共解决各类问题1167个，为群众办好事、实事3111件。通过学习实践活动的开展，全区党员干部对科学发展观的认识进一步深化，工作作风更加务实，党组织的执政能力得到全面提升，区域发展取得了重要进展。二是以提高推动科学发展能力和水平为目标，全面加强领导班子和干部队伍建设。制定《房山区处级领导干部教育培训学时学分考核管理办法（试行）》，建立学时学分“双考核”管理模式，加大干部培训力度，全年举办各类主体班次8个，共9期，培训干部908人次，培训总学时83344学时。对全区27个乡镇（街道）和燕山办事处领导班子及324名处级领导干部进行了全面考察。共调整处级干部330名，其中提拔干部90人，增强干部队伍整体素质和领导班子整体功能。对处级后备干部队伍进行集中调整。通过开展与朝阳区互派干部挂职、到信访部门和无锡等外埠发达地区挂职锻炼等工作，加大了对优秀年轻干部的培养力度。制定深入整治用人上不正之风工作的实施意见，开展整治拉票行为专项行动，全体处级领导干部和副处级后备干部签订了“自觉抵制拉票行为承诺书”，营造了良好的选人用人环境。三是以建立符合科学发展观要求的乡镇领导班子考核评价办法为突破口，深化干部人事制度改革。制定《房山区街道、乡镇领导班子综合考核评价办法（试行）》，增强考核的科学性和导向性，在区卫生系统开展了以公推公选方式产生任职人选的试点工作，对区审计局副局长等12个副处级领导岗位在全区范围内进行公开选拔，通过增强考试内容的针对性、扩大群众参与度等方式，提高公开选拔领导干部工作质量。制定《房山区处级领导干部年度考核评价办法（试行）》等制度。四是以农村党组织书记队伍建设为核心，不断提升基层组织建设工作水平。制定农村基层组织建设体系，在村党组织书记培养选拔、教育培训、管理监督、激励保障等方面形成较为完备的管理体系。深化百村帮扶工作，新增100个“拓展促进村”，新确立产业帮扶项目100个，61个项目获得收益976万元，安排就业2784人。完成社区党组织、社区居委会换届选举工作，指导区委社会工委理顺社会领域党组织隶属关系。深化基层党建创新项目式管理，有35个项目纳入区级项目库，指导部分乡镇开展基层组织设置创新。加强党员队伍基础工程建设，建立健全“欠先进”党员转化、党员经常性教育、组织员队伍管理、组织关系管理等相关制度。全区农村党员干部现代远程教育平台建设全面完成，形成覆盖全区、上下贯通的教育网络。五是以高层次人才为重点，不断加强人才队伍建设。深入开展区域人才资源状况调研，形成21个重点领域人才专题研究报告，建立各类高层次人才库。实行重点人才工作项目制管理，完善重点工作管理考核机制。深入实施“361高层次创新人才培养工程”，对81个个人项目和40个集体项目进行重点资助。加大高技能人才选拔培养力度，开展首席技师选拔试点工作，建立农村实用人才等级评定标准体系，启动“千名乡土专家培养工程”，农村实用人才开发培养总量列区县第一，在全市人才工作考核检查中得到充分肯定。全面加强组织部门自身建设。组织部机关在市级以上各类刊物上发表党建文章30余篇，关于村务票决的调研文章获北京市“丹柯杯”优秀研究成果一等奖。在《北京农村经济》杂志社举办的纪念新中国成立60周年征文活动中，入选作品数量列区县第一。组工信息工作在全市继续保持领先。

（王娜）

【房山区干部教育管理系统建成】 年初，区委组织部与紫光软件系统有限公司共同开发建成“房山区干部教育管理系统”。该系统具有基层单位干部培训信息填报、干部培训信息管理维护、统计查询、发布培训信息、培训班报名等功能，与北京干部教育网进行了对接，实现一次录入两个平台，并将《房山区处级领导干部教育培训学时学分制考核管理办法》直接应用于干部教育管理中，使全区处级领导干部的学时学分档案管理更加科学合理、高效便捷。

（马永庆）

【对乡镇领导班子进行届中考察】 按照区委统一部署，自2月上旬至3月上旬，区委组织部对全区27个乡镇、街道领导班子和燕山工委、办事处共324名处级领导干部进行了全面考察。考察工作严格按照《干部任用工作条例》规定，采取召开动员会、民主测评、民主推荐和个别谈话的方式进行。结合不同功能定位实施分类考察，对不同类型的乡镇、街道，根据其功能定位，确定不同的考察侧重点。扩大测评和谈话面，突出群众公信度考察。考察组将各街道、乡镇近3年的各类考核测评情况进行了梳理分析，提高了考察工作的科学度。结合“三保”任务目标和“三化两区”发展战略要求，把领导班子的精神状态怎么样、保增长的决心和信心怎么样、推动发展的能力和水平怎么样、真抓实干的措施和成效怎么样作为考察工作的重要内容，以增强对乡镇落实科学发展观要求、推进经济社会发展方面考察的针对性。

（梁义国　耿庆华）

【深入开展学习实践科学发展观活动】 按照中央和市委的统一要求，全区分两批开展深入学习实践科学发展观活动（以下简称“学习实践活动”）。3月，区委成立学习实践活动筹备小组。同时，区委确定“坚持科学发展，加快城市化、工业化、现代化进程，建设产业友好、生态宜居新房山”的实践载体，明确活动的具体目标要求。3月至8月，为全区第一批学习实践活动，分为学习调研、分析检查、整改落实3个阶段。参加第一批学习实践活动单位共120个，党（工）委62个，党组织（包括党支部、党总支）889个，党员14757名，处级以上领导干部1263名（含非实职）。长阳镇、窦店镇和佛子庄乡是全区第二批学习实践活动试点乡镇，参加试点工作的党组织共128个，其中村党组织85个，社区党组织10个，学校党组织10个，医院党组织4个，“非公有制经济组织和新社会组织”19个，党员4461名。全区第二批学习实践活动自10月开始，至2010年3月结束，全区有704个党组织、35716名党员参加。按照“党员干部受教育、科学发展上水平、人民群众得实惠”的总要求，坚持五个更加注重（一是注重领导带头，着力打造引领科学发展观的坚强核心；二是注重理论武装，着力深化推动科学发展的共识；三是注重查摆问题，着力找准科学发展的突破口；四是注重整改落实，着力打牢科学发展的坚实基础；五是注重制度创新，着力增强科学发展的制度保障）、五个贯穿始终（一是坚持把提高思想认识贯穿始终，进一步深化了推动科学发展的共识；二是坚持把分析检查问题贯穿始终，进一步找准了科学发展的突破口；三是坚持把创新制度机制贯穿始终，进一步强化了科学发展的制度保障；四是坚持把群众路线贯穿始终，进一步凝聚了推动科学发展的合力；五是坚持把突出实践特色贯穿始终，进一步夯实了科学发展的基础），以“三化两区”建设为载体，圆满完成了各项任务。

（杨兆军）

【开展企业首席技师制度试点工作】 3月，区委组织部制定《房山区人才工作领导小组关于企业推行首席技师制度的指导意见（试行）》《房山区企业首席技师暂行管理办法》《房山区企业首席技师选拔指导性办法》等制度文件，成立企业推行首席技师工作领导小组，在13个职业工种中率先开展选拔首席技师试点工作。企业首席技师是指工人队伍中具有高超技能水平、良好职业道德、丰富实践经验、贡献比较突出、在区内企业行业中影响带动作用大、得到业内广泛认可的高技能领军人才。首席技师选拔坚持公开、平等、竞争、择优的原则，突出技术攻关和解决岗位难题的实际技能。由企业通过技能测试、技能竞赛或组织评审选拔产生。每两年选拔一次，特聘期限原则为2年。聘任期满后，可继续参与选拔。经审核评定，评选出房山区首批企业首席技师7名。

（刘建党）

【在卫生系统开展“公推公选”试点工作】

3月，区委组织部在全区卫生系统中，就区卫生局卫生监督所党总支书记、区疾控中心党总支书记兼副主任、区疾控中心主任3个副处级职位，开展以“公推公选”方式产生任职人选试点工作。“公推公选”采取组织推荐、群众举荐和个人自荐的方式报名，召开区卫生局机关中层以上干部及局所属单位党政正职参加的民主推荐大会，从各职位资格审查合格人员中推荐出初步人选，进入综合能力测试环节，对初步人选分别进行笔试和面试，并根据综合测试结果，对每个职位前两名人选进行差额考察。通过选拔，3人走上处级领导岗位。此次“公推公选”工作，程序科学合理，组织严密有序，干部积极响应，群众全过程参与，选人用人公信度和群众参与度明显提升，试点工作取得较好效果。

（耿庆华）

【启动新一轮“百村帮扶”工程】 按照区委、区政府的统一安排部署，在继续巩固和深化2008年帮扶工作的基础上，3月31日，召开全区“百村帮扶”工程推进会，启动新一轮“百村帮扶”工程，继续安排区直机关、企事业单位与经济薄弱村结对帮扶。将原有

100个村作为“巩固提高村”，推动帮扶产业可持续发展，新增100个村，作为“拓展促进村”，突出抓好帮扶产业项目建设，力争实现年内建成并投入生产，逐步将帮扶工作引向深入。截至2009年底，全区新确立100个帮扶产业项目，动工92个，其中61个项目建成并投入生产，安排就业2784人，实现收入976万元。

（吴广先）

【干部培训实行学时学分“双考核”】 3月26日，区委组织部出台《房山区处级领导干部教育培训学时学分制考核管理办法（试行）》，制定具体实施细则，即干部参加各类培训班次所获得的学时学分由考勤学时学分和考核学时学分组成。考勤学时学分依据参加培训的实际天数，每天按8学时、2学分计算。培训时间1周（5天）以上的班次，增设考核学时学分，考核学时学分根据学员培训期间的出勤情况、各项考核成绩和各方面表现综合评定。考核内容包括学员培训期间参加专题调研、论坛发言、撰写研修报告以及学习态度、纪律和作风等方面的表现。通过分类考核，综合评定为优秀、良好、合格、不合格四个等次，分别按不同标准计算培训所获得的考核学时学分。学员参加各类培训班次取得的考勤学时学分与考核学时学分相加为此次培训的总学时学分。明确干部参加各类在职学习的学时学分计算标准。干部参加领导干部在线学习；参加本单位中心组理论学习和本单位组织的集中学习、各类专题讲座；参加各类高等院校研究生以上学历进修、业余时间到高校自修或参加理论知识考试、专业资格证书考试；参加区委组织部统一选派的各类挂职培训等在职学习的，分别确定具体的学分标准，将所获学分计入到干部教育培训考核中。干部年内参加知识竞赛、演讲比赛，完成调研报告、学习体会、理论文章、学术论文、专著或在市级以上刊物发表文章的，按照学习成果质量评定等次或获奖情况给予一定的学分奖励。

（马永庆）

【组织实施社区党组织换届选举工作】 按照市、区委有关精神和要求，4月初，全区94个社区党组织完成换届工作，选举一次成功率达到100%。此次换届采取“三推一选”（即由党员和群众公开推荐与上级党组织推荐相结合，社区党员大会或党员代表大会选举）的方式进行，共选举产生社区党组织班子成员308人，比上届减少20人。其中，社区党组织成员和现任居委会成员交叉任职的189人，占61.4%；党组织书记兼任居委会主任的73人，占党支部（总支）书记总数的77.7%。从文化结构上看：大专以上学历的164人，占53.2%；此届新当选的26名党组织书记中，大专以上学历的20人，占76.9%；从年龄结构上看，平均年龄49岁，同比下降3岁；此届新当选的26名党组织书记中，55岁以下的22人，占84.6%。

（徐学刚）

【参加全市农村实用人才创业成果展示推介会】 4月24日至26日，区委组织部组织区内多家企业的50多项产品参加全市农村实用人才创业成果暨乡村旅游产品（手工艺品）展示推介会，通过展览展销、现场制作、论坛交流等多种形式，展示了房山区农村实用人才的创业成果、手工技艺和精神风采。经评比，房山区获此次推介活动的最高奖项——最佳组织奖，河北镇黄土坡村的九龙砚获“最受市民欢迎的手工艺品”一等奖，大石窝镇汉白玉石雕华表、琉璃河镇刘秀花的京绣“龙袍”和“寿星”分别获三等奖。

（刘建党）

【设立“12371”党员咨询服务电话】 4月，区委组织部开通全国“12371”党员咨询服务电话，转发中组部办公厅《关于在全国组织系统开通“12371”党员咨询服务电话的通知》，印制“12371党员咨询服务电话受理情况登记表”，并通过区广电中心、区信息中心、组工业务平台等载体，广泛宣传“12371”党员咨询服务电话。截至年底，共接听党员咨询服务电话221个，其中咨询党组织关系接转程序类问题187个，咨询入党程序类问题22个，反映情况及寻求帮助类问题5个，咨询党费收缴类问题7个，均给予答复。

（郭珺　向高操）

【实施“千名乡土专家培养工程”】 5月，房山区实施“千名乡土专家培养工程”，目标是利用3年时间，按照创业致富能力、引领带动作用和群众认可程度等标准，选拔培养1000名优秀农村“乡土专家”纳入“361高层次创新人才培养工程”培养对象信息库，重点培养一批高层次复合型农村实用人才。经各乡镇组织选拔，推荐“乡土专家”培养对象779名，通过项目资助、国内外培训、专家指导、论坛交流、参观考察、实践锻炼等多种方式进行重点培养，引领带动相关产业发展。

（刘建党）

【完成区级领导班子届中考察和区县后备领导干部集中调整工作】 5月，按照市委统一部署，市委考察组对房山区四套领导班子及班子成员、法院院长和检察院检察长进行了考察。5月5日召开全区领导干部大会，对区级领导班子及领导干部进行了民主评议。5月6日召开市区党代会代表、人代会代表、政协委员、基层群众共200人参加的民意调查会。6月，市委考察组分别对房山区区级正、副职后备干部，法检“两长”后备干部，区人大、区政协非中共副职后备干部以及正、副处级优秀年轻干部进行民主推荐。在民主推荐和考评的基础上，市委考察组于8月24日至9月18日，对15名区级副职后备领导干部人选和3名处级优秀年轻领导干部人选进行了考察。

（梁义国　耿庆华）

【改革创新干部培训方式和课程设置】 5月至6月，房山区举办两期处级领导干部轮训班。此次培训在培训方式和课程设置上进行改革创新，把以往一个月的党校集中授课，改为党校集中授课两周、异地授课一周、分组研讨交流一周。党校集中授课紧贴当前全区中心工作，重点安排坚持科学发展、推进“三化两区”建设进程等3个专题。异地授课在浙江大学进行，这也是房山区首次在异地与全国重点高等院校联合办学。

（马永庆）

【全面推行村务点题公开】 6月，区委组织部在总结阎村、周口店、河北、南窖、蒲洼等乡镇村务点题公开试点经验的基础上，印发《关于在全区推行村务点题公开工作的通知》，并于第三季度民主日活动前全面推广村务点题公开。全区各行政村共点题513个，其中，村账财务管理类168个，村干部工资类54个，工程项目类87个，生产生活类59个，村域规划产业发展类56个，村级政策类43个，其他46个，全部给予答复。

（杨兆军　郭珺）

【开展整治拉票行为专项行动】 6月开始，房山区集中开展治理拉票行为专项行动。成立由区纪委、区委组织部等相关部门共同参与的“治理拉票专项行动工作领导小组”，制订《治理拉票行为专项行动工作方案》，对此次专项行动的组织领导、工作方法步骤等做出明确规定，并在全区正处级以上离退休干部、区人大、区政协常委及各民主党派负责人范围内进行传达。在此基础上，组织全区处级领导干部和副处级后备干部填写“自觉抵制拉票行为承诺书”，及时公布举报电话、举报信箱等，加大对有拉票行为人员的处理力度。

（耿庆华）

【房山区第一个村级联合党支部成立】 长阳镇稻田、高佃、水碾屯等村由原长阳集体农场“场队制”衍生而成，村级组织结构松散、难以统一规划的问题成为困扰地区经济社会发展的瓶颈。为此，区委组织部调整传统党组织设置模式，指导长阳镇党委在保持稻田地区现有5个行政村建制不变的基础上，将各村原党支部化为5个村党小组，成立房山区第一个村级联合党支部——稻田地区联合党支部。规定由联合党支部直接领导各村委会，统筹地区经济社会发展，各党小组负责各村党员的教育培训等日常党务工作。6月26日，稻田地区联合党支部举行成立大会。

（吴广先）

【开展“基于区域发展战略的人才状况调研”】 为全面、准确掌握全区人才资源存量和各行业紧缺高层次人才的未来需求状况，7月，房山区与北京双高人才中心志远管理咨询公司合作开展“基于区域发展战略的人才状况调研”项目，采取集中统一调研与分层、分类调研相结合的方式，在全区开展人才资源状况与人才需求调研。调研范围包括全区机关、事业单位、800多家规模以上企业、23个乡镇涉及的专业技术人才、企业经营管理人才、技能型人才和农村实用人才，发放人才资源状况调查表、高级人才信息登记表、紧缺高层次人才需求调查表等相关调查表和问卷1000余份，完成各类数据采集和统计汇总。针对重点行业、重点功能区（重点项目），成立21个专题调研课题组，分别形成21个重点领域人才专题研究报告。与北京双高人才中心项目组对有关文献资料、调研数据、各分调研课题报告等进行深入系统的定性定量分析研究，形成《基于区域发展战略的人才状况调研总报告》和人才总量、人才政策、非公经济人才和旅游人才4个分报告，调研成果将转化为研究制定全区人才开发培养和引进的具体对策措施，同时为进一步开展人才优先发展战略规划调研、制定“十二五”人才发展规划提供依据、奠定基础。

（刘建党）

【市直机关单位与房山区对口帮扶共建新农村】 7月17日，区委组织部与区直机关工委、区委办等单位共同组织召开市直机关单位与房山区“对口帮扶共建新农村”工作会。26个市直机关单位党组织负责人与房山区23个乡镇（街道）党（工）委书记，分别签订了“对口帮扶共建新农村活动协议书”。会后，各乡镇（街道）分别与对口帮扶单位进行沟通，并结合工作实际共同研究制定了帮扶方案和措施。在共建活动中，各市直单位积极协调各方面资源，为对口帮扶的镇、村提供信息、物资等多方面的支持，加强和完善农村基础设施建设，提升基层组织引领发展、服务群众的能力和水平。

（徐学刚）

【组织开展向吴大观同志学习活动】 按照中组部、中宣部、中央深入学习实践科学发展活动领导小组、国务院国资委党委《关于开展向吴大观同志学习活动的通知》要求，8月，区委组织部召开“学习吴大观同志先进事迹”活动工作部署会，广泛开展学习吴大观同志先进事迹活动。同时，为确保学习实践活动取得实效，区委组织部还要求各基层党支部设定一名学习指导员，专门记录学习活动进展情况。据统计，全区有6790余名党员参加学习，召开组织生活会151次，参加人数1761人；召开座谈会19次，参加人数271人；有1522名党员在新华网上发表评论。

（杨兆军　郭珺）

【开展走访慰问活动】 9月，按照市委组织部、市老干部局、市人力资源和社会保障局的要求，区委组织部与区委老干部局、区劳动和社会保障局、区总工会联合印发《关于在中华人民共和国成立60周年之际开展走访慰问全区老干部、老工人、老党员和劳动模范活动的通知》，开展慰问活动。参照市委统一颁发纪念章和慰问信的做法，以区委、区政府名义为他们制作纪念保温杯1400个。

据统计，全区共有 60 个党（工）委、47 个区直单位参加活动，共走访慰问 371 名新中国成立前老干部、215 名新中国成立前老工人、546 名新中国成立前老党员和 239 名市级以上劳动模范，其中 21 位区领导重点走访慰问 18 个单位、52 个村（社区）的 92 户慰问对象，为他们送去慰问品和慰问金。

（杨兆军 郭珺）

【6 部电视教育片获奖】 9 月，房山区参加北京市第九届党员电教片观摩评比活动，有 6 部电视教育片获奖，其中区种植中心制作的《农民情缘》获一等奖，大安山乡制作的《黑白变奏曲》和区党员电教中心制作的《新征程》获二等奖，区委教工委制作的《一生大朋友》和区党员电教中心制作的《在转型中实现科学发展》获三等奖，同时房山区获优秀组织奖。

（葛大鹏）

【首次组织高层经营管理人才进入高校学习】 9 月 15 日至 19 日，区委组织部、区国资委、区工商联与清华大学举办“房山区 2009 年经济管理高级研修班”。区国资委系统企（事）业单位和区内民营企业的高层经营管理人员共 40 人参加培训，这是房山区首次选派高层经营管理人才进入高校学习。

（马永庆）

【完成处级后备干部集中调整工作】 按照市委关于《北京市 2009 年区县局级后备干部和市属国有企业后备领导人员集中调整工作意见》要求，房山区于 9 月初至 11 月底对全区处级后备干部进行集中调整。在各单位民主推荐的基础上，10 月 24 日、25 日，523 名处级正、副职后备干部推荐人选和 66 名优秀年轻干部推荐人选分别参加笔试、面试和心理素质测试。通过考评，全区 99 个单位的 494 名人选进入考察程序。在全面考察和综合分析的基础上，区委研究确定 492 名处级后备干部人选。

（李冰）

【制定实施农村基层组织建设“1+3”系列文件】 10 月，区委组织部制定并实施“1+3”系列文件。“1”是指《关于加强以村党组织书记队伍为重点的新时期农村基层组织建设若干意见》；“3”是指“一项工程、两项制度”，即《关于在全区范围内开展农村党组织书记“领头雁工程”的实施意见》《关于进一步健全和完善农村党组织书记动态考核调整机制的意见》《关于村党组织书记岗位基本报酬和离退职保障的若干规定》。“1 + 3”系列文件的出台，在村党组织书记培养选拔、教育培训、管理监督、激励保障等方面形成较为完备的管理体系。

（吴广先）

【开展农村党组织书记“三维”式动态考核】 10 月，全区各乡镇（街道）党（工）委对村党组织书记进行“三维”式动态考核。农村党组织书记“三维”考核是指党员群众评议、“三委”班子评定和乡镇党委绩效考核。考核的总分值为 100 分，其中党员群众评议占 40%，“三委”班子评定占 20%，乡镇党委绩效考核占 40%。据统计，2009 年全区有 439 名村党组织书记进行“三维”考核，23 个村因特殊情况未参加此次考核。从考核结果看：优秀等级 419 人，占 95.44%；称职等级 19 人，占 4.33%；基本不称职 1 人，占 0.23%。

（徐学刚）

【规范党员组织关系管理】 10 月，区委组织部印发《房山区党员组织关系管理工作实施细则（试行）》，明确党员组织关系转移接收的范围、程序和日常管理等工作。同时，向全区 2030 个党支部发放《中国共产党组织关系介绍信》，将党员组织关系转接范围由党（工）委扩大到基层党支部。

（杨兆军 向高操）

【建立农村实用人才等级评定标准体系】 10 月，根据全区农村实用人才队伍的总体情况，以市委农工委制定的《北京市农村实用人才开发培养评价标准》为指导，经过深入调研分析，从房山区农村产业特点出发，研究制定了更具体、更具操作性的农村实用人才等级评定标准体系（试行），对各类农村实用人才的主要生产经营品种或服务项目范围、评价重点进行了界定。该体系将农村实用人才分为高级、中级、初级、准级四个等级，从个人技能水平、主业从业规模、创造的经济社会效益（特别是主业年收入）、辐射带动能力等方面明确各等级的具体评定标准。按照评定标准对农村实用人才进行初步等级评定，经汇总统计，初步评定为高级的202人，占全区实用人才的4.6%；中级418人，占9.4%；初级1971人，占44.5%；准级1835人，占41.5%。

（刘建党）

【完成10个政府工作部门机构改革工作】 10月，按照中央、市委有关机构改革的相关要求，房山区完成区农业委员会、区建设委员会、区人事局、区劳动和社会保障局、区林业局、区市政管理委员会、区商务局、区动物卫生监督管理局、区工业局（乡镇企业局）、区信息化工作办公室10个单位的更名、组建、撤销等工作。此次机构改革，调整完善了服务“三农”、经济和信息化、住房保障、人力资源和社会保障、园林绿化等方面的管理体制，强化了市政市容管理、社会建设等方面的管理职能。严格按照核定的部门领导职数，对机构改革所涉及的部门领导班子进行调整，履行任免程序，确保各项工作的顺利进行。

（梁义国）

【农村党员干部现代远程教育基础设施建设完成】 根据市委组织部和市远程办的要求，按照《房山区农村党员干部现代远程教育实施意见》，2009年底，房山区全面完成农村党员干部现代远程教育的基础设施建设工作，创建远程教育示范点39个。10月26日，对全区所有农村党员干部现代远程教育管理员进行全面培训，形成远程教育站点覆盖全区、设备配置到位、管理员技术过关的良好局面。在此基础上，建成区级远程教育教学服务平台。该平台作为北京市农村党员干部现代远程教育教学网站的辅助平台，内容丰富，能够满足房山区农村广大党员干部的需要。

（葛大鹏）

【公开选拔12个副处级领导职位】 经区委研究同意，从2009年11月初至2010年1月中下旬，就区城管大队纪委书记、区住建委副主任、区审计局副局长、周口店北京人遗址管理处副主任、区广电中心副主任、区市政市容委副主任、区种植中心副主任、区综治办副主任、区科委副主任、区养殖中心副主任、团区委副书记、区委党校副校长12个副处级职位，面向全区开展公开选拔工作。此次“公选”通过增加专业知识测试和履历分析评估等办法，较好地体现了岗能匹配的原则。全区共有533人报名参加，并于11月21日进行笔试。根据笔试成绩，各职位前5名进入面试，面试邀请部分“两代表一委员”和群众评委参与评分，增强公开选拔工作的透明度和科学性。面试结束后，对每个职位前3名进行差额考察，重点了解考察人选的思想政治水平、品德品质、工作作风、工作实绩以及群众认可度，同时征求区纪检监察部门的意见。在综合各方面情况的基础上，经过认真分析和反复比较，研究确定12名任职人选。

（梁义国　耿庆华）

【全面推行“欠先进”党员书面告诫转化制度】 11月，区委组织部在总结阎村镇、长沟镇“欠先进”党员书面告诫转化制度试点工作经验基础上，印发《房山区“欠先进”党员书面告诫转化制度》。针对部分党员在理想信念、宗旨意识、组织纪律、思想作风等方面存在的不符合党员先进性标准但又达不到党纪处分行为的，对其进行书面告诫，督促其限期改正。截至年底，全区确定2名“欠先进”党员，并进行了书面告诫。

（杨兆军　郭珺）

【制定《房山区街道、乡镇领导班子综合考核评价办法（试行）》】 根据中央及市委有关文件精神，11月14日，房山区制定《房山区街道、乡镇领导班子综合考核评价办法（试行）》。该办法充分发挥考核评价的激励导向作用，在考核评价的内容、指标、主体、方式上体现不同功能区域协调发展和综合评价的内在要求。有机整合各类考核资源，设置“经济社会发展”“党建和精神文明建设工作”“民主测评”“民意调查”4个方面的考核内容。针对全区23个街道、乡镇不同的功能定位推行分组分类考核办法，切实增强考评工作的科学性、针对性和实效性。在指标设置方面，加大环境保护、生态建设、社会稳定等一系列关乎地区可持续发展和民意民生项目的分值比重，形成以考核引领科学发展，以考核激励科学发展，以考核加速科学发展的新的考核评价体系。

（梁义国）

【编纂《房山区农村党支部书记实用手册》】 12月，区委组织部会同53个相关区直单位和部门，联合编纂《房山区农村党支部书记实用手册》一书。该书主要由两部分构成：一是工作问答，主要以一问一答的形式，按照涉农类、文化类、法规类、党建类和其他类等五类，对农村工作中常见具体问题的处理进行了解释和答复，共收集整理208个工作问答；二是政策文件，收录了近年来市、区两级有关涉农政策和文件37个。

（徐学刚）

【实施乡镇机关干部素质提升工程】 从2009年起，全区23个乡镇实施机关干部素质提升工程。素质提升工程实施项目式管理，各乡镇在年初制订培训计划，每年组织不少于10次的专题辅导，全年为全体机关干部提供不少于40学时的集中培训。培训形式主要采取聘请上级有关领导和专家教授进行专题集中讲课辅导、在线学习和个人自学的方法，辅以分组研讨、外出学习考察、课题研究等。区委组织部每半年对项目的落实情况进行跟踪调查，年底进行检查验收，根据各乡镇的项目学习培训方案、落实措施、培训记录等相关文件资料和影像资料及自查结果进行考核，考核结果作为对各乡镇干部教育培训情况全面考核的重要依据，对项目实施好的乡镇给予师资补助。

（马永庆）

【推进农村实用人才结对帮带培养】 2009年，区委组织部按照帮带对象全面化、帮带主体多元化、帮带模式多样化、帮带管理契约化、帮带机制市场化的“五化”要求，动员区内外农业科技部门、各类专家、农业合作经济组织、乡土专家等各方面力量，共聘请400多名帮带指导教师，分别与4000多名农村实用人才培养对象签订帮带培养协议。帮带培养周期为两年，涉及养殖、种植、农产品加工、民俗旅游等多个方面，培养对象类别达到5大类13小类。形成了农技专家帮带、专业合作社和龙头企业或产业基地帮带、特色产业专业村和非物质文化遗产项目带动等较成熟的帮带培养模式。为推进协议帮带培养工作深入落实，采取“五个一”管理方式（“一库”，即农村实用人才信息库；“一册”，即农村实用人才结对帮带培养对接名册；“一卡”，即帮带指导卡；“一簿”，即农村实用人才工作重点事项登记簿；“一套制度”，即农村实用人才配套管理制度），加强对帮带培养项目的督促指导和检查验收，促进帮带培养活动取得实效。经市委农工委检查组考核评估，房山区农村实用人才开发培养总量列全市第一，连续两年获奖励资金100万元。

（刘建党）

宣传思想文化工作

【概况】 2009年，在区委领导下，全区宣传思想文化战线紧紧围绕高举旗帜、围绕大局、服务人民、改革创新的总要求，锐意创新，扎实工作，圆满完成了各项任务，为夺取“保增长、保民生、保稳定”攻坚战的重大胜利、庆祝新中国成立60周年、推进“三化两区”建设，提供了强大的思想文化保证。一是理论武装工作稳步推进，进一步巩固了干部群众团结奋斗的共同思想基础。重点围绕学习实践科学发展观、中共十七届三中和四中全会精神、应对国际金融危机、建设世界城市等内容，组织精品辅导报告会200余场，建立房山区全民教育讲师团，认真组织开展百姓宣讲和“2009北京房山周末社区大讲堂”活动，编发《理论教育大讲堂》等理论刊物，推动了中国特色社会主义理论体系的宣传普及，为科学回答“三化两区”建设的理论和实践问题奠定了坚实的思想基础。二是国庆宣传文化、联欢晚会工作圆满完成，为庆祝新中国成立60周年营造了隆重热烈、喜庆祥和的浓厚氛围。认真贯彻区委部署，精心组织参与天安门广场群众联欢活动，房山区2788名农民群众代表获“首都国庆60周年群众联欢晚会先进集体”称号。以“为伟大祖国骄傲”为主题，开展了“激情欢舞·祝福祖国”万人文艺汇演等21项区级、230余项基层文化活动。区属媒体通过开办专栏和专题节目，举办《时代节奏·大美房山》摄影大赛等活动，积极营造良好的舆论氛围。组织开展“爱祖国、爱北京、爱家乡”教育实践活动和“双百”人物评选活动，激发了爱国热情，振奋了民族精神，凝聚了人民力量。全力做好安全稳定工作，实现了宣传文化系统“平安国庆”的工作目标。三是思想道德建设和精神文明建设不断加强，进一步促进了良好社会风尚的形成和发展。开展“感动房山十大人物”“十大道德标兵”和“十大外来之星”评选表彰活动；组队参加首都礼仪知识竞赛和农村群众性精神文明创建成果征文活动，均获全市第1名。大力加强未成年人思想道德建设和精神文明创建活动，推荐评选出首都诚信经营示范店1家，房山区第一批诚信经营示范店56家和第一批文明商户16家。广泛开展“迎国庆讲文明树新风——我参与我奉献我快乐”活动，通过实施“提升素质”“优化环境”“树立楷模”行动，进一步提升了城乡居民的文明素质和城市的文明程度。四是文化事业和文化创意产业加快发展，进一步满足了广大群众的精神文化需求。大力加强公共文化服务体系建设，完成区群众文化活动中心评审和立项工作；新建成数字影院216个、文化大院64个、“益民书屋”76个，发放图书10万册；组织开展第十九届农民艺术节暨春节文化系列活动、文化周末大舞台、农村电影放映工程、“周末场演出计划”“农村文艺演出星火工程”等文化活动近4万余场，参与群众累计100余万人次。精心组织文艺创作和史志研究，完成艺术创作逾万件。公开出版《北京房山年鉴（2008）》，编写《北京古镇志·良乡》《北京古镇志·琉璃河镇》。积极推进文化市场三级监管网络建设，确保房山区文化市场安全有序和广播电视播出安全。完成15个乡镇的文物普查工作。集聚区建设扎实推进。修改完善集聚区总体规划，启动中华石雕艺术园、奇石园的规划，编制完成中华石经博览园、周口店原始公社控制性详规和颐养园项目规划，世界地质公园博物馆等11个项目完成投资2.3亿元。成立集聚区建设推进工作组，极大地推动集聚区的发展。举办纪念“北京人”第一颗头盖骨发现80周年国际古人类学学术报告会，参加海峡两岸文化创意产业交流会。五是统筹做好重大主题和活动宣传，进一步提升社会宣传水平和舆论引导能力。坚持团结稳定鼓劲、正面宣传为主的方针，大力整合区内外媒体资源，形成强大的宣传声势。抓好重大活动宣传，举办国际长走大会等大型主题宣传推介活动。抓好“三化两区”建设重大主题宣传，推出一批有分量、有质量、有影响力的报道，在国家级和市级报刊刊登房山新闻稿件 2200 篇，中央和北京电视台播出房山新闻 210 条，搜狐、新浪、千龙等各大网站登载房山新闻万余条，为推进大幅度完成全年目标任务营造更加有利的外部舆论环境。不断提高舆论引导的有效性，切实加强“三保”“国庆 60 周年”等热点问题的引导力度，推出《记者走一线 三保新看点》《记者新观察》《“三化两区”新进程》等一批深受群众欢迎的专栏和专题节目，为房山区经济社会发展创造了良好的舆论氛围。

（白江）

【理论中心组学习】 2009 年，区委、区政府理论学习中心组共进行集体学习 9 次，分别请《政府工作报告》的主要起草人之一、国务院发展研究中心研究员余斌，农业部农村经济研究中心主任、资深农业问题专家、2009 年中央 1 号文件主要起草人宋洪远，北京市委社会工委书记、市社会办主任宋贵伦等知名专家教授围绕全国两会精神、“大力推进城乡一体化”以及学习贯彻中共十七届四中全会精神、国际金融危机发展趋势对中国经济的影响、城市建设、功能区建设等问题进行专题学习。在学习中，中心组成员都能自觉遵守中心组学习制度，坚持请销假制度，确保出勤率，同时注意把集中学与个人自学、通读文件与专题研讨结合起来，走出去与请进来相结合，并辅之以辅导讲座、政治学习、外出考察等形式。每次学习都做到“资料到位、学习时间足，服务到位、学习经费足，督查到位、学习劲头足”，取得较好的学习效果。

（陶丽冰）

【2009 年文化惠民暨春节文化大餐进农家活动启动仪式】 1 月 9 日，房山区 2009 年文化惠民暨春节文化大餐进农家活动启动仪式在阎村镇文化广场举办。启动仪式上，共向全区各乡镇、街道、农村和家庭发赠了价值 1500 多万元的文化、文艺物资设备。文化惠民工程是房山区推出的一项春节品牌文化活动。

（张淑娟）

【召开房山区先进表彰暨春节团拜会】 1 月 19 日，在福源惠业生态观光园召开房山区先进表彰暨春节团拜会。区委书记刘伟，区委副书记、区长祁红，区人大常委会主任郭先英，区政协主席范文彦等领导向全区人民拜年，祁红致新春祝词。团拜会上，表彰了在创建考评综合考核中的先进单位，14 个街道乡镇获 2008 年度“五好”乡镇党委称号；16 个单位获 2008 年度经济建设突出贡献乡镇、街道、企业和关闭煤矿、打击私挖盗采特殊贡献乡镇奖；14 个街道乡镇获 2008 年度文明街道乡镇奖；10 个单位获 2008 年度落实党风廉政建设责任制和服务型机关创建活动先进单位奖；10 个单位获 2008 年度环境综合整治先进集体奖。文艺工作者创编了舞蹈、歌伴舞、小品等 12 个精彩节目，综合运用音乐、舞蹈、小品、相声等艺术形式和声光电等舞台表现手段，打造了一台集“先进表彰与文艺节目演出”于一体的节日盛会。区四大部门领导，驻区中央、市属单位领导，驻区部队领导，区直各部委办局及各乡镇、街道、办事处领导，各民主党派代表，区政协委员代表，劳动模范和受表彰单位领导出席团拜会。

（张淑娟）

【举办正月十五花会汇演暨花会走街活动】 2 月 9 日，在西潞街道和拱辰街道举办“新轻轨 新生活 新发展”——房山区 2009 年正月十五花会汇演暨花会走街活动。区领导刘伟、祁红、郭先英、范文彦、苗立峰、唐淑荣、刘顺林、卢国懿、高维魁出席花会活动，区直机关各委办局、各有关乡镇负责人和驻地群众观看和参与了活动。区委副书记、区长祁红宣布花会汇演和花会走街活动开始，区委常委、区委宣传部部长唐淑荣致辞，副区长卢国懿主持。全区 23 个乡镇的 40 余支表演队伍和由区文化委、区农委、区国资委、区建委、区工业局、区集聚区办公室制作的 6 辆花车参加汇演及走街活动，走街线路全长 2.2 公里，展示了高跷、矮跷、小车会、太平鼓等多档具有地域文化特色的花会节目，观看群众达 5 万余人。在展示民俗的同时，走街活动与宣传轨道交通房山线相结合，以曲艺表演、彩车和宣传标语等形式，大力宣传轨道交通建设对于改善群众出行条件、促进房山区经济社会发展的重要意义和巨大作用，为顺利推进轨道交通建设各项工作营造良好的社会氛围。

（张淑娟）

【“2009 北京房山周末社区大讲堂”】 4 月，启动“2009 北京房山周末社区大讲堂”活动，邀请市级权威专家学者为房山区百姓开设讲座，以进一步扩大人文社科知识普及覆盖面，满足广大群众精神文化需求。长阳、青龙湖、佛子庄、大石窝、石楼、韩村河、十渡、良乡二中、西潞街道、窦店、长沟、城关街道 12 家单位各组织一场讲座，涉及健康养生、历史文化、文明礼仪、儿童教育等方面内容。

（陶丽冰）

【“庆祝新中国成立 60 周年百姓宣讲活动”】 3 月至 10 月，组织“庆祝新中国成立 60 周年百姓宣讲活动”，以“爱党爱国爱家乡”为主题，把讲坛搬向民间，开展群众性成就宣讲，让百姓走上讲台，说家乡事，讲家乡话，把新中国成立 60 周年来取得的辉煌成就化作百姓爱听的“身边故事”，先后在房山区城关街道、区国资委、拱辰街道、良乡镇、阎村镇、窦店镇、琉璃河镇、石楼镇、66150 部队举办 9 场宣讲活动。其中在 66150 部队举办的报告会，是北京市百姓宣讲团安排的全市唯一一场进军营专场报告会，市级主流媒体进行了宣传报道。房山区组织的百姓宣讲进社区、进农村、进企业、进军营工作得到市委讲师团和区委领导的充分肯定，起到了“百姓宣讲，教育百姓”的作用。房山区获“百姓宣讲工作优秀组织奖”。房山区报送的宣讲稿《走出大山读书的孩子》，由良乡五中教师王玉华在全市范围内宣讲，受到市区干部群众一致好评。

（陶丽冰）

【做好形势政策基层宣讲工作】 按照全区宣传思想文化系统“践行科学发展观 服务‘三保’行动年”活动动员大会的部署，2009 年，全区每个街道、乡镇成立“形势政策宣传小分队”，组织专人就国情区情、形势任务特别是当前拆迁政策、土地政策等热点难点问题进行广泛宣传。燕山工委、拱辰街道、西潞街道、城关街道、长阳镇、阎村镇、窦店镇、佛子庄乡等单位利用小分队，采取发放宣传手册、宣传单、口头宣讲等多种形式开展工作。

（陶丽冰）

【理论研究和思想政治工作成果喜人】 2009 年，区委宣传部组织“灵山杯”优秀报告（党课）、“丹柯杯”优秀研究成果、北京市 2009 年创新报告及局级以上领导干部理论文章上报评比活动。共收集上报市委宣传部、市委讲师团、市委农工委、北京市思想政治工作研究会等单位关于“灵山杯”作品 8 篇，“丹柯杯”作品 14 篇，局级以上领导干部理论文章 20 篇，上报创新报告 1 篇。房山区获“灵山杯”优秀报告一等奖 2 名、二等奖 1 名，获“丹柯杯”优秀研究成果一等奖 3 名、二等奖 1 名；获局级领导干部优秀理论文章一等奖 4 名、二等奖 3 名。

（陶丽冰）

【召开“当前经济形势”辅导报告会】 3 月 19 日，区委区政府理论中心组成员与科学发展观研讨班成员一起集中听取了全国人大代表、区人大常委会副主任田雄关于全国“两会”的盛况介绍及《政府工作报告》的主要起草人之一、国务院发展研究中心研究员余斌做的关于当前经济形势的辅导报告。

（陶丽冰）

【召开“大力推进城乡一体化”辅导报告会】 4月3日，区委、区政府理论学习中心组成员与科学发展观研讨班成员一起集中听取国家农业部农村经济研究中心主任、资深农业问题专家、2009年中央1号文件主要起草人宋洪远关于“大力推进城乡一体化”的专题学习辅导。

（陶丽冰）

【举行专题学习辅导】 4月16日，区委、区政府理论学习中心组成员与科学发展观研讨班成员一起集中听取北京市委社会工委书记、市社会办主任宋贵伦所做的“认真贯彻北京市社会建设大会精神，努力开创全市社会建设工作新局面”的专题学习辅导。

（陶丽冰）

【北京国际长走大会暨第十五届房山旅游文化节】 5月17日，在长沟镇举办2009春季北京国际长走大会暨第十五届房山旅游文化节开幕式。活动借长走平台，展房山新貌，在秉承“锻炼身体、热爱生活、磨炼意志、挑战自我、传播文明、增进友谊”的长走理念基础上进行创新，以“走近房山”为主题，将房山区的“青山绿水，绿色健康”与旅游文化节系列活动融入其中，从“根祖文化、红色旅游”“绿色环保、生态农业”“科学发展、宜居房山”三方面，在16公里的长走沿线，策划设计了“长走游房山，五彩丝带、情系房山，民间艺术文化展示，农产品展示、展卖会和经济社会发展成果展”5大亮点活动，全景展示了房山旅游文化、生态农业、产业发展的新成果。活动当天，1万名长走爱好者们参加活动，年龄最大的83岁，最小的4岁。在长走大会的宣传中实现了四方面的预期目标：一是高调起步。5月7日，新闻发布会48家媒体应邀参加，新华社、中央电视台、《北京日报》、北京电视台、新浪网等中央、市级主流媒体刊播新闻72篇（条），内容宣传势头强劲，办节消息广泛传播。二是六位一体。按照“周密安排、提前介入、全程跟踪、确保效果”的原则，在广播、报纸、电视传统媒体的基础上，增加了杂志、网络、户外三种媒介，实现了立体化、全方位、集束式的宣传报道。三是纵深报道。新闻发布会之后，中国国际广播电台、北京交通广播栏目、北京电视台、新浪网、中国青年报等媒体的多个专栏分别以访谈、专题等形式对房山区的人文资源、生态资源、旅游资源进行了深度推介。四是再创新高。5月17日，在2009春季北京国际长走大会暨第十五届房山旅游文化节开幕之际，再邀新华社、《人民日报》、中央电视台、《光明日报》《中国日报》《农民日报》《中国体育报》《中国青年报》、人民网、新华网、新浪网、搜狐网、《北京日报》、北京电视台等80家新闻媒体参加，中央电视台《新闻联播》栏目、《人民日报》《光明日报》《北京日报》、北京电视台等新闻媒体刊播新闻近百篇（条）。

（白江 郝金英）

【高峰论坛推介新城】 6月11日，区委宣传部与《北京日报》《北京晚报》、房山区建设委员会联合举办“纵论西南崛起 聚焦房山新城”高峰论坛。京报集团党组书记、社长梅宁华，京报集团总编辑赵靖云，北京晚报常务副总编辑张明非，房山区委书记刘伟，房山区委副书记、区长祁红，房山区委常委、宣传部部长唐淑荣，副区长吴会杰等出席；京报集团、地产联盟、区内外开发商、房地产行业专家学者参加。领导和嘉宾围绕“房山新城建设”这一主题，共同研讨，相互切磋，畅所欲言，共同为房山的发展出谋划策、建言献计。6月12日，《北京日报》

《北京晚报》《京郊日报》同时进行重点报道。6月18日,《北京晚报》以《西南崛起 聚焦房山新城高峰论坛》为题，用两个版面系统推介房山新城。

（郝金英）

【佛舍利迎请仪式和观瞻活动】 6月23日，“和谐呈盛世 国宝耀房山”——中华石经博览园奠基、佛祖肉身舍利迎请仪式和观瞻活动在佛教圣地云居寺举办。阔别近30年，被称为“海内三宝”之一的佛祖肉身舍利被迎请回出土地——云居寺。市委、市人大常委会、市政府、市政协、市文物局、市宗教事务局、市旅游局、市佛教协会领导，佛教界高僧大德，房山区领导和5000多名群众参加相关活动。至7月2日，共有6万余人观瞻佛舍利，列云居寺同期旅游人数之最。采取电视、广播、平面、网络媒体、新闻发布会等多种媒介形式相结合的宣传策略，刊播新闻达209篇（条）。北京日报刊登《佛舍利明起重回云居寺》专版，北京电视台《北京您早》《特别关注》《新闻晚高峰》《北京新闻》等新闻栏目，进行了互动式的重点报道，新华社视频新闻专线进行现场录播，通过卫星传输和新华社多媒体数据库供给的方式，把新闻推向了全国各地和世界许多国家和地区的电视台，有50多个国家和地区的电视台对活动进行了播报。中央电视台、新华网、千龙网、搜狐网、北京电视台等多家媒体相继刊播相关新闻40余篇(条)。7月2日，佛祖肉身舍利送归首都博物馆继续珍藏。

（白江　郝金英）

【举行庆祝新中国成立60周年系列文化活动启动仪式】 7月9日，“为祖国放歌 为祖国骄傲”——房山区庆祝新中国成立60周年系列文化活动启动仪式在阎村镇文化广场举行，房山艺术团、燕化艺术团、阎村合唱团、房山区职业学校舞蹈队等单位的500多名演员，表演了大合唱《在灿烂阳光下》《祖国颂》《我的祖国》，歌舞《为祖国祝寿》《国家》以及诗朗诵《我亲爱的祖国》等节目，2500多名群众参加启动仪式。区领导祁红、郭先英、范文彦、唐淑荣、刘顺林、高维魁出席仪式。

（张淑娟）

【举办庆祝新中国60周年参观体验游活动】 7月29日，在府前广场举行“爱祖国 爱北京 爱家乡”——房山区庆祝新中国60周年参观体验游活动启动仪式。区委常委、宣传部部长唐淑荣，区人大常委会副主任刘顺林出席启动仪式。全区170余名干部群众和劳模、驻区官兵代表参加活动。此次活动是房山区围绕新中国成立60周年，深入开展群众性爱国主义教育活动的重要组成部分。活动期间，围绕历史文化、新农村建设、新城建设和国庆游园4个方面的重点内容，精心设计推出“访古寻根、观泉品经、亲山近水”历史文化山水体验线路，“游新村、览新貌”新农村观光体验线路，“逛新城、话发展”新城建设成就参观线路，“和平盛世、普天同庆、国泰民安、天地和谐”国庆游园参观线路，共涉及全区28个参观点体验路线。启动仪式后，参会人员还实地参观了良乡府前文化广场、加州水郡小区、良乡高教园区和2008年度“北京最美的乡村”——房山区窦店镇河口村等参观点。此项活动带动基层开展60余场参观体验活动，累计受教育人数达1.2万人次。

（张淑娟）

【举行房山中央休闲购物区（CSD）新闻发布会】 9月13日，在北京银泰柏悦酒店举行“让北京Fun起来”——房山中央休闲购物区（CSD）新闻发布会。新闻发布会由国际化风格设计，中央电视台主持人陈伟鸿主持。意大利国际著名设计师Enzo Eusebi，区领导刘伟、祁红等参加。新华社、人民网、《人民日报》、中央人民广播电台、《经济日报》《农民日报》、新华网、《北京日报》、北京电视台等 100 多家新闻媒体应邀参与报道，先后刊播 CSD 报道 130 篇（条）。在 CSD 的新闻报道中，增加了杂志、网络两种新媒介，除邀请多家网络媒体参加发布会外，还以“房山中央休闲购物区（CSD）启动”为主贴，连锁撬动 300 余家网站论坛近万人次跟帖，网上关注程度不断升温，宣传热度持续升级。此外，新闻发布会之后，及时在北京人民广播电台、《北京日报》、宏观经济研究等多家媒体分别以广告、访谈、专版、专题等形式对房山中央休闲购物（CSD）进行深度推介。

（郝全英）

【庆祝新中国成立 60 周年大型群众文艺汇演】 9 月 23 日，由房山区委、区政府主办，区委宣传部、区文化委承办的“激情欢舞 祝福祖国——房山区庆祝新中国成立 60 周年大型群众文艺汇演”在房山体育场举行，区委书记刘伟，区委副书记、区长祁红，区人大常委会主任郭先英，区政协主席范文彦等领导及各乡镇、委办局相关领导出席活动。区委副书记苗立峰主持仪式，祁红致辞，刘伟宣布活动开始。在冉冉升起的国旗下，全体人员一起高唱《国歌》庆祝新中国成立 60 周年。由 300 人组成的鼓阵为文艺汇演拉开了序幕，汇演包括由乡镇组成的千人舞蹈表演、委办局组成的千人合唱等，其中穿插进行威风锣鼓、快板等特色表演。2500 人的集体舞方阵和特色文化展示成为演出的亮点。汇演在大合唱《歌唱祖国》中圆满结束。此次汇演是房山区近几年演出规模最大的一次活动，演出人员达到 6000 余人，近万名群众参加了活动。

（张淑娟）

【庆祝新中国成立 60 周年文艺演出】 9 月 25 日，在北京工商大学文体馆举办“祖国颂”——房山区庆祝新中国成立 60 周年文艺演出。首都文明办主任舒小峰，北京工商大学党委书记孙尧东，区领导刘伟、祁红、郭先英、范文彦、唐淑荣、张祝华、赵佳琛、卢国懿、李惠英、万金峰等出席活动。演出在配乐诗朗诵《红旗颂》和大合唱《五月的鲜花》《保卫黄河》中拉开帷幕，分为“崛起的中国”“奋进的中国”“腾飞的中国”三大篇章，通过大型舞蹈、诗歌朗诵、合唱等多种艺术形式，唱响“共产党好、社会主义好、改革开放好、伟大祖国好、各族人民好”的时代主旋律，充分展示了新中国成立以来特别是改革开放以来房山取得的巨大成就以及龙乡儿女蓬勃向上、开拓奋进的精神风貌，激励全区人民为建设“三化两区”新房山而不懈奋斗。演出在《歌唱祖国》歌声中结束。区直委办局、乡镇街道以及社会各界人士代表 2000 余人参加活动。

（张淑娟）

【举办“北京市学习贯彻中共十七届四中全会精神首场报告会”】 9 月 25 日，房山区与市委讲师团联合举办“北京市学习贯彻党的十七届四中全会精神首场报告会”。市委讲师团团长崔耀中参加。区委、区政府理论学习中心组成员集中收听了中央党校党建部副主任张希贤教授所作的辅导报告，北京电视台给予报道。

（陶丽冰）

【举办“加强廉政建设和反腐败斗争报告会”】 10 月 18 日，房山区举办“加强党风廉政建设和反腐败斗争报告会”。区委、区政府理论学习中心组成员及全区二级班子负责人共计 300 余人集中听取了中国纪检监察报社社长李本刚所作的辅导报告。

（陶丽冰）

【举办“国际金融危机对中国经济影响报告会”】 10 月 29 日，房山区举办“国际金融危机对中国经济的影响报告会”。区委、区政府理论学习中心组成员及全区二级班子负责人共计 300 余人集中收听了中国社会科学院美国经济研究中心主任肖炼所作的辅导报告。

（陶丽冰）

【爱国主义教育成效显著】　各级各类爱国主义教育基地利用宣传教育功能，开展内容丰富的爱国主义教育活动。在市爱国主义教育基地建设领导小组2005年至2008年度的检查验收中，北京市西周燕都遗址博物馆、周口店遗址博物馆、房山区档案馆、房山区没有共产党就没有新中国纪念馆4家爱国主义教育基地被评为北京市爱国主义教育基地先进单位，由西周燕都遗址博物馆开展的“中国古代科技系列科普展览”被评为北京市爱国主义教育基地优秀活动一等奖，周口店遗址博物馆开展的“科普知识进校园”活动、平西抗日战争纪念馆开展的“小小讲解员”活动、区档案馆开展的“重走红色邮路夏令营”活动被评为北京市爱国主义教育基地优秀活动二等奖；云居寺开展的“云居文化进校园”活动被评为北京市爱国主义教育基地优秀活动三等奖，获奖数量和质量居郊区之首。

（张淑娟）

【国庆60周年宣传文化活动】　为庆祝新中国成立60周年，区宣传文化分指挥部重点组织开展了6个系列21项活动。包括开展各类学习先进典型活动，如“感动房山十大人物”“房山区十大道德标兵”“百名文明之星”“十大外来之星”等评选活动；录播《感动房山》大型互动谈话节目；开展丰富多彩的文化活动，如“金曲大家唱”——房山区庆祝新中国成立60周年群众歌咏活动，“伟大的节日”——房山区庆祝新中国成立60周年书画、摄影艺术展，“峥嵘岁月•光辉历程”——房山区爱国主义电影放映月活动，“为伟大祖国骄傲”——房山区庆祝新中国成立60周年“万民乐”花车游活动等。为营造文明和谐的社会环境，积极开展了文明礼仪宣传普及树形象、窗口行业“迎国庆优质服务月”、公共文明引导等活动。此外，精心组织实施媒体宣传，策划拍摄制作了《光辉的记忆》系列专题片；《城市新影》图片电视展播；《歌唱祖国》“直播市民大家唱”活动；策划制作《小家，大家，看变化》主题报道；《我为母亲放歌》专题报道。

（张淑娟）

【2009年房山区“文化周末大舞台”活动】“文化周末大舞台”是房山区委、区政府在全市首创的一项群众性品牌文化活动，自2007年开展以来，获得了广大群众的普遍好评和广泛赞誉，被称为“百姓的激情广场”。2009年，为满足群众日趋旺盛的精神文化需求，活跃广大百姓业余文化生活，掀起全区文化建设新高潮，全区继续举行“2009年文化周末大舞台活动”。活动以区政府府前广场为主会场，以10个中心乡镇大舞台为分会场，以文化周末大舞台文艺演出为主体，以“周末金曲大家唱”“文化周末大戏台”“文化周末大课堂”为支撑，大力开展文艺演出、文艺讲座、戏曲表演等一系列喜闻乐见的文艺活动，努力向基层拓展延伸，不断将大舞台活动引向深入。共完成演出300场，参演人员1万人次，观众达60万人次。

（张淑娟）

新闻宣传

【概况】　2009年，房山区新闻中心围绕区委、区政府的中心工作，以建设“三化两区”新房山为宣传主线，以“落实科学发展观，服务‘三保’行动年”“国庆60周年”为宣传着力点，积极发挥好喉舌和桥梁作用，主动服务好全区发展大局，充分认清《房山报》作为党报的责任意识，宣传效果明显增强，为全区经济社会建设提供了强有力的舆论支持和精神动力。全年出刊110期，共开办《学习实践科学发展观建设“三化两区”新房山》《“三保”新看点》《为母亲放歌》《轨道拆迁难忘记忆》《普法园地》《统计视角》《人口计生看台》《医苑撷英》《劳动保障》《检察官说法》等专题、专栏10余个，刊登反映全区重大事件的时政新闻800余篇，涉及全区重点工程、实事工程、产业结构调整、新农村建设、民生等方面的“特别关注”80余期。

（张晶）

【突出做好干部心系百姓的宣传】 2009年,《房山报》以春节、“五一”、教师节、“十一”、中秋节、重阳节等重大节日各级领导干部走访慰问特困户、劳模、老党员、老教师等为契机，加大报道领导干部关注民生、基层、弱势群体的力度，推出《国庆前夕领导慰问建国前老党员老干部老工人》《区四大部门领导亲切慰问老年人》《区领导走访慰问优秀教师》等一批报道，确保在第一时间将领导干部情系百姓、关心群众冷暖的信息及时向全区人民传递。

（张晶）

【突出做好国庆60周年宣传】 在2009年国庆60周年的宣传中，区新闻中心认真贯彻区委宣传部部署，以围绕“礼赞祖国、讴歌时代、振奋民心”为宣传主线，提前谋划，积极运作。在《房山报》第3版推出庆祝新中国成立60周年专题系列报道——《为母亲放歌》，邀请部分房山籍作家，从百姓个人、家庭视角，以纪实文学手法开展创作，展现祖国发展辉煌成就，大力唱响共产党好、社会主义好、改革开放好、伟大祖国好、各族人民好的时代主旋律。从8月初开始，以每期整版的形式刊登《垄间击缶》《美神颂》《我家60年住房的变迁》《三尺讲台话沧桑》《母亲的岁月》《山区60年交通的记忆》等文章11篇。同时，集中报道了全区广泛开展丰富多彩的社会文化活动和群众性喜迎国庆文艺活动的动态新闻100余篇，在第3版推出专题《60年辉煌时刻一生永久的珍藏 ——奉献国庆盛典我自豪》，全方位报道了国庆游行和群众联欢情况。在一版显要位置，连续报道了全区众志成城，确保国庆安保万无一失的各项安保措施和行动。

（张晶）

【突出做好“三化两区”宣传】 在《房山报》第1版重要位置刊登区领导就“三化两区”建设密集调研为切入点，反复向全区百姓阐述建设“三化两区”的重要意义和具体内容。同时，每期安排重点版面，将区委、区政府、各乡镇委办局在推进“三化两区”工作中所采取的举措、行动、做法作为宣传重点，运用动态新闻、通讯、图片、专题、专版、系列报道等形式，及时安排记者采访，全方位报道了推进五大功能区建设情况的文章。先后刊发《蓄势扬帆——记房山新城建设》《美丽新城——房山城市化建设掠影》《房山柿业全速前行》《良乡物流基地全力打造京西南商贸功能区》《万科22亿竞得长阳起步区1号地》《京西重工收购美国德尔福公司悬挂和制动业务》《石化产业基地建设进入实质性操作阶段》等各类文章100余篇，通过系统策划，全方位立体式报道，为“三化两区”建设营造出良好舆论氛围。在中央休闲购物区CSD的宣传上，先后推出了CSD的系列报导，成为报纸宣传的一大亮点。

（张晶）

调研工作

【概况】 2009年，是全区深入学习实践科学发展观、推动经济大跨越、实现社会大发展的关键之年。区委、区政府研究室坚持以科学发展观为指导，围绕中心、服务大局，锐意进取、扎实工作，圆满完成了各项工作任务，为促进“三化两区”建设和全区经济社会又好又快发展作出了应有的贡献。谋大事，高水平服务全区中心工作。全方位服务学习实践科学发展观活动，提出了学习实践活动的主题，出色完成了区委书记刘伟在动员大会上的讲话、专题报告会上的党课报告等30多篇重要文稿的起草工作。筹备六届八次区委全会，提出了切实可行的具体措施，得到了区领导的高度肯定和与会人员的一致认可。精心准备多次经济分析会和年底务虚会，先后研究起草了房山区关于“保增长、保民生、保稳定”的一系列工作思路、工作报告和领导讲话等重要文稿 55 篇。精心起草向市领导的汇报材料，较好地完成了《刘淇书记来视察时的工作汇报》《向阳安江主席的工作汇报》《向杜德印主任的工作汇报》等重要汇报材料 20 余篇。抓重点，高质量服务领导科学决策。坚持理清思路，把握重点，突出做好“四个服务”，确保服务领导决策工作到位。先后到顺义、通州等区县进行调研，形成《关于赴顺义等五区重点开发区的考察报告》等重点调研报告。到怀柔、密云等区县考察，并形成了调研报告，提出加快生态涵养区建设发展的相关建议。针对燕化“厂中村”整体搬迁、拱辰街道一街至五街改造等问题进行专题调研，牵头起草了区委、区政府涉及此类问题向市委、市政府的报告和请示。讲创新，高起点提升全区调研工作水平。认真组织完成两个市级重点调研课题，区委书记刘伟的课题在《宏观经济研究》《领导决策信息》《北京调研》《京郊调研》等刊物上发表，并作为资料在中央经济工作会上发放。进一步加强对全区二级班子的调研指导，研究制定了《2009 年全区调研工作安排意见》，从 164 个全区调研课题中精选了 23 个具有代表性、前瞻性的课题作为区委关注课题。进一步完善调研评优办法，将调研成果转化作为重要指标纳入调研评优体系，切实提升了全区调研工作水平。全年共编发《房山调研》80 期，《决策参考》7 期，先后在《前线》《领导决策信息》《宏观经济研究》《北京调研》《北京农村经济》《京郊调研》《中国政务信息网》等市级以上刊物刊发调研和理论文章 16 篇。强基础，高标准加强自身建设。加强了队伍建设，规范了基层人员到研究室学习锻炼工作。注重制度建设，制定了研究室人员考勤制度，着力打造无私奉献、敢打硬仗的工作队伍。

（李子晔）

【起草区委六届八次全会报告】 2009 年，区研究室起草了区委书记刘伟在区委六届八次全会上所做的《坚定不移地走新型城市化道路 努力开创“三化两区”建设新局面》报告。报告主要内容为：关于 2009 年全区工作成绩的取得得益于强化首都意识，在首都发展大格局中找准定位、谋求发展；得益于坚持首都标准，以争创一流的气魄化危为机、借势发展；得益于充分发扬创新精神，通过体制机制改革激发发展活力；得益于以作风建设为重点，大力加强党的建设，为全区发展提供坚强保障。关于 2010 年的工作：以做大做强功能区为抓手，着力加快产业结构优化升级；以规划建设新城示范区为突破口，加速推进城市化进程；以城乡一体化为目标，加快农村和山区发展步伐；以加强文化建设为主线，不断提升城乡文明水平；以改善民生为重点，切实加强社会建设；以创建“平安房山”为载体，努力维护全区社会稳定。全面提高党的建设科学化水平，为“三化两区”建设提供坚强的政治保证：以解放思想为先导，为“三化两区”建设提供思想保障；以提高推动科学发展能力为核心，为“三化两区”建设提供组织保障；以强化党风廉政建设为重点，为“三化两区”建设提供作风保障。

（李子晔）

【高质量完成调研课题】 围绕全区中心工作，区研究室制定了《关于全区调研工作的安排意见》，确定了区四大部门领导及区二级班子领导的重点调研课题，其中区四大部门领导承担了 23 个调研课题，区直和乡镇二级班子确定了 141 个课题，均按期高质量完成，并转化为各级各部门工作意见、工作部署等 80 多个。建立调查研究与全区领导干部培训相结合制度，将领导干部撰写的调研报告作为学习实践成果计入年度培训学分。同时，把调研工作纳入乡镇（街道）领导班子综合考核评价体系，保证了调研工作的深入开展。

（李子晔）

【完成全区调研评优工作】 年内，区研究室下发《关于评选 2008 年度调研工作先进单位、调研先进工作者和优秀调研成果的通知》，成立由市委、市政府、市委农工委研究室领导和区领导及专家组成的调研评选委员会，对区直单位和乡镇上报的 115 篇参评调研进行了审核评比，评选出优秀调研成果 77 篇。其中：一等奖 5 篇；二等奖 15 篇；三等奖 20 篇；优秀奖 37 篇。评选出调研工作先进单位 32 个，调研先进工作者 38 名，并以区委、区政府名义进行了通报表彰。

（李子晔）

【进一步加强基层调研队伍建设】 充分发挥区研究室调研干部培训基地作用，安排区直综合经济部门和各乡镇的年轻后备干部，有计划地到区研究室锻炼学习，做到了在较短时间内提高后备干部的综合能力、思维能力和文字水平。同时，通过下基层讲课等多种形式，提高基层调研干部水平，壮大了基层专兼职调研人员队伍。此外，还积极帮助各单位成立调研室（调研科）或明确专兼职调研员。23 个乡镇（街道）有 20 个成立了调研室，推动了全区调研工作的开展。

（李子晔）

【出版《房山区优秀调研成果汇编（2008 年度）》】 8 月，《房山区优秀调研成果汇编（2008 年度）》编制完成。此书收录了全区各级领导和专兼职调研工作者完成的调研成果精品 96 篇，共 60 余万字。其中区四大部门领导完成的重点调研课题 19 篇，获全区优秀调研成果一、二、三等奖的调查报告 40 篇。

（李子晔）

【《房山调研》《决策参考》两刊共发行 87 期】 坚持把《决策参考》《房山调研》作为区研究室主动服务领导决策，推动研究成果转化的重要窗口和平台。2009 年，共编发《房山调研》80 期，《决策参考》7 期。通过完善办刊机制，加大工作创新力度，完善编发程序，有效提高了刊物的质量。

（李子晔）

【在 16 家市级以上刊物推荐发表文章】 年内，区研究室在 16 家市级以上刊物推荐发表文章 16 篇。分别是：《加快推进“三化两区”建设》（刘伟，中国政务信息网，2009.9；《领导决策信息》，2009.37）；《关于加快推进房山区城市进程的思考》（刘伟，《宏观经济研究》，2009.10；《北京调研》，2009.11）；《坚持科学发展 加快“三化两区”建设》（刘伟，《前线》，2009.12）；《关于加快推进我区城市化进程的调查与思考》（刘伟，《京郊调研》，2009.23）；《关于房山区产业结构优化升级问题的研究》（祁红，《北京调研》，2009.4）；《以“三化两区”建设为载体统筹推进房山城乡经济社会发展一体化》（祁红，《北京农村经济》，2009.10；《北京调研》，2009.12）；《优化区域发展环境 提升区域整体形象》（赵佳琛，《北京调研》，2009.10）；《巩固成果统筹谋划加强农村社会保障体系建设》（苗立峰，《北京农村经济》，2009.7）；《关于韩村河镇农村土地经营现状分析与思考》（康宝和，《京郊调研》，2009.6）；《以稳定就业为重点以扩大就业为目标全力服务“三保”大局——关于房山区统筹城乡就业情况的调查与思考》（杨东升，《京郊调研》，2009.38）；《打造理想居所再现碧水蓝天》（缪柏平，《北京农村经济》，2009.2）；《推行种养联动 发展农业循环经济》（胡玉富，《北京农村经济》，2009.12）；《推进产业转型 实现资源型地区可持续发展》（董凤山，《北京农村经济》，2009.12）。

（李子晔）

精神文明建设

【概况】 2009年，房山区精神文明建设工作以服务“三保”为重点，以“迎讲树”活动为抓手，积极开展全民素质教育，广泛开展创建活动，大力加强未成年人思想道德建设，全面提升市民文明素质，为建设“三化两区”新房山提供强大的精神动力。一是以加强公民思想道德建设为基础，不断培育良好的社会新风尚。大力褒扬道德先进，全面启动“感动房山十大人物”评选活动。组织开展了“十大道德标兵”“百名文明之星”“十大外来之星”评选，共上报候选人160名。深入开展公共文明示范区创建工作，对全区各乡镇创建的公共示范区、文化墙的修建和更新情况进行全面检查；开展社会公德教育活动。组织开展“百场礼仪知识”宣讲活动，组建全民素质教育讲师团，深入基层进行文明礼仪知识的宣讲，共授课100余场。组队参加首都“迎国庆讲文明树新风礼仪知识竞赛”活动，并在全市获得冠军。组织全区万名群众开展“文明礼仪知识百题竞赛”活动，活动期间，共上报参赛试卷1.02万份，评选出22个优秀组织奖，200名优胜者。组织300名乡镇村民参加国庆60周年群众联欢活动标兵的培训工作，圆满完成“十一”天安门群众联欢晚会的标兵组织任务，获首都“迎讲树”组织奖。开展“文明游园”等主题排队推动日宣传活动，分别在8个示范站点和各乡镇街道确定的公共文明示范区内，组织开展文明礼仪普及活动108次，近1万人参活动，组织开展公共文明引导活动达133次，近1.2万人次参与活动；开展“迎国庆优质服务月”活动。全区共开展窗口行业优质服务月大检查15次，200余人次参加检查，发现问题1项，整改1项。二是以三大创建为重点内容，推动精神文明创建工作再上新台阶。完成评选推荐第二批全国精神文明创建各类先进单位工作，涌现出十渡镇、星城街道健德三里社区、窦店镇窦店村等全国先进单位和一批代表市、区级水平的先进集体。完成2009年度首都级各类先进的推荐申报工作，8个乡镇被评为首都文明乡镇，6个街道被评为首都文明街道，31个社区被评为首都文明社区，48个村被评为首都文明村。全面开展文明村镇、和谐社区创建工作。开展农村群众性精神文明创建活动成果征文活动，全区共上报征文202篇，筛选30篇上报首都文明办，9篇获奖，获18个区县第1名。广泛开展文明行业创建工作。完成第一届首都诚信经营示范街、首都诚信经营示范店申报推荐工作，北京华冠商贸有限公司购物中心获第一届首都诚信经营示范店称号。广泛开展窗口行业培训活动，共授课近300场，培训单位涉及全区200余家，人数达2万人次；全面开展“创文明单位、树行业新风”活动，各窗口行业单位举行了文明礼仪展示、演讲等活动。三是以共建新农村为着力点，深入开展“城乡联片共建”工作。全区48个首都文明单位、19个首都文明单位标兵建立共建对子，房山区获首都“城乡联片共建”组织奖；充分发挥驻区部队生力军的作用。各驻区部队共投入资金近100万元，投入劳动日3000多个，修整路面近50公里，出动车辆约200台次，植树8000余棵，为建设社会主义新农村，打造“实力房山，文明房山，和谐房山”营造出和谐的社会氛围。积极协调中央国家机关到房山区参与共建活动，争取中央国家机关文化部、国资委等6家单位到房山区就新农村建设进行考察结对，与长阳镇10个自然村开展共建活动，并在信息、技术等方面对新农村建设给予大力支持。四是以深化主题道德实践为载体，不断加强未成年人思想道德建设。完成未成年人思想道德建设测评工作。承办了由首都文明办、北京市教委、阳光文化基金会、中央芭蕾舞团主办的“芭蕾艺术进校园”系列活动。开展“社区文明小使者”评选活动，全区共评出1156名，并上报首都文明办。召开全国传统文化教育现场经验交流会。五是以帮扶特困家庭解决实际问题为着眼点，积极协调春风行动捐赠活动。协调首都春风办对房山区特困家庭子女进行捐助，共捐款4万余元。窦店镇、良乡镇、霞云岭乡部分学校接受首都文明办扶贫济困春风行动办公室的图书捐赠。

（郭世卿）

【开展春风行动捐赠活动】 2月8日，首都文明办、市春风办到房山区儿童福利中心开展“春风吹进福利院、孤儿同享幸福年”大型捐赠慰问活动。赠送29英寸彩色电视机1台，衣物和毛绒玩具200多件以及儿童图书400多本，为16名上学孩子筹得助学款1.1万元。

（郭世卿）

【测评未成年人思想道德建设工作】 3月4日，由首都文明办副主任腾毅带队的未成年人思想道德建设工作测评组一行14人，到房山区检查未成年人思想道德建设工作情况。区委常委、宣传部部长唐淑荣向测评组作题为《立足时代需求 彰显龙乡特色 全面加强和改进未成年人思想道德建设》的专题汇报。35个测评工作成员单位主管领导陪同测评。测评小组先后到良乡三小、北关东路社区进行实地考察，对良乡二中部分学生进行问卷调查。

（郭世卿）

【为贫困学生送助学款】 3月12日，首都文明办扶贫济困春风行动办公室带来社会各界人士的爱心，对房山区特困家庭子女进行捐助。此次捐款金额为1.38万元，良乡、蒲洼、南窖、佛子庄、大石窝等乡镇共27名贫困学生接受捐助。

（郭世卿）

【举行芭蕾艺术进校园演出活动】 4月11日，由首都文明办、北京市教委、阳光文化基金会、中央芭蕾舞团共同举办，阳光文化基金会赞助的艺术教育公益活动“阳光下成长 与芭蕾共舞——芭蕾艺术进校园”演出活动在房山区举行。区委常委、宣传部部长唐淑荣，区人大常委会副主任刘顺林以及首都文明办、市教委、中央芭蕾舞团的领导出席活动。1000名学生观看演出。

（郭世卿）

【军民共建阳光幼儿园揭牌】 6月1日，空军95996部队与窦店镇七里店村军民共建阳光幼儿园揭牌仪式在七里店村阳光幼儿园举行。仪式上，空军95996部队向阳光幼儿园赠送了部分教学设备。首都军(警)民共建工作指导小组副组长曹卫平、戚玉桥，区委常委、宣传部部长唐淑荣等领导参加揭牌仪式。

（郭世卿）

【首都军(警)民共建工作指导小组领导到房山区检查工作】 6月15日，首都军(警)民共建工作指导小组副组长戚玉桥等到房山驻区93627部队检查验收首都军(警)民共建标兵单位。

（郭世卿）

【开展公共文明示范区创建工作】 年内，区文明办对全区各乡镇创建的公共示范区、文化墙的修建和更新情况进行全面检查。全区创建公共示范区55个，更新文化墙10万余延长米。

（郭世卿）

【开展道德传统文化教育活动】 10月13日，由首都文明办主办，房山区文明办、区教委联合承办的“未成年人中华美德教育深化与推广研究——房山区阶段性成果展示汇报”专家审评会在房山区龙门口生态园举行，近300人参加活动。

（郭世卿）

【开展公民思想道德教育活动】 区文明办组织开展“百场礼仪知识”宣讲等社会公德教育活动。据统计，全区共计授课104场。

组织全区万名群众开展“文明礼仪知识百题竞赛”活动，全区共上报参赛试卷1.02万份，评选出22个优秀组织奖，200名优胜者。精心组队参加首都“迎国庆讲文明树新风礼仪知识竞赛”活动，并获冠军。

（郭世卿）

【中央国家机关开展首都城乡共建工作会在房山区召开】 12月23日，长阳镇政府，长阳镇公议庄、保合庄等10个村，长阳镇中心幼儿园、长阳双语碧波幼儿园，钓鱼台国宾馆，文化部机关，国家税务总局机关等28个单位代表在北方温泉会议中心签署“共建协议书”，建立城区与郊区、城市资源与农村资源优化配置、共建共享的良性机制。中央国家机关精神文明建设协调领导小组副组长、国务院机关事务管理局司长李黎，中央国家机关精神文明建设协调领导小组副组长兼办公室主任、中央国家机关事务管理局副司长陈占国，首都文明办副主任马润海，区委常委、宣传部部长赵佳琛出席签约仪式。

（郭世卿）

附：

大石窝镇被评为首都未成年人思想道德建设工作先进集体

（颁奖单位：首都精神文明建设委员会；颁奖时间：2009年3月）

北京房建建筑股份有限公司获2008年度首都文明单位标兵十连冠

北京韩建集团有限公司被评为城乡携手迎奥运共建文明京郊行先进单位

房山工商分局被评为首都文明建设标兵

（颁奖单位：首都精神文明建设委员会；颁奖时间：2009年4月）

2008年度首都文明街道

燕山东风街道、燕山迎风街道、燕山星城街道、城关街道、拱辰街道、西潞街道

2008年度首都文明社区

燕山星城街道健德一里社区、燕山星城街道健德三里社区、西潞街道苏庄二里社区、拱辰街道北京电力设备总厂社区、拱辰街道送变电公司社区、西潞街道夏庄社区、燕山东风街道羊耳峪里第一社区、燕山迎风街道六里社区、燕山迎风街道高家坡社区、城关街道煤矿机械厂社区、城关街道永安西里社区、城关街道北京输油公司社区、城关街道万宁桥社区、城关街道北里社区、新镇街道中国原子能科学研究院社区、阎村镇房山桥梁厂社区、长沟镇西厢苑社区、拱辰街道鸿顺园社区、城关街道永兴达社区、城关街道城北社区、燕山迎风街道杰辉苑社区、青龙湖镇京煤化工厂社区、窦店镇金鑫苑社区、燕山东风街道羊耳峪里第二社区、拱辰街道宜春里社区、城关街道北街社区、星城街道健德四里社区、燕山向阳街道迎风一里社区、城关街道南里社区、拱辰街道文化路社区、西潞街道北潞园社区

2008年度首都文明乡镇

长沟镇、阎村镇、十渡镇、长阳镇、窦店镇、南窖乡、良乡镇、张坊镇

2008年度首都文明村

史家营乡金鸡台村、拱辰街道梅花庄村、城关街道南街村、城关街道南关村、城关街道马各庄村、窦店镇板桥村、十渡镇西庄村、霞云岭乡四马台村、河北镇半壁店村、大安山乡宝地洼村、大石窝镇南河村、南窖乡中窖村、阎村镇张庄村、琉璃河镇平各庄村、河北镇他窖村、佛子庄乡西安村、南窖乡三合村、窦店镇窦店村、石楼镇坨头村、长阳镇夏场村、大安山乡寺尚村、琉璃河镇西地村、阎村镇二合庄村、蒲洼乡议和村、霞云岭乡庄户台村、长沟镇太和庄村、城关街道瓜市村、南窖乡花港村、大石窝镇水头村、史家营乡莲花庵村、长阳镇西场村、韩村河镇韩村河村、阎村镇大十三里村、青龙湖镇庙耳岗村、西潞街道南尚岗村、城关街道顾

册村、良乡镇后石羊村、长阳镇高岭村、琉璃河镇北洛村、窦店镇河口村、周口店镇车厂村、青龙湖镇常乐寺村、长沟镇西长沟村、石楼镇双柳树村、韩村河镇赵各庄村、十渡镇九渡村、霞云岭乡堂上村、阎村镇小紫草坞村

2008年度首都文明单位标兵

房山区光荣院、房山区良乡第二小学、北京中铁房山桥梁有限公司、北京房建建筑股份有限公司、北京商贸有限公司房山商业大楼、北京韩建集团有限公司、房山区地方税务局机关、房山区人民法院机关、房山区邮政局机关、房山区房山中学、房山区良乡第二中学、北京龙建集体有限公司、房山区广播电视中心、房山区中医医院、北京市房山区农业科学研究所、北京电力公司房山供电公司、房山区国家税务局机关、北京市工商行政管理局房山分局机关、房山区劳动和社会保障局机关

2008年度首都文明单位

北京房山双山水泥集团、北京功德福餐饮有限公司、北京市房山燕顺实业有限责任公司、房山区水务局机关、房山区人民法院河北人民法庭、北京市地方税务局燕山分局机关、北京市公安局房山分局十渡派出所、中国石油天然气管道局北京输油气公司、房山区阎村镇中心卫生院、北京崇民防伪印刷集团、北京市房山华冠商贸有限公司、中国联合网络通信有限公司北京市房山区分公司、北京市路政局房山分局机关、北京师范大学良乡附属中学、房山区财政局机关、房山区第一医院、北京市自来水集团良泉水业有限公司、房山区良乡小学、北京市公安局燕山分局机关、北京北一良工机械有限公司、北京市公安局房山分局韩村河派出所、房山区良乡园林管理所、房山区房山城关第二小学、房山区气象局机关、房山区林业局机关、北京市燕山向阳小学、北京市公安局房山分局机关、北京药品监督管理局房山分局机关、房山区燃气开发中心、房山区统计局机关、北京燕山华龙建筑工程有限公司、北京良乡盛通家居广场市场有限公司、房山区民政局机关、北京碧鑫水务有限公司、房山区交道中学、房山区市政管理委员会机关、房山区农业工作委员会机关、北京市国土资源局房山分局机关、房山区燕山教育委员会机关、房山区司法局机关、北京市房山城建集团有限公司、房山区交通局机关、房山区体育局机关、北京良乡经济开发区实业总公司、房山区文化委员会机关、房山区人民政府信访办公室、房山区燕山前进第二小学、房山区河北中心卫生院

2008年度首都文明旅游景区

十渡、云居寺、石花洞、周口店北京人遗址、圣莲山风景区、韩村河景村、仙栖洞、上方山国家森林公园、青龙湖游乐园、银狐洞、西周燕都遗址博物馆、霞云岭乡白草畔、没有共产党就没有新中国纪念馆

房山区长阳体育公园地区被评为2008年度首都创建公共文明示范地区工作先进地区

房山区文明办被评为首都未成年人思想德道建设先进集体

（颁奖单位：首都精神文明建设委员会；颁奖时间：2009年6月）

房山区获首都“迎国庆讲文明树新风”活动优秀组织奖

首都“迎国庆讲文明树新风”活动先进单位

房山区委办公室、房山区人民政府办公室、房山区委组织部、房山区委宣传部、房山区委政法委、房山区区委区直机关工委、房山区市政管委政工科、房山区文化委、房山区教委、共青团房山区委员会、房山区财政局、房山区交通局、房山区旅游局、房山区卫生局、房山区国税局、房山公安分局、房山交通支队、房山区广播电视中心、北京理工大学房山分校、北京华冠商贸有限公司、房山

区燕山工委、拱辰街道、西潞街道、城关街道、长阳镇、良乡镇、阎村镇、青龙湖镇、窦店镇、南窖乡

首都“迎国庆讲文明树新风”活动先进个人

范贵生、唐荣、李春晖、孙根生、郭世卿、宋涛、张春秀、陈艳军、韩晓明、郭云彪、刘百新、宋辉、郭磊、郭秀妍、赵大栓、田洪涛、孔红新、程卓、谢秋利、吴新会、殷虎、王永华、井顺、许世岭、王怀智、李华瑞、王冲、李淑芹、李清梅、张广明、王大宝、赵桂梅、隗建华、刘晓宏、王芳、马建民、郭秀梅、刘凤霞、刘建、杜金松、张国庆、张鹏、刘文军、石文迎、刘宝忠、周海洋、石宝军、张连仲、王建国、王长存、魏建青、蔡晓文、王红英、张春霞、董凤山、王志强、闫伟群、黄荣英、穆建山、刘宝宗

（颁奖单位：首都精神文明建设委员会；颁奖时间：2009年11月）

房山区文明办获首都农村群众精神文明创建活动成果征文活动优秀组织奖

（颁奖单位：首都精神文明建设委员会；颁奖时间：2009年12月）

刘丽杰获首都未成年人思想道德建设工作先进个人称号

（颁奖单位：首都精神文明建设委员会；颁奖时间：2009年3月）

安玉栋获2008年度首都“城乡携手迎奥运 共建文明京郊行”活动先进个人称号

（颁奖单位：首都精神文明建设委员会；颁奖时间：2009年4月）

郝雪霏、李宵被评为“迎国庆讲文明树新风”文明礼仪知识电视竞赛先进个人

（颁奖单位：首都精神文明建设委员会；颁奖时间：2009年8月）

政法　综合治理

【概况】 2009年，区委政法委紧紧围绕“保增长、保民生、保稳定”的工作大局和房山区“三化两区”总体思路，以维稳服务经济建设为中心，积极履行政法职能，全面推进“平安房山”建设，以“严打”整治斗争为重点，全力维护社会稳定，以严格执法加强队伍建设为保证，全面开展各项政法工作，为全区经济和社会事业快速发展提供了有效的司法保障。圆满完成了春节、两会、“五一”、新中国成立60周年庆祝活动等重大安全保卫任务。国庆期间每天全区投入各种专兼职安保力量5.4万人，全部实行实名制；实施“护城河工程”，适时启动57个治安查堵站点，筑起了首都西南维护安全的铁壁铜墙；保持严打整治高压态势，公安部门破案1503起，同比上升7.3%，20起命案全部侦破，打掉各类犯罪团伙109个，刑事拘留1116人，抓获网上逃犯172人；及时侦破针对维吾尔族人员的寻衅滋事和群众游行车辆被砸等案件，把影响降到最低程度，实现大、小事不出的目标。化解矛盾纠纷。开展5次矛盾纠纷和重点人的集中排查化解活动，其中区级重点矛盾纠纷49件，重点个体访100件，全部实行领导包案。化解南水北调丁家洼等村的历史遗留和琉璃河镇务滋村及西潞街道东沿村等占地补偿、城关街道顾册市场搬迁改造、石楼镇石楼村天合嘉园延期交房、韩村河镇小次洛村砖厂占地、窦店镇腾龙家园一房多卖等涉及人数多、社会影响大的群体性矛盾。化解13起涉法涉诉信访案件，有效稳控一批重点群体性不稳定因素。对一些疑难问题，通过召开案件协调会等，在第一时间加以协调解决，解决宜货城100余名商户因租金问题与管理方对峙、凯捷丰客运公司40路公交车交通事故问题等。服务“三化两区”取得新成效。政法各部门发

挥法制宣传、法律服务、法律援助、犯罪预防等职能作用，通过派员定期参加项目调度例会、组建重大项目法律咨询服务团、建立涉及重大项目案件审理绿色通道等形式，为重大工程的实施及企业改革改制提供法律服务和保护。动员政法部门全力依法服务拆迁工作，依法维护拆迁群众的利益，依法打击各类涉及拆迁的违法犯罪活动，有效预防和化解了一大批由拆迁引发的矛盾纠纷，维护了拆迁秩序，促进了拆迁顺利进行，保障了重点工程的顺利开展。政法队伍建设迈出新步伐。深入开展“听呼声、走百家、送服务”执法为民活动，共走访群众10万余户，帮助群众及企业单位解决实际困难1736件。房山公安分局推出的《入户走访工作之怎么办》被公安部转发全国各地公安机关学习借鉴，北潞园派出所入户走访做法在全市执法为民经验交流会上介绍，推选一批先进典型。

（王怀建）

【召开平安建设工作会议】 1月9日，在区政府东二楼召开2009年平安建设工作会议，总结了2008年“平安奥运行动”工作，对2009年平安建设工作进行全面动员和部署，表彰2008年度综治工作的各类先进单位和个人；区委、区政府、区综治委与综治委成员单位和各乡镇街道签订2009年“推进‘平安房山’建设 加强社会治安综合治理责任书”。制定《关于深入开展“平安房山”创建工作的意见》，关于深入开展平安乡镇、平安村、平安社区、平安单位、平安医院、平安校园、平安商（市）场、平安旅游景区、平安畅通大道、平安家庭等创建活动的实施意见。

（王怀建）

【集中清理积案动员部署会】 1月13日，区委政法委在区法院召开集中清理积案动员部署会，贯彻落实中央政法委、市委政法委关于集中清理执行积案活动的会议精神，部署全区开展集中清理执行积案活动。

（王怀建）

【政法工作研讨会】 1月14日，在北方温泉会议中心召开2009年政法工作研讨会，总结2008年的工作，研讨2009年的思路。围绕全区社会稳定和国庆平安目标，对社会稳定形势及影响社会稳定的隐患问题进行分析，提出国庆平安工作部署实施方案及相应对策。区委政法委委员参加会议。

（王怀建）

【开展全区流动人口和出租房屋基础调查】 2月1日至5月31日，区流管办会同相关职能部门在全区范围开展流动人口和出租房屋基础调查活动，进一步摸清了流动人口和出租房屋底数。

（王怀建）

【化解“碧溪欠薪上访案”】 历经3年，在市委政法委、市维稳办的支持下，区委政法委为解决“碧溪欠薪上访案”共协调资金2182.35万元，为顺利化解“碧溪欠薪上访案”提供了有力保障。截至3月6日，欠薪员工的工资发放工作全部结束。

（王怀建）

【召开政法系统“保增长、保民生、保稳定”工作会议】 4月7日，在区政府东二楼报告厅召开全区政法系统“保增长、保民生、保稳定”工作会议，动员全区政法系统深入贯彻落实科学发展观，紧紧围绕“加快我区城市化、工业化、现代化进程，建设产业友好，生态宜居新房山”主题，密切关注房山区经济社会环境的新情况、新变化，把“保增长、保民生、保稳定”与政法工作有机结合起来，充分运用奥运安保成功经验，为推动经济平稳较快发展和维护社会和谐稳定提供有力的司法保障和优质的法律服务。

（王怀建）

【开展“听呼声、走百家、送服务”活动】 自4月至12月底，根据市委政法委要求开展“听呼声、走百家、送服务”活动，房山区长沟法庭、北潞园派出所、长阳派出所被确定为第一批基层联系点，北潞园派出所作为北京市公安局的先进典型在市委政法委组织的经验交流会上作典型发言，其先进工作方法被《北京政法信息》刊登。

（王怀建）

【公开招考流动人口和出租房屋管理员】 5月4日和9月3日，区流管办分别在北潞园学校和区流管办会议室举行管理员公开招聘考试，经过笔试、面试、体检、政审等环节，有193名考生被录用为流动人口和出租房屋管理员。

（王怀建）

【召开国庆安保联席会】 5月21日，在区委434会议室召开房山、涞水、涿州三地国庆安保联席会议，三地政法委书记和交界地派出所所长参加会议。交流了安保工作的经验，分析了存在的问题和不足，就联手做好护城河工程、确保国庆平安制定了具体措施。

（王怀建）

【召开维护稳定工作会】 5月22日，房山区召开维护稳定工作会。区委常委、政法委书记刘欣国传达了北京市维护稳定工作会议精神，通报了全区维护稳定工作面临的形势，安排部署下一步维稳工作。会议指出：要充分认识全区当前维稳工作面临的严峻形势，要扎实做好全区维稳工作，要统筹处理好维护稳定和加快发展的关系，不断巩固和谐稳定的良好局面，确保全区经济平稳较快发展。

（王怀建）

【召开“国庆平安行动”动员部署大会】 6月18日，在区政府东二楼召开房山区“国庆平安行动”动员部署大会。区委书记刘伟，区人大常委会主任郭先英等领导出席会议。区委常委、政法委书记刘欣国对“国庆平安行动”进行了部署。房山公安分局、区国资委、城关街道、拱辰街道作表态发言。

（王怀建）

【开展亿霖木业案件登记工作】 6月底，根据市委政法委工作安排，设立专案工作站，由区维稳办协同区林业等部门，专人负责开展亿霖木业案件登记工作，累计登记录入252件，211人，涉案金额1655万元。

（王怀建）

【检查房地产经纪机构】 8月17日至26日，区流管办配合区建委对城关街道、拱辰街道、西潞街道和窦店镇的房地产经纪机构进行专项检查。

（王怀建）

【开展第六届北京市“人民满意的政法干警（单位）”评选活动】 8月至12月，区委政法委组织全区各单位参与第六届北京市“人民满意的政法干警（单位）”活动的评选。房山区法院助理法官厉莉、房山交通支队民警蔡建华、燕山公安分局社区民警包文元被授予“人民满意的政法干警”称号。北潞园派出所、房山区检察院、长阳司法所被授予“人民满意的政法单位”称号，其中房山区法院助理法官厉莉被授予“人民满意的政法干警”标兵称号、北潞园派出所被授予“人民满意的政法单位”标兵称号。

（王怀建）

【召开迎接新中国成立60周年动员誓师大会】 9月14日，房山区召开“迎接中华人民共和国成立60周年动员誓师大会”，区委书记刘伟，区委副书记、区长祁红，区人大常委会主任郭先英，区政协主席范文彦等领导出席动员会，并向参加国庆游行方队、联欢晚会代表、乡镇治安志愿者分会代表和巡防队代表授旗。大会预示着房山区参与国庆各项庆典活动和服务保障工作进入决战阶段。会议指出：要提高认识，切实增强荣誉感、责任感和使命感，要振奋精神、再接再厉，扎实做好国庆活动筹备任务和国庆安保工作，要加强组织领导，确保圆满完成国庆活动筹备任务和国庆安保工作，全区5万多名共产党员要充分发挥先锋模范作用，全力以赴，以优异成绩向新中国成立60周年献礼。

（王怀建）

【成立综合协调委员会】 9月20日，区综治委决定成立科技创安综合协调委员会，其办公室设立在房山公安分局。9月28日，成立学校及周边治安综合治理工作协调委员会，其办公室设立在区教委。

（王怀建）

【化解涉法涉诉信访案件】 自4月始，区委政法委积极组织相关部门，梳理各类上访案件，于9月底将中央交办的13件涉法涉诉信访案件全部按时化解。同时对市维稳办督办24件群体性不稳定因素化解13件。完成了全区政法各部门排查出重点涉法涉诉信访案件54件全部化解工作。

（王怀建）

【完成新中国成立60周年庆祝活动安保工作】 9月18日至10月8日，全区治安秩序良好，社会稳定，无重大影响社会稳定的突出问题发生。期间，全区社会面执行一级超常防控等级，共出动公安民警33481人次；出动群防群治力量783230人次，其中，专业巡防队54600人次，治安志愿者591323人次，民兵15143人次，其他122164人次。协同工商、城管部门共同执法，治安查堵点共检查车辆441753辆次，盘查人员740582人次，劝返车辆646辆次。

（王怀建）

【召开国庆60周年安保工作表彰会】 10月30日，房山区召开国庆60周年安保工作总结表彰大会，总结国庆安保工作的成功经验，表彰获得荣誉的先进单位和个人，把国庆安保工作形成的好经验、好做法转化为维护全区稳定、加快“三化两区”建设的新动力。市委社会工委委员、市社会办副主任、市委督查组组长赵小卫，区人大常委会主任郭先英，区政协主席范文彦等领导出席。会议宣读了国庆60周年房山区安全保卫分指挥部、房山区“国庆平安行动”指挥协调小组《关于表彰新中国成立60周年安全保卫工作先进集体和先进个人的决定》，为国庆安保工作先进单位、先进集体、先进个人代表颁发了奖牌，房山公安分局、房山工商分局、西潞街道、周口店镇四个获奖单位代表作典型发言。区委常委、政法委书记刘欣国总结国庆安保工作并安排了下一步维稳工作任务。

（王怀建）

【清理参与非法开采行为的外来务工人员】 11月8日至12月24日，区流管办协同公安、工商、城管等职能部门，对史家营地区参与非法开采行为的外来务工人员进行清理，共计劝返外来非法务工人员7000多人。

（王怀建）

【建立流动人口法制宣传教育培训基地】 11月27日，区流管办在西潞街道安庄村举行流动人口法制宣传教育培训基地成立揭牌仪式，法制宣传教育培训基地将不定期地对流动人口集中开展宣传教育培训。

（王怀建）

【开展乡镇（街道）2009年度流管工作考核】 12月11日至12月17日，区流管办组织区住建委、公安、工商、计生、卫生、司法、地税、城管等职能部门，对房山区24个乡镇、街道的2009年流动人口和出租房屋服务管理工作的开展情况进行了考核验收。

（王怀建）

【为15个社区（村）安装技防设施】 12月下旬，区综治办为全区15个社区（村）安装技防设施，并全部投入使用。15个社区（村）分别是：十渡村、白庄村、西白岱村、朱岗子村、夏场村、小苑上村、车厂村、篓子水村、小营村、后石羊村、罗府家园、西潞东里社区、苏庄一里社区、詹庄村、双柳树村。

（王怀建）

附：

房山区被评为首都国庆60周年群众联欢晚会先进集体

（颁奖单位：中共北京市委员会、北京市人民政府、首都国庆60周年北京市筹备委员会联欢指挥部；颁奖时间：2009年10月）

房山区委政法委被评为首都国庆60周年群众游行“艰苦创业”方阵服务保障先进单位

（颁奖单位：首都国庆60周年群众游行“艰苦创业”方阵指挥部；颁奖时间：2009年10月）

北京市国庆安保工作先进集体

房山区委政法委、房山区委组织部、区综治办、区流管办、房山区委区政府信访办、北京市工商局房山分局、房山区城管监察大队、北京市公安局房山分局交通支队、北京市公安局房山分局人口管理处、房山区人民法院窦店法庭、房山区燕山办事处、房山区城关街道、房山区拱辰街道、房山区长阳镇、房山区石楼镇、房山区琉璃河镇、房山区青龙湖镇综治办（流管办）、房山区西潞街道北潞园社区、房山区良乡镇张谢村、房山区河北镇东港村、房山区周口店镇周口村、房山区阎村镇、房山区窦店镇、房山区大石窝镇、房山区十渡镇、房山区史家营乡

北京市国庆安保工作先进个人

游来清、韩士军、杨四奇、吴明新、晋青海、王怀建、孔令红、安海民、孟凡伟、王立平、杨　巍、隗有清、李劲松、江　涛、李春晖、张进海、刘立钦、刘守祥、魏学庆、李宝泉、付建华、侯振海、石向红、李泽田、刘新宇、张桂敏、张凯军、倪　旺、郭尽辉、杨兆宇、王树民、潘　康、白秀国、杨进宇、李桂霞、高建中、白志强、李大勇、王　波、隗合义、刘近伏、张天更、孙建国、何福文、魏春水、王海涛、张小飞、刘福生、钱　宁、胡建华、琚云鹏、孙晓东、赵连合、任全启、李　岩、王秀军、史天刚、梁　才、崔旭东、王学权、尹建全、佟　威、王　蕾、勾鸿武、米玉英

（颁奖单位：首都国庆60周年北京市筹备委员会社会治安与安全警卫指挥部、北京市“国庆平安行动”指挥协调小组；颁奖单位：2009年10月）

阎村镇、长沟镇获首都国庆60周年联欢晚会工作突出贡献奖

（颁奖单位：首都国庆60周年北京市筹备委员会联欢指挥部；颁奖时间：2009年10月）

唐淑荣、李进伟被评为首都国庆60周年新闻宣传先进个人

（颁奖单位：中共北京市委宣传部、首都国庆60周年新闻宣传指挥部；颁奖时间：2009年10月）

孟庆国、宋涛被评为首都国庆60周年群众游行优秀工作者

（颁奖单位：首都国庆60周年北京市筹备委员会游园指挥部；颁奖时间：2009年10月）

邓思博、李立新被评为首都庆祝中华人民共和国成立60周年城市花卉布置先进个人

（颁奖单位：首都国庆60周年北京市筹备委员会游园指挥部；颁奖时间：2009年10月）

李进伟获首都国庆60周年北京市新闻宣传工作突出贡献奖

（颁奖单位：中共北京市委宣传部、首都国庆60周年新闻宣传指挥部；颁奖时间：2009年10月）

机关党建工作

【概况】　2009年，区直机关工委全面贯彻学习中共十七大、十七届三中全会、市委十

届五次全会和区委六届七次全会精神，以“围绕中心抓党建，抓好党建保增长”为主题，以提高“引领发展、服务发展”的能力和水平为目标，以开展深入学习实践科学发展观活动为主线，以“效能机关、效率科室”创建活动为载体，以改革创新的精神全面加强机关建设，围绕“保增长、保民生、保稳定”中心工作，开拓思路，积极作为，在提高党员干部素质、提升机关工作效率、加强基层组织建设、促进各项工作上下工夫，为大幅度超额完成全年经济任务和建设富裕、靓丽、文明、和谐的现代化新区提供了坚强的思想和组织保证，开创了区直机关党建工作的崭新局面。组织协助市直机关工委抓好联系村——张坊镇大峪沟村、下寺村和十渡镇北石门村工作。以“效能机关”创建为突破口，认真开展了学习实践科学发展观活动。在党的建设上，注重抓组织，加强党员队伍的教育和管理，党员队伍的凝聚力和战斗力不断增强。在文化品牌建设上，以打造文化品牌建设为目的，增强了区直机关的凝聚力和战斗力。抓教育，立足于反腐倡廉，机关党风廉政建设进一步加强。在廉政建设上，广泛开展了廉政建设活动，制定党风廉政建设及反腐败工作计划，签订了2009年党风廉政建设及反腐败工作责任书，完成了党政干部2008年重大事件报告制度。制定下发了廉政风险防范管理实施方案，完成清理工委系统评比达标表彰活动，实现评比达标表彰活动大幅减少、保留项目发挥积极作用、基层企业群众负担明显减轻的目标，推动了机关工作作风的改进。

（王占荣）

【举行迎新春团拜会】 1月13日，区直机关工委系统举行迎新春团拜会。区委副书记苗立峰，区委常委、宣传部部长唐淑荣等领导与区四大部门离退休老领导，区直机关工委委员，区直机关工委系统党政正职、主管副职，优秀党员、先进工作者、先进基层党组织代表300余人共庆新春。区直机关工委委员给大家集体拜年，区直机关工委书记赵磊明致新春祝词，区委常委赵佳琛讲话。

（王占荣）

【深入学习实践科学发展观】 3月27日，区直机关工委在区政府东二楼召开了深入学习实践科学发展观，切实加强机关党的建设工作会。区直机关工委书记赵磊明作题为《以深入学习实践科学发展观为主线，以保增长为核心，全面开创区直机关党建工作新局面》的报告，全面总结2008年区直机关党的建设工作，部署2009年区直机关党的建设任务。区委副书记苗立峰、区委常委赵佳琛出席会议并讲话。区直机关工委副书记、工委委员、区直机关纪工委副书记、纪工委委员、区直机关工会主席、工会委员、工委系统各区直单位专职党委（党组）书记、机关党委（总支、支部）书记、机关工会主席、机关团委（支部）书记、区直机关部分入党积极分子共180人参加会议。会上，区投资服务中心副主任、机关党支部书记王秀华、区规划分局纪检组长杨仲分别进行了交流发言。

（王占荣）

【召开学习实践科学发展观征求意见座谈会】 4月1日，区直机关工委召开学习实践科学发展观征求意见座谈会，工委系统部分单位的机关党委（总支、支部）书记参加座谈。区委常委赵佳琛，区委学习实践指导检查组第一小组领导及成员参加座谈会。

（王占荣）

【举办入党积极分子和预备党员培训班】 4月15日，在区会议中心举办预备党员和入党积极分子培训班，工委系统的80多名预备党员和220名入党积极分子参加培训。培训历时3天，区委常委赵佳琛作动员讲课。邀请区委组织部、市委党校、中国社科院世界经济与政治研究所等单位的领导、教授和研究员授课。培训内容涉及党史、深入学习实践科学发展观、世界金融危机的发展趋势对中国经济的挑战与机遇等问题。授课结束后，通过分组讨论、集中交流、典型发言、自学、考试等多种方式增强培训的实效性，并进行结业考试。培训仪式上，125 名预备党员举行了新党员宣誓仪式。

（王占荣）

【举行“创效能机关保科学发展大家谈”】 4月22日，区直机关工委举行“创效能机关保科学发展大家谈”活动。区四大部门离退休老领导、区直机关和乡镇（村）及企业部分领导代表特邀参加，区委常委赵佳琛参加座谈。与会人员围绕区直机关在思想观念、工作作风、体制机制、工作效率等效能机关建设方面存在的影响全区科学发展的突出问题和主要症结展开讨论。

（王占荣）

【召开纪念“五四”暨 2009 机关青年“三保双争先锋”誓师大会】 4 月 27 日，区直机关团工委召开纪念“五四”暨 2009 机关青年“三保双争先锋”（保增长、保民生、保稳定，争当保增长先锋、争当保发展标兵）誓师大会。团区委、区直机关工委系统各单位主管领导、团支部书记、团支部委员和 2008 奥运会驾驶员志愿者参加。区委常委赵佳琛为区直机关青年“三保双争先锋”授旗。

（王占荣）

【区直单位篮球比赛】 5月15日，区直单位篮球比赛落下帷幕。比赛历时 12 天，共 56 场，共有区直单位的 25 个男子代表队和 2 个女子代表队参加比赛。区市政管委、区体育局获得男子组冠、亚军，区工业公司、区人事局、区发改委、区成教中心分列男子组第 3 至第 6 名。区卫生局、房山公安分局获得女子组冠、亚军。区工业公司、区市政管委、区人事局、区体育局、房山公安分局、区成教中心、区地税局、区财政局、区物流基地、区发改委、区建委、区卫生局被评为优秀组织奖。区委办、区政府办、区教委、区统计局、区环保局、区老龄办、房山工商分局、区劳动保障局、区安监局、区燃气中心、区交通局、区城管大队、房山公路分局被评为精神文明代表队。

（王占荣）

【博爱在京城捐款】 5 月，根据区政府 2009 年“博爱在京城”募捐救助活动的通知精神，工委在全系统发起以“博爱在京城——生命因你而感动、社会因你而和谐”为主题的募捐救助活动。截至 5 月中旬，共计捐款 26.28 万元。

（王占荣）

【纪念中国共产党成立 88 周年主题教育活动】 6月24日，区直机关工委在卢沟桥抗日战争纪念馆举办区直机关“党在我心中、科学促发展”——纪念中国共产党成立 88 周年主题教育活动，区委常委赵佳琛出席。举行集体宣誓仪式，区直机关工委书记赵磊明领誓，工委系统的 2009 年新发展的预备党员和部分老党员代表共 120 余人进行宣誓。

（王占荣）

【开展“共产党员献爱心”活动】 6月29日，区直机关开展“共产党员献爱心”捐献活动。区四大部门领导带头参加捐献活动，广大党员踊跃参加，共计捐款 60690 元。工委系统 3305 名党员、317 名积极分子和群众共计捐款 360840 元。

（王占荣）

【召开“践行科学发展、创建效能机关”经验交流会】 7月7日，区直机关工委召开“践行科学发展、创建效能机关”经验交流会。区委常委赵佳琛、北京市机关文化建设协会秘书长关金利和区委深入学习实践科学发展观活动第一指导检查组、区直机关工委领导，区直机关工委系统 75 个单位主管副职参加经验交流会。

（王占荣）

【召开“三进两促”活动现场会】　7月24日，市直机关在房山区召开“三进两促”（进农村、进社区、进企业，促发展、促和谐）活动现场会。市委常委、统战部部长牛有成，市直机关工委常务副书记夏尚武，区委书记刘伟，区委副书记、区长祁红，区委常委赵佳琛，副区长王忠海出席会议。会上，财政部驻北京专员办、张坊镇作典型发言，夏尚武介绍了开展“三进两促”活动开展情况，并对下一步工作提出要求。

（王占荣）

【区直机关青年军校二期开营】　7月28日，区直机关70余名团干部和青年团员在66116部队参加青年军校第二期的开营仪式。全体营员参观了部队文化建设，开展了队列训练，体验了部队的军事装备。区委常委、人武部部长王锁群，区委常委赵佳琛，区直机关工委领导出席仪式并到部队开展慰问活动，送去慰问金、文体器材等物品。

（王占荣）

【举行篮球邀请赛】　8月13日，“北京市区（县）直属机关篮球赛暨‘良乡高教园区杯’篮球邀请赛”在北京理工大学良乡校区拉开帷幕。篮球比赛由北京市机关文化建设协会和房山区委区直机关工委共同主办，房山区高教园区管委会和北京理工大学共同承办。市直机关、各区（县）直机关以及驻房山区高校、国有企业等共18支代表队参加比赛。比赛分市区（县）直机关代表队和驻区高校、国有企业代表队两个组别，采取分组循环、交叉淘汰和决赛的赛制进行。

（王占荣）

【机关文化建设工作会】　9月15日，区直机关召开机关文化建设工作会，总结推广近年来加强机关文化建设的经验。会上观看了区直机关文化建设成果专题片《激扬的旋律》。区委宣传部、区直机关工委共同制定《关于加强机关文化建设的指导意见》，区委常委、宣传部部长唐淑荣要求区直机关各单位要加强学习，提高干部综合素质；要创建平台，搭建机关文化建设的载体；要建立健全制度，为机关文化建设提供有效的组织保障。要继承和发扬优秀的传统文化，为加快推进“三化两区”建设创造良好的人文环境。

（王占荣）

【组织参加国庆60周年群众游行】　6月，根据区群众游行总指挥部要求，区直机关工委组织房山第二职业高中、房山社区服务与管理职业学校200余名师生组成“艰苦创业”方阵区直机关工委大队，参加国庆60周年群众游行活动。经过近3个月的刻苦训练，高质量地完成了任务，被区直机关工委大队授予“优秀中队”称号。区直机关工委被区指挥部评为首都国庆60周年群众游行“艰苦创业”方阵服务保障先进单位。

（王占荣）

【组织国庆安全保卫工作】　10月，区直机关工委在国庆烟火燃放安保工作中，组织84个单位3400名安保“红袖标”，对17个路口进行管控，确保了烟火燃放的顺利进行。

（王占荣）

【做好百村帮扶工作】　10月16日，举行窦店镇陈家房村文化大院暨社区卫生服务站揭牌仪式。区人大常委会主任郭先英、区政协副主席高维魁及相关部门领导出席仪式。区直机关工委和北京九洲鸿运实业有限公司共同帮扶窦店镇陈家房村，使该村发展了8栋日光温室，解决40余名劳动力的就业问题。区直机关工委为该村文化大院配齐内部设施。

（王占荣）

【召开区直机关工委工会代表选举大会】
10月30日，区直机关工委工会召开代表会议，选举工委系统出席区工会第五次代表大会代表。共有70名代表参加，会上审议通过《选举出席区工会第五次代表大会代表选举办法（草案）》和候选人名单，从22名候选人中选举产生20名代表。区直机关工委工会主席魏泽国主持会议。

（王占荣）

【召开“法律进机关”示范单位现场会】 12月3日，区直机关工委在房山工商分局召开了房山区“法律进机关”示范单位现场会。会上总结近年来区直机关在加强普法宣传，增强机关法律意识，提高机关依法行政能力所取得的成绩，并通报表彰10个“法律进机关”示范单位。房山工商分局、房山药监分局等单位介绍近年在普法教育和“法律进机关”工作上的经验。北京市司法局副巡视员吴军，区委常委、政法委书记刘欣国，区委常委赵佳琛参加现场会，并参观了区直机关“法律进机关”活动成果展和房山工商分局的数字化学法平台。

（王占荣）

老干部工作

【概况】 2009年，房山区委老干部局根据中组部《关于进一步加强新形势下离退休干部工作的意见》、北京市第22次老干部座谈会等文件精神，结合“三化两区”建设战略构想，不断创新工作思路，完善工作措施，积极推进“二三四一一”工程，即：全面加强离退休干部“两项建设”，抓好“三个机制”巩固完善，加大“四就近”服务力度，落实《老干部工作领导责任制》，打造一支高素质的干部队伍，有力推进了老干部工作的创新发展。一是凝聚思想，创建带动，离退休干部“两项建设”实现新突破。坚持用中国特色社会主义理论武装老干部头脑，保持老干部“政治坚定、思想常新、理想永存”。形势政策宣讲力度进一步加大，老干部思想政治建设显著加强。结合开展深入学习实践科学发展观活动，利用老干部党校、老干部大学及老干部党校社区课堂、学习小组等学习教育阵地，加强对老干部的中国特色社会主义理论体系教育。聘请中央党校、国家行政学院的专家、学者，讲授“科学发展观理论、金融危机的产生根源”等老同志关心关注的热点问题，通过播放光盘、收看电视新闻等形式，向老同志传达贯彻全国两会、市第22次老干部座谈会和区两会精神。开展多项文体活动，为老干部提供多项培训服务。全年举办形势报告会6场，党校学习班2期，社区课堂及小组学习48次，知识讲座24场，培训班100多场次，参与活动的老干部达到2000多人次。开展“颂祖国促发展，倡和谐乐晚年”主题实践活动。结合学习实践科学发展观活动和纪念中国共产党成立88周年、新中国成立60周年，组织老干部开展“颂祖国促发展，倡和谐乐晚年”主题实践系列活动，内容包括：迎新春联欢会、“永远跟党走”文艺演出、《建设“三化两区”服务科学发展》主题演讲、党建知识竞赛等。广大老干部充分发挥自身优势，积极投身学习实践科学发展观活动，为全区经济社会发展献智献力，积极参与和谐社区建设，带头在维护社区公共卫生环境、治安巡防、调解邻里纠纷、开展革命传统教育、关心教育下一代等方面发挥了积极作用。积极推进“五好支部”创建工作。认真贯彻市委组织部《关于进一步加强全市离退休干部党支部建设的意见》，离退休干部党支部建设基本实现“支部班子好、党员队伍好、组织设置好、活动开展好、群众反映好”。二是领导重视，责任到位，老干部政治和生活待遇落到实处。坚持走访慰问老干部工作制度和领导干部联系老干部制度。坚持老干部阅读文件、听报告等。按中央、市委有关文件要求，完成离休干部住房、医疗补贴、部分提高医疗待遇等项工作。三是服务规范，标准提升，社区“四就近”服务工作力度不断加大。服务标准、工作制度得到进一步规范和完善。重点完善老干部党校社区课堂学习管理制度和措施。老干部社区服务活动丰富多彩。认真开展老干部社区健身趣味运动会、老干部集体生日会等品牌服务。强化夕阳情志愿者队伍建设，健全社区服务网络，创新服务方式，不断推陈出新，突出特色服务，服务水平进一步提升。四是《老干部工作领导责任制》得到有效落实。通过单位自查、听取汇报、座谈交流、征求老干部意见等形式，对各单位老干部工作情况进行督促检查，促进了责任制的有效落实。老干部对“两项待遇”的落实情况表示满意，全年没有信访。五是以人为本，科学发展，老干部工作队伍建设得到有效加强。学习实践科学发展观及“讲党性、重品行、作表率”活动深入开展。干部队伍能力建设进一步加强。全年举办各类培训班 4 次。组织老干部工作者开展纪念中国共产党成立 88 周年综合知识竞赛、迎国庆健身登山比赛等活动，形成了较强的工作合力。调查研究工作深入开展。在学习实践科学发展观活动中，领导干部带头，积极深入社区、农村、企业和老干部家中，开展专题性调研，积极推动成果转化，为领导决策提供了依据。

（梁会金 李辉）

【长阳镇离休干部党支部创建工作】 2009 年，长阳镇党委以创建“五好“离退休干部党支部为契机，改善离退休干部党支部学习活动环境，把离退休干部党支部设在长阳体育公园内，景色秀丽、空气新鲜、出行方便，活动丰富，架起了基层老干部党员与党组织的“连心桥”，深受老干部党员的欢迎。

（梁会金 李辉）

【完成离休干部体检】 根据区委、区政府关于每年组织老干部进行一次身体检查的要求，结合老干部群体身体状况和高龄期、高发病期的特点，联系房山、良乡两家医院，全面做好老干部身体检查的各项服务工作，到 6 月 12 日，全区有 188 名老干部参加全面身体检查。检查项目包括：内科、生化项目、癌症筛查、腹部 B 超、眼底 6 个大项共计 19 个单项检查，老干部总体上身体健康状况较好，没有新发恶性肿瘤、急特重病等恶性病例。

（梁会金 李辉）

【完成企业老干部经费核拨】 为解决困难企业离休干部经费短缺问题，区财政局和区委老干部局密切合作，全年核拨老干部各项经费 63 万余元，为 11 名去世老干部核定抚恤金 55 万余元，起到了为老干部解决实际问题，支持企业发展、减轻企业负担的目的。

（梁会金 李辉）

【完成走访慰问离休干部】 春节前夕，完成对全区生活困难或长期有病不能参加活动离休干部的走访慰问工作，为老干部解决实际问题。4 月，结合区委老干部局开展的“学习实践科学发展观”主题教育活动，对家住农村的 48 名老干部进行走访，为老干部送去学习资料、棉被等，与老干部座谈征求对老干部工作的意见、建议，了解各单位责任制落实的具体情况。9 月中旬，根据市区要求，结合新中国成立 60 周年，召开各单位老干部工作人员会，下发“新中国 60 周年纪念章及慰问信”，要求“十一”前各单位由领导带队对离休干部进行普遍走访慰问，并配合组织部，落实了区四大部门主要领导对有代表性的 24 户老干部的走访慰问。

（梁会金 李辉）

【完成处级退休干部统计】 为贯彻落实中组部《关于进一步加强新形势下离退休干部工作的意见》精神，切实做好全区党政机关副处级以上退休干部管理服务工作，区委老干部局对全区 100 多个处级单位正、副处级退休干部基本情况进行摸底调查。9 月底，经初步统计及组织核实，按干部管理权限划分，全区现有正处级退休干部 176 人，乡正职 10 人，副处级退休干部 614 人，涉及 85 个单位，制定了《关于加强我区退休干部管理的暂行办法》。

（梁会金　李辉）

【完成从事老干部工作 20 年以上的职工统计工作】 截至 12 月底，对全区从事老干部工作 20 年以上的职工进行统计，除区委老干部局外，有 10 个单位 15 名职工，达到了从事老干部工作 20 年以上的标准。

（梁会金　李辉）

【完成离休干部医疗补贴发放】 1 月 1 日，为离休干部发放养老医疗补贴。发放标准为：抗日战争时期参加革命离休干部每人每月补贴 500 元、解放战争时期参加革命离休干部每人每月补贴 300 元。全区共计发放离休干部养老医疗补贴近 137 万元，支付离休干部医药费 1700 多万元。

（梁会金　李辉）

【完成提高部分离休干部医疗待遇工作】 提高标准为：1937 年 7 月 6 日前参加革命工作、尚未享受副省（部）长级医疗待遇的离休干部，提高到享受副省（部）长级医疗待遇；1937 年 7 月 7 日至 1945 年 9 月 2 日参加革命工作、离休前为正司局级离休干部，提高到享受副省（部）长级医疗待遇；1937 年 7 月 7 日至 1945 年 9 月 2 日参加革命工作的县处级以下离休干部，提高到享受副司局级医疗待遇。全区共为 66 位抗日战争时期离休干部落实了副局级医疗待遇。

（梁会金　李辉）

【召开区情通报会】 7 月 31 日，区委老干部局召开区情通报会，区委书记刘伟出席会议并讲话，区委常委、副区长高言杰向全区四大部门老领导、老干部党支部书记及老干部学习活动骨干通报全区上半年经济和社会发展情况，区委常委、组织部部长张祝华主持会议。

（梁会金　李辉）

【社区“四就近”服务工作】 服务标准、工作制度得到进一步规范和完善。重点完善老干部党校社区课堂学习管理制度和措施，对学习时间、学习内容、工作人员职责要求做了进一步规范，做到了制度规范上墙、服务标准明确、活动经费到位、效果显著增强。监督检查指导力度加强，先后到城关北里、北关东路等社区进行检查指导，帮助社区查找差距、调整思路、找准了工作方向。“四就近”服务认识水平不断提升。编辑出版了《房山区老干部社区“四就近”服务工作经验交流材料汇编》。老干部社区活动丰富多彩，社区为老干部服务的氛围日益浓烈。开展了丰富多彩的活动，活跃了老同志的精神文化生活。实现了老干部日常学习有保障、重大节日有活动、生活困难有人帮、思想问题有人解。认真开展了老干部社区健身趣味运动会、老干部集体生日会、家政服务上门、夕阳情聊天会等品牌服务，强化了夕阳情志愿者队伍建设，健全了社区服务网络，创新服务方式不断推陈出新，特色服务异彩纷呈、服务水平得到进一步提高。在老干部集体生日会上，国家京剧院优秀青年演员表演了精彩的文艺节目。全年举办各种活动 56 场，参与活动的老干部达到 1500 多人次。

（梁会金　李辉）

【“五好支部”创建工作】 区委老干部局制定《关于在全区离退休干部党支部中开展“五好支部”创建活动实施方案》。在全国“双先”(全国离退休干部先进党支部、全国离退休干部先进个人)评比活动中，区工业总公司离休干部党支部被评为全国离退休干部先进党支部，并在全国离退休干部“双先”表彰会上受到表彰。区委办公室、燕山工委直属机关、区工业总公司 3 个离休干部党支部，被评为北京市先进离退休干部党支部。马向凤、王延臣、张明德 3 名老干部被评为北京市离退休干部先进个人，并在市第 23 次老干部座谈会上受到表彰。专题片《红旗支部行》在北京市离退休干部党支部建设暨“五好支部”（支部班子好、党员队伍好、组织设置好、活动开展好、群众反映好）创建活动工作交流会上播放，受到市委书记刘淇等领导的肯定。

（梁会金 李辉）

【西潞园社区“四就近”服务受老干部欢迎】 近年来，房山区西潞街道西潞园社区把老干部社区“四就近”服务工作与和谐社区建设密切结合起来，推进“四就近”服务六落实：一是组织落实，明确责任。成立了以社区党支部书记任组长的老干部工作领导小组，保障老干部工作具体落实。二是服务硬件落实，为老干部提供良好的学习活动场所。党支部在新办公楼内开辟了老干部活动场所，活跃大家的业余文化生活。三是制度落实，使工作有的放矢。党支部建立了“社区课堂”管理、节假日慰问、日常随访、住院探访等工作制度。坚持每季度组织学习一次，邀请老干部参加有关会议，并编印了《支部之窗》内部刊物，社区领导还坚持走访慰问有特殊困难或生病住院。四是服务活动落实，丰富老干部精神生活。党支部组织老干部开展演唱会、生日会、金婚庆典、参观新农村等丰富多彩、形式多样的活动。五是服务范围落实，把外埠离休干部纳入社区管理范畴。党支部将新疆、青海、黑龙江、中科院、核工业部等地区和单位的9名离休老干部纳入社区管理范畴，为他们登记造册，建立档案，让他们享受与房山区老干部的同等待遇。六是个性化服务落实，努力为老干部办实事办好事。每季度最少普遍走访接触老干部1次至2次，重点人每月1次，从2008年开始，给每位老干部订阅1份《房山报》，每人每月发放1张免费理发票。

（梁会金 李辉）

【老干部政治待遇落到实处】 区委、区政府一贯高度重视老干部工作，经常听取老干部工作汇报，及时召开老干部工作会，安排部署老干部工作。坚持走访慰问老干部工作制度和领导干部联系老干部制度。国庆节前夕，向全区350名新中国成立前参加革命的老干部颁发中华人民共和国成立60周年纪念章1枚、纪念杯1个，并进行了普遍走访慰问。对易地安置和长期在外区居住的离休干部进行了走访看望，向老干部通报全区经济社会发展情况。每年用区管党费为全区300多名离休干部每人订阅1份《房山报》。召开区级离退休老领导春节、中秋座谈会，区四大部门主要领导出席会议，向老干部祝贺节日，通报经济社会发展情况，征求意见建议。在春节、“十一”、重阳节前，全区统一安排慰问老干部工作，区四大部门及各单位领导分别带队慰问老干部、老党员、老工人和市级以上劳模，在全区开展学习实践科学发展观教育活动中，邀请部分老干部担任特邀监督员。

（梁会金 李辉）

统战工作

【概况】 2009年，区委统战部在区委的领导下，充分发挥职能作用，以强化基础工作为重点，突出统战工作为经济、政治、文化、社会建设服务的主题，进一步调动各界人士的积极性、主动性，在加强民主政治建设，维护社会稳定，促进区域经济发展方面取得了一定成效。加强各民主党派的培训和组织建设工作，举办学习中共十七届三中全会精神辅导报告会，组织民主党派全体成员参加房山区统战系统庆祝新中国成立60周年文艺演出。深入做好各民主党派组织发展等工作。协助民建房山支部、民盟市委、致公市委、农工市委发展新党员考察的有关工作。为贯彻落实《中共中央关于进一步加强中国共产党领导的多党合作和政治协商制度建设的意见》，走访部分民主党派主委所在单位，充分发挥各民主党派和无党派人士参政议政和民主监督作用，更广泛地联系各阶层群众。与农工、民进市委就副主委人员增选和换届的有关工作进行协商。在政治和生活上关心民主党派成员。为民主党派参与社会活动创造条件。组织“九三学社”北京市委联合九三学社中央书画院、“九三学社”北京市委书画研究会和九三房山支社，于1月17日在阎村镇开展“‘九三学社’服务新农村建设，送文化下乡，送春联入户”笔会活动，为农户赠送50余幅春联。组织各民主党派主委到东北爱国教育基地进行爱国主义教育，并在全区各民主党派中开展“我为应对国际金融危机影响献一策”活动，共征集意见建议41条。切实做好新时期的党外干部工作，对区委常委与民主党派和无党派人士交朋友的建议名单进行调整，重新调整和推荐党外代表人士和党外后备干部。做好新形势下的民族、宗教、侨务工作。加大马克思主义民族观和宗教观的宣传力度。采取多种形式深入贯彻全国和北京市民族宗教工作会议精神，加大马克思主义民族观、宗教观及党的民族宗教政策的宣传力度。加强对宗教活动依法管理。加强对宗教代表人士的教育与引导。采取不同方式不断加强对代表人士的教育与引导，加强对宗教组织的管理。围绕中心，服务大局，做好经济领域统战工作。抓好工商联班子建设。积极帮助非公企业协调、解决发展中存在的问题，邀请全区女企业家代表参加联谊会。做好对台及海外统战工作，促进祖国完全统一。编制《房山区贯彻落实北京市对台工作规划纲（2009—2012）的实施意见》，并以区委名义印发。全面走访区内台资企业，以调查问卷的形式深入了解台资企业发展状况，完成了台资企业发展情况调查报告。召开台资企业情况等座谈会。做好台胞台属工作，邀请重点台胞台属出席房山区先进表彰活动、春节团拜会、“学习中共十七届三中全会辅导报告会”等活动，组织回乡探亲台胞座谈会。深入开展学习实践科学发展观活动，走访台资企业15家，形成2篇调研报告，紧紧围绕区委“坚持科学发展，加快城市化、工业化、现代化进程，建设产业友好、生态宜居新房山”这一学习实践活动载体，开展专题研讨会。

（徐敦霖）

【庆祝新中国成立60周年演出】 9月14日，区委统战部组织民主党派全体成员参加房山区统战系统庆祝新中国成立60周年文艺演出。演出节目形式多样，《激情红绸》《亲吻祖国》等节目展现了统一战线事业积极向上的精神风貌。

（徐敦霖）

【民革房山总支成立】 12月23日，中国国民党革命委员会北京市房山区总支部成立大会召开。房山区政协副主席、民革房山总支主委赵润东总结了民革房山区支部20年工作。民革北京市委专职副主委于雪鹰宣读了任免决定，并对新当选的总支委员表示祝贺。民革房山区支部成立于1989年，现有党员63名。区委常委、组织部部长张祝华，区委统战部领导，各民主党派负责人到会祝贺。

（张京生）

游子联络工作

【概况】 2009年，区游子联络站在紧紧围绕推进“三化两区”的建设目标，强化服务理念，按照“争先创优强素质，广纳游子建家乡”的工作口号，充分发挥游子联络站的联络、桥梁纽带、服务职能，为游子服务，为基层服务。3月上旬至8月底，在全站党员干部中，开展深入学习实践科学发展观活动，完成思想发动、学习培训、深入调研、广泛征求意见、解放思想大讨论、认真分析查摆、制定落实整改方案等各项任务，取得了实际效果。积极开展“国庆平安行动”创建活动，在建立组织机构的同时，结合单位实际，研究制定了具体的实施方案，围绕严格排查，加强防范，认真落实具体措施，确保了平安行动目标的实现。

（胡玉霞）

【服务游子】 服务游子，让游子们了解家乡，宣传家乡是2009年度游子工作重点。为了让游子们及时了解家乡的变化和工作的重点目标，结合开展学习实践科学发展观活动，把家乡工作重点和工作情况，以动态信息形式邮寄给游子。同时，采取走出去，请进来的工作方式，召开座谈会让游子们了解家乡、宣传家乡。全年，发信函近2300余件，召开座谈会1次，走访游子10余人，接待游子10余名，交流信息16条。

（胡玉霞）

【协助游子进行调研】 2009年，在续写《隗氏族谱》和《隗氏家族》的基础上，区游子联络站积极协调、组织游子召开各种协调会议，开展人物方面调研考察，并查阅相关资料，广泛征求游子们意见，完成了隗氏家族人物篇草稿打印校对工作，并协助成功举办了隗氏家族联谊会。

（胡玉霞）

【项目介绍】 2009年，经区游子联络站搭桥介绍，寿春堂与史家营乡青林台村合作，建成圣莲山保健食品厂并投产。

（胡玉霞）

【做好百村帮扶工作】 2009年，区游子联络站在百村帮扶工作中，积极帮扶霞云岭乡四合村扩大养殖规模，新增3000只雏鸡，年底实现收入近8万元。为了解决用水问题，在开发利用自然资源上做文章，对其原有的水坑进行了挖掘，积极协调水利局及相关部门，筹划截流水资源建坝项目，经过有关领导专家到实地考察，形成开发项目上报。

（胡玉霞）

【捐款捐助】 2009年，房山区游子联络站干部职工捐款达1100元，利用“七一”、老人节、春节等节日开展走访慰问活动，走访老党员、退休老干部、游子、农村困难户30多户。

（胡玉霞）

中国共产党北京市房山区纪律检查委员会

【概况】 2009年，区纪委监察局按照十七届中央纪委三次全会和全市党风廉政建设工作会议的部署，坚持标本兼治、综合治理、惩防并举、注重预防的方针，以党风廉政建设责任制为主线，以综合协调督促检查为抓手，以廉政风险防范管理和勤政保障体系建设为载体，大力推进惩治和预防腐败体系建设，各项工作取得了新的明显成效。一是紧紧围绕扩内需保增长促发展各项政策措施的落实，切实加强监督检查。按照重点突破、整体推进的工作思路，坚持把严格执行纪律、加强监督检查作为党风廉政建设的首要任务来抓，充分发挥协调牵总作用，从三个层面开展监督检查，关口前移、全程跟进，督促各单位、各部门认真落实“三保”各项政策措施，确保扩内需保增长促发展任务的顺利推进。实施全面督察。制定《关于加强对扩大内需促进经济增长政策措施落实情况进行监督检查的工作方案》，组建项目启动实施、资金管理使用、工程质量安全、行政效能等4个专项督察组，建立项目情况函告、定期检查、台账管理、三级联报、定期例会5项监督检查制度，增强监督检查的科学性和实效性。实施重点督察。以立项监察的方式，对关系全区经济社会发展大局、投资多、任务紧的轨道交通房山线征地拆迁项目、房山区117亿元土地储备开发投资项目、重大项目绿色审批通道、房山区帮扶企业应对国际金融危机工作，以及保障性住房、治理大气污染、新中国成立60周年城市环境整治、防控甲型流感、制止公款出国（境）旅游等重点工作实施重点督察，制订工作方案和具体措施，专人负责，综合监督。实施合力督察。要求全区基层纪检监察组织把扩内需保增长的监督检查作为重点工作列入议事日程，与区里紧密配合，同步立项，同步监督，形成网络。各基层纪检监察组织围绕“三保”任务，实施专题立项监察60余项，有效地推动了各单位、各部门工作的开展。二是加强教育和管理，不断深化领导干部廉洁自律工作。按照完善党风廉政宣传教育长效机制，增强廉政教育针对性和实效性的要求，紧密结合学习实践科学发展观活动，大力开展“加强党性修养、促进廉洁从政”主题教育活动，夯实领导干部拒腐防变的思想根基。积极开展分层分类施教活动，在领导干部任前培训、在职岗位培训中开设党风廉政教育课，加强反腐倡廉教育，坚持用正面典型教育人，组织党员干部学习王瑛同志的先进事迹，深入开展警示教育，组织四大部门领导和全区党政正职参观北京市反腐倡廉警示教育基地。开展“预防渎职犯罪 构建和谐房山”法制宣传进机关活动，坚持廉政提醒制度，围绕“抓廉洁过廉节”，在重大节日给党员领导干部发送廉政贺卡和廉政短信，增强教育的针对性和时效性。严格执行领导干部廉洁自律各项规定。制定《关于元旦、春节期间严禁铺张浪费切实加强领导干部廉洁自律工作的通知》等规定，加强对领导干部廉洁自律的监督检查，认真落实党风廉政建设责任制。三是以廉政风险防范管理为抓手，积极拓展源头预防工作。加强领导，精心组织。制定《关于在全区推进廉政风险防范管理工作的实施意见》，成立廉政风险防范管理工作领导小组，签订责任书，形成一级抓一级，层层抓落实的工作机制。加强教育，提高认识。将廉政风险防范管理知识纳入全区干部培训内容，专门召开全区经验交流会，由拱辰街道和区检察院对廉政风险防范管理工作开展情况进行了专题介绍，并将10个试点单位的实施方案、风险点查找、工作流程等汇编成册，下发到全区各单位，为廉政风险防范管理工作的开展奠定了基础。加强督导，把握关键。区廉政风险防范管理领导小组办公室和督导组成立两个工作组，分片对97家单位第一阶段工作进展情况进行了督导。四是大力推进勤政保障体系构建工作，努力打造廉洁高效的服务型政府。继续以建设服务型政府为目标，围绕构建行政目标责任体系、行政权力运行体系、公共服务制度体系和效能监察考评体系四大目标，进一步推进勤政保障体系构建工作。重点狠抓4个关键环节，以实施“月检查、季报告”制度为重点，扎实推进行政责任“白皮书”制度；以查找权力节点的勤政梗阻为重点，有效规范公共权力运行，促进公务人员依法履职；以消除公共服务“短板”为重点，构建公众满意的公共服务制度体系，提升公共服务质量；以勤政保障体系的绩效考评为重点，全面推进“服务型机关”创建。纠正不正之风，维护好广大人民群众利益。按照解决损害群众利益突出问题组织协调工作机制，制定落实纠风专项治理协调工作机制的制度规定，建立联席会议、信息通报、监督检查、台账管理等制度，加大对解决热点难点问题的组织协调力度，督促、检查、指导有关部门各司其职抓好任务落实，推动各项工作向制度化、规范化方向发展。狠抓专项治理，确立20项专项治理任务，深化政风行风热线，深入开展民主评议政风行风工作，进一步清理规范党委、人大、政协、检察院、法院系统和群团组织评比达标表彰活动。强化行政投诉工作，以改善行政管理、提高行政效能、促进依法行政为目标，全年受理群众各类投诉173件。五是认真做好案件查办和信访排查调处工作，促进社会和谐稳定。区纪委监察局始终把查办案件、惩治腐败行为放在重要位置，加大对违纪违法行为的惩治力度，全年，共初核违纪案件线索35件，立案23件，其中大要案13件，处分违纪人员18人，其中处级干部3人，党纪处分18人，政纪处分6人，双重处分6人。认真做好信访举报工作。继续深入开展农村基层干部信访问题排查工作，对重点乡镇重点矛盾纠纷进行了排查调处。进一步落实信访工作机制，重点实施“开门接访、电话约访、进村下访”制度，开门接访群众145批573人次，电话约访45次32人次，入村下访38次接待165人次，全区纪检监察系统共受理群众信访举报566件次，与2008年同比下降8.3%；集体访86批1259人次，同比分别上升26.5%和41%。

（任立辉）

【加强监督检查】 2009年，区纪委监察局围绕扩内需保增长促发展各项政策措施情况加强监督检查。制定《关于加强对扩大内需促进经济增长政策措施落实情况进行监督检查的工作方案》，成立监督检查领导小组和办公室，组建由区发改委、区审计局、区建委等业务主管部门和区监察局牵头的项目启动实施、资金管理使用、工程质量安全、行政效能等4个专项督察组。项目启动实施督察组从全社会固定资产投资、政府投资建设项目、重点推进项目、落地项目4个方面建立台账，并对重点项目开展稽查，下发督办通知单，督促加快工作进度。资金管理使用督察组对重大项目进行跟踪审计，确保资金安全有效使用。工程质量安全督察组以开工建设项目为重点，对政府投资建设项目法人责任制、招投标制、工程监理制和合同管理制进行监管，全方位监测工程质量安全情况，对发现质量安全的项目下发整改通知书，督促整改。行政效能督察组以对项目审批手续办理、责任制落实、职能部门及公务人员工作高效廉洁为重点，开展监督检查，采取听汇报、征求意见、暗访等方式，逐项了解项目进展过程中存在的问题，协调审批部门研究解决，推动工作的进展。

（任立辉）

【对全区重点工作开展立项监察】 以立项监察方式，对轨道交通房山线征地拆迁项目、房山区117亿元土地储备开发投资项目、重大项目绿色审批通道、房山区帮扶企业应对国际金融危机工作，以及保障性住房、治理大气污染、新中国成立60周年城市环境整治、防控甲型流感、制止公款出国（境）旅游等重点工作实施重点督察，制订工作方案和具体措施，专人负责，综合监督。通过立项监察，重点工作均取得重大进展。对轨道交通房山线征地拆迁项目，监察组采取电话督察、周通报、定期实地检查等方式，协调解决难点问题，确保了工作任务按时高质量地完成。对土地储备开发投资项目，督促相关部门提高审批效率，督促加快工作进度。对重大项目绿色审批通道，责成专人每天查看绿色审批通道手续办理进展情况和市监察局的督办意见，对进程缓慢地进行重点督促，对存在的问题，积极协调审批部门研究解决办法。对帮扶企业应对国际金融危机工作，进行全过程跟踪，对帮扶措施的落实情况进行全面督察和检查，确保帮扶政策措施落实到位。对防控甲型流感工作，召开专题工作会，听取相关部门的工作汇报，并实地检查督促，切实把各项防控措施落实到位。对保障性住房工作，重点对工程建设、资格审核、住房分配等几个环节进行了监督检查。对环境整治、大气污染等工作，坚持半月一抽查、每月一检查，对各单位履行职责、完成任务情况进行监督，取得了较好成效。

（任立辉）

【开展党风廉政建设宣教工作】 一是紧密结合学习实践科学发展观活动，大力开展

“加强党性修养、促进廉洁从政”主题教育活动，夯实领导干部拒腐防变的思想根基。积极开展分层分类施教活动，在领导干部任前培训、在职岗位培训中开设党风廉政教育课，加强反腐倡廉教育，增强党员干部的党性修养和廉洁从政意识。坚持用正面典型教育人，组织党员干部学习王瑛同志的先进事迹，引导党员干部特别是领导干部以先进人物为榜样，坚定理想信念，切实做到务实、为民、清廉。二是深入开展警示教育，组织四大部门领导和全区党政正职参观北京市反腐倡廉警示教育基地，做到以案明纪、警钟长鸣。开展“预防渎职犯罪　构建和谐房山”法制宣传进机关活动，不断提高国家机关工作人员依法行政水平。三是坚持廉政提醒制度，围绕“抓廉洁过廉节”，在重大节日给党员领导干部发送廉政贺卡和廉政短信，增强教育的针对性和时效性。同时，发挥广播、电视、报刊、网络等新闻媒体的作用，对惩治和预防腐败体系建设好的经验、好的做法进行宣传报道，营造了良好的社会氛围。

（任立辉）

【领导干部廉洁自律工作】　结合领导干部作风建设年活动，制定《关于元旦、春节期间严禁铺张浪费切实加强领导干部廉洁自律工作的通知》《关于落实厉行节约八条规定的实施意见》等规定，要求广大党员干部大力发扬勤俭节约、艰苦奋斗作风，坚决制止奢靡之风和铺张浪费行为。加强对领导干部廉洁自律的监督检查，督促领导干部用实际行动树立良好形象。认真落实党风廉政建设责任制，召开全区党风廉政建设和反腐败工作会议，对全区党风廉政建设工作任务进行分解细化，全面部署并提出工作要求。全面贯彻《建立健全惩治和预防腐败体系2008—2012年工作规划》，出台《房山区建立健全惩治和预防腐败体系2009—2012年工作方案》，从推进反腐倡廉制度建设、完善监督管理机制、深化体制机制制度改革等7个方面做出明确部署，进一步健全惩治和预防腐败领导体制、工作机制和责任分工，确保了惩防体系建设各项任务的落实。

（任立辉）

【抓好廉政风险防范管理工作】　一是制定《关于在全区推进廉政风险防范管理工作的实施意见》，成立廉政风险防范管理工作领导小组，负责廉政风险防范管理工作的组织、协调、实施。要求各单位、各部门把廉政风险防范管理与业务工作紧密结合，围绕领导班子、重点部门、重要岗位和重大工程项目制订实施方案，层层签订责任书，明确责任主体和完成时限，形成一级抓一级，层层抓落实的工作机制。二是将廉政风险防范管理知识纳入全区干部培训内容，在处级干部轮训班和新任科级干部培训班课程当中进行讲解，并召开全区纪检监察干部培训会进行培训。同时，充分发挥典型示范作用，专门召开全区经验交流会，由拱辰街道和区检察院对廉政风险防范管理工作开展情况进行了专题介绍，并将10个试点单位的实施方案、风险点查找、工作流程等汇编成册，下发到全区各单位，为廉政风险防范管理工作的开展奠定了基础。三是区廉政风险防范管理领导小组办公室和督导组成立两个工作组，分片对各单位第一阶段工作进展情况进行了督导。督导组采取“听、议、提”的方法，在听取各单位第一阶段工作进展情况汇报的基础上，就有关问题进行研讨交流，并针对存在的问题提出意见和建议。

（任立辉）

【构筑农村基层党风廉政建设和廉洁自律防线】　配合区委组织部、区经管站加强农村党风廉政建设，在村级重大事务票决制、农村集体工程项目招投标制、村级账目和资金“双托管”制、村级财务预决算制的基础上，创新民主建设工作机制，制定《村级非选举和公益性岗位公开招聘办法》《关于推进村务点题公开的实施意见》，下发《关于进一步加强村民代表队伍建设的意见》《关于加强以村级党组织书记队伍为重点的新时期农村基层组织建设若干意见》《关于进一步健全和完善农村党组织书记动态考核调整机制的意见》《关于在全区范围内开展农村党组织书记“领头雁工程”的实施意见》《房山区村党支部书记岗位基本报酬和离退职保障的若干规定》。

（任立辉）

【推进勤政保障体系构建工作】 一是以实施“月检查、季报告”制度为重点，扎实推进行政责任“白皮书”制度。共确定重点任务目标466项。二是以查找权力节点的勤政梗阻为重点，有效规范公共权力运行，促进公务人员依法履职。全区72个单位共查找勤政梗阻点140个，制定整改措施300余条。三是以消除公共服务“短板”为重点，构建公众满意的公共服务制度体系，提升公共服务质量。编制“公共服务短板及改进措施一览表”，全区查找公共服务“短板”170个，制定整改措施360余条。同时，各单位贯彻落实公共服务质量督察和行政执法评议考核办法，加强对基层科队站所院校的教育、管理和监督，努力提高社会管理和公共服务水平。四是以勤政保障体系的绩效考评为重点，全面推进“服务型机关”创建。采取上下联动的方式，要求各单位建立健全绩效考评制度，对本单位的重点工作任务完成情况全面实施绩效考评。同时，制定行政绩效量化考核办法，开展行政绩效评估，确保了区委、区政府重点工作任务的顺利完成。

（任立辉）

【狠抓专项治理工作】 2009年，区纪委确立20项专项治理任务，内容涵盖教育、医疗、农民减负、社保资金监管、食品安全、公款出国（境）旅游、政府采购等20个方面。对各项工作任务逐项细化分解给教委、卫生、农委、劳动等14个单位，各单位结合实际制订工作方案，对治理工作进行全面安排部署。

（任立辉）

【深化全程办事代理制】 一是改造恢复全程办事代理制电子监察系统。分别对23个街道乡镇进行业务培训和指导。二是起草下发《关于进一步深化全程办事代理制工作的通知》，在组织领导、健全机构、基层延伸、工作监督等方面提出进一步要求。三是在改造原有代理制电子监察系统的基础上，同步开发新的行政审批电子监察系统，推动网上办事和监督。

（任立辉）

【创建综合电子监察平台】 区纪委利用计算机信息技术采集区政府各职能部门及各街道、乡镇政府落实行政责任“白皮书”的工作情况和工作进度等数据，通过超时预警、实时监察、短信提醒、绩效监督等形式，督促各职能部门主动高效的完成《行政责任白皮书》中的各项重点任务。同时用科学算法对各项基础数据进行定性、定量分析，形成合理的绩效评估结果进行展示。通过效能监察，不断推动各单位强化行政管理，改进工作作风，提高工作效率，增强服务能力，为全区保增长、保民生、保稳定各项任务目标顺利实现提供有力保证。该系统于7月底开始试运行，全区各单位466项重点工作任务纳入，其中各单位承担区级的222项为监督监察的重点内容。

（任立辉）

【深化政风行风热线】 2009年，区纪委成立联合督办组，对热线上群众反映强烈的重点问题、倾向性问题进行督办、联办和跟踪回访，及时发现问题，随时纠错整改。扩大上线单位范围，吸纳全区具有行政管理和公共服务职能的企事业单位上线，加大解决问题力度。政风行风热线共受理和解决群众反映的各类问题6500多件，平均每月受理数在600件以上，受到社会各界的好评。

（任立辉）

【开展民主评议政风行风】 采取点面结合、上下联动的形式，以学校、医院、税务等9个单位及基层站所为重点，积极开展民主评议活动，通过开展民意测评、明察暗访和网上评议，强化对测评结果的运用和督促整改的落实，推进部门和行业作风建设。

（任立辉）

【强化行政投诉工作】 全年共受理群众各类投诉173件，其中范围外投诉124件，范围内投诉49件。通过抓直查、抓暗查、抓联查、抓回查，所有的投诉件全部办结，并对不履行或不正确履行职责、工作推诿、效率低下的行政工作人员进行了严肃处理。

（任立辉）

【清理规范评比达标表彰】 进一步清理规范党委、人大、政协、检察院、法院系统和群团组织评比达标表彰活动。全区撤销评比达标表彰项目176项，涉及金额143万多元。

（任立辉）

【做好查办案件和信访排查调处工作】 全年，共初核违纪案件线索35件，立案23件，其中大要案13件，处分违纪人员18人，其中处级干部3人。党纪处分18人，政纪处分6人，双重处分6人；继续深入开展农村基层干部信访问题排查工作，对重点乡镇重点矛盾纠纷进行了排查调处。进一步落实信访工作机制，建立“三一三包”制度，即对基层群众信访问题实行“一个问题、一名领导、一套班子”和“包调查、包答复、包处理”制度，形成工作合力。重点实施“开门接访、电话约访、进村下访”制度，开门接访群众145批573人次，电话约访45次32人次，入村下访38次接待165人次，解决了一批复杂疑难信访问题。

（任立辉）

北京市房山区人民代表大会常务委员会

【概况】 2009年，围绕“保增长、保民生、保稳定”，区人大常委会积极履行宪法和法律赋予的各项职责。一是紧紧围绕中心，积极推进“三化两区”建设。围绕调结构保增长开展监督。专题听取审议全区固定资产投资和重大项目落实情况的报告，提出健全政府投资管理体系、优化投资布局、拓宽投融资渠道等意见。对区政府提出的以信贷方式落实石化新材料科技产业基地、高端汽车零部件产业基地和良乡物流基地建设资金的3项议案，及时逐项作出决议，并提出严格资金管理、提高使用效益等建议。组织代表对石化新材料科技产业基地和都市农业示范区等功能区进行视察。围绕产业发展，听取审议农业服务体系建设情况的报告，组织代表对房山区旅游产业进行视察，就旅游产业定位、整合旅游资源、强化管理体系建设等方面提出了建议。围绕以民生为重点的社会建设开展监督。听取审议区政府关于统筹解决城市基础设施建设资金的报告并作出了决议。组织人大代表对轨道交通、京石快速铁路、西南交通枢纽、拱辰街道一街至五街改造和土地储备项目等重点工程进行视察。积极推进群众关注的社会事业发展，听取审议文化建设工作报告，组织代表对中小学标准化建设情况进行视察，提出要科学规划教育基础设施，缩小城乡差距等建议。组织代表对全区卫生基础设施建设情况和甲流防控工作进行视察。围绕提高财政资金使用效益开展监督。听取审议2008年财政决算报告，审查批准财政决算。跟踪抓好审议意见的落实。二是强化法律监督和司法工作监督，积极推进民主法制建设。加强对法律实施情况的监督。常委会把新颁布的城乡规划法列为监督重点，听取审议实施情况的报告，提出以规划引领发展、完善城乡规划体系等审议意见。组织代表对土地管理法实施情况进行执法检查，对劳动合同法实施情况进行了跟踪监督。与市人大联合对村民委员会组织法等9部法律法规实施情况开展执法检查，积极参与侵权责任法等8部法律法规的立法调研工作。加强对司法工作的监督。听取审议区检察院诉讼监督工作报告。听取区法院关于执行公开工作汇报，组织70余名代表旁听法院案件审判，参与案件执行工作以及“法检两院开放日”活动，较好地发挥了代表对司法工作的监督作用。加强工作评议和任后监督。对劳动就业和司法局开展人民调解工作情况进行了专项评议和满意度测评。加强了对评议意见落实情况的跟踪，专题听取区体育局关于完善体育设施配套机制等整改落实情况的汇报。坚持依法任免，共任免地方国家机关工作人员53名、任命人民陪审员50名。进一步规范任免程序，采取法律知识考试、提任人员供职发言、撰写履职报告、书面评议等方式，强化了对依法任命人员的全员监督。认真做好信访工作，共接待处理群众来信来访50件次。三是注重落实民意，提升议案建议办理质量与实效。突出办理实效，着力推进议案建议的落实。在区六届人大四次会议上，代表们围绕经济发展与改善民生提出并列入大会的议案共3项11件，转交区政府办理的建议111件。常委会注重议案质量和督办机制的创新，强化办理实效，坚持督办与沟通协调相结合、与代表视察检查相结合、与审议工作报告相结合，强化事前、事中、事后连续督办。区政府成立议案办理领导小组，制定了任务书，明确办理责任、标准和时限，加快了办理进程。年内，区人大代表共提出平类建议36件，当年办结26件。抓住事关长远发展的重大问题，积极履行职能。在市十三届人大二次会议上，37名市人大代表，提出议案23件、建议40件，其中4项列入了大会议案，占全市所列议案的1/9，特别是关于加快首都西南山区产业发展的议案，列入市重点督办的城南建设议案。常委会采取邀请市人大领导到房山区调研、组织市人大代表询问催办等形式推进了议案的办理。四是健全代表工作新格局，有效发挥人大代表作用。进一步拓宽民意表达渠道。开展常委会组成人员联系代表网和市、区、乡（镇）、村四级代表网联系活动，收集到推进科学发展的建议200余条。区人大代表旬和乡镇人大代表旬活动收集到城市建设、产业发展、山区结构调整、新农村建设等意见建议，并上报区委，转交区政府。强化知情知政。注重代表素质建设，举办农村代表培训班和代表履职经验交流会。为代表提供各类信息。注重强化专业代表小组建设，在原有教育、农村专业代表小组的基础上，成立妇女代表小组。注重代表的履职载体建设，有计划、多形式地邀请代表列席常委会会议、参加审议工作报告以及视察检查、议案建议督办等工作，全年，代表有64人次列席常委会会议，170余人次参加视察检查和委室调研等活动。加强制度建设。围绕代表作用的发挥，制定了《关于加强区人大代表与人民群众联系的若干意见》。继续实行代表履职登记卡、代表接待选民、代表向选民述职等制度。开展了评选“十佳”代表活动。继续组织人大代表投身“百村帮扶”工程。五是切实加强常委会及其机关建设，提高履职能力和服务水平。深入开展了学习实践科学发展观活动。形成13篇调研报告和难点解析，5篇被市级刊物采用。进一步强化监督议题的调研。进一步加强了对基层人大工作的指导，举办了人大专职主席和人大街工委主任培训班，坚持联系乡镇制度，有效发挥了基层人大的作用。

（佟国荣　杨燕平）

【区六届人大四次会议】 区六届人大四次会议于1月6日至8日在韩村河山庄会议中心召开。会议听取和审议政府工作报告；审议关于房山区2008年国民经济和社会发展计划执行情况及2009年计划（草案）的报告，审查和批准房山区2008年国民经济和社会发展计划执行情况的报告及2009年计划；审议关于房山区2008年财政预算执行情况和2009年财政预算（草案）的报告，审查和批准房山区2008年财政预算执行情况的报告和2009年财政预算；听取和审议关于房山区人民代表大会常务委员会工作报告；听取和审议房山区人民法院工作报告；听取和审议房山区人民检察院工作报告，并对以上6个报告作出了决议。

（佟国荣　杨燕平）

【区六届人大常委会第15次会议】 2月20日，召开区六届人大常委会第15次会议。听取审议区政府关于以政府信用贷款方式落实良乡物流基地开发建设资金的议案并作出决议。会议要求，区政府要切实加强对贷款资金使用情况的监管工作，确保贷款本息按期偿还。一要建立贷款使用偿还保障机制，科学合理编制贷款资金使用偿还方案。二要加强贷款资金管理，提高资金使用效益。三要加强项目贷款的监督和检查，保证贷款资金安全有效使用。四要规避债务风险，严格控制负债规模。

（佟国荣　杨燕平）

【区六届人大常委会第16次会议】 3月10日，召开区六届人大常委会第16次会议，听取审议区政府关于以政府信用贷款方式落实北京高端汽车零部件生产基地项目开发建设资金的议案并作出了决议。会议要求：一要进一步加快开发项目建设，成立强有力的领导班子，专门负责项目建设，严格项目论证、审批和建设程序。二要把握项目进程，高标准设计，高质量建设，做好高端核心技术的引进和应用，确保项目达到预期目标。三要建立健全贷款偿还保障机制和规避风险办法，强化防控措施，保证贷款如期偿还。四要加强贷款项目资金的使用和管理，提高资金的使用效益。五要加强贷款资金的监督和检查，强化对贷款资金使用的有效监控，保证贷款资金安全有效使用。

（佟国荣　杨燕平）

【开展深入学习科学发展观实践活动】 3月19日，区人大常委会机关召开全体党员干部大会，区人大常委会常务副主任李福田主持动员大会，会议对科学发展观学习实践活动进行动员和部署。会上，党组书记郭先英作了动员讲话，党员干部代表作了表态发言，区委第一指导检查组领导就提高认识、精心组织、突出特色、扎实推进等方面提出了要求。区人大常委会领导梁顺、刘顺林、王福来和区委第一指导检查组成员参加动员会。

（佟国荣　杨燕平）

【开展乡镇“代表旬”活动】 4月1日，区人大常委会召开启动“四级代表网”和乡镇“代表旬”动员会议，对活动进行安排部署。活动以“破解瓶颈、科学发展”为主题，市、区、乡（镇）、村（社区）四级代表以小组集体活动为主，深入社区、农村、企业、学校和医院等进行调查、走访、座谈，推动制约房山区经济发展和民生热点难点问题的解决，建立和完善有利于科学发展的人大监督保障体制机制。

（佟国荣　杨燕平）

【区六届人大常委会第17次会议】 5月15日，区六届人大常委会第17次会议听取区劳动和社会保障局关于全区就业等主要工作的报告，并进行工作评议和满意度测评。3个评议小组从不同侧面分别进行评议；部分常委会委员和列席代表作评议发言。委员和代表们对劳动和社会保障局的工作给予充分肯定，就进一步完善积极的就业政策，大力发展经济，拓宽就业空间，整合培训资源，增强培训的前瞻性、针对性和实用性，加强队伍建设和基层基础工作，完善新型城乡居民养老保障运行机制，建立就业信息互动网络，尽快实现就业信息网村村通工程等提出了建议。听取审议区政府关于贯彻实施城乡规划法情况的报告。会议建议：要适时调整规划，制定改进措施，发挥好规划的龙头带动作用。要加大投入力度，突出特色，完善功能，统筹规划。要进一步加大城乡规划的实施力度，强化规划监督管理，加大执法力度，维护城乡规划的权威性和严肃性。要进一步加大对城乡规划法的宣传力度，增强全社会的规划法律意识和领导干部的规划先行、规划“龙头”意识，提高城乡建设规划实施的自觉性。

（佟国荣 杨燕平）

【成立妇女代表小组】 5月20日，举行区人大常委会妇女代表小组成立仪式，区人大常委会常务副主任李福田主持成立仪式，区人大常委会主任郭先英及相关委室负责人和妇女代表小组成员参加仪式。区人大常委会代表联络室主任宋耀民宣读了妇女代表小组组长、副组长、成员名单和组织机构；区人大常委会内司委主任杜鹏飞宣读了妇女小组职责；妇女代表小组组长刘晓燕介绍了房山区妇女儿童“两个规划”的实施情况。

（佟国荣 杨燕平）

【市区人大代表视察基础设施建设情况】 5月26日，区人大常委会组织部分市、区人大代表视察轨道交通房山线车辆段、长周路及京石客运专线等重点工程建设进展情况，并听取区轨道办、区市政管委、区建委对有关工程建设情况汇报。区人大常委会领导郭先英等领导参加视察。代表们对交通基础设施建设取得的成绩给予充分肯定，并提出建议：要以高标准规划房山新城交通网络，突出区域特色和前瞻性。工程建设要严密组织，强化施工管理。要加强工程监管力度，确保工程建设质量。

（佟国荣 杨燕平）

【市区人大代表视察甲型H1N1流感防控工作】 5月27日，区人大常委会组织部分市、区人大代表视察房山区甲型H1N1流感防控工作。区人大常委会领导郭先英、李福田、刘顺林参加视察，副区长马丽英、区政府办和有关部门负责人陪同视察。代表们先后到区疾控中心、良乡医院、长阳卫生院，实地察看区甲型H1N1流感应急处理指挥中心、发热门诊和隔离治疗区等防控现场，听取区卫生局关于甲型H1N1流感防控工作情况的汇报，并进行了座谈。代表们对防控工作的组织领导、人员设置、后勤储备到位等方面给予充分肯定，就加大宣传力度、加强归国人员健康监测、强化医务人员自身防护等方面提出意见和建议。

（佟国荣 杨燕平）

【听取山区搬迁工作汇报】 5月31日，召开区六届人大常委会第24次主任会议。会议分别听取区迁管办和区农委关于山区搬迁工作情况的汇报。会议建议进一步加强统筹协调，抓好新建小区建设。进一步细化迁移实施方案，调整和完善相关机制和保障措施。

（佟国荣 杨燕平）

【举办农村代表培训班】 6月24日，区人大常委会举办农村代表培训班，市人大常委会代表室副主任陶世欣作专题讲座，两名农村人大代表进行履职交流发言。区人大常委会常务副主任李福田及有关委室主任、70余名农村人大代表和23个乡镇街道人大专职主席或副主席参加培训。

（佟国荣 杨燕平）

【区六届人大常委会第18次会议】 6月25日，召开区六届人大常委会第18次会议。

听取审议区政府关于以政府信用贷款方式落实北京石化新材料科技产业基地建设项目资金的议案，并作出决议。会议要求：要按照政府主导、市场化运作模式，切实加强组织领导，健全各项工作机构，明确职责任务，加强统筹协调，确保项目顺利实施。要加强项目论证审批，依据开发建设速度，科学合理地制定贷款使用偿还计划，并列入财政预算。要加强贷款资金使用的监管，明确偿债责任，健全偿债保障机制，财政、审计和监察等部门要全程跟踪检查和绩效评估，确保贷款资金发挥最大使用效益。听取审议关于以区政府信用贷款方式统筹解决城市基础设施项目建设资金的报告，并作出决议。会议要求，将贷款资金纳入政府对银行的统一授信计划。区政府要设立偿债基金专户，从财政预算中安排偿债基金偿还。会议建议：确保项目资金如期到位，保障固定资产投资效益。积极争取市里的资金支持；尽快制定重大项目投资优惠政策，拓宽投融资渠道；努力吸引多元投资主体，发挥政府的投资引导作用；调配使用好固定资产重大项目建设资金，加强论证，突出重点，加大涉农投资力度，集中有限的资金建设好大项目。严格政府投资债务管理。扎实推进项目建设。强化部门联动，加大拆迁力度；用足用好绿色通道，抓紧办理各种手续；在加快项目建设进程中，要高度重视项目落地的细节问题，加快项目建设进程。

（佟国荣　杨燕平）

【市人大常委会领导到房山区调研】　7月3日，市人大常委会主任杜德印、副主任吴世雄带领市人大和市政府相关部门主要负责人就加快南城建设议案督办到房山调研，先后对轨道房山线沿线、檀木港矿山修复情况视察，听取区旅游局、河北镇关于房山世界地质公园功能分区及玫瑰休闲港产业园项目等情况介绍，并在天湖国际会议中心举行座谈会，听取房山区区域发展情况和未来发展考虑、关于“加快建立首都西南部山区替代资源型产业发展机制”议案办理情况的汇报。市人大代表围绕替代产业发展、解决交通瓶颈、建设用地指标、产业布局、环境整治、基础设施建设、旅游产业发展、山区人口搬迁等方面积极提出建议。区委书记刘伟、区人大常委会主任郭先英等陪同调研。

（佟国荣　杨燕平）

【市区人大代表视察新农村建设情况】　7月14日，区人大常委会组织部分市、区人大代表实地察看良乡镇富庄村、琉璃河镇立教村、祖村的道路硬化、绿化美化、改水改厕、沼气站等建设情况，现场听取3个村的基础设施建设情况及祖村的产业发展规划介绍，并召开座谈会，听取区新农村办关于房山区新农村建设情况的工作汇报。区人大常委会领导郭先英、李福田、刘顺林参加视察，副区长王忠海陪同视察。代表们围绕产业发展、污水处理、垃圾处理、政策与资金扶持及建立完善长效管护机制等方面提出了意见建议。

（佟国荣　杨燕平）

【加强对全区文化建设监督】　7月20日，区六届人大常委会第19次会议听取并审议全区文化建设情况的报告。会议建议：要加强和完善文化建设机制，在投资建设、管理使用、设施维护等方面，要有可操作性的制度和机制，以便及时解决建设中的问题。要加强基层文化基础设施建设，结合议案办理，适当提高建设标准，以满足群众日益增长的文化需求。要进一步加强公共文化服务队伍建设。采取鼓励培养、吸收引进、实行志愿者制度等多种方式，建设一批优秀文化专业队伍。要加大对文化资源的宣传力度。

（佟国荣　杨燕平）

【市区人大代表听取“一府两院”情况通报】　7月21日，区人大常委会组织召开“一府两院”上半年工作情况通报会，分别听取关于区政府上半年经济社会发展情况的报告、关于区法院上半年工作情况的报告、关于区检察院上半年工作情况的报告，市人大代表仉锁忠和区人大代表于冬梅围绕代表履职作典型发言。区人大常委会常务副主任李福田主持会议，区领导郭先英、苗立峰、梁顺、刘顺林、王淑红及房山团市人大代表和全体区人大代表参加会议。

（佟国荣　杨燕平）

【区六届人大常委会第27次主任会议】 7月27日，召开区六届人大常委会第27次主任会议。会议听取关于房山区城市管理和执法工作汇报。围绕城市管理体制建设和规范执法等问题，会议建议，要加大日常化管理力度，要深化行政体制改革，探索规范化执法体制，要创新机制，充实基层力量，强化内部管理，要加大城市管理投入，努力打造科技城管，要加大宣传力度，营造城管执法新环境。

（佟国荣　杨燕平）

【市区人大代表视察议案和重点建议落实情况】 7月28日，区人大常委会组织部分市、区人大代表对“关于改善老旧小区公共设施，加强农村文化体育基础设施建设，加快山区搬迁工程”3项议案和重点建议落实情况进行视察。区人大常委会领导郭先英、李福田、刘顺林及各委室主任参加视察，副区长吴会杰及政府办、区发改委、区建委、区市政管委、区文委、区体育局、区迁管办、区林业局等单位负责人陪同视察。代表们实地察看了长阳镇高岭村数字影院和体育健身公园、拱辰街道渔儿沟体育健身公园、北关东路社区老旧小区基础设施改造、良乡体育中心建设情况，听取区政府关于3项议案和重点建议办理情况的汇报。市、区人大代表就进一步增强议案建议办理实效代表们提出了意见建议。

（佟国荣　杨燕平）

【市区人大代表视察街道改造等工作】 8月27日，区人大常委会组织市区人大代表先后对拱辰街道一街至五街、西部回迁区、昊天学校门前道路、长阳镇土地储备项目村庄拆迁安置回迁楼及回迁周转房建设情况进行视察，听取区政府及拱辰街道和长阳镇相关工作汇报。区人大常委会领导郭先英等参加视察，副区长吴会杰及区政府办、区建委、房山规划分局、房山国土分局、土地储备中心、拱辰街道、长阳镇等单位领导陪同视察。代表们就加快推进城市化进程和功能区建设、跟踪服务、加强拆迁工作及政策宣传等方面提出了建议。

（佟国荣　杨燕平）

【区人大代表旬活动】 自10月11日开始，区领导刘伟、祁红、郭先英、范文彦、史全富、唐淑荣、刘欣国、张祝华、高言杰、赵佳琛、李福田、梁顺、刘顺林、卢国懿、马丽英、吴会杰、高维魁分别到所在选区参加区人大代表旬活动。此次代表旬活动体现出4个特点：一是领导率先垂范。二是形式灵活多样。三是主题突出。四是成效显著。

（佟国荣　杨燕平）

【市区人大代表视察中小学标准化建设情况】 10月19日，区人大常委会组织部分市区人大代表对良乡二中、交道中学、良乡中心小学标准化建设情况进行视察，听取区教委关于中小学标准化建设情况的工作汇报。区人大常委会主任郭先英，副主任梁顺、刘顺林参加视察，区政府副区长马丽英及区政府办、区教委、西潞街道等单位负责人陪同视察。市区人大代表围绕教育资源均衡发展、建立健全中小学标准化建设绿色通道、加强农村中小学及幼儿教育和成人职业教育建设等方面提出了意见和建议。

（佟国荣　杨燕平）

【市区人大代表视察旅游产业发展情况】 10月28日，区人大常委会组织部分市区人大代表先后察看了北京旅游服务中心长沟站、长沟旅游集散地、世界地质公园博物馆建设工地、大石窝镇民俗旅游和美石谷建设项目，听取了区旅游局关于旅游产业发展的工作汇报。区人大常委会领导郭先英、李福田、刘顺林参加视察，副区长王忠海及政府办、长沟镇、大石窝镇等单位负责人陪同视察。代表们围绕加大旅游宣传投入、加强景区的服务与管理和周边环境整治、完善民俗旅游设施建设等方面提出了意见和建议。

（佟国荣　杨燕平）

【区六届人大常委会第20次会议】 10月29日，区六届人大常委会第20次会议听取审议了区政府关于农业服务体系建设的报告。会议建议：增强服务指导意识，分层设置服务机构，统筹协调服务资源，进一步完善农产品现代流通服务体系建设，创新银农合作机制。会议听取审议了区司法局关于房山区司法行政专项工作报告，并进行了工作评议和满意度测评。建议进一步加大对基层人民调解工作的指导力度，有效发挥司法所职能作用，真正发挥人民调解在社会稳定的第一道防线作用。继续抓好普法教育，加大统筹协调沟通力度，进一步完善法制宣传和人民调解工作经费保障机制，按有关要求将经费投入纳入年度财政预算，落实到位。

（佟国荣　杨燕平）

【市区人大代表视察卫生基础设施建设情况】 11月16日，区人大常委会组织部分市、区人大代表对卫生基础设施建设情况进行视察，区人大常委会副主任刘顺林参加视察，副区长马丽英及区政府办、区卫生局等单位负责人陪同视察。代表们实地察看了长阳社区卫生服务中心、琉璃河中心卫生院、区妇幼保健院和良乡医院建设情况，听取了区卫生局关于卫生基础设施建设情况的汇报。代表们建议，要统筹协调经济发展项目与民生项目；创新资金的预决算体制，尤其是突发公共卫生事件后的追加体制；在搞好硬件建设的同时，注重医师水平、服务质量等软件建设；要加强与市区大医院间的互动；增加社区卫生服务站康复设备；增建传染病快速检测实验室和肿瘤、儿科等专科医院以及增加导医牌、楼道扶手、就餐移动桌等人性化服务设施等。

（佟国荣　杨燕平）

【听取区法院关于执行公开工作情况的汇报】 11月26日，召开区六届人大常委会第29次主任会议。会议听取了区人民法院关于执行工作情况的汇报。针对执行工作存在的问题，会议建议：要认真研究当前案件规律和特点，加强与政府及有关部门的联系沟通，发挥基层民调组织作用，从源头上加大纠纷的解决力度。深化执行公开，创新方式方法。健全执行工作的长效机制，严格规范执行程序，完善执行工作制度，强化机构建设，增强执行效果，确保社会稳定。进一步加强执行队伍建设，建立激励机制和责任追究机制，强化政治业务素质，提高执行工作能力和执法效力。

（佟国荣　杨燕平）

【区人大代表对劳动合同法实施情况进行专项检查】 11月27日，区人大常委会组织部分区人大代表对劳动合同法实施情况进行专项检查，区人大常委会副主任刘顺林及相关委室负责人参加检查，区人力资源和社会保障局、良乡工业园区等单位领导陪同检查。代表们实地检查了良工机床零件制造有限公司和北京快鹿织造公司贯彻落实劳动合同法情况，分别听取了区人力资源和社会保障局和区粮油贸易总公司相关工作汇报。区人大代表对区人力资源和社会保障局强化劳动合同法的贯彻实施，采取加强组织领导、动态监控、执法检查和指导服务等做法及取得的成绩给予充分肯定，同时围绕规范用工，维护劳动者合法权益等方面提出了建议。

（佟国荣 杨燕平）

【市区人大代表视察功能区及重点项目建设情况】 12月29日，区人大组织部分市区人大代表实地察看了石化新材料产业基地中石化三菱化学聚态酸酯和燕山凯美特气体项目、中粮五谷道场食品有限公司等，了解了重点项目建设进度以及相关企业生产经营情况，分别听取了关于房山功能区及重大项目建设情况的汇报。代表们围绕功能区建设、中小企业发展等方面提出了意见和建议。区人大领导郭先英、史全富、刘顺林参加视察活动，区长助理崔山及区政府办、燕山办事处、琉璃河镇等单位负责人陪同。

（佟国荣 杨燕平）

【开展2009年度"十佳人大代表"等评选活动】 根据《"十佳代表"评选办法》《关于评选办理代表议案建议先进单位意见》，经区人大常委会主任会议研究，区六届人大常委会第22次会议审议通过，决定：区人大代表于冬梅、马小兰、王仪、王永立、王秋艳、尤西森、仉锁忠、任正建、刘海波、宋文月、张彦玲为房山区2009年度"十佳人大代表"，王庆国、朱孝、刘文军、李兴民、张井才、张进来、陈曦、屈桂英、赵定来、耿建光、薛宝光为履职优秀代表。区住建委、区市政市容管委、区文化委、区体育局、区水务局、区交通局、房山公路分局、燕山办事处为2009年度议案建议办理工作先进单位。

（佟国荣 杨燕平）

北京市房山区人民政府

综 述

2009年，在中共房山区委的领导下，在区人大、区政协的监督和支持下，区政府贯彻落实中共十七大和十七届三中、四中全会精神，践行科学发展观，按照建设"人文北京、科技北京、绿色北京"的总体要求，扎实推进"三化两区"建设，打赢"保增长、保民生、保稳定"的攻坚战，完成国庆60周年服务保障任务，取得经济社会跨越发展的新成绩。

2009年，地区生产总值比2008年增长10%。财政一般预算收入、区域税收、固定资产投资3项指标总量均实现历史性突破，增速均居全市各区县首位。财政收入完成52.7亿元，增长1.4倍。其中房山地区完成47.3亿元，增长1.5倍；燕山地区完成5.4亿元，增长1.1倍。一般预算收入完成23.3亿元，增长37.4%；基金预算收入完成29.4亿元，增长4.8倍。土地收益全年达到27.6亿元。区域税收完成145.3亿元，增长1.6倍。全社会固定资产投资完成350亿元，增长1.2倍。城镇居民人均可支配收入和农村居民人均纯收入分别增长8%和12%。完成117亿元土地储备投资任务，固定资产投资超亿元项目达到50个。社会消费品零售额增长9%。旅游业接待游客人数和综合收入持续增长。建筑建材房地产三大产业走出低谷，企稳向好的趋势不断巩固。长周路等5条城市道路建成。把新城中心区改造作为推进城市化的着力点，全区拆迁面积达到216万平方米，拆迁总量占全市的1/4，施工面积达到200万平方米，主体竣工面积达到65万平方米，120户居民入住新居。5个市级小城镇基础设施加快完善。加强规划引领，共编制完成各类规划32项。完成刺猬河二期治理，启动万亩滨水森林公园项目拆迁。继续开展大气污染治理，空气质量二级和好于二级天数达到239天。重新确定布局，实施破冰行动，引进高端要素，发展友好产业，功能区建设取得重大突破。提升合作层级，推进燕房合作，北京石化新材料科技产业基地揭牌，“厂中村”拆迁正式启动，200亿元投资计划稳步推进。参股京西重工，完成海外并购，窦店现代制造业产业基地前期基础工作扎实推进。全力打造中央休闲购物区(CSD)，推出“Funhill”房山新标识，加快运作奥特莱斯项目。北京西南良乡物流基地“两横两纵”路网初步形成。北京良乡高教园区建设稳步实施。引进中粮集团，重组五谷道场，都市现代农业示范区建设蓄势待发。世界地质公园博物馆进入展陈布置阶段。长沟旅游集散特色镇建设规划编制完成，建设项目全面展开。北京(房山)历史文化旅游集聚区重点工程有序推进，云居国际文化园项目破土动工，周口店遗址博物馆迁建工程开始拆迁。都市型现代农业持续健康发展。农业总产值完成40.6亿元，增长4.1%。设施农业新增设施面积200公顷。磨盘柿被确定为地理标志产品国家标准，食用菌产业跻身全国十强。启动小麦籽种更新工程，引进新型养殖品种。农民专业合作社累计达到385家。实施农田景观治理，加强农村信息化建设，增加政策性农业保险险种，农业生产保障能力和抵御风险能力进一步提高。全面落实农业补贴政策，初步建立低收入农产增收帮扶机制。搭建农村土地流转平台，开展集体林权制度改革试点，稳步推进集体经济产权制度改革。实施“百村帮扶”工程，村庄建设扎实推进。集成政策资金支持，广泛凝聚各方力量，全面完成207个市级重点村“5+3”工程，新增受益农户9.6万户。山区建设生态宜居新区，加大“退、迁、建”力度，山区面貌持续改观。加快低端资源型产业退出步伐，关停4家煤矿、9家水泥厂和51家石灰厂。完成516户、1484人险户搬迁工程。加快提升山区生态涵养发展功能，持续开展北部山区环境综合整治，实施京津风沙源治理、废弃矿山修复、清洁小流域综合治理、水源地保护等工程，完成绿化造林2000公顷。加快山区基础设施建设步伐，连接南北两沟的重要通道六石路竣工通车，108国道复线续建工程完工。加快发展山区生态服务型经济。两个沟域经济试点产业特色突出，建设成效明显。加强资源整合，促进产业融合，积极筹划金融后台服务、高端休闲旅游等业态发展。重点突破浅山区，政企联手打造高端葡萄酒产业取得可喜进展。就业形势总体平稳，城镇登记失业率为3.59%，1.27万名城镇登记失业人员实现就业，1.06万名农村劳动力实现转移就业，实现城镇新增就业1.3万人。援助1.2万名就业困难人员实现就业，保持“零就业家庭”动态为零。深化与中心城区的就业协作，千余名劳动力实现跨区就业。社会保险覆盖面继续扩大，城镇职工五项社会保险参保人数大幅增长，养老保障三项制度覆盖人群新增10万人，累计达到52万人。发放救助金1.2亿元。为1060户农村优抚社救对象翻建改造住房，为1000户重残人家庭进行无障碍改造。组织实施科技项目29项。办学条件标准化建设稳步推进，新改建25所学校，对43栋建筑进行抗震加固。卫生服务设施不断健全，7个社区卫生服务中心投入使用。新增90个新农合村级直报网点。加强甲型H1N1流感防控，疫情形势总体稳定。良乡体育中心游泳馆、综合馆主体竣工，成功举办第七届全民健身体育节。为群众办理的30件重要实事全部完成。

（付旭英）

【六届区政府第3次常务会】 1月13日，召开六届区政府第3次常务会议。一、关于房山区2009年《政府工作报告任务分解》，会议强调，《政府工作报告任务》中所列各项任务，是落实国务院、北京市扩大内需政策的具体体现，是保持全区经济和社会平稳较快发展的重要保障。全区各部门、乡镇（街道）必须要给予高度重视，抓紧制订实施方案，加强督促检查，确保各项工作落实到位、目标任务全面完成。会议原则同意房山区 2009 年《政府工作报告任务分解》，按照会议所提意见修改后印发全区。二、关于国土资源部、市政府土地管理工作会议精神和区 2008 年违法违规用地执法检查情况。三、关于房山区落实市第十五阶段控制大气污染措施工作方案。会议要求，要多项措施并举，切实改善大气环境质量。推进以淘汰高排放黄标车为主的机动车污染防治。加强组织领导，建立部门联动、联合巡查制度、案件移送制度、监督互动制度、责任追究和奖励制度，强化责任落实和责任监督。会议原则通过了房山区落实市第十五阶段控制大气污染措施工作方案，以政府文件印发全区执行。四、关于推进全区旅游产业发展意见。会议强调，旅游产业关乎房山的未来。发展旅游产业，必须与社会主义新农村建设、城市管理、文化创意产业等方面紧密结合，必须依靠全区的共同努力。各部门、各乡镇（街道）要高度重视，大力支持，加大投入。要认真查找工作中存在的问题，研究解决问题的方法和对策，积极开发引进旅游新产品、新项目，努力提高旅游业占全区 GDP 的比重，把旅游业真正培养成全区经济发展的支柱产业，把房山真正建设成旅游经济强区。会议要求，对《关于推进全区旅游产业发展意见》做进一步修改和完善，以区政府文件印发。同意召开房山区旅游产业发展大会，由主管副区长王忠海向区委书记刘伟汇报。五、会议通过有关人事任免事项。

（付旭英）

【六届区政府第 4 次常务会】 2 月 4 日，召开六届区政府第 4 次常务会议。关于《房山区 2009 年地方全社会固定资产投资计划和重点推进项目任务分解》。会议认为，加大固定资产投资力度，是着力实施扩大内需政策，发挥投资拉动作用，确保经济增长的重要措施；制定固定资产投资计划，细化重点推进项目任务，是进一步明确工作目标，落实责任主体，着力解决项目建设中存在问题，加快项目推进速度的有效手段，是确保全年固定资产投资任务圆满完成的重要措施。会议决定：原则同意《房山区 2009 年地方全社会固定资产投资计划和重点推进项目任务分解》，由区发改委根据会议意见进一步完善后，以政府文件形式印发全区；区统计局要深入研究统计口径，畅通统计渠道，对全区固定资产完成情况的统计要做到不重不漏，应统尽统。关于调整区农村低保标准情况。会议指出，此次农村低保标准的调整，是市委、市政府确保提高农村低收入群体生活质量而采取的具体措施，有利于首都政治安定、社会稳定及各项改革措施的顺利实施，对于构建社会主义和谐社会、建设社会主义新农村具有重要的意义和深远的影响。

（付旭英）

【六届区政府第 5 次常务会】 2 月 18 日，召开六届区政府第 5 次常务会议。关于房山区巩固创卫成果，争创健康城市（2009—2011 年）实施方案。会议决定：原则同意《房山区巩固创卫成果，争创健康城市（2009—2011 年）实施方案》，由区创卫办根据会议意见进一步完善后印发全区；区创卫办按照会议提出的“明确概念、分析条件、划定范围、设定目标和具体措施”的要求，起草《房山区创建健康城市的工作意见》，提交区政府常务会议讨论。会议要求，要组织开展多种形式的宣传和动员活动，进一步提高全区人民的自觉意识，逐步将“硬管理”转变为群众的自觉行动，全力推进“富裕、靓丽、文明、和谐”新房山建设。关于房山区 2009 年度农村工作会议筹备情况。会议决定：原则同意房山区 2009 年度农村工作会议方案；

《关于进一步促进山区经济社会发展的意见》，按照会议提出的"明确界定范围、突出工作重点、拓宽产业领域、汇集相关政策"等意见，由区农委负责进一步修改完善，提交区委常委会讨论通过后印发。关于房山区2009年区对乡镇财政体制调整思路。会议决定，原则同意区财政局对调整和完善2009年区对乡镇财政体制所提思路和建议，征求各乡镇意见后再做进一步完善。关于解除李光明行政警告处分。关于房山区2009年预算安排情况。会议认为，2009年的财政收支预算，是根据中央经济工作会议及北京市财政工作会议精神，依照市对区县新的财政体制，结合区实际情况，本着"稳定增收，优化结构，注重民生，促进发展"原则所做的安排。会议强调，要量入为出，以"保正常运转、保重点投入"为原则，严格落实收支预算。关于房山区政府债务情况。会议强调，要继续以政府融资平台为依托，通过开展战略合作的方式，积极利用银行贷款，保证扩大投资的需要。同时，要综合利用贷款贴息、建立健全信用担保体系等方式，发挥财政资金的导向作用，进一步扩大政府投资的带动作用。

（付旭英）

【六届区政府第6次常务会】 2月25日，召开六届区政府第6次常务会议。关于房山区2009年拟进入市政府扩大内需重大项目绿色审批通道重点项目（第二批）情况、截至2009年2月23日已批未到位市政府投资项目及房山区2009年固定资产投资项目存在主要问题。关于区2009年拟重点申报和实施的科技项目。会议要求，全区各部门，特别是各乡镇（街道）的主要领导要把此项工作作为落实科学发展观的重要内容给予高度重视，在现有项目基础上，立即着手再挖掘、再提升，重新筛选项目后上报。关于房山区第七届居民委员会换届选举工作安排。

（付旭英）

【六届区政府第7次常务会】 3月4日，召开六届区政府第7次常务会议。关于成立房山区扩大内需办公室、关于房山区扩大内需重大建设项目绿色审批通道实施办法、关于向区政府常务会议报告或通报重点推进和在建项目的安排意见和房山区2009年一季度落地固定资产投资项目情况。会议决定，同意成立房山区扩大内需办公室；同意《房山区扩大内需重大建设项目绿色审批通道实施办法》；同意《向区政府常务会议报告或通报重点推进和在建项目的安排意见》。关于房山区区级部门预算支出绩效考评管理暂行办法。会议决定，原则同意区财政局关于《房山区区级部门预算支出绩效考评管理暂行办法》，以政府文件印发全区执行。

（付旭英）

【六届区政府第8次常务会】 3月11日，召开六届区政府第8次常务会议。关于轨道交通房山线南关站站位情况。会议决定，按照会议所提意见，区轨道办组织相关单位对轨道交通房山线南关站进行重新设计，拿出预算方案，并同时制定建设过程中影响107国道通行的疏导方案。关于良乡房管所直管平房退租拆迁补偿方案的汇报。会议指出，平房退租拆迁工作直接关系群众的切身利益，是改善城市人居环境，提高城市化水平的一项重要工作。制定拆迁补偿方案，必须体现以人为本、公平公正的原则，要有充分的政策依据，注意同一类问题涉及补偿标准的一致性，可借鉴多方经验。会议原则同意区建委提出的良乡房管所直管平房退租拆迁补偿方案，按照会议所提意见进一步修改完善，经主管区领导把关后实施。关于2009年1月至2月全区经济运行情况。会议强调，加快发展"保增长"是首要任务。各部门、各乡镇（街道）必须认清形势，坚定信心。抢抓机遇，加大固定资产投资项目建设力度，进一步加快工作节奏，快马加鞭，夜以继日。克服一切不利因素，全力推进全区重大项目建设，大幅度的超额完成全年任务。

（付旭英）

【六届区政府第9次常务会】 3月27日，召开六届区政府第9次常务会议。关于市区扩大内需重大建设项目绿色审批通道信息平台对接工作。会议强调：平台各成员单位要切实发挥作用，协调各方面关系，加快联审联批速度，尽快促成项目落地；各有关部门、乡镇（街道）要进一步加快项目的前期准备工作，抓紧落实项目资金、土地、规划等手续，为项目审批打下良好基础；全区各部门、各乡镇（街道）要高度重视，以市区扩大内需重大建设项目绿色审批通道信息平台为契机，建立区内加快审批速度的长效机制，坚持不懈地抓下去。关于高教园区2008年前（含2008年）资金使用情况及2009年投融资计划会议指出，在区委、区政府的正确领导下，通过园区管委会、入驻院校、相关部门的共同努力，自2003年开工建设至2008年底，良乡高教园区累计完成投资43.3亿元，批复土地274.96公顷，开复工面积62万平方米。北京理工大学、北京工商大学、首都师范大学入驻师生2万人，中国社会科学院研究生院进入主体施工阶段。

（付旭英）

【六届区政府第10次常务会】 4月8日，召开六届区政府第10次常务会议。关于房山区政府债务管理暂行办法。会议决定，原则同意《房山区政府债务管理暂行办法》，按照会议所提意见修改后印发全区。关于房山区2009年主要污染物总量减排工作方案。关于贯彻实施北京市城乡无丧葬补助居民丧葬补贴办法。

（付旭英）

【六届区政府第11次常务会】 4月22日，召开六届区政府第11次常务会议。关于当前固定资产投资有关情况。会议认为，一季度全区固定资产投资同比增长1.4倍，增幅较大，但存在三个明显不足：从完成的投资项目看，拆迁和续建工程占较大比重，新开工项目明显不足，加快项目前期准备工作进度，落实建设资金，是促使项目早日开工的关键；从投资来源看，政府投资项目占较大比重，社会投资的大项目明显不足，充分利用发展空间，大力宣传环境优势，加大招商引资力度是扩大投资增量的关键；从投资结构看，基础设施投资占较大比重，产业项目明显不足，实现全年保增长的目标，依靠产业拉动是可持续发展的关键。会议强调，要清醒地认识到当前面临的巨大压力，要完成全年固定资产投资任务，必须决战二季度。要抓住二季度项目建设的黄金时期，进一步加快工作节奏，克服一切不利因素，全力推进建设项目早日开工、早日竣工。会议决定，对未开工项目另召开专题会议逐一研究，找出问题结症，逐项加以解决。有关部门、乡镇（街道）要提前做好准备。关于轨道交通房山线车站命名预案。会议决定，按照会议所提意见，对方案进行修改后作为第一方案，原汇报方案作为第二方案，两方案一并向社会公开征求意见，“五一”后再议定。

（付旭英）

【六届区政府第12次常务会】 5月6日，召开六届区政府第12次常务会议。关于房山区共同致富行动计划工作意见。会议决定，原则同意区农委《关于房山区共同致富行动计划工作的意见》，按照会议所提意见进一步细化，并提出具体措施后向区委常委会汇报。关于房山区城乡居民养老保险工作情况。会议强调，2009年是城乡居民养老保险制度实施的第一年，涉及人员多，工作量大，实现全区农村居民养老保险参保率95%以上的目标任务相当艰巨。特别是当前面临严峻的金融危机，做好城乡居民养老保险工作对实现“三保”目标意义重大。会议决定：原则同意《关于城乡低保对象等困难群体参加居民养老保险给予补贴的办法》，按照会议所提意见修改后实施；《关于做好城乡居民养老保险工作的通知》，以区政府名义印发全区执行；成立房山区城乡居民养老保险工作领导小组。关于房山区乡村公路建养管理暂行办法。会议决定，房山公路分局按照会议所提意见，对《房山区乡村公路建养管理暂行办法》进一步修改完善，并报区法制办审核把关后实施。

（付旭英）

【六届区政府第 13 次常务会】 5月13日，召开六届区政府第 13 次常务会议。一是关于进一步完善区乡财政管理体制方案的说明。会议决定，以充分调动乡镇积极性为原则，具体需求的测算须进一步梳理，由区财政局组织专题会再进行深入细致的研究。原则同意区财政局提出的关于进一步完善区乡财政管理体制方案。按照会议所提意见修改完善，经审核后，向区委常委会汇报。二是关于房山区 2009 年推进重点改革任务的意见。会议决定，原则同意《房山区 2009 年推进重点改革任务的意见》。由区委常委、副区长高言杰牵头，组织发改委等相关部门专题研究制定全区石灰企业关闭实施方案。三是关于房山区公费医疗制度改革实施情况。四是关于全面推进农村集体经济产权制度改革工作。会议决定，原则同意区经管站提出的《关于全面推进农村集体经济产权制度改革工作意见》，报区委常委会研究。五是关于房山区机关事业单位工作人员带薪年休假实施办法。会议决定，原则同意区人事局提出的《房山区机关事业单位工作人员带薪年休假实施办法》。

（付旭英）

【六届区政府第 20 次常务会】 9月2日，召开六届区政府第 20 次常务会议。关于创建国家生态区工作安排意见。会议决定：同意“房山区生态示范创建工作领导小组名单”。由副区长王忠海牵头，组织相关部门进行深入研究，结合会议所提意见形成完善的创建规划。规划意见成熟后报区委常委会审议，最后提请区人大常委会形成决议；由区发改委、区环保局牵头，有关部门、各乡镇（街道）积极参与，就产业调整后未来产业发展问题进行研究，并形成意见纳入总体创建规划。关于《房山区房屋拆迁管理指导意见（草案）》（以下简称《指导意见》）及《房山区集体土地房屋拆迁补偿办法（草案）》（以下简称《补偿办法》）。会议决定：原则同意《指导意见》，按照会议所提意见进一步修改完善，由区政府办、区政府法制办把关后印发全区执行；由副区长吴会杰牵头，相关部门、乡镇（街道）参加，对《补偿办法》再行深入分析、研究，适当设定幅度，实事求是地通过具体论证后，形成一个便于操作，有利于推进的《补偿办法》。

（付旭英）

【六届区政府第 22 次常务会】 10月28日，召开六届区政府第 22 次常务会议。关于启动房山区“十二五”规划研究和编制工作的意见。关于房山区生态涵养发展区规划研究编制工作方案。会议原则同意区发改委《关于房山区生态涵养发展区发展规划研究编制工作方案》，由其根据会议意见作进一步修改。关于房山区第二次全国经济普查情况。会议原则同意《第十一届 CIHAF 中国住交会房山参展活动方案》，根据会议意见进一步修改完善后，提交区委常委会审定。

（付旭英）

【六届区政府第 23 次常务会】 11月4日，召开六届区政府第 23 次常务会议。关于房山区进一步加快食用菌产业发展指导意见。会议原则同意《房山区进一步加快食用菌产业发展指导意见》，按照会议所提意见进一步修改，由区法制办把关后，以区政府名义印发。关于房山区进一步加快少数民族村经济发展的意见。会议原则同意《房山区进一步加快少数民族村经济发展的意见》，由区民政局牵头，请区委组织部、统战部参与，有关部门配合，按照会议所提意见进一步修改完善后，提交区委常委会审定。关于房山区 2010 年度新型农村合作医疗制度管理办法的实施方案。会议决定，由区卫生局负责，继续对该方案进行梳理，按照会议所提意见进一步修改完善后，再提交区政府常务会审议。关于落实北京市环保局检查房山区中小工业企业情况。会议强调，要落实科学发展观，统一思想，提高认识，正视问题。各部门、各乡镇（街道）要高度重视，当务之急是解决目前存在的问题，切不可掉以轻心。要齐心协力，面对困难，准确把握发展方向，始终以首都发展高端产业为导向，坚决淘汰落后产业。

（付旭英）

【六届区政府第 24 次常务会】 12 月 9 日，召开六届区政府第 24 次常务会议。关于房山区 2010 年市政工程投资计划及房山区集中供热建设工程实施意见。会议原则同意区市政市容管委关于《房山区 2010 年市政工程投资计划》及《房山区集中供热建设工程实施意见》。关于房山区 2010 年度新型农村合作医疗制度管理办法实施方案。会议原则同意《房山区 2010 年度新型农村合作医疗制度管理办法实施方案》。有关人事任免事项。

（付旭英）

【六届区政府第 25 次常务会】 12 月 23 日，召开六届区政府第 25 次常务会议。关于房山区 2010 年在直接关系群众生活方面拟办重要实事征集工作情况。会议决定，由区政府办根据会议意见对《房山区 2010 年在直接关系群众生活方面拟办重要实事》（讨论稿）进行修改，对于同一大类的项目要进行合并，并再次进行筛选，严格标准。进一步完善后，报区委常委会审议。关于房山区国民经济和社会发展计划指标 2009 年完成情况和 2010 年安排（含全社会固定资产投资计划）建议及房山区 2010 年政府投资计划安排。会议原则同意区发改委关于房山区国民经济和社会发展计划指标 2009 年完成情况和 2010 年安排（含全社会固定资产投资计划）建议及房山区 2010 年政府投资计划安排，根据会议意见进一步完善后，报区委常委会审议。关于《北京市促进城市南部地区加快发展房山区行动方案》。会议原则同意区发改委关于《北京市促进城市南部地区加快发展房山区行动方案》，根据会议意见进一步完善后，报区委常委会审议。会议要求，各部门、各乡镇（街道）要按照部门职责，落实责任，大力配合，全力以赴，确保北京市促进城市南部地区加快发展房山行动方案的顺利实施。关于《房山区 2009 年 1–11 月财政预算执行、预算调整及 2010 年收支预算（草案）的报告》。会议原则同意区财政局关于《房山区 2009 年 1—11 月份财政预算执行、预算调整及 2010 年收支预算（草案）的报告》，按照程序，提交区人大常委会审议。关于《房山区残疾人“人人享有康复服务”的实施意见》。会议原则同意区残联关于《房山区残疾人“人人享有康复服务”的实施意见》，按照会议意见进一步完善后，以区政府名义印发。关于《房山区贯彻落实北京市市民居家养老（助残）服务办法实施意见》。会议原则同意区老龄办关于《房山区贯彻落实北京市市民居家养老（助残）服务办法实施意见》，按照会议意见进一步完善后，以区政府名义印发。

（付旭英）

【六届区政府第 43 次专题会】 3 月 27 日，召开六届区政府第 43 次专题会议。一是关于给予山区人口迁移工程政策资金支持的报告。会议决定，原则同意关于给予山区人口迁移工程政策资金支持的报告，按照会议所提意见修改后，以“请示”文种上报市政府。二是关于房山新城良乡组团地名规划方案和房山新城良乡组团东区城市设计方案。

关于《房山新城良乡组团地名规划方案》。会议要求：由区新闻办、信息中心、广电中心制作专题宣传片，利用广播、电视、网络等媒体在全区范围内广泛宣传并征求意见。让百姓投票，最终选出他们心目中比较满意的方案。要通过宣传使群众了解良乡的历史，使其成为提升百姓素质的载体。在充分征求和吸纳区人大、政协意见及离退休老干部和社会各界意见后再确定。关于《房山新城良乡组团东区城市设计方案》。会议要求：城市设计要考虑城市综合景观效果，要留有发展余地。要聘请具有较高资质的专家对设计方案进行论证，进一步完善。在充分征求和吸纳区人大、政协意见后，提交区委常委会议定。要充分利用规划成果。由区新闻办牵头策划，进行广泛宣传，让全区广大干部群众了解房山新城发展的未来，同时调动广大干部群众积极参与到房山新城的建设中来，为规划的顺利实施打下坚实的基础，这是落实科学发展观的具体体现。

（付旭英）

【六届区政府第46次专题会】 5月6日，召开六届区政府第46次专题会议：房山规划分局关于轨道交通房山线良乡南站、长阳站站点及周边用地一体化设计方案的报告。会议决定，由房山规划分局牵头，组织相关设计单位按照会议所提意见对轨道交通房山线良乡南站、长阳站站点及周边用地一体化设计方案进行进一步完善。同时，有关部门要尽快拿出融资方案，确保工程如期开工。

（付旭英）

【六届区政府第47次专题会】 5月20日，召开六届区政府第47次专题会议：关于落实洪寺等10个村社会保障问题。会议要求，由副区长王忠海牵头，副区长吴会杰参与，城关街道办事处会同区研究室、发改委、农委、建委、国土、规划、民政、财政、劳动、公安、法制办等有关部门继续进行深入分析研究，提出具体可行的实施方案。针对变化了的具体情况，特别要将土地现状与后续开发分类理清；要将超转人员安置问题理清；要将当期的解决办法与未来预期可能出现的新问题理清。会议决定，待方案进一步完善、成熟后再定。关于房山区养老服务机构建设进展情况。会议要求：各部门、各乡镇（街道）要高度重视，统一思想，提高认识，全力推进养老服务产业的发展；要抓住政策的有利时机，对于正在建设中的养老服务机构，要抓紧建设；对于正在申报手续及正在策划中的养老服务机构建设项目，规划、国土等有关部门要帮助解决难题，在合法合规的前提下，积极予以支持；要按照社会需求，在提高养老服务机构管理水平上下工夫。区民政部门要会同区卫生、疾控、质监、劳动等部门，着力抓好养老服务机构的管理，开展对从业人员的常规性培训，提高从业人员的素质，构建房山区配套设施完善、管理现代化、服务水平一流的养老服务产业体系；由副区长马丽英牵头，副区长王忠海、吴会杰参与，各部门、各乡镇（街道）积极配合，确保完成2009年的养老服务机构建设任务。区民政局会同相关部门尽快制定出房山区养老服务产业发展规划，统筹规划养老服务机构建设的总体规模、营销策划、人员培训、管理机制、规范化服务以及相关政策落实等问题，促进房山区养老服务产业健康发展。

（付旭英）

计划　统计

【概况】 2009年，区发改委完成国民经济和社会发展年度计划和区域固定资产投资计划的编报工作。在区域固定资产投资计划中，2009年市发改委分解下达房山区域固定资产投资计划240亿元，发改委在年初对区域投资项目逐项进行汇总，分解下达区域固定资产投资390亿元的年度计划。截至10

月底，累计完成投资300.6亿元，同比增长2.1倍，高于全市161.9个百分点。2009年争取政府投资项目中，截至9月底批复38项，批复资金29.76亿元，到位资金12.2亿元。重点项目中，集中供热项目批复资金近7亿元，东环路批复资金6亿元，万亩滨水森林公园批复资金4亿元，新能源项目批复资金1.7亿元。编制和整理11类110项重大项目列入南城行动计划。做好“十二五”规划和生态涵养区规划。推进燕房石化新材料产业基地、良乡高新技术产业区，长阳和窦店等重点功能区建设。成立房山区扩大内需办公室，设在区发改委。主管副区长任组长，区16个职能部门为办公室成员单位。制定《房山区扩大内需重大建设项目绿色审批通道实施办法（试行）》，建立健全各项规章制度。建立由发改、规划、国土、环保、建委等部门参加的协调联动工作机制，定期召开项目协调会，及时解决项目审批过程中出现的问题。落实2008年度房山区的行政事业性“收费许可证”年审换证工作，共审核收费单位165个，审核收费项目540余项次，审核收费票据5100余本，核发“收费许可证”正本165个，副本220个。完成30家机动车停车场停车收费标准；办理社会力量办学收费标准备案手续15家。

2009年，完成7305个法人单位、1183个产业活动单位、29686户个体经营户普查数据的登记、审验及上报工作。对河北、十渡等8个山区乡镇政府统计工作进行巡查，提出整改建议。组织全区23个统计所观摩学习石楼镇夏村统计员的农业基础台账。完成2115名统计人员继续教育培训工作；统计从业资格考试报考总人数达到1302人。2009年，共招录15名大学生，并对30名科所干部进行职务和岗位调整。全年组织开展日常培训52场。各科室集中开展年定报培训39场。制定《房山区统计局、国家统计局房山调查队对外提供和发布统计资料管理的暂行规定》《2009年房山统计信息网主要统计数据和经济统计信息发布计划》，制定并实施《非工作时间内向区领导提供统计服务的应急办法》；建立财税统计数据旬报制度。分别召开3次投资统计专题会，与29个区直部门共同建立固定资产投资月报制度；对计划投资项目进行及时跟踪监测。加强对重点行业重点企业运行情况的监测，建立大中型和重点水泥行业应急月报和特一级建筑业企业的应急月报制度。撰写140期进度分析或专题分析。其中，《2009年1—2月全区经济运行情况简析》《关于“群众对街道乡镇党委政府工作满意度问卷调查”的报告》得到区委、区政府的高度重视，《改善消费环境，化解购买力存量》成为2009年北京市政府统计系统科研立项课题。编印《房山六十年》《房山区统计年鉴2009》《房山区统计实用手册2009》《房山区2008年二、三产业企业排行榜》等统计资料。投资服务大厅统计窗口全年完成统计登记408家，换证437个，补证22个。2009年统计执法工作，在24个统计所继续实行执法案卷自查互查。全年执法检查单位150家，督导单位160家，超额完成市局下达的执法任务。其中，对19家单位利用简易程序发出处罚决定书，对28家达到立案标准的单位进行处罚。全年完成各项调查58项，其中上级局队任务55项，区政府任务3项。房山区第二次全国经济普查办公室及城关、拱辰、阎村、长阳经济普查办公室获得国家级先进集体称号。

（米灵谊　王海星）

【2009年度计划编制工作】　1月，区发改委完成2009年国民经济和社会发展年度计划和区域固定资产投资计划的编报工作。在区域固定资产投资计划中，2009年市发改委分解下达房山区域固定资产投资计划240亿元。2009年经过全区上下的共同努力，一大批重点工程和重点项目顺利推进，区域固定

资产投资呈现出持续快速增长态势。全年完成投资349.8亿元，同比增长119.2%。

（米灵谊）

【**加强经济预警预测研究**】　针对全区经济发展形势，区发改委在2009年9月组织召开区有关部门参加的经济形势分析座谈会，深入基层调研，利用"十一"国庆假期时间召开全委工作务虚会，撰写《房山区2009年前三季度经济形势及第四季度和明年经济前景预测》报告。报告在客观分析全区前3个季度经济发展形势的基础上，对2009年四季度及全年宏观经济走势进行预测，对2010年形势做出较为客观的判断，为区委、区政府领导决策提供重要参考，得到区委、区政府主要领导的认可和好评。

（米灵谊）

【**谋划南城发展规划**】　加快首都南城发展成为市委、市政府的重大决策部署之一。编制完成房山城南行动计划，包括市区连接重要通道、新城基础设施、永定河生态走廊、石化新材料、窦店基地、高教园区、物流园区、世界地质公园、山区替代产业等重点项目列入南城行动计划。

（米灵谊）

【**做好"十二五"规划编制的前期准备工作**】　研究提出"十二五"规划编制工作的指导思想和主要任务。研究起草了北京市房山区"十二五"规划基本思路。初步拟定"十二五"规划前期研究课题。10月28日，《关于启动房山区"十二五"规划研究和编制工作的意见》经区政府常务会议研究原则通过，并于会后向区委常委会汇报审议。

（米灵谊）

【**区经济普查办公室"三步走"开展查遗补漏**】　房山区经济普查办公室根据市经济普查办公室反馈单位数量，三步走开展法人单位查遗补漏，确保清查单位不重不漏。第一步：区经济普查办公室单位名录组充分利用现有资料有针对性地进行分析，对反馈的地税新增和工商返回的2702家单位，按专业、所在地进行分类，将名录库底册返到乡镇、街道逐一进行查找、核实。第二步：乡镇经济普查办公室坚持登记查找两不误，在做好登记工作的同时，乡镇经济普查办公室人员与村普查指导员共同查找相结合，根据反馈的底册，通过电话查找、普查员实地踏查、与招商办等部门配合等方式进行查找登记，并对新返回的补录单位进行最后清查，确保查找单位数量。第三步：区经济普查办公室对补录单位进行再填表、再审核，与市局返回的单位名录库进行对比，做到补录单位不重不漏。严格审核清查表中单位性质鉴定、行业代码等容易出现错误的内容，加大审核力度，对查遗补漏中需要增加或剔除的单位，进行集中录入和剔除。

（司维）

【**房山区经济普查对象统计"五五"普法学习、注册完成**】　根据北京市第二次全国经济普查领导小组办公室的要求，房山区在法制宣传月期间，结合第二次全国经济普查培训工作，完成以《经济普查话你知》宣传手册为主要内容，针对全部法人单位为主要对象的经济普查法律知识的学习、注册工作。每期普查布置会前都要进行经济普查普法培训，每期20分钟。全区完成第二次全国经济普查普法答卷7882份。其中规模以上单位1380家，实际参加普法人数1380人；规模以下单位5981家，参加普法人数6442人。

（孙建勇）

【**"四心工作法"做好限下单位收审工作**】　自市经济普查网报系统开通以来，房山区各行业调查单位正在有条不紊地上报普查表。为此，房山区经济普查办公室精心组织，统筹安排，严格按照"合格一个，验收一个"的原则，采取"四心工作法"（耐心催、细心审、专心问、用心答），确保数据准确性。全区25个乡镇街道办事处的限下单位上报5328家，普查表报送率达到89.1%，其中10

个乡镇的报表率达到 100%，全区录入普查表 3205 家，占报送单位数量的 60.2%。

（于素英）

【建立财政、税收统计旬报制度】 3 月 4 日，房山局队组织召开统计、财政、税收工作座谈会，会议确定建立财政、税收统计旬报制度。为密切监测全区的财税运行情况，认真落实财税统计工作的及时、有效性，使统计工作更好地服务于社会，房山局队建立财政、税收统计旬报制度。制度要求各财税部门每月 11 日、21 日及时向统计局队提供部门数据，经统计局统一汇总、加工，形成旬报，并资源共享，为各级领导决策提供及时、有效的统计服务。

（石晶）

【规范对外提供和发布统计资料工作】 根据北京市统计局、国家统计局北京调查总队《关于规范市与区县（开发区）两级统计数据的通知》（京统发〔2009〕20 号）要求，为规范和加强对外提供和发布统计数据、统计资料的管理，房山局队针对近年来《对外提供和发布统计资料管理办法》在执行中存在的问题，结合《中华人民共和国政府信息公开条例》《北京市关于规范市与区县两级统计数据的方案》的相关要求，对原有制度进行修改和完善，并制定 2009 年《房山区统计局、国家统计局房山调查队对外提供和发布统计资料管理的暂行规定》，并于 2009 年 3 月 12 日起执行。规定中提供和发布统计资料是以北京市统计局和国家统计局北京调查总队评估、反馈后的数据为准，涉及房山区经济社会发展的主要领域，包括第一、二、三产业以及投资、财政收支、税收和城乡居民收入等领域。为了能够更好地贯彻执行此规定，特制定《2009 年房山统计信息网主要统计数据发布计划》《2009 年房山统计信息网主要经济统计信息发布计划》，并在房山统计信息网上公布。

（朱振东）

【送统计法到基层】 3 月 12 日，房山局队法规科人员到长阳镇统计所组织的农业统计培训会上进行会前讲法，长阳镇 37 个行政村的统计人员参加会议。会上发放《统计法律法规宣传手册》40 余本，针对村级统计人员兼职的比较多，对统计法律法规系统学习不够，统计从业资格证书持证率较低的现状，重点从四个方面进行统计法制知识培训：一是统计人员的职责，强调如实报送统计资料，拒绝、抵制篡改统计资料或编造虚假数据的行为；二是关于持证上岗，统计从业资格认定是政府统计部门一项重要的基础性管理工作，对提高基层统计人员的素质和稳定性，从源头上保证统计数据的质量，具有积极的现实意义；三是统计违法的种类，统计违法根据行为主体分为统计调查对象，地方、部门、单位领导人和统计调查者的违法行为三种，重点强调统计调查对象的违法行为；四是统计违法行为的处罚。

（蔡艳华）

【完成 ICP 调查】 根据 2009 年亚太地区国际比较项目（ICP）调查工作总体要求，在北京开展国际比较项目调查，调查内容主要涉及居民消费价格调查、机械设备价格调查、政府职务工资调查。房山区作为参加“国际比较项目调查”的远郊区县之一，房山局队在这次国际比较项目调查中，共承担 162 种规格品和服务项目的价格采集，涉及到食品、服装、日用品、电器及服务项目。

（石红英）

【城市发展新区统计服务座谈会在房山区召开】 5 月 19 日，房山、通州、顺义、昌平、大兴 5 个城市发展新区统计局、调查队统计服务座谈会在房山召开。座谈会上，5 区县展示各具特色的统计产品，为互相学习借鉴搭建平台。大家一致认为，优化统计服务符合经济社会发展的需要，符合领导科学决策的需要，是打造务实高效的服务型机关的需要；在“保增长”和《统计违法违纪行为处分规定》颁布实施的双重形势下，统计部门需要针对新形势，改进和优化统计方法，进一步提高统计服务水平；城市发展新区面临的形势和统计工作任务有个别性，但更具有共通性，所以加强交流和沟通有助于促进城市发展新区的统计服务工作，进而促进城市发展新区的经济社会共同发展。会议就统计资料横向交流达成了 3 点共识：一是要完善横向交流统计指标体系，增加一些反映经济社会发展的新指标，剔除不适合当前统计服务的旧指标；二是要进一步明确横向交流指标体系口径、范围；三是要加强横向交流资料的及时性，在第一时间为领导提供可供参考的统计数据。各区县统计局局长和党组书记、调查队队长、综合科科长参加会议。

（冷志伟）

【全区农作物春播面积减少】 2009 年全区农作物春播面积 7700.2 公顷，比 2008 年减少 2636 公顷，同比减少 25.5%。粮食作物春播面积 6496.33 公顷，比 2008 年减少 2233.8 公顷，同比减少 25.6%。其中玉米面积 4811.93 公顷，同比减少 29.9%；大豆面积 918.73 公顷，同比减少 9.0%。经济作物播种面积 535.4 公顷，比 2008 年减少 360.53 公顷，同比减少 40.2%；其中，油料播种面积 379.13 公顷，同比减少 35.2%。其他作物播种面积 668.47 公顷，比 2008 年减少 41.67 公顷，同比减少 5.9%。春播面积减少主要原因:一是 2009 年春季干旱少雨，3 月 1 日至 5 月 10 日，全区降雨量 40.2 毫米，同比减少 55.8%，不能为春播提供足够的墒情，所以部分乡镇减少了春播面积；二是 2008 年部分乡镇在果树间种植玉米，由于果树苗长大，不能再种植玉米；三是种植结构调整。

（舒方华）

【夏粮实产同比小幅增长】 2009 年，全区夏粮播种面积为 10065.47 公顷，与 2008 年基本持平。2009 年房山区实施市政府粮食综合补贴办法，小麦每公顷补贴 2475 元，比 2008 年每公顷增加 150 元。其中：良种补贴 450 元，比 2008 年增加 150 元。实际公顷产量为 4977.3 公斤，比 2008 年增加 110.55 公斤，总产量 5009.88 万公斤，比 2008 年增加 86.18 万公斤，同比分别增长 2.3%和 1.8%。

（舒方华）

【秋收农作物面积同比下降 2.5%】 2009 年，房山区秋收农作物播种面积（春播+夏播）2.17 万公顷（不含蔬菜面积），同比下降 2.5%。秋收粮食作物播种面积 20276.2 公顷，比 2008 年同期减少 106.87 公顷，同比减少 0.5%。其中：玉米面积 18166.73 公顷，同比基本持平；豆类面积 1455 公顷，同比减少 87.8 公顷，下降 5.7%；薯类面积 455.27 公顷，同比基本持平。经济作物播种面积 683.6 公顷，比 2008 年同期减少 375.8 公顷，下降 35.5%。其中：油料面积 520.07 公顷，比 2008 年同期减少 178 公顷，下降 25.5%；棉花面积 89.2 公顷，比 2008 年同期减少 215.67 公顷，下降 70.7%；药材面积 74.33 公顷，比 2008 年同期增加 17.87 公顷，增长 31.6%。其他作物播种面积 754.53 公顷，同比减少 162.27 公顷，下降 17.7%。其中：瓜类及草莓面积 376.67 公顷，同比减少 159.93 公顷，下降 29.8%；饲料面积 12 公顷，同比减少 59.53 公顷，下降 83.2%；花卉面积 172.33 公顷，同比增加 64.6 公顷，增长 60%；草坪面积 186.87 公顷，同比基本持平。

（舒方华）

【农作物总播种面积保持稳定】 2009 年，全区农作物播种面积（不含蔬菜）31779.8 公顷，同比下降 1.5%，其中粮食作物 30341.67 公顷，同比增长 0.2%，经济作物 683.6 公顷，同比减少 35.5%，其他农作物 754.53 公顷，同比减少 17.7%，粮食、经济作物和其他农作物种植结构比例由 2008 年的 93.9：3.3：2.8 调整为 95.5：2.1：2.4，农作物总播种面积基本保持 2008 年水平。

（胡淑香）

【完成房地产开发企业土地开发利用情况跟踪调查工作】 为全面反映北京市土地利用状况，市局、总队开展房地产开发企业土地开发利用情况跟踪调查。此次调查涉及房山区全部的159家房地产开发企业，调查的内容主要包括房地产开发企业基本情况。截至5月31日，企业现有的生地、一级开发类土地和项目未完全竣工的二级开发类土地的基本情况和建设进度情况，以及开发企业对土地未来需求情况等内容。通过调查汇总，房山区共有58家房地产开发企业，拥有一级开发类土地和项目未完全竣工的二级开发类土地852.28公顷。其中，21家房地产开发企业拥有一级开发类土地272.57公顷，37家房地产开发企业拥有项目未完全竣工的二级开发类土地579.71公顷。

（任秋丽）

【全面启动第二次全国R&D资源清查工作】 按照国家统计局、科技部、国家发展改革委、教育部、财政部和国防科工局《关于开展第二次全国R&D（即研究与试验发展）资源清查的通知》（国统字〔2009〕57号）文件和北京市《关于开展北京市第二次全国R&D资源清查的通知》（京统发〔2009〕104号）文件精神，房山区开展第二次全国R&D资源清查工作。此次清查将摸清房山区R&D活动的总体规模和分布情况，为制定房山区“十二五”规划和监测创新型城市建设进程提供科学依据。清查工作由区统计局、区科委和区发展改革委共同牵头，会同区教委、区财政局组成清查工作领导小组，负责清查工作的组织领导和重大问题的协调。由上述部门相关人员组成清查领导小组办公室（办公室设在区统计局），负责调查方案的制订和实施。9月8日，房山区第二次全国R&D资源清查网站正式开通。9月10日，房山区统计局、调查队召开第二次全国R&D资源清查摸底调查方案培训会议。全区591家企事业单位分3批参加培训。

（李小威）

【完成人口普查试点数据处理】 房山区作为第六次全国人口普查人户分离试点地区，完成清查摸底、入户登记、复查审核各环节工作后，房山局队在数据处理环节采取制订《人户分离试点数据处理工作细则》，内容涉及工作流程、职责分工、数据备份、数据修改记录、进度报告等，使数据处理工作得到进一步规范，安排6名参加试点的青年骨干负责录入工作，仅用2天时间就完成1177户调查表的录入与校对工作，提升数据处理的效率和准确性，对于数据录入过程中遇到的特殊情况，业务人员遵循工作细则要求，录入的同时做好登记，录入完成后前往试点社区统一复核，需修改的数据也逐一登记，做到有据可查。8月30日，原始数据实现无差错上报。

（许照毅）

【房山区2009年人口变动和劳动力群众安全感调查正式启动】 9月9日，市统计局人口处召开2009年人口变动和劳动力、群众安全感调查样本核实培训会，布置2009年该项调查的首项工作——核实样本。房山局队向7个乡镇的统计所布置该项工作。这标志着房山区2009年人口变动和劳动力、群众安全感调查工作正式启动。此项调查是国家统一安排进行的一项经常性调查任务，样本由国家统计局统一抽取，涉及区7个乡镇的7个居（村）委会，16个调查小区。此次样本核实内容包括调查小区隶属关系、名称、地址码、城乡属性、拆迁或合并情况以及调查小区内户数、常住人口数及增减变动等情况。

（尹寒雪）

【开展城镇居民家庭投资状况与心态调查】 9月，国家统计局全国范围内开展城镇居民家庭投资状况与心态调查。房山区共涉及20个社区居委会。调查对象按等距抽样方法全部抽自2009年城镇住户常规调查户。调查问卷分为 A、B 两种调查表，调查表（A）重点调查城镇居民家庭投资状况，共设立 22 项调查题目；调查表（B）重点调查城镇居民投资心态，共设立 29 项调查题目。调查采取调查员入户直接访问，问卷逐级上报汇总方式进行。

（李瑞涛）

【完成城镇居民出行及医疗教育专题调查】

9 月，国家统计局北京调查总队、北京市统计局在全市范围内开展北京市城镇居民出行及医疗教育专题调查。房山区涉及到 20 个社区的 45 户城镇居民家庭。调查问卷内容包括交通出行时间与支出、医疗、教育方面的花费和感受等共 38 个问题。

（王雪芳）

【房山局队紧抓 4 个环节做好市容环境卫生监测工作】 为掌握和追踪房山区市容环境卫生的整治情况，提供相关的调研信息和决策参考，房山局队开展市容环境卫生月度调查工作。在房山区的良乡、城关两个地域进行，每月调查 1 次，共调查居委会、村委会 12 个。房山局队紧抓精选调查员、前期踏勘、落实调查制度、严格审核把关 4 个环节做好市容环境卫生监测工作。

（王振坤）

【《房山六十年》出版发行】 2009 年是新中国成立 60 周年。为讴歌房山 60 年经济社会发展取得的巨大成就，让人民群众从数字中深刻感受房山经济社会翻天覆地的变化发展，房山局队组织编写《房山六十年》。9 月 28 日，该书正式出版发行。全书精装彩印，分为闪光足迹、发展历程、辉煌成果和数说房山 60 年 4 部分。闪光足迹部分以新中国成立以来不同年代房山发生的大事为主线，采用图片和文字说明的形式反映各个年代不平凡的历程；发展历程部分以统计趋势图来反映房山区经济社会发展的成就。辉煌成果部分以统计分析报告的方式来描述建国以来房山区在各个方面所取得的巨大成果；数说房山 60 年部分对主要是 1949 年至 2008 年房山区经济社会发展历史统计数据。

（朱振东）

【完成 2009 年人口变动和劳动力调查样本核实工作】 9 月 9 日，房山区开展 2009 年人口变动和劳动力调查工作。此项工作首先需对 2009 年人口变动和劳动力调查抽中样本进行核实。房山区 16 个调查小区被抽中，涉及到 7 个乡、镇、街道的 8 个居、村委会。其中人口和户数变动较大的小区有 3 个，行政区划代码和城乡属性代码有变化的小区 3 个，另外按照市局、总队人口处的规定对 1 个拆迁小区。对有变动的调查小区做相关情况说明或更换。

（尹寒雪）

【房山局队召开重点耗能单位培训会】 10 月 16 日，工业城建科召开区重点耗能单位能源培训会，培训对象为年耗能 2000 吨以上的工业单位以及年耗能 5000 吨标煤以上非工业重点耗能单位，共 24 家。此次培训主要围绕 3 个重点：一是对定报制度进行再培训，包括对重点能源指标的填报原则以及取数方法，尤其对取数过程中的重点难点，结合企业实际情况进行再讲解；二是强调加强能源统计基础工作，包括原始记录的保存、计量工具的完善、统计台账的建立健全；三是与企业进行座谈，了解企业生产经营特点，生产工艺，听取企业对统计制度方法的意见及建议，解答企业在统计工作中遇到的问题。

（李欣）

【房山区“准规模”单位查找率达 90.1%】

为及时将达到统计规模标准的单位纳入日常统计范围，进一步做好基本单位名录库的维护工作，房山局、队按照市局、总队下发的关于开展 2009 年《法人单位经营情况》调查工作的通知要求，完成 642 家法人单位的查找工作。截至 10 月 16 日，有 579 家单位完成法人单位经营情况调查表的填报，其中营业收入超过 500 万元的单位 43 家，另外 63 家单位由于关闭等原因未能填报，填报率达到 90.1%。

（白岳）

【房山局队在统计继续教育工作中宣讲新统计法】 10 月，房山局队对辖区内统计人员进行继续教育培训工作，对《统计违法违纪行为处分规定》《统计从业资格认定办法》《统计执法检查规定》等法律规章的有关条文进行宣讲。法规科利用培训会的契机，大力宣讲新《中华人民共和国统计法》，对新《中华人民共和国统计法》修订的指导思想、基本宗旨、核心任务以及《中华人民共和国统计法》进行逐条解读，并结合典型案例，使统计人员加深对《中华人民共和国统计法》的理解。参加继续教育的企业统计人员、村级统计人员和其他持有统计从业资格证书的人员共 2100 人，按地域分 12 场次进行培训。

（蔡艳华）

【房山经济普查总结表彰会】 11月12日，房山区召开第二次全国经济普查总结表彰大会，大会由区经济普查领导小组副组长、区政府办公室主任刘建平主持。市经济普查办公室常务副主任、市统计局副局长顾兖州，区经济普查领导小组组长、副区长王忠海出席。区经济普查领导小组副组长、区统计局局长张福志对全区经济普查工作进行总结。区经济普查领导小组副组长、国家统计局房山调查队队长左志国宣读《关于表彰房山区第二次全国经济普查优秀单位、先进集体和先进个人的决定》，对在经济普查工作中涌现出的 12 个优秀单位、114 个先进单位和 208 名先进个人进行表彰。区经济普查领导小组成员单位领导、乡镇经济普查领导小组组长、普查办公室主任、常务副主任以及先进集体和先进个人代表等 320 人参加会议。

（周英华）

【完成 2009 年三查工作】 房山局队采取多项措施，抓住各个环节，完成 2009 年人口变动与劳动力调查、群众安全感调查工作。此次调查从样本核实、调查员选聘与培训、入户摸底调查、正式入户调查到数据上报，共历时两个半月。24 名调查指导员、调查员共入户调查了 16 个调查小区的 495 户，总计 1603 人，死亡 7 人。

（尹寒雪）

【完成劳动统计年报单位核实工作】 截至 11 月 30 日，房山局队按照市局总队确定的相关标准，完成全区 4473 家法人单位营业状态的清查核实工作，取得年报单位的核实结果后，通过与 2008 年年报单位、2009 年季报单位的信息进行比对，分析单位营业状态变更的具体原因，最终确定 207 家法人单位的营业状态为停业（歇业）、关闭。以严谨的态度对核实工作进行审核把关，确保年报单位不重不漏，对停业（歇业）、关闭的单位的名录库信息进行更新。

（许照毅）

【房山区成立第六次全国人口普查工作领导小组】 为切实做好全区第六次全国人口普查工作，房山区人民政府根据国务院和北京市人民政府《关于开展第六次全国人口普查的通知》，12 月 15 日下发《房山区人民政府关于开展第六次全国人口普查的通知》，全面部署全区第六次全国人口普查工作。成立以区委常委、常务副区长高言杰为组长，区政府办、区财政局、区人口计生委、区统计局、国家统计局房山调查队、房山公安分局、区委宣传部、燕山办事处领导为副组长和 23 个部门分管领导为成员的房山区第六次全国人口普查领导小组。领导小组办公室设在区统计局和国家统计局房山调查队，区统计局局长张福志兼任办公室主任。

（周英华）

【完成商业限下个体样本轮换工作】 12 月，房山区统计局调查队商调队严格按照市局的要求确定样本量，以限额以下批发和零售、住宿和餐饮业法人单位和个体经营户为总体，以法人单位与个体经营户为抽样单元，将总体中的所有经营单位分成7个调查域，分域、分层、等距抽取样本。在乡镇统计所人员的配合下，通过电话核实和实地走访的方式反复核对调查单位的基本情况。对有疑问的地方，多次与被抽中单位沟通联络；对不能报表的单位认真核实原因，并做好详细记录，确保抽样单位符合2009年年报和2010年定报要求。替换率达到100%。年定报培训会上，授课人员从报表的填报范围、填报内容和填报要求及与年定报表的区别等方面以幻灯片的形式作全面详细的讲解，并运用大量的实例突出对难点、新点、易错点的讲解，使参会人员能够在培训会上将培训内容弄懂弄通，达到准确掌握。完成限额以下批发和零售业、住宿和餐饮业法人单位和个体经营户抽样调查样本轮换工作。

（崔晋）

财政　税收

【概况】　2009年，房山区财政收入完成527240万元，比2008年增加306833万元，增长139.2%。其中：一般预算收入完成233367万元，比2008年增加63467万元，增长37.4%；基金预算收入完成293873万元，比2008年增加243366万元（其中，土地出让金25.1亿元），增长481.8%。全区财政支出1004930万元，同比增加369832万元，增长58.2%。其中：一般预算支出781839万元，同比增长52.6%；基金支出223091万元，同比增长81.7%。建立职能部门联席会制度，配合协调国税、地税，加强部门间的协作和沟通，确保应收尽收。运用信息化手段，健全管理机制，加强非税收入管理。制定《房山区非税收入支出管理实施细则》，同时，房山区非税收入收缴系统正式上线运行，确保非税收入及时足额纳入财政专户。完善资金、政策、服务等方面的企业扶持机制，调整区对乡镇财政体制，调动乡镇发展经济和培植财源的积极性。2009年，市与区财政体制的完善，增加财力18.3亿元。其中：下划3种税种增加1.6亿元；划转事项增加9.3亿元；功能区转移支付增加7.4亿元。新的区乡财政体制的整体框架是：规范收入、属地纳税；划分税种、比例分成；定编定额、收支挂钩；维持存量、调整增量；动态调节、均衡发展。制定《房山区政府投资项目评审管理暂行办法》，强化土地出让收入支出管理。全年完成项目评审71个，送审金额141638.08万元。在土地储备项目评审中，共接收24块土地一级开发评审项目，送审金额975201.43万元。

2009年，房山区国家税务局组织各项税收15.62亿元，同比增加3.12亿元，增长24.95%；完成市局计划115.14%，提前69天完成市局计划。为区财政组收2.18亿元，同比增长4614万元，增长26.91%。制定《开展企业自查及专项检查工作方案》。累计检查258户，入库税款2281万元，同比增加95.63%。实现纳税评估机制化、专业化，对全局商业税负低于全市平均税负的95户企业进行自查；全年通过纳税评估入库税款2557万元。编印“鉴赏经典”，推出“08回眸”展览，“祖国60周年成就展”。完善税收文化展室，逐步形成“一厅、多书、多室、多长廊”的文化格局。获首都文明单位标兵、北京市“迎讲树”礼仪大赛第1名。实现办税服务厅“一窗通办”办税新模式。做好征管资源、人力资源和资产资源的三大整合。突出重点，开展“公交村村通 税收伴我行”、深入重点税源企业共话税宣等活动。抓申报，全局申报率稳定在99.80%以上。抓重点税源，194户重点税源入库占全局收入62.70%。推行网上认证2100户。开展小规模纳税人核定征收，核定1929户。落实优惠政策，各项减免、退税合计2.32亿元。有税率达到54.18%，比年初提升18.87%。税负达到1.83%，同比提升0.33%。做到以有税率提升带税负、带增幅，进而保增量、保总量。强化长期微利、无利、长亏不倒企业纳税评估。共核定5674户，入库1546万元。对47户企业加强所得税预缴管理，入库4658万元。举办各类培训班12期，参训人员达1020人次。全市稽查考试以平均91.46分的成绩取得第6名。

2009年，区地税局入库各项税收301121万元，同比增收60090万元，增长24.9%。完成市局下达年度税收计划的114.9%，累计实现区级收入142029万元，同比增收41764万元，增长41.7%。市、区、所三级重点户实现税收224433万元，占总体税收比重的74.5%。全年抓大户、抓重点，清理组织一次性税款入库6亿元。数据分析和运用更加科学，完善数据交换机制，坚持收入分析汇报会制度，加大对微观、宏观数据的分析力度，为整体税收工作的开展提供精准的参考。完善纳税评估，建立评估业务协调会制度，使评估前的准备工作更加充分，集体约谈日趋规范，2009年累计完成评估3438户，入库税款及滞罚收入共计4205万元，比2008年增长220%，有问题率46%；充分发挥稽查预警作用，增强执法刚性。全年进行税务检查168户，检查入库税款1226万元，入库率96%。全年组织企业自查3期，共159户企业通过自查补税31530万元。依托“税收管理及执法考核系统”，全年累计监控发现涉税疑点25117件次，处理23509件次，追缴税款926万元。

（赵连生 刘俊芳 郝雪霏 张丽莉）

【执行新一轮市区财政体制】 为适应经济发展的需要，北京市财政局2009年执行新一轮市对区县财政体制，调整收入分配政策，增加功能区转移支付，划转部分事权财权，新体制在一定程度上缓解房山区的财政困难。

（赵连生 刘俊芳）

【完善区乡财政体制】 为促进区域经济发展，推进“三化两区”建设进程，结合市与区县财政体制的调整，进一步完善区对乡镇财政体制。经过调研和科学测算后，确定新的乡镇财政体制。通过进一步完善市区乡财政体制，充分调动乡镇增收的积极性，发挥乡镇加强经济建设、统筹区域发展的创造性，建立起“市帮助、区尽责、乡努力”的良性、联动的财政体制。

（赵连生 刘俊芳）

【深化部门预算改革】 从4个方面完善项目库：增加预算管理类型，细化项目资金来源；增加资产购置与处置预算；单独编制非税收入收支计划；新设立机动经费。规范项目库管理，提高项目库的实用性、科学性、合理性。

（赵连生 刘俊芳）

【国库集中支付系统升级工作完成】 为进一步完善国库集中支付系统，与部门预算系统实现无缝链接，对国库集中支付系统进行升级，完善授权支付退款业务，年终结余资金结转功能。集中支付信息查询功能得到加强，制作相关的财政数据信息查询报表，对账功能得到完善，满足了财政、银行、预算单位的对账需求。新系统从1月1日起正式运行，为国库集中支付改革的运行提供了保障。

（赵连生 刘俊芳）

【新农村建设】 2009年安装太阳能路灯4800盏，完成计划的120%；太阳能公共浴池开工建设5个（完成2个）；新建节能民居980户；实施地热采暖示范项目600户；建设大型沼气站1处，大型生物质气化站2处，生物质燃料加工厂3处；实施户用沼气池项目500个；实施既有住房节能改造980户；实施雨洪利用工程15处，粪污治理及有机肥项目20处（完成17处）。“三起来”工程受益农户2.8万户。

（赵连生 刘俊芳）

【落实北京市城乡无丧葬补助居民丧葬补贴办法】 根据京民殡发〔2009〕107号文件关于印发《北京市城乡无丧葬补助居民丧葬补贴办法》的通知精神，为保障居民基本丧葬需求，推进丧葬改革，促进社会和谐公平，推进首善之区的建设，房山区为具有北京市户籍、且未享受市丧葬补助费待遇的居民，按照每人5000元的标准发放丧葬补贴金。2009年，区财政拨付城乡无丧葬补助居民丧葬补贴资金1500万元。

（赵连生　刘俊芳）

【出台7项促进民政事业发展的政策】 为贯彻落实市委、市政府关于“保增长、保民生、保稳定、促发展”的精神，区财政局会同民政等部门认真研究、制定并下发7项促进民政事业发展的政策。即：《关于规范和统筹临时救助制度的通知》《关于建立和实施本市农村低保分类救助制度的通知》《关于调整我区城乡社会救助相关标准的通知》《关于做好2009年农村优抚社救对象危旧房翻建维修工作的通知》《关于加快养老服务机构发展的意见》《房山区医疗机构落实老年人优待工作的实施细则（试行）的通知》《关于进一步完善优抚对象医疗保障的实施意见》。

（赵连生　刘俊芳）

【房山区公费医疗制度改革】 6月，为保障全区干部职工享受公费医疗待遇，患病得到及时治疗，本着享受人员公费医疗待遇统一、公平的原则，对公费医疗制度进行改革，提高门诊及住院的包干标准，在职职工包干经费由800元提高到1300元、退休人员包干经费由2200元提高到4200元；降低起付标准，在职职工门诊起付线为400元、退休职工为300元，住院起付线标准都为1000元；统一报销比例，并实现网络直报。2009年，财政共拨付公费医疗经费16133.25万元，比2008年支出增加8793.85万元。

（赵连生　刘俊芳）

【整合并出台新的就业政策】 为顺应市级统筹城乡就业政策的大趋势，并理顺房山区的就业政策，对房山区历年的就业政策进行整合，出台《促进城乡就业困难人员就业办法》（房劳社就〔2009〕5号），办法包括3项促进就业政策：困难城镇登记失业人员灵活就业社会保险补贴、职业介绍补贴、区外就业交通补贴。为充分发挥城乡就业协作机制作用，促进房山区劳动力跨区就业，缓解房山区就业压力，结合房山区的实际情况，出台《促进城乡就业协作补贴办法》（房劳社就〔2009〕6号），对外区县职介中心组织用人单位到区举办招聘会补贴办法及用人单位招用区劳动力给予岗位补贴做了具体规定。

（赵连生　刘俊芳）

【帮扶特困人员参加城乡居民养老保险】 为切实解决城乡特困群体参加城乡居民养老保险的实际困难，保障他们年老后的基本生活，维护社会公平，促进社会和谐，出台《关于低保对象等困难群体参加城乡居民养老保险补贴办法》（房劳社农〔2009〕3号），对低保人员参加城乡居民医疗保险按照最低缴费标准给予50%的补贴。并根据北京市残联《关于对本市残疾人参加城乡居民养老保险给予缴费补贴的通知》（京残发〔2009〕99号）规定，对本市残疾人参加城乡居民养老保险的人员给予缴费补贴，其中：重度残疾人按照最低缴费标准给予全额补贴；其他残疾人按照最低缴费标准给予50%的补贴。

（赵连生　刘俊芳）

【发放劳动争议兼职仲裁员劳务费】 根据《北京市劳动争议兼职仲裁员管理办法（试行）》（京劳社仲发〔2009〕16号）文件规定，自2009年起，兼职仲裁员办理劳动争议案件给予劳务费补贴，发放标准为每审结1件劳动争议案件给予300元的劳务费。2009年区兼职仲裁员共办理并审结案件1044件，财政共支付劳务费31.32万元。

（赵连生 刘俊芳）

【出台《北京市市民居家养老（助残）服务（“九养”）办法的意见》】 2009年，出台了此项意见，相关资金在2010年落实，“九养”制度具体包括以下9项内容：建立万名“孝星”评选表彰制度；建立居家养老（助残）券服务制度和百岁老人补助医疗制度；建立城乡社区（村）养老（助残）餐桌；建立城乡社区（村）托老（残）所；招聘居家服务养老（助残）员；配备养老（助残）无障碍服务车；开展养老（助残）精神关怀服务；设施无障碍设施改造；为老年人（残疾人）配备“小帮手”电子服务器。

（赵连生 刘俊芳）

【新型农村合作医疗】 2009年，全区新型农村合作医疗的参合率达到100%，筹资标准为每人420元，比2008年每人增长100元，总筹资额为1.7亿元，比2008年增加0.4亿元。截至2009年底，门诊就医820905人次，发生医疗费用14209.2万元，报销费用5967.86万元，平均报付率42%。住院27857人次，发生医疗费用20437.05万元，报销费用10627.27万元，平均报付率52%。缓解了房山区广大农民看病难、看病贵问题。

（赵连生 刘俊芳）

【防控甲型H1N1流感疫情】 2009年为有效防控甲型H1N1流感，依据区财政局《关于做好防控（H1N1）流感工作的实施方案》，此项工作由社保科牵头，成立房山区财政局防控（H1N1）流感工作小组。截至2009年底，房山区共投入防控资金895.14万元，其中包括人员补助费用、设备购置费用、防控物资费用、卫生院改造及其他费用。

（赵连生 刘俊芳）

【调整城乡低保标准】 根据《关于调整我区城乡社会救助相关标准的通知》的规定，将城市低保标准由家庭月人均收入390元调整到410元，农村低保标准由家庭年人均收入1920元调整为2040元。2009年，区财政共拨付城乡低保资金4627.37万元。

（赵连生 刘俊芳）

【实现一窗通办新模式】 坚持以“纳税人满意度最大化，干部满意度最大化”为理念，本着“创新、高效、安全”的目标，兼并业务流程，优化资源配置，规范岗责体系，提升办税效率，实现办税服务厅“一窗通办”办税新模式。将综合服务、申报征收、发票发售两个机构三类窗口整合为一个机构一类 “全职能综合服务窗口”。同时，每个窗口配备1台用于专用发票认证的扫描仪和1台发票售卖专用车。即：每个人负责一个窗口，一个窗口相当于“一个小型办税服务厅”，每个窗口均可办理申报征收、发票发售、文书受理、纳税咨询等事宜。纳税人排队等候时间明显降低，特别是纳税人办理两项涉税事宜时，平均节约办税时间在22分钟左右。整合资源，优化配置，服务技能得到提升。在全市纳税服务工作会上介绍经验，再次成为全市服务大厅的典范。

（郝雪霏）

【举办“公交村村通 税收伴我行”税收宣传活动】 2009年，在税收宣传月活动中，房山国税局创新宣传载体，充分利用社会资源。4月13日与北京凯捷风公交客运有限公司合作，举办“公交村村通 税收伴我行”活动。全区400余辆公交车车身两侧张贴上印有“科学·发展·民生”宣传口号和北京市国家税务局标识和卡通形象的宣传画，在车厢内前后醒目位置全部贴上“依法诚信纳税、共建和谐社会”和“依法诚信纳税、共享祖国繁荣”的宣传标语，使每一辆公交车都成为税收宣传“流动课堂”，每条公交线路都成为税收宣传流动风景线，每一名公交客运人员成为税法义务宣传员。

（郝雪霏）

【进一步整顿规范税收秩序】 按照加强稽查保收入的工作思路，开展专项检查、金税协查和重点稽查。组织和开展企业纳税自查工作，采取制定《开展企业自查及专项检查工作方案》。做好9户重点税源企业自查的同时，筛选出10户工业行业低税负企业进行自查。加强税警协作，形成优势互补，建立与公安机关情报交流、业务交流平台，形成两部门合力，做到处罚一批、曝光一批、逮捕一批、震慑一批。加大执行强度，力保税款及时足额入库。对审理完结户加大执行入库力度，对“某欠税企业”15个账户进行冻结，并采取强制执行措施，扣缴企业所欠税款、滞纳金。2009年累计检查258户，入库税款2281万元，同比增加95.63%。

（郝雪霏）

【2009年房山地税税收特点】 1.税收趋势低开高走，下半年累计增幅逐步上行。从全年收入走势看，2月累计增幅达到最低点，从3月起，累计增幅逐步走高，在8月恢复正增长后，到11月底达到同比增长24.5%，全年增幅则达到24.9%。2.主体税种两增一减，3小税种贡献突出。3大税种中，营业税和企业所得税分别同比增收6074万元和17041万元，个人所得税则同比减收3447万元，总体呈两增一减态势。年内对总体增收贡献率较高的是耕地占用税、土地增值税和车船税，3税种共入库60419万元，占总收入的20.1%，同比增收36925万元，对总体增收的贡献率达到61.4%。3个小税种的强劲增收有力的带动总收入的增长。3.主体行业一增一减，居民服务和其他服务业成增收亮点。两大主体行业中：房地产业同比增收32997万元，是增收额最高的行业，对总收入增收贡献率达到54.9%；建筑业则同比减收1603万元；在其他税种中，居民服务和其他服务业实现税收47597万元，同比增收25114万元，对总收入增收贡献率达到41.8%，是2009年增收的一大亮点，贡献率仅次于房地产业。4.收入构成两极分化加剧，少数大户左右税收增减。与2008年同期相比，大、小两端纳税人入库比重均上升1个百分点，说明收入构成有向两极分化的趋势。同时，本期入库在亿元以上有4户企业，共入库税款79121万元，占总收入的26.3%，而同期亿元以上户仅有1户，入库税款11359万元，同比增收67762万元，若剔除此因素，则总收入同比减收7672万元。可见少数大户左右全局收入的增减，若此类大户出现突增或突减，可能会改变总收入的走势。

（张丽莉）

【帮扶企业工作】 2009年，区地税局坚持以服务纳税人为主线，把纳税服务与帮扶企业结合起来，按照区委、区政府和市局的帮扶要求，结合实际，研究制定并全力落实《房山区地方税务局关于帮扶企业应对国际金融危机工作实施方案》。推出130条全面适用帮扶企业的税收政策、征管措施和办税程序，走访纳税户，启动快速反应机制，帮助企业解决实际困难，全年扶持各类人员就业、再就业共356人，减免各项税费约400万元。税政评估广泛开展，税政宣传力度加强，以贯彻新法及新条例为主线，全局对各类纳税人进行培训50次，对税务所进行辅导13次。

（张丽莉）

【开展青年志愿者政策宣传活动】 4月21日，区地税局与区劳动和社会保障局共同开展青年志愿者阳光行动暨优惠政策宣传活动。活动以“挑战2009，我们同行”为主题，为全区300余名下岗失业人员、吸纳下岗失业人员企业负责人以及自主创业大学生讲解税收优惠和社会保障等相关政策，现场发放宣传材料1000余份，并提供“零距离”的现场政策咨询，为社会公众用准、用足、用好各项优惠政策提供信息渠道。同时，区地税局与区劳动和社会保障局协定，将每月的21日作为政策辅导日，携手开展针对弱势群体的政策辅导会，通过发挥各自优势，共同关注和帮扶弱势群体。

（张丽莉）

【规范集体约谈提纲促进评估工作】 为进一步强化税源管理，降低税收风险，减少税款流失，不断提高税收征管的质量和效率，年内，区地税局着力通过规范集体约谈提纲，推进集体约谈工作开展，进而促进评估工作的有效落实。通过对经常性疑点问题的归纳总结，6月底整理完成建筑、房地产、广告等11个类型的集体约谈提纲集，并以软件的形式进行固化，保证提纲的一致性、可重复性及操作的灵活性。共开展国地税比对、发票比对、资源税、无税申报、广告业、建筑业、房土税、农工商公司、企事业单位等11个类型72批次的集体约谈，到会2027户，有问题368户，入库186.94万元。

（张丽莉）

【研究制定新检查底稿】 为进一步做强稽查，将每个案件做到查深、查透、查全，区地税局研究制定新的检查底稿。底稿有效记录实施、审理、执行全过程，按照实际工作流程设计的同时，增添必查和必审的项目以及分行业稽查重点，引导检查全面深入开展，通过对工作全过程的监督以及必查科目和项目的设置，起到执法风险防范的作用。5月，新的检查底稿全面应用于稽查工作的各个环节。通过新底稿的实施应用，检查有问题率由2008年的68%提高到80%，增长12%；检查报告合格率由2008年的92%提高到95%，增长3%；查补各税合计（不含自查补税）1226万元，较2008年增加667万元，增长119%；税款入库率96%，同比增长2%。

（张丽莉）

【开展“三个一”法制教育活动】 9月11日，房山区“预防渎职犯罪，构建和谐房山”法制宣传进机关活动启动仪式在区地税局召开。区地税局通过开展“三个一”法制教育将预防职务犯罪活动引向深入。一是举办一场预防职务犯罪专题讲座。9月16日，邀请房山区检察院检察长为全体干部上了一堂以预防职务犯罪为主题的法制教育课，从职务犯罪的种类、原因等方面进行了讲解和剖析。二是参观一次预防职务犯罪教育展板。将职务犯罪典型案例以展板形式进行宣传，组织全体干部观看教育展板，通过实际案例增强每名干部对职务犯罪的了解，警示大家远离职务犯罪。三是开展一次专题讨论活动。结合“做国家利益的忠诚卫士”主题教育周活动的学习，开展一次法制教育专题讨论，分析案件原因，通过讨论交流汲取教训。

（张丽莉）

【举行首次模拟行政复议听证会】 为增强干部学法用法的积极性，使干部在履行执法权力的同时，充分认识到维护纳税人合法权益的重要性，区地税局6月19号组织召开首次模拟行政复议听证会。模拟听证会抽调干部10人组建为2个模拟身份代表队，就某一案例代表行政复议机关和行政复议当事人就事说法，就事论理，围绕焦点进行举证、质证和辩论。

（张丽莉）

【为纳税人办好“五件新实事”】 一是开展手机报税服务。区地税局召开手机报税推广试点现场会，60名纳税人率先尝试手机报税的新方式。手机报税是在网上申报、电话申报、上门申报等现有申报方式的基础上，为纳税人增加的新的报税渠道。二是深化“VIP”服务内容。2009年着力落实领导干部联系重点税源户制度。向纳税人介绍地税局纳税服务举措，宣传税收政策，了解企业经营状况，倾听企业声音，协调解决企业存在的困难。局领导每人联系纳税额在千万元以上企业4户，税务所长联系户不低于10户。全年走访676户，其中，局领导走访29户。三是积极简化办税手续。采取减并征期的办法，将定期定额户由每月纳税调整为季度或半年缴纳1次。采用减并征期的纳税人达 1081 户，其中按季度缴纳的 38 户、按半年缴纳 15 户、按年缴纳的 1028 户。对 CA 证书方式的 6805 户纳税人，不再要求报送任何纸质资料。四是强化新办企业培训。向新办户发放税收政策宣传手册和有关新法讲解的光盘。其中，发放企业所得税法及离线申报软件光盘 100 余份，发放个人所得税年所得 12 万元申报宣传手册、车船税工作月历等宣传材料 2000 余份。累计培训新办户 4600 余人次。五是编制提供征期日历。根据税收征管法及细则规定，编制《常用征管日历》。全年通过免费邮箱、上门发送、辅导宣传等方式，为纳税人发放征期日历 31298 份。

（张丽莉）

【行政系统平稳运行】 2009 年是行政系统在区地税局推广运行的第一年，系统运行平稳。年内召开 6 次协调会议，围绕系统需求、系统各模块的易用性、系统整体的稳定性、综合查询数据的准确性、考核系统的公平性、程序错误等展开讨论，累计提出问题 29 个，其中 22 个问题得到解决，其余 7 个属原始需求之外的问题等待 2 期开发解决。同时为行政系统在全局的有效运行提供保障，地税局制定行政系统运维制度 11 个，涵盖系统运行的各个方面。为保证系统运行，先后分领导层次、模块组织 3 次系统培训。到各税务所督促系统应用，听取系统改进建议 20 个，对 16 个问题在系统内实施改造，4 个问题等待系统二期开发，从而推进系统全面实施。下发系统运行动态 10 期，指导系统应用。1 年里根据系统反馈单及时修改系统错误 42 项，进行数据调整 15 次，数据清洗 1 次。

（张丽莉）

【执业资格培训工作】 区地税局以执业资格考试为依托，全面提升干部专业化水平。一是及时组织全员进行注册税务师报名，全局报考人员 34 名，其中科级干部 14 人，一般干部 20 人。二是制定培训工作计划，由参加市局注税培训人员讲课和模拟测试为主，结合个人自学实际进行。三是统一购买课件，挂在局内网上，实现全局共享。四是分 3 个阶段组织全局培训。第一阶段主要以听课件为主，系统学习掌握各学科知识；第二阶段由参加市局培训人员进行讲课，将 2009 年报考的 3 个学课分解到人，由 3 名小教员分别讲解，解答疑问；第三阶段是模拟测试，统考前，组织进行模拟考试。五是进行培训统计和考勤。从 3 月 8 日开始，局统一组织培训 7 次，科所组织学习 16 次。六是组织参加全国统一的考试。6 月 20 日至 22 日，组织 9 人在市里的 3 个考点参加考试。全局 5 科全通过 3 人，通过 3 科 1 人，通过 2 科 4 人。

（张丽莉）

审　计

【概况】 2009 年，房山区审计局树立“五种审计理念”“四个创新”，实现“七个转变”的审计工作思路和指导思想，完成审计项目 52 项，在审计项目 57 个，审计资金量 369.46 亿元，查出违规金额 766.22 万元，查出管理不规范金额 5337.47 万元，上缴财政 3.22 万元，审减工程款 1.24 亿元，其中：决算审计审减 4364.94 万元，跟踪审计审减 8041.41 万元。预算执行审计重点审计税收、部门预算、政府债务、大额专项资金。开展教育专项、新农村建设等资金的审计，客观地评价财政资金使用的效果。根据区财政局与区审计局的文件要求 2009 年大额专项资金审计采取与预算资金审计相结合、与经济责任审计相结合、与抽查小金库治理整顿相结合，国家审计与社会审计相配合的审计方法，大额专项资金审计近 8 亿元。政府投资项目审计全年审计 70 个，仅土地储备开发一个项目资金就达 117 亿元，轻轨交通房山线拆迁工程、京石客运拆迁工程审计资金都在8亿元以上,全年完成政府投资审结项目22项,在审项目48个。完成经济责任审计项目14个,在审项目4个,审计资金量19.1亿元,查出管理不规范资金1025.67万元,查出违规金额0.65万元,全部上缴。完成区党员献爱心资金、云居寺社会捐款建塔资金、佛舍利展资金、国庆60周年专项资金、抗震救灾捐款捐物终结审计以及治理"小金库"抽查审计等临时交办的专项资金审计项目。内审协会分别组织召开区直重点部门、重点乡镇和国有控股企业3个范围的内审工作座谈会,还到7个区直单位和6个乡镇的内审部门进行走访、座谈交流,了解内审工作的需求。完成《内审之家》杂志的编辑出版工作及内审网站采集更新。完成区内审协会换届选举工作。开展对区委办、区人大、政府办、区政协4个单位的财务收支审计。

(潘文敏)

【审计工作全程服务跟进】 区审计局对轨道交通建设拆迁资金进行跟踪审计,做到审计、拆迁"两不误"。一是严查细审,审计人员认真核查轨道建设工程沿线各乡镇、办事处与被拆迁方签订的每一份拆迁补偿协议,并与评估报告评估值相比较,对每一份协议的法律要件、相关手续、补偿标准逐一复核,保证每笔补偿款清晰可靠,手续齐全,并提出合理化建议,协助各乡镇、办事处加快促签工作;二是全程服务,随时进镇入点跟踪到位。区审计局对4个乡镇、办事处(阎村镇、长阳镇、拱辰街道办事处、西潞街道办事处)的464份协议、2.7亿拆迁资金拨付审核把关,跟踪审计有效地避免了由于评估计算错误或手续不全导致的拆迁资金的损失浪费问题。

(潘文敏)

【两免一补政策惠及民生三受益】 区审计局对房山区2008年"两免一补"政策资金管理使用情况进行审计调查,通过审计调查了解到2008年区教委投入"两免一补"政策资金3243.61万元,涉及学校73所,共有48443名学生享受到减免或补助政策,两项共计减免1925.26万元。确保每个学生顺利完成义务教育阶段的学习,特别是家境贫困的学生上学问题得到保障,政策的覆盖率达到100%。2008年区享受助学补助的学生6484人,共计补助190.36万元,明显减轻家庭困难。

(潘文敏)

【审计信息系统试运行顺利开展】 区审计局作为全市审计系统四个京OA(审计信息管理系统)试点单位之一,在全力抓好软硬件准备的基础上,认真开展试运行工作。在审计准备阶段,制作金算盘7.0财务软件导入署AO现场实施系统(以下简称署AO)的模板,编制较为详细可行的审计实施方案。在审计实施阶段,审计组成员之间试用联网模式及单机版操作两种方式使用现场管理系统,认真填制审计事项表,还利用署AO对财务数据进行分析,顺利完成试点任务。

(潘文敏)

【完成新农村建设资金跟踪审计】 区审计局坚持"走前介入、全程跟踪,立足服务、着眼防范"的工作思路,以资金走向为主线索,以区财政局、区新农村办两个部门为重点,采取定期汇总资金拨付管理情况与不定期参加资金下拨会议,参与实地验收与每季度获取项目完工情况等全程跟踪审计方法,完成对房山区新农村建设"五项基础设施"和"三起来"专项资金管理及使用情况的阶段性跟踪审计工作。审计结果显示:截至8月底,新农村"五项基础设施"和"三起来"项目筹集资金110734万元,下拨资金15246.80万元。区审计局针对审计发现问题,提出具体建议,有关部门进行整改,达到"边审计、边规范、边整改、边提高"的目的,发挥跟踪审计预防性和建设性作用。

(潘文敏)

【召开房山区内审协会第二届理事大会】 9月15日，房山区内部审计协会召开第二届第一次全体理事大会，大会全面总结自协会成立以来取得的经验，对工作进行部署。会议提出房山区内部审计协会在新的历史发展阶段，要调整和制定科学的内部审计发展思路，以科学发展观为指导，认真贯彻和落实北京市内审工作会议精神及房山区审计局总体要求，进一步树立依法审计、文明审计、审计质量第一、围绕中心服务大局的理念，抓好内审工作创新，加快内审体系建设，实现内审工作转变，真正做到国家审计与内审工作相结合，充分发挥内部审计的“免疫系统”功能作用。会议选举产生新一届内审协会领导。

（潘文敏）

【实行限时办结制度】 9月起区审计局试行《审计项目限时办结制度》，制度规定从审前调查、现场审计到出具审计报告、落实审计结论、归集审计档案等全过程实行限时管理，对审计档案的四级复核一级审定环节也限定复核时限。制度的实行进一步加强了审计过程控制，有利于降低审计行政成本，提高工作效率。

（潘文敏）

【创新审计方式】 进一步落实“十三个结合”的工作思路，区审计局采取预算资金审计与经济责任审计相结合、与大额资金审计相结合、与抽查治理整顿小金库相结合，国家审计与社会审计相结合等十三个结合的方法，降低审计成本，缓解人员少、任务重的矛盾，提高了工作效率。

（潘文敏）

【审减工程投资再超亿元】 随着政府对社会公共基础设施建设投资力度不断加大，审计监督的任务也越来越重，区审计局创新审计方式，聘用社会审计力量参与政府投资建设项目审计，审计监督的范围逐步从市政基础设施建设项目，扩大到文化、教育、卫生、社会保障、新农村建设等领域，审计监督力度不断加大，2009年审减工程投资1.24亿元。2007年至2009年，房山区审计局连续3年审减工程投资超亿元，2007年审减1.46亿元，2008年审减1.14亿元，为政府节约大量资金，有效发挥国家审计的监督作用。

（潘文敏）

国有资产管理

【概况】 2009年，区国资委紧紧围绕“三化两区”总体战略和“三保”目标，认真研究国家相继出台的各项应对金融危机的政策，制定《国资委帮扶企业的工作措施》，提出“企业不减员、职工不减薪、经营者不加薪”的要求，工作重点向调结构、搭建融资平台和抓好大项目建设转移。国有企业也积极融入到“三化两区”建设中，逆势而上，采取各项措施应对金融危机，全面实现国有资产保值增值。据统计，截至2009年12月，所属32家国有独资、控股及参股企事业单位中（其中：独资企业21家、独资公司2家、控股公司4家、参股公司5家）区属国有、集体资产总额为123.2亿元，同比增长149.2%；所有者权益12.4亿元，同比增长32.2%。全年实现销售收入8.1亿元，同比下降10.9%；利润总额1253万元，同比下降56.3%；纳税6079万元，同比增长79.3%。

（张宇）

【北京市中科房山创业投资基金有限公司揭牌成立】 1月17日，北京市金融办、房山区人民政府、中科招商在北京会议中心举行中科房山基金揭牌仪式，北京市中科房山创业投资基金有限公司正式成立。北京市委常委、常务副市长吉林，房山区领导祁红、高言杰，市政府有关部门领导、北京市18个区县主管金融工作的负责人共计120余人出席仪式。北京市中科房山创业投资基金是北京市第一支冠以“基金”名义注册成立的股权投资基金，是全市为构建区县创投基金体系而成立的第一支区县创投基金，也是全市第一个以股权基金形成推动区县经济发展而创立的市场化、专业化、规范化的投融资平台。公司注册资金5亿元，由北京房山国有资产经营有限公司与另外8家企业、自然人出资设立，北京房山国有资产经营有限公司出资1亿元，持股比例20%。受托管理单位为中科招商创业投资管理有限公司。

（张宇）

【北京京西重工有限公司成立】 3月23日，北京房山国有资产经营有限公司与首钢总公司、宝安投资发展有限公司共同设立京西重工有限责任公司。公司注册资金8亿元，北京房山国有资产经营公司代表区政府出资2亿元，参股比例为25%。11月2日，京西重工成功收购美国德尔福公司汽车制动和悬架系统业务。

（张宇）

【开展廉政风险防范管理工作】 4月1日至12月31日，按照区委统一部署，组织开展廉政风险防范管理工作。紧紧围绕国有资产保值增值与企业权利制衡机制建设两个重点领域，突出“岗位重点、工作节点、群众关注热点”3个重点风险环节，健全完善教育、监督、考核、反馈4项机制，稳步推进22家监管企业廉政风险防范管理工作，并取得成效。岗位职责风险点查找，突出一个“真”字，对事不对人，真查真找；围绕一个“实”字，实事求是，不扩大延伸；把握一个“准”字，严格筛查，不降标准。共计查找岗位职责风险121条，制度机制风险86条。

（张宇）

【举办企业经营管理者培训班】 6月1日至5日，区委组织部、区委党校和区国资委共同举办第3期“房山区企业经营管理者培训班”。此次培训主要采取集中辅导、研讨交流和参观考察等方式，聘请北京市委党校经济部副主任赵莉、中国社科院美国经济研究中心主任肖炼、全国人大常委会法工委经济法室调研员杨和庆，围绕中国宏观经济形势、如何应对金融危机和《中华人民共和国国有资产法》等进行授课。区国资委系统32个企事业单位100名企业领导和主要管理人员参加培训。区委组织部领导参加动员会并讲话。

（张宇）

【北京京西阳光投资有限公司成立】 为加快窦店工业基地的开发建设速度，6月2日，北京良乡经济开发区实业总公司出资1.5亿元，成立土地一级开发企业——北京京西阳光投资有限公司。

（张宇）

【粮油交易所成立】 6月4日，北京房山国有资产经营有限公司出资100万元，参股比例为10%，与北京燕星宇世纪天和国际投资有限责任公司、北京市琉璃河镇资产经营公司参股成立粮油交易所，注册资金1000万元。

（张宇）

【房山区财政局七渡培训中心整体移交区国资委】 7月21日至22日，区国资委、区财政局对财政局七渡培训中心资产、负债、所有者权益进行全面清查。22日，区财政局与区国资委签订财政局七渡培训中心整体移交协议，七渡培训中心整体划归区国资委管理。

（张宇）

【北京大方小额贷款有限公司成立】 7月27日，北京大方小额贷款有限公司成立。注册资金5000万元，其中房山区龙华建筑工程公司出资1500万元，占全部股权的30%，并相对控股。公司的成立有利于解决房山区农业企业和中小型企业融资难的问题。

（张宇）

【北京中金福小额贷款公司成立】 7月31日，北京良乡经济开发区实业总公司与北京永进基业科技孵化器有限公司、永泰房地产（集团）有限公司、自然人徐亚亮、自然人李岩青共同出资成立北京中金福小额贷款公司。北京中金福小额贷款公司注册资金5000万元，其中北京良乡经济开发区实业总公司出资1050万元，占21%，并相对控股。

（张宇）

【出台离接任公物和财务交接办法】 8月11日，区国资委出台《房山区国有及国有控股、区属集体企（事）业单位负责人离接任公物和财务交接办法》（房国资党字〔2009〕24号）。公物和财务交接的主要内容：任期末单位资金、账面财产和实物总体情况，以及借入和借出的资产；任期末账内的债权、债务总体情况。任期内新形成的债权、债务，未能追讨或清偿的，应以书面形式说明原因；任期内已经产生，但尚未履行入账手续的各类债权债务，应以书面形式说明情况；任期内经手办理的重大工程或重要投资事项的可行性研究报告、工程预决算单、重大事项上报和批准文件等相关资料；离任企业负责人任职期间使用的公有财物；离任企业负责人认为需要交接的其他事项。办法还规定交接程序及其他事项，自公布之日起实行。

（张宇）

【北京艾尔包装容器有限公司成立】 8月17日，北京良乡经济开发区实业总公司与北京艾尔酒业集团有限公司共同出资成立北京艾尔包装容器有限公司，北京艾尔包装容器有限公司注册资金2亿元，其中北京良乡经济开发实业总公司出资5000万元（土地作价出资2100万元，货币资金出资2900万元），占25%的股权。

（张宇）

【煤炭工业公司运销经理部划归区国资委监管】 9月8日，区国资委、区发改委、区人事局、区安监局共同召开关于解决原区煤炭工业公司运销经理部遗留问题协调会，经过协商解决区煤炭工业公司职工安置问题，并将北京市房山区煤炭工业公司运销经理部划归区国资委进行监管。

（张宇）

【北京人投资发展公司增加注册资本金】 9月9日，根据市发改委《关于2009年房山区投资平台资本金补助有关事项的批复》《关于印发区县投资平台资本金补助实施方案的通知》精神，北京人投资发展公司增加注册资本金1.08亿元（其中：市发改委补助资金5400万元，区政府配套资金5400万元），并到工商管理部门办理变更注册资本金的相关手续。

（张宇）

【北京龙盛源小额贷款有限公司成立】 12月11日，北京房山国有资产经营有限责任公司与另外6家企业和1名自然人共同出资成立北京龙盛源小额贷款有限公司。公司注册资金5000万元，房山国有资产经营有限责任公司出资金额1250万元，持股比例25%。北京市房山区龙华建筑工程公司出资300万元，占全部股权的6%。公司的建立有利于进一步解决区“三农”和中小企业融资难的问题。12月29日，北京龙盛源小额贷款有限公司隆重开业。开业仪式上，北京龙盛源小额贷款有限公司总经理与北京市农村商业银行房山支行行长签订战略合作协议，与贷款客户代表北京欣绿安兔业专业合作社负责人签订贷款协议；区领导高言杰、李福田和北京市农村商业银行总行常务副行长付东升为获得贷款的3位客户发放首批贷款。中共中央政策研究室经济局局长李连仲，北京市中小企业服务中心主任张一平，房山区委常委、常务副区长高言杰到会并讲话。国务院发展研究中心信息中心副主任巩琳，国务院经济要参办主任郑辉，全国最高法院执行局副局长戴兵，北京市工商联经济处处长李忠厚，区政协副主席李惠英等领导出席。

（张宇）

【政府采购节约资金1577.46万元】 截至12月，区采购中心完成政府采购62次，其中：公开招标12次，竞争性谈判6次，单一来源2次，询价5次，定点采购37次。62次采购预算资金11301.61万元，实际采购金额为9724.15万元，节约资金1577.46万元，节约率为13.96%。

（张宇）

【为企业争取贷款贴息和就业补助】 为帮扶企业应对金融危机带来的冲击和挑战，区国资委对监管的一、二级企业进行全面的调查摸底，帮助企业解决实际困难，制订《国资委帮扶企业的工作措施》，协调人力社保局等部门与企业进行政策对接，开展帮扶项目调查，组织企业项目申报，为7家企业（北京金太阳药芯焊丝有限公司、龙华建筑公司、鸿翔房地产开发公司、宏达永顺市场经营服务中心、北一良工机械有限责任公司、粮贸总公司、燃气中心）争取贷款贴息222万元；为8家企业（良乡锻压机床厂、房山橡胶塑料厂、房山星城建筑工程公司、北京房龙压力容器制造厂、北京金太阳药芯焊丝有限公司、龙华建筑工程公司、北京奥远建材有限责任公司、北京凯捷风公交公司）争取劳动就业补助234.7万元。

（张宇）

外 事

【概况】 2009年，全区办理因公出国及赴港澳团组64批、121人次，分别比2008年减少18%和18.2%。接待外宾125人。为7人3次赴美国谈判收购德尔福公司事宜办理审批和签证手续。为赴欧洲考察德尔福子公司代表团办理签证手续。协调区水务局完成东坟村上下水改造工程，协调房山公路分局完成上下水改造工程后的路面恢复，共恢复包括顾八路、村内主街道、村内支路路面7454平方米，为村中节省建设资金近100万元。开展专项整治工作，成立了由区委常委、纪委书记任组长，区监察局局长、区政府外事办主任、区委组织部常务副部长任副组长的制止党政干部公款出国（境）旅游专项工作小组。调整压缩计划。本着“总量控制、适度减少、保证质量、务求实效”原则，压缩出访计划22批，控制一般性考察团组15批，减少出访人数34人。

（殷兆伟）

【外宾接待工作】 7月2日，区外事办接待缅甸驻华大使吴登伦一行30人到云居寺参拜佛祖肉身舍利，并向寺院捐助善款。12月1日，区外事办陪同国务院新闻办干部培训中心领导接待41个亚非拉国家的95名新闻官员和记者到韩村河村参观，并与村领导进行座谈和交流。

（殷兆伟）

【区领导会见世界葡萄酒协会成员】 9月21日，区领导刘伟、祁红、王忠海和区相关委办局领导，在北京饭店会见世界葡萄及葡萄酒协会主席贝纳、秘书长卡斯特鲁奇、法中关系委员会主席阿贝阿塞哈、法国勃艮第葡萄酒文化投资发展协会主席卡内4位贵宾，表达在房山区合作开发葡萄酒产业的良好愿望。市委常委牛有成、市对外科技交流协会会长胡昭广、副会长佟树新、波龙堡酒业公司董事长唐卫星参加会见。

（殷兆伟）

【接受香港地区商会捐赠】 11月3日，区外事办和区民政局在琉璃河办事处共同举行捐赠仪式，接受中国香港（地区）商会为全区无保老人提供的无偿捐赠物品，共接受防寒服564件，拐杖、眼镜、助听器等1200余件。琉璃河办事处相关负责人和琉璃河敬老院的部分老人参加捐赠仪式。

（殷兆伟）

【收购美国德尔福公司】 3月和11月，区委常委、常务副区长高言杰协同市工促局、首钢集团领导3次赴美国与德尔福公司就汽车变速箱、减振器、制动系统等项目进行收购谈判，并成功签订收购协议，完成交割仪式。德尔福公司是全球最大的高端汽车零配件企业，该项目落户窦店镇。

（殷兆伟）

法　制

【概况】 2009年，组织安排区政府常务会会前学法10次；起草《房山区贯彻实施〈国务院关于加强市县政府依法行政的决定〉工作方案》；完成市政府法规规章征求意见15件；依法审核区政府文件草案46件；开展案卷评查为手段，加强对行政处罚程度的监督。2009年，全区案卷评查优秀率达到86.3%。开展行政执法培训工作，为提高行政执法人员的法律素质和业务水平，从市政府法制办、区法院等单位聘请老师分7期对全区1009名行政执法人员进行培训；开展行政处罚案卷评查，规范行政执法行为，2009年市政府组织的案卷评查中，房山区在18个区县中取得第1名；共收到行政复议咨询、申请95件，其中案前有效化解83件，立案审查12件；共收到信访咨询、复查申请178件次，案前化解137件，立案审查41件，涉及拆迁补偿、农村土地确权、村民待遇、不作为等多方面。在立案审查案件中，依法维持19件，告知途径17件，撤销4件。

2009年，区司法局共担任常年法律顾问298家。办理各类法律事务30889件；法律普及人数达到253万人次，普及率达到97%以上；各级调解组织共调解各类纠纷2955件，调解成功2927件，调解成功率99.1%；防群体性上访2件80人，防刑释犯罪4件16人；通过法律服务，为当事人挽回避免经济损失20178万元。部署《房山区2009年法制宣传教育工作重点》《房山区开展“法律六进”活动任务分解方案》《房山区依法治区领导小组工作职责》等相关制度。完善“房山普法网”平台建设，着重抓好农村党员的法制宣传教育，开展对农村“两委”干部法制教育轮训活动。成立服务重点工程项目流动调解团。乡镇6个司法所，为服务重大工程提供法律建议24件；调解纠纷65件，调解成功61件，涉及159人，金额1000多万元。国庆安保期间区各级人民调解组织共排查调解矛盾纠纷340件。2009年区新建法律服务室141个，全区法律服务室总数达到470个。到12月底，基层法律服务室共调解民间纠纷637件，解答法律咨询1004人次，开展法律宣传讲座207次，法制宣传654次，受教育人数14480人次。接收社区服刑人员2604人，解除矫正2025人。截至12月31日，全区实有社区服刑人员509人。全区在册刑释解教人员2647人，其中刑满释放人员2390名，解除劳教人员257名。国庆安保期间投入干警、社会志愿者6988人次，开展排查活动739次，走访列管对象9826人次；进行个别谈话教育2258人次；按照无缝衔接的要求，入监帮教9次，20人。顺利接回和妥善安置4人；为109名列管对象发放帮扶款项7.02万元；心理咨询112人次；组织公益劳动1630人次；开展送法进社区、进乡村、“三八”法律援助宣传周等大型宣传活动8次。发放宣传材料、法律援助联系卡2万余份，解答群众咨询千余人次，受教育群众达万人。设立“12348”法律服务专线。针对老年人、残疾人等特殊群体推出“上门服务制度”。推行庭审旁听、当事人回访、卷宗质量评审制度；实行案件质量季度抽查通报制度。法律援助中心截至12月底，办理法律援助案件417件。其中，民事法律援助案件405件，刑事法律援助案件12件。

（许娜　霍言）

【起草《房山区贯彻实施〈国务院关于加强市县政府依法行政的决定〉工作方案》】 根据《北京市人民政府贯彻落实国务院关于加强市县政府依法行政的决定的意见》和区政府领导要求，区法制办在调查研究的基础上起草《房山区贯彻实施〈国务院关于加强市县政府依法行政的决定〉工作方案》，此方案经六届区政府第17次常务会议讨论通过，下发全区执行，内容包括指导思想、主要任务和保障措施3大部分，主要任务共7大项，23小项。

（许娜）

【规范性文件草案审核工作】 2009年，区法制办审核各类规范性、政策性文件草案46件，内容涉及轨道交通建设、招商引资、山区经济发展等方面。为了应对金融危机，帮助企业渡过难关，区法制办组织精干力量，对凡是涉及“三保”工作的文件，都要进入文审“绿色通道”随到随审，确保区委、区政府“保增长、保民生、保稳定”的信心和决心及时快速地传达到全区，为“三化两区”建设及时提供法制保障。

（许娜）

【开展行政执法专项调研工作】 2月3日，围绕如何促进行政执法高效便民，维护群众的根本利益，开展专项调研活动。对行政执法中存在的主要问题进行深入分析，对执法工作如何深化行政许可全程代理、行政监管全程执法、行政执法全程监督进行认真调研，形成《行政执法重在高效便民》调研报告，上报市法制办。

（许娜）

【贯彻落实《全面推进依法行政实施纲要》总结检查工作】 2月11日至13日，副区长卢国懿带队，区法制办牵头，会同区委组织部、区监察局、区人事局组成检查小组，对全区行政执法单位和乡镇政府共76个单位进行检查，对依法行政纲要实施5年来全区行政执法工作情况进行全面总结，写出自查报告，向市政府检查组和区领导作书面汇报，市、区领导充分肯定依法行政工作取得的成绩。在市政府召开的北京市政府法制工作会上，区委常委、副区长李江作典型发言。

（许娜）

【开展行政执法人员培训工作】 2009年，为了进一步提高行政执法人员的法律素质和业务水平，区法制办从市政府法制办、区法院等单位聘请老师分7期对全区1009名行政执法人员进行培训。主要学习内容包括《国务院关于加强市县政府依法行政的决定》《北京市行政处罚执法资格公共法律知识培训考试大纲》《行政执法人员学习手册》，行政处罚程序及文书制作、行政诉讼及行政复议应当注意的问题等。

（许娜）

【执法监督工作】 一是在加大行政执法监督力度上，2009年区法制办对5起由区政府批准的违法建设强拆案件进行严格审核把关，拆除违法建设面积3000余平方米；二是在规范行政处罚自由裁量权上，指导执法单位细化、量化自由裁量权，强化内部自我监督；三是在行政处罚程序上，以开展案卷评查为手段，加强对行政处罚程度的监督。2009年，全区案卷评查优秀率达到86.3%。通过案卷评查，对发现的问题及时进行纠正，并组织执法人员进行分析研讨、归纳总结，有效防止行政违法和不规范执法行为的发生。2009年市政府组织的案卷评查中，房山区在18个区县中取得第一名。

（许娜）

【北京市恒信公证处迁新址】 2月25日，北京市恒信公证处迁入房山区良乡地区拱辰大街94号楼二层，面积300平方米，分为接待大厅、办证区、公证员工作室、助理工作区、档案室、财务室、音像室、会议室及值班宿舍。

（霍言）

【房山区内各公证处的年度考核工作结束】 2月25日至26日，区司法局成立公证机构年度考核和公证机构负责人年度考核小组，经过严格考核，北京市恒信公证处被评为优秀公证处，负责人被评为优秀负责人，北京市嘉诚公证处被评为合格公证处，负责人被评为优秀负责人。

（霍言）

【房山区送法下乡暨“三八”妇女维权周系列宣传活动正式启动】 3月4日，司法局联合区检察院，城关街道，城管、综治等部门和单位在城关街道永安西里社区开展以送法下乡为主题的“三八”妇女维权周系列宣传活动。司法局工作人员、区检察院的女检察官向群众发放《中华人民共和国物权法》《外出务工维权手册》《法律援助联系卡》《妇女权益保障条例》《北京法律援助条例》《中华人民共和国劳动合同法》等宣传资料2万余份，同时为过往群众提供法律、心理咨询服务，引导妇女如何合理有序地表达利益诉求，提高妇女自我维权意识和能力。

（霍言）

【维护农民工合法权益宣传日活动】 3月25日，区司法局、区总工会和区劳动和社会保障局联合开展“维护农民工合法权益宣传日”主题宣传教育系列活动。活动期间，拱辰街道办事处、西潞街道办事处、良乡镇、长阳镇、区建委、工业公司等20多个企事业单位联合开展宣传和咨询活动。悬挂横幅200余条，宣传黑板报175块，展板350块，出动宣传车100多辆，发放适用手册、宣传资料16.55万份，接受农民工和群众法律咨询360余人次，受教育群众达13.4万余人。

（霍言）

【房山区律师事务所年度考核全部合格】 4月20日至5月10日，区律师事务所2009年度考核工作结束，按照北京市司法局京司发〔2009〕120号文件精神要求开展考核工作，经网上初审和现场审查，区9家律师事务所全部考核合格，并在房山信息网上公示。

（霍言）

【解决周口店镇蔬菜大棚拖欠工程款事件】 6月5日，周口店镇南韩继村72栋蔬菜大棚建设项目因拖欠工程款引起民工上访，由区信访办、区建委、区劳动保障局、房山公安分局、区司法局、周口店镇政府、北京市恒信公证处等单位组成为上访外来民工代表解答疑难问题、化解纠纷保稳定联席会，北京市恒信公证处主任姚严奎认真听取上访民工代表的陈述，查阅相关的文件并当场解答合同纠纷的法律问题及解决纠纷依法维权的途径，介绍了公证处在司法维权绿色通道中的作用，提出了依法诉讼应当注意的问题。通过调解，全部付清拖欠的农民工工资。

（霍言）

【纪念人民调解委员会组织条例颁布实施20周年】 6月17日，区司法局以《人民调解委员会组织条例》实施20周年为契机，在全区范围内开展形式多样、内容丰富的宣传教育活动，此次宣传活动分别在拱辰街道、城关街道和燕山地区办事处设3个宣传点。向群众发放《人民调解委员会组织条例》《人民调解工作简介》《人民调解工作流程》等宣传资料5000多份，接受法律咨询30多人次。

（霍言）

【争创全国民主法治示范村现场会】 7月2日，北京市司法局在房山区长阳镇保合庄村召开争创全国民主法制示范村现场会，市司法局法宣处处长吴军、副处长马志云以及18个区县主管局长、法宣科长及长阳镇主管领导等出席会议。全体参会人员观看了保合庄村民主法制示范村创建工作宣传片，并参观保合庄村数字影院、村级法制公园、主街道两侧的法制宣传漫画以及电教室、图书室等法制宣传设施。

（霍言）

【“法制宣传进社区”文艺演出】 7月4日，燕山公安分局和燕山保安艺术团以“法制宣传进社区”为主题的文艺演出在东风街道文化娱乐广场举行，为羊耳峪社区近千名居民送去了文艺娱乐和法律知识，整场演出得到了社区居民的高度赞赏。

（霍言）

【“提高农民法律素质，促进农村改革发展”大型主题宣传活动启动】 7月20日，房山区“提高农民法律素质，促进农村改革发展”大型主题宣传活动在长阳镇保合庄村启动。主题宣传活动以“五五”普法为契机，以深入贯彻落实科学发展观为统领，突出农村普法的实效性，扶持和创建一批有特色的“民主法治示范村”，为实现“保增长、保民生、保稳定”目标和迎接新中国成立60年大庆的维稳工作营造良好的法制宣传氛围。活动内容主要以法律进乡村、开展农村“两委”干部法制培训和深入推进农村依法治理等为主，深入开展法制宣传教育，进一步提高村“两委”干部依法管理、依法办事的能力水平，进一步提高农民法律素质和依法行使权利、履行义务的能力，推进农村基层民主法制建设进程，保障和促进农村改革发展奠定良好的法治基础。区委常委、政法委书记刘欣国出席活动并讲话。

（霍言）

【流动人口法制宣传教育培训基地揭牌】 11月27日，区司法局，区流管办在西潞街道安庄村举办流动人口法制宣传教育培训基地揭牌仪式。

（霍言）

【“法律进机关”示范单位表彰现场会】 12月3日，房山区“法律进机关”示范单位表彰现场会召开。区委常委、政法委书记刘欣国，区委常委赵佳琛，出席现场会。会上，表彰了区审计局、区物流办、区国税局、区交通局、区教委、房山工商分局等10家“法律进机关”示范单位。

（霍言）

【“12·4”全国法制宣传日】 12月4日是全国第九个普法宣传日，房山区以“加强法制宣传教育，服务经济社会发展”为主题，区交通局、区城管大队、区法院等20余个部门及25个乡镇、街道办事处以发放宣传品、举办知识竞赛、辩论赛等各种形式进行普法，运用报刊、广播、电视、网络等多种新闻媒体进行立体式全方位宣传，实现全区覆盖。

（霍言）

人事 编制

【概况】 2009年，在区委区政府的正确领导下，区人事部门深入贯彻落实科学发展观，围绕中心，服务大局，突出“六个重点”，实现了“六个提高”：以开展岗位设置工作为重点，推进事业单位人事制度改革，提高了事业单位人事管理水平；以加强公务员招考与培训为重点，推进公务员队伍建设，提高了公务员队伍整体素质；以贯彻落实各项工资政策为重点，积极推进义务教师实施绩效工资工作，提高了机关事业单位工资管理水平；以人才引进和就业服务为重点，努力为“三化两区”提供人才保障，提高了人才服务能力；以完善监督、规范制度为重点，组织完成各项人事考试，提高了人事考试的组织水平和公信力；以合同期满村官安置和新村官录用为重点，加强村官队伍建设，提高了村官为区域经济服务的水平。2009年，完成房山区政府机构改革。按照“三定”工作的要求，重点从转变职能、理顺关系、强化责任3个方面来优化部门职责配置，并将有关内容体现在“三定”规定的“职责调整”“主要职责”“其他事项”等部分。确定各部门转变职责89项，增加职责18项，划入职责13项，取消职责4项，划出职责9项，理顺部门间职责关系的17项。改革前，区政府共有机构33个，其中：区政府工作部门设置29个，区政府直属特设机构1个（区国资委），区政府议事协调机构的常设办事机构3个（区民防局、区整顿和规范矿产资源开发秩序工作领导小组办公室、区综合行政服务中心）。改革后，共设置区政府工作部门 30 个和 2 个政府派出机构。其中，撤销机构 4 个，调整机构 8 个，新组建机构 4 个，与改革前相比减少 1 个机构。区政府 30 个工作部门改革前共设置内设机构 217 个，“三定”制定中，各单位共要求设置内设机构 266 个，经区编办初步审核，设置内设机构 221 个。其中新调整和更名的内设机构 29 个。改革后，部门正副处级领导职数核定从原有的 33 正 107 副调整为 34 正 106 副；结合各部门内设机构设置和人员编制配备情况，严格审核科级领导职数设置，改革后，各部门科级领导职数总数从原有的 217 正 83 副调整至 221 正 88 副。答复部分人大代表、政协委员提出的涉及机构编制管理事项的建议、议案 4 件。协调、帮助部分单位解决有关人员定岗、参照公务员管理、工资管理等工作中存在的难点、热点问题。2009 年，完成新登记及变更登记事业单位 120 家，年检 600 家。

（陈华铃　王久岚）

【完成 2008 年军转安置】　1月，房山区在远郊区县中率先完成 2008 年军转安置任务，共安置 19 名军转干部和 7 名随军随转家属，有 6 名军转干部经过全市统一考试选拔进入公务员队伍，其余人员全部安置到全额拨款事业单位。

（陈华铃）

【服务期满“村官”100%安置】　一是前期摸底稳情绪。各乡镇召开期满村官意愿调查会，了解就业意愿；召开全区村官代表座谈会，区委书记与村官共同研究安置方案。二是全面服务找出路。通过电话、邮件等形式，及时传达相关政策精神，合理安排村官工作时间，为村官应聘留出充裕时间。三是特色措施留人才。拿出 30 个公务员岗位、20 个全额拨款事业编制面向村官定向招录；制定财政出资补贴企业招聘村官优惠政策。四是兜底安置减压力。采取招录社区服务站工作人员、一年乡镇编外用工合同等方式，为有“外出”就业意愿村官提供就业兜底保障。截至 8 月底，147 名“村官”留在房山得到妥善安置，94 人通过考取公务员、就读研究生等途径实现再就业。

（陈华铃）

【全区公务员队伍逐步形成“一高二优三加强”格局】　“一高”指：公务员队伍综合素质不断提高。2008 年，全区公务员 3599 人，本科以上学历 2477 人，比例为 69%，比 2002 年高出 1 倍多，另外有相当一部分公务员为在读本科教育或硕士教育。“二优”指：公务员队伍年龄结构和层次分布不断优化。按照年龄划分，35 岁以下比例为 25%，35 岁至 50 岁为 58%，50 岁以上为 17%，平均年龄 41 岁。按照层次分布，处级以上比例为 28%，科级比例为 47%，科员比例为 25%。这种“两头少，中间多”的年龄与层次分布状况有利于房山区公务员队伍的科学发展，和谐进步。“三加强”指：全区公务员队伍在思想政治建设、业务水平提升和女性干部培养 3 个方面不断加强。全区公务员队伍党员比例、拥有专业技术职称比例和女性干部比例分别达到 87%、40%和 36%。

（陈华铃）

【机关事业单位工作人员年度考核】　全区共有 3053 名各级机关、参照公务员法管理单位以及纳入工资规范管理事业单位的工作人员参加考核，其中 516 人被评为优秀等次，981 人获嘉奖及以上行政奖励。全区事业单位（含燕山）科级以下工作人员共 18971 人参加 2008 年年度考核，被确定为优秀等次 3234 人，合格等次 15604 人，基本合格 5 人，不合格 7 人，未定等次 121 人。公务员嘉奖比例从 18%增加到 33%。事业单位优秀等次比例比 2008 年增加 5%，用于奖励各单位在奥运筹办和抗震救灾工作中表现突出的人员。

（陈华铃）

【区农科所付铁梅被批准享受政府特殊津贴】 4月，经国务院批准，区农业科学研究所副所长付铁梅享受政府特殊津贴。根据人社部发〔2009〕22号和京人社办发〔2009〕21号文件精神，享受政府特殊津贴人员一次性获得津贴3万元，免征个人所得税。付铁梅一直从事农业科技推广工作，是区农业技术推广系统小麦、玉米栽培技术推广领域的学科带头人，在作物栽培理论研究和先进生产技术推广等方面取得突出成绩。近10余年来，先后主持市、部级重大科技项目30余项，获得省、部级科技成果8项，区县级科技成果30余项，累计完成400多项技术试验，撰写论文200余篇，参与起草培训教材3部、北京市地方标准3册。曾获农业部“全国农业技术推广先进个人”“农业科技先进工作者”“农业科普先进个人”等荣誉。

（陈华铃）

【241名2006年合同期满大学生“村官”获经济补偿】 按照有关精神及《中华人民共和国劳动合同法》有关规定，6月30日前向合同期满大学生“村官”支付2个月工资的经济补偿，其中硕士研究生6400元，本科毕业生6000元，专科毕业生5600元，市、区两级财政共支付约141万元。

（陈华铃）

【联合举办提升公务员科学素质大讲堂活动】 7月10日，区人事局、区科学技术协会在区政府东二楼报告厅联合举办“提升公务员科学素质大讲堂”活动。71家党政机关281名科级以下(含科级)公务员参加。

（陈华铃）

【机关事业单位公开招考情况】 经过笔试、面试、体检、考察等程序，全年为32个单位公开招考公务员128人，其中硕士研究生学历37人，本科学历83人，大专学历8人；为6个单位公开招考事业人员23人，面向村官招聘20人，其中大学本科学历35人，专科学历8人。

（陈华铃）

【公务员招考】 10月31日，北京市各级机关2009年下半年考试录用公务员公共科目笔试房山考区考试结束。房山考区设良乡二中和良乡三中2个考点，共设58个考场，共有1736名考生参加笔试考试。150余名考务人员经过严格培训后上岗。最终为18个单位录用42名公务员。

（朱红）

【《北京市房山区人民政府机构改革方案》】 区编办研究拟定《北京市房山区人民政府机构改革方案》，经领导小组研究和区委、区政府批准，2009年5月底上报市委、市政府。8月获得市委、市政府批准。按照改革方案要求，区政府机构做以下调整：农业委员会更名为农村工作委员会，负责“三农”工作和新农村建设的统筹协调。组建农业局，挂动物卫生监督管理局牌子，为区政府工作部门，负责农业生产管理和执法监督以及兽医行政管理等工作。将动物卫生监督管理局的机构和职能以及其他相关机构承担的有关农业管理职能划入农业局（动物卫生监督管理局）。组建经济和信息化委员会，为区政府工作部门。将工业局（乡镇企业局）的职责、信息化工作办公室的职责，整合划入经济和信息化委员会。不再保留工业局（乡镇企业局）、信息化工作办公室；建设委员会更名为住房和城乡建设委员会，挂政府住房保障和改革办公室牌子；组建人力资源和社会保障局，为区政府工作部门，对外可使用公务员局名称开展工作。将人事局的职责、劳动和社会保障局的职责，整合划入人力资源和社会保障局。不再保留人事局、劳动和社会保障局。将机构编制委员会办公室调整为独立设置，列入区委机构序列；组建园林绿化局，挂绿化委员会办公室牌子，为区政府工作部门。将市政管委有关的园林绿化管理职责、林业局的职责，整合划入园林绿化局。不再保留林业局；社会建设工作办公室调整为与区委社会工作委员会一个机构两块牌子，为区政府工作部门；市政管理委员会更名为市政市容管理委员会，挂城乡环境建设委员会办公室牌子；商务局更名为商务委员会，挂粮食局牌子；民防局由议事协调机构的常设办事机构调整为区政府工作部门。截至11月15日，区政府新组建调整的工作部门全部对外挂牌、启用新印章以新机构名义对外开展工作。

（王久岚）

【北京（房山）历史文化旅游集聚区规划建设管理办公室成立】 2月20日，根据市编办《关于成立北京（房山）历史文化旅游集聚区规划建设管理办公室的批复》（京编办行〔2009〕9号）和区编委房编委字〔2009〕3号通知，成立了北京（房山）历史文化旅游集聚区规划建设管理办公室，为正处级行政单位，核定行政编制6名，其主要职责是：起草集聚区发展规划、落实年度计划；拟定促进集聚区发展建设和文化创意产业的政策措施；负责集聚区发展重大事项的协调和督办；负责调查、统计、分析集聚区发展建设的基本情况及相关数据和信息；管理集聚区发展的专项资金，组织文化创意产业项目评审和申报。

（王久岚）

【北京市房山世界地质公园管理处成立】

1月22日，根据市编办《关于成立北京市房山世界地质公园管理处的批复》（京编办事〔2008〕41号）和区编委房编委字〔2009〕2号通知，成立北京市房山世界地质公园管理处（简称地质公园管理处）。地质公园管理处为区政府所属相当正处级全额拨款事业单位，核定全额拨款事业编制12名，其主要职责是：负责联合国教科文组织以及国家、市、区的有关文件规定及政策法规在房山世界地质公园的宣传和实施工作；负责调查、评估房山世界地质公园地质遗迹、地质生态环境的养育和保护情况并对有关问题提出对策；负责组织实施房山世界地质公园的科学研究、科普教育、社会宣传、开发建设、对外交流工作；负责房山世界地质公园博物馆的相关工作。

（王久岚）

【区养殖业服务中心成立】 1月22日，根据市编办《关于同意成立北京市房山区养殖业服务中心的批复》（京编办事〔2008〕25号）和区编委房编委字〔2009〕1号通知，成立北京市房山区养殖业服务中心（简称区养殖中心）。区养殖中心为区政府所属相当正处级全额拨款事业单位，核定全额拨款事业编制12名，其主要职责是：负责为畜牧养殖户提供技术服务；负责养殖业专业技术服务体系建设和专业技术人员培训；负责新品种、新技术的引进、试验、推广和有关研究工作；负责完成上级业务行政主管部门交办的有关全区养殖业产业发展规划、结构调整方案、项目实施方案的拟订工作及其组织实施、督促检查、信息数据汇总、研究相关重大问题并提出对策建议等工作。

（王久岚）

【组建中共北京市房山区委社会工作委员会（北京市房山区社会建设工作办公室）】

8月4日，根据市编委《关于区县组建社会建设工作机构的通知》（京编委〔2008〕5号）和市编办《关于成立中共北京市房山区委社会工作委员会北京市房山区社会建设工作办公室的批复》（京编办行〔2008〕180号）及京房办发〔2009〕30号通知，设立中共北京市房山区委社会工作委员会（简称区委社会工委）和北京市房山区社会建设工作办公室（简称区社会办）。区委社会工委是区委负责本区社会工作的派出机构，列入区委机构序列。区社会办是负责本区社会建设的区政府工作部门，与区委社会工委一个机构，两块牌子。核定行政编制15名。

（王久岚）

信　访

【概况】 2009年，全区各部门、各单位共受理群众信访总量6万件次，区信访办受理群众信访1.14万件次，同比增长27.5%。经过全区上下的共同努力，信访工作呈现“三无、三率、两提高、一好转”良好态势。“三无”，即：实现无新增重大重复上访户、无群体性信访事件，全国“两会”、国庆60周年等重要时期无非正常访的目标；“三率”，即：实现初信初访化解率达90%、重信重访化解率达80%、历史积案化解率达70%以上的目标；“两提高”，即：群众合理诉求化解率较2008年提高3个百分点，群众满意度大幅度提高；“一好转”，即：信访秩序有所好转，非正常访批次和人次呈下降趋势。全区每100户设1名信访信息员，共设2341名，其中专职治安员504名，新增1837名。区、镇、村三级大接访活动，区领导参加大接访78次，到岗率95%以上，接待群众186批1535人次。下访248次，约访27次，解决问题129件。开展大排查4次，排查出矛盾纠纷和隐患180件，个体访130件，确定区级重点矛盾纠纷49件，重点个体访100件，重点人127名，全部逐级实行领导包案。包案领导深入基层，组织召开协调会60余次。制定《关于房山区重大决策信访风险评估工作实施意见》。建立重大决策信访风险评估制度，并定期反馈情况，上报130项重大决策、重点工程项目。区联席办跟踪督办，确保风险评估落实到位，避免因重大决策、重点工程建设引发群众越级上访30多起。以区委第二批深入学习实践科学发展观教育活动督导组为基础，分组进行督导检查，区信访特邀监督员、市人民建议征集员参与，并提出30多条意见和建议。180件矛盾纠纷和隐患办结或基本办结154件，办结率达85.6%；市联席会议交办的6件全国人大转办的重点信访问题100%化解；10件信访积案化解9件，化解率达90%。房山区被评为北京市信访排查化解工作先进区县。

（陈加普）

【召开维稳工作大会】 1月22日，在区府东二楼报告厅，召开房山区维稳工作大会。区委书记刘伟在会议上指出：全区信访工作要加强以下5方面工作，努力维护春节期间社会稳定。一是加强排查工作。在春节期间对排查出的各类苗头性、倾向性问题及时报送各相关单位，并确定区级重点矛盾纠纷，实行领导包案制度。二是加强调处工作。对发生的重要疑难信访问题或存在的重点矛盾隐患，全部纳入工作视线，责任单位成立专门调处工作组，调查实情，采取措施，确保在规定的时间内妥善化解。三是加强督查督办工作，及时制定工作预案。针对发生的信访问题或存在的重点矛盾隐患，提前制定工作预案并及早解决，确保问题发现在基层，解决在萌芽状态。四是强化信息报送。春节期间加大信息报送力度，遇不稳定因素及时与相关单位报送，确保不出现越级访和群体性事件。五是加强值班工作，全区各乡镇、街道、办事处及区直单位，要实行一把手带班值班，遇有紧急情况，确保在第一时间赶赴第一现场，维护好、实现好群众最关心、最直接、最现实的利益问题，确保全区人民群众过上一个安定、喜庆、祥和的春节。

（陈加普）

【召开轨道交通拆迁工作信访形势分析会】 2月4日，在拱辰街道五楼会议室，召开房山区轨道交通拆迁工作信访形势分析会。区委常委、政法委书记刘欣国出席分析会，区维稳办、房山公安分局、区信访办、区轨道办、房山交通支队、区城管大队、拱辰街道、西潞街道、长阳镇、阎村镇有关领导参加会议。会议听取区轨道办关于拆迁工作的总体情况汇报。拱辰街道、西潞街道、长阳镇、阎村镇分别对拆迁工作进展情况、存在的不稳定因素及采取的稳控工作措施进行汇报。

（陈加普）

【召开维护稳定暨信访工作会议】 2月27日，在区府东二楼报告厅召开房山区维护稳定暨信访工作会议。会议由区委副书记、区长祁红主持，区领导刘伟、苗立峰、刘欣国、王忠海出席会议。区有关领导、区直单位主要领导、街道乡镇党委书记、主管副职及派出所长、燕山办事处主管副职及信访两员参加会议。会上，副区长王忠海传达2月13日北京市维护稳定暨信访工作会议精神，区委常委、政法委书记刘欣国作题为《认清形势、扎实工作，确保全区维护稳定和信访工作取得新成效》报告，3个单位作典型发言，区委、区政府主要领导与3个单位签订2009年信访稳定工作目标管理责任书。

（陈加普）

【国家信访局接访司副司长张艳明到房山区调研】 2月28日，国家信访局接访司副司长张艳明、市信访办接访处处长盛京兰，就房山区信访稳定工作到房山区调研。区委书记刘伟，区委常委、政法委书记刘欣国，副区长王忠海、吴会杰，区长助理张英陪同调研。信访、公安、建委、国土及有关乡镇领导参加会议。国家信访局和市信访办领导听取王忠海对房山区信访稳定、重点矛盾纠纷和进京集体访化解稳控情况汇报，吴会杰对区轨道交通拆迁工作进展及拆迁过程中群众反映问题相关政策解释情况的汇报。张艳明对房山区的信访稳定工作给予充分肯定并提出要求。

（陈加普）

【召开处级后备干部到区信访办挂职锻炼工作会】 7月13日，在区信访办二楼会议室召开房山区处级后备干部到区信访办挂职锻炼工作会。会上，区信访办领导介绍了全区信访形势，对5名挂职干部作具体安排。挂职锻炼干部代表作表态发言。区委常委、组织部部长张祝华强调处级后备干部到区信访办挂职锻炼的重要目的和意义，并提出明确要求。按照区委组织部关于处级后备干部到区信访办挂职锻炼的要求，自2009年，每年安排两批后备干部到区信访办挂职，时间6个月，轮流参与信访业务科室工作，提升后备干部的整体素质和处理信访问题的能力。

（陈加普）

【召开维护稳定暨信访工作会议】 8月17日，召开房山区维护稳定暨信访工作会议，会议由区委副书记、区长祁红主持。会上，区委常委、政法委书记刘欣国传达8月13日全国和北京市维护稳定暨信访工作电视电话会议精神。拱辰街道、阎村镇、长阳镇就维护稳定和信访工作作典型发言。区委书记刘伟就做好维护稳定和信访工作，全力确保国庆平安稳定作重要讲话。区领导苗立峰、王忠海出席会议。各乡镇街道党工委书记、主管副职、综治办常务副主任，区直单位行政正职，燕山办事处主管副职，各派出所所长、法庭庭长等共280余人参加会议。

（陈加普）

【召开清理执行积案暨推进信访积案化解工作部署大会】 9月4日，在区府东二楼报告厅召开房山区清理执行积案暨推进信访积案化解工作部署大会。会议由区委常委、副区长高言杰主持。燕山办事处和有关区直单位主管副职、各乡镇街道党工委书记和信访维稳副职及市人民建议征集员、市信访特邀监督员参加会议。会上，副区长王忠海作房山区清理执行积案暨推进信访积案化解工作报告，总结区2009年信访积案、涉法涉诉积案化解情况，客观分析工作中存在的突出问题，并就做好积案化解工作提出具体要求。房山公安分局、区法院、区检察院、窦店镇分别作表态发言。区委常委、政法委书记刘欣国讲话。市委第九信访督导组组长、门头沟区人大常委会副主任谭杰，区领导刘顺林、李惠英出席会议。

（陈加普）

【房山区召开国庆信访稳定工作座谈会】 10月22日，房山区召开国庆信访稳定工作座谈会。区委常委、政法委书记刘欣国，副区长王忠海出席会议，24个乡镇街道主管领导参加会议。会议由区联席办主任、区信访办主任韩晓明主持。会上，区信访办传达市督导组向区反馈的意见，通报区国庆期间信访稳定工作情况。拱辰街道、良乡镇、阎村镇、河北镇等单位主管领导座谈国庆期间信访稳定工作的好经验、好做法、主要体会以及下一步工作建议等。

（陈加普）

【房山区“听民声、解民忧、保发展、促和谐”主题实践活动全面启动】 11月13日，房山区“听民声、解民忧、保发展、促和谐”主题实践活动全面启动，区四大部门有关领导，区联席会议8个专项工作组牵头单位行政正职，房山区第二批深入学习实践科学发展观活动区委巡回检查组成员，燕山办事处主管副主任，区直各部、委、办、局、中心、公司、人民团体主管副职，各街道、乡镇主管信访工作副职、信访办主任，各村支部书记，以及市人民建议征集员、区信访特邀监督员参加启动仪式。副区长王忠海从主题实践活动的指导思想、主要原则、目标任务、阶段安排和实施步骤等7个方面对房山区开展“听民声、解民忧、保发展、促和谐”主题实践活动进行全面的动员部署；区农委、窦店镇、石楼镇3个单位分别作表态发言。

（陈加普）

【开展“依法信访，共筑和谐”宣传活动】 按照市委、市政府信访工作部署和《北京市信访办2009年信访宣传工作要点》，4月18日，在全区各乡镇(街道)的村和社区开展形式多样的“依法信访，共筑和谐”宣传日活动，区委常委、政法委书记刘欣国到拱辰街道鱼儿沟社区和城关街道永安西里新社区宣传现场检查指导工作，并发放宣传材料。4月18日至4月24日在全区开展以“依法信访，共筑和谐”为主题的宣传周活动。深入宣传新修订的国务院《信访条例》《北京市信访条例》等，进一步增强群众的依法信访，共筑和谐的观念。活动共发放国务院《信访条例》《北京市信访条例》、致居(村)民的一封信等宣传材料21万份，悬挂横幅1214条，摆放展板近300块。此外，部分活动现场还通过腰鼓、秧歌等群众喜闻乐见的文娱形式渲染气氛。

（陈加普）

公共安全

【概况】 区保密局按照《房山区保密要害部门、部位保密管理的规定》要求，组成检查小组，3月16日至17日，对区纪委、区委组织部、区信息办、区审计局、区统计局、房山规划分局6个单位部分科室进行保密检查，重点检查计算机使用情况、移动存储介质及涉密文件管理情况，检查过程中对相关人员进行保密教育，要求各单位做到专机专用，严格执行各项保密管理制度，检查中未发现问题。4月，区保密局专门成立检查小组，对掌握的区属各机关、企事业单位的7个网站、132个在网站注册的主页进行检查，通过检查未发现网页刊登或转载涉及国家秘密信息的文件、资料。对区内2个旧货市场、30个废品回收站进行突击检查。通过查看他们交易、收购上来的旧文件、旧资料、旧刊物，没有发现涉密文件资料。区保密局成立检查小组，对区委办、区政府办、区纪委、区委政法委、区委组织部、区委研究室、区民防局、区文委、区工商联、区委统战部、区信息中心共12个单位进行保密检查。以此次保密检查工作为契机宣传保密工作。成立检查小组，依照《关于成立房山区国庆 60 周年筹备工作总指挥部的通知》，通知指挥部和 8 个分指挥部关于做好国庆保密工作的要求。对涉及国庆筹备工作的单位进行保密检查，共检查 9 个单位，27 台计算机。

2009 年，房山区出台房山区突发公共事件应急委员会《关于加强专项应急指挥部及办公室建设的意见》（房应急委发〔2009〕7 号），对指挥部的地位和作用、组织体系和责任体系、应急预案的编审和管理、应急队伍建设、应急演练和应急物资储备进行规范。按照《房山区突发公共事件总体应急预案》要求，在 2008 年编制区、乡镇（街道）、社区、村和企业各类应急预案 2820 个基础上，2009 年新编制完成城区排水、环境、重大动物疫情、火灾、公共卫生、燃气、电力和核突发事件 8 个应急预案；结合国庆风险，编制 4 个国庆相关应急预案；完善城镇房屋安全突发事故应急预案；抽查部分乡镇（街道办事处）应急预案制定情况，并对部分预案编制和管理人员进行培训；转发《北京市突发事件应急演练暂行办法》，对各项预案进行实际演练参加人员近千人。全区应急系统严格落实 365 天 24 小时值守应急和敏感时期、预警期加强值班和信息报送工作要求。全年向市应急办及时、准确报送工作动态信息近 900 条，被市应急办采用刊登 97 条，得到市领导批示 2 条。报送突发事件信息 29 条。

2009 年，房山公安分局配合相关部门妥善处置群体访 425 批 11997 人次，对违法群体访者刑事拘留 14 人、治安拘留 121 人。对市局排查交办的 8 起涉法涉诉重点访按期办结。全年立刑事案件 4222 起，其中现案 3795 起；共破案 1503 起，同比上升 7.3%；其中破现案 1078 起，同比上升 15.7%；打掉各类犯罪团伙 109 个，刑事拘留 1116 人，抓获网上逃犯 172 名。先后破获涉毒案件 20 余起，打掉吸贩毒团伙 10 余个。全年发命案 20 起（其中故意杀人 14 起、伤害致死 6 起），同比下降 33%，全部告破，同时破获 2 起积案，保持自 2005 年以来命案侦破率 100%的成绩。打掉 17 个恶势力团伙，抓获涉恶团伙成员 105 名；破侵财案件 731 起，侦破市局挂牌督办的系列盗窃名犬案、“5 · 24”千禧家园爬楼入室盗窃案等一批侵财案件。集中打掉 7 个电信诈骗团伙，抓获涉案人员 86 人。破获退休教师李某网络炒股被诈骗 90 万元案，抓获犯罪嫌疑人 15 名。侦破涉及房山区 400 余人的湖南“蝴蝶夫人”传销案、北京太康房地产开发有限公司系列合同诈骗案等一批涉众型案件，追缴涉案物品折合人民币达 1800 余万元。会同工商部门联合行动，及时清除聚集在城关、石楼、周口店等地区的 4 个非法传销团伙，教育、劝返传销人员 300 余人。在打击假币犯罪“09 行动”中，破案 18 起，抓获犯罪嫌疑人 20 余名，收缴假币 12.84 万元。查处治安案件 10029 起，治安拘留 2064 人；查处违反爆炸物品管理、非法开采案件 28 起，刑事拘留 4 人，治安拘留 186 人，炸封非法井口 296 个，劝返外来务工人员 7000 余人，收缴炸药 1903.5 公斤，雷管 11953 支，硝酸铵化肥 119.5 公斤；查处违反烟花爆竹管理规定案件 10 起，行政拘留 10 人，罚款处理 4 人，警告 4 人，收缴非法烟花爆竹 855 箱。督促整改火灾隐患 8500 余处，4 件市级、15 件区级挂账的火灾隐患于 8 月前整改销账。查处赌博案件 80 起，刑事拘留 4 人，治安拘留 96 人；查处卖淫嫖娼案件 56 起，刑事拘留 10 人，治安拘留 131 人；关闭 75 家“黑网吧”，依法行政拘留非法经营者 28 人。对全区 24 条基础设施管线、18 家供水厂等，严格落实安全监管责任，对重点要害部位实行安保力量 24 小时巡护。共登记流动人口 182142 人，登记备案出租房屋 24673 户。强化出租房主履责意识，端掉各类出租房违法窝点 21 个，发现消除各类安全隐患 267 件，处罚违法出租房主856人，罚款15.85万元。2009年，走访群众293240户，征求群众意见建议1345条，采纳整改841条，帮助群众及企业单位解决实际困难769件。获取各类有价值信息线索202条，抓获各类违法犯罪分子268人。调处民间纠纷266件，消除上访苗头132件，排除火灾和煤气中毒安全隐患2534件。走访中发放宣传材料276267份。房山公安分局整理的“入户走访工作之怎么办”被公安部转发全国公安机关学习借鉴。

2009年，燕山公安分局以“安全燕化、和谐燕山、平安国庆”为目标，充分发挥“大燕山、大燕化、大防控”的整体效能，为国庆60周年提供万无一失的安全保障，营造和谐稳定的社会环境，全面兑现以“平安燕山”保“平安国庆”的庄严承诺。全年妥善处置燕化溴化丁基橡胶装置罐区施工现场受阻等群体性事件27起，疏导化解36名上访人员矛盾，实现全地区1048名重点人员“零失控”“零滋事”，以燕山的稳定维护首都的平安。全年将“大燕山、大燕化、大防控”工作理念、“立足防、突出管、重打内”工作思路和“外堵、内巡、重点守、社区防”工作模式逐步引向深入，取得继奥运之年刑事案件大幅下降53.5%后，地区刑事案件再次下降12.3%。按照“支援树形象、面上保平安”的工作要求，统一高效协调勤务，科学合理部署警力，分局上下全警参与，全力以赴，严格落实执勤安检、处突备勤、人员管控、巡逻震慑、隐患排查、打击整治等各项安保措施，有力确保支援勤务尽职尽责，面上防控秩序井然，燕化公司绝对安全，共出动支援警力750余人次，完成国庆安保工作。燕山公安分局强化常量指导的针对性、牵动性和操作性，强调打击犯罪“零容忍”，将打击方向锁定在区内重大、敏感案件，共破获刑事案件85起，刑事拘留44人，治安拘留112人。紧紧盯住影响人民群众安全感的入室盗窃、诈骗等侵财案件，相继破获入室盗窃系列案、电动自行车盗窃系列案、平房钻窗盗窃系列案、冒充电信工作人员远程诈骗系列案，为群众挽回经济损失达100余万元。分局侦破入室盗窃、诈骗案件的数量同比分别上升225%和250%。及时组织开展专项打击行动，大力推行重案攻坚，在刑事案件大幅下降的情况下，继续保持较好的打击态势，破获“3·22”杀人案、“5·30”抢劫案、“8·16”特大盗窃保险柜等一批有影响的案件。

2009年，房山交通支队以打造“平安北京交通，微笑北京交警”为目标，以建国60周年国庆安保为工作重心，以服务“三化两区”建设为着眼点。全年接警49950起，回访49950起，群众满意率为100%；利用电视监控系统直接发现问题2866起，其中，事故1239起、车辆故障1237起、拥堵390起；各级领导上路指挥3210人次，发布指挥调度指令3.5万余次，上报路况信息1.3万余次。共纠正各种交通违法行为43万余起，处罚29万余起，罚款4885.2万元，与2008年度相比，纠正起数基本持平，处罚起数和罚款数分别减少8.6%和14%，其中利用科技手段非现场执法11.6万余笔，处罚76565笔，罚款1483.4万元，与2008年度相比，执法笔数增加16.8%，处罚笔数和罚款数分别减少23%和18%；纠正非机动车、行人交通违法行为1万余起，处罚6175起，罚款6.1万余元，与2008年相比，分别减少1165起、1345起和13550元；开展动、静态交通秩序整顿150次，查处无证驾驶1361起、酒后驾车4299起、闯红灯20198起、强行超车60起、超载13560起，暂扣机动车13283辆，依法拘留1687人。管界共发生交通事故11003次，伤371人、死亡101人，与2008年度相比，事故次数、受伤人数分别增加3549起、81人，死亡人数减少2人，死亡人数比控制指标少死2人；在交通事故总数中，快速处理10586

起，占96%，一般程序处理417起，占4%；发生交通安全宣传事故30次，伤25人，死亡33人，与2008年度相比，事故起数下降10起、伤人数增加7人、死亡数减少8人，死亡人数比控制指标减少15人。受理行政复议1起，维持1起。完成交通保卫任务227次，其中，二级勤务36次、三级勤务91次，共出动警力3133人，警车1297辆次。在广播、报刊、电视等新闻媒体上播发新闻稿件185篇。对外办公窗口共办理驾驶证审验手续63064件，换证36095个；核发辖区内通行证749张。全年，有1个单位荣立集体二等功，1人立个人二等功，38人立个人三等功，146人受到嘉奖。

2009年，房山区地震局加强地震前兆监测数据的日常报送及震情跟踪工作。国庆应急戒备阶段，实行前兆观测资料分析结果“零报告”制度，每天上午12时前将前1天的综合情况通过BSBnet网络报市地震局。将“绿色审批通道”工作与全程办事代理服务紧密结合，截至10月，全程办事代理工作受理行政许可事项17件，其中包括“绿色审批通道”项目5件，为促进固定资产投资工作再次提速，全面加快绿色审批通道建设进度，为申办人提供特事特办、急事急办、提速快办的优质服务，将审批事项的6个工作日压缩为3个工作日，并在条件允许的情况下，尽量把审批项目当场办结。汶川大地震后，开展全区范围内的校舍抗震安全排查工作，截至10月，受理校舍抗震加固项目审批173件，区所有幼儿园、小学、中学的教学用房，学生宿舍和食堂抗震设防类别不低于重点设防类。《中华人民共和国防震减灾法》实施11周年纪念日在良乡昊天广场开展防震减灾知识宣传活动。举行“将预防付诸行动，让安全融于生活”为主题的宣传周活动。在电业中学举行地震应急疏散演练。区政府总投资800万元，在房山体育场、长阳镇组团公园、阎村镇文化体育广场建3处应急避难场所总体规划面积近33.33公顷，设计疏散安置居民5万余人，设有应急指挥、医疗救护、物资供应等11项应急避险功能。配合中国地震局地球物理所完成气枪震源激发实验科研项目，协助市地震局开展强震台址堪选工作。

（郭佩真　赵婷婷　杨志涛　崔凤华　董剑　王征　刘金华　王春景）

【签订保密承诺书工作】 根据中共中央组织部、国家保密局、人力资源和社会保障部、国家公务员局联合下发通知的精神，为提高涉密人员保密意识，落实保密责任，加强保密管理，确保国家秘密安全，按照市委保密办、市国家保密局统一部署，5月21日，保密局与区委组织部、区人事局、区劳动和社会保障局联合印发《关于组织开展签订保密承诺书工作的通知》，要求各单位高度重视，认真界定签订人员范围，开展好签订保密承诺书工作。区委书记刘伟等区领导带头签订保密承诺书。全区党政机关共有3205人签订保密承诺书，其中26名局级干部、796名处级干部，1930名工作人员，345名工勤人员，108名离岗人员。其他涉密单位130人签订承诺书，其中在岗人员129名，离岗人员1名。

（郭佩真　赵婷婷）

【开展保密法制宣传教育】 采取多种方式进行立体宣传。一是充分利用板报、宣传橱窗等设施开展形式多样的宣传教育活动。全区共发放“严禁买卖涉密文件资料”保密宣传材料4100余份，版报20多块，标语30多条。二是利用重要节假日、纪念日进行保密法宣传。区保密局每逢重大节假日前都对区属单位重点强调要加强保密工作。三是通过培训、讲课和座谈等形式开展专题保密知识学习。

（郭佩真　赵婷婷）

【加强高考保密管理工作】 6月，区保密局根据北京市统一部署，按照国家教育考试考务安全保密的工作要求，在高考试卷到达前，两次对试卷保密室硬件设施的落实情况进行检查，在试卷保管期间，对试卷保密室坚持每半天检查1次，详细察看值班巡逻记录和设备工作情况。

（郭佩真 赵婷婷）

【国庆期间无线电管制工作】 9月7日，区无线电管理委员会办公室召开“房山区贯彻落实《北京市人民政府关于首都国庆60周年庆祝活动期间在部分区域实施局部无线电管制的通告》精神专题工作会”。会上要求各相关部门、乡镇（街道）必须对此次工作给予高度重视，抓紧落实宣传工作，加强督促检查，确保工作落实到位，要完成国庆庆祝活动期间区无线电管制工作，并对重点单位的相关工作进行安排部署。9月全区发放无线电宣传材料3000余份。

（郭佩真 赵婷婷）

【市、区保密局联合检查】 为加强对房山区文件传输、印制和销毁过程中的保密工作，4月24日，市保密局、区保密局对区定点销毁单位进行联合保密检查，对定点销毁厂的硬件环境、保密制度、涉密文件销毁管理制度、安全防护措施、人员管理及定点销毁厂与相关工作人员签订“涉密文件销毁安全协议书”等情况进行重点检查。区保密局与区定点销毁厂当场签订“房山区国家秘密载体销毁保密协议责任书”，检查过程中检查人员对相关工作人员进行保密宣传教育。4月28日，区保密局分别对区定点销毁秘密文件的造纸厂和定点秘密文件印刷厂进行了全面检查，对其销毁、印刷流程、人员管理、保密措施等方面一一进行认真核对、检查，并提出保密要求，确保涉密文件资料在印制和销毁过程中的安全。

（郭佩真 赵婷婷）

【国庆安保工作】 一是整合全区力量和资源，全力投入国庆安保工作。全区组建29个督查组，对国庆安保和维稳工作实行全天候跟踪督查。共投入国庆安保社会面控制力量5.4万人，安全稳定特派员573人、志愿者3万人、重点单位和部位内部安保人员7623人、邻里守望治安巡防员11325人，全部实行实名制。二是及时启动战时工作机制。8月6日启动情报信息战时机制，及时传达中央和市委精神，通报情况，研判形势，及时妥善解决重大隐患和突出问题。根据国庆安保各个阶段的工作需要，及时调整防控力量部署，9月1日启动社会面防控战时体制，并启动二级加强防控措施，9月18日至10月8日启动一级超常规防控措施，维持全区整个节日期间社会面良好秩序。三是加强协调配合，及时启动“护城河”联防机制。召开房山、保定、涿州、涞水四地“护城河工程”联席会议，适时启动57个治安查堵站点，与周边河北省县市形成联勤、联防、联调、联动、联打、联控的工作格局，9月18日至10月8日，检查车辆44万辆、人员74万人，劝返车辆10525辆，查获网上逃犯10人、精神病人员13人、上访人员6人，确保各类影响首都安全稳定的隐患从源头上得到有效控制。

（杨志涛）

【开展公共安全知识宣传】 3月初，区政府成立房山区公共安全知识宣传教育领导小组，有计划、有步骤地开展公共安全知识进机关、学校、社区、农村、党校活动。区政府投资430万元，利用人防工程，建成长阳镇、城关街道应急指挥宣教中心，中心集防空防灾应急指挥、公共安全教育培训和健身娱乐等功能于一体，总建筑面积2430平方米。其中长阳民防应急指挥宣教中心投入使用以来，接待社区群众、中小学生、机关干部等8000多人。同时，各专项指挥部结合各自工作广泛开展以消防安全、安全生产、防汛、防火、“国庆平安行动”为主题的大型宣传活动。采用街头宣传、咨询、板报、广播电视、报刊等多种形式，动员、组织全社会关注公共安全，支持、参与应急管理工作。全年展出展板、条幅400余块（条），发放各类宣传资料25万余份。

（杨志涛）

【做好突发事件风险控制措施】 国庆节前，区应急办按照市应急委《关于做好新中国成立60周年庆祝活动期间城市公共安全风险评估与控制工作》要求，对全区各相关部门和单位下发《关于进一步落实国庆期间突发事件风险控制措施做好应急准备工作的通知》，要求各单位按照相应的风险控制措施并结合实际落实工作，对于可消除和可降低的风险要积极采取措施予以处置，对于短期内不可消除的风险国庆期间要安排专人值守看护，确保风险控制措施落到实处、取得实施。

（杨志涛）

【开展国家首个“防灾减灾日”宣传活动】 5月8日，在府前广场举行活动启动仪式。市民防局等相关部门领导和区四大部门正职、各专项指挥部、各相关部门和各乡镇（街道）行政正职及各界代表1000余人参加。现场发放书籍、折页2万册，书包、围裙、扑克、纸杯等宣传品3000余件。

（杨志涛）

【史家营乡一非法盗采点发生事故】 11月6日10时30分左右，史家营乡金鸡台村龙王庙地区发生非法盗采事故，需要救援。接报后，区领导刘伟、祁红、吴会杰、卢国懿立即赶赴事故现场，成立以区委副书记、区长祁红为总指挥，区政府办、房山国土分局、区安监局、房山公安分局、房山交通支队、区卫生局、区发改委、区整规办、史家营乡政府和京煤集团矿山救护队等相关部门领导为成员的现场救援指挥部，立即展开救援。副市长苟仲文、市政府副秘书长鲁勇及市应急办、市国土局、市安监局等领导及相关部门人员相继赶赴事故现场。经调查，11月6日，6名非法盗采人员被困井下，其他2名非法盗采人员私自施救中也被困井下。经全力救援，其中3人死亡。救援工作结束后，区委、区政府成立以区委书记刘伟为政委，区委副书记、区长祁红为组长，区相关部门为成员的事故调查和善后处置领导小组。

（杨志涛）

【9名被困猫耳山登山爱好者获救】 2月14日19时40分，区政府办公室接房山公安分局报：9名登山爱好者（7男2女）被困周口店猫耳山，请求救助。接报后，区领导高度重视，区领导刘伟、祁红指示区相关部门立即调查情况，开展救援工作，并确保救援人员安全。20时30分，区政府在周口店镇车厂村成立现场搜救指挥部，区现场搜救指挥部成立搜救队（共20人，由镇村干部、公安干警和消防武警组成）、应急接应分队（共30人，由镇村干部、武警官兵、消防武警、公安干警和医疗人员组成）。21时，经必要准备，搜救队携带照明、通讯和食品等装备进山搜救。2月15日凌晨4时30分，搜救队在猫耳山南麓发现被困人员。5时，指挥部派出应急接应分队上山支援搜救队员。13时，被困人员全部获救。经医务人员初步检查，被困人员无人受伤，身体状况正常。上述被困人员系2月13日通过搜狐网“结伴旅行”相约，于2月14日9时许从周口店镇泗马沟进山，15时30分由猫耳山下山时，由于路况不熟被困。

（杨志涛）

【举办“110”宣传日活动】 1月10日是首都“110”报警服务台第13个宣传日，房山公安分局开展以“走出去，请进来”为主题的“110”主题宣传日活动。分局长王聚成、副分局长刘志刚和分局办公室、治安支队、巡警支队及城关、良乡、北潞园派出所60名民警参加宣传活动，发放《首都“110”宣传防范手册》、预防诈骗光盘、文明养犬手册、预防煤气中毒手册、防火自救宣传画、防盗小常识、依法燃放烟花爆竹安全手册等宣传材料3万余份，征集群众对“110”接处警工作的意见和建议20余条。

（崔凤华）

【完成2009年春节安全保卫工作】 按照1月19日北京市公安局电视电话会议的总体部署，春节期间（1月20日至2月9日），房山公安分局共投入警力2071人次、协警力量2.4万余人次，发动群防群治力量4.8万余人次，确保全区未发生重大火灾、爆炸及重大人员伤亡事故。春节期间，全区刑事发案81起，同比下降46.7%。出动警力580余人次，检查废旧金属收购业462家、机修业131家、印刷业40家、旅店宾馆76家、洗浴28家、歌舞娱乐场所20家，未发现突出治安问题。同时，启动《2009年春节期间巡逻防控工作方案》，日均投入街面警力212人，严防违法烟花爆竹、易燃易爆等危险物品流入市区及街头案件的发生。

（崔凤华）

【完成全国“两会”以面保点工作任务】 为确保全国“两会”安全，自2月26日起，房山公安分局启动社会面巡逻防控工作方案，共部署巡逻警力150人。同时启动机关警力上街巡逻方案，分局机关每天18时30分至23时，出动9个巡逻车组18名警力，在城关、良乡主要大街开展巡逻防控。“两会”安保工作期间，共搜集各种维稳信息1350条，整理上报110条。巡逻民警共抓获各类违法犯罪嫌疑人50人（其中刑事拘留12人，治安拘留32人）。3月7日至13日，市局每天抽调分局50名警力支援公交总队勤务。外围卡点共盘查检查车辆32793辆，人员76647余人；查获进京上访人员26人，抓获各类违法犯罪嫌疑人19人（刑事拘留7人、行政拘留12人），劝返各种车辆738辆、人员1812人。3月1日至14日，分局共接报“110”刑事类警情141件。

（崔凤华）

【举办百场消防宣传进万家暨进学校大型文艺汇演】 6月19日，房山区“祝你平安”百场消防宣传进万家暨进学校大型文艺汇演首演仪式在北京工商大学举行。北京市公安消防总队副总队长骆原，区委常委、副区长高言杰，分局副分局长马志刚，消防支队支队长李德、政委靳文忠，北京市公安消防总队防火部宣传处副处长庹云富，房山区文化委员会执法队领导参加并观看文艺汇演。全区热心消防公益事业的学生、企业员工和消防官兵代表共3000人观看演出。首演仪式结束后，房山区把此次由防火委主办、消防支队承办的文艺汇演，作为百场消防宣传进万家及消防宣传“五进”活动的载体，“面向乡镇街道、面向农村社区”公开巡演，通过群众喜闻乐见的形式把新《中华人民共和国消防法》实施的重大意义和消防知识送到企业、社区、学校、农村及广大老百姓生活中，让消防意识扎根群众，深入人心。

（崔凤华）

【房山区看守所安全搬迁新址】 6月30日，房山区看守所由旧址迁往房山城关街道瓜市村东，被监管人员安全押解至新所。市局监管处、房山分局，武警北京总队十六支队等20个参战部门协同作战，共出动警力512人，车辆55辆，搬迁押解行动安全有序，完成搬迁任务。

（崔凤华）

【刑侦支队破获系列抢劫案】 7月，良乡地区连续发生多起夜间抢劫单身女性案，影响十分恶劣。7月3日凌晨1时34分，分局接赵某报案称，半小时前骑电动自行车沿长周路行至窦店下坡店村附近时，3名男子骑摩托车拦路持刀抢走其手机和一块电动自行车电瓶后驾车逃跑。通过细致工作，发现韩某（男，18岁，房山人）有重大作案嫌疑。8月6日16时，在长阳西营汽车站将其抓获。经审查，韩某交代，7月3日凌晨，其伙同刘某、陈某（在逃）3 人驾驶摩托车在长周路上持刀拦路抢劫的事实；并供述在窦店镇盗窃摩托车 2 起的犯罪事实。韩某被刑事拘留。8 月 13 日凌晨 2 时 30 分，专案组侦查员巡逻至良乡西潞大街北口时发现 1 名形迹可疑男子，其体貌特征与系列抢劫案被害人描述的嫌疑人极为相似，遂将其抓获。经审查，吉某（男，21 岁，山东省人）交代 7 月以来夜间在良乡良坨路、京周路沿线抢劫多名单身女性的犯罪事实，核实案件 4 起。吉某被刑事拘留。

（崔凤华）

【召开国庆 60 周年安全保卫“护城河”工程联席会议】 9 月 2 日，房山公安分局邀请河北省保定市及所属的涿州市、涞水县政法委、综治办和公安局的主要领导，在分局多功能厅召开国庆 60 周年安全保卫“护城河”工程联席会，共同研究守好首都西南大门，做好国庆 60 周年安全保卫工作。房山区委常委、政法委书记刘欣国，分局副局长柏林，以及区流管办、区综治办主要领导出席会议。四地公安局主要业务处和周边派出所、检查站等单位的主要领导参加会议。会议由分局长王聚成主持。

（崔凤华）

【完成房山区国庆烟花燃放安保任务】 10 月 1 日晚，房山区与天安门广场同时燃放欢庆焰火，创造“礼赞祖国、讴歌时代、振奋民心”的烟花盛景。自焰火产品 9 月 30 日 19 时抵达燃放阵地开始，治安支队危管队及派出所抽调人员组成的 18 名燃放阵地监管民警，对焰火燃放进行全程看护监管。此次焰火燃放安保工作按照“截面分区、纵向划段、远端疏导控制”的原则，设置“中心燃放区、警戒区、外围控制区、远端疏导控制区”。共出动民警 400 人，保安 150 人，武警 40 人，消防官兵 50 人。

（崔凤华）

【完成国庆 60 周年安全保卫工作】 国庆 60 周年安全保卫工作中，以“国庆平安行动”为主线，全警动员、协同作战，特别是“6·23”市局国庆 60 周年安全保卫工作动员誓师大会和“8·19”市局进一步部署国庆安保工作电视电话会议后，分局先后召开国庆 60 周年安保实战阶段动员大会、“护城河工程”联席会等局内外、多层面会议，先后研究制发 39 个国庆安保相关工作方案预案，成立国庆 60 周年安全保卫工作领导小组，并下设 11 个专项安保指挥部，明确任务分工，落实相关责任，强化各项安保措施。完成国庆 60 周年庆祝活动和“十一”黄金周安全保卫工作任务。

（崔凤华）

【破获“10·11”入室抢劫杀人案】 10 月 11 日 20 时 53 分，分局指挥中心接报：房山区大石河京东物资公司后门超市内有一女子被杀。接报后，经过各级指挥员和侦查员连续 9 个昼夜的不懈努力，锁定隗某（男，23 岁，房山人）有重大作案嫌疑。10 月 19 日 15 时许，在城关美廉美超市门前将隗某抓获。经突审，隗某交代另一同伙王某（男，24 岁，山西省人），侦查员迅速将王某抓获。2 人交代：10 月 11 日 19 时许，2 人在事先预谋踩点后，窜至房山区城关街道福港大街国喜超市，由隗某在超市外望风，王某闯入国喜超市内持刀对受害人相威胁，受害人在反抗过程中被王某扎伤颈部当场死亡，王某抢走现金 600 余元、手机 1 部及手机充值卡等物品后 2 人逃跑。

（崔凤华）

【打击、防范电信诈骗犯罪专项行动】 年内，市公安局部署打击、防范电信诈骗犯罪专项行动，房山分局结合辖区实际，坚持“防范为主、跟进打击”的工作方针，不断加大专项打击力度和金融网点阵地控制，深入开展全方位、多层次防范宣传工作，全力推进打击、防范电信诈骗犯罪专项行动向纵深开展。自11月6日至11月17日，分局共累计发放宣传材料10万余份，受教育群众22万余人，预防电信诈骗70余起，劝阻受骗群众33人，挽回损失53万余元。并连续打掉电话、网络诈骗团伙6个，抓获涉案犯罪嫌疑人75人。

（崔凤华）

【社区民警述职述廉工作】 12月1日至20日，为强化派出所和社区民警勤政为民、廉洁从警和自觉接受群众监督的意识，进一步改进工作，局属21个派出所和160名社区民警共召开述职述廉报告会181场，邀请各界群众7475人，其中测评派出所满意率为97.5%，基本满意率为2.5%；测评社区民警满意率为96%，基本满意率为4%。

（崔凤华）

【刑侦支队破获特大远程电信诈骗案】 12月30日，刑侦支队在分局信通处和福州市公安局有关部门的大力配合下，远赴福建，历时40天，行程6000多公里，成功破获涉案金额近百万元的李某被诈骗案，一举打掉以福建籍谢某为首的特大远程电信诈骗犯罪团伙，抓获团伙成员15名。

（崔凤华）

【破获“3·22”特大抢劫杀人案】 3月22日10时许，事主王某到分局刑侦大队报案称：其丈夫于某（男、39岁，燕化聚酯厂职工）3月21日19时驾驶黑色吉利牌轿车外出“趴活”，之后失去联系。分局立即组织成立“3·22”专案组，将失踪人于某列入疑似被侵害失踪人员开展侦查。24日凌晨1时，在市局相关部门的配合协助下，抽调各派出所20名支援警力，在地势复杂的房山城关东瓜地村将嫌疑人刘某（男，22岁，河北隆化县人）抓获。经突审，嫌疑人刘某供述伙同另一嫌疑人栗某（男，20岁，北京房山人）抢劫杀害于某的犯罪事实。25日凌晨1时在房山城关一网吧内将嫌疑人栗某抓获，起获被其抢劫的吉利远景轿车1辆，并在房山化工四厂公路边的排污井内找到被害人的尸体。经审讯，嫌疑人供认：3月21日晚，2人在燕山北庄以打车为名雇佣在此“趴活”的于某前往房山某地，随后2人将于某杀害弃尸并抢走黑色吉利远景轿车。

（董剑）

【破获“5·30”拦路抢劫案】 5月30日22时43分，分局接事主报警：在燕山杏花西里50号楼前被2名陌生男子殴打，并被抢走黄色女式挎包1个，内有现金及银行卡、身份证、手机等物品。分局刑侦大队接指挥中心布警后立即赶赴现场，副分局长赵军到现场指挥侦破工作。经分析，认为嫌疑人有到银行取款机取款的可能。对燕山地区、房山城关附近的所有银行取款机网点布控，当晚23时30分，在房山城关街道商业街附近一银行取款机网点，发现2名形迹可疑人员，经盘查，在其中1名嫌疑人身上发现事主被抢的黄色女式挎包及被抢的物品。侦查员当场将2人抓获。2人为辽宁省阜新县人，贺某（男、19岁、无业）、包某（男、26岁、无业）。2人对违法行为供认不讳。

（董剑）

【破获“8·16”特大盗窃保险柜现金案】 8月17日，分局接北京燕昌石化制品有限公司员工报案：公司办公楼内2个保险柜被撬，被盗现金56万元。此案为北京市2009年被盗金额最大的一起盗窃保险柜案。通过图像监控系统，最终确定一辆可疑车。通过查询机动车驾驶员信息系统和市局113系统，成功锁定犯罪嫌疑人胡某。9月5日，在广西桂林将犯罪嫌疑人胡某、荣某、陶某抓获，在北京海淀明光村将嫌疑人胡某姘妇何某抓获。经过审查，嫌疑人胡某、荣某、陶某对其伙同李某、李某等5人于8月16日驾驶面的车盗窃北京燕昌石化制品有限公司保险柜内56万余元现金，并每人分赃11万元的犯罪事实供认不讳。

（董剑）

【管控对象稳控到位】 年内，分局在全面调查摸底的基础上，确定各类重点管控人员1048名，全部落实属地责任，严密管控措施。国庆安保期间，针对22名高风险重点人员，采取“1加3”管控模式，逐一确定责任领导、责任民警，成立监控小组，制订应急预案，推行死看死守工作措施。对40名在家监护的重点精神病人逐人开展走访调查和风险评估，落实防控措施。对情绪不稳定、不放心的9名精神病人收治住院，减轻防控压力，提高安全系数，实现国庆期间进京上访、滋事“零指标”。

（董剑）

【矛盾排查化解全面深入】 年内，分局坚持“领导挂帅、主动化解、分级疏导、确保安全”的工作思路，分局党委成员多次约见辖区上访人员，开展疏导教育，及时帮助解决实际困难，从源头消除了不稳定因素。9月4日，妥善处置了燕化溴化丁基橡胶装置罐区施工现场受阻事件，有效维护了国家重点建设工程的施工秩序，及时消除了困扰燕山地区国庆平安的不稳定事端。

（董剑）

【反恐处突准备充分】 年内，分局建立实名制的处突应急队伍。在燕化公司要害部位、金融机构、大型商市场等重点单位组织开展10次反恐防暴实战演练。9月3日，分局与燕化公司、燕山办事处联合举办“平安——2009”反恐防暴综合实兵演练，进一步检验和提升了各部门协同作战、应急处置的实战水平，为有效维护地区稳定营造强大的震慑态势。

（董剑）

【深化外围设卡盘查】 外围设卡盘查工作作为分局的一项长效防控机制，自2008年1月23日开始，每天晚上10时至次日凌晨4时对燕山外围8个出入路口开展设卡盘查，从未间断。2009年，针对地区警情“三高”和国庆安保工作需要，及时采取增加设卡警力和调整延长设卡时间等措施，进一步打牢了外围屏障。

（董剑）

【最大限度强化街面巡逻】 年内，分局围绕金融部门、商市场、医院等高发案地区开展巡逻守候，建立全天候巡控体系，街头发案同比下降62.5%。国庆期间，单位时间最高在岗巡逻车达到历史最高的20部，最大限度严密社会面的巡逻控制，营造强大的安保态势，有力确保燕山地区治安秩序良好。

（董剑）

【广泛开展群防群治】 年内，分局依托综治部门，动员组织2660名群防群治力量投入到社会面防控。采取致居民一封信、宣传画册、定点宣传、文艺演出等多种形式，持续不断地开展安全防范宣传，受宣传群众达到11万人次，进一步提高人民群众的自防意识，营造警民共保安全的强大氛围。

（董剑）

【严查严管保燕化安全】 年内，分局以燕化安全确保国庆安全，一是找准服务定位，坚持积极主动，不断深化“内保例会、联合检查、反恐防暴、考评竞赛”等工作机制。二是以提高民警指导水平和保卫干部管理水平为目标，针对燕化公司专业化重组的实际，采取集中授课、专门指导等形式，对内保、派出所民警及燕化公司108名保卫干部进行全员培训。三是在指导燕化公司大力推进人防、物防、技防体系建设的同时，对燕化公司所辖43个单位逐一开展全面检查，共发现整改各类隐患128件。9月18日至23日，由分局党委成员带队，组织内保、消防部门对燕化公司18个要害部位安保落实情况进行了再检查，从而有力确保燕化公司的绝对安全。四是针对地区危化物品种类多、存量大的特点，将地区危险物品库房压缩至11个，全部落实人防、物防、技防等安保措施，并通过公安部、市局两级检查验收。与60家管控化学品经营单位签订责任书，履行告知义务，做到每日巡检，始终确保121种管控化学品零丢失、零被盗、零失控。

（董剑）

【社会综合治理】 年内，分局形成“政府领导、公安牵头、部门协作、治管结合”的综合治理模式，为给国庆创造良好的治安环境，分局联合房山分局对燕房路周边14家废旧金属收购业进行联合检查，与燕山文卫分局、工商局对燕山地区行业场所联合开展了治安、消防大检查，实现燕山地区无“黑开”场所，无“异常火爆”场所和涉黄涉赌等问题。同时，依托治安环境“净化行动”，组建“联合执法队”“综合检查队”“教育训诫劝导队”“集中救助队”，对燕山重点地区的黑车非法运营行为开展6次集中清理整治，对流动人口集中的凤凰亭村和岗山村等自然村，进行7次清理整治，抓获违法犯罪嫌疑人6名，切实巩固燕山地区良好的治安秩序。

（董剑）

【科技支撑国庆安保工作】 国庆期间共投入各类安保经费410余万元，更新警务车辆6部和刑侦、派出所警务装备，完成看守所接待室、收物室、门禁系统、武警营房及“三室”建设，进一步提高分局基础保障水平，并直接转化为国庆安保的强大战斗力。结合燕山实际，在燕山办事处、燕化公司大力支持下，推进地区图像监控系统二期工程建设，共投资500余万元，在燕山地区增设各类监控探头80个。同时继续按照“底数清、情况明、信息灵”的工作要求，开展各类管控对象基础信息摸排采集和动态更新工作，共采集维护各类基础信息20946条。继续加大核录工作力度，组织开展国庆安保查控比对专项行动，共核录信息49256条，抓获各类违法犯罪嫌疑人11名。

（董剑）

【成立执法小分队】 年内，房山交通支队成立3支执法小分队，做到“四个打破”，即打破警区界限，灵活机动进行整顿；打破时间界限，弹性时间进行整顿；打破岗位界限，岗位随着违法行为定；打破单一整顿模式，对18种重点交通违法行为重点整顿。

（王连兴）

【完善交通设施】 年内，房山交通支队结合道路及路口改造渠化工作，加大辖区内道路交通设施建设。新增路口信号灯49处、新增各种交通标志1013套、设置交通护栏62355米、安装防撞钢板93445米、施划交通标线27.03万米。

（张学俊）

【道路施工交通秩序维护】 年内，房山交通支队共审批道路施工85项。为加强占路施工管理，确保施工顺利进行，房山交通支队在协调施工单位完善施工方案、规范施工管理、增加协管员加强现场秩序维护的同时，采取设置固定岗，增加巡逻次数等措施，加强占路施工期间交通秩序维护，确保辖区内没有因道路施工造成的严重交通拥堵。

（冯国林）

【提前完成35处危险点段治理工作】 年内，房山交通支队协调公路、乡镇等部门，提前完成管界内35处挂账危险点段的治理工作。

（许伟）

【车管业务进社区】 自6月23日开始，房山交通支队在全区启动交通管理服务进社区工作，上门为群众办理车务手续，提供交通安全教育、业务咨询、信息查询等服务。共为群众审验驾驶证262个，换驾驶证11个，接待群众咨询1.2万余次，发放各类宣传材料2.6万余份。

（王德利）

【优化调整岗位部署】 年内，房山交通支队结合全年工作任务和管界实际情况，调整设置日常路面执勤岗位 55 处，每天出动警力 114 人；调整设置休息日路面执勤岗位 59 处，每天出动警力 120 人。

（王建队）

【开展防震减灾知识宣传教育活动】 5 月 12 日是汶川大地震 1 周年纪念日，也是国家“防灾减灾日”设立实施的第 1 年。区地震局根据区政府要求 5 月 7 日至 13 日开展防震减灾宣传周活动，通过张贴宣传画、悬挂横幅、发放地震应急知识手册，组织展览和参观防震减灾科普教育基地等多种形式，全方位、多角度开展防震减灾知识和《中华人民共和国防震减灾法》宣传教育活动。活动期间向全区各乡镇（街道）发放《地震应急知识手册》3 万余份、以及《中华人民共和国防震减灾法》（单行本）、防震减灾宣传扑克及光盘等 500 余份。

（刘金华　王春景）

【开展地震应急疏散演练】 5 月 12 日，在电业中学举行地震应急疏散演练。电业中学全体师生和区民防志愿救援团、房山消防支队分别就避震疏散、自救互救、救援设备展示、现场灭火 4 个科目进行综合演练。演练现场，全体人员沉痛默哀 1 分钟，向在汶川地震遇难的同胞表示哀悼。区应急办、区民防局、区教委、区红十字会参加协调、配合演练。市地震局副局长陶裕禄，区委常委、人武部部长王锁群，区人大常委会副主任刘顺林，副区长卢国懿，区政协副主席赵润东等参加活动，区有关部门领导和全区各中小学主管安全工作的副校长参加观摩活动。

（刘金华　王春景）

【配合市地震局开展强震台址勘选工作】 北京市地震背景场探测工程项目是中国地震背景场探测工程项目的重要组成部分，北京市地震局承担 22 个强震台的建设任务。按照市地震局的要求，房山区负责协助市局完成 4 个强震台台址的勘选工作。区地震局与长阳镇、长沟镇、琉璃河镇、阎村镇协调，5 月 27 日确定 4 个台址的具体位置。

（刘金华　王春景）

【配合中国地震局地球物理所实施气枪震源激发实验】 气枪震源激发实验是中国地震局地球物理所的一个科研项目，目的是考察水坑条件下，激发环境（水深、坑壁、压力）对震源特性的影响，掌握近场地震动及其传播规律，考察大容量气枪陆地移动激发的可行性和检测地震信号的传播距离。区地震局通过协调区相关部门，最终将实验地点确定为城关镇牛口峪的马刨泉进行。该泉水深 20 米，直径 30 米，是理想的实验场地。实验期间，区地震局组织人力实施搭建气枪激发平台、整理实验场地等一系列基础工作。项目 6 月 10 日完成。

（刘金华　王春景）

【组织全区防震减灾助理员进行地震应急救援培训】 9 月 8 日至 9 日，区地震局在国家地震紧急救援训练基地举办地震应急救援培训班。区应急办、区地震局有关领导和工作人员、全区各乡镇（街道）防震减灾工作的主管领导和防震减灾助理员等 50 多人参加培训。通过培训，学员们对地震应急工作的重要性有了更加深刻的认识，掌握了一定的地震应急救援基本常识和技能，提高了应对突发地震灾害事件的应急处置能力。

（刘金华　王春景）

中国人民政治协商会议北京市房山区委员会

【概况】　2009年，区政协以庆祝新中国和人民政协成立60周年为契机，以“保增长、保民生、保稳定”为主线，坚持围绕中心、服务大局，认真履行政协职能，为建设“三化两区”新房山作出了新贡献。一是把握大局，突出重点，政治协商助推发展。区政协六届三次会议期间，认真讨论《政府工作报告》及其它报告，在工业、农业、文教、卫生、旅游、公共交通等方面提出17项建设性意见；举办“促进产业发展，扩大经济总量”“加快城市基础设施建设，提高城市管理与服务水平”两个专题座谈会和“促进卫生事业发展专题论坛”。委员们与区委、区政府及有关职能部门的领导就产业结构调整中工业发展、优化“产业基地和主导产业”发展布局、进一步深化“燕房”合作、加强农村医疗卫生网络建设等重要问题进行了深入研讨，提出多项建议。组织委员对六届五次人代会《政府工作报告》及区政府2010年拟办的重要实事，进行讨论协商；以市政工程建设、新农村建设及设施农业发展、教育卫生体育事业发展为重点，组织3次常委会视察活动；以专委会为主体开展对口协商，先后对长周路改建、京石快客专线拆迁建设、长阳土地储备项目运作、重点乡镇联栋温室花卉基地建设等开展视察活动；各民主党派、人民团体及各界委员围绕产业结构调整、城市基础设施建设、和谐社区创建等工作开展视察协商活动。积极参与第三届首都西南区域经济发展论坛。二是紧贴实际，关注民生，民主监督富有成效。民主评议全区交通运输管理工作。区政协常委及城建环保委员会70余名委员分为行业监管工作、执法工作、法制工作3个评议组，通过听取汇报，深入凯捷风公司、红煤厂检查站等16个单位进行实地考察，组织召开社区居民代表、司售人员、区直和乡镇有关部门等8个专题座谈会。并集中组织汇报交流和综合测评，满意和基本满意率为100%。委员们对近年来全区交通运输管理工作给予充分肯定，就深化公交客运体制改革，为百姓出行提供更加便捷周到的服务；围绕“三化两区”战略和北京西南综合交通指挥中心的启用，进一步完善全区综合交通发展规划等五方面提出了意见和建议，形成《政协房山区第六届委员会主席会议关于交通运输业发展的建议案》。积极开展民主监督的经常性工作。结合深入学习实践科学发展观活动，各民主党派、人民团体和各族各界委员、特约监督员，对区委区政府及区直各单位的工作开展多种形式的民主监督活动。三是求真务实，献智出力，参政议政成效明显。以“保增长、保民生、保稳定”为重点，在中小企业应对金融危机、关矿地区替代产业培育等方面确定了23项重点调研课题，50多名委员分成4个专题组，走访各类中小企业100余家。形成区政协《关于实现“保增长、保民生、保稳定”目标，促进我区中小企业发展的建议》，在建立中小企业联系帮扶机制，加大规划、土地问题解决力度，努力解决中小企业融资难问题等6个方面提出多项建设性意见，为区委、区政府制定应对金融危机的扶持性政策措施提供决策支持。全年开展调研及研讨交流活动80余次，完成调研报告25篇。其中，在市政协有关刊物刊发3篇，在《房山调研》刊发6篇，在《房山政协》调研专刊刊发23篇。六届三次会议期间收到的232件提案全部办理完毕，委员满意和基本满意率达到98.5%。收集社情民意信息近百条，向区委区政府及有关部门报送

60余条，使一些群众普遍关心和反映集中的热点难点问题得到了解决。四是发挥优势，城乡统筹，积极主动多办实事。集成力量推进新农村建设。按照区委区政府开展“百村帮扶”活动的要求，组织动员委员采取多种形式积极参与新农村建设。18名委员联系帮扶18个村，为帮扶村联系发展项目、筹集建设资金、谋划发展计策。政协机关积极为周口店镇娄子水村和涞沥水村筹集资金105万元，支持主导产业发展和村容村貌的改善。部分具有一定经济实力的委员帮扶自己家乡的村，在生产发展、村庄建设、就业培训等方面给予资金、项目、技术和智力支持。结对帮扶促进和谐社区建设。各专委会和各民主党派、人民团体为结对共建的30个社区筹集资金43万元，为结对社区捐赠了电教器材、办公用品、图书和健身器械；组织开展了知识讲座、医疗义诊、书画笔会、义务修理等活动；城关街道的部分委员积极捐款捐物，为20个社区建立电子知情台。五是高举旗帜，弘扬主题，履行职能的工作氛围更加和谐。开展庆祝人民政协成立60周年活动。向市政协报送了10篇政协理论与实践的探讨性文章；组织了主题征文活动，编辑形成《与共和国同行——房山区政协庆祝人民政协成立60周年文集》；编辑制作专题片《光辉历程》；召开庆祝人民政协成立60周年大会。努力为各民主党派、人民团体和政协委员履行职能营造环境。政协领导和常委按照分工，通过走访、座谈、慰问等方式，保持与民主党派、人民团体负责人的联系。坚持政协主要领导与委员约谈制度，认真听取和征求委员的意见和建议。政协领导班子成员和常委及机关干部主动深入基层，与委员及委员所在单位领导互通情况、征求意见。加强与归侨、侨眷、台胞、台属界和少数民族与宗教界委员的联系，开展视察、考察、联谊等活动，鼓励委员为落实统战政策、促进民族团结、实现祖国统一大业多做工作。切实做好文史工作。出版《房山文史资料》第23辑和《房山历代寺观》，扩大了文史工作领域。

（郑明果）

【六届区政协三次全会】 1月5日至7日，召开六届区政协三次全会。会议听取并审议六届区政协常务委员会工作报告和提案工作情况的报告；增补程美生为六届委员会常务委员会委员；听取并讨论《政府工作报告》及其他重要报告，共提出6个方面17项意见建议；组织了“促进卫生事业发展专题论坛”“促进产业发展，扩大经济总量”“加快城市基础设施建设，提高城市管理与服务水平”专题座谈会；审议通过区政协六届三次会议关于常务委员会工作报告的决议和区政协六届三次会议政治决议。市政协副主席马大龙，区委书记刘伟，区委副书记、区长祁红，区人大常委会主任郭先英等出席。236名委员出席。

（郑明果）

【学习实践科学发展观活动】 按照区委统一部署，3月至8月，区政协党组开展深入学习实践科学发展观活动。分为学习调研、分析检查、整改落实3个阶段，确定“服务三保目标、围绕科学履职、解决突出问题、提高履职实效”的学习实践活动载体，坚持把深入学习和调研贯穿于活动始终。通过学习实践活动，机关全体党员干部对贯彻落实科学发展观的认识进一步提高；对新时期人民政协重要问题的理性思考进一步深化；围绕中心服务大局的意识进一步增强；履职能力和水平进一步提升；党组和机关建设方向进一步明确。

（郑明果）

【开展“三保”调研活动】 3月24日，召开“保增长、保民生、保稳定（简称‘三保’）”活动动员会。区政协经科委、农村委、城建环保委，联合区工商联、区私个协和区工业总公司等部门，分农业企业组、工业企业组、综合组，组织委员深入企业调研，共组织了7次调研座谈会和视察活动，听取近百家企业的汇报，并就“三保”工作到天津蓟县学习考察。5月14日，召开“保增长、保民生、保稳定”专题座谈会，区委副书记、区长祁红，区委常委、副区长高言杰以及区政府办、区发改委等有关单位负责人到会听取了委员和企业代表意见建议。在此基础上，形成《政协房山区委员会关于实现“保增长、保民生、保稳定”目标，促进我区中小企业发展的建议》，提出建立联系帮扶中小企业机制，加大解决土地、规划问题力度，进一步优化区域发展环境等6方面意见建议，为区委区政府制定应对金融危机的扶持性政策措施提供决策参考。

（郑明果）

【学习中共十七届三中全会精神辅导报告会】 3月26日，区政协、区委统战部联合举办学习中共十七届三中全会精神辅导报告会。报告会由区政协副主席肖武主持。国务院发展研究中心市场经济研究所副所长程国强教授作辅导报告，报告剖析了在金融危机背景下的“三农”问题，阐述了中国应对当前经济形势和“三农”问题的策略，展望了中国经济发展和新农村建设的美好前景。全体政协委员、区各民主党派成员、区工商联会员、区私个协会员、拱辰街道和西潞街道部分社区干部、区政协机关退休老干部及机关300余人参加。区政协主席范文彦，副主席李惠英、高维魁、万金峰、赵润东，秘书长李金田出席。

（郑明果）

【视察轨道交通和市政道路工程建设】 4月27日，区政协常委和城建环保委委员实地视察轻轨、长周路、京石客运专线建设情况。座谈会上，副区长吴会杰通报全区轨道交通和市政道路建设情况。委员们对区政府集中精力抓基础设施建设，克服困难保证重大项目落地，有效推进轨道交通和市政道路建设的做法及取得的成绩给予充分肯定。委员们围绕精细规划良乡新城交通网络、充分发挥交通建设对经济发展的拉动作用等问题提出了统筹规划路网建设、搞好轨道交通沿线的土地开发等5方面意见建议，向区委报送《关于推进我区轨道交通和市政道路建设的意见和建议》。区政府办、区建委、区市政管委、区轻轨办、区新城办主要负责人陪同视察。区政协主席范文彦，副主席李惠英、高维魁、赵润东、肖武，秘书长李金田出席。

（郑明果）

【民主评议全区交通运输管理工作】 6月24日至7月9日，区政协常委、城建环保委员会委员听取区交通局的工作汇报，就行业监管工作、执法工作、法制工作分别考察了凯捷风客运公司、北京京煤化工有限公司等客运货运企业以及执法检查站点等16个相关单位。召开社区居民代表、司售人员、区直和乡镇有关部门等8个专题座谈会，广泛听取社会各界对全区交通运输管理工作的意见和建议。7月9日，召开民主评议总结会，进行测评，52名与会委员参加测评，满意率和基本满意率为100%。在总结民主评议结果的基础上，向区委报送《政协房山区第六届委员会主席会议关于推进房山区交通运输业发展的建议案》，提出了深化公交客运体制改革，为百姓出行提供更加便捷周到的服务等5方面意见建议。区政协主席范文彦，副区长吴会杰，区政协副主席李惠英、高维魁、万金峰、赵润东、肖武，秘书长李金田出席。

（郑明果）

【市政协主席阳安江到房山区调研】 7月2日，市政协主席阳安江到房山区调研。视察北一良工数控机床有限公司和北京奥特舒尔保健品开发有限公司，听取区委书记刘伟关于全区经济和社会发展情况的汇报、区政协主席范文彦关于区政协在促进全区经济和社会发展中的作用的汇报和区委常委、纪委书记史全富关于燕房合作进展情况的汇报。阳安江对房山区工作取得的成绩给予充分肯定，指出，政协要围绕中心，服务大局，进一步强化对政协工作重要性的认识，充分履行政治协商、民主监督、参政议政三大职能，努力为全区经济社会发展多作贡献。

（郑明果）

【区政协六届常委会第 10 次会议】 7 月 22 日，召开区政协六届常委会第 10 次会议。会议听取关于全区 2009 年上半年党风廉政建设情况的通报；听取关于全区 2009 年上半年经济工作及功能区建设情况的通报；听取关于 2009 年上半年提案办理情况的通报，215 件提案全部办复，基本满意率和满意率达到 98.5%；审议通过区政协常委会 2009 年上半年工作总结（草案）和提案委关于 2009 年上半年提案工作情况的报告（草案）；审议通过关于增补委员的决定（草案），决定增补王中、王海平、刘琼、孙威、李伟、李东明、张东梅、张莉华、孟繁欣、赵一弘为中国人民政治协商会议北京市房山区第六届委员会委员。会议由副主席高维魁主持。37 名常委出席。

（郑明果）

【提案促成道路修通】 昊天学校自 2004 年投入使用，进出学校的道路坑洼不平。民革房山支部连续 3 年提交提案。区政协领导带领教文卫体委员会和提案委员会委员深入实地了解情况，并与市政管委多次协商，多方协调，督促办理，引起了区政府高度重视，区政府投资 600 多万元进行道路施工，并于 9 月 1 日开学前完成全部工程。

（郑明果）

【视察长阳镇土地储备项目进展情况】 9 月 2 日，城建环保委委员实地视察长阳镇土地储备项目回迁楼选房处、回迁周转房东区建设情况，听取关于长阳镇土地储备项目进展情况的汇报。委员们就土地储备项目开发、新城规划、农民搬迁等问题提出了意见建议，并与区政府办、房山国土分局等相关部门主管领导进行了座谈交流。区政协主席范文彦，副主席李惠英、高维魁，秘书长李金田出席，副区长吴会杰陪同视察。

（郑明果）

【视察新农村建设】 9 月 17 日，区政协常委、农村委委员实地视察长阳镇葫芦垡村联栋温室花卉基地、良乡镇东石羊村百亩日光温室、安庄村佛子庄乡蟹味菇基地。听取区新农村办关于全区新农村建设的汇报。委员们对全区新农村建设取得的成绩给予充分肯定，并围绕新农村建设的政策支持、农业产业发展思路等问题提出了意见建议。区政府办、区农委、区设施办、区种植中心主要领导到会听取委员意见建议。区政协主席范文彦，副主席李惠英、高维魁、万金峰、赵润东、肖武，秘书长李金田出席，副区长王忠海陪同视察。

（郑明果）

【庆祝人民政协成立 60 周年大会】 9 月 24 日，区政协召开房山区庆祝人民政协成立 60 周年大会。会议由副主席李惠英主持。李晓云委员代表民主党派、王宝盛委员代表各族各界委员发言。会上，观看专题片《光辉历程》，回顾了房山政协在全区经济社会发展中走过的不平凡历程；市区 40 余名书画家挥毫泼墨。区各民主党派、人民团体、工商联负责人，历届区政协委员代表，历届区政协老领导、退休干部，市区书画家 150 余人参加会议。区领导刘伟、祁红等出席会议。

（郑明果）

【第四届首都西南区域经济发展论坛筹备工作会】 10 月 27 日，召开第四届首都西南区域经济发展论坛筹备工作会。区政协主席范文彦主持会议。会议就论坛的主题、内容、形式进行了研究，就举办第四届首都西南区域经济发展论坛达成了共识：抓住市区

“十二五”规划的制定和市委、市政府推进首都南城发展的契机，在深入研究首都西南区域发展思路和战略的基础上，为市区“十二五”规划的制定提供决策参考。第四届论坛要围绕西南五区的经济优势，力争研究有深度，形式上有创新。第四届论坛仍要坚持一至三届论坛的主题。高度重视论坛的宣传工作。加强同市委、市政府、市政协的联系，切实发挥各民主党派、工商联、人民团体作用。邀请知名专家，积极参与论坛，共同探讨首都西南区域经济发展战略。区政协副主席李惠英，丰台区、石景山区、大兴区、门头沟区政协领导及五区政协有关专委会主任、副主任出席会议。

（郑明果）

【视察全区部分重点工程建设】 10 月 30 日，区政协委员视察全区部分重点工程建设。视察了拱辰街道一街至五街改造工程、轨道交通房山线和京石快客施工现场，听取了关于 2009 年房山新城建设情况的汇报。区政协主席范文彦，副主席李惠英、赵润东、肖武参加视察活动。

（郑明果）

【视察全区教育卫生体育工作】 11月6日，区政协常委及部分委员实地视察长阳甲流定点医院、良乡医院新建急诊综合楼、文体中心建设情况。听取关于 2009 年全区教育卫生体育工作情况的汇报。委员们对全区教育卫生体育工作取得的成绩给予充分肯定，并提出了加强与北京市知名学校、医院合作，促进房山区教育卫生事业发展；加大政策支持和资金投入力度，推动教育卫生体育基础设施建设等意见建议。区政府办、区教委、区卫生局、区体育局有关领导陪同视察并听取委员意见建议。区政协主席范文彦，副主席高维魁、赵润东，秘书长李金田出席，副区长马丽英陪同视察。

（郑明果）

【共建和谐社区工作总结会】 11 月 25 日，召开共建和谐社区工作总结会。会上，播放了《共建和谐结硕果》专题片，对区政协 3 年来共建和谐社区活动进行了总结；西潞街道办事处主任胡淑苹、民建房山支部副主委李长雨分别代表街道和民主党派发言；社区群众向区政协、区体育局、民建房山支部等 6 个单位赠送了锦旗。区政协各专委会，区各民主党派、人民团体负责人，区直有关单位、街道办事处主管领导，以及部分社区群众代表参加会议，区委副书记苗立峰到会并讲话。区政协主席范文彦，副主席高维魁、万金峰、赵润东、肖武，秘书长李金田出席。

（郑明果）

【区政协六届常委会第 11 次会议】 12 月 25 日，召开区政协六届常委会第 11 次会议。会议由区政协副主席李惠英主持。会议审议并原则通过了中国人民政治协商会议北京市房山区第六届委员会常务委员会工作报告（草案）、提案工作情况的报告（草案）。审议通过关于召开中国人民政治协商会议北京市房山区第六届委员会第四次会议的决定（草案）。会议决定区政协六届四次会议于 2010 年 1 月 11 日至 14 日召开。会议审议通过中国人民政治协商会议北京市房山区第六届委员会常务委员会关于增补委员的决定（草案）、补选主席的建议（草案）、增选常务委员的建议（草案）。增补唐淑荣、王英开、陈海忠、苗松、隗功跃为六届区政协委员；建议唐淑荣为六届区政协主席候选人，王英开、陈海忠、苗松为六届区政协常务委员候选人，提交区政协六届四次会议选举。会议审议通过了中国人民政治协商会议北京市房山区第六届委员会第四次会议选举办法（草案）。审议通过中国人民政治协商会议北京市房山区第六届委员会常务委员会关于任免专门委员会主任、常务副主任的决定。审议了中国人民政治协商会议北京市房山区第六届委员会第四次会议决议起草委员会委员名单（草案），通过了委员分组办法及各组召集人名单（草案）。审议了中国人民政治协商会议北京市房山区第六届委员会第四次会议议程、日程（草案）。34名常委出席。

（郑明果）

【举行民建北京市委参与共建新农村建设签字仪式】 12月29日，举行民建北京市委参与共建新农村建设签字仪式。民建北京市委与周口店镇车厂村签订为期3年的“共建协议书”。民建北京市委捐赠了价值4万元的图书并定期进行图书更新补充；组织医疗下乡活动；引导民建企业家积极参加共建活动，协助车厂村开展多种形式的招商引资，市政协副秘书长、民建北京市委常务副主委任学良，区政协主席范文彦，副主席李惠英出席签字仪式。

（郑明果）

【《与共和国同行》定稿】 为纪念人民政协成立60周年，区政协编辑出版了《与共和国同行》一书，该书分为“视点”“聚焦”“和声”“感悟”“心曲”“艺林”6部分，收录75篇文章，作者系历届政协委员、人民团体和工商联成员。该书以讴歌共和国成立60周年、人民政协成立60周年为主线，采用亲历、亲见、亲闻的第一人称写法，讲述了房山政协发展历程、对政协或参加政协活动的感悟和体会，展现了房山政协参与房山经济社会建设所发挥的重要作用和政协委员风采。

（郑明果）

【《房山文史资料》第23辑出版】 全书共19万余字，采用稿件44篇，采用照片24幅。设“经济史话”“军政往事”“文卫史料”“人物春秋”“胜迹寻踪”5个栏目。

（郑明果）

【《房山历代寺观》出版】 全书25万字，采用照片200余幅。该书首次对房山区的宗教发展史进行了研究和揭示，记述了房山自近代以来的110余座寺观，以佛教为主，兼述道教、伊斯兰教、基督教、天主教等几大宗教。

（郑明果）

检　察

【概况】 2009年，审结审查逮捕案件457件662人，审结审查起诉案件572件865人。以侦防一体化机制建设为重点，不断加大职务犯罪查办和预防力度，促进反腐倡廉建设。共立案查办贪污贿赂、挪用公款等职务犯罪案件21件21人，同比上升50%，其中大案13件13人，受贿百万元以上大案1件1人。共受理渎职侵权类职务犯罪案件22件，立案5件4人（其中，以事立案1件）。结合办理的案件，帮助4家发案单位整章建制，还对农村征地拆迁和市政系统2个领域开展职务犯罪专项预防，完成调研报告2篇。区检察院受理立案监督案件8件，其中1件通知公安机关立案，另有1件收到有罪判决。追加逮捕8人，追加起诉29人，追加犯罪事实60起，改变侦查机关定性92件，发出检察建议65份，向侦查机关发出纠正违法通知5份，提抗5件6人。共受理民事行政案件申诉28件，同比增加10%。提请市检察院抗诉2件，发出再审检察建议3份，法院决定再审1件。依法打击严重危害社会治安的刑事犯罪，实现办案的法律效果、社会效果和政治效果的有机统一，成功办理王某抽逃出资、非法持有枪支案，“七·五”事件期间任某等4人酒后寻衅滋事，砸毁新疆饭店案件，国庆前夕姜某酒后打砸国庆彩排车辆案件等一批影响较大的案件。紧贴“三化两区”建设和平安国庆行动，不断延伸检察职能，全力服务“三保”工作目标。选派30名检察官特派员参与长阳镇国庆安保工作，维稳成效显著。派出工作组服务轨道交通房山线建设项目。另外，继续坚持处长参加控申接待制度，建立信访风险双预警机制，打造燕房两地同时接访的新格局，努力化解矛盾纠纷，促进社会和谐。组织拍摄《青春防线》主题教育片。

（张斌　刘洪）

【启动“检察官联络员法律服务进社区”活动】　1月20日，区检察院与燕山办事处举行“检察官联络员法律服务进社区”启动仪式。燕山办事处、迎风街道以及区检察院的相关领导出席，活动中，办事处领导向检察官联络员颁发聘书，区检察院领导向社区居民代表发检察官联系卡。

（李春琳　李波）

【检察官特派员同步服务轨道交通建设项目】　2月16日，区检察院派员前往长阳镇，深入到轨道交通房山线（长阳段）工程现场，对工程建设中资金使用、干部履职、群众权益保护等情况进行监督，开展同步预防。同时，成立由区检察院反贪局局长带队的“检察官特派员小组”，组织5名工作经验丰富的检察官，以特派员身份分赴拆迁任务最重的长阳镇的5个分指挥部，具体参与拆迁的全过程，保障拆迁工作顺利进行。“检察官特派员”主要有3项职能，一是监督，通过参与拆迁活动进行监督，提出建议，促进拆迁工作公开公正；二是预防，通过开展法律宣传和警示教育活动，增强拆迁工作人员依法拆迁的意识；三是服务，对群众的法律疑问进行详细讲解，满足群众的法律需求。

（周海洋　朱虹）

【召开监管场所安全稳定工作联席会】　3月2日，房山区监管场所安全稳定工作联席会在区检察院召开，北京市检察院监所检察处、区检察院、房山公安分局和燕山公安分局、良乡监狱、区司法局的领导及相关部门负责人参加会议，就如何确保“两会”期间监管场所安全稳定进行研讨，在加强信息沟通、人员互联、信访排查、协作配合等方面达成共识。

（张斌　郭文新）

【公诉案件首次被评为全国“优秀诉讼监督案件”】　3月4日，在全国检察机关“优秀诉讼监督案件评比”活动中，区检察院选送的隗某等9人非法经营一案，被评为“优秀诉讼监督案件”，这是区检察院公诉案件首次在全国检察系统评比中获此称号。

（佟柳昱）

【举行“司法规律与检察权的科学配置”论证会】　3月20日，区检察院检察长张笑英主持召开专家论证会，中国政法大学诉讼法研究中心主任樊崇义、北京师范大学刑事法律科学研究院副院长宋英辉、北京师范大学刑事法律科学研究院教授王秀梅、最高人民检察院检察理论研究所副所长向泽选、北京市人民检察院副检察长甄贞、《中国法学》副编审白岫云、《法学》杂志编辑付强以及最高人民检察院研究室法律专题研究处、北京市人民检察院研究室的相关领导参加论证会。此课题是2008年初成立课题组，7月获最高人民检察院批准立项，项目主持人张笑英，成员由区检察院相关人员及部分院校教授组成。与会专家、学者对“司法规律与检察权的科学配置”这一课题研究的目的、内容、方法等进行深入论证，对课题研究成果进行认真评述，给予充分肯定，同时也指出课题研究成果的不足之处，从不同角度对课题研究成果的完善提出中肯建议。12月通过验收。

（张斌　周海洋）

【院校共建】　5月21日，区检察院与北京理工大学房山分校共建签字仪式在区检察院举行。双方班子成员出席签字仪式并就区检察院为在校法律专业学生实习基地、区检察院选派优秀干警为学生讲授法律专业课程达成共识。

（周海洋　张斌）

【开展刑事审判法律监督专项检查】 6月，区检察院开展刑事审判法律监督专项检查活动，对6件9人抗诉案件（包括2008年全年及2009年上半年）、43件55人职务犯罪、经济犯罪判处缓刑、免予刑事处罚的案件0件、10件17人改变定性案件进行数据统计和全面的复查；经复查，不存在无罪判决案件、检察机关提出再审案件和纠正刑事审判违法情况。对法院裁判减刑、假释、暂予监外执行、超期羁押情况进行数据统计、全面检查和重点抽查，对专项检查活动中重点涉及的233名四类人员进行全面的重新梳理；经复查，没有连续减刑人员。对2008年申诉人对法院裁判不公提出的申诉3件刑事申诉案件进行全面复查；经复查，2008年办结的不服法院裁判的刑事申诉案件、法院无罪判决的刑事赔偿案件、2008年检法共同刑事赔偿案件、2008年办结或正在办理的刑事审判人员贪赃枉法、徇私舞弊等案件均不存在，不存在公诉案件D案件和检察人员违法违纪情况。

（陈丽英）

【开展自侦案件回访活动】 6月8日，区检察院组织纪检监察处、反贪污贿赂局、职务犯罪预防处等部门，对反贪污贿赂局2007年、2008年度侦查终结的案件进行回访，共回访案件15件，走访燕山石化公司、北京送变电公司、区市政管理委员会等5家发案单位，召开3次座谈会，发放并收回《案件回访征求意见表》15份，涉案单位打分满分案件13件。

（李雪）

【三个“到位”做好举报宣传周活动】 6月22日，区检察院启动“举报宣传周”活动，坚持做到“部署到位，效果到位，宣传到位”，现场陈列宣传展板14块，制作横幅4条，发放宣传材料400余份，意在提高人民群众参与和支持反腐败斗争的认识，使群众对检察机关的举报信访工作更加全面深入了解。

（陈颖）

【扣押冻结款物专项检查工作】 6月25日，区检察院召开扣押冻结款物专项检查工作学习动员会，成立以主管检察长为组长的专项检查工作领导小组，通过《专项检查工作实施方案》，全面开展扣押冻结款物专项检查工作。8月13日、10月22日，北京市检察院先后2次派出督察组对区检察院扣押冻结款物专项检查工作进行检务督察，全面听取区检察院专项检查工作情况的汇报，对专项检查工作的组织开展情况及相关记录进行检查，对2004年以来职务犯罪侦查部门办案数字进行核实，现场抽取反贪局3件立案案件卷宗进行审查，并对区检察院行政处赃证物管理情况进行实地检查后，对区检察院的扣押冻结款物专项检查及日常管理工作给予充分肯定。11月4日，最高人民检察院派出督察组对房山院扣押冻结款物管理工作及专项检查工作进行督察，在全面听取了工作汇报并实地检查后，给予充分肯定，并就如何进一步完善涉案款物管理工作制度、细化扣押、冻结、移送、保管环节的工作要求提出建议。

（李雪）

【妥善处理“涉维”案件】 7月28日，区检察院受理一起“涉维”案件，该院根据《公安部关于近日部分地方接连发生涉及维吾尔族群众的治安纠纷和刑事案件的情况通报》的精神，结合所制定的应对措施快速反应，及时聘请翻译人员并做好相关工作，依法提讯犯罪嫌疑人，听取被害人意见，安抚维吾尔族群众情绪，有效化解不稳定因素，在全面掌握案件情况的基础上，快审快结，妥善处理“涉维”案件。

（佟柳昱）

【制定信访事件风险双预警制度】 7月，区检察院制定《信访事件风险预警制度（试行）》，将信访事项和所受理案件根据可能出现突发事件的风险程度进行评估预警，分为高、中、低、零4个等级，分别用红、黄、蓝、绿四种颜色标识，不同等级设置不同的处置模式，明确责任人、责任部门。为畅通信访渠道，有效化解各类涉检矛盾纠纷，避免处置不当引发信访事件，减少不和谐因素提供制度保障。

（陈颖 张敏）

【向多家医院发出检察建议】 8月19日，区检察院审理一起涉嫌买卖国家机关证件案，基本案情为区内4家医院9名实习医生购买虚假医师资格证书及执业证书。办理案件中发现4家医院存在管理失误或漏洞，区检察院依法向相关单位发出5份检察建议，创新性地提出建立证书审查机制、加强局、院内部科室的联系、对相关医师证书进行普查及加强医院实习医生的法律教育等举措。

（佟柳昱）

【建立预防职务犯罪联席会议制度】 8月24日，区检察院与区委教工委、区教委建立区教育系统预防职务犯罪联席会议制度在区教委举行会签仪式。区检察院主管检察长、反贪污贿赂局局长，区委教工委书记等领导出席会议，区教委科级以上干部，全区各中、小学校长，幼儿园园长，各乡镇、办事处教育助理共计200余人参加签字仪式。该制度主要规定3个方面的内容：一是建立组织机构，加强对预防工作的组织领导。成立联席会议领导小组，明确工作职责，为深入开展教育系统职务犯罪预防工作提供组织保障。二是发挥职能优势，提高预防工作的实效性。双方要充分发挥各自职能优势，认真做好案件协查和移送工作，注重发挥案件的警示教育作用，卓有成效地开展职务犯罪预防工作。三是着眼房山实际，积极开展教育系统专题调研。结合房山实际，认真总结教育系统职务犯罪案件特点、规律，探索新形势下教育系统预防职务犯罪工作的途径和方法，全面推进教育系统预防腐败体系建设。

（张斌）

【市检一分院接管派驻良乡监狱检察室】 8月27日，根据市检察院京检发〔2009〕142号《关于市检一、二分院在北京市第二监狱、良乡监狱、延庆监狱设置派驻检察室的决定》的要求，北京市检察院第一分院正式接管区检察院派驻良乡监狱检察室。接管仪式在良乡监狱举行，市检察院第一分院主管检察长、政治部主任、监所检察处处长以及北京市监狱管理局主管领导、良乡监狱班子成员和区检察院党组成员参加接管仪式。自此，区检察院对良乡监狱连续24年的驻监检察工作结束。

（张斌 郭文新）

【《青春防线》首映仪式】 12月1日，由最高人民检察院影视中心、北京市关心未成年人教育协会、区检察院等单位联合拍摄的旨在预防和减少未成年人犯罪的电视系列片《青春防线》首映式在区广播电视中心演播大厅举行。高检院《检察日报》社党组书记刘全胜，北京市关心青少年教育协会会长魏相如，房山区区委常委、政法委书记刘欣国和区检察院党组书记、检察长张笑英等参加仪式。首映仪式上，播放两集主题教育片。制作人员和参与拍摄人员介绍拍摄的目的、指导思想、作用意义以及拍摄过程，部分教师代表结合房山区教育现状发言。《青春防线》全部选自区检察院办理的真实案件，紧密结合未成年人的犯罪特点，心理、生理特征，以案讲法，以案释法，深刻剖析引发未成年犯罪的多种诱因，呼吁全社会更多地关注未成年人的健康成长。

（隗永贵）

【主管检察长出庭支持公诉】 2009年，区检察院进一步完善检察长出庭支持公诉制度，主管检察长亲自出庭支持公诉案件5件，涉及诈骗、强奸、抢劫等不同犯罪。通过主管检察长亲自出庭公诉，体现检察机关维护社会稳定的法律监督职责。

（佟柳昱）

【诉讼监督工作取得突破】 2009年，区检察院纠正侦查机关违法和抗诉工作实现零突破，向北京市公安局房山分局、东城分局、河北省峰峰矿区公安分局发出的纠正违法通知书均得到回复，收到单位认真整改，取得实效；提起的2件抗诉案件。追诉漏犯、漏罪准确率100%，检察建议回复率接近90%，且均有整改措施。向自侦部门移送职务犯罪线索3条，向民行部门移送诉讼监督线索3份，区法院据此撤销民事判决1份，再审1件。

（陈丽英）

【开展检察官说法系列活动】 2009年，区检察院以"检察官说法校园行""检察官说法巾帼维权行""检察官说法企业行"3个主题行动为基础，深入开展送法进学校、进农村、进企业、进机关的活动。全年为房山三中、首都师范大学良乡附属实验中学、良乡三小、北京市园林学校等师生、家长举办法制课10次，受众6000余人，组织观摩庭审2次、参观法制教育基地6次、座谈会7次。为全区妇女举办讲座2次，到乡镇座谈2次，受众200余人。到6个企业进行调研，了解企业的法律需要，通过介绍相关案例进行防止诈骗和守法经营的法律宣传。

（陈丽英）

【强化提前介入　做好引导侦查工作】 2009年，为进一步提高案件质量，区检察院加大提前介入工作力度，一是进一步完善检察官周值班制度，密切与公安机关的沟通；二是注重归纳总结，强化对类案取证的引导。全年提前介入侦查引导取证41件，参加公安机关重大疑难案件的讨论9件12人次，批捕率由66.25%上升到80.39%。

（董莹）

【依托"检务公开法制教育"基地开展法制宣传】 2009年，区检察院以"检务公开法制宣传教育基地"为依托，先后开展多种形式的检务公开和法制宣传教育活动10次，为全区干部讲廉政建设课30余场，开展"预防渎职犯罪　构建和谐房山"大型法制宣传进机关活动，全年发放宣传展板200余块，宣传手册1000余册，讲法制课10余次；与大、中、小学联合开展预防青少年犯罪教育，邀请区工商局、中国原子能科学研究院、华北电网培训中心等单位的党员干部800人次到区检察院接受职务犯罪预防警示教育和党风廉政教育。

（朱虹）

审　判

【概况】 2009年，区法院受理各类案件16637件，审结16457件。受理刑事案件556件，审结556件，贯彻宽严相济的刑事政策，严厉打击抢劫、抢夺、绑架等严重危害社会治安的犯罪，深入开展打黑除恶专项斗争，全年判处犯罪分子846人，其中5年以上有期徒刑127人。审结危害社会主义市场经济秩序犯罪25件31人。加大对初犯、偶犯和未成年犯适用缓刑的力度，共对166人适用缓刑。受理民商事案件10082件，审结9988件。妥善审理一批因金融危机引发的案件。加大劳动合同纠纷、房地产纠纷、物业纠纷等群体性纠纷矛盾化解力度。加强调解工作，调撤率达51.24%。受理各类行政案件84件，审结82件。全年有14件行政案件以撤诉结案。受理各类执行案件5868件，执结5785件，集中力量开展积案清理工作，执结有财产可供执行的挂账案件813件，清理无财产可供执行的积案1679件。围绕司法为民宗旨，打造涉农、劳动争议、道路人身损害赔偿和妇女儿童维权等四类案件绿色通道。畅通司法救助渠道，减、缓、免交诉讼费186件22.9万元。固定接待制度，重视当事人反映的问题，邀请人民陪审员参与信访工作，实现初信初访化解率达90%以上，重信重访化解率达80%以上，历史积案化解率达70%以上。开展“规范司法行为，确保司法廉洁”专项教育整顿活动。自觉接受各界监督，陆续邀请80余名人大代表、政协委员视察法院工作，邀请检察院派员列席审委会，全年在各级媒体上发表稿件3000余篇，整版40个，头版头条10个，通过网络方式直播庭审76次，开展院长与网民的互动交流4次。获全国法院新闻宣传工作先进单位、全国应用法学先进单位、首都文明单位标兵等称号。

（周桓）

【成功审理五谷道场破产重整案】 自2008年10月30日裁定受理北京五谷道场食品技术开发有限公司破产案后，区法院迅速启动各项工作，并确定中粮集团为本案的重组投资方。2008年12月26日、2009年1月16日，区法院召开两次债权人会议，2009年2月11日，破产重整计划草案得到全部表决小组的通过。2月12日，区法院依据《中华人民共和国破产法》裁定批准北京五谷道场食品技术开发有限公司的重整计划草案，重组投资方依约支付109693687.16元。9月9日至16日，在区法院集中发放累计1亿余元的债权清偿款。区法院仅用106天就促成五谷道场重整方案的最终确定与通过，帮助企业仅用10个月就以新的形象进入市场，实现债权人、债务人及重整投资人的共赢。新华社、《人民政协报》《法制日报》《工人日报》等数十家媒体对该案进行专访和专题报道。

（周桓）

【厉莉获“全国三八红旗手”称号】 4月，区法院法官助理厉莉自费赴上海，第二次为下岗工人的女儿捐献骨髓。为了更好地学习厉莉无私的大爱精神，区法院做出向厉莉学习的决定，举办厉莉先进事迹报告会。新华社、中央电视台、北京电视台、《法制日报》《北京日报》《京华时报》《北京晚报》《新京报》《北京青年报》《北京晨报》等新闻媒体对厉莉的事迹进行宣传报道。中共中央政治局委员、市委书记刘淇对厉莉的事迹予以高度赞扬和肯定，市委副书记、政法委书记王安顺，市委政法委副书记段桂青先后两次对厉莉的事迹做出批示。市高院党组书记、院长迟强，区委书记刘伟，区委常委、政法委书记刘欣国等领导专程到法院看望厉莉。12月，厉莉获“全国三八红旗手”“北京市人民满意的政法干警标兵”等称号，并立北京市法院系统个人一等功。

（周桓）

【组织有关单位召开刑事审判工作协调会】 4月3日，区法院组织房山公安分局、区检察院、房山交通支队召开刑事审判工作协调会。区法院刑一庭庭长高贺亮通报2009年北京市法院西片刑事审判工作会议的精神。与会各单位领导就该会议精神进行讨论并对自首的认定、未遂的认定、赃证物的处理、未成年案件分案起诉、交通肇事案件中道路范围的划分等问题进行深入细致的沟通和探讨，并在一些问题上达成共识。

（周桓）

【27家行政机关领导到区法院旁听行政诉讼案件并座谈】 4月21日，全区有27家行政机关主管法制的领导在副区长卢国懿的带领下，到区法院旁听行政庭公开开庭合并审理的原告李某、赵某分别要求被告北京市房山区劳动和社会保障局履行法定职责案。庭审结束后，区法院与区政府共同举办

“旁听行政诉讼案件座谈会”。

（周桓）

【强制执行欠款案】 5月14日，区法院36名执行干警和14名法警分为5个小组针对33名拒不执行案款的被执行人进行强制执行。此次行动中，执行法官成功找到并带回被执行人25人，执结案款100余万元。在执行法官的努力下，部分被执行人主动联系法官，协调自己案件的执行问题。另有22名被执行人主动上门还款，执行标的达37万余元。一些无法全部还清案款的被执行人与申请人达成还款协议。此次行动涉及案款达210余万元，最大限度地保护了申请人权益。《今日说法》《经济法眼》《特别关注》《法制进行时》《法治中国》《法制晚报》《北京晨报》《京华时报》《新京报》等媒体对此次执行活动进行了报道。

（周桓）

【为重病当事人送去25万元司法救助金】 5月25日至27日，区法院副院长佟海东带领执行干警，远赴四川江油探望因道路交通事故造成植物人的案件当事人瞿某，并为她送去25万元的司法救助款。瞿某于2006年年底在房山区发生道路交通事故，经鉴定为一级伤残。2007年年初，此案由区法院判决，但由于被告没有执行能力，瞿某未获赔偿。“5·12汶川大地震”后，法院干警先后两次自发为瞿某捐款。“5·12汶川大地震”1周年之际，佟海东带领执行干警再次来到四川省江油市武都镇瞿某家中，对瞿某家庭情况以及病情进行回访。中央电视台《今日说法》《经济与法》《法制晚报》等多家媒体随同对此案进行全程跟踪报道。

（周桓）

【召开互补型审判方式研讨会】 6月30日，区法院召开互补型审判方式研讨会。中国政法大学教授、博士生导师樊崇义，中央党校研究生院院长、教授、博士生导师卓泽渊，中国人民大学教授、博士生导师范愉，北京大学副教授、博士生导师傅郁林，国家法官学院教授、科研部副主任曹全来参加研讨。最高人民法院、北京市高级人民法院领导，以及房山区委常委、政法委书记刘欣国，区政法委常务副书记游来清出席研讨会。研讨会上，专家和领导一致认为，在社会转型期，区法院提出的互补型审判方式改革贴近民生、符合民意，是对中国特色审判方式的积极有益探索。学者们还围绕互补型审判方式的构建，提出了许多富有价值的建议。中国政法大学与区法院就共同申报国家课题达成一致意见。新华社、中央电视台、《法制日报》《人民法院报》等10余家新闻媒体进行跟踪报道。

（周桓）

【打造经济纠纷多元调处绿色通道】 7月17日，区法院院长孙国鸣与区工商分局局长王华鑫共同签署《关于经济合同争议行政调解工作的若干规定》，正式启动经济合同争议行政调解中心的运作，也标志区法院与区工商分局打造经济纠纷调处绿色通道工作初见成效。经济合同争议行政调解中心以服务“三保”工作大局为出发点，整合行政执法和司法审判的优势，衔接行政调解与司法审判，体现纠纷解决的规范化、类型化、低成本化和权威性、和谐性。

（周桓）

【河北法庭召开巡回办案10周年暨完善人民调解工作会议】 8月6日，区法院河北法庭召开巡回审判10周年暨加强人民调解工作会议。区法院副院长王军武、区司法局副局长杨兆宇、河北法庭辖区5乡2镇主管司法工作的乡镇领导与各司法所所长等出席会议。与会人员就巡回审判10周年的成效、经验及如何完善创新巡回审判方式、人民调解工作的现状、存在的问题及如何完善民调网络等方面进行了研讨交流。

（周桓）

【中国行为法学会研究基地落户区法院】 9月17日，中国行为法学会研究基地正式落户区法院，并在法院新闻发布中心举行揭牌仪式。揭牌仪式由区法院党组书记、院长孙国鸣主持，原最高人民法院副院长、中国行为法学会会长刘家琛，原北京市委政法委常务副书记杨显玉，房山区委政法委常务副书记游来清，北京市高级人民法院研究室主任马强，中国政法大学教授邢文鑫等来宾及房山区人民法院全体党组成员、庭室负责人参加揭牌仪式。中国行为法学会是国家一级学会，房山研究基地是该法学会在北京地区建立的唯一一家研究基地。

（周桓）

【开展主题开放日活动】 9月23日，区法院推出以“与祖国同庆，与人民共荣”为主题的法院开放日活动，邀请区人大代表、区政协委员、特邀监督员以及各界群众零距离接触区法院的工作。开放日活动分两部分。一部分是邀请16位人大代表和政协委员在法院机关，观看区法院制作的“与祖国同行，与人民共荣——感受法院发展建设六十年”音像资料片、参观“光辉的历程”法院工作大型图片展、在数字多媒体法庭观摩一起劳动争议案件的庭审过程、与法院部分领导和干警进行座谈。另一部分是邀请9位廉政监督员在派出法庭旁听案件审理，考察长沟人民法庭和河北人民法庭深入乡村开展巡回办案，为老百姓宣讲法律常识，发放法律知识宣传材料，现场为百姓答疑解惑等活动。

（周桓）

【2009年度全国部分城区友好法院经验交流会在房山区召开】 10月13日，由区法院主办，西城区法院协办的2009年度全国部分城区友好法院经验交流会在房山区法院召开。交流会以“宽严相济的刑事政策”为主题，来自全国各地12个法院的60余名代表参加会议。北京市高级人民法院党组副书记、副院长王振清，房山区人大常委会常务副主任李福田，房山区政协副主席李惠英，区委政法委领导出席会议。与会代表就如何贯彻落实宽严相济刑事政策、树立刑事和谐司法理念做了深入的阐述，并就各自法院的审判实践与成果进行交流与展示。

（周桓）

【开展执行积案清理工作】 年内，区法院集中执行力量，开展积案清理工作。通过在新闻媒体曝光被执行人信息、追究恶意逃避债务的被执行人刑事责任、由公安分局协查下落不明的被执行人、凌晨突击执行等一系列方式，执结有财产可供执行的挂账案件813件，清理无财产可供执行的积案1679件，切实解决了一批“钉子案”“骨头案”。

（周桓）

【启动12368系统案件动态信息查询服务】 按照市高级法院统一部署，区法院作为第二批开通“12368”系统案件动态信息查询服务的法院，自12月29日起，正式为当事人提供动态信息查询服务。该系统从法院审判系统中获取实时信息，并通过自动语音服务、传真、短信等方式与当事人进行互动，案件当事人可以随时了解案件的审判、执行进程。

（周桓）

人民武装

【概况】 2009年，房山区人民武装部贯彻卫戍区党委提出的“八条具体要求”，开展“大力培育当代革命军人核心价值观”主题教育活动，并在良乡镇组织民兵核心价值观教育试点。对基层武装部部长进行业务培训。组织对重点乡镇进行民兵整组点验，并组织全区基层专武干部进行观摩学习。同时，突出抓好4种队伍、14个类别、35种分队建设。开展战役理论研讨，组织全体干部参加2009年首都核心地区防卫作战战役集训。组织基层武装部部长和参加国庆安保执勤的民兵骨干进行培训，规范执勤程序，加强针对性训练。组织104名民兵配合公安部门，对西南方向进出京主要交通要道上的8个点执行治安查堵任务。共盘查检查车辆19万余辆，64万余人，劝返车辆589辆，劝返人员637人，查获网上逃犯、使用假证、冒用他人身份证等人员30多名；收缴大量管制刀具、伪劣烟花爆竹。通过资源整合、优化配置、军地共建的方式，在各乡镇建立一支20人至50人的应急机动分队，并采取“联训、挂训”方式，加强应急分队的训练。元旦、春节和“八一”期间，区领导带队到军营进行慰问，并现场办公解决部队建设面临的实际困难；区属各部门也相应开展走访慰问、联谊联欢、知识讲座等200余场，赠送慰问品、慰问金500多万元。整修600多米营区进出道路。做好转业干部、退伍战士的安置工作。完成新兵征集任务。完成基地综合楼、国防教育办公楼建设。

预备役团紧紧围绕深化理论武装和学习实践科学发展观活动，根据卫戍区和师党委安排部署，落实专题理论学习。在师组织的科学发展观理论知识网上考核中获总评第1名。完善文化设施，在大兴营新建1000余册的图书室。制作各类户外展板20余块，条幅20余条。投资60余万元，对团部和大兴营房整体进行粉刷装修，对机关和勤务队办公室、干部和战士宿舍进行更新改造。分别在两区组建应急分队，团成立应急小分队，落实战备教育10课时。参加燕化总公司“平安——2009”反恐防暴实兵演练。在房山、大兴两地分批组织高炮专业训练。从房山、大兴两个区争取各类保障经费200万元，保障大项任务的完成。现役和预任的炊事员、卫生员、驾驶员进行技能培训，参加师组织的后勤专业兵比武取得1个第1名、1个第3名。全年动用大型车辆安全无事故，参加师驾驶员作风纪律整顿考试取得集体第3名。在团医疗卫生工作中，全年发放各类药品价值3万余元。参加地方各项建设，被北京市评为“首都军（警）民共建精神文明标兵单位”。

2009年，房山区民防局完成长阳、阎村2处民防应急指挥宣教中心，房山体育场、阎村镇文化体育广场和长阳组团公园3处应急避难场所及2处应急物资储备库建设。2处民防指挥宣教中心共投资430万元，建筑面积2430平方米，集防空防灾应急指挥、公共安全教育培训和健身娱乐等功能于一体。2处应急物资储备库，总面积为600平方米。继续加强人防工程建设，使人防工程面积达到城镇人口人均人防工程面积要求，对18处未按规定建设人防工程的建设项目分别下发《责令整改通知书》；新增开发利用人防工程面积1万平方米，同时为社会提供500个停车位。继续面向社会公开招募团员7人，使团员总数保持在68人，共组织培训演练19次，实战救援3次。争取资金70万元，采购起重气垫、救生抛投器、破碎机、心肺复苏器、移动照明灯组、凿岩机等25种100余件救援设备。参加市、区组织的大型宣传活动5次，并代表市局参加国家减灾委、团中央组织的防灾减灾活动。建立由政府分管副区长直接领导，民防局为牵头单位，政府相关部门参与的全区公共安全宣教领导机制；在长阳镇西场村、良乡镇富庄村分别试点建立20人以上的农村志愿者队伍，配备服装、救援器材等，开展培训演练，宣传防空防灾公共安全知识。利用农村现有设施建设各类宣教场所21个；在房山电视台定时播出100集公共安全知识讲座；组织开展5次人民防空和公共安全知识大型宣传活动，共发放宣传材料1万余份，接待咨询群众3000多人。组织各类演练活动30余次；举办民防知识讲座6次，受训人数1100多人；和区红十字会合作，对居民进行医疗自救、心肺复苏，避险逃生等培训14期，共1226人。开展国庆平安行动，成立房山区民防局“国庆平安行动”工作领导小组，制定《国庆平安行动——人防工程安全管理工作方案》，组织人防工程安全检查8次，出动420余人次，签订“人防工程安全管理责任书”81份，发放人防工程使用“责令整改通知书”12份，与建委、消防等有关部门召开联席会议4次，出台《房山区地下空间安全管理考核办法》，修订完善《人防工程防汛预案》及《房山区人防工程突发事故应急预案》，签订《防汛责任书》81份。完善《房山区人防工程突发事故应急预案》；按计划组织人防专业队进行训练；新装警报器X台，使主要城镇警报音响覆盖率达到98%以上；区民防应急指挥中心及民防应急移动指挥通信车服务国庆安保工作，通过CDMA向区公共应急网络平台实时传输监控图像。

（邢瑞贤　张久生　张伟）

【落实战备工作】 自年初开始，按照“就近就便、快速反应”的思路，对辖区战备任务进一步进行划定和区分，坚持重点区域重点配置，从而使民兵兵力分布与任务划分统一起来，在“两会”“五一”、国庆庆典期间，广大民兵应急分队做到反应迅速、指挥顺畅。

（张华）

【开展拥军工作】 1月22日，区领导刘伟、祁红、郭先英等，分别慰问91395部队、66114部队、66150部队。区人武部部长王锁群、政委韩裕陪同。7月30日，区委书记刘伟和区委副书记、区长祁红为参加阅兵训练的驻区66116部队官兵送去1000多箱防暑降温用品和30余万元现金。9月，区委副书记、区长祁红，区政协主席范文彦等看望阅兵村卫戍区部队指战员，并送去20万元慰问金。

（卢晓光）

【召开后备力量建设工作会议】 2月26日，在区人武部会议室召开房山区国防后备力量建设工作会议，会议由区人武部部长王锁群主持，政委韩裕对2008年工作进行总结，结合房山区实际，明确2009年度国防后备力量建设的具体内容和目标要求，副区长马丽英出席会议并讲话。

（张敏）

【深入做好直招士官和征兵工作】 3月开始，军事科严格标准、严格程序，完成直招士官的报名、体检工作，完成卫戍区赋予的2名直招士官任务。5月开始，对应届毕业生预征对象进行登记，10月开始，针对2009年新兵征集政策的新变化和新要求，政工科运用多种宣传手段，广泛开展征兵宣传工作，激发广大适龄青年报名参军的热情。征兵过程中，坚持做到严格程序、全程公开、廉洁征兵，完成新兵征集任务。

（张敏）

【突出民兵应急分队和民兵专业分队训练】

通过资源整合、优化配置、军地共建的方式，在各乡镇分别建立20人至50人的应急机动分队，并采取“联训、挂训”方式，加强应急分队的训练。3月底，组织长阳镇民兵应急分队依托38军工兵团进行为期1个月的集中训练。6月，组织燕化公司一个民兵高炮营进行专业训练，同时还组织3名民兵参加空军定期培训，被部队评为“训练先进个人”。6月30日，在燕化公司召开民兵军事训练现场会，以燕化公司民兵、阎村镇民兵、青龙湖镇民兵等为示范分队，演示了队列基础训练、森林防火行动组织与实施、应急分队盾棍术和防爆队形、消防灭火行动组织与实施以及高炮专业训练组织与实施等，规范了组织各项行动的程序和方法。

（张敏）

【组织专武干部培训】 5月，通过以会代训形式，对基层人武部部长进行业务培训。9月，组织基层人武部部长和参加国庆安保执勤的民兵骨干进行培训，进一步明确国庆安保重大意义，规范执勤程序，加强针对性训练。通过加强培训，基层专武干部组织指挥能力、民兵各专业分队执勤能力有明显的提高。

（张敏）

【民兵组织建设】 5月，组织重点乡镇民兵整组点验，并组织全区基层专武干部进行观摩学习。同时，突出抓好4种队伍、14个类别、35种分队建设，努力提高民兵队伍的专业对口率和复转军人比例，通过合理调整组织布局，使民兵组织结构得到优化，重点分队建设得到巩固，民兵防空、应急分队等力量编组进一步得到规范和调整。

（张敏）

【参加首都防卫作战集训】 6月，开展战役理论研讨，组织全体干部参加2009年首都核心地区防卫作战战役集训，通过集训，锻炼提高机关干部在现代条件下，参加首都核心地区防卫作战中能参善谋的能力素质。

（张华）

【严格安全管理工作】 全年结合军区“百日安全评比竞赛”活动和卫戍区“两防”专项治理整顿，组织干部职工进一步学习“政治纪律十不准”“严密防范网络泄密‘十条禁令’”和卫戍区“八条具体要求”，认真开展防间保密教育和安全管理教育，确保干部职工熟知安全常识，增强安全意识。认真组织安全隐患排查工作，定期组织检查组对部机关、民兵武器库和家属院进行拉网式排查检查，及时发现和妥善处理各种隐患。

（张敏）

【冬季征兵任务完成】 在深入做好兵役登记、征兵摸底和广泛宣传的基础上，以确保新兵质量为核心，坚持“送好兵、送精兵”的原则，突出重点，严格把关；在接兵部队中成立临时党支部，充分发挥管理、监督作用；用“质量监督卡”促进廉洁征兵；实行封闭式体检、开放式政审；努力做好“一季征兵四季跟踪”，变短期突击为平时经常性工作，为军队输送优质兵员，完成冬季征兵任务。

（张敏）

【教育训练基地竣工】 年内，区人武部基本完成房山区综合训练基地建设，做到“高品位设计、高质量施工、高标准运转”，实现集“民兵训练、国防教育、装备仓库、学生军训”四位一体的教育训练基地。10月，教学楼工程竣工。

（黄显军）

【冬季适应性训练】 1月11日至14日，组织现役和预编官兵119人，参加师统一组织的冬季适应性训练。历时4天，总行程306公里，徒步行军105公里。完成快速动员、摩托化机动等11个课目的训练内容。通过训练，提高部队“走、打、吃、住、藏”的实战能力。

（张久生）

【完成国庆首都阅兵任务】 预备役团协调房山和大兴两区政府主管领导，联合民政、财政、公安、卫生等相关部门和22个预编乡镇共抽组预备役官兵309人，经过严格的体检、政审共挑选出62人参训。阅兵抽组和政审工作经验被全师转发推广。阅兵期间，多次协调地方政府慰问参阅官兵，帮助参阅官兵解决家庭困难。在阅兵工作中，1人立二等功，6人立三等功，3人被提升为预备役军官。

（张久生）

【专业训练】 训练上坚持以提高完成多样化军事任务能力为目标，以落实教学责任制为牵引，干部的业务素质和“新六会”技能明显提高。全年，根据任务需要多次完善防空作战预案和应急行动方案，下大力补充各类战备物资。组建两个应急分队和1个应急小分队。50多名预任官兵，参加燕化总公司“平安——2009”反恐防暴实兵演练。3月至6月，组织营连长基本技能训练考核取得单位集体第2名、两人分获第3、4名，指挥分队专业集训考核中取得总评第2名，标图专业单项第1名。高炮专业训练和轻武器实弹射击，实弹射击考核分获全师第1名。

（张久生）

【共建工作】 通过巩固完善“支部带镇、小组带村、党员包户”的援建模式，完成北关村运动会、房山区迎国庆万人大合唱等大型活动的护旗、升旗任务。预备役团被北京市评为“首都军（警）民共建精神文明标兵单位”。国庆60周年阅兵之际，开展国防教育活动，对房山一小、房山中学、房山二中、大兴采育中学等共建单位进行国防教育和走访慰问。组织现役和预任官兵全程参加房山广播电台迎国庆“军歌嘹亮”系列活动，宣扬预备役官兵中的典型事迹。预备役团响应房山区建设“国家卫生区”的号召，组织党员干部向灾区捐款6000余元，开展“京什手拉手，共建新家园”活动，加强营房装修、环境整治、绿化美化工作。组织60余人参加燕化总公司组织的“爱我家园，共筑青山”植树造林活动，清整荒地0.67公顷，植树栽苗200余株。

（张久生）

【全市指挥车业务培训在房山区举行】 1月13日至15日，北京市民防局组织全市18区县民防局在房山区举办为期3天的民防应急移动指挥通信车业务培训。目的是强化操作人员熟练掌握指挥通信车的基本理论、系统功能、设备操作，提高技术保障人员业务水平。此次培训分理论培训和实战演练两部分。理论培训采取集中授课及讨论答疑方法进行，由莱斯、万达等公司技术人员讲授指挥通信网络基本情况、指挥通信车系统总体结构、网络通信系统、视频会议系统、车辆维护保养等相关课题。通过讨论、答疑，学员们能够基本掌握系统相关知识，并全部通过理论知识考试。在指挥车实战演练科目上，学员们能够熟练、迅速、准确操作相关设备，完成演练任务。

（张伟）

【全市民防宣教工作会在房山区召开】 1月16日，2009年度全市民防系统民防宣传教育工作会议在房山区召开。市民防局局长李长栓、副局长宗绪盛、宣教处领导和全市18个区县民防局领导参加会议。会议总结全市2008年民防宣传教育工作，各区县民防宣教培训场所建设和公共安全知识宣教培训等工作都取得了很大进展。集中探讨2009年全市民防系统宣传教育工作思路，部署2009年防空防灾公共安全知识宣教培训工作。

（张伟）

【首次举办国际民防日宣传活动】 3月1日是国际民防日，民政部、国家人防办和北京市政府共同在北京举办“国际民防日”社会宣传活动。国际民防组织成立于1972年3月1日，中国自1992年加入以来，第一次开展“国际民防日”宣传活动，活动主会场设在朝阳公园。在18个区县设立分会场。2009年的宣传主题是“关注民防、平安生活”，内容以“防灾减灾、公共安全”为主，包括面向公众开展防灾减灾、公共安全知识和技能的宣传普及，重点是地震、消防、交通、卫生防疫、人民防空和气象等灾害事故的应急避险和突发事件的处置方法。房山区的宣传活动分两部分：一是由副区长卢国懿带队，32名房山区民防志愿救援团团员在主会场进行救援展示；二是在昊天广场设立房山区分会场，举行大型宣传活动。分会场的宣传活动由区政府主办，区民防局和拱辰街道办事处承办，区相关部门和长阳镇协办，全区各乡镇、街道办事处和重要目标单位主管领导以及社区居民共800多人参加现场活动。此次活动的26个协办单位都在现场摆放了宣传展板，悬挂横幅，并向过往群众发放书籍、折页2万册，书包、围裙、扑克、纸杯等宣传品3000余件。活动现场由区应急办主任王波主持。区民防局局长刘文礼介绍国际民防日的有关情况，拱辰街道北关东路社区的居民代表向全体居民发出提高安全防范意识的倡议，区委常委、宣传部部长唐淑荣发表讲话。区委常委、人武部部长王锁群，区人大常委会副主任刘顺林，副区长马丽英，区政协副主席李惠英参加活动。

（张伟）

【召开地下空间安全管理工作会】 3月10日，房山区召开2009年地下空间安全管理工作会议，总结2008年工作，表彰先进，部署2009年工作任务。全区部分乡镇、街道办事处主管领导及地下空间管理单位负责人等120余人参加会议。会议由区建委副主任章戎主持。区民防局局长刘文礼总结了2008年度地下空间安全管理工作。会议对2008年度地下空间安全管理工作先进集体及先进个人进行表彰。副区长卢国懿出席会议，与11个乡镇、街道办事处主管领导签订“地下空间安全管理责任书”，并就全区地下空间安全管理工作讲话。

（张伟）

【启动人防工程绿色审批通道】 为进一步落实市委、市政府关于扩大内需促进经济增长的工作部署，按照区委、区政府下发的《房山区扩大内需重大建设项目绿色审批通道实施办法》文件精神，区民防局结合全区实际，充分利用北京市扩大内需重大项目绿色审批通道信息平台，全面开启人防工程绿色审批通道。自绿色审批通道开启后，区民防局先后为长阳独义村经济适用房项目、城关洪寺村经济适用房项目、良乡一街至五街旧城改造项目、城关永安东里小区和城关楮榆树街经济适用房项目进行人防工程初步规划，并协助他们到市民防局进行人防工程规划审批，同时对进入绿色通道的项目进行全程跟踪，快速办理人防工程的前期初步规划或易地建设手续。

（张伟）

【长阳民防指挥宣教中心举行揭牌仪式】 区民防局利用现有人防工程，在碧桂园小区建设了长阳民防应急指挥宣教中心，并于4月17日举行揭牌仪式。市民防局局长李长栓，区领导祁红、唐淑荣、王锁群、李福田、卢国懿、李惠英，各乡镇主管领导、志愿者等300余人参加。区民防局领导介绍了长阳民防应急指挥宣教中心建设情况。祁红和李长栓为长阳民防应急指挥宣教中心揭牌。李长栓、卢国懿分别讲话。

（张伟）

【举行“防灾减灾日”宣传周启动仪式】 5月12日是中国首个“防灾减灾日”。5月8日，房山区在府前广场举行以“将预防付诸行动，让安全融于生活”为主题的“防灾减灾日”宣传周活动启动仪式。市民防局局长李长栓、副局长宗绪盛、市地震局副局长陶裕禄、市民政局副巡视员王昀东，区领导刘伟、祁红、郭先英、范文彦、王锁群、高言杰，区应急委15个专项指挥部，各乡镇、街道办事处和民防重要目标单位领导，部分社区群众和大学生志愿者代表500余人参加启动仪式。副区长卢国懿主持活动。现场展示各种专业应急救援车辆14辆，救援设备100余件，展出展板、条幅300余块（幅），发放各种防灾减灾宣传材料、应急手册约3万余份。李长栓在仪式上讲话。拱辰街道社区代表向全区居民发出增强防灾减灾意识的倡议，市区领导向居民代表赠送灾避险有关书籍、光盘和公共宣传资料，并参观各部门防灾减灾宣传展板和应急救援器材展示。

（张伟）

【新增电声警报器通过检查验收】 按照市民防局2009年警报报知系统建设工作统一

安排，5月18日至20日，在大宁山庄小区、溪雅苑住宅小区、区委党校安装3台防空警报器。6月1日，新装警报器通过北京市民防局通信站验收。

（张伟）

【召开人防工程安全管理工作会】 为进一步加强人防工程安全管理工作，维护国庆期间社会的安全稳定，8月26日，房山区召开“国庆平安行动”人防工程安全管理战时严控阶段工作会。部分重点乡镇、街道及人防工程管理和使用单位50余人参加此次会议。会议传达市、区人防工程安全管理工作会议精神及相关文件要求，总结了上半年房山区人防工程安全管理、执法检查、宣教培训工作，并分析全区人防工程特点及使用中存在的问题，安排部署安全管控措施。

（张伟）

【开展山地救援培训】 “十一”黄金周前夕，为保障游客安全，维护全区社会稳定，区民防局组织50余名民防志愿救援团团员，开展了一次山地救援培训活动。野外搜救专家给志愿者们讲解野外定位、定向、结绳、攀降及自救互救基本技能，志愿救援队员进行了体验操作，掌握利用专业救援器材开展应急救援的基本技能。随后，队员们手持绳索、担架、医疗救护包等专业救援工具，进行山地救援实际演练活动。

（张伟）

【民防志愿救援团参与搜救行动】 10月22日11时45分，区民防志愿救援团办公室接到“绿野”救援队紧急救援邀请，怀柔神堂峪景区附近走失1名古稀老人，请求立即支援。房山区民防志愿救援团办公室立即上报房山区民防局。民防局立即启动紧急救援方案，10名民防志愿救援团员携带海事卫星电话、医疗救护包、空气呼吸机、担架、绳索等专业救援设备，大约14时到达怀柔区龙驿山庄，与“绿野”搜救队会合。两队制定搜救方案后，大约14时30分，向山林中进发。23日凌晨3时左右，将走失老人从山林中救出。

（张伟）

【北京市民防志愿者队伍建设现场会在房山区召开】 根据北京市民防局、团市委和市委社会工委关于《关于在部分社区（村）民防志愿者队伍建设试点工作的实施方案》的通知及市区有关会议及工作要求，12月2日，市民防局组织全市18区县在房山区长阳镇西场村召开全市民防志愿者队伍建设现场会。市民防局局长李长栓，团市委副书记邓亚萍，区委常委、人武部部长王锁群，副区长卢国懿，市民防局副局长宗绪盛、副巡视员庄长涛，市委社会工委、市农委有关部门领导及区县民防局主管领导及民防志愿者400余人参加现场会。市区领导参观西场村民防志愿者分队建设宣传展板，观看了西场村民防志愿者分队医疗救护心肺复苏、创伤治疗、照明灯组运行、破拆机破拆等救援科目演示。房山、朝阳、西城、昌平4区分别从各区实际特点及基层救援队伍建设工作进行典型经验交流。邓亚萍做了讲话。卢国懿就做好房山区基层民防志愿者队伍建设工作提出五点要求。李长栓对4区县组建基层民防志愿者队伍试点工作给予肯定并提出要求。

（张伟）

【救援团参加“民间搜救”邀请赛】 12月6日，房山民防志愿救援团10余人在香山参加“北京民间搜救技能邀请赛”。比赛由北京市志愿者联合会发起，北京市志愿者联合会团体会员北京操作者俱乐部承办。房山民防志愿救援团10余人参加医疗卫生救护、GPS定向搜索以及模拟山地救援。

（张伟）

【燕化公司进行防空警报鸣响】 12月21日，区民防局组织燕化公司在燕山石化地区及燕化星城小区进行第10次防空警报鸣响。

防空警报由燕山警报控制分中心发放，采用无线遥控的方法，以统控的形式对辖区内防空警报发放指令。此次燕山警报鸣响，音响覆盖率达100%，防空警报完好率达100%。市民防局有关领导到现场观摩了警报鸣响。

（张伟）

【完成首批应急避难场所建设】　房山区首批应急避难场所包括房山体育场应急避难场所、长阳镇组团公园应急避难场所、阎村镇文化体育广场应急避难场所。12月22日，在房山体育场举行揭牌仪式。市民防局副局长宗绪盛、区人大常委会副主任刘顺林、副区长卢国懿、区政协副主席李惠英及相关委办局领导等120余人参加揭牌仪式。

（张伟）

人民团体

房山区总工会

【概况】　区总工会在工会难点、重点工作上共完成调研报告4篇。在全区各企事业、乡镇街道和新建企业开展节能减排、革新创造、岗位创优、行业争先活动，在部分行业中建立首席员工制度，全区812个单位6.3万名职工参加“当好主力军、建功‘十一五’、创新促发展、建设新房山”为主题的经济技术创新和劳动竞赛活动。评选出100名区级经济技术标兵，10个区级先进企事业单位，10个区级先进班组，10项区级优秀成果，10条区级合理化建议，区水务局排水所维修队被授予北京市工人先锋号；7人获首都劳动奖章；齐彦军获全国五一劳动奖章；昊天宾馆获首都劳动奖状；区工业总公司奥运拉拉队被评为全国工人先锋号。区总工会与区教委、区人事局、区劳动和社会保障局、区广播电视大学房山分校共同制定《首都职工素质教育工程实施意见》，有210名职工报名接受再培训和再教育。制定下发《区总工会2009年建会工作要点》，根据市总下达区建会任务在2008年基础上增长10%的目标，完成新建工会40家，吸纳会员5250人。两节期间，帮扶困难职工628户，有1132人领取两节一次性困难补助款物。为劳模发放慰问金3.26万元，“五一”劳动节前走访慰问困难职工和单亲女职工36家，为10名特困单亲女职工上了女职工特殊疾病保险，为33名困难职工家庭子女发放助学金10.2万元。区总工会以大力发展农民工互助会员为重点，新增互助会会员1758人，累计互助会会员达到3.2万人。2009年，职工投保储金及保费收入达27.2万元，理赔、慰问出险职工322人次，理赔金额43万元。大力推进企业建立职工工资正常调整、支付保障机制和女职工特殊保障制度，努力推进区域性行业性集体合同制度，逐步扩大非公企业集体合同的覆盖面，全区有34个单位新签订了集体合同，覆盖职工650人。全区累计建立518个劳动争议调解指导委员会，调解员1828人。共调解劳动争议13件，为职工提供法律咨询21人次。全年受理职工来信来访15件，结案率达到100%。全区有418个企事业单位开展不同形式的厂务公开日活动，覆盖3.67万名职工，有100位处级以上领导在公开日期间深入基层，参加和指导厂务公开民主管理工作。全区有246个单位3.2万名职工参加“安康杯”竞赛活动，有7个单位获得北京市“安康杯”优胜企业。其中，北京龙建集团有限公司连续6年获得全国“安康杯”优胜企业。

（吴向东）

【市总工会领导慰问患病女职工】 1月15日，市总工会副主席原增锁、中国职工保险互助会北京办事处主任马淑芹到十渡镇慰问患病女职工李红英，将3万元女职工特殊疾病保险赔付金送到李红英手中。区总工会领导陪同慰问。

（吴向东）

【举办维护农民工权益宣传活动】 3月25日，区总工会、区劳动和社会保障局、区司法局在良乡府前广场、昊天文化广场、城关、燕山联合举办维护农民工合法权益宣传咨询活动。活动以《中华人民共和国工会法》《中华人民共和国劳动法》《中华人民共和国劳动合同法》《中华人民共和国劳动仲裁法》《农民工维权指南》《中华人民共和国妇女权益保障法》《中华人民共和国未成年人保护法》以及职业培训、维权程序、劳动安全保护、社会保障等为宣传内容。宣传咨询活动共发各种资料放4万余份，悬挂横幅标语30余条，展板50余块，现场解答咨询150余人次。区人大常委会副主任刘顺林，区政协副主席李惠英、高维魁，区总工会、区司法局等单位领导参加活动。

（吴向东）

【举办"五一颂"职工文艺演出】 4月24日，区总工会在房山区石花洞景区举办"五一颂"职工文艺演出，区文委、燕山工会、区工业总公司、区教育工会、河北镇、燕化艺术团、房山保安艺术团等单位表演歌曲联唱、舞蹈、小品、相声等文艺节目。区人大常委会副主任刘顺林，区总工会领导与500余名职工代表观看演出。

（吴向东）

【厂务公开民主管理获市级殊荣】 5月22日，房山区总工会被授予"北京市厂务公开民主管理工作先进组织单位"称号。年内，全区有410个单位推行厂务公开民主管理工作，249家国有、集体及其控股企业和事业单位全部推行厂务公开制度，厂务公开建制率和公开率均达到100%。各类型非公企业推行厂务公开民主管理工作161家，占年度内稳定在20人以上单位的68%。

（吴向东）

【三部门联合检查农民工工资】 6月29日至7月8日，区总工会、人力资源和社会保障局、住房和城乡建设委员会组成联合检查组，对全区建筑企业农民工工资支付情况进行为期10天的大检查，共检查72个建筑施工现场，处理违法用工和拖欠工资建筑施工企业22家，为1356名农民工追索欠款39万元。

（吴向东）

【"金秋助学"助学生求学】 9月27日，区总工会举行"金秋助学"金发放仪式，为符合救助条件的有18名考入大学、大专和15名考入中专、高中的学生共发放"金秋助学"金10.2万元。区总工会领导参加发放仪式。

（吴向东）

【房山区工会召开第五次代表大会】 11月18日至11月20日，房山区工会第五次代表大会在昊天假日酒店召开。市总工会副主席王有国，区领导刘伟、郭先英、苗立峰、张祝华、赵佳琛、马丽英以及271名代表出席会议。会议回顾了5年的工作，明确今后5年的奋斗目标和主要任务，选举产生房山区总工会第五届领导集体，李忠当选第五届区总工会主席，李建坡、侯振海、邵雅芬当选副主席。同时，选举产生房山区总工会第五届经费审查委员会，侯振海当选为第五届经费审查委员会主任。

（吴向东）

共青团房山区委员会

【概况】 2009年，共青团房山区委员会以科学发展观为指导，投身"三化两区"建设；举办"爱心捐款"助学金发放仪式，共发放助学金6.8万元；在燕山文化广场、云居寺等8个志愿服务站点开展城市志愿者“春节服务周”活动；成立房山共青团创业青年夜校（房山青檬夜校）；开展“营造绿色空间、装扮美好家园、打造生态宜居新房山”植绿护绿活动；举行纪念“五四”运动90周年房山区青年医务工作者岗位技能综合竞赛活动；召开房山区未成年人保护委员会2009年度第一次工作例会暨房山区青少年星光青春自护行动10年回顾展示活动；举办“同绣一面国旗 为‘三化两区’建设贡献力量”主题教育活动；召开房山区“五四”运动90周年纪念大会暨深入学习科学发展观活动报告会；举行“歌唱祖国、欢庆六一”房山区庆祝六一国际儿童节主题队会；组织2000余名志愿者完成“2009春季北京国际长走大会暨第十五届房山旅游文化节”开幕式志愿者工作任务；团区委负责“艰苦创业”方阵总队包括3349名队列人员、101名后备人员、53名彩车助力人员的组织训练工作，完成首都国庆60周年“艰苦创业”方阵群众游行工作任务，“艰苦创业”方阵获“红旗方阵”“优秀行进奖”“最佳组织奖”“最佳创新奖”和“群众游行优秀组织单位”等称号。深入基层，分别组织召开学校系统、青农系统以及城区系统基层团组织建设调研工作会，共计开展11次调研活动。

（倪京津）

【发放爱心助学金奖学金】 1月16日，团区委、区青年商会组织机关干部和区青年商会会员到房山二中开展“为贫困孩子献爱心”助学金发放仪式，为房山区20名贫困学生发放助学金3.6万元并建立联系。11月17日，北京市房山区“希望之星（1+1）奖学金”发放仪式在北京市房山中学举行。北京青少年发展基金会、房山区教委等单位的负责人以及房山中学师生代表参加仪式。仪式上，向40名来自房山中学宏志班的高一学生捐助3.2万元的奖学金。

（倪京津）

【开展城市志愿者“春节服务周”活动】 1月26日至2月1日，团区委在燕山文化广场、云居寺等8个志愿服务站点开展城市志愿者“春节服务周”活动。为游客和群众提供信息咨询、语言翻译、应急救助等志愿服务。

（倪京津）

【开展爱心志愿者走进敬老院活动】 3月5日，团区委组织区40余名志愿者到良乡镇敬老院，开展爱心志愿者走进敬老院活动。志愿者们为老人测量血压、打扫卫生、擦洗健身器材等，并详细讲解老人们日常需要注意的养生事项。

（倪京津）

【成立房山共青团创业青年夜校】 3月27日，房山共青团创业青年夜校（房山青檬夜校）正式成立。区委常委、组织部部长张祝华，团市委青农部部长李伟参加成立仪式，并为夜校揭牌。团区委组织区青年企业家、青年致富带头人、高校教师，组成35人的房山共青团创业青年夜校导师、教师队伍，重点培训青年、高校大学生、大学生村官等青年群体，为他们提供创业、就业前的全方位的辅导和培训；组织仁和酒业、京之源公司、拒马娱乐有限公司等25家企业，成立房山区共青团青年创业见习基地，同时召开近200个岗位的农村青年就业专场招聘会。

（倪京津）

【开展植绿护绿活动】 3月28日，团区委、良乡镇政府在良乡镇富庄村开展“营造绿色空间、装扮美好家园、打造生态宜居新房山”植绿护绿活动。200多人参加此次活动，共种下月季花800余株。

（倪京津）

【举办房山区青少年星光青春自护行动】 4月11日，区未成年人保护委员会、团区委在北潞园社区广场举办房山区未成年人保护委员会2009年度第一次工作例会暨房山区青少年星光青春自护行动10年回顾展示活动。为星光青年社区自护试点学校发放教具，对未成年人自护自救、火灾逃生等情况进行展示，同时对未委会委员进行相关调整。副区长马丽英出席活动并讲话。

（倪京津）

【举行同绣一面国旗为“三化两区”建设贡献力量主题教育活动】 4月27日，区少工委、团区委为庆祝中华人民共和国成立60周年和少先队建队60周年，在良乡二小举行“同绣一面国旗 为‘三化两区’建设贡献力量”主题教育活动。

（倪京津）

【召开房山区纪念“五四”运动90周年大会】 5月4日，团区委在理工大房山分校举行房山区“五四”运动90周年纪念大会暨深入学习实践科学发展观活动报告会。会上对区2008年度“五四”红旗团委、“五四”红旗团（总）支部、优秀团干部和优秀共青团员进行表彰。参会的近千名团员青年，用一首气势磅礴的诗歌共同回首90年前的“五四”运动，祝福祖国、表达房山青年共建和谐家园的决心。

（倪京津）

【举行庆祝“六一”国际儿童节活动】 6月1日，区委教工委、区教委、团区委、区少工委举行“歌唱祖国，快乐六一”儿童节主题队日活动。活动中，优秀少先队员，代表全区少年儿童向四川灾区小伙伴邮寄近2000封爱心信件，并表演丰富多彩的文艺节目，表达对灾区小朋友的衷心祝福和鼓励。

（倪京津）

【完成首都国庆60周年群众游行工作】 团区委负责组织实施首都国庆60周年房山区参加人员群众游行第5方阵工作，即“奋斗创业”板块中“艰苦创业”方阵。6月20日，房山区成立首都国庆60周年“艰苦创业”方阵总队领导小组，区委副书记苗立峰任总指挥，区委常委、组织部部长张祝华任常务副总指挥。6月22日，国庆60周年群众游行“艰苦创业”方阵总队指挥部召开总队指挥部工作会。24日至28日，团区委召开“艰苦创业”方阵骨干教练员培训会。26日，在北京工商大学召开首都国庆60周年群众游行“艰苦创业”方阵总队动员誓师大会。7月至9月，群众游行“艰苦创业”方阵进行合练。8月29日和9月6日、18日到天安门参加专项演练和联合演练。10月1日，“艰苦创业”方阵总队3400余人参加群众游行活动。10月23日，群众游行“艰苦创业”方阵总队指挥部在房山区会议中心召开“首都国庆60周年群众游行‘艰苦创业’方阵总结表彰大会”。区委书记、群众游行“艰苦创业”方阵总队长刘伟，区委常委、区委组织部部长、“艰苦创业”方阵常务副总指挥张祝华等领导及指挥部工作人员、方阵教练员、方阵队员代表等800余人参加会议。会上表彰北京工商大学等7个“先锋大队”，区委政法委等11个“服务保障先进单位”，344名在游行任务中忘我工作的“先进工作者”和各来源单位推荐评选出的1000名“标兵队员”。

（倪京津）

房山区妇女联合会

【概况】 根据区委建设“三化两区”的新要求，进一步创新“双学双比”和“巾帼建功”主体活动，组织实施妇女创业就业行动计划，启动“服务企业年”活动，为“妇”字号基地、巧娘工作室、女性法人企业提供政策、信息、资金、项目、新技术和培训等方面的实质性服务2000余次，1.52万名妇女接受种养殖实用技术、家政服务、手工艺品制作等职业技能和实用技术培训。打造“巧姑靓嫂”商业品牌，创新性的组建房山区“巧姑靓嫂”手工艺品商会。实施“千名巧娘培养计划”，全年培训巧娘6000余名，实现月增收300元至1000元。争取市妇联“双学双比”示范基地扶持资金100万元；市级“巧娘工作室”和巧娘专卖店享受市财政补贴18万元；为区妇女儿童活动中心争取到市妇联培训设备拨款200万元。全年举办法制宣传教育讲座11场，发放宣传材料4万余份，制作展板50余块，宣传咨询惠及妇女群众2.3万余人，接待来信来访44件（次）。争取市妇联援助资金50余万元资助单亲特困母亲和贫困儿童，还为单亲特困母亲提供免费培训项目10个，有效实施零成本就业工程。全年举办0岁至3岁早期教育免费亲子班130期，3568人次受益；儿童潜能开发23期，270人次受益；中老年舞蹈29期，580人次受益；儿童舞蹈8期，288人次受益；与北京盛世雅歌音乐培训学校合作，开设钢琴、古筝等9个文艺专业，参加培训550人次；发展青鸟阳光健身会员900余人。开展“和谐家庭”创建活动，建立“和谐家庭”考核体系，开展“和谐家庭大讲堂”“老街坊”和谐一条街评选活动，全区有近70%的家庭成为村级以上“和谐家庭”。建立“枢纽型”妇女社会组织，在全市率先建立“姐妹驿站”，打造妇联组织融入“枢纽型”社会建设新的工作品牌。开设母亲教育课堂，优化未成年人成长环境。发挥妇联牵头家庭教育、配合学校教育、参与社会教育的职能优势，实施母亲课堂进学校、进社区、进农村活动，全面提高母亲科学教育子女的素质和能力。

（刘晓晨）

【市、区妇联到十渡镇走访慰问】 1月4日，市妇联主席赵津芳一行到房山区十渡镇走访慰问老妇救会主任晋秀芝，并为9名贫困学生赠送助学金和课外读物，为西庄村巧姑靓嫂旅游示范基地捐助2万元扶助资金。区妇联为对口帮扶村送去粮、油及慰问金。市妇联与十渡镇的共建活动开展10年，资助65名品学兼优家庭贫困的学生完成学业。累计捐助资金10多万元。区妇联主席刘晓燕等陪同慰问。

（刘晓晨）

【“三八”联谊活动】 3月2日，房山区、石景山区、门头沟区女领导干部“三八”联谊活动在房山区举办。共庆“三八”国际劳动妇女节。活动以“共商互融　和谐发展”为主题，借“三八”节的契机，促进女干部间的友谊、交流与合作。三区领导参观了房山区琉璃河镇“京之源”农业有限公司、韩村河村村容村貌。

（刘晓晨）

【举办“三八维权周”送法下乡大型宣传咨询活动】 3月4日，区妇联与区司法局、区检察院、城关镇联合在城关街道永安西里社区举办“三八维权周”送法下乡大型宣传咨询活动，将法律咨询、心理疏导、社区帮教、法制讲座等内容有机结合以满足社会群众的不同需求，强化大家的维权意识，增强广大妇女的法制意识和依法维权的能力。全区各级妇联组织开展三八维权周活动。

（刘晓晨）

【北京市旅游局慰问巧娘工作室】 3月7日，北京市“双学双比”竞赛活动协调小组成员单位——市旅游局走访慰问琉璃河镇刘李店村巧娘工作室。北京市旅游局副局长安金明向巧娘工作室负责人刘秀花赠送慰问金，旨在弘扬民族传统文化，通过巧娘工作室使更多的农村妇女掌握京绣技艺，促进妇女就业增收。副区长王忠海带领区妇联、区文委、区旅游局、区农工委等部门的主要领导陪同慰问。

（刘晓晨）

【10户家庭获“首都和谐家庭”称号】 3月16日，由区妇联推荐10户家庭参加市妇联开展的“首都和谐家庭”评选活动。首都和谐家庭评选活动是市妇联在全市家庭中开展社会主义荣辱观教育，弘扬“尊老爱幼、男女平等、夫妻和睦、勤俭持家、邻里团结”

的家庭美德，促进社会文明、和谐、进步的有效载体。此次推荐的 10 户家庭均获“首都和谐家庭”称号，并于“5·15 国际家庭日”之际受到表彰。

（刘晓晨）

【举办首届“长阳杯”女处级领导干部乒乓球比赛】 3 月 22 日，房山区首届“长阳杯”女处级领导干部乒乓球比赛在区妇女儿童活动中心举行。区人大常委会主任郭先英，区委常委、宣传部部长唐淑荣，区委常委赵佳琛，区政协副主席李惠英，区乒协名誉主席、区总工会主席李忠，以及区委组织部、区社工委、区体育局、区地税局等单位领导参加活动并为比赛开球。活动由区委组织部、区总工会、团区委、区妇联、区体育局联合举办。比赛共有处级以上女领导干部 60 余人报名参加，经过角逐，区政协办公室主任肖凤云获正处级以上女领导干部组第 1 名，区档案局副局长宋曙光获副处级女领导干部组第 1 名。

（刘晓晨）

【社区妇代会换届选举工作】 3 月至 8 月中旬，经过选举准备、选举实施、总结验收 3 个阶段工作，全区 114 个社区妇代会除 3 个社区（拱辰街道拱辰大街社区、西潞街道太平庄西里社区、燕山向阳街道栗园社区）因拆迁或转户安置未完成而没有参加选举，其他 111 个社区妇代会都完成换届选举工作。选举结果呈现年轻化、知识化特点。

（刘晓晨）

【“心灵驿站”接待心理咨询】 5 月 15 日，“心灵驿站”志愿者卢永强接待第一例心理咨询案例。心灵驿站作为房山区姐妹驿站的重点工作之一，是房山区妇联公益性零距离服务于广大妇女群众的一个窗口，主要针对家庭矛盾、感情困惑、心理压力等方面开展心理咨询活动。现有志愿者 20 名。自活动开展以来，共接待 34 例个案。

（刘晓晨）

【举办“2009 非凡宝宝风采大比拼”初赛】 5 月 15 日，区妇联举办“2009 非凡宝宝风采大比拼”初赛，通过对“运动宝宝”“观察宝宝”“语言宝宝”“音乐宝宝”“想象力宝宝”“善解人意宝宝”的评选，为广大家庭提供展示的舞台，帮助家长发掘孩子潜能，培养孩子自我展示的勇气以及合作意识和荣誉意识。比赛最终评选出 6 名最佳宝宝，8 月参加市级比赛并获得优秀参与奖。

（刘晓晨）

【承办北京市妇联家庭教育公益活动】 5 月 16 日，区妇联承办北京市妇联“边学边玩·好开始”2009 年家庭教育公益活动。活动进行表演唱，音乐分享，诗朗诵，互动游戏轱辘锤、当不完美遇到困难、携手人生路等环节，旨在强调家庭教育的重要意义。活动由北京市家教指导中心副主任翟旭远主持。

（刘晓晨）

【姐妹驿站建设研讨会在房山区召开】 6 月 5 日，市妇联在区妇女儿童活动中心召开推进“姐妹驿站”建设研讨会。全国妇联副主席、书记处书记甄砚，全国妇联权益部部长蒋月娥，市妇联党组书记、主席赵津芳，副主席李彦梅，市委社工委副书记、市社会办副主任王力军，区委常委、组织部部长张祝华等领导出席研讨会。研讨会上，部分区县妇联就如何以“姐妹驿站”为载体，积极协调社会资源，开展惠及广大妇女的专业化、社会化服务项目；依托基层组织，创新工作机制，拓宽服务领域，探索符合时代特点的调解婚姻家庭问题的新方法、新模式以及发挥枢纽型组织优势，深入推进和谐家庭建设等方面进行交流发言。研讨会还邀请社会工作领域的专家，就如何更好地发挥“姐妹驿站”的职能作用进行了讲解。甄砚对北京市妇联探讨妇联组织参与社会建设有效途径和创建“姐妹驿站”管理模式给予肯定，并提出希望。研讨会期间，区委书记刘伟，区委副书记、区长祁红就如何加强妇联工作和与会领导进行座谈。区人大常委会主任郭先英、区政协主席范文彦陪同与会领导参观了区妇女儿童活动中心及“姐妹驿站”建设情况。

（刘晓晨）

【为贫困妇女发放创业援助款】 8月28日，在韩村河镇政府召开“贫困母亲援助行动座谈会”。5名自主创业摆脱贫困的妇女创业大户和此次受援助的贫困妇女代表分别讲述了自己的体会和感受，与会领导为受援助的5名贫困妇女发放了每人5000元的创业援助款。

（刘晓晨）

【举办家政服务员免费培训班】 9月9日，区妇联与房山区育龙职业技能培训学校联合举办家政服务员免费培训班开班。培训针对家庭礼仪、操持家务、照料老人、看护病人、看护婴幼儿、护理孕妇与产妇等内容进行理论和操作培训。培训吸引30名下岗女职工和待业女性参与，经过15天培训，经过考核取得执业资格证书。

（刘晓晨）

【张坊中心小学被评为全国示范家长学校】 11月25日，由区妇联推荐的张坊中心小学被评为全国示范家长学校。为推动《全国家庭教育工作“十一五”规划》深入实施，创新发展家庭教育工作，全国妇联在各地各级新婚夫妇、孕产妇家长学校，中小学、幼儿园家长学校，社区（村）、机关、企事业单位、广播、电视、网络家长学校等各级各类家长学校中开展“全国示范家长学校”评选活动。张坊中心小学结合本地实际，创新开展工作，有力地促进家庭教育、学校教育、社会教育的有机结合，使儿童和家长切实受益，发挥示范带动作用。

（刘晓晨）

【社区姐妹驿站“96156”咨询热线开通】 12月25日，社区姐妹驿站“96156”咨询热线开通。“96156”姐妹驿站公益服务热线是北京市妇联在北京市民政局支持下，依托96156社区服务热线，开通专门为妇女群众提供电话咨询、预约面询服务的公益热线。该热线以家庭问题指导、心理问题疏导、法制宣传教育，化解矛盾纠纷为主要服务内容；以促进男女平等，依法维护妇女合法权益为目标；推动首都和谐社会建设。服务人员是具备专业资格和一定服务经验的女检察官、女法官、女律师、心理咨询师，房山区有4名志愿者成为“96156”咨询志愿者。

（刘晓晨）

房山区科学技术协会

【概况】 2009年，区科协系统在农村专业技术合作组织，农村科普示范基地建设，培育农村科普致富带头人，建立农村科技服务专家及农村专业技术指导员队伍5个方面，实施5项科普惠农工程，并利用科普之春，科技周，全国科普日，“科技、文化、卫生”三下乡，科普赶集等形式，开展科普活动。全年投资30多万元，新建科普活动站40个，科普宣传栏55处1100多平方米，发展科普宣传员300多人，新建科技图书室20多个，新增图书近10万册，购置课桌椅1000多套，配备电脑100多台。成立房山区农村科技专家服务组，各乡镇科协聘请100多名科技专家针对农村需要，开展技术咨询和科技服务，全年签订农村科技服务协议300多项，推广新技术、新产品、新品种等100多项，受益农民2万多人。全年开办各类科技培训班300多期，1.2万人次参加培训。区科协共争取市级农村科普专项资金70多万元，主要用于农村在优化产业结构调整中建立的科普示范基地和农村专业合作组织，开展新技术、新产品推广和科技服务，以及科普设施建设等。全年新建农村科普示范基地10个，带动农户650多户，平均每户增收3000多元，其中，琉璃河镇贾河200公顷秋子梨示范基地、长沟镇北甘池千亩精品观光采摘园、霞云岭乡上石堡万亩核桃园、青龙湖镇庙耳岗食用菌基地等被评为北京市优秀科普示范基地。新建农村专业技术合作组织12个,带动农户1260多户,平均每户增收2600多元。全年引进技术和项目200多项,实施“金桥”项目25项,列入市级种子项目8项,年增效益6000多万元,有500多农户走上致富路。区科协在社区重点实施“一室、一廊、一组”工程和“科普益民计划”,以建立和完善社区科普活动室、图书室、科普画廊和科普宣传组等科普设施和科普阵地为主要内容,区科协共投资35万元,为社区印制科普图书2.5万余册,购置课桌椅、书柜200多套,电教器材(电脑、电视、DVD等)30多台件,制作展板300多块,新建科普活动室10个、图书室8个、科普画廊5处。区科协争取市级社区科普专项资金70多万元,用于完善社区科普设施及开展科普活动,年年举办卫生与健康、现代生活、科学奥妙、国防建设等科普讲座和科普报告50多场次,举办大型科普宣传活动30多次,发放科普宣传资料20多万份。投资10多万元在北师大良乡附中建立房山区青少年科学实验室。投资20多万元配置综合性的科普互动产品1200多套件,在良乡二中建立青少年科普活动基地,将科普互动展品在全区30多所中小学校进行巡回展。2009年,全区中小学生参加北京市青少年科技创新大赛、北京市机器人大赛、北京市青少年“索尼探梦”动手做科技制作大赛、“大手拉小手专家进百校”、房山区科技节等市、区科普活动100多项,近20万人次,其中获国家、市级奖1000多人次。

(刘敏)

【区科协召开成立农村科技专家服务组筹备会】 1月15日,区科协召开成立房山区农村科技专家服务组筹备会,区科协主席祝庆忠,副主席高德民、张志,区林业局副局长、林学会理事长王良合,区种植中心副主任、农学会理事长于海军,区医学会理事长王砚英以及水利学会、畜牧兽医学会、农机学会等秘书长参加会议,祝庆忠主持会议。会议研究成立房山区农村科技专家服务组,设农、林、畜、水、机、卫生与健康等6个专家服务组,每组10人至15人,同时还明确专家服务组的宗旨和任务,专家服务组的构成,成员的条件以及活动方式,经费和报酬、考核与奖励等。

(闫洋)

【区科协召开三届三次常委会】 1月16日,区科协召开三届三次常委会,区科协主席祝庆忠主持会议。会上,首先传达胡锦涛总书记在纪念中国科协成立50周年大会上的重要讲话精神,会议审议通过:区科协2008年工作总结和2009年工作思路;区科协关于落实北京市科普惠农和社区科普益民专项资金管理办法的细则;区科协关于成立房山区农村科技专家服务组的意义;区科协关于创办《房山科普》刊物的意见;区科协关于召开2009年房山区科协工作会安排意见。

(闫洋)

【区科协等单位举办大型“科普之春”宣传活动】 3月26日,房山区科协、区农委、区农学会、区医学会在良乡镇官道大街联合举办以“科技支撑,惠农兴村”为主题的大型“科普之春”宣传活动。副区长王忠海参加活动并为农民发放宣传材料。科普宣传活动通过展板、发放科普资料、为群众义诊咨询、展示新优品种、农机具等形式,包括无公害蔬菜新品种推荐、生产技术、农作物管理、配方施肥、病虫害防治、安全使用农药、新能源利用、小型农机具、免耕播种技术、农机安全、卫生保健等内容,与农民进行交流,并帮助农民群众解决农业生产中遇到的各种困难和问题。此次宣传活动共有120名科技人员参加,展示玉米、蔬菜等18个品种,20余种小农机具,展板100多块,共发放科普书籍1000多册,宣传材料1.5万余份,现场接受农户咨询500多人次,销售种子300

多公斤，无偿发放鼠药1.4万袋、毒饵盒3000多个、蔬菜种子150袋，有3000多名群众参加活动。

（刘敏）

【房山区科协参加2009年北京百万家庭数字生活技能大赛】 6月6日，2009年北京百万家庭数字生活技能大赛半决赛在市科协科技活动中心举行。房山区吴大勇、张连芳、吴超家庭代表队获优秀技能奖，房山区获优秀组织工作奖。

（闫洋）

【房山区科协“金桥工程”项目】 6月，房山区2007年至2008年度获北京市“金桥工程”组织工作一等奖和北京市“金桥工程”项目二、三等奖。房山区科协申报的“房山区农业面源污染综合控制技术推广”“实验用小型猪商品化生产繁育基地”“竹柳种苗繁育技术推广”获北京市金桥工程项目二等奖，“奥运赛时花卉生产与推广”“种鸡良种繁育技术推广”“种鸭产业化建设项目”获北京市金桥工程项目三等奖。

（闫洋）

【召开房山区2008年度科普惠农兴村计划和社区科普益民计划项目验收工作会】 7月11日，房山区2008年度农村科普惠农兴村计划和社区科普益民计划项目验收工作会在昊天假日酒店召开。市科协专家组一行8人到房山区就2008年度实施北京市“农村科普惠农兴村计划”和“社区科普益民计划”进行检查验收。会上，区科协主席祝庆忠从区“两项计划”项目的确定、实施、专项资金的落实、做法、存在的不足和问题等几个方面进行汇报，并对2009年“两项计划”的实施和2010年的申报工作提出建议。霞云岭乡上石堡万亩核桃示范基地、北京市金帅甜玉米专业合作社、拱辰街道北关东路社区、西潞街道北潞园社区科普活动馆的负责人，以及房山区农村专业技术指导员李淑燕作典型发言，并通过幻灯片向专家组汇报。市科协专家组组长、北京市农科院果树所副所长、研究员魏钦平进行总结，充分肯定房山区的工作。最后，市科协专家组先后到北潞园社区科普活动馆、北关东路社区、房山区科技工作者活动中心进行考察调研。

（刘敏）

【区科协、区人事局联合承办“公务员科学素质大讲堂”】 由北京市人力资源和社会保障局和北京市科学技术协会主办，北京科技进修学院、房山区人事局、房山区科协承办的“公务员科学素质大讲堂”第7讲——《领导干部、公务员与科学素质》于2009年7月10日在房山区政府东二楼报告厅开讲，区人事局副局长彭菲主持，市人力资源和社会保障局教育培训处处长张铁柱出席并讲话，房山区科协副主席高德民等领导出席，房山区280多名公务员参加讲座。北京大学科学与社会研究中心博士生导师、《全民科学素质行动计划纲要》制定工作专家组副组长任定成教授对中国地厅级公务员科学素养状况、中国几类人群的科学素养比较、科学素养的国际比较这几组数据进行分析，阐明中国领导干部和公务员的科学素质现状。同时围绕突破人口素质的瓶颈、公民科学素质建设的全球浪潮、中国公民科学素质建设的纲领、公民科学素质的调查和比较、提升领导干部和公务员的科学素质等5个方面为大家进行详细的讲解。

（刘敏）

【房山区参加市“我与科协”征文评选活动】

作为中国科协成立50周年，市科协成立45周年系列宣传纪念活动之一，由《北京科协》刊物举办的第二届“我与科协”征文活动评选揭晓。房山区科协共接到基层科协投稿35篇，经过专家评选，将评为优秀奖的6篇作品上报市科协，并全部被《科协情缘》一书采用，得到市科协的表彰和奖励。获奖征文是:林果科技服务中心孙静双《科技赶集结硕果、漫山花开迎专家》、卢文峰《科技之风吹到了司马台》、王乔《双手栽出致富树》、北京理工大学房山分校王建民《我与航天英雄合过影》、史家营乡科协殷俊《带领乡亲走科技兴农路的乡科协主席》、石楼镇科协张书静《我庆幸自己成为科协组织的一员》。

（刘敏）

【房山区获2009年北京市科技周优秀组织奖】 7月30日，2009年北京科技周总结表彰会在北京科技活动中心召开。市科协党组书记、常务副主席田小平，北京科技周组委会办公室主任、市科协副主席周立军等出席会议。18个区县科协和市属各学会的100多位负责人参加会议。会议由市科委副主任朱世龙主持。会议全面总结了2009年北京科技周工作，并颁发了2009年北京科技周优秀活动奖、优秀组织工作奖，以及2009年北京科技周主题活动优秀创意设计大赛一、二、三等奖、优秀奖。房山区被评为优秀组织奖，并在科技周主题活动优秀创意设计大赛中获得优秀奖2项，二等奖和三等奖各1项。其中区农学会的《房山区食用菌主题园》获二等奖，燕山东风街道羊耳峪北里社区居委会的"弘扬科普知识，全民参与畅和谐"健步行活动获三等奖，区畜牧兽医学会的"为和谐作贡献，争做文明养犬人主题宣传活动"和"房山区村级动物防疫员培训班"获优秀奖。

（刘敏）

【房山区科协召开农村科技专家组工作会】 9月23日，区委组织部、区科协共同召开房山区农村科技专家组工作会。会议由区科协主席祝庆忠主持。区科协、区委组织部领导，以及房山区农村科技专家组成员，共20多人参加会议。房山区农村科技专家服务组由区委组织部、区科协2009年3月成立，共由87名中级职称以上的科技人员组成，其宗旨是为农村提供科技服务。会上，6个专家组的组长就半年来开展送科技下乡和科技服务情况进行汇报。

（刘敏）

【区科协全国科普日活动】 为落实全国科普日活动要求，庆祝新中国成立60周年，房山区科协将全国科普日活动与庆祝祖国60华诞相结合，从9月20日至10月8日，组织各街道乡镇科协、区直各学（协）会开展系列丰富多彩的科普活动。开展以"60年科技成就，你我共同见证"主题系列宣传活动，向全区24个街道、乡镇科协发放展板15种150块、挂图40种4000张，利用科普宣传栏、科普画廊等广泛宣传"科学发展公共事业，提高人民生活质量""科技改进医疗条件，促进和谐生活""科学发展畜牧，由少到多——由简到繁""60年科学生产，成就水产大国""由温饱到丰衣足食，看中国农业发展变迁""禽流感""节约在我身边""循环经济""安全教育"等内容。举办科普讲座、报告等5次4000多人次参加，举办农村种养殖实用技术知识等各类培训班30多期3000多人次，开展健康咨询、义诊、送科技下乡、科普赶集等科普宣传活动15次2万多人次。

（刘敏）

【帮扶三岔村进行科普设施建设】 截至10月26日，区科协投资近6万元帮助大石窝镇三岔村建立和完善科普活动室、图书室和阅览室等，并配备科普图书2000多册、书柜6个、课桌椅50套。

（闫洋）

房山区文学艺术界联合会

【概况】 2009年，根据轻轨交通建设需要，组织作家创作相声、快板、诗歌等文艺作品，通过舞台演出及报刊登载，起到鼓动与引领作用。组织各文艺家协会，以多种形式，开展文学进校园、书法进校园、摄影大赛、音舞作品原创、民间艺术交流等艺术活动。

推出《燕都文丛·第二辑》《周口店遗址通览》，还借助北京市规划委与市测绘院监制的《北京人文地理》杂志这一平台，与区规划局联合编撰《北京人文地理·房山卷》。在新中国成立60周年活动中联合昌平区举办迎国庆书画笔会，举办国庆主题书画展，协助区新闻中心开展《为母亲放歌》专题宣传活动。参与区广电中心系列专题片《光辉的记忆》录制工作，阐述新中国成立60年特别是改革开放30年来文化事业的发展历程和取得的辉煌成就。助推阎村文化名镇建设。组织民间艺术家协会，为佛子庄乡策划第九届龙神庙会，首次举行民间“祈雨仪式”，做大房山民俗文化品牌。作家凸凹创作的散文、中篇小说频频登上名刊大报，取得瞩目成绩。

（徐成凤）

【《房山文化学·周口店遗址通览》出版】

1月，齐陶著《周口店遗址通览》出版。该书140万字，由唐淑荣、史长义主编，同心出版社出版，精装16开本。全书以地质、古人类、石制品、周口店古生物4个主体部分为内容，辅以788幅插图、59张表格，全面地反映了周口店地区生物的生态环境、古人类和古生物的活动及相应的地史变迁。该书研究了从1926年至2006年跨越80年学术资料，结束了周口店遗址研究有专史无全貌的历史。

（徐成凤）

【创作主题文艺作品助推房山轻轨交通建设】 2月，区文联组织多名作家创作三句半《建设城铁房山线》、诗歌朗诵《为了房山轨道交通建设》、相声《咱们老百姓今儿个真高兴》、山东快书《牛年新春说老牛》等作品，通过舞台演出及报刊宣传，在群众中起到鼓动与引领作用，推动区轨道交通建设。

（徐成凤）

【举办《房山民间文学》出版发行座谈会】

2月20日，《房山民间文学》出版发行座谈会在房山区文化委二楼会议室隆重举行。区委常委、宣传部部长唐淑荣，北京市民协驻会副主席、秘书长于志海，区文联领导出席会议。《房山民间文学》的作者代表、基层单位代表及区文联各协会负责人参加会议，副区长卢国懿主持座谈会。会议对《房山民间文学》挖掘出版过程做了介绍，并就如何挖掘房山民间文艺进行探讨。《房山民间文学》的出版发行是房山区抢救和保护民族民间文化遗产的切实举措，也是“房山文化学”研究取得的一个重要成果。

（徐成凤）

【指导佛子庄乡“二月二·酬龙节”】 2月26日，区文联会同佛子庄乡政府举办第九届“二月二·酬龙节”龙神庙会，首次恢复民间祈雨仪式。在龙神庙旁搭建祭龙台，把龙神爷和龙神奶奶请出大庙，按传统仪式献上猪头、龙牙、龙须面、龙鳞饼、爆米花，安排少男少女到龙潭祈雨，以求风调雨顺，黎民安康。祈雨仪式再现数百年来的民间传统习俗，寄寓人们顺应天意、师法自然的朴素愿望，进一步扩大山区民间庙会的影响，也体现佛子庄乡政府对非物质文化遗产的挖掘、抢救和保护。

（徐成凤）

【出版《燕都文丛·第二辑》】 4月，完成《燕都文丛·第二辑》编撰工程。文丛选编历时1年，共出版20本，计250万字，集体推出凸凹、王凤梧、段天顺、张东升、刘泽林、赵思敬、董华、苏宝敦、张玉泉、刘文江、索利、张永顺、杨树德、王德恒、阎朝来、张振乾、宁建、王健、孙海潮、张红英20名作家的最新作品，包括中短篇小说、诗歌、散文、报告文学及古典诗词，由北京作家协会分党组书记、驻会副主席李青作总序，唐淑荣、史长义主编，中国国际广播出版社出版。9月，丛书面向区图书馆、区档案局、区直单位及乡镇党政正职、各乡镇主管书记和宣传委员赠阅和发放。

（徐成凤）

【世界读书日向青少年赠书】 4月23日，区文联与区教委、区文化委、区文明办、团区委、区少工委联合举办“世界读书日活动”，组织区内作家到河北镇中心校现场观摩学校师生的古典诗词朗诵和珠心算技巧，并向100名学生代表签名赠书。

（徐成凤）

【房涿两地举办“迎七一 促三保”书画联谊笔会】 6月12日，区文联、涿州市文联、阎村镇、涿州市高官庄镇在阎村镇共同举办“迎七一 促三保”联谊笔会活动。涿州市委书记王舟、房山区委副书记苗立峰、涿州市文联主席赵学军、区文联主席史长义、阎村镇党委书记柳铁良等领导出席；房山区及涿州市20多名书法名家在阎村文化广场“舞墨轩”现场挥毫泼墨，创作100余幅书画作品，表达对党生日的祝福。

（徐成凤）

【编撰《北京人文地理·房山卷》】 6月至8月，为反映房山区人文地理的历史和现状，展示厚重的文化积淀，借助北京市规划委与市测绘院监制的《北京人文地理》杂志这一平台，与区规划局联合编撰该杂志的房山卷，组织区有关人文、历史、地质方面的专家及摄影家参与编撰。设置访古探源、宗教文化、文化名人、地质奇观、物华天宝、古韵民俗、红色经典栏目，共组稿31篇，提供照片800幅。这些图文生动而艺术地描绘房山人文历史地理的变迁，进一步挖掘和呈现房山的地质人文现状。

（徐成凤）

【举办庆祝新中国成立60周年书画展】 9月25日，为庆祝新中国60华诞，歌颂新中国的辉煌成就，区委宣传部、区文化委、区文联联合举办庆祝新中国成立60周年书画展。区政协副主席李惠英，区委宣传部、区文化委、区文联、区书画家协会及百余名书画家出席画展开幕式。画展由区书画家协会和区文化馆承办，共展出区百名书画家创作的爱国主义主题画作128幅，均收入《祖国颂——房山区纪念新中国成立六十周年书画集》。

（徐成凤）

【凸凹散文获“我从天安门前走过”征文一等奖】 11月29日，区文联主席史长义（凸凹）创作的散文《最后的凝视》，获北京市“我从天安门前走过”征文一等奖。此次征文由《北京日报》发起并主办，设一等奖1名，二等奖2名，三等奖6名，是庆祝新中国成立60周年的主题征文。

（徐成凤）

【市文联“和谐之声”艺术团慰问房山退伍战士】 12月11日，邀请市文联“和谐之声”艺术团为驻区66150部队举行慰问退伍战士专场演出。区文联主席史长义、阎村镇党委书记柳铁良、66150部队领导及数百名官兵观看演出。演出开始前，市文联组联部主任兼和谐之声艺术团团长王瑞璞把市文联党组书记朱明德为战士所做的书画作品赠送给部队官兵，表达军民之间的鱼水深情。

（徐成凤）

【多人次获市政府奖】 12月31日，区文联主席史长义（笔名凸凹）创作的长篇小说《玄武》，在北京市庆祝新中国成立60周年文艺作品评选颁奖大会上，被授予长篇小说优秀奖（一等奖）。同时，区音舞协会主席陈光谱曲、车行作词、殷秀梅演唱的《天安门》，区摄影家协会秘书长刘强拍摄的《北京风情舞动悉尼》，区作协会员董华创作的散文《京西草木品题》均获佳作奖。此次评奖为北京市政府奖，由市委、市政府的职能部门市文联、市文化局、市广播电影电视局、市新闻出版局、北京日报报业集团、北京出版集团联合承办，旨在展示近5年来首都文艺创作的最高成就，奖项涉及文学、音乐、摄影、民间文艺等12个文艺门类。

（徐成凤）

房山区工商业联合会

【概况】 2009年，房山区工商业联合会发展新会员26个，对11名参政议政能力强、政治表现突出的优秀分子作出政治安排，2名非公经济人士进入区工商联领导班子，3名选为工商联常务委员，6名被选举工商联执委委员。累计发展会员企业800多家，其中在71个执常委中，人大代表7人、政协委员24人；副主席26人、常委43人、执委28人。全年组织调研活动20多次，完成调研课题4个，提交政协提案3个，反映非公经济代表人士的诉求与呼声。更新工商联网站，不断为非公经济人士搭建宣传服务平台，主动争取新闻媒体的支持，大力宣传全区非公经济人士勇于创新，无私奉献的先进典型40多个。宣传、表彰了北京中油房山燕宾油料销售有限公司、北京金恒通达投资有限公司在“八一”建军节期间拥军工作；北京拒马娱乐有限公司、北京聚菱燕塑料有限公司等10家企业被评为北京市就业与社会保障先进民营企业；房山区工商业联合会5名非公企业代表人士被推荐为北京市光彩事业促进会理事；工商联、北京金恒通达投资有限公司、北京泰斗通房地产开发有限公司等5家单位被授予红十字荣誉奖章；北京高超连振汽车销售服务有限公司、北京燕山开关厂等26家企业被评为北京市工商联文明单位。

（景然）

【民营企业招聘周】 5月15日，区工商联、区劳动和社会保障局、区总工会、区教委为贯彻落实《关于联合举办北京市2009年民营企业招聘周活动的通知》精神，通过搭建民营企业和求职者供需平台，促进各项就业政策的落实，充分发挥民营企业在吸纳高校毕业生和农民工就业中的主渠道作用，结合房山区实际，举办“民营企业招聘周”。区内17家企业参展，招聘工种43个，招聘岗位63个，参会求职者达1000余人，报名427人，现场达成就业意向96人。

（景然）

【组织企业与河北省涿州市企业进行座谈】 7月8日，区工商联组织区内10家建筑、流通、加工企业与河北省涿州市18家企业进行座谈，在企业人员培训、酒业合作、盘活存量资产等方面，初步达成合作意向。在涿州市工商联的大力支持下，房山区1家房地产企业盘活了涿州1家酒店（年租金35万元）。

（景然）

【举办非公经济代表培训班】 10月，组织40名非公经济代表人士参加“清华大学经济管理高级研修班”，组织70家民营企业参加“企业融资培训班”，组织20余家企业参加“解析2009年税收政策变化培训班”。

（景然）

房山区残疾人联合会

【概况】 2009年“两节”期间，房山区残联对全区2618名贫困残疾人走访慰问，发放价值115万元的慰问款物。以创建“全国社区康复示范区”和“人人享有康复服务”为工作目标，狠抓残疾人社区康复服务质量和康复服务受益面。2月，通过北京市残疾人社区康复达标区检查组的验收。投资70万元新建500平方米辅具中心1处。新建13家温馨家园，通过市残联的检查验收。房山区共有温馨家园15家，占地面积65871平方米，投资995万元，辐射服务对象15075人。继续开展为下肢重残人家庭无障碍设施改造工程，2009年完成1000户改造任务，3年来，累计为1780户重残人家庭进行无障碍改造。开展以“进万家、访需求、办实事、促和谐”为主要内容的残疾人个性化服务活动。全区个性化服务率达到90%以上。7月至9月，对全区用人单位进行按比例安排残疾人就业审核，共审核13560家用人单位，审核残保金2443万元，审核率87.2%，入库2400万元，入库率98.2%。新安置残疾人就业106人，全年日常登记求职残疾人197人。共组织23名肢体及视力残疾人参加市里的专业培训。扶持3家盲人保健按摩机构，对15家盲人保健按摩机构开展基础信息调查工作。另外，扶残助学、“四项补助”、残疾人参保等项政策都得到了落实，使广大残疾人“应享尽享”。区残联分别在国爱康复中心、良乡特教学校、良乡镇温馨家园举办3场“助残日”活动。共发放宣传材料5万余份，解答群众咨询3000余人次，受助残疾孩子500余人，走访残疾儿童家庭400余户。完成第二代残疾人证换发工作，全区换证、申领残疾人证2.7万个。

（张静）

【房山区被确定为北京市残疾人社区康复工作达标区】 2月10日，市残联组织专家组对房山区“北京市残疾人社区康复工作达标区”工作进行验收，房山区被确定为“北京市残疾人社区康复工作达标区”。

（李文敏）

【举办残疾人专场招聘会】 3月13日，房山区残联、劳动和社会保障局、民政局福利办在房山区劳动力市场举办房山区残疾人专场招聘会。招聘会共有20多家用人单位和150多名残疾人参加。提供话务员、电脑开发、宿舍管理员、保洁员等40多个就业岗位，有60名残疾人与用工单位达成协议。6月3日，房山区残联与韩村河镇残联共同举办“城乡手拉手、就业保民生”残疾人专场招聘会。参加招聘的单位有北京三江华宇物流有限公司、北京益中伟业化工有限公司、秦城金属制品有限公司等5家单位。涉及6个工种40多个就业岗位，47名残疾人达成就业意向。共有170余名残疾人参加招聘活动。

（许志国）

【北京市残疾人社区康复工作学习交流会在房山区召开】 3月12日，北京市残疾人社区康复工作学习交流会在房山区召开。大兴、顺义、通州、门头沟、怀柔、平谷、延庆、密云8个远郊区县残联理事长、主管康复工作副理事长和残联干部共60余人参加会议。市残联副理事长沙澄深、房山区副巡视员任全胜参加活动。

（张静）

【举办盲人保健按摩师素质培训班】 3月19日，房山区残联就业服务中心举办盲人保健按摩师素质培训班。辖区内盲人保健按摩师及盲人保健按摩机构法人20余人参加素质教育培训。

（许志国）

【区残联召开教育、就业、扶贫工作会】 3月20日，房山区残联在良乡德宝会议中心召开2009年教育、就业、扶贫工作会。区残联就业服务中心、职业康复劳动项目管理办公室工作人员及各街道、乡镇残联理事长到会参加。会上布置了2009年区残联教育、就业、扶贫工作计划及指标。

（许志国）

【房山区2009年无障碍改造工程完工】 3月至11月，为全区1000户下肢重度残疾人家庭修坡道、安扶手、改厕所等无障碍改造工程完工，工程经费796.73万元。

（李俊）

【开展第十九次全国助残日活动】 5月14日，在国爱康复训练中心举办“以人为本关爱残疾孩子”助残活动。近60名残疾小朋友及家长、国爱康复中心员工及残联工作人员参加活动。5月15日，房山区残联在良乡特教学校举办“共享阳光 茁壮成长”助残活动。

（许志国）

【召开第二代残疾人证换发暨培训工作会】

6月11日，房山区残联召开第二代残疾人证换发暨培训工作会。按照全市统一安排，6月11日至12月底，对持有第一代残疾人证的残疾人办理第二代中华人民共和国残疾人证（简称第二代残疾证）换发业务，同时，对尚未办理残疾人证的申请人，开办申领第二代残疾人证业务。

（张静）

【参加市残疾人工作者运动会】 10月23日，市残联在市残疾人体育训练和职业技能培训中心举办第三届北京市残疾人工作者运动会。区残联职工许蕾获飞镖、沙包掷准两项个人第1名。区残联获团体第6名和最佳组织奖。

（李俊）

【举办农村实用技术培训班】 11月13日至14日，市残联就业服务中心扶贫办与房山区残联利用冬季农闲时间联合举办农村实用技术培训班，邀请区林果中心专家对扶贫助残基地及100多名残疾人进行果树冬季管理技术培训。

（许志国）

房山区红十字会

【概况】 2009年，区红十字会发放救助款物共170多万元，救助贫困家庭5681户。制定《房山区红十字会少儿大病救助实施细则（试行）》，开展少儿大病救助活动。在全区范围内开展“博爱在京城”募捐，收到红十字各工作委员会、各乡镇、企事业单位及个人捐款189万余元。被北京市红十字会授予2009年度“博爱在京城”募捐组织发动特殊贡献奖。在“五八”世界红十字日，区红十字会、区民防局、区地震局、区教委等10余家单位，在府前广场举行“防灾减灾日”大型宣传活动。落实“在少儿中开展避险逃生、技能培训和演练”项目，区红十字会与区教委配合，对部分托幼机构相关人员和部分小学校班主任教师进行初级急救员培训。为区公交系统司售人员应急救护培训人员1600名。2009年完成55598人的卫生救护普及培训，有5894人取得红十字急救员证书，超额完成市红十字会下达任务的174%。有61名志愿者完成造血干细胞血样采集和资料入库工作。

（刘春艳）

【救助工作】 元旦、春节期间，区红十字会筹集资金60万元，购置大米、面粉、食用油等生活必需品在良乡镇举行2009年“送温暖、献爱心、促和谐”慰问暨良乡镇博爱超市启动仪式，建立房山区第三家博爱超市。此次活动共慰问全区贫困家庭3000余户。日常救助工作，区红十字会坚持将日常救助对象由各基层组织审核把关，具体落实。共发放救助款28万元，救助贫困家庭500多户。在资金紧张的情况下，区红十字会拿出20万元进行助学活动。

（刘春艳）

【“博爱在京城”募捐活动】 自4月在全区范围内开展“博爱在京城”募捐活动以来，区红十字会受到各乡镇、企事业单位及个人捐款189万余元。被北京市红十字会授予2009年度“博爱在京城”募捐组织发动特殊贡献奖。房山区红十字会第4次获此奖项。

（刘春艳）

【启动少儿大病救助基金】 根据北京市红十字会统一部署，区红十字会于9月正式启动少儿5类大病（血友病、白血病、再生障碍性贫血、肾衰竭、恶性肿瘤）救助工作。通过对全区范围内18岁以下青少年儿童患病情况进行摸底调查，对确诊患5类大病并符合救助条件的14名少儿发放救助款14万元。与此同时，区红十字会设立“房山区少儿大病救助基金”，为热心公益事业的单位、个人搭建爱心平台，让更多的患病少儿享受到来自社会各界的温暖。

（刘春艳）

【新建3家博爱超市】 2009年，区红十字会在良乡、阎村、青龙湖3镇建立3家博爱超市，使全区博爱超市增至5家。红十字博爱超市的建立，把临时性、季节性扶贫工作转变为经常性、长期性的帮扶活动，也成为社会各界奉献爱心的平台。

（刘春艳）

【培训与训练工作】 为适应首都经济社会发展的新形势，充分履行法定职责，区红十字会不断创新工作思路，努力提高全社会的风险防范意识和灾害应对能力，营造全民参与防灾减灾和应急管理的良好社会氛围。一是在“五八”世界红十字日，区红十字会、区民防局、区地震局、区教委等10余家单位，在府前广场举行“防灾减灾日”大型宣传活动。在良乡电业中学开展全校师生参与的地震应急疏散演练和自救互救演示，培养中小学生的地震安全意识，提高中小学生面临突发地震事件避险疏散、自救互救的应变能力；二是为落实关于“在少儿中开展避险逃生、技能培训和演练”项目，区红十字会与区教委密切配合，对部分托幼机构相关人员和部分小学班主任进行初级急救员培训，完成市会下达任务；三是为区公交系统司售人员进行应急救护培训，培训区内主要公交线路的司售人员1600名；四是完成各乡镇及社会企事业、机关单位培训工作。

（刘春艳）

【红十字会“龙卡”工作再创佳绩】 2009年，房山区红十字会会员龙卡发行数量继续在全市远郊区县排名首位，并在北京市红十字会宣传推广会上作典型发言。

（刘春艳）

拱辰街道办事处渔儿沟村和谐公园

经 济

综合经济管理

工商行政管理

【概况】 2009年，房山工商分局进一步加强市场准入体系建设，构建和谐登记环境。新发展市场主体10719户，同比增长2.73%，主体总量54283户，同比增长23.3%，为提高房山区综合竞争能力奠定了坚实基础。进一步强化市场监管工作，依法打击各类违法行为。设立新中国成立60周年国庆安全保障领导小组，认真查找各类市场风险点，组织应急演练，实现食品安全零事故、维护稳定零信访、消费者自我保护维权零群体性投诉，全面完成国庆平安行动的各项任务。打击无证照经营纳入“房山区社会治安综合治理工作考核内容”，实现综合整治，使无照经营行为得到了有效遏制。突出抓了市场升级改造、环境整治、亮照经营、索证索票、建立台账5项工作。加强维权体系建设，强化流通领域商品质量监管。发挥商品质量与食品安全监控房山分中心的作用，开展流通领域商品质量监测，严把流通领域商品质量关。围绕消费与发展年主题，在华冠商贸有限公司、北京盛通家居广场市场有限公司2个宣传咨询主会场举办家电下乡、建立维护消费者权益绿色通道暨纪念“3·15”国际消费者权益日宣传咨询活动。开展流动工商工作站“开进”百姓生活大型宣传咨询活动，全面提升辖区广大消费者消费维权意识。加强食品安全体系建设，提高食品安全监管工作现代化水平。举行食品安全检测箱配发仪式，为全区10个社区配备食品快速检测箱，推进食品安全追溯系统建设工作。

（张东立）

【首都文明市场检查组对房山区文明市场验收及复查】 1月6日，市工商行政管理局、首都文明办、市市场协会、市个体私营协会等部门组成的首都文明市场检查组，联合对争创首都文明市场的中大瑞祥百货市场有限公司进行考核验收，并对首都文明市场——北京盛通家居广场市场有限公司进行复查，均通过复查。

（许世岭 张东立）

【规范8家农产品市场】 1月20日，房山工商分局对辖区内的城东市场、华龙市场、黄辛庄市场、自立市场等8家农产品市场进行集中规范，主要采取以下措施：一是车辆停放有序，严禁停放在交通通道上；二是经营者必须在规定的经营场所经营，严禁店外经营，占道经营；三是经营者必须亮照经营；四是市场内的垃圾要及时清理，保持市场清洁卫生；五是市场经营单位要严格落实各项规章制度，保证市场的正常运转。

（许世岭　张东立）

【联合检查餐饮企业“年夜饭”】 1月22日，区食品办组织卫生、工商等部门对辖区内提供“年夜饭”服务的餐饮企业开展联合检查。执法人员检查了北京金粤楼餐饮有限公司、北京金缘府酒楼等5家饭店“年夜饭”准备和预订情况，重点检查“年夜饭”是否明码标价，酒水、食用油、蔬菜和调料的进货票据，对食用油和水发制品进行抽检，并提醒饭店经营单位严把食品进货关和卫生关，确保春节期间食品安全。

（许世岭　张东立）

【开展宣传咨询日活动】 2月15日，房山工商分局与房山公安分局在西潞北大街联合开展“房山区防范和打击传销、假币、非法集资犯罪宣传咨询日”活动。在宣传咨询现场，工商执法人员和经侦民警通过发放宣传材料、张贴宣传画、悬挂横幅、摆放展板、现场讲解等多种形式，对禁止传销、识别假币、打击非法集资等相关知识进行宣传和普及，提示广大群众谨防上当。共发放《警惕传销、反对欺诈、共建和谐社会》《如何识别假币》《房山区关于打击传销违法经营活动的通告》等各种手册、宣传画、光盘及其他材料共计9600余份，解答群众咨询30余人次。

（许世岭　张东立）

【检查种子市场】 2月24日，房山工商分局到区良种服务中心检查良种销售情况。区良种服务中心下设115个代销点，年销售杂交玉米种子45万公斤、小麦种子50万公斤。重点检查其种子代销合同文本的使用情况，规范商标使用，并按照代销合同约定的条款，对该中心经销种子的发芽率、纯度、水分、净度4项重要指标进行了对照检查，检查结果100%合格。

（许世岭　张东立）

【为10个社区配备食品快速检测箱】 3月9日，房山工商分局为10个社区配备了食品快速检测箱，这是房山区在直接关系群众生活方面拟办的重要实事之一。此次配备快速检测箱的社区集中在人口密度最大的拱辰、西路、城关地区，覆盖人口8万余人，社区检测人员使用快速检测设备可以现场对蔬菜、水果农药残留、水产品甲醛残留量、鲜肉水分等21个食品安全指标进行检测，可检测食品31大类52个品种。此次配备的检测箱更轻便，操作更简单，房山工商分局聘请专业技术人员对10个社区的20名食品检测人员进行了为期1天的食品检测技术培训。社区居民如果对所购买的食品不放心，可以随时到社区检测室进行检测，及时发现问题食品。

（许世岭　张东立）

【举行国际消费者权益日宣传咨询活动】 3月15日，市工商行政管理局、市消协、房山工商分局、区消协共同在华冠商贸有限公司、北京盛通家居广场市场有限公司2个宣传咨询主会场开办家电下乡、建立维护消费者权益绿色通道暨“3·15”国际消费者权益日宣传咨询活动。宣传消费与发展年主题、消费维权和食品安全知识。区质监局等理事单位，区工商、城管、商务部门的干部，大学生志愿者，企业代表，新闻媒体，市检测机构等300余人参加活动，共发放各类宣传材料7万份，接受消费者咨询2000多人次。

（许世岭　张东立）

【检查农业生产资料】 3月24日，房山工商、质监、安监以及种子管理站、植保站、土肥站、农技站等部门30余名执法人员组成联合检查组，对全区农业生产资料进行大检查。检查了北京富民逢春种子有限公司、北京禾农农业生产资料有限公司、北京龙乡农康种子有限公司、窦店镇河口村蔬菜种植基地，以及2家农机生产、农机配件和维护经营单位，重点检查进销货台账、进销货发票、农资商品质量信誉卡、农资商品质量责任书、明码标价、计量器具、农业生产机械、农药安全使用等执行情况。

（许世岭　张东立）

【消费教育进课堂】 4月9日，区消协举办“快乐生活、学会消费”第二届绿色消费节，良乡第二小学150余名学生参加活动。区消协副秘书长郑寒冬进行“快乐生活、学会消费”专题讲座，从如何通过课本学习、社会实践，做到科学消费，如何从我做起、从点滴做起、从现在做起积累生活中的科学消费知识进行详细讲解。同时，良乡工商所副所长高福宝向同学们介绍了如何购买及鉴别不合格食品等消费知识，并发放消费宣传材料500册。

（许世岭　张东立）

【开展假日旅游市场执法检查】 4月21日，区发改委、区旅游局、房山工商分局等11个部门，在副区长王忠海带领下，对上方山、周口店北京人遗址2个景区和龙海山庄进行执法检查。此次检查采取工作汇报、查阅资料、实地检查的方式，重点对景区“五一”假日旅游工作方案、安全管理制度、应急救援预案、消防设施、旅游配套设施、沿途交通环境，以及景区周边星级饭店的食品安全等情况进行重点查验。房山工商分局对景区周边饭店营业执照、经营许可资质、食品及酒水饮料的进销货台账进行认真检查，未发现问题。

（许世岭　张东立）

【开展成品油专项检查】 5月15日，房山工商分局对区内中国石油化工集团公司的租赁、特许经营加油站进行专项检查。执法人员共抽检了9个加油站，重点检查加油站的市场主体、经营资质、索证索票、流水日记账、商标转让合同等事项。经查，其中6家企业主体资质合法，账实相符，各项制度坚持良好，未发现问题；3家加油站商标转让使用合同到期，执法人员当场对其制发执法文书，责令限期办理相应手续。

（许世岭　张东立）

【首例合同争议成功调解】 8月13日，房山工商分局经济合同争议行政调解中心就某食品加工企业与其所在市场主办单位，因租赁场地发生的纠纷进行调解。该食品加工企业在市场招商期间与市场招商办约定承租市场内门面房，并交纳租金和押金2800元，在打算入驻时，发现该门面房被他人承租，经与市场主办方交涉，答应退还租金及押金，但是押金、租金未退还，故请求调解中心予以调解。调解中心对市场主办方的情况进行了解，据市场主办方称，市场在招商过程中，管理存在一定漏洞，一直未通知该企业入驻，其承租的门面房已经出租。之后市场主办方未经该企业同意，擅自把另一处门面房保留给该企业，但该企业一直未入驻开业。市场主办方希望其尽快入驻市场经营，收取的房租可以顺延。房山工商分局对当事人双方进行调解，双方经过协商自愿达成解除原租赁关系并重新签订市场房屋租赁合同。这是房山工商分局经济合同争议行政调解中心成立以来受理的首例调解申请。

（许世岭　张东立）

【万宁鸿发农副产品市场重张开业】 8月18日，历时3个月的升级改造后，北京万宁鸿发农副产品市场中心重新开业运营。该市场位于城关街道青年北路，周边为居民住宅聚集区，辐射面广、客流量大，主要供应农副产品及日用品。此次升级改造总投资150万元，市场分为蔬菜、鲜肉、水产、粮油等10个专区，可同时容纳坐商50家、柜台200座。

（许世岭　张东立）

【开展“两节”市场联合检查】 9月24日，房山工商分局会同房山公安分局、区安全生产监督局、区文化委联合夜查文化娱乐场所，对良乡啤酒城、花好月圆等5家歌舞厅的安全预案及措施准备、消防安全设施、人数总体控制、消费环境布局等情况进行检查。经查，各娱乐场所主体合法，安全措施健全，食品安全制度完善，未发现问题。

（许世岭　张东立）

【开展地下空间经营场所安全生产检查】11月20日，房山工商分局联合区安全生产监督、区住建委、区民防局、房山公安分局、房山规划分局、区商务委、区旅游局、区文化委、区体育局、区消防支队等专项监管单位，拉开为期1个月的地下空间经营场所安全生产联合大检查序幕。在前期摸底排查的基础上，各监管部门对地下空间经营场所进行拉网式排查，共出动人员65人次，车辆28台次，检查各类地下空间经营户56户。重点检查地下空间经营场所非法经营或无证照情况、行政审批及备案情况、用途或结构情况以及各项安全生产规章制度、责任制建立健全情况、经营单位从业人员安全生产教育培训情况。

（许世岭　张东立）

【市食品安全委员会督查组到房山区检查】12月16日，市食品安全委员会督查组对全区2009年食品安全工作进行检查。通过听汇报和查阅资料，督查组对房山区食品安全工作有了全面了解。一是房山区从区领导到乡镇领导都对食品安全工作高度重视，在全区范围内形成完善的管理体系，监管网络体系健全，各部门、各乡镇积极落实各项职责，形成齐抓共管的良好态势；二是整治和疏导相结合，专项治理成效明显，各部门在工作中积极想办法，解决规范化管理中的问题，做到边整治边规范，特别是房山区在一些食品安全综合评价指标都能显示出扎实基础的工作，食品安全投诉（举报）率低于全市水平；三是在深入宣传贯彻食品安全法中，工作扎实有效；四是部门协调默契，执法监管形成合力；五是房山区在食品安全工作中有很多经验做法具有开创性和示范性的，应做好总结和推广工作。

（许世岭　张东立）

质量技术管理

【概况】2009年，房山区质量技术监督局探索建立产品质量安全分类分级监管模式，实施食品安全风险等级管理。将全区135家食品生产企业生产的141类产品分为极高、高、中、低4个等级，并根据产品特点和企业情况，分别制定相应的监管频次，实施分级分类监管，进而实现合理分配执法、检验资源，提高监管工作的有效性。开展食品安全专项整治，确保国庆食品安全。对区内获证食品生产企业进行监督抽查，重点对桶装饮用水、乳制品、熟肉制品等进行抽查监测，全年抽查样品208个，样品抽查综合合格率92%，同比提高2.45%。认真做好农资、3C产品（计算机、通信、消费类电子产品）、建材等重点产品专项整治及打假工作。捣毁非法生产地条钢窝点1个，查获制假水泥生产企业1家。开展煤炭质量监管工作，市级监督抽查5次，抽取样品190个，样品合格率85.8%，同比提高6.2%。加强特种设备安全监察和隐患治理。全年开展现场监督检查特种设备制造、安装、使用单位171家，检查设备1454台件。开展压力管道元件、气瓶充装单位、起重机械、承压汽车罐车、自动扶梯和自动人行道以及“执法护航”查百家等专项整治活动，严肃查处无证制造、超期不检等违法行为。总结奥运会特种设备安全保障工作的成功经验，全面完成国庆60周年庆祝活动特种设备安全保障工作。做好特种设备安全宣传教育和培训工作，开展特种设备安全知识“进企业、进校园、进社区”活动，将宣教工作融入监察和检验工作中。继续推进气瓶管理改革试点工作，探索建立长效监管新机制。推进高耗能特种设备节能监管，完成区内500余家企业887台在用锅炉能效状况普查，完成15家锅炉房安全节能管理达标考核。加大农业标准化培训和宣传力度。对区内相关的11个乡镇500余名磨盘柿种植户进行培训和宣传贯彻，使地理标志产品保护成果在年内产生更大的经济效益。开展市级农业标准化基地果蔬农药残留监督抽查，抽取37个基地83个样品，样品合格率100%。落实节能减排工作，推进能源计量工程建设，对区内7家重点用能单位开展能源计量。开展以“四走进”为主要内容的“关注民生、计量惠民”专项行动，使服务活动100%覆盖到集贸市场、医疗卫生单位、眼镜店及社区乡镇，让民生计量真正服务百姓生活。推进诚信计量体系建设，完成2家社区菜市场计价秤统配统管任务。全年共组织执法活动1509起，完成年度任务的126%，办理案件（包括立案和现场）127件，完成年度任务的109%，罚没款40.6万元。计量检测强检计量器具12228台件、燃气表首检22720块、电能表检定4958块；实现行政事业性收费218万元、经营性收入120万元。特检所检验各类特种设备1724台件，实现行政事业性收费176万元、经营性收入56万元。质检所检验样品730组，实现经营性收入59万元。

（崔琦）

【开展食品加工小作坊监督抽查】 1月14日至19日，区质监局出动执法人员60人次对区内食品加工小作坊进行监督抽查。重点检查证照齐全且签订质量安全承诺书的小作坊30家，并对正常生产的21家作坊进行抽样，抽取样品21个。经质量检验，20个样品合格，合格率为95.2%。不合格产品为锅巴，不合格项目为菌落总数超标。对加工不合格食品小作坊，责令其立即停止生产、销售，并依据相关法律法规进行处罚。

（崔琦）

【开展农资打假专项执法检查】 2月26日，区质监局对区内的8家农资生产企业进行专项检查，其中农膜生产企业2家、化肥生产企业3家、农药生产企业2家、泵生产企业1家。重点检查农资生产企业原辅料库、成品库、生产车间以及依据现行的产品标准组织生产等情况。经查，1家农药、2家农膜生产企业正常生产，并有检验合格报告，产品标识规范；3家化肥、1家农药未生产；另外1家泵生产企业因生产许可证到期作废，不再生产。检查中，未发现制假售假、偷工减料、以次充好等违法行为。

（崔琦）

【开展食品添加剂使用情况专项检查】 4月5日至12日，区质监局对全区食品生产加工企业的食品添加剂使用情况进行专项检查。检查小麦粉、食用油、乳制品等食品生产加工企业18家。涉及添加剂包括香料、着色剂、增白剂、防腐剂等。检查人员依据（GB2760）《食品添加剂使用卫生标准》标准及企业添加剂备案登记表，到企业的辅料库进行核对，重点检查食品添加剂生产企业在产品中是否添加非食品原料，生产的复合添加剂是否符合国家标准的有关规定，添加剂标签标注是否规范，食品生产加工企业生产中使用添加剂用量是否符合标准，是否存在使用非食品添加剂等情况。检查中发现，大部分企业能按国家有关规定使用添加剂，无非法使用食品添加剂现象。个别企业存在添加剂未备案、使用记录不规范问题，发出责改通知，要求7日内完成整改。

（崔琦）

【开展“光明计量进镜店”专项行动】 4月27日至29日，区质监局开展“光明计量进镜店”活动，对辖区内眼镜店进行专项检查。共检查22家眼镜店的验光机、镜片组等计量器具78台，检定合格率为100%。全区眼镜店均能按《眼镜制配计量监督管理办法》要求配备与配制、销售相适应的必备计量器具，验光机、镜片组等计量器具均在检定有效周期内使用，从事验光配镜专业技术人员均持证上岗。检查中未发现违法经营情况。

（崔琦）

【监督检查区内防水卷材生产企业】 5月22日，区质监局对区内7家防水卷材生产企业进行监督检查。重点检查生产企业原材料库房、生产车间、成品库房、检验室、计量器具是否在周期内使用、执行标准情况、产品标识等。检查中，5家防水卷材企业正常生产，2家暂时未生产。经查，7家企业生产许可证在有效期内，计量器具在检定周期内使用，并能严格按现行的标准组织生产，产品质量抽查全部合格，对存在产品标识标注不规范的个别企业，责令其立即改正。检查结果显示，全区防水卷材生产企业管理规范，生产秩序良好，产品质量不断提升。

（崔琦）

【开展企业特种设备应急救援演习】 6月17日，区质监局组织观摩北京煤矿机械有限责任公司液化气站事故应急救援演习。演习内容主要是液化气储罐泄漏（储罐排污第1道出液阀上法兰处大量跑液）应急处理。演习开始，该公司工作人员立即启动事故应急处理救援预案，各应急小组成员各司其职，开展警戒、抢修、后援救护等工作，在最短的时间内控制了险情。

（崔琦）

【开展电子计价秤专项整治】 6月25日，区质监局执法人员对辖区内销售电子计价秤单位进行专项整治，重点是打击销售无制造计量器具许可证、假冒伪劣或具有作弊功能电子计价秤的违法行为，打击用密码、遥控装置等方式加装作弊装置（或作弊功能）等破坏电子计价秤准确度的计量违法行为。共检查5家销售单位的14种品牌231台电子计价秤，抽查电子计价秤10种品牌17台。抽查结果显示，销售单位均能出示相关销售产品的“制造和修理计量器具许可证”，未发现销售假冒伪劣产品和故意破坏电子计价秤印封（铅封）等违法行为。

（崔琦）

【查处一个非法生产加工地条钢窝点】 7月8日，区质监局根据北京“12365”呼叫中心的举报单，联系房山公安分局、房山供电公司、石楼镇政府等部门，对石楼镇南庄村附近的1个非法生产加工地条钢窝点进行查抄。出动执法人员28人，车辆8台。现场查抄用于非法生产地条钢的中频炉1台、模具42件、坩埚1个、原料（废钢材）11.66吨及相关的配电设备。

（崔琦）

【开展“清新居室”建材产品专项执法检查】 7月25日至31日，区质监局在全区范围内开展“清新居室”建材产品专项执法检查行动。检查围绕3个重点进行。一是以木家具（包括办公家具）、板材、乳胶漆为重点产品；二是以有过质量违法记录、消费者投诉较多的生产企业为重点单位；三是以上述产品的生产集中区域、建材市场等为重点区域。累计出动执法人员20余人次，检查木家具、板材等“清新居室”建材产品生产加工企业10家。通过检查，多数企业均能够选用较大企业或名牌产品做自己的原材料，注重索要原材料生产企业的营业执照、生产许可证或“中国国家强制性产品认证证书”、检验报告等材料，能够对自己的产品定期送检验机构进行检验，未发现生产假冒伪劣产品违法行为。

（崔琦）

【检查制造、修理计量器具许可证获证企业】 8月11日，区质监局计量执法人员对区内2家制造、修理计量器具许可证获证企业进行日常监督检查。检查中，审查2家企业的营业执照、组织机构代码证、制造计量器具许可证及执行标准等资质材料；检查该公司产品出厂检测情况、成品库房，是否有超范围生产的产品；抽查出厂检定原始记录、计量器具检定证书以及部分成品。经检查，2家企业的各项资质材料均在有效期内，检定员能够持证上岗，未发现超范围生产的产品，计量器具能在有效期内使用，2家获证企业行为规范符合《制造、修理计量器具许可证监督管理办法》。

（崔琦）

【开展月饼质量安全专项执法检查】 8月17日至21日，区质监局在全区范围内开展月饼质量安全专项执法检查。一是月饼生产企业是否无证生产；二是月饼是否符合产品质量安全要求，是否使用回收和变质馅料加工月饼，是否使用非食用物质，是否超范围、超限量使用食品添加剂；三是产品标注标识是否规范，是否标识相符，是否符合《预包装食品标签通则》（GB7718—2004）等国家强制性标准要求。此次专项执法检查累计检查全区月饼生产企业10家，并对9个批次的样品进行抽样检验。经查，全区月饼生产企业均未发现使用回收和变质馅料加工月饼、掺杂掺假、以次充好以及违法使用添加剂等违法行为。

（崔琦）

【开展润滑油生产企业监督执法检查】 8月24日至27日，区质监局对区内润滑油生产企业开展执法检查。此次检查润滑油生产企业13家，其中9家正常生产，4家处于停产状态。抽取样品9个，送质检部门进行检验。检查中，对润滑油生产企业的原料进货渠道是否规范、是否严格按现行的标准组织生产、产品出厂是否检验以及产品标识标注是否规范等进行重点检查。经查，大多数生产企业能按要求去做，个别企业存在产品标识标注不规范的问题，执法人员现场责令其立即整改。

（崔琦）

【开展质量技术监督普法宣传咨询活动】 12月4日，区质监局在良乡昊天广场开展以“加强法制宣传教育，服务经济社会发展”为主题的质量技术监督法制宣传咨询活动。发放纸质宣传材料5种3000余份，内容包括特种设备安全知识、节能节电安全小常识、国务院关于加强食品等产品安全监督管理的特别规定、常用化肥知识等。为提高宣传效果，区质监局还特别制作了法制宣传扑克牌500副，免费提供给社区民众和咨询人员。活动期间，宣传人员还就群众比较关心的气瓶安全、食品安全等涉及民生的各类问题进行解答。

（崔琦）

【开展3C强制性认证产品企业监督检查】 12月15日，区质监局对区内7家强制性产品认证制度（3C认证）认证产品生产企业进行执法检查。此次检查的7家企业中，正常生产4家、未生产2家、企业迁址1家，涉及低压电器、家用电器、电线电缆等6类17种产品。重点检查原材料库、成品库、生产车间、化验室的检验原始记录，并现场核实企业生产的产品是否“中国国家强制性产品认证证书”的产品一致。经查，上述企业均在认证有效期内正常生产，并能严格按照所执行的现行标准组织生产，计量器具均在检验周期内，产品使用3C认证标志规范，企业质量管理规范，生产秩序良好，不存在超认证范围生产现象。

（崔琦）

【开展节前特种设备安全专项执法检查】 12月20日至28日，区质监局开展元旦节前特种设备安全专项执法检查。检查人员密集的大型商场电梯40余部、检查小化工企业压力容器20余台，各单位特种设备运行正常，未发现重大安全隐患。

（崔琦）

药品管理

【概况】 2009年，房山药监分局保障全区百姓的用药安全，促进辖区医药经济又好又快发展。加强日常监管。在生产环节，全年检查“三品一械”生产企业143家次，对高风险产品驻厂监督；在经营环节，以药品GSP认证和换证为抓手，严格监督企业落实《药品经营质量管理规范》，以进货渠道和产品追溯为重点，检查化妆品经营企业111家，及时纠正存在问题；在使用环节，以药品管理、特殊药品安全、疫苗质量为重点，对42家一级以上医疗机构进行全覆盖监管；以药品票据管理和合格药房回访为重点，对一级以下医疗机构进行重点监管，累计检查医疗机构500余家次，使医疗机构药械使用环节得到进一步规范。做好重点难点工作。全年开展甲流防控、“平安国庆”、票据管理、打击“黑诊所、黑药店”以及打击“保健食品违法添加非申报成分行为”专项行动。全年抽验药品574件，合格率99.3%；医疗器械21件，合格率100%；药包材4件，合格率100%；保健食品39件，合格率94.9%；化妆品48件，合格率93.8%。受理各类举报投诉101件，办结94件，办结率93%，除匿名和无联系方式的举报，其他均及时给予回复。全年查办案件21起，其中当场处罚5起，立案处理16起。其中，涉及药品的案件有11起，涉及化妆品的6起，涉及医疗器械的1起，保健食品3起，结案17起。全年罚没物品货值金额10559.7元，没收违法所得37457.22元，罚款123880.45元。全年取缔23家“黑药店、黑诊所”，查抄药品货值金额近3.5万元，移送涉嫌无证行医行为11起，打击了非法行医卖药行为。全年对所有保健食品生产企业2007年、2008年所有生产产品的批生产记录进行彻底检查，共计1958批次，规范全区保健食品市场秩序。全年受理536件行政许可事项，平均节约时限近50%，群众满意率100%。受理各类举报投诉101件，共查办案件21起，罚没金额17万元。抽验“三品一械”686件，合格率97.6%。全年回收并销毁过期药品1800余公斤，价值约20万元。针对企业需求，为企业提供免费培训，加大宣传力度，将安全用药知识送到群众身边。

（陈叔佑）

【开展可待因复方口服溶液检查】 1月3日，根据市药监局紧急通知，房山药监分局迅速行动，第一时间在辖区内开展可待因复方口服溶液专项检查，共出动273人次，实地检查药品经营企业91家。经过企业自查和执法人员现场核查，全区经营含可待因复方口服溶液的零售企业共有47家，经营包括奥亭、联邦止咳露等7个品种的相关药品，销售情况未发现异常。检查中发现个别企业存在未严格按照处方销售处方药的行为，当场责令其进行整改。

（陈叔佑）

【打击“黑药店、黑诊所”活动】 2009年初始，房山药监分局在全区范围内开展打击“黑药店、黑诊所”突击执法行动。结合辖区内企业的地域分布特点和药品市场实际情况研究确定了突击行动的重点范围，即城关、良乡、燕山地区的城乡结合部、外来人口聚集区、各建筑工地、批发市场等地区。同时，成立3个现场行动小组和1个信息汇总组，确保突击检查情况的顺利开展。全年取缔23家“黑药店、黑诊所”，查抄药品近400种，货值金额近3.5万元，向区卫生行政部门移送涉嫌无证行医行为11起。

（陈叔佑）

【开展保健食品违法添加非申报成分专项整治】 2月23日，为严厉打击在保健食品中违法添加非申报成分的不法行为，进一步清理规范保健食品市场，根据市药品监督局统一部署，房山药监分局结合辖区实际情况，落实监管责任，针对辖区内保健食品生产和经营企业开展保健食品违法添加非申报成分专项整治行动。检查中发现个别企业存在原料或包材检验报告不全、成品检验不规范，批生产记录不全或丢失等问题。针对检查中发现的问题，责令整改到位。

（陈叔佑）

【规范农村地区医疗机构药品票据】 3月17日，房山药监分局从狠抓票据管理入手，将供货方资质索取、药品购进票据、药品验收记录作为整顿规范的具体内容，采取召开乡医例会宣传贯彻、免费提供票据统一装具、精心指导与严格监督检查相结合等有效措施，使得农村地区医疗机构对票据规范管理的重视程度明显提高，票据、资质管理规范化问题得到明显改善，药品购进验收制度得到良好贯彻，供方资质索取齐全、有效。据统计，房山药监分局共召开各乡镇乡医例会60余次，免费发放票据管理档案盒4300个、药品验收记录本4500册，出动检查人员1500余人次，检查一级以下医疗机构700余家次。

（陈叔佑）

【紧急检查“假降糖胶囊”】 3月19日晚，房山药监分局接到市药监局关于检查“假降糖胶囊”紧急通知后，立即启动突发“三品一械”不良事件紧急通知处置方案，迅速开展检查，未发现问题药品。

（陈叔佑）

【加强抗病毒类药械市场巡查】 4月30日至5月中旬，房山药监分局将全区分为5个区域，分片对全区涉药单位开展市场巡查，重点检查抗病毒类药械的质量安全和进货渠道，加强对抗病毒类药械的质量监督抽验，加大打击无证经营、制假售假等违法行为的力度，同时加强与相关部门的执法联动，对各种违法行为从重处罚，维护市场安全稳定。

（陈叔佑）

【专项抽验防治流感药品】 4月至6月，为加大对防治甲型H1N1流感药品质量的监督力度，保障辖区群众的用药安全，房山药监分局对辖区内药品批发企业、零售企业及医疗机构开展了针对性药品抽验，全年抽验药品45批次，其中包括防治流感药品14批次。

（陈叔佑）

【集中销毁一批假劣及过期失效药品】 5月12日，房山药监分局集中销毁一批假劣及过期失效药品，重达5.48吨，涉及1万多个品种，货值金额达55万元。此次销毁的药品数量大、来源广，主要是房山药监分局执法人员查获的假劣药品、专项整治活动中查获的无证经营的药品、通过设立在药店及社区的药品回收箱回收的药品以及各医疗机构自行申报的过期失效药品。

（陈叔佑）

【跟踪监测口罩、体温计供应情况】 5月21日起，房山药监分局为了解药械供应动态，加强市场监测与供应保障，进一步做好甲型H1N1流感防控工作，对辖区204家药品零售单位开展口罩、体温计供应情况跟踪监测工作，主要监测每日的销售和库存情况，及时掌握市场动态。

（陈叔佑）

【对防控甲型H1N1流感工作进行再部署】 7月1日，房山药监分局召开分局机关以及药检所全体干部职工大会，就进一步加强防控甲型H1N1流感工作进行思想动员和工作部署。制定《内部防控甲型H1N1流感工作方案》和《防控甲型H1N1流感药品医疗器械保障应急工作方案》，要求将各项防控措施落实到位，加强宣传，进一步做好防控宣传工作，明确职责，做好药械市场巡查工作。

（陈叔佑）

【通过ISO 9001质量管理体系审核】 11月26日至27日，方圆认证公司派出的审核小组对房山药监分局ISO 9001质量管理体系进行现场监督审核。通过严格审核，审核小组未发现不合格项，现场宣布房山药监分局管理体系运行基本有效，可以保持认证，确认证书继续有效。

（陈叔佑）

【开展非药品冒充药品违法行为专项整治】 12月28日，房山药监分局针对辖区内药品经营企业开展非药品冒充药品违法行为专项整治，重点是对药品经营企业中存在的非药品冒充药品行为进行监督检查，全面清查食品、保健用品、保健食品、化妆品、消毒产品和未标示文号等非药品产品冒充药品的违法行为。检查中，未发现有关文件中通报的15种冒充药品产品，但通过检查发现涉嫌非药品冒充药品品种16种，责令企业立即下架并停止销售。

（陈叔佑）

【建立保健食品生产企业质量控制长效机制】 2009年，房山药监分局提出四项措施构建此长效机制：一是以打击违法添加非申报成分专项整治为契机，促进辖区内保健食品生产企业质量管理的全面提升。二是加强与企业管理层人员的有效沟通，对出现不良苗头的企业实施预警谈话。三是深入企业生产管理全过程，加强对关键环节的监控力度。从原辅料验收、贮存、生产记录、检验记录等环节入手，对原料购进、使用和生产规范的执行情况进行严格监管，做到有问题早发现，有漏洞早堵截，有隐患早排除。四是引导企业导入科学管理模式，建立保健食品质量安全长效机制。积极协助企业推行GMP管理，指导企业搭建科学的质量保障体系式，提高企业自身管理水平，从源头上把好质量关，确保保健食品质量安全。

（陈叔佑）

烟草管理

【概况】 全年，房山烟草专卖局（公司）卷烟销量43233箱，销售额6.2亿元，实现利税10826万元，实现利润7192万元。卷烟打假和市场监管始终保持高压态势，全年查办各类涉烟违法案件100起，其中大要案17起，刑事拘留1人；查获违法卷烟357.06万支，案值140.17万元，罚没款10.94万元；破获“以我为主”销售假烟网络案1起，与相关区县烟草专卖局联合破获网络案4起。加强对卷烟市场监管，全年平均市场净化率为99.6%，维护了房山区卷烟市场经营秩序。

（王淑燕）

【集中销毁400余万支假冒伪劣卷烟】 3月12日，房山烟草专卖局在北京市烟草专卖局专卖处的监督指导下，在朝阳区北神树垃圾处理厂对2007年11月以来查获的中华、玉溪、红塔山等40余个品牌400余万支假冒伪劣卷烟进行公开销毁，标值120余万元。

（王淑燕）

【查获29.16万支伪包装卷烟】 3月26日，房山烟草专卖局接群众举报反映华宇物流中心有一批伪装卷烟，执法人员立即赶赴现场，当场查获非法运输的硬石林、硬牡丹2种卷烟，共29.16万支，标值51738元。该批卷烟以药品包装箱进行伪包装，经初步了解该批卷烟是从厦门运到北京。

（王淑燕）

【查获3.18万支假冒伪劣卷烟】 6月6日，房山烟草专卖局执法人员在拱辰街道办事处南关纸坊市场查获1起销售非法生产卷烟案件，当场查获软中华、黄鹤楼（硬1916）、软金沙、苏烟等共14个品种3.18万支卷烟。经过执法人员初步认定，该批卷烟全部为假冒伪劣卷烟，标值5.8万余元。

（王淑燕）

【查获1起无证运输卷烟案】 7月22日，房山烟草专卖局联合房山公安分局巡察支队，在京石高速良乡机场出口处查获1起无证运输卷烟案。查获6个品种28.98万支卷烟，涉案金额62829元。

（王淑燕）

【打掉1个囤积假烟窝点】 7月23日，根据举报线索，房山烟草专卖局执法人员在青龙湖镇坨里村村北一出租屋里起获1个囤积假烟窝点，当场查获以“面巾纸”包装箱进行伪包装的软中华、硬冬虫夏草等18个品种6.44万支卷烟。经执法人员初步鉴定，该批卷烟全部为假冒伪劣卷烟，标值8.47万元。

（王淑燕）

生产安全管理

【概况】 2009年，全区安全生产形势基本平稳。市下达事故控制指标10人。全年发生生产安全事故7起，死亡10人。全年行政执法检查企业3541家次，查处事故隐患5139项，完成事故隐患整改5014项，下达责令整改指令书1232份，强制措施决定书32份，作出行政处罚129件，罚款244.78万元。把煤矿安全作为安全生产工作的重中之重，切实加强监察，狠抓落实。强化非煤矿山企业安全监管，全面排查治理安全隐患，建立区、乡、企业隐患台账，进一步完善安全检查登记台账等一系列文档工作。加强日常的安全检查，严格落实隐患排查治理制度，确保企业的安全生产。继续深入开展危险化学品和烟花爆竹安全监管工作。共调查企业13861家，确认“涉危”单位1194家。加强有限空间作业场所、建材、综合等行业的执法检查。深化应急救援体系建设，确保事故救援取得成效。坚持隐患排查治理，全力压减各类事故。全区191个非煤矿山废弃矿硐封堵工作全部完成，并通过市有关部门的联合验收。强化宣传培训，提高全民安全生产意识。以“关爱生命、安全发展，建设‘三化两区’新房山”为主题，充分发挥“安全生产月”宣传活动的强大威力，全面组织开展安全生产月各项活动。加强职业病防治法、有限空间作业安全宣传。加强安全生产教育培训。深入基层、企业宣讲法律法规。截至2009年，全区共关闭煤矿井口312个，保留煤矿22家，涉及5个乡镇，12个行政村；非煤固体矿山通过整合保留76家，涉及13个乡镇，53个行政村。矿山关闭率达到82.2%。

（邱玉珊 林晓晶）

【加强春节期间烟花爆竹安全管理工作】 春节期间，区安全生产监督管理局采取4项措施，加强烟花爆竹安全管理工作。一是区安全生产监督管理局按照《烟花爆竹安全管理工作条例》中的职责分工和2009年工作部署，做好安全监管工作，加强对零售网点的日常检查，对2个批发企业进行每周2次的安全检查；二是加强联合执法，组织公安、工商、城管等部门，联合对烟花爆竹经营单位安全检查，打击非法违法经营、运输等活动，维护市场经营秩序；三是督促各乡镇、街道办事处按照属地管理原则，做好本地区烟花爆竹的安全检查和管理工作；四是对不具备安全条件的销售网点，立即停止其经营活动，对销售非本市允许的烟花爆竹，吊销其经营许可，并列入黑名单。

（敖俊华）

【国务院安委会督查组检查房山区烟花爆竹批发企业】 1月21日，国务院安委会烟花爆竹督查组在国家安全生产监督管理总局副局长孙华山的带领下，对房山区“熊猫”烟花和“逗逗”烟花爆竹仓库进行检查。督查组首先听取2家批发企业2009年批发配送情况汇报，并对烟花爆竹仓库进行检查，查阅危运车安全状况，对危运车司机和押运员资质进行核查，并对危运车司机在安全行驶中的有关问题进行现场询问，最后检查图像信息监控工作情况。督查组肯定了房山区烟花爆竹安全监管工作并提出要求。市安全生产监督管理局局长张家明，市公安局、市消防局、市质监局、市运管局、市工商局、市交通执法总队、市城管执法局领导，区领导高言杰及区相关部门领导陪同检查。

（敖俊华）

【召开全区煤矿复产验收工作会】 2月3日，区安全生产监督管理局召开全区煤矿复产验收工作会，区安全生产监督管理局、区发改委、房山国土分局、房山公安分局主管领导，各产煤乡镇主管领导、煤矿企业投资人（矿长）、全区驻矿安全督导员共80多人参加会议。会议由区安全生产监督管理局副局长刘继承主持，主要内容：一是总结2008年全区煤矿安全生产工作情况，宣读《关于做好春节后煤矿复产期间安全生产工作的通知》，并按照相关文件针对此次复产验收工作提出具体要求；二是区发改委、房山国土分局、房山公安分局主管领导结合本单位分管工作，就此次复产工作提出相关要求；三是区安全生产监督管理局领导分析了2009年全区安全生产形势，并对此次复产验收工作提出要求。

（敖俊华）

【召开非煤矿山安全生产工作会】 2月10日，召开全区非煤矿山企业安全生产工作会，各有关乡镇主管领导、安全部门负责人及非煤矿山企业法人参加会议。会上，传达了《关于做好非煤固体矿山企业节后复工工作的通知》以及《关于认真学习贯彻〈北京市金属非金属矿山安全生产监督管理暂行办法〉的通知》；区安全生产监督管理局就全区非煤矿山行业职业卫生管理工作，提出了要求；房山国土分局相关负责人就全区非煤矿山行业矿产资源利用及恢复方面提出了要求；区安全生产监督管理局对此次非煤矿山复工工作提出具体要求。

（敖俊华）

【召开危险化学品安全生产工作会】 2月19日，召开全区危险化学品安全生产和隐患排查工作会。对2008年危险化学品安全生产工作进行总结，并查找出存在的不足，对2009年安全生产工作进行部署。传达2月10日市委、市政府工作会议精神。全区25乡镇的主管领导、安全科科长和600余家危险化学品和烟花爆竹从业单位的主要负责人参加会议。

（敖俊华）

【召开2009年安全生产工作会】 3月4日，房山区召开2009年安全生产工作会议，区领导刘伟、祁红、刘欣国、高言杰，各乡镇、街道办事处、安委会成员单位主要领导，安全生产先进企业、先进个人等参加会议。会上，区委常委、副区长高言杰作安全生产工作报告，总结2008年全区安全生产工作情况，分析了当前安全生产形势，全面安排部署2009年工作任务。会上对2008年度全区安全生产工作先进单位、企业、个人进行表彰。区委副书记、区长祁红与乡镇代表签订2009年安全生产目标管理责任书，并对2009年工作提出具体意见。

（敖俊华）

【房山区召开2009年度山区搬迁工作启动会】 3月10日，房山区召开2009年度山区泥石流易发区及生存条件恶劣地区搬迁工作启动会。区农委、发改委、财政局等区直相关部门及有搬迁任务的乡镇、村领导参加会议。山区泥石流易发区及生存条件恶劣地区搬迁工作是2009年区政府为民办30件实事和13项重点工程之一。市政府下达房山区的搬迁指标为490户1484人，涉及4个乡镇，19个行政村，其中霞云岭乡252户701人，张坊镇138户466人，十渡镇10户37人，蒲洼乡90户280人。各相关乡镇就本地区搬迁工作的具体情况和实施思路与区直相关部门进行了沟通和协调。会上，下发《房山区新一轮山区泥石流易发区及生存条件恶劣地区农户搬迁市拨基础设施专项补助资金使用办法》，各相关乡镇以月报的形式汇报专项资金的使用情况。

（敖俊华）

【开展全区安全生产督查工作】 3月19日，房山区安全生产委员会下发《关于开展安全生产督查工作的通知》。一是会同区发改委、房山国土分局、区消防支队、区建委、区文委、区体育局等有关安委会成员单位，组成6个安全生产督查检查组。二是重点督查安全生产组织领导、排查整改事故隐患、严肃查处事故、建立健全责任体系和监管机构建设、执法检查、专项整治、应急管理、宣传教育等项工作。三是督查方式以明察与暗访相结合。到被督查单位听取工作情况汇报，了解掌握被督查单位的工作情况。到被督查单位查阅相关工作方案，应急预案、隐患排查治理台账及相关资料等，了解掌握工作方案制定、落实、进展情况，查找可能存在的漏洞。实地查看所辖、所管的1家至2家企业。此次督查工作3月23日开始，3月31日结束。

（敖俊华）

【国家安监总局领导到房山区煤矿整顿关闭现场调研】 3月20日，国家安监总局领导一行7人，到南窖乡煤矿整顿关闭现场检查并召开座谈会，市安全生产监督局副局长贾太保陪同调研。区政府巡视员任全胜、区发改委、区安全生产监督局有关领导参加座谈会。

（敖俊华）

【房山区2009年安全生产月活动启动】 6月1日，房山区举行“关爱生命、安全发展，建设‘三化两区’新房山”安全生产月活动启动仪式，区委副书记、区长祁红，区委常委、宣传部部长唐淑荣，区委常委、副区长高言杰，区安全生产月活动组委会领导、全区各乡镇街道办事处、安委会成员单位主管领导，企业代表共计400余人参加活动。启动仪式由唐淑荣主持，高言杰致辞，祁红宣布安全生产月活动开幕，并开启安全生产月活动“启动星”。启动仪式结束后，安全生产月活动组委会围绕“关爱生命、安全发展，建设‘三化两区’新房山”主题，组织安全文化专题文艺演出，有歌曲、舞蹈、小品等节目，观看演出的群众达1000余人。

（敖俊华）

【开展“安全连着你和我”承诺签名仪式】

6月8日，区安全生产监督局、区建委在韩建瑞雪春堂施工现场启动“安全连着你和我”承诺签名仪式。启动仪式上，区建委和区安全生产监督局领导向韩建、房建、龙建、城建四大集团赠书。

（敖俊华）

【开展施工现场消防安全大检查】 6月17日至30日，区安全生产监督局与区建委、区公安分局消防支队成立联合检查组，对辖区内重点小区及重点工程进行消防安全生产大检查。此次大检查内容为：各类火灾隐患的自查及制度建立情况，疏散通道、消防车通道、消防水源情况，灭火器材配置及有效情况，用火、用电有无违章情况，重点工种人员及其他施工人员消防知识掌握情况，消防安全重点部位管理情况，易燃易爆危险物品和场所防火防爆措施落实情况，防火巡查落实情况等。

（敖俊华）

【开展无缝隙安全大检查】 7月7日，区安全生产委员会组成20个安全生产检查组，每组由牵头单位行政正职任组长。此次大检查涉及生产安全、公共安全、食品安全等各个领域，区建筑、文化、旅游、商务、体育、水务、消防、交通、卫生等行业监管部门结合部门工作职责和范围对各类生产经营单位的安全生产工作进行无缝隙、全覆盖的大检查，彻底排查安全隐患。

（敖俊华）

【检查地下空间安全管理和防汛工作】 7月21日，副区长卢国懿带领安监、民防、建委、公安、消防、卫生等部门对良乡、城关地区地下空间安全管理和防汛工作进行执法检查。重点检查利用地下空间从事商业经营、物资储备等人员密集活动场所，对监控报警中心、消防救护设施、应急逃生指示标志、出入口安全等情况逐一进行了严格检查。相关部门当场纠正了检查中发现的问题，针对不能及时整改的问题隐患，责令限期进行整改，并接受复查。

（敖俊华）

【召开百日安全大检查阶段工作会】 7月24日，召开房山区百日安全生产大检查阶段工作会，区安全生产监督局、区发改委、区商务局、区旅游局等19个牵头单位领导分别汇报了工作进展情况。煤矿、非煤矿山、危险化学品、职业卫生、有限空间、建筑施工、人员密集场所、燃气、液化气、特种设备、电力、水务、消防等行业领域的安全专项检查全面展开。检查生产经营单位1547家，检查次数1445次，下达整改指令书108份，查出隐患514处，完成整改289处。

（周娜）

【开展全区有限空间专项检查】 8月5日到9月底，区安全生产监督局及相关单位加大燃气和供热地下设施、环卫设施等有限空间作业的检查力度，在全区范围内开展有限空间专项检查。检查内容包括：燃气、热力、环境卫生、园林、环卫、垃圾处理等行业的安全管理情况；市政管理建设情况，特别是城市地下管网、污水井等有限空间作业管理情况；制定燃气、热力、环境卫生、园林等有限空间作业指导规范情况。

（周娜）

【召开新中国成立60周年危险化学品安全保障工作会】 8月12日，区安全生产委员会办公室召开新中国成立60周年危险化学品安全保障工作会，区安全生产监督局、区环保局、区质监局、区交通支队、区消防支队、房山公安分局等相关委办局及各乡镇、街道办事处主管领导，危险化学品生产、经营、储存、运输及烟花爆竹等从业单位主要负责人近400人参加会议。会上，区直相关委办局分别就危险化学品生产、经营、储存、运输、压力容器、剧毒化学品和管控化学品等环节提出了具体要求，区安全生产监督局对全区上半年危险化学品安全监管工作进行了总结，并对国庆期间的工作进行部署。

（周娜）

【参加全国安全生产应急平台体系建设工作座谈会并做典型发言】 8月20日至21日，区安全生产监督局参加全国安全生产应急平台体系建设工作座谈会，副局长刘细秋作典型发言。座谈会上，刘细秋介绍了房山区安全生产应急平台建设情况。会后，与会人员对房山区图像信息及应急管理平台的建设和其发挥的成效给予较高评价。

（周娜）

【开展建材企业检查】 8月31日至9月8日，区安全生产监督局对全区建材企业特别是家具制造企业进行了安全生产专项检查。出动执法人员32人次，车辆16车次，共检查企业11家，下达限期整改指令书7份，并对存在隐患较多，整改不到位的企业依法进行处罚。

（周娜）

【召开煤矿安全生产工作会】 9月10日，区安全生产监督局召开煤矿安全生产工作会，就国庆期间煤矿安全生产工作进行部署。房山公安分局、房山国土分局、区发改委主管领导，各产煤乡镇主管领导、安全科长，各煤矿企业矿长及驻矿安全督导员共50余人参加会议。会上，区安全生产监督局领导就煤矿国庆期间安全生产工作进行工作部署，传达区安全生产委员会办公室《关于做好煤矿国庆期间安全生产工作的通知》。房山公安分局、房山国土分局、区发改委分别对煤矿企业国庆期间工作提出具体要求。

（周娜）

【对全区社区物业公司有限空间作业进行专项检查】 为了深入开展新中国成立60周年安全生产执法“护航”行动，区安全生产监督局联合区建委对全区社区物业公司进行有限空间专项检查。针对社区物业公司对有限空间安全作业认识程度不同的特点，检查组在检查每个物业公司时把物业公司应该建立的有限空间规章制度、应急救援制度及有限空间培训内容等要点发放到每个物业公司，并对有限空间安全作业操作规程、有限空间作业设施、设备及防护用品配备使用情况进行专项检查。截至9月14日，检查社区物业公司35个，下发有关规章制度、应急救援及培训内容等105套（册），下发有关光盘35张，下达整改指令书27份。

（周娜）

【对全区建筑施工单位进行专项检查】 11月初起，区安全生产监督局执法队分2组对全区建筑施工企业、市区重点工程、新农村建设工程等进行专项检查。截至12日，共对窦店镇、阎村镇、西潞街道办事处、新镇街道办事处4个地区的44家建筑施工企业进行安全检查，下达限期整改指令书32份，现场检查记录44份，查出各类隐患120余条，并责令施工企业立即进行整改。

（周娜）

【定期检查轨道交通房山线】 房山区轨道办牵头组织区安全生产监督局、区住建委、区环保局、区城管大队等单位定期对轨道交通房山线建设情况进行检查，检查涉及房山境内所有轨道交通施工工段生产安全、环保等内容。12月30日，检查组对房山线01标段区间段、02标段长阳西车辆段、3标段区间段进行检查。检查组查看2个标段工程施工现场用电、防火、高空作业等安全情况，并要求施工单位对检查出的隐患立即进行整改。全年轨道交通联合检查组出动300余人次，检查施工地点28次，查出隐患180条。

（周娜）

【房山区2009年职业卫生安全监管】 2009年，区安全生产监督局以深入落实《北京市印刷作业场所职业卫生管理规范》《北京市家具制造业作业场所职业卫生管理规范》《北京市有限空间作业安全生产规范》为重点，以国庆安全护航行动为抓手，通过专题部署、宣传培训、专项治理、日常执法等措施，切实消除了职业卫生作业场所安全隐患，职业病防治、有限空间作业场所安全管理工作取得明显成效。据统计，截至12月31日，共计检查企业362份，现场检查记录362家，发现隐患817条，完成隐患整改817条，下达责令改正指令书177份，下达当场处罚决定书177份，经济处罚单位11家，处罚金额15.5万元。全区“有限空间作业场所”无中毒窒息死亡事故。

（周娜）

【召开打击非法开采矿产资源公开逮捕大会】 2月24日，房山区召开打击非法开采矿产资源公开逮捕大会，会议总结并回顾了近期“打非”工作情况，并就下一阶段“打非”工作进行安排部署，同时对于某等5名非法开采犯罪嫌疑人进行公开逮捕。区委常委、政法委书记刘欣国，区委常委、副区长高言杰，市安全生产监督局、北京市煤监分局副局长贾太保，市国土局，市公安局治安总队，区直单位、各乡镇领导和重点涉矿乡镇群众、矿主和外地务工人员共计800余人参加大会。

（林晓晶）

【市打击非法开采矿产资源专项工作检查组到房山区检查】 3月12日，市打击非法开采矿产资源专项工作检查组到房山区检查。市国土局副局长李燕飞，市发改委、市公安局等市联席会议成员单位领导参加检查，副区长吴会杰，区整规办、房山国土分局、区安全生产监督局等单位领导陪同检查。区整规办就房山区近期打击非法开采工作开展情况进行汇报，并就目前形势及存在问题进行分析。史家营乡政府针对该乡打击非法开采工作中所存在的问题提出意见与建议。李燕飞对房山区打击非法开采专项行动所取得的成果给予肯定。

（林晓晶）

【市有关部门对房山区 2008 年已关闭煤矿开展专项督查】 3月26日至27日，市安全生产委员会、市国土局、市发改委等有关部门对房山区2008年已关闭煤矿开展专项督查。此次活动对房山区2008年关闭的北京福安煤矿、北京兴苑煤矿、北京蒲洼第二煤矿等5个煤矿进行专项督查，主要对已关闭煤矿是否吊销相关证照，停止供应并处理火工用品，停止供电，拆除矿井生产设备、供电、通信线路，封闭填实矿井井口场地，恢复地貌，并对已关闭煤矿进行公告等方面进行重点检查。区发改委、区整规办、房山国土分局、区安全生产监督局等相关单位领导参加此次专项督查行动。

（林晓晶）

农　业

综　述

2009年，全区实现农林牧渔业总产值41.3亿元，同比增长3.8%；农民人均纯收入11314.6元，同比增长12.3%。都市现代农业示范区建设稳步推进，中粮集团有限公司成功入驻，中粮五谷道场方便面恢复生产。“地理标志产品房山磨盘柿”国家标准正式颁布实施，标准化生产迈出新步伐。全国第四届柿子大会在房山区举办，300多名专家、学者齐聚房山，研讨柿子产业发展，开展区域合作。食用菌生产和加工水平不断提高，栽培面积达到1200万平方米，产量5.2万吨。国庆期间，向西城、崇文和朝阳等7个城区输送鲜花300万盆。新增农业企业21家，累计达到298家，资产总额39.3亿元，农业企业实现产值34.3亿元，同比增长30.4%，解决劳动力就业1.7万人。“碧生源”品牌成为全区唯一的全国驰名商标。全区注册登记农民专业合作社累计达到401家，成员总数15162人。各项补贴政策有效落实，稳步推进政策性农业保险工作，险种增加至18个，参保农户达4.6万户，有效降低了合作组织和广大农户的经营风险。全年完成七大类新型农民培养5.2万人次。生态环境明显改善，高标准完成9条流域80平方公里综合治理任务，刺猬河综合治理二期开工。全年新增造林面积2200公顷，栽植各类树木223万株。沟域经济建设成效明显。在建设蒲洼“京郊小西藏”生态休闲沟、张坊仙栖谷两条市级沟域基础上，大力推进佛子庄上水文化养生谷、大石窝云居仙谷、周口店红螺谷等沟域建设。完成山区险村险户搬迁516户1484人，投入资金6100万元。通过扎实开展抓基础、树品牌、重服务等有效举措，全区乡村旅游水平明显提升，吸引了众多游客走进房山。

（张萌）

【全市首个食用菌深加工项目破土动工】 2月26日，房山区举行北京凯达恒业农业技术开发有限公司二期工程果蔬食用菌深加工项目奠基仪式。该项目是落实房山区农村工作会议精神，正式启动的第一个项目。利用房山区果蔬和食用菌种植优势，建设北京地区首个果蔬食用菌加工生产线。总投资3000万元，建设面积1.1万平方米，包括二期深加工车间、豆类博物馆、产品展销厅。8月底正式投产，年加工原料1.2万吨，年产果蔬脆片成品1000吨，年产值6000万元，年利税850万元，解决300名农民就业，直接或间接带动1600个种植农户。

（张萌）

【举行新农村数字家园设备发放仪式】 7月1日，房山区举行新农村数字家园设备发放仪式。此次设备发放涉及2008年度的23个市级新农村试点村，为每个村配备5台电脑、5张电脑桌、5把电脑椅及其他配套设备。最终实现“五个一”目标，即接通一条宽带网络、确定一个可用固定场所、开发建设一个网站、组织一批信息资源和服务资源、制定一套运行管理制度。

（张萌）

【启动共同致富行动计划】 7月1日，房山区召开共同致富行动计划动员会。全区低收入农户45663户，占全区总户数的30.23%。通过农民自愿申报登记，村民代表会审核认可，乡镇政府按比例入户调查核实确认低收入农户。从产业帮扶和项目帮扶入手，按照发展产业、安置就业、整村推进、分户指导的原则，在摸清底数、建立档案的基础上，采取“一户一策”的方式，加大对低收入农户劳动力的实用技术和职业技能培训力度。大力培养一批精通种植业、养殖业、加工业等技术能人，让每个低收入农户至少有1个懂得一方面技术的“明白人”，切实提高低收入农户的致富能力和收入水平，鼓励农民劳动增收、劳动致富。

（张萌）

【汽车摩托车下乡工作全面启动】 8月3日，房山区全面启动汽车、摩托车下乡工作。成立汽车摩托车下乡工作领导小组，制定详细工作实施方案，按照全市统一部署，明确财政补贴对象和范围、汽车摩托车下乡产品、财政补贴比例和金额、产品购买和财政补贴申领程序和办法等。向各乡镇下发汽车摩托车下乡宣传画以及区内10家汽车摩托车定点经销商名录。要求各乡镇要加大宣传力度，做到家喻户晓，并积极做好协调服务工作，加快农村消费升级，改善农民生产生活条件，推动新农村建设。

（刘文新）

【房山区农产品参加第七届中国国际农产品交易会】 9月7日至11日，第七届中国国际农产品交易会在吉林省长春市举行。房山区组织张坊镇、区农产品协会、北京利民恒华农业科技有限公司、北京凯达恒业农业技术开发有限公司、京之源（北京）农业有限公司、房山食用菌协会等8家单位的40多种产品参加精品展示和销售。并组织区内重点农业企业负责人参观学习。展会期间，张坊镇等单位专题片在北京展区大屏幕上滚动播出；发放名片、光盘、宣传册等材料近2万份，受到社会各界的广泛关注。现场累计签订合同147份，合同金额达5371万元；达成意向188份，协议金额9411万元，在北京展团名列前茅。其中，张坊磨盘柿受到当地客商关注，纷纷前来购买，现场销售金额139.2万元；北京凯达恒业农业技术开发有限公司生产的红小豆、平汤渫、脆脆乐备受日本、韩国客商的青睐。

（张萌）

【第四届全国柿生产和科研进展研讨会在房山区召开】 10月18日至20日，第四届全国柿生产和科研进展研讨会在张坊镇云泽山庄召开。该届柿生产和科研进展研讨会以“优化升级柿树园、延长壮大产业链、服务市民富裕农民”为主题，来自全国各地的200余名代表参加会议。会议期间，举行柿产品展示和鉴评，对来自11个省市的42个样品从色、形、味等方面进行鉴评，其中房山区张坊镇选送的“房山磨盘柿”、北京雾岚山酒业有限公司选送的“岚山窖柿子白兰地酒”、北京得立青农业科技有限公司选送的“蜜柿”获“第四届全国柿生产和科学研讨会优质产品”称号，房山区张坊镇磨盘科技发展有限公司选送的“张坊磨盘柿子醋”、房山区雾岚山酒业有限公司选送的“五香醇柿酒”、北京得立青农业科技有限公司选送的“冰柿”、北京十渡镇选送的“阳丰”“次郎”甜柿获“第四届全国柿生产和科学研讨会优秀产品”称号。

（张萌）

【房山区在北京农产品中央批发市场设立安全农产品展销厅】 12月30日，房山区在北京农产品中央批发市场设立的安全农产品展销厅正式营业，北京利民恒华农业科技有限公司、北京得立清农业科技有限公司、京之源（北京）农业有限公司、北京昊屹畜牧有限公司等农产品产销企业入驻，共展销磨盘柿、食用菌、肉鸭、杂粮等10多个系列的100多种安全特色农产品。全天接待客户500多人，发放各类宣传材料1200多份，并与6家企业达成初步意向。

（张萌）

【都市现代农业示范区建设稳步推进】 截至2009年底，中粮集团有限公司成功入驻房山都市现代农业示范区。中粮五谷道场方便面生产线有3条非油炸方便面生产线、2条油炸方便面生产线，日产方便面200万包至240万包，解决当地劳动力就业1000多人。注册北京粮油交易所，交易所交易中心项目建设启动。韩村河镇康坦生物科技园项目列入市发改委绿色通道，准备土地一级开发；房山都市现代农业示范区建设充分发挥中粮集团龙头带动作用，达成合作共建“世界现代农业都汇”共识。

（张萌）

【举行房山区小型清洁车和消防车发放仪式】 11月13日，房山区小型清洁车、消防车发放仪式在石楼镇举行。首批发放小型消防车5台、清洁车95台。为解决农村厕所清掏费时费力、污染环境问题，北京润通祥机械制造有限公司研制了便于农村使用的多功能清运车。

（邓巧林　曹义）

【“五加三”工程完成】 2009年，全区207个重点村共投入资金12.94亿元，完成计划的130%。其中，“五项工程”（五项基础设施工程：街坊路硬化和绿化、安全饮水、污水处理、农厕改造、垃圾处理）投资11.8亿元，完成计划的132.2%；“三起来”（亮起来、暖起来、循环起来）工程投资11443万元，完成计划的111.2%。“五项工程”全面完成，硬化街坊路540万平方米，完成计划的146.3%；完成道路绿化150万平方米，完成计划的100%；供水老化管网改造795公里，完成计划的100%；安装“一户一表”24832户，完成计划的100%；建污水处理站25座，完成计划的108%；铺设排水管路510公里，完成计划的158.4%；建卫生公厕307座，完成计划的100%；改造户厕3.27万座，完成计划的100%。此外，完成垃圾源头分类7.4万户，购置清运车484辆，建垃圾储存场房130处，建小型垃圾无害化处理设施22.2万平方米。“三起来”工程有序实施。共安装太阳能路灯4800盏，完成计划的120%；建太阳能公共浴池5个；建节能民居980户；实施地热采暖示范项目600户；建大型沼气站3处，大型生物质气化站2处，生物质燃料加工厂3处；实施户用沼气池项目500个；实施既有住房节能改造980户；实施雨洪利用工程15处，实施粪污治理及有机肥项目20处。“三起来”工程受益农户共2.8万户。

（邓巧林　曹义）

【房山区农村沼气服务体系被列为全国典型示范模式】 截至2009年，房山区8个乡镇25个村实施大型沼气集中供气工程，并在全市率先建立区、镇、村三级沼气服务体系，被农业部列为全国典型示范模式。在新农村建设中，房山区投资260万元，在全市率先建成拥有40名专业技术人员的区新农村能源综合服务站，负责全区农村新能源设施的运行、保养、配件供应等工作，并通过监控设备、随时对沼气站的运行进行视频远程监控。在平原、山区地带建成3个区域服务站，辐射周边23个乡镇，沼气系统出现故障，抢修车1小时内到场排除。每个村成立专职服务小组，均指定2名至3名沼气管护员负责对新能源设施使用情况进行巡查维护。

（邓巧林　曹义）

【山区人口迁移集中安置项目开工】 12月10日，房山区山区人口迁移集中安置项目开工仪式举行。副区长吴会杰、区长助理张英出席仪式。山区人口迁移工程计划用3年分期分批完成30537人的搬迁安置工作，项目规划总占地235公顷，规划总建筑面积195.91万平方米，总投资81.65亿元（其中安置迁移人员投资62.56亿元，配建商品房投资19.09亿元）。集中安置项目规划总用地125.6公顷，总建筑面积85.07万平方米，总投资约25.32亿元，建成后可安置山区搬迁人员1.9万人。

（白岩）

气 象

【概况】 2009年，区气象局开展气象观测和预报服务工作，全年向区委、区政府和相关部门发布天气预报预测信息457期，为全区各级领导和村支部书记、农业企业等1346名用户发送天气预报预警手机短信息185万条；完成国庆节人工影响天气保障任务，被中国气象局评为“建国60周年气象服务先进单位”。完成区内3个人工防雹试验基地建设和5个区域自动气象站建设任务，完成北京市气象局应急备份中心房屋装修工作。

（冯永芳）

【2009年气候评价】 2009年，房山区降水量较常年明显偏少，气温接近常年。平原地区（以官道站为参考站）年降水量为404.8毫米，比常年（582.8毫米）偏少178.0毫米，比2008年（655.5毫米）偏少250.7毫米。西部山区（以霞云岭站为参考站）降水量为412.5毫米，比常年（640.5毫米）偏少228.0毫米，比2008年（729.0毫米）偏少316.5毫米。无论是平原地区还是西部山区，由于5月、7月、8月、9月、10月（主要是汛期）降水明显少于2008年和常年，致使全年降水总量明显偏少。2009年全区降水量分布较为均匀。平原地区日最大降水量为63.9毫米，出现在6月8日。全年日降水量超过25.0毫米(大雨级别)天数为4天。最长连续降水日数为4天（6月16日至19日）。西部山区日最大降水量为57.1毫米，出现在6月8日。全年日降水量超过25.0毫米（大雨级别）天数为4天。最长连续降水日数为5天（7月29日至8月2日）。平原地区年平均气温为12.2℃，接近2008年（12.3℃）和常年（11.9℃）。西部山区平均气温为10.8℃，接近2008年（10.5℃）且与常年（10.8℃）持平。从2009年平原地区和西部山区各月平均气温及与2008年和常年同期比较可以看出，除11月和12月气温明显偏低外，其他月气温大多比2008年和常年同期偏高。平原地区全年日照时数为2160.5小时，年平均日照时数百分率是49%。年内夏季最多风向为西南风，冬季最多风向为东北风，与常年一致。全年出现1次大风（瞬时风速≥17米/秒）天气过程，7月23日的极大风速达到17.7米/秒。无霜期为208天。西部山区全年日照时数为2113.4小时，年平均日照时数百分率是48%。全年无论冬季还是夏季都以南风为主。全年出现9次大风天气过程，其中7月23日的极大风速达到24.1米/秒。无霜期为203天。2009年平原地区出现高温天气（最高气温≥35℃）日数为12天。其中5月1天，6月9天，7月2天。全年高温天气出现时间偏早，并具有持续性，最早出现在5月19日，为35.0℃。极端最高气温出现在6月24日，达39.8℃。2009年西部山区出现高温天气（最高气温≥35℃）日数为9天。其中6月4天，7月1天，8月4天。最早出现在6月1日，为36.2℃。极端最高气温出现在6月24日，达39.8℃。2009年平原地区出现暴雨2站次（官道站），西部山区出现1站次（霞云岭站）。从时间分布上看，主要出现在6月上旬和7月中旬，其中6月8日的暴雨过程平原地区降水量最

大，为63.9毫米。2009年全区遭受1次寒潮天气影响，出现在10月31日至11月3日。11月1日凌晨开始降雪，全区普遍达到大雪量级，极大风速达11.6米/秒，风力达到6级。雪后开始降温，平原地区最低气温由5.3℃(10月31日)降至-7.7℃(11月3日)，降温幅度达到13℃。2009年平原地区降雪日数为7天，其中2月3天，11月4天。11月1日，迎来2009年下半年首场降雪。这次降雪过程，平原地区降水量为15.1毫米，西部山区为16.7毫米。冬季（2008年12月至2009年2月）气温正常或偏高，降水偏多，光照正常或偏少。季内后期出现明显降雪天气过程，对改善土壤墒情和净化空气有利；季内气温偏高，降水较多，对大田和保护地作物的生长都较为有利，而且未出现较大范围的大雾和沙尘等天气，对生态环境较为有利。春季气温偏高，降水明显偏少，日照接近常年。季内沙尘天气少，前期气温较高，日照充足，对保护地蔬菜生长和露地作物移栽有利，但后期出现高温少雨天气，造成较重干旱，并出现干热风天气，对夏粮生产和生态环境改善不利。夏季气温偏高，降水偏少，日照略偏少。前期温度偏高，日照充足，对蔬菜生长和正处于成熟期的水果上色和甜度增加有利。季内中期气温偏高，墒情适宜，对大田作物生长有利，但多阴雨、寡照天气，对蔬菜生长及果树果实的上色和甜度增加不利。后期降水不足，部分地区出现旱情，但日照充足利于果树品质提高。秋季气温略偏低，降水偏少，光照偏少。季初出现低温寡照天气，对夏玉米灌浆不利，9月中旬至10月气温偏高，日照充足，对玉米收晒及大白菜生长比较有利，同时对冬小麦的播种、出苗及分蘖生长较有利，但降水偏少，大部分地块墒情较差。后期11月气温显著偏低，尤其是11月初和11月上旬末的两次降雪后的较强降温，对大白菜、胡萝卜等蔬菜和冬小麦冬前生长等造成一定程度的不利影响，但降雪也对墒情改善和净化空气有利。

（赵松）

【2次降雪给全区造成直接经济损失6082万元】 据统计，11月初和11月上旬末的2次降雪过程，给全区造成直接经济损失6082万元。其中：养殖业方面，窦店、阎村、周口店、石楼4个镇共塌陷25所畜禽舍，1800平方米，冻死80头猪，经济损失360万元；种植业方面，良乡、长阳、琉璃河、张坊、大石窝、长沟、韩村河、城关、阎村、窦店有376栋日光温室、39栋钢架大棚受到不同程度的损害，其中坍塌63栋、受损严重115栋，设施生产受冻害面积71公顷，包括彩椒、西红柿、西葫芦、生菜、豆角、黄瓜、茄子、韭菜等蔬菜，以及草莓、百合、葡萄、糯玉米等作物；白菜、萝卜、西兰花等露地蔬菜损失615公顷。直接经济损失3302万元。其中损失严重的是良乡镇下禅房种养联动小区，坍塌30栋温室，造成直接经济损失360万元。林果业方面，全区11个乡镇受灾面积940公顷，压折、压倒各类果树（包括柿子、梨树等）13.7万株。佛子庄乡神农亚博苗木基地40公顷约170万株苗木被雪压倒，直接经济损失2421万元。

（赵松）

【入汛第1场大雨缓解山区旱情】 6月8日8时至9日8时，全区平均降雨量为40.1毫米，属大雨。其中平原地区平均降雨量为43毫米，山区降雨量37.3毫米。此次降雨对旱情有一定缓解，未造成危害。崇各庄降雨51毫米、窦店56毫米、天开54毫米、黄山店51毫米、漫水河57毫米，均属于暴雨。拒马河张坊水文站测量流量，8日为每秒0.495立方米，9日达到每秒1.08立方米，青龙湖水库总库容上涨到679.71万立方米。

（王子璇）

【全力做好国庆节人工影响天气工作】 为全力保证国庆节当天系列庆祝活动的顺利进行，房山区境内11个人工影响天气流动作业点参加保障任务。区气象局协调区内各有关部门成立国庆节人工影响天气工作领导小组，落实人影作业指挥、安全保卫、武警食宿等工作，在北京市人工影响天气办公室领导下参加了5次演练，完成9月30日至10月1日保障任务。

（冯永芳）

农村经济管理

【概况】 2009年，区经管站开通全国首家农村集体资产管理的专业性网站——“房山农村集体资产管理平台”，并建成区级总站、23个乡镇子站和第一批25个村级试点子站。联合区纪委、区委组织部、区委农工委下发《房山区农村干部任期经济责任绩效考评办法（试行）》，率先在全市实行村干部经济责任绩效考评机制，推出“3+X”审计新模式。在长阳镇、窦店镇和城关街道办事处23个村，开展农村财务在线监督系统试点工作。本着因地制宜、因村制宜的原则，在推广社区股份合作制改革和企业型社区股份合作制改革等模式的基础上，积极探索符合基层发展需要的改革新模式，14个村完成改革工作。全区457个村制定财务收支预算，460个村实行“村账托管”，400个村实行“村级账款双托管”，79个村实现村务公开“电子化”，90个村实行工程项目招投标。全年“村账乡审”累计审计785村次，审计金额达20.35亿元，促进增收节支25万元。全年受理农村承包合同纠纷47起，同比减少43%，其中调解45起、仲裁2起。接待群众来电来访145起，293人次。举办“农村土地承包仲裁员培训班”，对52名调解仲裁员进行法律、法规和相关业务知识的培训。土地收益稳步增长，292个村12467公顷土地，权益费兑现总额达6138万元，同比增长4.3%；公顷均权益费4935元，同比增长11%。土地流转面积达1.4万公顷，占确权面积的47%。“网上联合社”发展会员102家，网站点击率达5.5万次，推介产品481种，促成合作项目、意向18个，达成交易1061笔，为合作社创收1126.5万元。在百户入户调查的基础上，以2008年人均可支配收入低于4500元且具有劳动能力的农业户籍家庭为监测对象，建成低收入户动态监测数据库，涉及22个乡镇362个村，2万余户近6万人。

（于青）

【实行“3+X”审计新模式】 1月4日，区经管站制定《2009年度农村集体经济审计工作计划》，在全区实行“3+X”审计新模式。其中：“3”为全区统一组织、开展的必审项目，包括财政专项资金管理使用情况审计、重点项目占地补偿费管理使用情况审计、乡镇集体资产经营公司经济任期经济责任审计；“X”为各乡镇根据自身管理需要和薄弱环节，自主安排的审计项目。23个乡镇先后开展货币资金、财务收支等12类审计项目，审计对象涉及362个村、20个社区、3个事业单位和5个直属企业。

（于青）

【开展2009年农民负担春季执法检查】 4月1日，召开“房山区2009年农民负担春季执法检查工作会”。23个乡镇的经管（审计）科长和新农村办有关人员参加会议。检查时间为4月3日至20日，采取乡镇自查、区级复查、市级抽查相结合的方式。检查重点为2008年度村级公益事业补助资金的使用情况和2009年度资金拨付情况，2007年度市级新农村建设5项基础设施全面推进试点村因新农村建设而增加的集体非生产负债情况及2008年度公安部门收取农户养犬管理费情况。

（于青）

【“房山农村集体资产管理平台”开通】 5月12日，由区经管站创办的“房山农村集体资产管理平台”正式开通。农业部资产管理处处长孙邦群和区委副书记苗立峰为“房山农村集体资产管理平台”揭牌。市农研中心副主任席承奉、市经管站站长胡登洲、副区长王忠海等领导出席开通仪式。开通仪式上，王忠海致词。区经管站站长王和群介绍“房山农村集体资产管理平台”的建设情况。孙邦群对“平台”在强化资产管理，优化资源配置，创新经营体制的目的和作用表示肯定。“房山农村集体资产管理平台”作为全国第一家农村集体资产管理的专业性网站，其功能定位为管理、推介、服务。“房山农村集体资产管理平台”主要包括外网、内网两部分：外网重在推介、服务，设有资产动态、财务管理、投资房山、乡镇子站等11个版块。内网重在监管，框架基本搭建完成。截至2009年年底，发布推介信息1500余条，点击率2万余次。

（于青）

【率先完成市、区农地流转信息网络联调】 5月14日，房山区农村土地流转平台改版升级测试工作完成，实现与市农地流转信息网的数据对接，成为全市首家市、区农地流转信息网络联调成功的区县。

（于青）

【开展2009年秋季农民负担执法检查】 10月29日，区经管站组织全区乡镇、村两级开展2009年秋季农民负担执法检查工作。检查时间为10月23日至11月10日，采取乡镇自查、区级复查、市级抽查相结合的方式。检查重点为2009年补贴资金拨付使用情况、针对农民的乱收费问题、一事一议筹资筹劳工作开展情况、2009年在新农村“五加三”工程建设中农民获得的劳务收入情况。

（于青）

【举办“2009年农村管理信息化村级业务人员培训班”】 10月26日至11月1日，区经管站举办“2009年农村管理信息化村级业务人员培训班”。23个乡镇的519名村级农村管理信息化业务人员就《北京农村管理信息系统》应用及问题处理进行了学习。

（于青）

【率先在全市实行村干部任期经济责任绩效考评】 12月2日，区经管站联合区纪委、区委组织部、区委农工委联合下发《房山区农村干部任期经济责任绩效考评办法（试行）》，2009年起实行村干部任期经济责任绩效考评。考评对象为全区所有行政村集体及村民委员会财务审批权和参与村级经济活动决策的村级党组织书记和经济组织负责人。考评指标主要包括村级管理制度建立健全评价、管理执行控制评价和村集体资产经营管理评价三类，满分为100分。考评程序为：每年年底乡镇农经审计机构根据当年村干部任期经济责任的审计结果，按照村干部经济责任绩效考评内容将指标量化，逐一计算被审村干部的考评得分，填列房山区村干部任期经济责任绩效考评表，考评表作为审计报告的组成部分一并提交乡镇党委政府和区村干部任期经济责任领导小组办公室。乡镇党委政府根据村干部任期经济责任审计报告及考评得分确定村干部经济管理业绩，并按其业绩进行奖惩。

（于青）

【农村“两委”换届选举前审计工作完成】 12月31日，农村“两委”换届选举前审计工作完成。全区23个乡镇462个村，届前应审计村干部454名（其中8名村干部任期不满半年，且前任已进行离任审计）。审计工作审结率达100%，审计金额22.78亿元，出具审计报告454份。区乡两级直接参加审计人员168人。

（于青）

【贯彻落实《农村土地承包经营纠纷调解仲裁法》】 举办“农村土地承包仲裁员培训班”，对52名调解仲裁员进行法律、法规和相关业务知识的培训。完善农村土地承包经营纠纷调解仲裁体系。在原“房山区农村承包合同仲裁委员会”基础上，成立“房山区农村土地承包经营纠纷调解仲裁委员会”。完善仲裁程序、仲裁庭庭审程序等5项制度，制定调解书、仲裁书等6种文书文本。

（于青）

【农民专业合作社发展到 401 家】 截至2009年年底，全区累计发展农民专业合作社401家，居全市第5位；拥有社员15162人，居全市第3位；带动社外农户14641户，居全市第6位。总体发展呈现以下特点：一是总量不断增加。2009年发展155家，同比增加22家，增长16.5%，年平均增长17.1%。二是实力不断增强。注册资本同比增长105.4%。三是乡镇发展速度不一。20家以上的有7个乡镇，占全区乡镇总数的1/3，7个乡镇发展的合作社数量占62%。四是丘陵地区成为合作社发展较为集中的区域，且发展速度较快。丘陵地区合作社数量占44.6%，平原和山区分别占37.7%、17.7%。丘陵地区2009年发展数量同比增长74%，高出全区平均增长速度11个百分点。五是行业集中在种养业。其中种植业占51%，畜牧业占41%，林业及其他行业占8%。

（于青）

【房山区“网上联合社”累计发展102家会员】 截至2009年底，房山区“网上联合社”发展农民专业合作社会员102家，涉及入社社员6649人，带动农户13410户，促进农民就业32923人，为会员推介产品481种，创收1126:5万元。“网上联合社”运行1年有余，效果日益凸显：一是促进了知名度的提升，53家合作社会员知名度有明显提高，91家合作社会员业务咨询量有大幅度增加。二是促进了销售渠道的拓宽，65家合作社会员借助“网上联合社”这个平台销售渠道不断在拓宽。三是促进了销售收入的增加，35家合作社会员通过“网上联合社”交易1061次，实现收入1126.5万元，收入明显增加。四是促进了合作项目和意向的形成，合作社与客户共形成18项合作项目及意向，预计收入591万元。五是促进了相互之间交流的增强，84家会员因“网上联合社”增强了合作社之间沟通与交流。

（于青）

种植业

【概况】 2009年，房山区粮食单产、总量均创历史新高，粮食播种面积3.05万公顷，粮食产量15.8万吨，实现连续6年增长，比2008年增加0.2万吨，增长1.2%。全年粮食直补面积2.78万公顷，其中小麦0.97万公顷，玉米1.79万公顷，水稻51.32公顷。粮食直补资金4747.7万元，全部发放到农户手中。全区蔬菜播种面积4688.2公顷，蔬菜总产量2.12亿公斤。设施蔬菜面积1500公顷，总产量1.9亿公斤。全区21个乡镇、120多个村、7000多户农民从事食用菌生产，栽培面积161.07公顷，年产量1221.44万公斤，产值4.1亿元。在全国小蘑菇新农村建设总结表彰会上房山区人民政府获“小蘑菇新农村行动十强县”称号，房山区种植业服务中心获“小蘑菇新农村行动优秀团体”称号。在全市实现5个率先：率先建设北京市第一家食用菌菌物供应中心；率先注册北京市第一家菌种生产经营许可企业；率先建设北京第一家食用菌主题园；率先打造“房山菌业”统一品牌；率先建设北京市第一个设施大观园。全年组织种子市场检查37次、检查种子经营单位154家、检查各类农作物种子126.6万公斤、受理农作物种子投诉案件8起；依法办理种子许可证变更审核4份、食用菌菌种生产经营许可证审核1份；监督抽查种子经营单位16家、抽取玉米、小麦等种子样品40份、对全区572公顷小麦种子田田间自然纯度状况进行检查；进行农业转基因生物安全联合执法检查4次，检查桶装转基因食用油1558桶、散装转基因食用油16吨，全区市场上桶装转基因食用油的标识率连续 5 年达到 100%；以“北京市种子管理系统四百千万展示工程”为重点积极组织品种试验示范，共展示各类作物 1458 个品种，筛选出优秀杂粮品种 10 个、白菜类品种 8 个，组织较大规模观摩活动 4 次，接待各界参观 15 次，接待现场观摩近千人次。通过建立农机信息服务平台，拓宽了农机服务模式，让农民足不出户就能获得农机信息和优质的农机服务。落实农机补贴资金 964 万元，发放各类国补农机具 441 台件。实现玉米机收面积 5920 公顷，占可适宜机收面积的 43%，土壤深松和玉米秸杆粉碎还田各 1533.33 公顷。培训各类农机人员 570 人。

（姚凯）

【农机安全生产、科技“三下乡”宣传活动】 1 月 6 日，区种植中心组织北京市农机监理总站、区农委、窦店镇等单位在窦店镇窦店村举办农机安全生产、农机科技“三下乡”宣传咨询活动。此次联合宣传咨询活动涉及到农机安全生产的法律法规、安全生产常识、农机维修、农机科研推广、小型农机具展示等内容，并悬挂横幅 2 条，设立展版 7 块，共发放各种宣传材料 1860 余份，发放宣传张贴画 150 余张，发放光盘 100 张，展示小型农机具 5 台，现场解答农民咨询 30 人次。

（赵娜）

【“房山菌业”品牌出口东南亚】 4 月 8 日，在琉璃河镇天瑞永和公司举行“房山菌业”品牌出口东南亚首车仪式。副区长王忠海、新加坡爱美集团执行董事许亚坤、区种植中心等单位领导参加活动。王忠海为仪式剪彩。“房山菌业”品牌出口东南亚，通过“行业协会 + 出口公司 + 生产基地”的农产品出口模式，实现专业化生产、产业化经营，构建农产品出口格局，真正实现“以菌为媒，菇香万里”。以天瑞永和公司为龙头，通过房山区食用菌协会整合区内企业基地，打造“房山菌业”品牌，主攻马来西亚、新加坡、泰国等国外市场，出口以蟹味菇、杏鲍菇、白灵菇、金针菇、香菇、猴头菇为主的食用菌品种。

（赵娜）

【开展“放心假日”特检】 4 月 28 日，区植保站开展“放心假日”特检活动，重点对良乡地区 4 家大型超市和 2 家集贸市场开展农药残毒检测工作，主要抽检叶菜类、茄果类及根茎类等蔬菜，共抽取样品 51 个。经检测，农药残毒均未超标，合格率 100%。

（赵娜）

【房山区率先启动农机信息服务直通车】 4 月 29 日，房山区举行“农机信息服务直通车”启动仪式。农机信息服务平台网站包括全区农机服务组织基本情况、农机服务需求、行业动态、二手农机交易等 10 余个栏目，网站中的信息资源经过编辑整理后，按照需求由专人通过信息群发器“一对一”发送给农机户或种植户，实现服务者与被服务者的及时沟通，让农民足不出户就能获得需要的农机信息，从而提升全区的农机服务水平，提高农业综合生产能力。启动仪式上共向全区农机信息员、种植大户、农机服务组织发放农村信息机 1000 余部和 5000 张加油卡。

（赵娜）

【农田春季灭鼠工作完成】 5 月 6 日，区种植中心在 21 个乡镇设置 21 个农区鼠情系统监测点，全面监测鼠情动态。积极向农民宣传灭鼠及安全布放毒饵知识，按照“五统一”（即统一组织技术培训、统一提供鼠药、统一配制毒饵、统一投药时间、统一检查防效）灭鼠模式，共投放毒饵站 2.6 万个，同时在三鑫利源、韩村河、南河等地设立灭鼠示范基地 15 个，以示范基地为核心，辐射带动全区大面积灭鼠工作。

（赵娜）

【农业部领导视察房山区“三夏”生产情况】 6 月 14 日，农业部农机化管理司司长宗锦耀视察房山区“三夏”生产情况。北京市农业局副局长王振邦，区领导祁红、王忠海，区农委、区种植中心领导等陪同视察。宗锦耀等领导到窦店镇小麦收割现场进行视察。在听取房山区“三夏”农机安全生产工作汇报后，对房山区农机安全生产工作给予充分肯定。

（赵娜）

【联合开展拖拉机执法检查】 7月30日，北京市农机监理总站、区种植业服务中心、区交通支队联合在河北镇开展对上道路行驶拖拉机的联合执法检查活动。此次检查共出动车辆4台，执法人员13人，共检查拖拉机及农用车22台，查处违章3起，其中：限期整改1起，交警当场处罚驾驶员1人，暂扣未年检拖拉机1台。

（赵娜）

【召开2009年杂粮豆类品种观摩会】 9月1日，区种子管理站在阎村镇小十三里村“房山区农作物新品种试验示范基地”召开房山区2009年杂粮豆类品种观摩会。中国农业科学院研究员程须珍、市种子管理站站长赵山普，区种植中心，昌平、大兴等9个区县种子管理站站长，青龙湖等15个乡镇农发办主任及区内主要种子生产、经营单位、房山区种植大户代表共计100余人参加观摩会。此次活动共展示大豆、谷子、小豆、绿豆、高粱、芝麻等12种作物465个品种，涵盖山西、河北、河南、内蒙古、辽宁等省、自治区35个供种单位。

（赵娜）

【加大农产品全程监管力度】 12月18日，对全区18个乡镇76家种植业无公害基地就基础体系、生产过程、标识管理3方面共计19个关键控制点进行现场督导检查。对全区20个乡镇99家“三品”（无公害农产品、绿色食品、有机食品）生产企业进行专项整治，对不合格基地下发整改通知，并进行整改复查。采取企业自查和现场检查相结合的形式，以“三品”认证资质、产地认定条件、生产过程、产品质量安全状况、包装标识等内容为重点，对全区所有获证的103家种植业“三品”生产企业进行 “三品一标”专项整治，并对其中28家获证种植业“三品”生产企业进行现场抽查。结合农产品质量安全例行监测与专项抽检工作开展田间督导检查和规范基地建设，重点围绕生产过程、田间档案记录、基地生产环境和产品质量安全状况进行督导检查，共检查“三品”基地67家。

（赵娜）

【推广测土配方施肥】 2009年，房山区推广测土配方施肥40533公顷，其中小麦9800公顷，玉米12933公顷，发放测土配方施肥技术明白卡共计3.5万份，通过实施测土配方施肥，全区累计节本增效达680.2万元。为了更好的推广测土配方肥，扩大配方肥的覆盖面，房山区在全市率先创建了郊区补贴配方肥销售网络，使补贴配方肥覆盖到全区所有产粮村镇，并保证全区配方（补贴）肥价格统一和有序销售，确保补贴肥保质保量惠及农户。全区有19家测土配方（补贴）肥指定供应店。

（赵娜）

【农村新能源建设推进农村节能减排】 2009年，房山区“两气”工程实现年节煤33549吨，年节支1677万元；太阳能照明灯每年可节电1900万千瓦时，年节支近1700万元；户用生物质炉可节煤2.4万吨，年节支1200万元；“阳光屋顶”工程每年可节电2500万千瓦时，年节支1250万元；卫生吊炕年节煤11826吨，年节支591万元；生态家园建设，年节支50万元以上。上述几项合计年节煤近7万吨，节电4400万千瓦时，节支6468万元。同时通过新农村建设每年可减少二氧化碳排放18.17万吨，二氧化硫590吨，氮氧化物513吨。

（赵娜）

养殖业

【概况】 房山区养殖业结合自身资源特点和都市型现代农业的发展要求，着重发展肉禽、柴鸡产业，稳定发展奶牛、生猪、山（绵）羊产业，各项生产指标健康稳定增长。全年生猪出栏36万头，肉鸡出栏652.82万只，鲜蛋产量9399.5吨，牛奶产量3.97万吨，羊出栏11.4万只，水产品销售量260万公斤。全年养殖业总产值完成21.7亿元。全年对29种动物疫病实施免疫，全年免疫畜禽4505.87万头（只、羽、次）。口蹄疫、高致病性禽流感等重大动物疫病免疫密度达到100%。监测重大动物疫病13种，完成19.55万头（只、羽、次）。全年实施产地检疫活畜禽3080万头（只、羽）。公路动检站累计消毒运输动物及动物产品车辆31702辆，累计检查动物428万头（只），动物产品5.1万吨，检疫监督工作全面实现100%。出动执法人员1500余人次，检查各类场所1400余个次，办理案件35起，罚没款5.9万元，无害化处理不合格动物产品1500余公斤。全年累计开展培训24期，培训人员1280人次。在23个乡镇开办养殖农民田间学校35所，举办培训班305期，培训农民学员3200人次，通过新型农民培养，提高养殖场户的增收致富能力。继续实施和开展"科技入户""人才帮带""创新团队"等项工作，组织100名科技人员进村入户，为500户养殖户，提供面对面的服务，推广人工授精、环境消毒、药残控制等15项实用养殖致富技术，帮助生产者解决实践中遇到的技术难题。

（刘雪松　许春平）

【房山区召开防控高致病性禽流感等重大动物疫病工作会】　1月7日，房山区召开防控高致病性禽流感等重大动物疫病工作会。副区长王忠海，区重大动物疫病指挥部相关成员单位参加会议。副区长马丽英主持会议，部署防控重点工作，会上，区动物卫生监督管理局领导就全区当前防控工作做了具体安排。

（朱俊杰　许春平）

【联合夜查执法】　1月9日凌晨，由区动物卫生监督管理局牵头，责成区动物卫生监督所联系琉璃河交通检查站、琉璃河治安站组成联合执法队，整合力量集中打击在春节期间107国道河北省与房山区接壤地域运输未经检疫动物及动物产品违法乱纪行为。联合执法队在琉璃河交通检查站设立检查点，对进京方向过往车辆进行盘查，特别是检查封闭面包车、农用运输车等车辆，严防不法肉贩运输未经检疫动物及动物产品。此次活动共出动执法人员32人，执法车10辆。查获运输未经检疫动物产品及病害猪肉车辆4辆，共计1400公斤。截获1辆违规运输鞭炮车辆移交区公安治安部门处理；对检查中发现大客车乘客携带动物产品，执法人员当即依法对该旅客携带的动物产品查扣，并对司售人员、货主进行宣传教育。

（朱俊杰　许春平）

【房山区村级动物防疫队伍建成】　2月19日，房山区动物卫生监督机构对全区村级动物防疫员进行重新核定、登记，按照每个行政村设置1名村级动物防疫员，明确全区462名村级动物防疫员，并通过集中培训方式，使所有村级防疫员都通过培训考核，确保村级动物防疫员持证上岗。其中334人通过职业资格认证，获劳动部和农业部颁发的"中级兽医防治员职业资格证书"。同时，为进一步加强村级动物防疫员管理，根据《北京市农业局、北京市财政局关于建立本市村级动物防疫员队伍的意见》，房山区规定村级动物防疫员的工作补助：村级动物防疫员经考核达标，区财政每月安排工作补助500元/人，列入区财政277.2万元全部到位。各乡镇结合辖区实际情况对村级动物防疫员工作补助可适当提高补助标准，乡镇拨付村级动物防疫员工作补助控制在每月100元至300元内，乡镇拨付的村级动物防疫员工作补助由乡镇、村分别负担。

（朱俊杰　许春平）

【房山区2009年春季农业生产工作会召开】 3月11日，房山区2009年春季农业生产工作会召开。副区长王忠海，区农口、区直相关部门负责人参加会议。会上，王忠海与有关乡镇签订动物防疫工作责任书，并为获2008年度全国粮食生产大户和全国粮食生产先进工作者的霍文启、仉立民颁发荣誉证书。

（朱俊杰 许春平）

【查处违规经营动物产品248.2公斤】 3月12日，区动物卫生监督所派出执法人员对良乡、城关两地超市、市场进行综合整治检查活动。此次检查共出动执法人员20人次，执法车4辆，对辖区美廉美超市、华冠购物中心、国泰百货等13家肉类产品经营单位进行检查，重点对记录的填写、防疫消毒情况、食品安全冻鲜包装检疫标志的粘贴情况等进行检查。在检查中发现华冠购物中心、美廉美超市经营的沂蒙山鸡、农家鸡和鸡产品无动物产品检疫合格证明，执法人员立即对248.2公斤无检疫证明的动物产品进行封存并立案处理。

（朱俊杰 许春平）

【查处取缔活禽非法交易动物市场】 3月15日，由区动物卫生监督所牵头联合公安、城管等部门对苏庄自发交易动物市场进行突击检查。此次行动清理活禽交易摊点17个，活禽267羽；犬只交易摊点7个，21条。并依法取缔苏庄自发交易动物市场。

（朱俊杰 许春平）

【全面启动2009年畜牧水产业农民田间学校辅导工作】 3月20日，房山区召开畜牧农民田间学校辅导员动员会，全面启动2009年畜牧农民田间学校办学辅导工作，全区29所畜牧农民田间学校30名辅导员、畜牧兽医系统基层23个防疫站站长参加会议。会议首先对全区2009年畜牧农民田间学校的培训辅导工作做出具体安排。2009年，全区畜牧水产业农民田间学校共有34所（续建20所，新建14所）。其中，水产业田间学校5所，拟新建1所；生猪田间学校10所；肉鸡田间学校8所；肉鸭田间学校7所；奶牛田间学校3所；肉鸽田间学校1所。可直接培训农民养殖学员850余人，培养出专业资质的农民田间学校辅导员42人。行业配比为：畜牧业38人，占全市比例24%；水产业6人，占全市比例22%。接受初级培训的辅导员36人，接受中高级培训的6人。全区养殖业农民田间学校师资队伍基本能够满足2009年田间学校建设需要，辅导员队伍建设比例率居全市行业第一。

（朱俊杰 许春平）

【销毁违规兽药标签18160张】 由区动物卫生监督管理局牵头，责令区动物卫生监督所牵头联合北京市动物卫生监督所有关科室组成市、区联合执法组对全区兽药生产厂家进行联合执法监督检查。此次检查，共出动执法人员15人。市、区联合执法组发现某兽药生产企业所属14种标签与国家批准标准内容不一致，当即对上述14种共18160张标签进行查封，并对该企业下发责令改正通知书。3月25日，区动物卫生监督所派出执法人员对查封的14种18160张标签进行集中销毁。

（朱俊杰 许春平）

【北京市春季农业生产工作会在房山区召开】 4月1日，北京市春季农业生产工作会在房山区召开。副市长夏占义出席会议并带队实地检查指导房山区农业生产工作。市政府副秘书长安钢，市农委主任王孝东，区委副书记、区长祁红，副区长王忠海陪同检查。夏占义一行先后实地观摩了北京龙建天鸿顺鸭业有限公司、窦店镇窦店村高产创建示范田、北京格瑞拓普生物科技有限公司和窦店镇河口村等农业产业化工程，并通过与相关负责人详细交谈全面了解了房山区农业生产工作。夏占义在检查和指导中充分肯定了房山区农业发展的思路和取得的成绩，认为房山区的农业生产工作在组织、管理、科技、技术、资金等方面开展得扎实有效。

（朱俊杰　许春平）

【打击坑农害民行为】　3月30日，区动物卫生监督所派出执法人员13人，执法车2辆，对农资打假活动中查获的违规159.4公斤动物产品、184盒伪劣兽药在北京燕都立民屠宰有限公司无害化化制间利用焚烧炉作公开无害化焚烧销毁处理。4月7日，区动物卫生监督所对全区超市、批发市场、集贸市场、宠物诊所、兽药生产经营单位等展开拉网式检查，查处未经检疫动物产品159.4公斤，伪劣兽药184盒，货值4120元。

（朱俊杰　许春平）

【开展2009年度渔业资源增殖放流工作】4月21日，由北京市农业局、房山区政府主办，区动物卫生监督管理局承办，区水务局、青龙湖镇政府协办的“2009年度房山区渔业资源增殖放流启动仪式”在青龙湖镇崇青水库举行。市农业局副局长沙松平、副区长王忠海以及市农业局水产处、渔政站、推广站和区动物卫生监督管理局、区水务局、青龙湖镇政府等单位主要领导出席此次活动。在市农业局的大力支持下，自2005年开始在全区选取条件适宜的水域，有计划、有步骤地开展增殖放流工作。2005年至2008年，在11个乡镇、约533.3公顷水面累计投放鲢鱼、鳙鱼、鲤鱼、草鱼、锦鲤、草金鱼苗种近240万尾。参加此次活动的市、区主要领导及相关工作人员在区动物卫生监督管理局的统一组织下，将26万尾鲢鱼、鳙鱼苗种投放到崇青水库215公顷水面中，用以净化水质、美化景观。2009年，区动物卫生监督管理局在适宜开展增殖放流的8个乡镇，近466.7公顷水域开展渔业资源增殖放流工作，全年投放滤食性鲢鱼、鳙鱼和观赏性鱼类锦鲤苗种45万尾。

（朱俊杰　许春平）

【销毁违规兽药】　区兽医卫生监督所检查区域内的兽药生产企业时，发现某公司生产未经批准兽药普利泰47箱，同时发现有3种标签与批准内容不一致，当即对违规兽药普利泰和3种标签1045张进行查封，并对该企业下发责令改正通知书，进行立案调查。4月24日，在区动物卫生监督所执法人员监督下对查封的违规兽药普利泰、标签1045张进行无害化销毁处理，并对该公司未经批准生产兽药行为进行罚款处理。

（朱俊杰　许春平）

【发放297万元能繁母猪补贴款】　6月5日，召开“房山区2008至2009年度能繁母猪补贴政策兑现大会”，全区23个乡镇主管农业副镇长、农发办主任参加会议，区动物卫生监督管理局、区养殖业服务中心等领导出席会议。2008年按照北京市每头能繁母猪补贴100元的标准，统计时间截至2008年12月20日，全区共有能繁母猪29705头，补贴款达297.05万元，居全市12个区县享受补贴资金能繁母猪存栏量第3位。

（朱俊杰　许春平）

【房山区兽医体制改革完成】　7月13日，区动物卫生监督管理局下属行政执法机构——房山区动物卫生监督所人员全面到岗到位，编制77人，下设综合室、食品安全室、路场监督室、生化室、饲药室、产地室6个科室，主要承担辖区动物防疫、检疫、兽医医政和药政、动物产品安全、饲料、种畜禽等行政执法工作。派出机构包括琉璃河、窦店、长沟、窑上、南召、红煤厂6个公路检查站，全区9个定点屠宰厂派驻22名驻厂检疫员实施检疫工作。至此，房山区兽医体制改革全面完成。

（朱俊杰　许春平）

【北京市水产工作交流会在房山区召开】8月6日，北京市2009年上半年水产工作交流会在房山区召开，会议由北京市农业局水产处处长郭瑞禄主持。市水产技术推广站、渔政站、北京市水产科学研究院领导，房山、通州、顺义等13个区县的动监局或水产服务中心主要领导参加会议。

（朱俊杰 许春平）

【北京市首次养殖环节水产品演练活动在房山区举行】 9月23日，北京市养殖环节水产品违禁药物残留全程处理演练活动在房山区举行。此次演练活动由北京市渔政监督管理站具体组织，房山区动物卫生监督管理局和渔政监督管理站协调配合，演练活动地点设在青龙湖镇南观村双新垂钓园，以现实中有可能发生的实际情况为演练内容，演练过程形象逼真，贴近实际，全市14个区县渔政执法人员观摩交流。

（郁建伟 许春平）

【农业部对房山区水产品进行抽检】 10月15日，农业部抽检组到房山区对养殖环节水产品进行抽样检测，区渔政监督管理站、区水产技术推广站相关工作人员参加此次抽检。此次抽检的4个养殖单位均由农业部随机选定，主要检测水产品是否含有孔雀石绿、氯霉素、呋喃唑酮等禁用渔药。农业部抽检人员对4个养殖单位现场抽取5个样品，其中草鱼样品1个、鲤鱼样品4个，每个样品由养殖单位负责人和区渔政监督管理站执法人员签字后封存备检。在农业部、北京市和房山区的多次抽检行动中，均未发现质量安全问题，检测合格率100%。

（郁建伟 许春平）

【2009国家兔产业技术体系北京研讨会在房山区召开】 10月28日，2009国家兔产业技术体系北京研讨会在房山区召开。研讨会由国家兔产业技术体系研发中心主办，本着推动兔产业技术体系建设，加强技术经验交流的目的，采取专家演讲、企业精英介绍经验、参会人员自由讨论等形式对提高仔幼兔成活率、兔病防治、繁育技术、养殖模式、如何提高养殖效益和全国养兔形式分析等学术专题进行广泛的交流研讨。国家兔产业技术体系首席专家、中国农业大学教授秦应和江苏省农业科学院研究员薛家宾以及来自多个省、自治区、直辖市的兔业养殖企业参加会议。

（郁建伟 许春平）

【房山区试验示范工程项目通过验收】 10月30日，北京市水产技术推广站相关领导及项目验收专家组一行9人，到房山区就《北京市农业、景观富营养水体生态修复技术试验示范工程项目》房山示范区进行验收，区动物卫生监局主要领导陪同验收。验收会上，区水产技术推广站站长汇报房山示范区完成情况。以北京市水产研究院黄燕平研究员为组长的专家组听取项目汇报，审阅有关资料并就项目发展提出建议。房山示范区在项目实施过程中，按照项目合同书的各项指标要求，推广微生态制剂使用66.7公顷，举办培训班10期，培训人数800多人次，发放各种技术资料2000余份。试验期间对鱼类生长、饲料投喂、用水、用电、用药等情况进行对比试验和详细记录。示范区鱼病发生率平均降低20%，公顷平均增产450公斤，经测算，年平均养殖成本降低7320元/公顷。示范区新增纯收益50万元。

（郁建伟 许春平）

【房山区农业局成立】 11月18日，房山区农业局揭牌成立。市农委委员、农业局党组副书记、副局长刘亚清，市农业局党组成员、副局长吴宝新，区人大常委会主任郭先英、区委副书记苗立峰、副区长王忠海出席揭牌仪式。根据中共北京市委、北京市人民政府批准的《北京市房山区人民政府机构改革方案》和《北京市房山区人民政府关于机构设置的通知》（房政发〔2009〕28号），设立北京市房山区农业局（简称区农业局），挂北京市房山区动物卫生监督管理局（简称区动物卫生监督局）牌子。区农业局（区动物卫生监督局）是负责房山区农业行业监督管理的区政府工作部门。设7个内设机构：

办公室、粮经蔬菜管理科、畜牧水产管理科、新能源与农机管理科、动物防疫管理科（区防治重大动物疫病指挥部办公室）、政策法规科、政工科。机关行政编制 26 名（含纪检监察编制），其中：局长 1 名，副局长 3 名；科级领导职数 7 正 1 副。机关工勤编制 6 名。区农业局（区动物卫生监督局）由区农委归口管理。区农业局负责指导区种植业服务中心、区养殖业服务中心的业务工作。

（郁建伟　许春平）

【市动物卫生监督系统工作会在房山区召开】 11 月 25 日，市动物卫生监督系统工作会在房山区召开。市农业局副局长任宗刚、市农业局相关处室处长和市动物卫生监督所领导，全市 18 个区县动物卫生监督所所长参加会议。部署了近期重点工作及 2010 年工作计划，并听取各区县动物卫生监督工作进展情况。

（郁建伟　许春平）

【北京市匙吻鲟池塘精养技术交流现场会在房山区举办】 12 月 3 日，由北京市水产技术推广站副站长张黎等领导率队，组织全市郊区县推广站近 50 人到房山区窦店镇朱宝树渔场举办匙吻鲟池塘精养技术交流现场会。市水产技术推广站工程师宣廷孝就匙吻鲟在全国的养殖和发展情况作了介绍，养殖场场长向参会的领导及专家介绍匙吻鲟养殖的基本情况，并对与会者提出的病害、投喂、管理等方面的问题进行一一回答。市推广站技术人员对匙吻鲟生长情况进行抽样检测，采样 7 尾，平均体重 750 克，体长 56 厘米，（放养苗种长 15 厘米，生长 5 个月），检测结果表明匙吻鲟能够适应当地生长环境，在生长速度、饵料系数等方面均优于其他常规养殖鱼类，特别是经济效益上明显提高。匙吻鲟是房山区大力推广的养殖新品种。

（郁建伟　许春平）

【房山区召开奶牛良种补贴兑现会】 12 月 22 日，房山区召开奶牛良种补贴兑现会。区农业局、区养殖业服务中心以及 16 个乡镇主管领导参加会议。会上，区农业局领导总结分析了近几年奶牛良种补贴工作，并部署 2009 年至 2010 年补贴工作。按照国家政策统一标准每头优质后备母牛一次性配发补贴款 500 元，同时与 16 个享受国家奶牛良种补贴政策的乡镇签订《2009 年至 2010 年度优质后备母牛饲养补贴合同》。房山区建立奶牛服务站，并在全区统一配备 26 名配种员，实行良种精液指令性配送并给予补贴，以农业部奶牛良种精液补贴项目为契机，继续做好良种奶牛精液的统一管理，杜绝低质奶牛精液的使用，发放良种精液 1.5 万只。建立健全各项记录制度，完善奶牛谱系档案，通过参加 DHI 监测，科学地进行选种选配。

（郁建伟　许春平）

【房山区水产农民田间学校建成】 2009 年，区水产技术推广站承担水产农民田间学校建设共计 6 所，其中张坊镇片上村水产田间培训学校为新建，其余 5 所为续建。涉及池塘养殖、流水养殖及休闲渔业 3 种养殖模式，养殖水面 133.4 公顷，占全区总水面的 25%。共有学员 145 名，辅导员 6 名。微生态制剂应用 66.7 公顷，中草药制剂应用 300 公斤。推广荷包红鲤、匙吻鲟、怀头鲶、珍珠白等名优品种养殖 14 万尾。6 所水产田间学校开展各种形式的教学活动 108 次，团队建设活动 33 次，完成全年教学计划的 95%。与培训前相比，测试成绩提高 18.5%，水产养殖亩效益增长 25%，病害发生率降低 15%。辐射带动 40 户水产养殖户应用新产品、新技术。

（郁建伟　许春平）

【名优品种丁桂鱼落户房山区】 2009 年，北京诚信益达养殖场一期工程在张坊镇西白岱村建设完成，该场主要养殖丁桂鱼，丁桂鱼原产于欧洲，隶属于鲤形目，鲤科，雅罗鱼亚科，杂食性、耐寒、抗病力强，其肉质细嫩、无肌间刺、肉味鲜美、蛋白质含量高（18.85%），尤其富含脑黄金，被誉为绿色保健食品，既是鱼中食用佳肴，又是养殖、观赏、垂钓、赠送佳品。北京诚信益达养殖场占地6.67公顷，建成池塘68个，养殖水面4.47公顷。该场采用2项新技术，一是砂滤技术，养殖池水经多次利用后，进入净化池经砂滤净化后循环利用。二是自然增氧技术，根据渔场地势，在渔场地势高处建立一座长方形蓄水池，净化水经水泵提取进入蓄水池后，再从出水孔流出，砸入位于下面的养殖池塘，从而达到天然增氧的目的，节省了每池安放增氧机的成本和能源开支，因此属农业节水节能养殖模式。该场本着边建设边生产的原则，2008年从新疆引进丁桂鱼水花60万尾，长成100克以上鱼种55万尾，2009年又引进水花80万尾，形成年产丁桂鱼30万公斤至40万公斤的生产能力，在北京市丁桂鱼养殖企业当中，其生产能力名列前茅。

（郁建伟　许春平）

水　务

【概况】　2009年，房山区水务局重点实施河库治理、生态建设、安全饮水、农村治污、雨洪利用、高效节水、乡村水环境等18项重点工程建设，工程建设投资总额达到7.19亿元，再创历史新高。总投资14431万元，完成刺猬河二期治理及上游水环境治理一期工程。完成京津风沙源小流域治理工程，治理小流域9条，治理面积80平方公里；实施高效节水工程1799公顷，打井168眼，建井房168座，安装机井水表168块，棚内水表2269块，铺设输水管道732公里，年节水270万立方米；实施雨洪利用工程15处，蓄水能力66万立方米；完成管水员续聘和增补人员考试工作，共新增补管水员91名，培训1100人次，发放管水员工资补贴660万元；对全区6个乡镇、38个村、2.48万户进行一户一表及老旧管网改造，安装水表2.48万块，铺设管网593公里，供水规模9264立方米/天。

（王子璇）

【4项措施应对110天未降雨】　从2008年10月22日降雨6.82毫米至2月10日110天内，房山区境内近4个月无降雨。同期对比全区累计降雨减少16.87毫米；区境内大小13条河流，除拒马河、小清河、南北泉水河有少量基流外，其他河道基本断流。全区水库、塘坝等蓄水工程共3426处，总蓄水能力为5281万立方米，2月10日观测，蓄水量为1100万立方米，占蓄水能力的20.8%。针对逐渐显现的旱情，区水务局采取4项措施：一是抓紧实施采空区饮水水源工程建设，主要是堂上、瞧煤涧、宝地洼等村水源工程建设。打岩石井1眼，开平巷取水2处，以保障旱情加剧后村主饮水安全；二是张坊应急水源区抗旱措施，张坊应急水源区有3312.67公顷农田基本实现井灌，共有灌溉水源井127眼，仍有200公顷农田需要进行灌溉水源及配套设施建设，主要分布在长沟、大石窝、张坊3个乡镇；三是应急供水设备、设施储备及检修，购置应急供水车20辆，临时供水机泵20台，设备储存良好，能够随时调配使用；四是农业机井检查维护，提前对机井状况、设备状况、供电状况进行调查，及时发现问题，确保春灌水源安全。

（王子璇）

【2项措施确保供水安全】　一是人防：各水厂监控室24小时安排专人值班，并每天安排2名至3名工作人员对水厂周边、水源井及管线沿路进行巡视；二是技防：各集中供水厂统一安装视频监控设备，共有摄像头77个，监控主机12台，2项举措实现了对各水厂敏感部位的实时监控，并且报警系统与公安部门连接，遇有紧急情况可立即报警，确保全区供水安全。

（王子璇）

【建设民生水务】　一是健全安全饮水保障体系，开展一户一表及管网改造工程，涉及西潞、拱辰、良乡、城关、周口店、阎村6个乡镇、街道办事处38个村，供水规模达到每日9264立方米，总投资16969万元；二是以降低水资源消耗为重点，发展节水灌溉面积1233.34公顷，加强节水宣传和检查，创建市级节水型社区（单位）10个；三是建设生态清洁小流域9条，治理面积80平方公里，采用生态修复措施，继续实施拒马河水源地保护工程；四是完成城区再生水改造工程，实施城关再生水厂及回用管网工程和良乡再生水厂配套管网工程，使全区污水处理出水达到一级A排放标准；五是完成2009年新农村建设涉水工作，深化农村涉水事务管理改革，完善城区和农村供排水管护长效机制；六是通过扶持资金直接发放、技能培训、小型公益事业建设等方式，投资2044.4万元惠及大中型水库移民。

（王子璇）

【房山区召开2009年防汛抗旱总指挥部防汛工作会】　5月31日，房山区召开2009年防汛抗旱总指挥部防汛工作会，动员部署防汛抗旱工作。会议由副区长王忠海主持，区领导刘伟、祁红、郭先英、范文彦、苗立峰出席会议。会上，区水务局领导通报2009年度全区防汛抗旱形势及迎汛准备情况。区委副书记、区长、区防汛抗旱总指挥部总指挥祁红与十渡镇、霞云岭乡、西潞街道等乡镇、街道办事处代表签订安全迎汛责任书。

（王子璇　许俊熊）

【山区清洁小流域建设旅游业发展】　2009年，京津风沙源小流域治理工程，完成清洁小流域9条，涉及史家营乡柳林水，河北镇辛开口，佛子庄乡英水沟，霞云岭乡刺港，峪子沟，南窖乡北安，周口店镇泗马沟，韩村河镇上中院，大安山乡瞧煤涧9条小流域，工程建设以清洁小流域建设为核心理念，重点围绕村庄产业发展、打造山区特色环境，促进山区产业转型及产业升级，促进以旅游为中心的新的产业链的发展。

（王子璇）

【雨洪利用工程发挥作用】　3月22日，窦店村等15处农村雨洪利用工程全面开工，7月15日，15处工程全部完工、试水并投入使用，总蓄水规模95.47万立方米，投资1048.16万元，蓄水能力达到66万立方米，涵养了地下水，净化了生态环境，为新农村绿化美化提供了水源保证。

（王子璇）

【首次深入农村进行节水宣传】　8月7日，区水务局与韩村河镇联合到韩村河镇东营村进行节水宣传，共发放节水宣传册200多册，节水水桶150个。此次节水宣传进乡镇活动是全区首次举行，提高了农民的节水意识，促进了水务工作城乡一体化发展。

（王子璇　许俊熊）

【城关污水处理厂污水干线全线通水】　城关污水处理厂及配套污水管网工程是房山区城市基础设施建设重点工程，城关污水处理厂配套污水管网工程包括污水西干线、东干线和污水工业开发区干线3条线路。总长19917米，管径为0.4米至2米。2008年11月28日污水厂主体工程竣工后，配套污水管网工程于2009年9月1日全部完工，3条污水干线全部交付使用。

（王子璇）

【2009年一户一表及管网改造工程竣工】　2009年，房山区共安排6个乡镇、38个村、24832户、67390人的供水改造任务，新建及更新供水管线794984米，安装智能IC卡水表24832块、节水龙头49664个，日供水总规模为9264立方米。通过供水工程的建设和改造，改善项目区内居民生活用水，缓解和解决管网老化、跑冒漏滴严重、缺乏分户计量的被动局面，同时进行项目区内配套设施建设。

（王子璇　许俊雄）

【刺猬河综合治理工程（二期）正式启动】 2月26日，刺猬河综合治理工程（二期）正式开工。刺猬河发源于门头沟区潭柘寺镇鲁家滩村，于良乡镇东石羊村东南汇入小清河，作为穿越房山新城良乡组团的重要河流承载着城市的防洪、排水、景观等重要功能。境内河道总长度16.80公里，流域面积71.10平方公里。其中京石高速至京广铁路段3.4公里一期工程治理完毕，京广铁路桥至南六环路桥段长约3.46公里为二期治理范围。工程的主要建设内容包括：疏挖河道3.46公里，筑堤6.88公里，改建橡胶坝1座，改建跨河桥1座，新建、改建雨水口10处，修建巡河路4.75公里，河坡防护，以及绿化、美化等工程。工程前期拆迁工作3月25日结束，拆迁工作包括树木砍伐48678棵、占地19.47公顷、房屋拆迁598.51平方米及其他构筑物的拆除，拆迁资金共计3734.44万元。二期工程10月底基本竣工。

（王子璇　许俊雄）

林　业

【概况】 年内，房山区园林绿化局完成京津风沙源治理、第二道绿化隔离地区和南北沟主干路两侧绿化等10项重点工程，全年新增造林绿化面积2200公顷，栽植各类树木223万株；城市新增绿地25.74万平方米，改造绿地6.88万平方米；新农村新增绿地160万平方米。林果产业实现了提质增效，新发展设施果树1050栋，新增果树有机化栽培面积133公顷。繁育优质种苗620万株，提高了良种壮苗工程造林的使用率。国庆期间，为西城、崇文和朝阳等7个区输送鲜花300万盆。全区有9个系列36个花卉品种参加第七届中国花卉博览会，为全区花卉产业的发展拓展了新的空间。森林资源安全保障能力明显提升，新建瞭望塔哨5座、数字视频监测系统10套，细化森林防火网格1032个，查处违法用火84起，房山区获2009年度北京市森林防火先进单位。狠抓责任落实、预测预报、物资贮备和无公害防治四个环节，防治面积10.39万公顷，控制了以美国白蛾为主的林木有害生物灾害的发生。建立了征占林地、树木采伐“绿色审批通道”，保证了46项市、区重点工程项目的顺利实施。开展“打击破坏野生鸟类资源违法犯罪”“绿盾三号”等专项行动，全年查处破坏森林资源案件127起。

（张文玉）

【生态袋采购和捐赠活动在周口店镇举行】 2月20日，“生态修复 全民参与”生态袋采购和捐赠活动在周口店镇举办。国家林业局造林司副司长、气候办常务副主任李努云，首都绿化委员会副主任甘敬，北京市园林绿化局防沙治沙办公室、北京市鼓励社会力量参与生态修复协调小组办公室主任李金海，区政府副巡视员任全胜，区林业局、周口店镇领导等出席仪式。北京市鼓励社会力量参与生态修复协调小组办公室向周口店镇政府捐赠矿山修复生态袋3.2万套。生态袋具有目标性透水不透土的过滤功能，保持了水土及植被赖以生存的介质，是矿山修复工程中一种优秀的工程材料。

（殷美丽　高占月）

【房山区参选草莓样品获奖】 3月6日至8日，“第六次全国草莓大会”和“中国第四届草莓文化节”在昌平区举办。房山区长阳、青龙湖、窦店、周口店和石楼5个草莓种植基地选送优质草莓在全国精品草莓评比大赛中获奖。其中，石楼镇南庄村选送的“超越99”获一等奖和最受市民喜爱草莓第1名；周口店镇周口村的“甜查理”和广阳大地农业公司选送的“红颜”获二等奖；北京交道富恒农业技术开发有限公司选送的“童子一号”、长水园艺的“红颜”以及广阳大地公司选送的另外4个草莓样品获三等奖。

（孟令奎）

【房山区召开绿化美化表彰大会】 3月11日，房山区第26次绿化美化总结表彰暨动员大会召开。副区长王忠海作题为《坚持科学发展 建设生态文明 全面开创房山区绿化美化工作新局面》工作报告。报告系统总结2008年房山区绿化美化工作，全面部署2009年的工作任务。对2008年度在房山区绿化美化建设中，作出突出贡献的83个先进单位和100名先进个人进行表彰。区委副书记、区长、区绿化委员会主任祁红讲话。

（殷美丽）

【第25个全民义务植树日】 4月4日，是首都第25个全民义务植树日，全区以“打造绿色房山、建设绿色北京”为主题的“全民义务植树日”活动在青龙湖镇辛开口村举行。市政协副主席傅惠民，区四大部门主要领导，部分区直机关、企事业单位和部分驻区部队3000余人参加植树劳动，栽植油松、侧柏等4000余株。当天，周口店镇和长阳镇，近50个区直机关、企事业单位以多种形式踊跃参加义务植树。与此同时，北京国土资源航空物探遥感中心、北京市司法局、北京市监狱管理局等20余家驻区、赴区义务植树单位近万人，组织本单位干部职工到房山区参加义务植树劳动。据不完全统计，义务植树日前后，共有25万余人以植纪念树、造纪念林、绿地养护等多种形式参加义务植树活动。

（赵晓东）

【5月初温室大桃陆续上市】 房山区林果科技服务中心面向全区发展设施大桃300余栋，2009年进入结果期。5月初陆续成熟上市，单个果重可达到200克以上，风味和甜度均超过油桃。

（孟令奎）

【开展“地理标志产品——房山磨盘柿”国标宣贯会】 5月19日，区农委、区质监局、区林业局和张坊镇联合在张坊镇开展“地理标志产品——房山磨盘柿”（3月1日正式实施）国标宣贯活动。在宣贯会上，向广大农户宣传实施地理标志产品保护的作用和意义，为农户发放“地理标志产品——房山磨盘柿”标准和病虫害防治手册。磨盘柿作为全区果树产业的最重要的品牌，2005年开始房山磨盘柿地理标志产品保护申报工作，2006年被国家质检总局批准对房山磨盘柿实施地理标志产品保护。

（殷美丽 高占月）

【300万盆草花供应首都7城区】 区林业局、区林果科技服务中心，借助自身科技优势，成立技术服务组，为全区从事花卉生产的单位、农户提供无偿技术指导，并通过订单式生产方式，分别与朝阳公园、丰台区园林局、崇文区园林局、石景区山园林局等多家用花单位建立合作关系。四季海棠、非洲凤仙、孔雀草等30余个品种，共培植近千万盆草花，其中300万盆草花供应首都城区。

（曹宁）

【房山区集体林权制度改革动员大会召开】 11月3日，房山区召开集体林权制度改革动员大会，各乡镇（街道）党政一把手和主管领导及相关部门主要领导参加会议。副区长王忠海作题为《精心组织、狠抓落实，全面完成集体林权制度改革任务》动员报告，就全区集体林权制度改革工作进行全面部署。区委副书记、区长祁红讲话，提出具体工作要求。

（吴政颂）

【房山区园林绿化局成立】 11月12日，根据中共北京市委、北京市人民政府批准的《北京市房山区人民政府机构改革方案》和《北京市房山区人民政府关于机构设置的通知》（房政发〔2009〕28号），正式组建北京市房山区园林绿化局（简称区园林绿化局），挂北京市房山区绿化委员会办公室（简称区绿化办）牌子。区园林绿化局（区绿化办）是负责本区园林绿化工作的区政府工作部门。全系统正式干部职工 374 名。局机关设置党政办公室、园林管理科、绿化联络科、林政资源科、造林营林科、产业发展科及森林公安处；直属事业单位 7 个，即森林公安派出所 5 个、木材检查站 2 个；独立核算事业单位 8 个（房山区林果科技服务中心、复兴林木良种繁育中心、周口店林场、第一消防队、第三消防队、良乡园林所、房山园林所、房山花圃）。

（张文玉）

【2010 年度森林防火动员大会召开】 11 月 13 日，房山区召开 2010 年度森林防火动员大会，区领导刘伟、祁红、王锁群、王忠海，区森林防火指挥部成员，各丘陵、山区乡镇党委书记，各乡镇长及主管副职、重点有林单位主要领导参加会议。会上，总结了 2009 年度森林防火工作并对 2010 年度森林防火工作进行安排部署，表彰了房山区 2009 年度森林防火工作先进集体、先进个人，通报了出席北京市森林防火先进集体、先进个人名单。

（吴政颂）

【打击抢栽抢种苗木行为】 2009 年，区森林公安出动警力 600 余人次，巡逻检查车 300 余辆次，协助有关乡镇发放“禁止抢栽抢种告知书”1100 余份，拔除抢栽抢种苗木 20 余万株，为 200 余名群众解答有关疑难问题。

（赵晓东）

【建立绿色审批通道】 2009 年，为确保市区重点工程项目按时开工，按照区委、区政府的要求，区园林绿化局建立“绿色审批通道”。在轨道交通房山线（房山区段）、京石铁路客运专线等重点项目建设中，按照“一事一办、急事急办、特事特办”原则，主动服务，提前介入，大幅度缩短审批时间，共办理征占用林地 26 件，面积 94 公顷；协助办理征地手续 46 件，面积 111 公顷，保证 46 项市、区重点工程项目的顺利实施。

（赵晓东）

【林业有害生物防治工作完成】 全年病虫害发生 7500 公顷，实防 10.39 万公顷次，防治率达到 100%，无公害防治率 100%；病虫监测覆盖面积 5.22 万公顷，测报准确率达到 93%；种苗产地检疫面积 1200 公顷，检疫率达到 100%；成灾率 0.05‰。以美国白蛾为主的林业有害生物得到有效控制，保证了全区绿色景观完整。

（赵晓东）

【推广应用生物质能源】 生物质能源是可再生能源，是指由植物或有机体废弃物中提取出来的能源。文冠果是全国生物质能源树种之一，是重要的生物燃油树种，也是石油、天然气和煤的最佳替代资源。其种子含油率为 30%至 36%，种仁含油率为 55%至 67%。从 2008 年起，房山区造林工程中开始应用文冠果苗木，2009 年荒山造林工程中栽植文冠果 20 万株，经观察，其长势良好，抗性强。

（吴政颂）

【政府采购 164.2 万株苗木】 2009 年，房山区京津风沙源治理工程苗木政府采购工作结束。招标树种包括侧柏、油松、黄栌、元宝枫、文冠果等 18 个树种。领标书的育苗单位 59 家，投标单位 54 家，中标单位 50 家。

（李学东 朱英超）

工 业

【概况】 2009 年，在国际金融危机不断蔓延和持续加深的影响下，全区工业一度出现负增长，随着国家、市、区一系列帮扶措施的实施，政策拉动效应逐步显现，企业经营状况逐步好转，工业经济运行呈现企稳向好的积极变化。全年实现区域工业总产值779.75亿元，虽同比下降6.9%，但降幅比一季度末累计缩减19.4个百分点。其中：中央市属企业完成工业总产值629.82亿元；区属工业实现产值149.93亿元，同比增长15.1%，扭转了自4月以来增幅连续下降的局面。区域工业实现税收105.4亿元，同比增长3倍，对全区税收贡献率达到89.2%。区域年收入500万元以上的规模工业企业实现产值752.6亿元。按行业划分，规模以上石化企业60家，安置就业1.56万人，全年实现产值567.1亿元，占规模企业经济总量的75.4%；建材业企业发展到57家，安置就业8505人，实现产值45.3亿元，占规模工业企业经济总量的6%，其中新型建材业企业23家，安置就业2296人，实现产值10.6亿元。三大产业基地和6个农民就业产业基地总规划面积49.09平方公里，累计完成基础设施投资12.4亿元。累计入驻企业1944家，完成技工贸总收入222.9亿元，实现税收10.3亿元。其中入驻生产型企业185家，实现产值52亿元。

（薛楠）

【窦店现代制造业产业基地建设】 以窦店工业基地为起步区，前期占地约5平方公里。依托收购美国德尔福公司的产品和核心技术，打造具有核心竞争力的汽车零部件产业链，以解决北京乃至中国汽车产业“空心化”问题。2009年，以京西重工并购美国德尔福公司的悬架及制动系统项目为依托，一是交割工作如期进行。11月2日，京西重工收购美国德尔福悬架和制动业务资产交割正式完成。二是融资工作进展顺利，北京银行、华夏银行融资10.2亿元到位，为基地开发建设打下了基础。三是土地一级开发前期工作进展较快。7月15日，基地01、02街区规划通过市规委审核，起步区土地一级开发项目完成立项、规划意见书等相关工作。11月6日，征地手续通过市征地联审会，等待市政府批复。四是其他准备工作有序推进。水资源评价报告通过专家评审，天然气、供电线路及变压器、高压电缆改线等工作均取得进展。五是京西重工减震器项目正式落地。六是区政府与北京经济技术开发区的深度合作取得进展，经双方高层领导沟通，达成意向。

（薛楠）

【招商引资再创新高】 2009年，房山区围绕高端产业、劳动密集型产业、龙头企业的供应链和增值链以及高层次、复合型人才的引进，创新招商方式，拓宽招商渠道，吸引一批重大项目和优秀人才入住。全区新建、续建工业项目93个，协议总投资71.48亿元，实际到位资金22.33亿元，比2008年增长11%。其中：5000万元以上项目35个，实际到位资金16亿元。

（薛楠）

【中小企业信用担保工作再创新佳绩】 2009年，区经信委完成贷款担保项目177项，到位担保金额6.02亿元。与2008年相比，贷款担保项目数和到位金额分别增长30%和50%。累计办理担保项目达460项，到位金额达到14.2亿元。担保实力不断增强，规模扩大到7.5亿元，按目前在保额度计算，担保资金放大了12.6倍，高于全市担保机构平均放大3倍水平9倍多，创造了全市同行业担保资金杠杆作用的最好水平。经区财政支持和多渠道筹集，独立注册成立的北京燕鸿投资担保有限责任公司，注册资本金1.1亿元，并顺利通过行业A+级信用等级评定，为争取相关政策支持和独立开展担保业务创造了有利条件，对房山区担保融资平台的未来发展产生巨大的推动作用。

（薛楠）

【举办“电子商务惠及企业工程”启动仪式】 6月4日，房山区人民政府与中国中小企业协会、中国连线合作，启动“电子商务惠及企业工程”，协调引导企业加入中国中小企业信息网商务平台。中国中小企业协会会长李子彬，工业和信息化部中小企业司司长王黎明，市经济和信息化委员会副主任闫冠和，区委副书记、区长祁红出席启动仪式。全区300多家企业加入该信息平台。

（薛楠）

【举行中粮五谷道场食品有限公司开业庆典暨新品上市发布会】 10月22日，中粮五谷道场食品有限公司开业庆典暨新品上市发布会在房山区琉璃河厂址举行。区领导刘伟、祁红、王忠海出席。

（薛楠）

【区工业总公司2009年主要经济指标完成情况】 2009年，区工业总公司工业总产值实际完成31636万元，完成年计划的85.3%，同比降低24%；企业总收入实际完成61720万元，完成年计划的103.5%，同比降低16.6%；利润总额实际完成1939万元，完成年计划的66.4%，同比降低36.7%；上缴税金实际完成10491.4万元（含招商企业纳税6884万元），完成年计划的117.1%，同比降低22.5%。企业经济运行特点：国资委监管企业累计完成国资委考核的各项目标任务，但不同企业差距较大；合作企业整体上受危机影响较大，但也不乏亮点；转制企业整体上出现亏损；良工工业基地招商引资纳税同比下降。

（郝亚丽）

商业　贸易

【概况】 2009年，房山区商务工作突出促进投资、拉动消费、扩大出口、强化市场监管等重点工作。全区实现社会消费品零售额99.1亿元，同比增长10%；全区批发零售业、服务业（不含金融、保险、交通运输、仓储、邮政、电信等行业）、限额以上三资企业税收合计完成16.7亿元，同比增长65.3%，占区域税收总额的11.5%，税收规模在全区7个重点行业中保持第2位。完成国庆60周年市场供应工作。积极为企业办理商业货运车辆通行证，准备各类节日商品6000余种、粮油3000余吨。商业规模不断扩大，新开业东方电子市场、53号大厦、大南郊学生用品城、宜华城等一批大中型商品交易市场，新增营业面积20万平方米。惠民实事工程扎实开展。全年新建、升级改造11家农村集贸市场和社区菜市场，新增营业面积5万平方米，完成年度计划的220%。完成涉及16个乡镇、办事处，退耕面积5306.7公顷的2008年退耕还林补助粮供应工作，累计发放补助面粉5572吨。

全区外贸出口总额1.74亿美元，比2008年增长10.9%。年办新批“三资”企业7家，实际利用外资3689.3万美元，比2008年增长2.2%。

（白雪）

【房山区家电下乡工作启动】 1月25日，房山区“家电下乡”工作启动。自1月25日开始，一直持续到2013年1月31日。在此期间，农村村民可在指定销售网点购买彩电、冰箱(含冷柜)、洗衣机、手机等“家电下乡”产品，享受国家财政以直补方式按产品销售价格的13%给予优惠补贴。

（商务局）

【家电下乡销售金额居全市第一】 2月6日，由区商务局主办、北京华冠商贸有限公司承办的家电下乡工程在华冠购物中心正式启动。2009年，全区审核备案家电下乡销售网点共计78家，网点累计销售包括冰箱、洗衣机、空调、彩电、手机、计算机、热水器、微波炉、电磁炉等家电产品24332件，销售金额达5024万元，居全市第一。

（白雪）

【全区商业服务业网点达到1.9万个】2009年，全区商业、服务业网点总数达到1.9万个，总建筑面积190万平方米。其中：建筑面积1万平方米以上的大型网点达到30家，1000平方米以上商业零售经营企业有70家，500平方米以上餐饮经营企业有83家，拱辰、西潞、城关、燕山4个重点地区共有限上商业零售、餐饮经营企业125家，占限上企业总数的82%，初步形成了以房山新城良乡组团为核心、燕房组团为骨干、百家龙头企业为支撑，以连锁超市、综合商场、交易市场为主力业态的大中小并举、高中低档结合、各种经济成分竞相发展的流通产业格局。

（白雪）

【全区累计引进和发展生活服务超市、专卖店、便利店600家】　截至2009年底，全区累计引进和发展生活服务超市、专卖店、便利店600家，引进、发展店铺数量为2003年的2倍。其中国内外知名品牌连锁店、专卖店100余家，大部分区域性、全国性品牌连锁企业的店铺均被引进房山。生活服务连锁企业有美廉美、亿客隆、物美、国泰等；家电连锁企业有大中、国美、苏宁、中复等；餐饮连锁企业有大鸭梨、东来顺、西来顺、湘君府、淮阳天下、麦当劳、肯德基等；茶叶连锁企业有张一元、吴裕泰；药业连锁企业有同仁堂、嘉事堂、金象等；洗衣连锁企业有普兰德、荣昌等；洗浴连锁企业有权金城、海金翰等；婚庆连锁企业有薇薇新娘、巴黎风情等。社区、乡镇、千人以上大村连锁覆盖率均达到100%，居民生活质量得到明显提升。

（白雪）

【农村现代流通体系强化提升】　一是农村生活服务连锁网络进一步完善。全区发展农村生活服务连锁店铺439个，二级配送点30个，使全区乡镇、千人以上大村、行政村连锁网点覆盖率分别达到100%、100%和95%。二是农资连锁网络进一步完善。发展农资连锁门店260家，农产品主产区和生产基地连锁网点覆盖率达到95%，放心农资市场占有率达到90%，彻底扭转假冒伪劣农资充斥市场的坑农害农局面。三是农产品流通网络进一步完善。全区建设完成农村集贸市场27个；培育、提升贸工农一体化龙头企业、农产品出口龙头企业、农产品专业合作组织10家。

（白雪）

【发展现代服务业】　北京石油交易所项目快速推进，入驻企业380余家，招收网络会员企业450家，南京、南通、广州、西安、沈阳、济南、成都、大庆等10余城市申请成为北京石油交易所“区域交易中心”。行业合作进一步深化，分别与五大石化央企、中国工商银行、中国农业银行确认了战略合作协议内容，行业竞争和影响力不断增强。北京良乡西南物流基地建设扎实推进，道路等基础设施不断完善；北京集装箱结点站项目落户窦店，高端商贸城招商工作有序推进。再生资源回收体系建设进展顺利，分拣加工中心一期工程建设完成，西潞园、北潞园、行宫园、太平庄等主要社区回收网点投入使用。北京彭湃汽车主题公园功能进一步完善，二手车鉴定评估机构和经营资质获得批准，基础设施建设有序推进。北京粮油交易所正式注册，西南金港物流中心、三江宏利肉鸭配送、卓宸畜牧冷链物流等一批重点项目相继竣工，提升了全区现代服务业的发展水平。

（白雪）

【一期区储备玉米轮换工作全面展开】　房山区区级原粮储备工作于2008年3月完成。2007年购入的一期区储备玉米于2009年9月达到存储期限，为确保区储备粮质量安全，经区政府批准，区商务局、区财政局、农业发展银行房山支行共同研究决定，一期区储备玉米采取先销后购的办法轮换，2009年年底前完成轮换工作。

（白雪）

【区供销总社资产开发取得突破】 一是抓住良乡卫星城改造的机遇，在良乡进行资产置换，项目竣工后置换优质商用房1.6万平方米。二是多元投资改造陈旧商业设施6处，总面积5000平方米，提高了资产质量和收益。三是招商盘活资产5处，增加收入600万元。

（冯汉庆）

【新发展农资连锁店6个】 2009年，区供销总社新发展农资连锁店6个，连锁店总数达118个。实现农资产品销售6500吨，销售额3500万元。开展农资打假活动2次，商品合格率达到100%。

（冯汉庆）

【爱农信息驿站又有新发展】 2009年，区供销总社新建爱农信息驿站一级站5个，二级网点55个，服务网点总数达249个。为农民代收电话、手机等费用60万笔，金额2400万元。网上推销农产品金额达150万元。

（冯汉庆）

【区供销总社为农民推销农产品2100万公斤】 2009年，区供销总社全系统基层社、专业社共完成农产品推销2100万公斤，销售额4600万元。其中张坊供销社磨盘柿专业合作社帮社员销售磨盘柿120万公斤，为社员实现销售收入144万元。

（冯汉庆）

【马士杰获“首届中国儒商”称号】 10月31日，2009国际儒商高层论坛分别在北京全国政协礼堂、北京财贸职业学院举行，中国商业联合会、中国商业企业协会相关领导、国内知名儒学研究专家及来自全国各地的100余位企业家参加，就传统文化与儒商之道展开热烈研讨与交流。会上正式发布“首届中国儒商”100人名单，北京房山商贸有限公司董事长马士杰榜上有名。北京房山商贸有限公司董事长马士杰参加工作40多年来，始终未离开商业战线，曾参与领导多家商业企业建立、兼并、重组、转机建制、结构调整等重大活动并有显著的创业实绩，为房山的商业发展作出突出贡献。获全国供销合作总社劳动模范、商业部劳动模范、北京市特等劳动模范、中国第二届商业创业企业家、全国高级职业经理人、引领商业改革发展功勋企业家等荣誉称号。

（刘欣）

【完成粮食清仓查库工作】 4月13日至17日，北京市粮食清仓查库第13检查组一行18人对房山区粮油贸易总公司储粮情况全面检查，经查库存中央储备粮、地方储备粮和商品粮等账实相符，粮质正常，各项管理规章制度健全，管理规范，被北京市粮食清仓查库领导小组评为北京市粮食清仓查库工作先进单位。

（晋明宇）

【银杏东街用地项目规划许可证获批】 3月26日，经北京市规划委员会研究，批复了北京西南良乡物流基地内规划良园三路用地项目规划许可证，该地块用地性质为城市道路用地，总用地面积49596.18平方米。

（刘青峰）

【良乡物流基地项目用地规划意见书和土地预审获批】 3月27日，经北京市规划委员会研究，批复了北京西南良乡物流基地A-013、A-014等地块项目用地规划意见书，该地块用地性质为商业金融用地，总用地面积199443平方米。4月15日，经北京市规划委员会研究，批复了北京西南良乡物流基地A-043等地块项目用地规划意见书，该地块用地性质为商业金融用地、市政设施用地，总用地面积99941平方米。4月8日，经北京市国土资源局房山分局审查，批复良乡物流基地《关于物流基地A-013等地块项目用地预审申请报告》，该项目为经营性用地土地一级开发项目，东至凯旋大街，南至良园二路，西至翠柳大街，北至良园一路，项目用地总面积约19.91公顷。5月20日，经北京市国土资源局房山分局审查，批复了良乡物流基地《关于物流基地A-043等地块项目用地预审申请报告》（京国土房预〔2009〕37号），该项目为经营性用地土地一级开发项目，东至京保路（107国道），南至良园三路，西至银杏东街，北至规划白杨西路，项目用地总面积约9.99公顷。

（刘青峰）

【联合举办房山区现代物流产业专题培训班】 4月21日至23日，区委组织部、良乡物流基地管委办、区成教中心联合举办现代物流产业专题培训班，全区部分处级干部和良乡物流基地管委办全员参加。培训班通过介绍房山区物流的发展、物流产业的发展、物流基础概论等课程，帮助大家进一步认识了现代物流的发展思路和方向。

（刘青峰）

【完成良乡物流基地3.5万平方米拆迁工作】 2009年，完成1#地原区供销总社果品库、8#地涉及良乡镇5家企业中4家、白杨西路路由上3家企业的拆迁，共计大小十几家单位3.5万余平方米的拆迁面积。同时，物流基地中心区元武屯村、占地范围内的肖庄村和建设回迁选址地炒米店村就地改造的3个村搬迁安置工作，市政府批准市建委、市国土资源局上报的“三定三限三结合”定向回迁安置意见，现正进行基本农田土地置换、资金缺口的分配筹集、3条路路由上90余户住宅先行搬迁的协调和实施方案的编制工作，物流基地其他非住宅拆迁的评估工作完成。

（刘青峰）

【房山区综合行政服务中心挂牌】 2月25日，房山区综合行政服务中心挂牌。依据市编办有关批复，经区编委会议研究决定，区投资服务中心（非紧急救助服务中心）加挂北京市房山区综合行政服务中心牌子。

（曹长虹）

建筑　建材　房地产

【概况】 2009年，建筑、建材、房地产三大业对全区经济社会发展贡献率进一步提升，支柱产业作用明显。通过抓投资、强管理、调结构，三大业快速健康发展。三大业共上缴税金20.81亿元，同比增长15.3%，首次突破20亿元大关。其中，上缴房山地税17.76亿元，占全区地方税收总收入的60%，上缴税金连续10年占地税总收入的60%以上；上缴房山国税3.04亿元，占国税收入的20%。同时，三大业为全区劳动力就业和社会和谐稳定作出了积极贡献，全区从事三大业的人数达到12万多人，三大业成为解决全区劳动力就业的主要行业之一。

全区建筑业总产值完成221.7亿元，比2008年增长31.8%；房屋施工面积1892.1万平方米，增长20.5%；房屋竣工面积480.4万平方米，增长48.3%。全年新批建筑资质企业38家，增项企业7家，升级企业17家，全区有资质的建筑业企业286家。全年为15家建筑企业进行了资质升级，建筑业企业涉及的专业达到36个，并形成了施工总承包、专业承包、劳务分包3个层面的资质结构。2009年，全区建筑业共获鲁班奖3项；詹天佑奖2项；国优工程2项；市级长城杯23项。韩建集团被国家工商总局评为全国驰名商标，这是全国唯一一家获此殊荣的建筑企业。

全区建材业完成产值41亿元，同比增长45%。同时，积极抓好既有建筑节能改造工作，既有建筑节能改造是市政府57件实事之一。全年完成既有建筑节能改造11.52

万平方米，新建抗震节能型农宅260户，既有农宅增温节能改造334户。

全年房地产投资91.9亿元，同比增长166.5%。商品房开复工面积334万平方米，同比增长19.3%。完成商品房竣工面积92.3万平方米，同比增长389%。上缴税金14.1亿元，同比增长29.8%，占房山地税总收入的41%。商品房销售面积139万平方米，同比增长215%。审批办理经纪机构新增43家，全区有经纪机构公司82家。全年办理各类工程招投标83项，建筑面积73万平方米；施工工程登记58项，劳务分包工程交易235项。全年完成各类检测项目39854项，同比增长85%，完成中小学抗震鉴定25项，鉴定面积3.1万平方米，廉租房鉴定193项，鉴定面积9972平方米，房屋安全鉴定28项，鉴定面积2.3万平方米。

（刘汉卿）

【京石客运专线工程拆迁工作正式开始】 3月15日，房山区京石客运专线拆迁工作启动仪式在窦店镇北柳子村举行，区长助理张英及区建委、窦店镇等有关部门领导参加活动。窦店镇共涉及拆迁户173户，4月中旬完成全部拆迁工作；琉璃河镇外业调查、宅基地房屋及地上物的评估测量工作结束；长阳镇评估测量工作3月16日开始，3月底完成评估测量工作。京石客运专线工程在房山区的拆迁工作4月底全部完成。

（许栩）

【房山区首批经济适用住房配售仪式正式启动】 7月28日，房山区首批经济适用住房配售仪式在城关街道办事处正式启动。此次摇号将通过电脑随机摇号的方式，将摇出293户符合配售条件家庭的选房顺序号，共提供房源386套，其中城关楮榆树项目256套，是面向全市配售的4个项目之一；洪寺项目130套。两个项目的房价通过专业评估公司审核评估，确定按建筑面积4375元/平方米上报市发改委。为了确保住房保障工作公开、公平、公正，房山区按照市政府统一部署，建立“三级审核、两级公示”的管理体系，成立住房保障管理机构，全区各乡镇、街道办事处设立29个住房保障审核窗口，受理居民住房保障申请，共有929户经济适用住房申请家庭通过审核备案。

（许栩）

【保障性住房工作稳步进行】 2007年至2008年，房山区确定的6个保障性住房项目开工建设27.2万平方米，2009年主体竣工15万平方米。按照“三级审核、两级公示”程序，经济适用房街、乡初审通过1168户，复审通过1097户；7月对选择楮榆树、洪寺项目的293户住房困难家庭进行了公开摇号。廉租房复审通过321户。全年下拨廉租房补贴资金65.3万元。

（刘汉卿）

【加强小城镇基础设施建设】 2009年，区住建委为全区小城镇建设争取资金990万元，为城关街道办事处八十亩地村争取扶持资金1300余万元，确定长沟镇为房山区生态环境保护与经济发展并重的新型小城镇。推荐十渡镇和四马台村为全国旅游名镇名村的试点单位。

（刘汉卿）

【房屋拆迁工作稳步推进】 2009年，随着京石客运专线、轨道交通等国家、市区重点工程项目的陆续开工建设，房山区房屋拆迁工作任务繁重，拆迁量比过去3年的总和还要多。全年发放拆迁许可证60个，拆迁面积300万平方米，涉及拆迁住宅1.2万余户，以上3个指标均占全市总量的1/4。年底完成住宅拆迁8400余户，完成拆迁面积215万平方米。

（刘汉卿）

【老旧小区改造工作】 2009年，老旧小区改造工作为区政府为民办实事之一。改造工作主要涉及万宁小区、城关南里、南沿里小区、宜春里小区、文化路小区、一街社区、北关东路小区7个住宅小区。工程改造于10月底全部完工，下水改造438户、上水改造568户、屋面防水7741平方米、污水井清掏515座。

（刘汉卿）

【实现房屋档案的数据化利用】 根据市建委的工作要求，2007年底区建委开始了全区房屋档案的录入工作，历时2年，于2009年全部完成房屋档案录入工作，实现了房屋历史档案的数据化利用；共录入房屋档案20余万卷。全年完成房屋登记26311件，其中初始登记180件，转移、变更等登记14906件，抵押登记6491件，注销登记4734件。

（刘汉卿）

【加大执法检查力度】 2009年，区住建委执法检查全区224个单体建筑工程，下发整改通知书62份，立案处罚各类违法违规工程建设22起，处罚金额199万元。开展房地产交易市场秩序专项整治共计61个项目，下发责令整改通知8份，立案处罚4起。施工现场安全生产监管检查共计工程112项，查处隐患2000余条，下达整改通知书56份。

（刘汉卿）

【瓦窑头110千伏变电站工程获长城杯银质奖】 1月，由北京市房山城建集团有限公司承建的瓦窑头110千伏变电站工程被北京市政工程行业协会评为市政基础设施竣工长城杯银质奖。该工程为框架结构，建筑面积1381平方米，2008年10月开工，2008年11月竣工。

（田兴安　王丹）

【创建市级工法】 房山城建集团有限公司集团技术质量部和项目部组成的施工工艺研究小组，对传统防水卷材构造、工艺方面进行改进及创新，通过调查分析、反复研究及多次实验，形成“湿铺法双面自粘橡胶沥青防水卷材施工工法”。3月10日，参加北京市工程建设工法专家审定会，通过演示评比及专家提问、审定，该工法被评为北京市级工法，首次实现了沥青基材料与水泥基材料的粘结，具有广阔的推广应用前景。

（田兴安　王丹）

【房山城建集团QC小组被评为“全国工程建设优秀质量管理小组”】 4月，房山城建集团有限公司技术质量部QC小组发布《提高双面自粘防水卷材在地下防水中的施工质量》获北京市工程建设优秀质量管理小组一等奖，7月获“全国工程建设优秀质量管理小组”称号。

（田兴安　王丹）

【昊天假日酒店通过四星级复评】 3月26日，北京昊天假日酒店通过四星级酒店复核，同时被确定为“北京市党政机关会议定点协议单位”。

（包卓）

【房建股份公司首次获全国“安康杯”称号】 4月，北京房建建筑股份有限公司被中华全国总工会、国家安全生产监督管理总局评为2008年度全国“安康杯”竞赛优胜企业。此前，房建股份公司连续5年获北京市“安康杯”竞赛优胜企业称号。这也是房建股份公司首次获国家级“安康杯”竞赛优胜企业。

（包卓）

【“房山世界地质博物馆”结构封顶】 9月16日，由北京房建建筑股份有限公司施工的“房山世界地质博物馆”工程举行封顶仪式，区委常委、宣传部部长唐淑荣，区旅游局、北京房建建筑股份有限公司领导出席仪式。“房山世界地质博物馆”工程是联合国教科文组织审批，市政府立项，由市发改委投资建设的重点工程。工程位于房山区长沟镇，东临白云路，北面是云居寺路。工程总建筑面积10004平方米，总占地面积61856.79平方米，建筑总高度24米，建筑层数为3层，工程设计新颖、造型独特。工程结构形式为框架结构，施工难度较大，单层最大高度18米，梁跨度最大27米。“房山世界地质博物馆”作为北京市的重点工程，通过“结构长城杯”评审。

（包卓）

【房建集团获“全国就业与社会保障先进民营企业”称号】 11月30日，由全国工商联、人力资源和社会保障部、中华全国总工会联合举办的第三届全国就业与社会保障先进民营企业表彰大会在北京人民大会堂召开。房建集团获“全国就业与社会保障先进民营企业”称号。

（包卓）

【房建集团获首都文明标兵单位十连冠】 12月14日，房建集团自1999年至2008年连续10年被评为首都文明单位标兵，为此，首都精神文明建设委员会授予房建集团“首都文明单位标兵十连冠”荣誉称号，并颁发了荣誉证书和奖杯。

（包卓）

【焦庄110千伏变电站工程获长城杯奖】 1月，由龙建集团十七分公司承建的房山区焦庄110千优变电站工程，经过全程严格的质量监控管理，获北京市政工程行业协会“北京市市政基础设施竣工长城杯工程金质奖”。

（李博语）

【地铁四号线23标段龙背村停车场停车库工程获结构长城杯金质奖】 1月，由北京韩建集团有限公司第四分公司承建的地铁四号线23标段龙背村停车场停车库工程被北京市政工程行业协会授予“2008年度北京市市政基础设施结构长城杯金质奖”。该工程位于北京市海淀区龙背村，框架、砖混结构形式，总建筑面积28481平方米，工程2005年2月开工，2009年5月竣工验收。

（沈美娟）

【田雄获“新中国成立60周年‘三农’模范人物”称号】 9月，韩建集团党委书记、董事长田雄被中华人民共和国农业部授予“新中国成立60周年‘三农’模范人物”称号。

（沈美娟）

【西直门财智综合体金贸中心开盘】 10月31日，由韩建集团开发的西直门20万平方米财智综合体金贸中心开盘，首度开盘的是A座精装服务式公寓，开盘首日热销200套，销售额超过4亿元。项目地处西二环的优势区位，周围汇通金融街、中关村、中央政务区、国家金融产业带等六大商圈。

（沈美娟）

【北京昊远隆基总公司获3项称号】 8月28日，北京昊远隆基总公司获中国住宅产业化建设促进会、中国商业房地产协会、中国房地产品牌企业联合会、中国绿色康居工程发展研究会、亚洲住宅与环境发展研究会、全国楼市指数研究中心联合颁发的“2009中国城市建设十大杰出贡献企业”称号。总经理张宝获“2009中国城市建设十大杰出贡献企业家”称号。12月23日，该公司获中国住宅产业化建设促进会、中国商业房地产协会、中国房地产品牌企业联合会、中国绿色康居工程发展研究会、全国楼市指数研究中心联合颁发的“2009—2010中国地产100最具综合开发实力十强企业”称号。总经理张宝获“2009—2010中国地产100城市建设模范贡献人物”称号。12月，北京昊远隆基总公司在全国安全生产督导人员培训工作中，获“先进集体”称号，此奖项由全国安康杯竞赛组委会办公室颁发。

（陈娇）

【北潞馨（北潞·尚界）社区获2项称号】 8月28日，北京昊远隆基总公司开发建设的“北潞馨（北潞·尚界）”社区获中国住宅产业化建设促进会、中国商业房地产协会、中国房地产品牌企业联合会、中国绿色康居工程发展研究会、亚洲住宅与环境发展研究会、全国楼市指数研究中心联合颁发的“2009中国领袖地产十佳建筑品质经典楼盘”称号。12月23日，该项目获中国住宅产业化建设促进会、中国商业房地产协会、中国房地产品牌企业联合会、中国绿色康居工程发展研究会、全国楼市指数研究中心联合颁发的“2009—2010 中国地产十大最佳人居环境典范楼盘”称号。

（陈娇）

【昊远隆基贵州黄果树新城商业中心区项目开工奠基】 11 月 24 日，北京昊远隆基总公司举行贵州黄果树新城商业中心区项目开工奠基仪式，贵州省委副书记王富玉、副省长黄康生，房山区委副书记、区长祁红，安顺市委书记陈坚、市长罗宁，房山区副区长吴会杰等领导出席奠基仪式。黄果树新城中心商业区项目位于黄果树风景名胜区规划新城中心地带，是进出黄果树景区必经区域，是黄果树风景名胜区旅游服务基地和游客集散地，位置优势明显。项目整体占地 189637.65 平方米，将建设成为集购物、餐饮、休闲娱乐为一体，功能齐全、凸显民族特色的综合性旅游度假区。项目采用分期投资、分期滚动开发的模式，共分 3 期开发，总规划建筑面积为 26 万平方米，规划建设为商业购物区、餐饮区、综合性娱乐休闲度假和消费区，计划总投资 8 亿元，实现总收入 12 亿元，计划 4 年时间建设完工。

（陈娇）

附：

房山区 2009 年度建筑业获市级以上荣誉称号的单位、个人名单

国家级荣誉

2009 年度中国建筑工程鲁班奖

中铁建工集团有限公司承建的解放军第三零七医院新建医疗综合楼工程

中铁建工集团有限公司承建的国家图书馆二期工程暨国家数字图书馆工程

中铁建工集团有限公司承建的乞力马加罗宾馆改扩建工程

2009 年度中国土木工程詹天佑奖

北京韩建集团有限公司承建的中国电影博物馆工程

中铁建工集团有限公司承建的北京南站改扩建工程

2009 年度国家优质工程银质奖

中铁建工集团有限公司承建的宁夏图书馆工程

中铁建工集团有限公司承建的中国石油华北油田勘探开发综合楼工程

2009 年度全国用户满意工程

中铁建工集团有限公司承建的青岛卷烟厂“十五”易地改造工程

2009 年度全国建筑工程装饰奖

中铁建工集团有限公司承建的北京南站幕墙工程

2009 年度新中国成立 60 周年百项经典暨精品工程

北京燕华建筑安装工程有限责任公司承建的北京燕山石化 30 万吨/年乙烯改扩建工程

2009 年度全国工程建设优秀质量管理小组

北京市房山城建集团有限公司技术质量部 QC 小组

北京燕化天钲建筑工程有限责任公司人工挖空灌注桩 QC 小组

北京燕化天钲建筑工程有限责任公司坡屋面日本瓦 QC 小组

北京市泰华房地产开发集团有限公司泰鹏 QC 小组

2009 年度全国工程建设优秀 QC 成果奖

中铁建工集团有限公司《提高钢筋混凝土地面直接整平施工质量》成果

中铁建工集团有限公司《地下室超前止水后浇带施工质量控制》成果

中铁建工集团有限公司《攻克型钢梁与型钢柱连接安装施工难题》成果

中铁建工集团有限公司《冲孔灌注桩施工质量控制》成果

2009年度第三届百年建筑优秀作品奖

北京市泰华房地产开发集团有限公司承建的泰华龙旗广场项目

2009年度全国工程建设质量管理优秀企业

北京韩建集团有限公司

中铁建工集团有限公司

2009年度全国建筑业AAA级信用企业

北京韩建集团有限公司

2008—2009年度中国建筑业500强企业

北京韩建集团有限公司

2009年度国家施工工法

北京韩建集团有限公司EVE轻质复合外墙板

2009年度中国建设银行总行内部授信AAA级企业

北京韩建集团有限公司

2009年度全国客户信用等级AAA级企业

北京房建建筑股份有限公司

2009年度全国守合同重信用企业

北京房建建筑股份有限公司

北京龙建集团有限公司

北京市房山城建集团有限公司

2009年度全国"安康杯"竞赛优胜企业

北京房建建筑股份有限公司

北京龙建集团有限公司

2009年度全国五一劳动奖状企业

北京龙建集团有限公司

2009年度全国优秀施工企业

北京龙建集团有限公司

2009年度全国企业文化建设优秀单位

北京市房山城建集团有限公司

2009年度中国城市建设十大杰出贡献企业

北京昊远隆基房地产开发总公司

2009年度中国地产100最具综合开发实力十强企业

北京昊远隆基房地产开发总公司

2009 年度中国领袖地产十佳建筑品质经典楼盘

北京昊远隆基房地产开发总公司开发的北潞馨项目

2009年度全国建筑业优秀企业家

北京韩建集团有限公司　田兴

2009年度全国企业文化建设优秀管理者

北京市房山城建集团有限公司　王新成

2009年度中国工程建设优秀职业经理人

北京市房山城建集团有限公司　王新成

北京市房山城建集团有限公司　董瑞峰

2009年度中国城市建设十大杰出贡献企业家

北京昊远隆基房地产开发总公司　张宝

2009年度中国地产100城市建设模范贡献人物

北京昊远隆基房地产开发总公司　张宝

2009年度全国建筑业企业优秀项目经理

北京房建建筑股份有限公司　侯振昌

北京龙建集团有限公司　张振忠

北京市房山城建集团有限公司　方义

中铁建工集团有限公司　杨智艳　吴林　杨艳广　吴长路　王世明　刘会民

2009年度全国资质等级A级职业经理人

北京龙建集团有限公司　张振忠

市级荣誉

2009年度北京市建筑长城杯金质奖

中铁建工集团有限公司承建的国家图书馆二期工程暨国家数字图书馆工程

2009年度北京市建筑长城杯银质奖

中铁建工集团有限公司承建的和谐雅园3#、5#、10#楼工程

2009年度北京市结构长城杯金质奖

中铁建工集团有限公司承建的中国水利电力对外公司北京分公司办公楼

中铁建工集团有限公司承建的铁道部羊坊店住宅区旧房改造项目2#-5#楼

2009年度北京市结构长城杯银质奖工程

北京韩建集团有限公司承建的良乡医院门急诊楼工程

北京韩建集团有限公司承建的瑞雪春堂A区2#、3#楼工程

北京韩建集团有限公司承建的瑞雪春堂A区4#、5#楼工程

北京韩建集团有限公司承建的瑞雪春堂A区22#、23#楼工程

北京韩建集团有限公司承建的瑞雪春堂D区6#、12#楼工程

北京韩建集团有限公司承建的瑞雪春堂D区7#、13#楼工程

北京韩建集团有限公司承建的瑞雪春堂D区17#、20#楼工程

北京韩建集团有限公司承建的瑞雪春堂D区8#、14#楼工程

北京房建建筑股份有限公司承建的北京西南公路货运主枢纽配套服务用房和附属用房及地下车库

北京房建建筑股份有限公司承建的北京邮电大学科研大楼

北京龙建集团有限公司承建的腾龙家园住宅小区C7#楼工程

北京龙建集团有限公司承建的腾龙家园住宅小区C组团C2#-C4#、C10#-C12#及1#地下车库工程

北京龙建集团有限公司承建的腾龙家园住宅小区C8#、3#地下车库

北京龙建集团有限公司承建的腾龙家园住宅小区C5#、C6#、2#地下车库

北京龙建集团有限公司承建的瑞雪春堂住宅小区A区1#楼

北京龙建集团有限公司承建的华实生产用房1#楼、2#-1楼

北京燕化天钲建筑工程有限责任公司承建的北京燕化富燕新村3区多层住宅工程

2009年度北京市市政基础设施竣工长城杯银质奖工程

北京市房山城建集团有限公司承建的瓦窑头110kv变电站工程

2009年度北京市市政基础设施结构长城杯金质奖工程

北京韩建集团有限公司承建的23标段龙背村停车场停车库工程

2009年度北京市青年优质工程

北京龙建集团有限公司承建的理工大学数字化图书馆工程

2009年度石化系统优质工程奖

北京燕华建筑安装工程有限责任公司承建的中石化北京燕山石化公司动力事业部第一热电站燃油锅炉改造工程

北京燕华建筑安装工程有限责任公司承建的中石化北京燕山分公司1000万吨/年炼油系统改造工程—800万吨/年常减压蒸馏装置

2009年度北京市文明安全工地

北京韩建集团有限公司承建的瑞雪春堂小区10#、21#、24#住宅楼、6#配套公建

北京韩建集团有限公司承建的瑞雪春堂小区9#、15#、18#、19#住宅楼、5#配套公建

北京韩建集团有限公司承建的瑞雪春堂小区2#、3#配套公建、K4地下车库、小学及小学门房、幼儿园及幼儿园门房

北京韩建集团有限公司承建的东沙河中区1#、2#、3#住宅楼

北京房建建筑股份有限公司承建的中国核工业科技馆

北京房建建筑股份有限公司承建的恒通创新木塑厂厂房A、B、C及研发楼

北京房建建筑股份有限公司承建的房山世界地质公园博物馆及附属设施

北京龙建集团有限公司承建的良乡佳世苑小区二期21#住宅楼

北京龙建集团有限公司承建的糖榆树小区经济适用房6#、7#、8#住宅楼

北京市房山城建集团四分公司承建的昌平区回龙观（黄土店）多功能用地项目（泰华·隆旗广场）5#楼

北京市房山城建集团四分公司承建的昌平区回龙观（黄土店）多功能用地项目（泰华·隆旗广场）6#楼

北京市长阳金恒通达建筑有限公司承建的杨庄子回迁区1#–6#住宅楼

中铁建工集团有限公司承建的北京南站站房综合楼及冷冻站工程

2009年度北京市工程建设优秀质量管理小组

北京韩建集团有限公司田广富QC小组

北京龙建集团有限公司施工管理部QC小组

北京龙建集团有限公司技术质量部QC小组

北京市房山城建集团有限公司技术质量部QC小组

北京市房山城建集团有限公司十七公司QC小组

北京市泰华房地产开发集团有限公司泰鹏新时代QC小组

北京市泰华房地产开发集团有限公司泰鹏先锋QC小组

北京市泰华房地产开发集团有限公司泰鹏QC小组

北京市泰华房地产开发集团有限公司佳园物业QC小组

2009年度北京市施工工法（2个）

北京韩建集团有限公司 EVE轻质复合外墙板施工工法

北京市房山城建集团有限公司 湿铺法双面自粘橡胶沥青防水卷材施工工法

2009年度中国石化系统优秀施工工法（5项）

北京燕化天钲建筑工程有限责任公司 高压聚乙烯反应坝施工工法

北京燕化天钲建筑工程有限责任公司 高压住宅剪力墙结构施工工法

北京燕化天钲建筑工程有限责任公司 工业混凝土烟囱筒壁移模施工工法

北京燕华建筑安装工程有限责任公司 大直径塔设备制造工法

北京燕华建筑安装工程有限责任公司 裂解气干燥器卧置焊后整体热处理工法

2009年度北京市工程建设质量管理先进单位

北京韩建集团有限公司

2009年度北京市建设行业诚信企业

北京韩建集团有限公司

北京房建建筑股份有限公司

北京龙建集团有限公司

北京市房山城建集团有限公司

中铁建工集团有限公司

北京燕华建筑安装工程有限责任公司

北京燕化正邦设备检修有限公司

北京市昌厦建筑工程有限公司

北京碧鑫水务有限公司

北京鑫峰路桥水利工程有限公司

北京恒立伟兴建筑工程有限公司

北京中铁房山桥梁有限公司

北京市房山区龙华建筑工程公司

北京京航建筑有限责任公司

2009年度北京市市政行业诚信企业示范单位

北京韩建集团有限公司

2009年度市级安全质量管理先进单位

北京韩建集团有限公司

2009年度北京市纳税信用A级企业

北京韩建集团有限公司

北京房建建筑股份有限公司

北京龙建集团有限公司

北京市房山城建集团有限公司

北京燕华建筑安装工程有限责任公司

北京市房山区龙华建筑工程公司

2009年度北京市质量AAA级单位

北京韩建集团有限公司

北京市房山城建集团有限公司

2009年度北京市质量卓越单位

北京韩建集团有限公司

北京市房山城建集团有限公司

2009年度北京市用户满意企业

北京韩建集团有限公司

北京市房山城建集团有限公司

2009年度北京市建行信用等级AAA级企业

北京韩建集团有限公司

北京房建建筑股份有限公司

北京龙建集团有限公司

北京燕华建筑安装工程有限责任公司

2009年度北京市地方税务系统纳税千强企业

北京房建建筑股份有限公司

2009年度北京市模范职工之家

北京房建建筑股份有限公司

北京龙建集团有限公司

2009年度北京市安康杯竞赛优胜单位

北京房建建筑股份有限公司

2009年度北京市优秀青年突击队标杆

北京房建建筑股份有限公司李建伟青年突击队

2009年度北京市优秀青年突击队

北京房建建筑股份有限公司武卫青年突击队

北京房建建筑股份有限公司李建伟青年突击队

北京龙建集团有限公司王志乾青年突击队

2009年度北京市优秀建筑企业

北京龙建集团有限公司

2009年度北京市质量信得过单位

北京市房山城建集团有限公司

2009年度北京质量管理贡献企业

北京市泰华房地产开发集团有限公司

2009年度北京市优秀建筑企业家

北京韩建集团有限公司　田兴

北京龙建集团有限公司　许世臣

2009年度北京市优秀职工之友

北京房建建筑股份有限公司　王会

2009年度北京市优秀工会工作者

北京房建建筑股份有限公司　王锦华

2009年度北京质量管理贡献企业家

北京市泰华房地产开发集团有限公司　肖希鹏

2009年度北京市诚信企业家

北京燕化正邦设备检修有限公司　严生

2009年度北京市优秀项目经理

北京韩建集团有限公司　王清　杨冬雪

北京房建建筑股份有限公司　李国珍

北京龙建集团有限公司　于明忠

北京市房山城建集团有限公司　牛振国

中铁建工集团有限公司　吴长路　袁禧泉

2009年度中石化系统优秀项目经理

北京燕华建筑安装工程有限责任公司　李江　王棉东

2009年度北京市优秀青年突击队队长

北京龙建集团有限公司　郭金良

2009年度首都劳动奖章（1名）

北京市房山城建集团有限公司　隗东林

旅　游

【概况】 2009年，全区旅游业共接待游客898.8万人次，实现旅游综合收入11.5亿元，同比分别增长26.5％和12.7%。旅游规划工作取得新成果。全区投入资金750万元，聘请国内一流的规划设计单位和专家，完成了《房山世界地质公园总体规划》《山区生态修复与综合利用发展规划》《旅游产业项目发展规划》三位一体的规划编制工作。同时，编制完成《南线十渡山水文化旅游带》《北线山野奇趣生态度假带》《中线长石绿色养生休闲带》《石花洞玫瑰休闲港》《霞云岭红色旅游线》等7个重点项目规划，完成西庄、东港、霞云岭3个“一村一品”创意策划。全年共争取各级旅游专项资金4.1亿元。重点项目建设取得新突破。先后启动河北玫瑰园、颐年山庄、霞云岭鲲鹏大峡谷、大石窝美石谷、蒲洼生态观光基地等19项重点建设工程，全年完成投资7.58亿元。南北沟主干路旅游环境治理工程成效明显，完成绿化433.3公顷，新建停车场、停车港湾59个。房山世界地质公园博物馆建设进展顺利，完成主体工程。历史文化旅游集聚区重点工程有序推进，长沟旅游集散特色镇建设规划编制完成，建设项目全面展开；云居国际文化园项目破土动工，周口店遗址博物馆迁建工程开始拆迁，周口店原始公社项目完成规划编制。乡村旅游发展步伐明显加快，投资1.4亿元，推动周口店乡村酒店、十渡山水人家、佛子庄养生山吧、南窖水峪古村及河北、蒲洼生态节能环保小屋等新型业态发展。旅游品牌质量得到新提升。深入开展"四创"活动，全年新评定A级景区2家，总数达到19家，居全市第二；新评定星级饭店6家，总数达到41家，居京郊第三；"高尔夫"首次纳入旅游行业管理，房山岩溶地貌被批准为国家自然文化遗产，房山世界地质公园被批准为国土资源科普示范基地。旅游市场营销取得新成效。以"走进中国房山世界地质公园"为主题，全区投入资金1400余万元，在北京电视台、北京交通台开展广告宣传；拍摄房山旅游风光片在全国140家电视台展播；举办房山旅游整体推介新闻发布会；组织15家景区到周边10城市进行旅游大篷车巡展；在首都大专院校、百家社区进行宣传促销，发放《房山旅游一册通》等宣传资料5万余份；推出房山世界地质公园优惠年票，持卡人达到1.3万人，实现"一卡在手，畅游房山"；落实老年人优惠政策，实现所有A级景区对老年人免票；以第十五届房山旅游文化节为重点，举办北京国际长走大会、云居寺佛祖肉身舍利展、上方山登山节、舞动的蒲洼等28项特色旅游活动，提升了房山旅游的知名度，扩大了对外影响力。旅游服务环境得到新改善。投资7500余万元，启动石花洞——银狐洞景区联络线建设工程；完成琉璃河、长沟等9个咨询服务站（点）建设，改造5家AAAA级景区的游客服务中心，完善19家A级景区的服务接待设施，新建旅游标识牌40块，新建野外救援灯杆7处；组织开展行业培训30期，培训旅游从业人员3000余人次，全区旅游服务和接待水平有新的提高。

（隗功霞）

【房山区获2009北京春节黄金周优秀旅游活动最佳活动组织奖】 2月9日，在北京市旅游行业协会主办的2009北京春节黄金周优秀旅游活动评选中，房山区获"最佳活动组织奖"。2009年黄金周期间，房山区以"北京人"回家看看——房山请您来过年为主题，面向广大游客推出了相约周口店、云居滑雪撞钟迎祥、溶洞科普观光、新春庙会、温室采摘、农家过大年6大系列12项特色活动。吸引了众多游客到房山过年，全区接待游客17万人次，同比增长249%；实现旅游综合收入581万元，同比增长39.7%。

（隗功霞）

【举行云居寺南塔复建募捐仪式】 3月22日，云居寺南塔复建募捐仪式举行。区领导郭先英、范文彦、唐淑荣、王忠海、高维魁出席活动，并为募捐箱揭彩。南塔是云居寺标志性建筑。据史料记载：南塔原名"释迦佛舍利塔"，始建于辽天庆七年（1117），举高20余米，13层密檐，四周由宇墙围合成玲珑塔，建造技艺精量，远望巍峨挺拔，近看雕饰华美，蕴涵深厚，历史悠久，具有极高的文物价值。该塔1942年被毁。

（隗功霞）

【区相关单位参加旅游大篷车巡展】 3月16日至26日，石花洞、周口店北京人遗址、十渡拒马乐园等12家旅游景区到天津、秦皇岛、沧州、锦州、葫芦岛等3省10市开展旅游大篷车巡展，并参加"河北国际旅游展"。与180余家旅行社签订意向协议500余份，发放资料1.6万份。

（隗功霞）

【举行房山世界地质公园博物馆奠基仪式】 3月29日，房山区举行房山世界地质公园博物馆奠基仪式。区领导祁红、郭先英、范文彦、唐淑荣、王忠海、吴会杰，区旅游局、发改委、建委等区直相关单位，长沟等乡、镇、街道办事处，旅游景区代表，房山世界地质公园博物馆规划设计单位、承建单位等

200 多人参加奠基仪式。奠基仪式由副区长吴会杰主持，副区长王忠海对房山世界地质公园和博物馆建设情况进行了简单介绍。

（隗功霞）

【《周口店遗址保护管理办法》开始施行】 6 月 1 日,《周口店遗址保护管理办法》开始施行。《周口店遗址保护管理办法》经北京市人民政府第 31 次常务会审议通过，市政府第 212 号令公布。

（隗功霞）

【清明小长假全区旅游综合收入 790 万元】 清明小长假期间，全区接待游客 10.04 万人次，同比增长 6.1%；实现旅游综合收入 790 万元，同比增长 15.3%。其中 A 级及主要旅游区（点）共接待游客 7.9 万人次，实现旅游综合收入 727 万元，分别占接待总量的 79%和 92%；星级饭店共接待游客 3413 人次，实现旅游综合收入 42 万元，分别占接待总量的 3.4%和 5.3%。

（隗功霞）

【"百家电视台走进房山"活动正式启动】 4 月 12 日至 16 日，"百家电视台走进房山"活动正式启动。由中国电视艺术家协会旅游电视委员会组织北京、河北、石家庄、山西、太原、烟台、西安、沈阳等 20 余家电视台对石花洞、周口店遗址、上方山、云居寺、十渡、圣莲山、百花山等重点景区进行拍摄，制作专题片，"五一"黄金周前在各电视台播放。并为房山旅游整体拍摄制作《跟我走吧——房山专辑》，为石花洞拍摄《跟我走吧——房山石花洞》。

（隗功霞）

【北京旅游咨询服务中心长沟站正式启动】 5 月 1 日，北京旅游咨询服务中心房山长沟站正式启动。副区长王忠海参加咨询站揭牌仪式。北京旅游咨询服务中心房山长沟站是市政府在全市 10 个区县建设的高速公路延长线旅游咨询服务站之一，位于长沟镇云居寺路北侧，建筑面积 300 平方米，于 3 月 10 日正式施工，4 月 29 日竣工。该咨询站除提供旅游咨询服务外，还设置了游客休息旅游代理、农副产品展示、投诉受理等综合服务项目。全区投资 835 万元完成琉璃河、长沟、十渡、佛子庄、张坊、良乡利民恒华 6 个咨询站点的建设。

（隗功霞）

【"五一"假日旅游接待游客 39.42 万人次】 "五一"假日旅游实现"安全、秩序、质量、效益"四统一的工作目标。十渡风景区蹑足登山挑战极限、石花洞自驾车 + 玫瑰花园之旅、云居寺浴佛节、登圣莲山品老子文化、游览周口店遗址 体验远古文明、上方山登山踏青赏花节、青龙湖水上游乐园踏青植树等 10 项特色旅游活动，吸引众多游客走进房山，收获新体验，享受新快乐。"五一"期间，全区接待游客 39.42 万人次，实现旅游综合收入 4155.1 万元，同比分别增长 29.7%和 50.7%。其中以十渡风景区为龙头的南线旅游接待游客人数和旅游综合收入均占全区总量的 80%以上。

（隗功霞）

【"北京 2009 第六届'青龙湖国际城杯'龙舟邀请赛"开幕】 5 月 24 日，"北京 2009 第六届'青龙湖国际城杯'龙舟邀请赛"开幕。龙舟赛由市旅游局、丰台区政府、房山区政府共同主办，以"庆端午欢乐竞渡，盼国庆龙耀神州"为主题，共有来自全国各省市的 60 支代表队参赛。市政府副秘书长安钢，市旅游局、丰台区、房山区领导，及国际著名影星成龙等各界嘉宾出席此次龙舟邀请赛。安钢、成龙共同给龙舟"点睛"。成龙、付笛声等明星的精彩演出把活动推向高潮。经过近两个半小时的角逐，装甲兵工程学院队夺得龙舟邀请赛第 1 名，铁甲队和南宫温泉假日队分获第 2 名和第 3 名。

（隗功霞）

【全区端午节假日旅游共接待游客 16.6 万人次】 端午节期间，全区旅游系统精心策划并实施游周口店遗址 体验远古文明、快乐假日——探石花洞奇观、端午节来云居寺求取艾枝花环、游上方山云水洞听洞中石琴、端午节游东湖港“河中投粽”过佳节、“绿海甜园 都市庭院”富恒樱桃采摘节、房山长阳镇果品采摘节等 9 项特色旅游活动。全区共接待游客 16.6 万人次，同比增长 24.2%；实现旅游综合收入 1644.2 万元，同比增长 25.7%。

（隗功霞）

【京城 30 余家媒体记者对房山区进行考察】 6 月 5 日至 6 日，北京市旅游局组织 50 余名记者对房山区进行考察。《北京日报》《北京青年报》《参考消息》，北京电视台、中央人民广播电台、新浪网、搜狐网等 30 余家京城媒体的 50 名记者，对房山区进行为期 2 天的集中考察。考查重点是房山区旅游咨询站建设情况和十渡、石花洞等重点景区发展情况。

（隗功霞）

【琉璃河镇被评为“中国特色产业发展特色镇”】 6 月 7 日，琉璃河镇被中国城市经济杂志社和公共世界杂志社评为“中国特色产业发展特色镇”。全国共有 14 个乡镇获此殊荣。另外，十渡镇被授予“中国文化旅游特色镇”。

（隗功霞）

【北京市鲟鱼烹饪大赛在房山区举办】 6 月 12 日，“北京市鲟鱼烹饪大赛”在十渡镇中国水产科学院鲟鱼繁育中心举办。十渡镇双水河度假村、望佛台山庄等来自北京各郊区县的 23 个参赛队参加比赛。经过角逐北京功德福餐饮有限公司、北京渔夫水产技术开发中心等 5 个代表队获一等奖，顺峰饮食酒店管理有限公司获特等奖。

（隗功霞）

【举办“洞感银音”溶洞音乐会】 7 月 11 日，为纪念银狐洞景区发现 18 周年，在银狐洞内的音乐厅举办“洞感银音”溶洞音乐会。来自佛子庄乡上英水村的老艺人们，为现场的游客和记者们了一场当地民间传承的“银音会”。

（隗功霞）

【中国国民党名誉主席连战到云居寺参观访问】 7 月 28 日，中国国民党名誉主席连战到云居寺参观访问。区领导刘伟、张祝华等陪同。连战一行首先参观云居寺石经地宫、佛骨舍利、云居寺北塔、龙藏真经等珍贵的文物古迹。连战还亲手拓印了龙藏木板经，体验了中华古老文化的神奇。参观结束时，连战为云居寺题写“石藏佛经山有灵、窟纳舍利福无疆”。

（隗功霞）

【举办周口店遗址文化节】 8 月 15 日，周口店遗址文化节开幕。文化节包括模型制作、参与发掘、模型装架、化石鉴定、专家讲座、打制使用石器模拟仿古体验、人工取火表演与体验等内容，文化节 8 月 30 日结束。

（隗功霞）

【中国地质博物馆馆长贾跃明等到房山区考察】 9 月 11 日，中国地质博物馆馆长贾跃明等到房山区考察。区委常委、宣传部部长唐淑荣陪同考察。房山世界地质公园管理处领导就房山世界地质公园整体情况向与会领导做了介绍，并希望中国地质博物馆在房山世界地质公园博物馆建设及科研科普教育、机构和岗位设置、科普宣传、展陈标本内容等建设方面给予指导。中国地质博物馆领导对房山世界地质公园的整体情况和博物馆建设情况及展陈设计方案给予肯定。

（隗功霞）

【区旅游局参加 2009 年中国旅游产业节】 9 月 21 日，区旅游局参加“2009 年中国旅游产业节”。由国家旅游局和天津市人民政府共同主办，以“旅游产业的盛会，合作共赢的舞台”为主题的首届中国旅游产业节，9 月 20 日在天津开幕。来自五大洲 60 余个国家和地区的旅游业者汇聚天津。房山区共发放各景区资料 5000 余份，接受现场咨询1000余人次。

（隗功霞）

【举行走进房山世界地质公园——房山旅游推介新闻发布会】 9月24日，房山区举行走进房山世界地质公园——房山旅游推介新闻发布会。进一步对外推介、宣传、展示房山旅游“北京之源、地学摇篮、神奇秀地、休闲家园”的全新形象。市委宣传部、市旅游局领导，区委常委、宣传部部长唐淑荣，副区长王忠海等出席活动。发布会重点介绍房山旅游特色资源、国庆中秋假日旅游系列活动以及近期重点招商项目。来自《中国旅游报》《农民日报》《北京青年报》《竞报》《香港文汇报》，北京电视台、北京广播电台、千龙网等34家市级以上新闻媒体记者到会，针对房山旅游特色、推介项目内容等作了了解。

（隗功霞）

【“南窖金秋采摘节”开幕】 9月28日，“南窖金秋采摘节”开幕。开幕式重点推介了南窖乡九九桃王、良乡板栗、京枣39、黄金茶等特产产品，同时还推出“游览明清古村落——水峪村，采摘中华寿桃——九九桃王”旅游线路。

（隗功霞）

【原国土资源部领导指导韩村河奇石园新址规划建设工作】 10月13日，原国土资源部领导到房山区指导韩村河奇石园新址规划建设工作。地矿部原部长、中国产业发展促进会副会长宋瑞祥，原国土资源部副部长、中国观赏石协会会长寿嘉华，原中国地质科学院院长、世界地质公园高级评审专家赵逊等，在区领导刘伟、唐淑荣、王忠海、吴会杰陪同下，到大石窝镇汉白玉文化艺术宫、韩村河镇奇石园新址进行了实地查看并提出建设性意见。

（隗功霞）

【周口店北京人遗址被评为“我心目中的新北京十六景”】 10月23日，周口店北京人遗址在第十一届北京国际旅游节上被评为“我心目中的新北京十六景”。此次文化节上，周口店北京人遗址作为新北京十六景之一进行了花车模型展示。

（隗功霞）

【东湖港景区被授予《北京青年报》读者登山基地】 10月24日，区旅游局、区体育局、十渡镇政府与北京青年报社联合主办东湖港杯“九九重阳”《北京青年报》读者登高比赛，《北京青年报》读者俱乐部会员200余人参加，正式授予东湖港景区为“《北京青年报》读者登山基地”。北京青年报社常务副总编田科武，区旅游局、十渡镇风景区管委领导参加活动。

（隗功霞）

【举行房山世界地质公园高级顾问聘任仪式】 11月15日，房山世界地质公园高级顾问聘任仪式在北京饭店举行。市委副书记、政法委书记王安顺，副市长丁向阳，市国土资源局领导，区领导刘伟、祁红、王忠海出席仪式。地矿部原部长宋瑞祥，原机械部部长包叙定，原建设部常务副部长刘志峰，原国土资源部副部长、中国观赏石协会会长寿嘉华，原中国地质科学院院长、世界地质公园评委赵逊被聘为房山世界地质公园高级顾问。

（隗功霞）

【四马台村高山风光休闲之旅被评为一村一品美丽乡村十佳精品旅游线路】 年内，四马台村高山风光休闲之旅被评为2009年度“一村一品美丽乡村十佳精品旅游线路”。此次评选活动是由北京市旅游局组织，采取网络投票和专家评委评选相结合的方式，综合评选产生了10条2009年度“一村一品美丽乡村十佳精品旅游线路”。四马台村高山风光休闲之旅线路为“没有共产党就没有新中国”纪念馆——四马台民俗村——白草畔自然风景区。

（隗功霞）

【房山区3项作品被评为“北京礼物”候选产品】 11月26日，“北京礼物”创意产品征集大奖赛——第七届北京旅游商品设计大赛颁奖仪式举行。该活动由北京市旅游局、北京市发展和改革委员会等单位联合举办。房山区石花洞六景徽章套装、“京之源”农产品包装、华人世家盘扣饰品3项作品获优秀奖并成为“北京礼物”候选产品。区旅游局获最佳组织奖。

（隗功霞）

【房山区参加北京文化创意产业博览会】 11月29日，北京文化创意产业博览会落下帷幕，同时，北京（房山）历史文化旅游集聚区参展工作结束。集聚区展台面积共81平方米，展台正中为房山中央休闲购物区主题展区，展区内通过声、光、电等现代方式对周口店“古”文化旅游区、云居寺“经”文化旅游区、大石窝“石”文化旅游区、上方山“山”文化旅游区和长沟“水”文化旅游区5大园区丰富的自然和人文资源进行充分展示。文博会期间，共接待参观者2万余人，发放宣传册2000页，发放宣传品1万余件。最终有7家单位和个人与集聚区初步达成合作意向。同时，周口店北京人遗址作为文博会分会场举办以寻根溯源、传承文明主题系列活动，4天接待游客1000余人。北京（房山）历史文化旅游集聚区获“最佳展示”“最佳组织”。

（隗功霞）

【水头村被评为“2009年度北京最美的乡村”】 经过历时半年的宣传评选，由中共北京市委农村工作委员会、北京市农村工作委员会、北京市旅游局主办的2009年度“北京最美的乡村”揭晓，大石窝镇水头村被评为2009年度北京10个最美的乡村之一。房山区良乡镇后石羊村获得提名奖。至此全区有大石窝镇南河村、水头村，霞云岭乡四马台村，窦店镇河口村4个村获此殊荣。

（隗功霞）

【房山区推出房山旅游代金券套票】 2009年，房山区旅游局整合云居寺、周口店北京人遗址、上方山国家森林公园、孤山寨、东湖港、十渡拒马乐园、仙栖洞、银狐洞等13家景区，推出房山旅游代金券套票，每套票提供优惠代金金额合计190元，共印制2.2万张，总优惠金额400万元。

（隗功霞）

【石花洞开展“地质知识有奖竞答”活动】 2009年春节黄金周期间，石花洞开展“新春游地质科普知识有奖竞答”活动。活动以石花洞地质知识有奖竞答为主，以景区旅游接待服务、品牌建设等相关知识为辅，容知识性、趣味性于一体。1300多人参加活动，评出一等奖20名、二等奖308名、三等奖534名，发放纪念品1000多册。

（管志龙）

【石花洞再现“膜足硬肢马陆”】 5月以来，石花洞内出现了三五成群的膜足硬肢马陆。膜足硬肢马陆隶属蒙古马陆科，无脊椎动物，是1982年中国科学院动物研究所张崇洲教授首次发现的中国洞穴动物一新种，石花洞中独有，使中国的马陆种属由3种增至4种。随着石花洞的开发和对外开放，洞内湿度渐进降低，洞内温度有所升高等因素，打破了洞内原始环境，使得石花洞洞内独有动物膜足硬肢马陆数量逐渐稀疏了。为了保护穴居动物，近些年来，石花洞风景区管委采取了改造密封洞口出入大门、进行洞内灯光改造、加强洞内卫生管理、完善洞内设施、加大宣传力度、与北京市地质调查研究院合作观测洞内环保技术指标、提高科学管理水平等一系列措施，恢复了膜足硬肢马陆往日的生存环境。它们拥有了自己的活动空间，昼伏夜出觅食，繁衍生息，逐渐地多起来。

（管志龙）

【石花洞实施“巡更系统”】 6月1日起，石花洞风景区导游员进洞讲解、进洞维护游览秩序和清扫卫生、电工班人员进洞维修供电线路均要携带“巡更棒”。用“巡更棒”点击安装在1层至4层全长2500米游览线路上不同层次、不同景观处的“信息点”，以此获取信号，待员工出洞工作结束再将巡更棒获取的洞内信号通过通讯座读取后输入电脑。在电脑控制中心，按事先编制好的程序，自动记录每名职工进洞的时间、次数、点位，凭此登记员工考勤并核发进洞劳保补助。这样，结束了长达20余年依靠人力登记进洞考勤的传统管理办法，有效地避免了洞中接待丢弃游客、少讲景观、工作不到位等不良现象。

（管志龙）

【石花洞风景名胜区管理处成立】 6月4日，北京市房山区石花洞风景区管理委员会更名为北京市房山区石花洞风景名胜区管理处，更名后，其机构性质由区直属相当正处级自收自支事业单位调整为区直属相当正处级全额拨款事业单位。管理处隶属区政府和石花洞风景名胜区管理委员会领导。管理处内设办公室、规划发展科、综合管理科3个相当科级机构，共10人，其中，相当处级领导职数1正2副、相当科级职数3名。同时，成立北京市房山区石花洞旅游服务中心，为管理处所属相当正科级自收自支事业单位。

（管志龙）

金融　保险

【概况】 截至2009年底，全区各类金融机构人民币存款余额达到578.3亿元，比2008年增长40.6%。城乡居民储蓄余额达到334.3亿元，比2008年增长27.4%。全区各类金融机构贷款余额达到141.8亿元，比2008年增长22.2%。

（统计局）

【工商银行房山支行举办刷卡促销活动】 9月至10月，工商银行房山支行利用“金九银十”黄金时间段联合本地区5家较大商户开展“牡丹盛放20载 感恩回馈多重礼”刷卡促销活动。

（姜冬梅）

【发放贷款46.56亿元】 2009年，建设银行房山支行向房山区土地整理储备中心、四大建筑集团、房地产开发企业等累计发放企业贷款61笔、35.67亿元，其中包括3笔2000万元小企业流动资金贷款。面向城乡居民发放个人住房商业贷款1489笔、7.13亿元，发放个人住房公积金贷款960笔、3.76亿元。全年累计发放贷款46.56亿元。

（郭文晖）

【服务拆迁项目引导居民储蓄】 2009年，建设银行房山支行针对房山区重点拆迁安置项目资金发放工作，主动提供金融服务，引导居民储蓄。为长阳镇杨庄子等村、拱辰街道小西庄村以及其他拆迁安置项目办理拆迁资金发放工作，吸收储蓄存款近6亿元。

（郭文晖）

【农业银行房山支行存款突破100亿元】 9月14日，农业银行房山支行各项存款余额突破百亿元大关，达到100.1亿元。截至年底，各项存款余额达到113.67亿元，比年初增加60.32亿元，增量同业排名第一，其中储蓄存款净增20.34亿元，占本地区4大银行增量的40.71%，在北京分行排名第三，同业排名第一。

（赵宏）

【举办个人征信宣传活动】 10月26日，农业银行房山支行开展“珍爱信用记录，提高信用意识”为主题的征信知识宣传活动，向群众发放宣传折页，并讲解人民银行个人征信政策。

（赵宏）

【发放贷款 4.37 亿元支持地区基础设施建设】 2009年，农业银行房山支行为大力支持全区基础设施建设，向房山区水务建设工程办公室承贷的刺猬河二期改造项目发放贷款3734万元，11月20日发放新农村基础设施建设贷款4亿元。

（赵宏）

【实现政府非经营性项目贷款新突破】 农业发展银行房山支行自年初开始，把新农村"五项基础设施"建设贷款的营销工作放在各项工作的首位。发放2亿元贷款，用于支持房山区五项基础设施建设。此笔贷款发放后，硬化、修复房山区20个乡镇411个行政村的738万平方米破损路面；绿化301万平方米的街坊路；46个行政村建设污水处理设施。此外，兴建4个乡镇小型垃圾处理厂，并为上万户农村家庭进行厕所改造、老化供水管网改造和安装水表等。

（吴景温）

【中国邮政储蓄银行长沟支行正式挂牌成立】 6月16日，在房山区私个协的协调下，中国邮政储蓄银行北京房山区长沟支行正式挂牌成立，区帮扶办、区私个协长沟分会和乡镇主要领导以及长沟和张坊两地的50余家企业负责人参加挂牌仪式。仪式上，北京京房彦青石材厂作典型发言，介绍了企业与邮政储蓄银行房山支行多次合作的经验。中国邮政储蓄银行北京房山区长沟支行与长沟首家客户现场签订了贷款发放协议，正式开始为长沟和张坊两地的中小企业提供信贷服务。

（许世岭 张东立）

【2名学生获平安保险赔偿】 姜某、杨某为房山区某校学生，共同投保中国人寿保险股份有限公司北京市房山支公司开办的中小学生平安保险，年交保费60元。10月9日，两人乘车时遭遇车祸，在医院住院治疗。按照条款规定，依伤情姜某获赔16893.76元，杨某获赔9526.47元。

（马梅）

【吉祥安心卡为1客户赔付保险金6万元】 吉祥安心卡是中国人寿保险股份有限公司北京市房山支公司开办的1年期人身意外综合险，以交费低、保障高深受群众欢迎。12月24日，被保险人刘某因交通事故经医院抢救无效死亡。因其投保了此险种，交纳保费100元，按照保险合同约定，房山支公司赔付其保险金6万元。

（马梅）

【刘凤玲获"优秀柜面经理之星"称号】 2月，刘凤玲被中国人寿保险股份有限公司授予中国人寿系统"优秀柜面经理之星"称号。刘凤玲时任中国人寿保险股份有限公司北京市房山支公司客户服务部经理。

（马梅）

城乡建设

基础设施建设

【概况】 2009年，房山区各项市政基础设施建设实现新跨越。一是巩固创建国家卫生区成果成效显著。会同城管、卫生、工商等部门开展联合检查14次，规范商户631家，取缔无照经营户27家，清理占道经营103起，清理乱堆乱放175起，清理非法小广告250余处；开展露天烧烤、夜市大排档专项整治15次，规范夜市大排档407家、取缔77家，暂扣烧烤、大排档各类经营工具209件；开展违规广告牌匾专项整治工作，下发限期整改通知书556份，强制拆除违规广告牌匾9523平方米，玻璃贴字、贴画920平方米，条幅136条。二是环境综合整治工作上新水平。完成6个老旧小区楼体外墙粉饰

17.8万平方米、内墙粉饰8.6万平方米，安装照明路灯286盏,同时完成甬路修复工程，进一步改善了居民居住环境。国庆60周年宣传环境布置工作圆满完成，悬挂灯杆旗1524面、国旗1970面、彩旗600面、条幅63条、灯笼30个，安装景观小品60组，在亿客隆、工商银行房山支行、拱辰大街、月华大街户外广告设施张贴大型墙体公益宣传画507平方米,28个候车站点张贴宣传画152面。房山区在北京郊区环境百日综合整治评选中名列第1名，并获“北京郊区环境百日综合整治活动先进集体”称号。三是城乡基础设施建设取得新突破。完成全区道路建设史上投资最多、里程最长、规模最大的市级重点工程——长周路工程建设；良乡东区14号路、白杨西路、翠柳大街、昊天塔街西侧路工程全部竣工；良乡东区16号路南北段完成；东环路和阳光大街北延线新建项目可研上报市发改委，良乡东区8号路进入工程招标阶段，拱辰一街至五街市政道路改造工程开工。环卫基础设施逐步完善，房山区田各庄生活垃圾填埋场、良乡粪便消纳场建设工程、半壁店生活垃圾填埋场除臭工程全部完成；建设新农村公厕307座。投资7106万元，完成设施更新126处、大修140处，维修344处，全区供热总面积达到2163万平方米，比2008年增长10%。四是垃圾分类工作稳步推进。完成15个居住小区、52家党政机关及学校的垃圾分类示范创建工作，垃圾减量率保持在30%；区市政市容委、区检察院、区国税局、区档案局4个单位生活垃圾“零废弃”管理试点全部正常运转；全区10个乡镇、216个行政村垃圾减量化无害化工作全面实施；重点镇生活垃圾转运站配套车辆购置全部到位。五是为民拟办实事工程全部落实。实施农村改水工程18项，建成联村水厂1座，单村更新改造水厂10座、单村水厂水质处理6座、单村扶贫水厂1座；改造农村户厕1万座；完成文化路、矿机路等50栋老旧小区住宅楼供暖管线改造工作；拱辰街道一街一社区、城关街道城北社区、新东关社区、福星社区、永安西里社区、城东社区6个老旧小区的环境整治全面竣工。

（杨春柳）

【田各庄临时垃圾卫生填埋场工程竣工】 城关街道办事处田各庄临时垃圾卫生填埋场工程2月中旬开工，6月竣工，该工程位于田各庄村东，距田各庄村900米，总占地面积8.25公顷。完成表层土开挖34884立方米，砂砾料开挖189114立方米，砂砾料回填162268立方米，黏土回填14519立方米，GCL铺设81630平方米，HDPE防渗膜铺设79854平方米，铺设土工布20.9万平方米，马道1座，渗沥液收集及提升管安装839米,地下水收集及提升管1029米,调节池1座,地泵安装1项,砖砌围墙1377延米，防护网安装1884平方米。

（杨春柳）

【房山区创建国家卫生区授牌仪式及表彰大会召开】 2月27日，房山区创建国家卫生区授牌仪式及表彰大会召开。全国爱卫办副巡视员徐惠民、市爱卫会专职副主任孙贤理、市爱卫会办公室主任刘泽军、市爱卫会城市部部长饶英生，区领导刘伟、祁红、郭先英、范文彦、刘欣国、刘顺林、马丽英、吴会杰、高维魁出席会议。徐惠民向祁红颁发国家卫生区牌匾。区委副书记、区长祁红主持会议，刘泽军宣读《全国爱卫会关于命名北京市房山区、西站地区为国家卫生区的决定》；区委常委、政法委书记刘欣国宣读《关于表彰创卫工作先进单位和先进工作者的决定》；副区长马丽英宣读《房山区巩固创卫成果 争创健康城市2009—2011年实施方案》；副区长吴会杰作创卫报告。同时对创卫先进单位和先进个人进行了表彰。

（杨春柳）

【37项农村改水工程竣工】 房山区37项农村改水工程3月中旬相继开工，11月底全部竣工。完成新建联村供水厂3座、联村水厂扩村2座、更新改造单村水厂20座、扶贫水厂2座、单村水厂水质处理10座，共砌清水池5座，建泵房20座，更新水泵8台，安装变频、臭氧消毒、水处理等设备35套，改造管线68万余米，涉及46个行政村，实现受益人口7.2万余人。

（杨春柳）

【50栋老旧小区住宅楼供暖管线改造工程竣工】 房山区50栋老旧小区住宅楼供暖管线改造工程竣工。工程于3月中旬开工、9月底竣工，主要对50栋老旧小区住宅楼地沟管线及阀门进行更新改造。更换管线6089米、各类阀门2423个，改善了2571户居民取暖条件。

（杨春柳）

【开展城市生活垃圾分类宣传活动】 4月4日，区市政管委在拱辰街道办事处行宫社区、西潞街道办事处海逸半岛社区开展城市生活垃圾分类宣传活动。活动中，2个社区分别采取腰鼓队、秧歌队表演，布展板、悬挂横幅、发放宣传材料等形式进行宣传。共发放垃圾分类指导手册（含一封信）1000余份、购物袋300余个、台历400余个，现场解答群众咨询90多人次，受教育群众达1500多人。同时，现场为西潞街道办事处海逸半岛社区部分居民发放了户用垃圾桶，并对垃圾桶的使用、垃圾如何分类等进行了指导。

（杨春柳）

【市农委检查组检查房山区村庄环境整治工作】 4月23日至24日，市农委检查组就村庄环境整治工作到房山区检查。先后到十渡镇西关上村、八渡村，张坊镇广录庄村、南白岱村，大石窝镇半壁店村、南尚乐村，长沟镇东长沟村、南正村，琉璃河镇祖村、北洛村进行实地检查，召开座谈会，听取区市政管委有关全区村庄环境整治总体思路及2009年重点工作的汇报。检查团对房山区村庄环境整治工作给予高度评价。

（杨春柳）

【长周路工程竣工通车】 6月26日，长周路建设工程竣工通车。市发改委、市交通委、市路政局、首发公司领导，区领导刘伟、郭先英、吴会杰、赵润东出席仪式并剪彩。该工程总投资16.6亿元，全长40.16公里，是市、区两级重点工程。起点为丰台区长辛店，终点为周口店镇新街村与房易路相接。道路全线由7公里城市主干路和33.16公里的一级公路组成。途经房山区域内7个乡镇办事处42个行政村，与区内10条主要道路、5条河流和4条铁路相交。工程自2007年9月25日开工，实际施工时间为12个月。长周路通车后，成为房山区东南部发展的一条重要交通通道，使京周、长周相互分流交通的总体路网规划得以实现，极大地缓解京周路、107国道的过境交通压力，改善交通环境，对区域经济社会发展具有较大的拉动作用。

（杨春柳）

【昊天塔街西侧道路工程竣工】 8月28日，昊天塔街西侧道路工程竣工。该道路工程南起长虹东路，向北262米至良乡高教园区六号路，向东至昊天学校门口，全长415.6米。实施了雨水、污水、绿化和照明工程。工程投入使用后，解决了昊天学校师生出行难问题。

（杨春柳）

【老旧小区环境整治工程竣工】 11月中旬，老旧小区环境整治工程竣工。该工程主要完成拱辰街道一街一社区、城关街道永安西里社区、城北社区、城东社区、新东关社区、福兴家园B区6个老旧小区楼体外墙粉饰17.8万平方米、内墙粉饰8.6万平方米，安装照明路灯286盏，同时完成甬路修复工程。

（杨春柳）

【房山区百日环境整治工作名列郊区县第1名】 9月21日，市农委召开郊区农村环境整治工作会，对8月10日至13日各郊区县百日环境整治检查情况进行总结。在本次检查排名中，房山区以总分93.2的成绩名列郊区县第1名。

（杨春柳）

【国庆60周年游园活动、宣传环境布置和环境整治工作总结表彰大会召开】 10月23日，房山区召开国庆60周年游园活动、宣传环境布置和环境整治工作总结表彰大会。会上，区游园分指挥部办公室主任、区环境整治分指挥部办公室主任苗宗启对国庆60周年游园活动、宣传环境布置和环境整治工作进行总结；区委常委赵佳琛主持会议并宣读《关于表彰房山区国庆60周年游园活动宣传环境布置和环境整治工作先进单位和先进个人的表彰决定》，对16个突出贡献单位进行表彰；阎村镇、绿欣公司、区文化馆代表发言。区委常委、政法委书记刘欣国对游园活动、宣传环境布置和环境整治工作给予肯定。房山区国庆60周年游园活动时间为10月1日至7日，主要突出“金秋双秀颂国庆”“新城十景喜迎宾”两大主题。在主要道路及府前广场、文体广场等13个重要公园、广场摆放花坛造型16组，栽摆花卉160万盆；在燕山重点地区摆放花坛、花卉造型30处，摆放花卉50万盆。同时，在府前广场摆放反映房山区建国60周年和改革开放30年经济社会发展成就展板99块，举办“祖国颂——2009房山区庆祝新中国成立60周年游园庆祝活动文艺演出”6场，共接待游人5万余人。

（杨春柳）

【白杨西路、翠柳大街、良乡粪便消纳场建设工程竣工】 11月4日，房山区举行白杨西路、翠柳大街、良乡粪便消纳场建设工程竣工仪式。市交通委、市路政局、市发改委领导，区领导刘伟、祁红、郭先英、范文彦、吴会杰出席竣工仪式。房山区良乡粪便消纳场工程4月13日开工，11月4日竣工。工程位于良乡镇南刘庄村村东，总投资2058万元，占地面积0.47公顷，设计日处理粪便200吨，日处理餐厨垃圾50吨。处理工艺采取固液分离处理、油水渣分离及絮凝脱水工艺。完成场区的总体布置、粪便及餐厨垃圾处理设施的建设、辅助设施及场外配套工程的建设，服务人口约21万人。良乡粪便消纳场建成使用填补了房山区没有粪便、餐厨垃圾处理设施的空白，改变了房山区长久以来粪便无处消纳的境况。区委书记刘伟宣布白杨西路、翠柳大街、良乡粪便消纳场工程竣工，副区长吴会杰主持竣工仪式，区市政、市容委领导介绍了白杨西路、翠柳大街、良乡粪便消纳场工程建设情况。最后，各位领导乘车视察了白杨西路和翠柳大街道路建设情况。

（杨春柳）

【区市政市容管理委员会、区城乡环境建设委员会办公室正式揭牌】 11月12日，房山区市政市容管理委员会、房山区城乡环境建设委员会办公室正式揭牌成立。区委常委、组织部部长张祝华，副区长吴会杰，区编办领导出席揭牌仪式。仪式上，区市政市容委主任苗宗启致辞，张祝华、吴会杰为房山区市政市容管理委员会、房山区城乡环境建设委员会办公室成立揭牌。根据中共北京市委、北京市人民政府批准的《北京市房山区人民政府机构改革方案》和《北京市房山区人民政府关于机构设置的通知》（房政发〔2009〕28号），设立北京市房山区市政市容管理委员会（简称区市政市容委），挂北京市房山区城乡环境建设委员会办公室（简称区环境建设办）的牌子。区市政市容委（区环境建设办）是负责全区城乡环境建设综合协调、城市综合管理协调和相关市政公用事业、市容环境卫生管理的区政府工作部门。北京市房山区市政市容管理委员会（北京市房山区城乡环境建设委员会办公室）划出职责：有关园林绿化管理职责划归区园林绿化局；经营性公共停车设施的行业管理职责划归区交通局。转变职责：强化综合协调、督促落实全区城乡环境建设、环境秩序整治的职责；强化为中央和市在区单位固定资产投资项目建设协调服务的职责，为全区相关产业发展提供服务和保障。内设机构9个：办公室、政工科、计划财务科、燃气管理办公室、市容环境管理科（法规科）、市政工程科、爱卫会办公室、环境卫生管理科和城乡环境建设协调办公室。机关行政编制31名（含纪检、监察编制2名）。其中区市政市容委主任（区环境建设办主任）1名，区市政市容委副主任4名、区环境建设办专职副主任（副处级）1名；科级领导职数9正1副；机关工勤编制5名。

（杨春柳）

【南梨园110千伏输变电工程完工】 6月30日，南梨园110千伏输变电工程完工。该工程投资7209万元，2008年9月26日开工建设，新增供电能力10万千伏安，为阎村地区经济发展提供电力保障。

（田万军）

【青龙湖110千伏输变电工程完工】 10月30日，青龙湖110千伏输变电工程完工。该工程投资6149万元，2008年12月25日开工建设，新增供电能力10万千伏安，为青龙湖地区经济发展提供电力保障。

（田万军）

【完成轨道房山线配套工作】 2009年，房山供电公司全力支持轨道房山线建设，按期完成临时用电、设备拆改以及永久电源等各项工作，新建线路16.2公里，投入变电容量16800千伏安，实施迁改18处1.3公里。

（田万军）

【2条天然气基建管线基本完工】 年内，区燃气中心2009年开工建设的2条燃气基建管线基本完工。一是长周路段，北起长阳镇杨庄子村，南至公议庄村，外线工程量DN400、DN300和DN200共计10189米；二是白杨路段，西起圣水大街，东至良官公路，外线工程量DN400共计3372米。

（化凤梅）

【利民液化气站建成】 10月26日，区燃气中心百村帮扶项目——张坊镇大峪沟利民液化气站建成并投入使用，规模为200个钢瓶、1.5吨液化气。区燃气中心共出资25万元，并以低于市场价的优惠价格供应气源。

（化凤梅）

【召开房山线轨道交通建设高层调度会】 1月4日，召开房山区轨道交通建设高层高层调度会。区领导刘伟、祁红、吴会杰，区委办、区政府办、区轨道办协同市路政局、市基础设施投资有限公司、市轨道交通建设管理有限公司等相关部门领导出席会议，听取市基础设施投资有限公司的情况汇报后，双方就工程设计、拆迁、建设中存在的问题展开深入的讨论，并提出具有建设性的建议。

（范丹微 张立彤）

【长阳镇召开轨道交通房山线（长阳段）工程拆迁工作动员会】 2月3日，长阳镇召开轨道交通房山线（长阳段）工程拆迁工作动员会，副区长吴会杰出席会议并讲话。

（范丹微 张立彤）

【轨道交通房山线拆迁工作完成】 3月，轨道交通房山线拆迁工作完成。2009年，房山区将轨道交通房山线拆迁工作确定为全区“一号工程”重点推进，采取多项措施，创造了全市轨道交通拆迁工作又好又快的新历史。不足2个月的时间，完成西潞街道办事处、拱辰街道办事处、长阳镇、阎村镇4个乡镇、街道，28个行政村，1165户宅院的拆迁任务，拆除建筑面积近26万平方米。

（张晓庆）

【举行轨道交通房山线工程开工启动仪式】

4月10日，房山区举行北京地铁房山线工程开工启动仪式，市交通委主任、市轨道交通建设指挥部常务副总指挥刘小明，市轨道交通建设指挥部办公室主任许健，区领导祁红、郭先英、范文彦、唐淑荣、刘欣国、张祝华、吴会杰以及市相关委办局领导出席仪式。轨道交通房山线是通过地铁9号线形成房山新城良乡与主城中心的快速联系通道。线路起点设在良乡城南长虹西路和苏庄大街交叉口，终点设在丰台区郭公庄站，与地铁9号线进行衔接。该线线路全长约24.79公里，其中地下线约2.79公里，高架线约21.45公里。沿线共设车站11座，其中高架站9座，地下站2座。房山区域内设车站9座：苏庄大街站、南关站、东杨庄站、大学城站、理工大学站、广阳城站、长阳西站、长阳镇站、稻田站。丰台区区域内设站2座：世界公园站、郭公庄站。

（范丹微　张立彤）

【燕房新材料产业基地建设管理指挥部召开第1次全体成员大会】 4月3日，燕房新材料产业基地建设管理指挥部召开第1次全体成员大会，区领导刘伟、祁红、范文彦、史全富、吴会杰及燕山石化公司党委书记苏文生出席会议。

（范丹微　张立彤）

【举行京石客运专线工程房山段签约仪式】 4月13日，房山区举行京石客运专线工程房山段签约仪式，副区长吴会杰、京石客运专线筹备组副组长毛秉仁等相关部门领导出席仪式。仪式上，区建委与京石客运专线筹备组签署了京石客运专线房山段征地拆迁工作实施委托及资金支付协议。

（范丹微　张立彤）

【房山区召开贯彻落实千亿土地储备开发投资动员会】 4月16日，房山区召开贯彻落实千亿土地储备开发投资动员大会，全面落实土地储备开发投资工作，区领导祁红、刘欣国、张祝华、吴会杰出席会议，各乡镇主要领导参加会议。按照市委、市政府安排部署，2009年北京市土地储备开发投资1000亿元，房山区需要完成117亿元。

（范丹微　张立彤）

【房山区召开千亿元土地储备开发投资工作会】 4月30日，房山区召开关于1000亿元土地储备开发投资工作会。副区长吴会杰主持会议，区发改委、区建委、区市政管委、区文委、区财政局、区审计局、区监察局、房山国土分局、房山规划分局等相关部门领导、各乡镇、街道办事处代表出席会议。

（范丹微　张立彤）

【召开浅山区战略发展规划研讨会】 5月19日，房山区召开浅山区战略发展规划研讨会。研讨会就山区、浅山区在今后发展中如何利用现有资源、推动涵养区建设进行深入研究，进一步统一思想，明确任务。区领导刘伟、祁红、高言杰、吴会杰以及相关部门负责人出席会议。

（范丹微　张立彤）

【召开长阳镇千亿投资项目推进会】 6月1日，副区长吴会杰主持召开长阳镇千亿投资项目推进会。区发改委、区建委、房山国土分局、房山规划分局、区监察局、区审计局、区新城办以及长阳镇等部门主要领导参加会议。会议首先听取了长阳镇关于千亿投资项目进展情况汇报，针对项目实施过程中存在的问题，各有关部门进行了深入研究、讨论，提出了解决方案。

（范丹微　张立彤）

【开展良乡建成区环境整治专项联合执法行动】 6月3日，区城管大队联合区市政管委、创卫办、工商、卫生及拱辰、西潞街道，开展良乡建成区环境整治专项联合执法行动。重点对良乡建成区的户外广告牌匾、无照经营、店外经营、黑车非法运营等各类影响城市环境的违法行为进行整治。在联合执法活动中，共出动执法人员80余人，执法车辆10余台，规范商户120余家，清理广告牌匾60余处，清除非法小广告100余起，对10家存在问题的沿街商户下达“责令改正通知书”，对 2 台冰箱登记保存。联合执法活动定期举行，直到年底结束。

（范丹微 张立彤）

【召开 4 个街道、镇重点工程项目协调会】 6 月 3 日，副区长吴会杰主持召开拱辰街道办事处保增长重点项目协调会。区长助理高培军，区发改委、区建委、区市政管委、房山规划分局、房山国土分局、区审计局、区监察局、区供电公司、区燃气中心等单位及拱辰街道办事处主要领导参加会议。按照房山区 2009 年落实土地储备开发千亿投资工作部署，拱辰街道办事处共有 12 个开发项目。总用地面积 193.24 公顷，建筑规模 240.31 万平方米，总投资 45.67 亿元，占房山区土地储备开发千亿投资的 39%。6 月 4 日上午，吴会杰带队就城关街道重点项目推进情况召开协调会，有关部门主要领导参加会议。会议对城关街道 2009 年千亿元投资项目及重点工程逐一进行梳理、研究，并对建设过程中存在的问题进行协调解决。6 月 4 日下午，吴会杰就重点项目进展情况到青龙湖镇召开现场协调会，区直有关部门及青龙湖镇主要领导参加会议。2009 年青龙湖镇计划总投资 9.04 亿元。其中，青龙湖起步区一号地被列为千亿元投资项目。6 月 5 日，吴会杰就重点项目推进情况到窦店镇召开现场协调会。区直相关部门及窦店镇主要领导参加会议。会上，窦店镇汇报了重点工程进展情况及存在问题。窦店镇的固定资产投资保持了强劲增势，总体规模比 2008 年翻了一番，达到 24.5 亿元。截至 5 月底，实际完成投资 5.8 亿元。

（范丹微 张立彤）

【召开建筑业、建材业、房地产业、小城镇发展研讨会】 6 月 20 日，房山区召开建筑业、建材业、房地产业、小城镇发展研讨会，针对建筑、建材、房地产三大业和小城镇下一步发展重点，以及如何应对金融危机的影响展开讨论。原建设部纪检组组长、总工程师、中国建筑金属结构协会会长姚兵及住房和城乡建设部有关领导出席会议，区领导祁红、郭先英、范文彦、唐淑荣、梁顺、吴会杰参加研讨。2009 年，全区固定资产投资达到 390 亿元，其中土地储备一级开发投资 117 亿元，房地产开发和保障住房项目投资 56.2 亿元。1 月至 5 月，全区有 543 个落地投资项目，实现固定资产投资 94.8 亿元，同比增长 1.3 倍。

（范丹微 张立彤）

【北京房山城市建设投资有限公司成立】 8 月 28 日，北京房山城市建设投资有限公司正式成立。副区长吴会杰出席仪式并揭牌。该公司是区政府的投融资平台，经营宗旨是以政府为主导，企业运作，完成城市建设工程项目，促进房山城市建设更好更快地发展。房山工商分局、区财政局、区发改委、区建委、房山规划分局、房山国土分局、区水务局、区环保局、区监察局、区审计局、区林业局领导出席揭牌仪式。

（范丹微 张立彤）

【万科购买长阳镇 2 块地】 9 月 7 日，万科集团以 22 亿元购买长阳起步区 1 号地，折合楼面地价达 6500 元/平方米。长阳镇起步区 1 号地的规划建筑面积是 34.15 万平方米，该地块在房山区规划地铁轨道交通沿线。9 月 28 日，万科集团携手中粮集团以 29.3 亿元的总价购买房山长阳起步区 5 号地，楼面地价 5726 元/平方米。长阳镇起步区 5 号地的规划建筑面积 51.17 万平方米。

（范丹微 张立彤）

【房山区与碧桂园控股有限公司战略合作框架协议签字仪式举行】 11 月 10 日，房山区与碧桂园控股有限公司举行战略合作框架协议签字仪式举行。中国房地产报总经理单大伟、碧桂园集团总裁崔健波以及集团有关领导，房山区领导祁红、王忠海、吴会杰，区有关部门领导出席签字仪式。仪式上，副区长吴会杰代表区政府与碧桂园集团总裁崔健波签订战略合作框架协议。房山地理位置优越，光照、积温、土质、降水等环境条件非常适合种植酿酒葡萄。为保障葡萄酒产业的实施，房山区政府制定《房山区关于葡萄酒产业发展的意见》，成立葡萄酒产业发展的管理机构出台相关政策，聘请专家顾问团出谋划策。5年至10年，浅山区将形成集葡萄种植、葡萄酒酿造、储存、交易展示为一体的大型葡萄酒产业集。

（范丹微　张立彤）

【2009第十一届CIHAF中国住交会房山参展活动成功举办】　12月4日至6日，2009第十一届CIHAF中国住交会在中国国际展览中心新馆开幕。作为主要参展方，房山区首次参展。经过精心设计和布置的房山馆生动诠释了房山“FUNHILL”新品牌形象，全面展示房山区“三化两区”的发展战略及八大重点功能园区和三街十镇的有关情况，展示了一个产业友好、生态宜居的新房山。房山区通过举办开馆仪式暨新闻发布会、热点土地推介会等一系列活动，全面展示“FUNHILL”新的品牌形象和未来的发展前景，增进外界对房山区投资价值和宜居价值的新认识和深刻了解，展现房山区房地产发展现状及未来前景，吸引大批人士到这里购房置业、旅游休闲和投资创业。同时，在“2009CIHAF中国房地产三名颁奖盛典”上，房山区凭借其“三化两区”的战略目标和长阳发展模式获最受关注的城市特别大奖——“2009CIHAF城市科学发展创新实践大奖”。

（范丹微　张立彤）

【召开2009年北部山区主干路两侧环境综合整治工作会】　5月15日，区委常委、政法委书记刘欣国带队实地察看了青龙湖镇辛开口村公交站亭及公园建设情况、河北镇磁家务村文体广场和佛子庄乡文新德隆煤场清理空地后期建设情况后，在佛子庄乡主持召开2009年北部山区主干路两侧环境综合整治工作会。会上听取了各乡镇1月至4月环境综合整治工作情况汇报，与会区直单位汇报了1月至4月对北部山区环境综合整治工作的支持情况和北沟主干路两侧环境治理工程项目的落实和进展情况。刘欣国对前一阶段工作给予肯定，并就下一步工作提出具体要求。区发改委、区市政管委、区财政局、区旅游局、区水务局、区林业局、房山公路分局、北部山区环境整治办公室、区委督查室、区政府督查室以及北部山区乡镇领导参加会议。

（赵宁宁）

【房山区北部山区环境综合整治】　2009年，房山区北部山区环境综合整治工作投入资金5.5亿元，投入人力7.6万人次，出动机动车辆5578台次，清理街巷、道路3228条，垃圾2.3万吨，白色垃圾2363公斤，河道7180米，石板厂7家，拆除及美化残墙断壁1470延米。北沟主干路两侧环境治理工程。该工程经市发改委批复，总投资9786万元，全部由市政府资金支持，其中两侧绿化带及绿地的建设投资7847.12万元，生态停车场及港湾建设投资1838.88万元。2009年市发改委第一批资金计划安排5000万元，全部拨付到区南北沟办，并由区南北沟办拨付到建设单位3988万元，其他资金正在办理拨付手续。完成工程总量的60%以上。公路改造工程。108国道改造工程是房山区北部山区环境整治的重点项目，108国道原路大修涉及北部山区红煤厂至霞云岭、东庄子至三十亩地两段4个乡镇，总长65公里。108国道大修工程完工。全线累计完成挡土墙35万立方米,路面工程65公里全部完成，累计完成工作量34294万元。京津风沙源治理荒山造林计划绿化1355.3公顷，该工程5月底完工，栽植各类苗木160.2万株，实现投资1.22亿元。7月至9月，对该工程进行管护，对造林成活率未达到要求的个别地块进行了补植补造。

（赵宁宁）

城乡规划

【概况】 房山规划分局把推进项目建设作为工作重点，主动为绿通项目、重点工程、重大设施建设等做好规划保障。服务重点建设，提供规划支持。开展基础测绘工作，为全区“数字房山”地理信息系统建设提供基础数据，并承担数据更新维护管理任务；为全区重点工程、重大项目建设提供基础测绘资料和地形图数据；开展城建竣工档案登记和预验收工作，对预验收结束的竣工档案进行接收，共接收竣工档案360多卷。从城建数据资料和档案方面，进一步完善了对政府职能部门、建设单位和广大群众的服务内容，完成180多卷次案卷查阅服务工作。编制（修编）镇域规划、控制性详细规划、专项规划等各类规划32项，基本构建了科学合理、层次分明的城乡规划体系。截至10月底，全局共受理各类许可及服务事项366件。其中，核发规划意见书58件；核发建设用地规划许可证83件（其中市政项目6件）；总用地面积1442.9公顷。核发“建设工程规划许可证”共71件，总建筑面积1464.2万平方米。核发规划意见复函94件。对符合规划、手续齐备的项目受理率达到100%，办证准确率达到100%，未发生越权审批或审批不当现象。与此同时，加大规划监督检查力度，共完成建设工程规划监督116件，建筑面积204.7万平方米，其中规划验线59件，建筑面积80.8万平方米，合格率100%；规划验收57件，建筑面积123.9万平方米，合格率100%，未出现延时办理现象。1至3季度共查处违法建设98件，建筑面积达35.4万平方米，罚款433万元。下发“违法建设停工通知书”69件次，建筑面积30.2万平方米，移送城管等相关执法部门案件23件，建筑面积2.4万平方米。完成4次卫星查违工作现场核查工作，核查图斑点77处、130.1万平方米。

（吴蔚）

【完成京良路、丰良路、黄良路规划设计方案及审批工作】 年内，房山规划分局完成京良路、丰良路、黄良路规划设计方案及审批工作。京良路西起六环路，东至京开高速公路，穿越房山区、丰台区及大兴区，全长约23公里。道路性质六环路至五环路为城市快速路，五环路至京开高逗公路为城市主干路，道路红线宽度为80米。丰良路西起长青路环岛，向东经京周公路、京广铁路、京石高速公路、至终点榆树庄东路，与规划六圈路相接，道路全长约8.8公里。道路红线宽50米，设计时速60公里/小时。黄良路东起京开高速公路，向西经永定河、长韩路、终点至长于公路，道路全长约10.62公里(不含在建永定河葫芦垡大桥工程)。黄良路(京开高速公路—芦西路)按城市次干路标准设计,设计时速50/小时；黄良路(芦西路—长于路)按一级公路标准设计，设计时速60公里/小时。道路红线宽50米。

（王学青）

【完成窦店工业基地基础测绘和起步区道路定线测量工作】 年内，房山规划分局组织完成窦店工业基地6平方公里1∶2000图测绘及5.5平方公里1∶500图测绘工作。同时，完成了工业基地四个街区中两个街区的道路定线及拨地测量工作。

（王学青）

【完成北京石化新材料科技产业基地规划研究控规编制和报批工作】 年内，房山规划分局完成北京石化新材料科技产业基地规划编制工作。该基地分为核心发展区和产业拓展区，核心发展区包括燕山石化公司厂区和前朱各庄村、后朱各庄村及周边区域，产业拓展区包括房山工业园区及周边区域。本次规划将核心发展区分为东区和西区，其中前朱各庄村、后朱各庄村及周边区域为东区，燕山石化公司厂区为西区。完成北京新材料科技产业基地 12 平方公里 1：2000 图测绘和北京石化新材料科技产业基地核心区东区控制性详细规划（街区层面）的报批工作。

（王学青）

【举办北京人文地理房山探源笔会】 12 月 3 日，北京市规划委、市测绘院和房山规划分局为配合《北京人文地理（房山卷）》的发行，共同举办北京人文地理房山探源笔会。书画家们围绕房山区丰富的地理资源、厚重的人文历史、优美的自然风光举行了书法美术等艺术创作。北京市规划委副主任邱跃，北京市规划委老领导宣祥鎏，房山区委常委、宣传部部长唐淑荣等领导参加笔会。

（王学青）

【完成轨道交通房山线站点一体化设计、交通接驳、车站装修和雕塑设计及审核工作】 年内，房山规划分局确定了轨道交通房山线站点一体化设计研究范围，各站点具体功能定位和设计理念；明确了在地区控规的基础上，进一步优化空间布局，做好深化城市设计、调整空间体量工作；特别是在交通组织模式、场站布置、雕塑、道路网系统完善等方面进行了重点研究，有机的整合轨道交通功能，形成衔接顺畅、方便乘客出行的换乘体系。

（王学青）

国土资源管理

【概况】 2009 年，房山国土分局投资 104.67 亿元完成土地一级开发 600 公顷，完成拆迁 117 万平方米，土地储备开发工作在市国土系统综合排名第一；完成供地 300 公顷（其中划拨 110 公顷、出让 190 公顷），通过土地市场公开交易，实现政府土地收益 65.94 亿元，是 2003 年至 2008 年房山区土地收益总和的 4.5 倍；开展第 9 次卫片执法检查，查处违法用地 86 宗，对 13 宗设施农业超标准建设的管理用房全部拆改完毕；完成补充耕地 720 公顷，收缴耕地开垦费 6818.62 万元；完成 6 个土地开发整理项目的验收工作，新增耕地 176.5 公顷。完成第 2 次全国土地调查（农村部分）地类核实工作；开展第 2 次全国土地调查数据库标准时点统一更新工作；开展矿山企业年检注册工作，对 112 家煤矿、非煤矿山、地热和矿泉水企业进行年检，注销 32 家矿山企业的采矿权许可证，矿山企业数量减少为 92 家；收缴各项矿产资源有偿使用费用共计 1100 余万元。房山国土分局被市国土局推荐为北京市“双保行动成效显著单位”。

（张学强）

【联合审议“三定三限三结合”项目】 年内，房山国土分局与有关部门联合审议了房山区 2009 年度“三定三限三结合”项目，包括轨道交通、南水北调、高教园区、物流基地、山区人口迁移以及土地一级开发项目所涉及的安置房项目共 34 个，安置户数 24554 户，安置人口 61473 人，安置面积 222 万平方米。

（张学强）

【推进轨道交通房山线、京石客专回迁安置工作】 年内，房山国土分局采取多项措施加快推进轨道交通房山线、京石客专回迁安置工作。一是加大组织领导。成立以房山国土分局局长为组长，区发改委、区建委、区市政管委、区财政以及拱辰街道、西潞街道、长阳镇和阎村镇主要领导为成员的领导小组，领导小组下设办公室。主要任务是负责轨道交通房山线回迁安置工作，编制回迁安置房项目“三定三限三结合”方案； 二是跟进服务，加大协调沟通。及时组织召开领导小组协调会，讨论并通过 2 个重点项目的工作方案和指导意见，提前解决妥善安排回迁安置过程中出现的问题，为下一步拆迁安置奠定基础。三是建立完善轨道交通房山线、京石快客项目回迁工作方案和指导意见。方案和指导意见详细制定了安置标准、工作进度等内容；四是严格落实责任机制。要求成员单位制定专人负责，按照工作进度和时限安排，保质保量开展工作，确保工程建设按期完成。五是落实拆迁安置补偿工作，严格拆迁安置资金使用，做好拆迁户的过渡安置和回迁工作。同时利用各种方式宣传动员广大群众积极支持回迁安置工作，保持社会稳定。

（张学强）

【在全市率先对城乡土壤地质进行调查】 2009年，国土资源部在北京地区实施“北京市典型县区级土地质量地球化学评估”项目，房山区作为典型区县率先在全市开展调查工作。通过与北京市地质调查研究院合作，对全区土地资源质量、价值及风险进行评估，为土地利用和规划提供依据；研究影响土地资源质量的各项化学指标，分析不同土地资源利用方式和覆被类型对质量的影响，进行土地利用适宜性分析；建立评估信息系统，提供有关土地评估成果；通过高精度遥感技术，充分利用遥感图像资料，结合实地调查，在房山平原区开展地质背景、固体废弃物（生活垃圾或工业有害废弃物）场、污水处理场、工厂、和宜居土壤环境调查。开展全区固体废物（生活垃圾或工业有害废物）和污水处理场、工厂的环境质量调查，垃圾填埋场选址开展调查，提出垃圾填埋的适宜地区和地质条件概况。对影响和潜在影响城镇居住环境质量安全的土壤地质环境问题进行调查。该项目从2009年2月开始，2010年2月完成。

（张学强）

【市联合检查组到房山区检查】 2月20日，市联合检查组（市监察局、市财政局、市国土局、市建委、市规划委、市审计局）到房山区就国有土地使用权出让专项清理工作进行检查。副区长吴会杰，区监察局、区财政局、房山国土分局、区建委、房山规划分局、区审计局等相关部门领导参加检查。检查组首先听取房山国土分局关于继续开展国有土地使用权出情况专项清理和检查的情况的汇报，然后对国有土地使用权出让情况专项清理工作的档案进行检查。检查组认为：在开展国有土地使用权出让情况专项清理工作中，房山区人民政府高度重视，其他职能局能够很好地履行职责，密切配合，措施到位，工作有针对性的创新，扎实有效开展。

（张学强）

【2个基本农田整理项目通过验收】 2008年房山国土分局在4个关闭煤矿乡镇确定5个土地开发整理项目。2009年，经过专家会审，史家营2个基本农田整理项目通过验收。其中：史家营乡北部片区金鸡台等村基本农田整理项目涉及金鸡台村、青土涧村、西岳台村，建设规模127.1公顷，新增耕地55.1公顷，预算投资994.17万元；史家营乡南部片区秋林铺等村基本农田整理项目涉及秋林铺村、莲花庵村、柳林水村、曹家房村、史家营村5个行政村，建设规模174.8公顷，新增耕地9.73公顷，预算投资1273.65万元。验收合格后，2个项目共可新增耕地64.83公顷。

（张学强）

【房山区完成千亿元土地储备工作】 2009年，全区完成投资104.67亿元，完成土地一级开发600公顷，完成拆迁117万平方米，土地储备开发工作在市国土系统综合排名第一，拉动了区域经济增长，推动了房山的城市化进程。

（张学强）

【3个土地开发整理项目通过验收】 年内，房山区3个土地开发整理项目通过验收。分别是：琉璃河镇基本农田整理项目、佛子庄乡土地开发项目、霞云岭乡土地开发项目，3个项目涉及土地总规模372.42公顷，新增耕地54.6公顷，建设总投资2034.46万元。

（张学强）

【房山区土地总登记工作完成】 年内，房山区土地总登记工作完成。此项工作从4月开始，至12月结束。土地总登记面积为1994.83平方公里，涉及各乡镇、街道。其中3个街坊试点登记工作，国有土地22宗，集体土地所有权宗地3宗，集体土地建设用地使用权4宗，发证11宗。

（张学强）

【房山区第9次卫片执法检查工作完成】 年内，房山区第9次卫片执法检查工作完成。检查共涉及23个乡镇、街道办事处、良乡工业区、长阳农场、永定河管理处242块图斑，共计218宗用地，占地面积301.18公顷。检查结果显示：新增建设用地项目106宗，占地216.07公顷（其中耕地70.47公顷），其中合法的项目20宗，占地面积65.99公顷，违法项目86宗，占地面积150.09公顷（违法用地中国家、市级重点工程36宗，面积106.7公顷，全部为公路用地；其他违法用地50宗，面积为43.39公顷）；农业结构调整项目47宗，占地面积21.65公顷；实地未变化项目65宗，占地面积63.46公顷。9月13日至14日，国家土地督察北京局专员蔡守军带验收评估组到房山区就第9次卫片执法检查工作进行验收评估，区长祁红、副区长吴会杰、市国土局副巡视员郭创兴陪同验收。验收组首先听取房山区第9次卫片执法纠改查处工作情况汇报，然后验收组分5个工作组分赴违法用地现场进行检查验收。通过检查验收，检查组认为：房山区委、区政府高度重视第9次卫片执法检查整改工作，态度坚决，措施有力，通过扎实有效的工作，房山区第9次卫片执法整改工作取得显著成效。

（张学强）

【完成13宗非规设施农业建设拆除工作】 年内，房山国土分局采取多项措施完成13宗非规设施农业建设拆除工作。一是组建联合检查队伍，形成土地、规划、城管、建委、监察、公安和司法等部门相互配合、上下联动的局面，逐步解决土地违法案件查处中存在的信息沟通不畅、协作配合不规范和强制执行结案率低等问题。二是创新国土资源监察工作机制，加快信息反馈时限。进一步完善区政府、乡镇、村三级监察信息网络，全区80多名土地执法监察员，24小时不间断值班，对辖区范围内的违法违规建设行为第一时间上报国土部门。各乡镇政府对辖区内的土地利用情况（合法和非法建设）每月上报国土部门。三是加大土地巡查力度，变被动检查为主动巡查。加大培训宣传力度。严格执行"地方政府问责制"。新建或改建设施农业按照市、区农业部门验收标准进行建设，农业部门要及时给予政策指导，规范设施农业建设行为。到年底，13宗非规设施农业建设除1宗法院保全暂缓拆除外，其余12宗违法建设全部拆改完成，共拆除面积44065平方米。8月4日至5日，国家土地督察北京局督察专员王仕程带队到房山区就13宗"非规设施农业"违法用地整改成果进行验收，市国土局副巡视员郭创兴、区领导刘伟、祁红、卢国懿陪同检查。首先听取房山国土分局关于非规设施农业用地有关情况汇报，随后分别到13宗"非规设施农业"现场进行检查。王仕程指出：在处理此项工作中，房山区委、区政府高度重视此项工作，旗帜鲜明，思想敏锐，采取有力措施，制定了长效机制，处理稳妥，取得了一定成效，维护了地方稳定。同时对后续工作提出要加快清理遗留工作，尽快恢复耕种条件。

（张学强）

【第2次土地调查（农村部分）地类核实工作完成】 年内，房山区第2次土地调查（农村部分）地类核实工作完成。经外业核实、内业统计，房山区571个疑问图斑（面积1729.83公顷）中，调绘正确的300个，其中有征地手续的使用权宗地内建设用地75

个，面积 413.62 公顷；调绘错误的 271 个，面积 761.35 公顷，占疑问图斑总个数的 47.46%，占房山区总图斑数（84958）的 0.32%，调绘错误面积占疑问图斑总面积的 44.01%，占房山区总面积的 0.38%。

（张学强）

【市联合检查组到房山区检查】 7 月 14 日，市国土局、市监察局、市审计局、市财政局组成联合检查组到房山区就联合储备项目的资金使用情况进行检查。副区长吴会杰参加检查。联合检查组首先听取房山国土分局关于落实土地储备项目资金监管的情况汇报，然后检查组就房山区土地储备项目资金使用情况进行询问。通过听取汇报和对相关问题的提问，检查组认为：房山区在土地储备开发项目资金使用上机构完备、制度完善、工作超前、监管到位，通过摸索建立了自己的土地储备开发资金使用监管模式。

（张学强）

【房山世界地质公园首批被国土资源部命名为国土资源科普基地】 年内，北京房山世界地质公园首批被国土资源部命名为国土资源科普基地。此次命名全国共有 53 个单位，共分科技场馆类、资源保护类、科研实验类 3 大类。房山世界地质公园属于资源保护类。

（张学强）

【采取多项措施防止非法开采反弹】 年内，房山国土分局采取多项措施遏制非法开采，防止反弹。成立由区委副书记、区长祁红为组长，房山国土分局、区安全生产监督局、房山公安分局等为成员单位的“打非”工作领导小组，领导小组下设办公室，各乡镇政府协调配合；建立长期巡查机制。巡查队伍在大安山、史家营等重点采矿乡镇，实行 24 小时不间断的动态巡查，发现问题及时上报。建立奖励举报制度，对查实的举报人给予适当经济奖励。同时在非法开采易发区的险要位置，设置禁采区公告墙；建立区直有关单位联动机制。主管部门接通 24 小时值班电话，发现或接到举报后，通知有关职能部门联合组织统一行动，7 月底到 8 月初，区政府组织多次联合执法行动，主要采取断路、炸毁矿井、遣散外来人员等形式，有效地打击了非法开采分子的嚣张气焰；加强责任追究，建立区对乡镇、乡镇对村三级监管机制，划分明确的责任区域，监督乡镇履行签订的目标责任书，对不履行职责出现问题的乡镇、村，追究主要领导责任；加大宣传力度。积极发挥舆论督导作用，成立法制宣传组，通过悬挂横幅、发放宣传品、上门服务等丰富多彩的形式，向民众宣传法律法规，灌输知法守法意识，通过常抓不懈，从根本上解决非法开采现象。

（张学强）

【第一批土地开发整理项目通过评审】 年内，房山区政府投资第一批土地开发整理项目通过科研评审。房山区 2009 年度政府投资第一批土地开发整理项目共 9 个，建设总规模 963.8 公顷，新增耕地总面积 642.3 公顷，总投资 13170.83 万元。

（张学强）

【全市投资最大的地质环境治理工程项目通过验收】 12 月 18 日，全市投资最大的地质环境治理工程项目——北京市房山区史家营榆东坡废弃煤矿矿山地质环境治理项目通过北京市国土资源局验收，该项目共投资 900 万元，涉及治理面积 40 公顷，共回填塌陷坑 25503 立方米，削坡 133915 立方米，新增耕地 20 公顷。工程于 5 月 6 日正式开工，10 月 29 日完工。项目的实施大大降低或消除了治理区由于矿山开采造成的地质环境问题。削坡护坎、矸石整理、排水沟修筑等措施最大程度的降低泥石流等次生地质灾害发生的可能性，损毁的土地和植被资源得到恢复，治理区及周边空气、水土、景观等环境得到较大改善，治理区盗采得到根本遏制。

（张学强）

城市管理

【概况】 2009年，区城管大队完成了各项环境治理和环境保障任务。全年拆除违章建筑6250平方米，查处工地280个，取缔露天烧烤81处，查扣黑摩的、人力三轮车1558辆，查处非法小广告10万余张。完成行政处罚简易程序1021件，行政处罚一般程序749件，罚款60余万元。参与应急保障任务50余次，出动执法车辆1044台次，执法人员1980人次。受理并处理各类政风行风热线、举报电话4949起。

（高春雅）

【开展冬季教育整顿活动】 1月至2月，区城管大队开展了为期2个月的冬季教育整顿活动。开展行为规范培训、执法技能培训、依法行政培训、职业道德和工作作风培训、思想作风培训。冬季整训活动分为集中整训阶段和查摆问题、整顿提高2个阶段。在为期半个月的集中整训阶段，全体队员分2批到某部队开展军训，并在集中整训阶段分别由驻队民警、法律顾问、大队领导和首都师范大学大教授授课，集中进行系统学习。查摆问题、整顿提高阶段以自学为主，剖析自身问题，进行总结提高。大队成立教育整顿活动领导小组，设立办公室，对教育整顿工作考核并验收。

（高春雅）

【受理提案、案件13件】 1月至12月，区城管大队共受理提案、案件13件。其中：人大建议2件、政协提案4件、社情民意7件。

（高春雅）

【受理信访件、督办件52件】 1月至12月，区城管大队共受理信访件52件，其中：市局信访件10件，市信访系统16件、区信访件11件，区政府督察室督办件8件，区委2件，区投诉中心5件。

（高春雅）

【使用非法小广告通信号码暂停服务系统查处非法小广告】 1月至12月，城管大队使用非法小广告通信号码暂停服务系统查处非法小广告，查处并停机非法广告电话268部，罚款后开通46部，罚款23150元。

（高春雅）

【召开公开解体违法车辆现场会】 2月25日，区城管大队、房山交通支队在房山大石河车辆解体厂召开公开解体违法车辆现场会，公开销毁联合执法过程中查扣的各类非法运营车辆50多辆。

（高春雅）

【召开公开销毁非法营运车辆现场会】 3月17日，召开房山区公开销毁非法营运车辆现场会。区城管大队、房山公安分局、房山交通支队、房山交通局联合在长阳镇保良停车场销毁相关执法部门查处的各类非法运营车辆257辆。

（高春雅）

【城管协管员培训】 3月27日，区城管大队在北潞园申宝计算机培训中心对城管协管员开展培训工作。全区7个乡镇的112名城管协管员参加培训，学习了城管法律、法规知识和协管员行为规范管理规定。

（高春雅）

【开展城管进学校宣传活动】 4月16日，区城管大队在北京理工大学良乡校区开展“手拉手参与城市管理，心连心共建和谐校园”城管进学校宣传活动。

（高春雅）

【举行依法信访、共筑和谐主题宣传活动】 4月18日，房山城管大队、房山检察院、房山司法局、拱辰街道联合在拱辰街道鱼儿沟村举行依法信访、共筑和谐主题宣传活动。区委常委、政法委书记刘欣国陪同市信访办领导一同来到活动现场，向群众发放宣传品。

（高春雅）

【开展城管进工地宣传活动】 6月11日，区城管大队在绿城百合小区第11标段施工工地举行“防止扬尘污染，避免施工扰民，规范作业，文明施工”城管进工地宣传活动。

（高春雅）

公路 运输

【概况】 2009年，房山公路分局新改建、大修、旧桥改造和平改立项目年度计划投资67138万元，完成投资66414万元，实际支付58711万元。工程完工19项，其中：新改建工程2项，大修工程8项，旧桥改造9项。完成8项中修工程、21项小修工程；完成所辖道路的指路标志改造；完成4项生态绿化工程。公路路况不断改善，安全性能持续提高，周边环境日渐美化。养护管理计划投资7661万元，实际支付7157万元。好路率达到85.4%，超出计划指标3.4%,优良路段里程达到645.3公里。返还养路费2863万元；追缴养路费375万元。查处路政案件1032件，结案率100%。办理行政审批52项，收取补偿费38万元。路政许可卷合格率、路政处罚卷合格率均为100%。承办人大建议和政协提案共计26件，办复满意率达100%。

房山区交通局前瞻谋划信息化建设，推动“科技交通”迈出坚实一步。北京西南交通信息指挥中心竣工。完成《房山新城综合交通规划》（2007—2020）编制；完成全区交通战备“三室”规划和建设；完善基础设施和配套服务体系建设。投资3776万元，完成琉璃河和长沟综检站建设并投入使用，完成长阳治超站主体建筑和部分场地硬化及配套设施建设，实施京石高速站建设的前期准备工作。投资523万元完成4个农村客运站新建，完成良乡北站、车厂客运站和阎仙垡客运站的改造和扩建。投资551.2万元完成80个公交站亭建设。投资6981万元，购置公交车166辆；投资90万元，建成3000余个临时候车站牌；投资94.6万元，为区内公交车辆统一安装GPS；投资680万元，装配液压龙门架8个，限宽路墩71处；投资300万元，试点安装电子站牌20个；投资79万元，安装车载一卡通刷卡设备230台。

（门洪娟 李玉为）

【北京市交通委员会所属事业单位更名】 9月25日，经北京市机构编制委员会批复，市路政局房山公路分局更名为北京市交通委员会路政局房山公路分局。

（门洪娟）

【路政管理与养护巡查子系统运行】 2008年8月，房山公路分局路政管理与养护巡查子系统开始施工，2009年7月1日进入试用阶段，10月1日正式投入使用。

（门洪娟）

【完成涞宝路大修工程】 涞宝路大修工程起点K22+900，终点K51+500。全长22.79公里。共划分为二个标段，其中一标段为K22+900—K35+144，二标段为K40+960—K51+508。路基宽7.5米，路面宽6.5米。道路等级为三级公路。计算行车速度30公里/小时。2007年9月1日开工，2008年6月20日完工。投资56448216元。建设单位为北京市路政局房山公路分局，设计单位为北京国道通公路设计研究院．施工单位为湖南湘潭公路桥梁建设有限公司(1标)、河北汇通路桥建设有限公司（2标）、北京华纬交通工程有限公司（交通工程）、北京路桥海威园林绿化有限公司（绿化工程），监理单位为北京炬桓工程项目管理有限公司，监督单位为北京市路政局道路工程质量监督站。

（门洪娟）

【涞宝路三渡桥改建工程竣工】 涞宝路三渡桥改建工程桥梁上部结构为40米×6米预应力箱梁，下部结构分别为钢筋混凝土柱式墩和钢筋混凝土U型桥台，下部基础均为钢筋混凝土钻孔桩，桥梁全长 248.08 米,桥面宽 18 米。2008 年 10 月 25 日开工，2009 年 11 月 15 日完工。工程概算投资 25758074 元。建设单位为北京市路政局房山公路分局，设计单位为北京市市政专业设计院，施工单位为北京鑫实路桥建设有限公司，监理单位为北京仕邦工程监理有限责任，监督单位为北京市路政局道路工程质量监督站。

（门洪娟）

2009 年工程项目完成情况

表 1

项 目	计划投资（万元）	完成情况（万元）	支付情况（万元）	进度
新改建工程	28000	28016	28016	完工 2 项，4 项跨年（108 国道、岳琉路、顾郑路、黄良路一期），2 项未开工（紫码路、良常路）
提级改造工程	25294	25294	20336	完工
大修工程	10551	10551	8257	完工
旧桥改造工程	2353	2353	1952	1 项跨年
平改立工程	940（435）	200	150	跨年
总计	67138	66414	58771	

【涞宝路四渡桥改建工程竣工】 涞宝路四渡桥改建工程桥梁上部结构为 5 孔预应力变截面连续箱梁,桥梁纵向布孔为 45 米+80 米+110 米+80 米+45 米=360 米，下部结构桥墩为钢筋混凝土矩形墩柱,下部基础为钢筋混凝土钻孔桩，桥面宽 18 米，桥梁全长 370.38 米。2008 年 12 月 2 日开工，2009 年 12 月 20 日完工。工程概算投资 52970834 元。建设单位为北京市路政局房山公路分局，设计单位为北京市市政专业设计院，施工单位为北京鑫实路桥建设有限公司,监理单位为北京建工京精大房工程建设监理公司,监督单位为北京市路政局道路工程质量监督站。

（门洪娟）

【涞宝路五渡桥改建工程竣工】 涞宝路五渡桥改建工程包括主桥工程、引桥工程、引道及附属构筑物工程。五渡桥主桥上部结构为三角钢架悬吊预应力，跨径纵向布置为 46.5 米+80 米+46.5 米=173 米，桥宽 22.4 米。主桥下部结构桥墩为 V 型墩，中跨为钢箱三角形钢塔架，与桥梁柱形成 W 型，钢塔架顶设 2 对吊杆与主桥箱梁间吊杆横梁连接，主梁采用变截面斜板单箱全预应力混凝土箱梁。引桥上部结构左幅桥桥梁全长 322.52 米预应力混凝土箱梁,右幅桥桥梁全长为 334.52 米预应力混凝土箱梁。引桥下部结构为钢筋混凝土柱式墩，基础为钢筋混凝土钻孔桩。引道左幅长 227.48 米，右幅长 215.48 米。设计技术标准为二级公路，设计车速 40 千米/小时,桥梁设计洪水频率 1/50。2008 年 2 月 22 日开工，2009 年 11 月 20 日完工。工程概算投资 50317457 元。建设单位为北京市路政局房山公路分局，设计单位为北京市市政专业设计院，施工单位为北京市公路桥梁建设集团有限公司，监理单位为北京逸群工程咨询有限公司，监督单位为北京市路政局道路工程质量监督站。

（门洪娟）

【涞宝路六渡桥改建工程竣工】 涞宝路六渡桥改建工程桥梁上部结构为40米×9米预应力箱梁，下部结构分别为钢筋混凝土柱式墩和钢筋混凝土U形桥台，下部基础均为钢筋混凝土钻孔桩，桥面宽18米，桥梁全长360米。2008年3月16日开工，2009年11月20日完工。工程概算投资39552389元。建设单位为北京市路政局房山公路分局，设计单位为北京市市政专业设计院，施工单位为东营市鲁东路桥有限公司，监理单位为北京正远监理咨询有限公司，监督单位为北京市路政局道路工程质量监督站。

（门洪娟）

【琉陶路小清河1号桥改建工程】 琉陶路小清河1号桥改建工程荷载等级为公路-I级，全宽10.5米，净宽9.5米，全长106.12米。上部结构采用5米×20米预应力砼T梁，梁长19.96米，高1.2米；下部结构采用单排桩柱接盖梁，钻孔灌注柱基础；桥台单排桩接盖梁的形式。2008年9月20日开工，2009年5月28日完工。总投资6399381元。建设单位为北京市路政局房山公路分局，设计单位为北京市市政专业设计院有限责任公司。施工单位为北京路桥瑞通养护中心，监理单位为北京市高速公路监理有限公司，监督单位为北京市路政局道路工程质量监督站，检测单位北京市公路工程质量检测中心。

（门洪娟）

【良常路大修工程】 良常路大修工程起点K4+940，终点K8+000。全长3.06公里。路基宽8.5米至20米，路面宽7米至20米。道路等级为三级公路。2008年10月31日开工，同年12月31日完工。投资8177178元。建设单位为北京市路政局房山公路分局。设计单位为北京市京联设计事务所，施工单位为北京鑫实路桥建设有限公司，监理单位为北京市高速公路监理有限公司，监督单位为北京市路政局道路工程质量监督站，检测单位北京市公路工程质量检测中心。

（门洪娟）

【龙下路大修工程】 龙下路大修工程K0+000-K4+360为三级公路，设计速度40公里/小时。K4+360-K9+390为二级公路，设计速度60公里/小时。全长9.39公里。路基宽8.5米至10米，路面宽7米至9米，4月22日开工，8月22日完工。投资12951527元。建设单位为北京市路政局房山公路分局，设计单位为北京市市政专业设计院有限责任公司，施工单位为北京路桥瑞通养护中心，监理单位为北京正远监理咨询有限公司，监督单位为北京市道路工程质量监督站，检测单位北京市公路工程质量检测中心。

（门洪娟）

【阎东副线大修工程】 阎东副线大修工程起点K0+000，终点K9+720。全长9.72公里。路基宽10.5米，路面宽9米。道路等级为二级公路。10月15日开工，12月15日完工。投资25250051元。建设单位为北京市路政局房山公路分局，设计单位为北京市京联设计事务所，施工单位为北京路桥瑞通养护中心，监理单位为北京市高速公路监理有限公司，监督单位为北京市路政局道路工程质量监督站，检测单位北京市公路工程质量检测中心。

（门洪娟）

【坨万路大修工程】 坨万路始于坨里，终点上万火车站。坨万路大修工程K0+000—K6+610，全长6.61公里、路基宽8.5米，路面宽7米。施工主要包括原路面结构补强，新建路面结构，完善排水设施、新村桥大修等内容。道路等级：三级公路。设计速度：40公里/小时。标准轴载：BZZ-100。7月15

日开工，11月15日完工。工程概算投资为8145821元。建设单位为北京市路政局房山公路分局，设计单位为北京市京联设计事务所，施工单位为北京鑫实路桥建设有限公司，监理单位为北京正远监理咨询有限公司，监督单位为北京市路政局道路工程质量监督站，检测单位北京市公路工程质量检测中心。

（门洪娟）

【完成2009年春运任务】　2月19日，全区春运工作结束。春运期间，区内公交客运组织运力7.6万车次，同比增长15%，运送乘客423万人次，其中春节黄金周运送68.63万人次；辖区出租行业3631辆出租车运送旅客492万人次；旅游行业与往年相比客源明显减少，春运40天运输2000余名游客。无重大安全事故。

（李玉为）

【长阳路安装全市最大液压升降龙门架】　3月13日，房山区交通局在长阳镇长阳路张家场桥东安装全市规模最大的液压升降龙门架，主要用于限制超限车辆通行，有效保护公路及沿线桥梁安全。长阳路液压升降龙门架由无缝钢管制成，重达10吨，总价为52万元。龙门架跨度为17米，最大限高4.5米，最低限高2.7米。主体由横梁、立柱、防撞杆和液压升降系统构成，附属设施包括限高标志牌、限宽隔离墩、震荡线、岗亭等6项内容，遇公交车辆及消防、救护等特种车辆通行时，防撞杆可在2分钟内由限高2.7米升至4.5米。此外，龙门架岗亭内每天24小时有人值守，安装的无线监控系统还可将龙门架所在路况信息随时传至区交通局信息指挥中心。

（李玉为）

【良乡环城公交车更换新车】　4月28日，由区政府出资购置的60辆加长版公交车正式投入运营，替换了良乡环城1路、2路旧公交车，新车比原车加长0.625米，由欧三标准升级为国四标准，原有车辆和剩余新车分别投入到其他开、调、延运营线路中，满足乘客不同出行需求。

（李玉为）

【北京西南交通信息指挥中心竣工】　6月26日，北京西南交通信息指挥中心竣工。该中心位于房山境内京石高速公路阎村出口东南侧，主楼高40.2米，地上7层，地下2层，附属用房地上3层。

（李玉为）

【完成国庆60周年运输任务】　按照《房山区参加首都国庆60周年天安门广场联欢晚会群众联欢活动工作实施方案》总体部署和成员单位职责分工，区交通局制定了《国庆60周年运输组织保障工作方案》，协调129台客运车辆、130名优秀驾驶员组成了国庆运输保障车队，截至9月1日，共运送参加国庆演练群众27次，用车1065车次，运送人员33733人次，其中包括2次大规模运送参加国庆阅兵的人员，每次车辆达110多辆，运送人员达到3000多人次，运距近100公里。

（李玉为）

【公交系统开展司售人员应急救护培训】　9月12日，区交通局与区红十字会、区国资委联合举办的公交系统司售人员应急救护培训班正式启动，副区长卢国懿、吴会杰出席启动仪式。培训的内容主要包括救护新概念、心肺复苏、创伤救护、紧急避险以及针对道路交通行业特点的救护知识和技能。培训形式为理论知识讲授与救护技能实际操作相结合。参加培训人员在完成教学大纲规定的救护课程并经理论与实际操作考核合格后，由北京市红十字会颁发“初级急救员”证书，取得初级急救员资格。

（李玉为）

【开展《北京市道路运输条例》主题宣传日活动】　12月1日，《北京市道路运输条例》正式实施，区交通局在良乡昊天广场、城关街道以及辖区内3个检查站分别设立宣传点，发放宣传材料，摆放咨询台、宣传板，利用广播、电视、网络等媒体，将宣传范围覆盖到全区，向广大群众宣传道路运输法律法规，号召社会各界支持道路运输行业发展，积极推进道路运输管理现代化、科学化、法治化建设。区人大常委会、区政协、宣传部、法制办、城管大队、安监局、公路分局、工商局等相关部门领导到场参加此次宣传活动。

（李玉为）

邮政 电信

【概况】 全年完成邮政业务总量11660.3万元，订销报刊1906.9万份，出口函件808万件，特快专递15.7万件。电信业务总收入3.6亿元，比2008年增长47.3%。年末固定电话用户达到25.8万户，比2008年减少600户。其中，公用电话点2.05万个。全区宽带网用户达到11.97万户，比2008年增加2.45万户。同比增长24.68%。函件业务实现收入1347.52万元，完成年计划的105.94%，同比增长88.38%。包件业务实现收入282.99万元，完成年计划的90.70%，同比增长3.91%，快包比例占53%。集邮专业共实现收入820.31万元，完成年计划的122.43%。报刊业务实现收入535.56万元，完成年计划的100.10%，同比增长21.75%。全年向用户发放征询意见函4次共700份，满意率达99%。楼房通邮123栋、5770户。

（刘玮）

【电子商务业务实现收入104.59万元】 电子商务业务是中国邮政集团公司及北京市邮政公司2009年重点发展的低本高效的新型业务。房山区邮政局增设电商专业管理岗位，完善奖励考核机制，强化新业务的宣传推广力度，电子商务业务实现收入104.59万元，同比增长8.9%。

（刘玮）

【完成420个新型村邮站建设】 2009年，房山区邮政局对区内420个行政村进行了前期调查，与区新农村建设办公室联合召开房山区2009年村邮站建设工作会，积极与区农委、区新农村建设办公室就全面推进新型村邮站建设进行协商。10月15日，完成420个村邮站的验收工作。10月29日，村邮站建设通过北京市邮政公司验收。

（刘玮）

【精细化管理、强化成本意识】 年内，区邮政局制定《关于对各单位成本费用考核的通知》《全面预算管理工作执行方案》《开展责任中心损益核算工作的落实推广方案》，制定并完善水、电、油、低值易耗、办公用品、电话费管理办法和会议费、工作餐管理办法。对各项成本支出进行量化管理，制定降本目标。与2008年相比，在业务量、设备增加的基础上用电量与2008年基本持平，节约燃油2800升，节水取得突出成绩，办公用品、业务单册在业务量增加、种类增多的基础上，费用与2008年基本持平，过桥费减少2.8万元，电话费节约4000余元。采取“修旧利废”措施，修理自行车20辆，节约9500元。规范基础业务管理：对所辖支局、所检查418次，检查网点390次，为保证国庆通信生产正常运行，制定国庆期间工作方案，针对邮件安全检查5次，确保国庆期间邮件安全和服务“零”投诉。重新修订两岗履职规范，将支局综合部主任纳入到支局两岗履职监控，加强支局业务管理工作。改善基础设施，增加设备投入，增强日常维护：2009年在城关邮政支局开设电子商务专厅，长沟支局增加对公业务台席；完成全局7个投递部统版生产系统、速递二期系统、邮资机二期系统、OA办公自动化系统的上线工作以及二类行及23个邮储代理网点的终端数据加密工程；开发了库房管理系统。

（刘玮）

【为云居寺景区定制 8000 余张贺卡】 10 月，房山区邮政局为全国重点文物保护单位——云居寺景区定制 8000 余张（价值 50 万元）贺卡。11 月 5 日，区邮政局与云居寺文物管理处举办“祝福从这里寄出”中国邮政贺卡幸运封首发式。

（刘玮）

【合作印制交通安全宣传海报 1 万份】 12 月，房山区邮政局与区交通安全委员会、房山交通支队合作印制交通安全宣传海报 1 万份，向全区各单位广泛发放，海报以“天天守法规、日日报平安”为主题，旨在向市民宣传、普及交通安全知识，提示市民严格遵守交通法，做到安全出行、文明出行。

（刘玮）

【营销团队实现业绩 405.29 万元】 年内，房山区邮政局制定并下发《房山区邮政局专职营销人员管理办法》，制定《房山区邮政局进一步加强邮政营销体系建设实施细则》、“优秀营销员”评比办法；组织开展“营销创百优”劳动竞赛和邮政业务短程竞赛。结合“家电下乡”“三八”妇女节、“五一”劳动节、“八一”建军节、高考、国庆 60 年大庆等多个活动，出台详细的策划方案。营销团队全年共实现业绩 405.29 万元。

（刘玮）

【移改光缆 83.8 条公里】 京石高铁和轻轨房山线等工程是房山区重点基础设施建设项目，联通房山分公司积极配合轨道建设拆改移工作，选派技术骨干配合轨道交通建设部门的工作，并制定了详尽周密的线路移改方案。截至年底，共对 92 处临时架空线路进行移改，新建通信管道 119.54 孔公里，移改光缆 83.8 条公里，新立电杆 41 棵。

（王楠）

【宽带及数据项目投资累计达到 3425.4 万元】 为进一步推进房山区信息化建设，提高用户宽带接入速率，2009 年联通房山分公司用于宽带及数据项目投资累计达到 3425.4 万元，新建 71 个局点、综合箱，网络优化 71 个点，完成 40 余处机房、箱体的建设，全面提升改造地区宽带接入能力，解决 4 万余用户宽带接入问题。

（王楠）

【新开通 2G/3G 移动基站达到 390 个】 2009 年，房山区移动网络建设取得突破性进展，联通房山分公司进行了大规模 3G 建设和 2G 网络的优化工作，截至 12 月，新开通 2G/3G 移动基站达到 390 个，提升了房山地区移动网络的通信质量。

（王楠）

【完成国庆通信重保任务】 国庆期间，联通房山分公司全力以赴投入国庆通信保障工作，实现了本地各专业网络运行平稳，通信设施安全无事故。国庆期间参与通信保障的人数达到 236 人，出动保障车辆 56 辆次，共巡查线路 360 杆公里，巡查重要地井 312 口，巡查重要局所 76 个，完成国庆节和烟花燃放的通信保障任务。

（王楠）

【3G 通信覆盖全区】 10 月 1 日起，中国联通“沃 3G”（WCDMA）业务在包括北京在内的全国 285 个城市正式商用，提供包括手机和无线上网卡 2 项 3G 业务。手机业务取消长途费和漫游费，并实行单向收费；无线上网卡最高下行速率可达到 7.2 兆/秒，实行按流量计费。10 月，中国联通与美国苹果公司合作的 iPhone 手机正式销售，推出了从 126 元/月~886 元/月等 8 套不同套餐，为房山地区百姓提供了更为丰富的选择，满足了不同层次消费者需求。房山地区联通 3G 信号日趋完善，平原地区和主要景点、路段均得到覆盖。

（王楠）

【新增农村宽带用户 2000 多户】 2009 年，联通房山分公司推出针对农村的“宽带村优惠政策”，对符合条件的农村给予免费安装宽带的优惠政策，通过地方政府协调、现场办公、与村委会合作宣传等多种方式大力推广宽带村模式，全年发展12个宽带村，新增农村宽带用户2000多户。

（王楠）

【房山区宽带用户突破10万户】 2009年，联通房山分公司将宽带业务的普及作为全年工作的重点，并结合房山地区特点采取措施确保宽带快速发展。截至5月，房山分公司宽带用户超过10万户，累计达到100269户，宽带渗透率达到42%。

（王楠）

【房山区首位光纤入户客户实现装机】 11月9日，联通房山分公司第一个光纤入户示范小区——加州水郡实现首位客户装机，标志着房山区通信接入网络向光通信演进的开始。加州水郡小区位于长阳镇，紧邻京石高速路，占地面积146.67公顷，总建筑面积约137万平方米，是房山地区最大规模的高档住宅小区。年内，一期工程54栋楼4822户具备光纤入户条件。

（王楠）

【举行“阎村镇农信机进农家启动仪式”】 4月21日，“科学发展产业兴 北京移动利民生”——阎村镇农信机进农家活动启动仪式在阎村镇政府广场举行。阎村镇后沿村在2009年轻轨房山线建设工程中实施了整村拆迁，村民回迁后与外界的通讯问题得不到及时解决，房山分公司经与阎村镇政府协商，决定共同捐赠移动农信机，加强政府与村民的联系和沟通，向村民传播科技知识、致富信息，把党和政府的关怀也切实送到村民家中。

（徐德涛）

【举办“北京农机信息服务直通车启动仪式”】 4月29日，“北京农机信息服务直通车启动仪式”在阎村镇举办。农机信息直通车是北京市农业局为广大农民提供的信息交流平台，由农机信息中心通过短信及网站两种形式向农机户提供供求、天气、农业政策等信息，加强农业局与农户之间的信息沟通和资源共享。北京移动房山分公司全力配合各级政府开展农村信息化工作，共同促进房山区农村信息化的全面发展。

（徐德涛）

【举办“数字燕山”TD网络技术交流会及集团业务体验活动】 11月13日，北京移动房山分公司与燕山石化公司共同举办“数字燕山”TD网络技术交流会及集团业务体验活动。北京移动根据燕山石化公司自身特点，将基于中国拥有自主知识产权的TD视频监控技术成功应用于巡检过程、森林防火监控中，并将创新性视频监控设备放置于巡检员的安全帽中。

（徐德涛）

【信息化助力阎村镇“落实科学发展观学习实践活动”】 12月10日，房山区阎村镇与北京移动房山分公司在阎村镇市级新农村建设试点村——小十三里举行“落实科学发展观学习实践活动——百题知识问答”启动仪式。北京移动房山分公司与阎村镇携手创新工作方式，通过短信互动的方式打造一个集宣传、学习、交流为一体的科学发展观学习实践平台。活动自2009年12月10日至2010年1月31日，通过信息机短信答题功能，每日向阎村镇全体党员发送答题内容。

（徐德涛）

【实施“新农民健康促进工程”】 2009年，房山区卫生局携手北京移动全面开展“新农民信息促进工程”，由房山区委、区政府、区卫生局和北京移动房山分公司共同推进农村医疗和社区医疗信息化建设。“新农民健康促进工程”是继2008年“百万健康短信送农民”活动后的又一重要举措。房山区卫生局通过信息机对全区30万名慢病患者定期下发“健康短信”，在河北中心卫生院投入使用“健康房山电子宣传屏”，建立健康咨询热线和医患沟通网，提升了医疗系统的信息化水平，并方便了医患之间的信息互动。

（徐德涛）

西潞街道办事处夏庄社区曦城国际住宅小区

文化事业

教育

党校教育

【概况】 房山区委党校（行政学院）始终把干部培训工作作为党校的中心工作来抓，培训力度不断加大，培训方法不断创新。运用多种形式开展干部教育培训，把党性教育作为一门主课贯穿到培训的全过程，把增强党性作为干部培训的重要目标。与区直有关部门联合，全年共举办培训班 11 个类型 13 个班次，累计培训各级各类干部 2188 人。与中央党校、市委讲师团、市委党校实施教授授课效果跟踪调查。建立高水平的师资库，共有中央党校、市委党校、清华大学、北京大学等高等院校教师 101 名，基层有经验的干部 32 名；建立革命传统教育和新农村建设等 8 个培训基地。完成教学科研等各项工作，全年校内外教师累计完成大专和本科班 4200 课时的授课任务，完成主体班次 24 课时的专题课任务，完成 7 次党史党建、科学发展观等主题教育活动的宣讲任务；在校生 1153 人。设 8 个专业 13 个教学班，共设 109 门课程，

（殷玉佳）

【举办中青年干部培训】 11 月 16 日，区委组织部和区委党校共同举办的第 18 期中青年干部培训班开班，共 50 人参加。培训班共安排封闭军训、专题调研、马克思主义基础理论、党的建设与党性修养、异地培训、科学发展观与区域经济社会发展、领导科学与艺术、法律知识等 8 个单元培训。培训班历时两个半月时间。

（殷玉佳）

【举办处级干部轮训班】 由区委组织部和区委党校共同举办的处级干部轮训班自 5 月 4 日至 5 月 29 日、6 月 1 日至 6 月 26 日分两期举行。培训班设置坚持科学发展，推进“三化两区”建设进程、领导力提升、党性修养和作风建设、解放思想，更新观念，开阔视野，创新思维 4 个单元课程。培训采用集中授课、异地教学和实地考察、自学和分组研讨交流相结合的方式，注重提高领导干部综合素质和执政能力。全区副处级实职领导干部 130 人参加培训。

（殷玉佳）

【举办两期公务员科级任职培训班】 4 月 7 日至 4 月 24 日、5 月 11 日至 5 月 29 日，区委组织部、区委党校联合举办两期公务员科级

任职培训班。参加培训班的是经任免机关批准晋升为科级领导职务尚未参加过任职培训的公务员，共102人参加培训。培训班采用集中培训的方式，授课内容涉及公共课程必修课。通过培训学习，帮助担任科级领导职务的公务员，更新现代行政管理、领导科学等专门知识，提高科级公务员的行政决策与执行能力、组织管理能力和工作技能，建设一支人民满意的、高素质的专业化公务员队伍。

（殷玉佳）

基础教育

【概况】 2009年，房山区有托幼园所155所，其中，教育部门办园30所，集体办园22所，其他部门办园3所，社会办园100所；在园幼儿18407人；全区幼儿园教职工2329人，其中专任教师1492人。小学112所，1315个班；招生5539人，毕业7404人，在校生37398人，其中借读生8941人；教职工4267人，其中专任教师3107人；小学入学率100%，巩固率100%，毕业及格率100%。普通中学51所，教学班975个（初中688个，高中287个），招生10401人（初中7067人，高中3334人），毕业10378人（初中6880人，高中3498人），在校生32617人（初中22427人，高中10190人）；初中毕业合格率100%。2009年，5633人参加普通高考，本科以上录取1889人，本科上线率40.67%，比2008年提高4.34个百分点。录取人数5129人，录取率91.1%，比2008年提高10.08个百分点，连续6年超市平均升学率；中学教职工5193人，其中，专任教师3595人。特殊教育6个班，招生10人，毕业6人，在校生37人。校外教育单位1家，教职工74人，其中，专任教师40人。小学教师学历合格率99.9%，初中教师学历合格率99.6%，高中教师学历合格率99.08%。中小学教师具有中学高级专业技术职称369人，其中，小学教师16人，初中、高中教师353人。全年教育投入125773.5万元，其中国拨118943.6万元，自筹6829.9万元。

（丁术刚）

【举办“教非所学”教师培训班】 3月12日，房山区与北京教育学院共建的“教非所学”教师培训班举行第3批次培训启动仪式，此期培训班招收学员100名，其中政治、历史学科各50人，培训时间3月至11月，培训形式为全脱产培训，培训方式分为面授、研讨、研究、实践、结业考试和成果展示等，共180学时。房山区自2006年在全市率先开展“教非所学”教师脱产培训，收到了很好的培训效果，截至2009年，全区完成初中教师“教非所学”培训科目，包括历史、地理、生物、政治、物理、化学6个学科，共计290人参加培训并完成学业。“教非所学”是教师目前从教学科与学历专业不对应，为提高教师的专业化水平，区教委与北京教育学院联合共建房山教师培训基地，由房山区教委负责组织和日常管理，北京教育学院组织教育专家对各专业进行教学，学习期满后，进行统一的专业考试，成绩合格方可回校进行教学活动。

（丁术刚）

【中小学生长跑比赛获佳绩】 3月19日，房山区在2009年北京市阳光体育中小学生长跑比赛中获佳绩，共有5所学校组成代表团，韩村河中心校获小学男子团体第2名、小学女子团体第6名，其中郭景贤同学获个人第2名，房山二中分获男女团体第2名；良乡三中获初中女子团体第3名，良乡二中获初中女子团体第4名，周口店中学获高中男子团体第6名。

（丁术刚）

【第29届“安捷伦”杯北京青少年科技创新大赛获佳绩】 3月19日至22日，第29届“安捷伦”北京青少年科技创新大赛在北京十二中举行，房山区在科技创新项目中获市级二等奖1名；在科技论文中获市级二等奖1名，三等奖10名；在科幻画项目评选中，获市级一等奖1名，市级二等奖4名，市级三等奖6名，其中韩村河中心校的作品入围全国青少年科技创新大赛。北京师范大学良乡附属中学解辰同学在市级个人项目比赛中获“西尼亚科学奖”“能力风暴”技术精英奖；吴大勇老师被评为“十佳科技辅导员”。获奖人次居远郊区县前列。

（丁术刚）

【高等教育自学考试】 2009年，高等教育自学考试房山考区设5个考点，其中4个考点实行超排考场考试，良乡监狱为常规考试点。房山考区总计报考6279人，报考210门课程，15217科次，考场总数为366场次。此次考试实考11241人次，实考率74%。违规8人，违规率0.08%。未发现集体舞弊事件。为预防作弊事件出现，交卷时间由“60分钟方可交卷离场”改为“交卷出场时间不得早于每课程考试结束前30分钟”。

（丁术刚）

【举行房山区小学生读书成果展示活动】 4月23日是世界读书日，房山区小学生读书成果展示活动在河北中心校举行，此次活动由区教委、区文委、区文明办、团区委、区少工委、河北镇政府共同主办，河北中心校、房山图书馆承办，区作家协会、区新华书店、华美书店赞助。活动中，全区42所小学展示师生读书活动，河北中心校师生现场展示了古诗词朗诵和珠心算，中国作家协会向河北中心校颁发了“全国阅读示范点”牌匾。

（丁术刚）

【推进小学美术教育】 4月22日，区教委与崇文区共同开展全区小学美术教学教研活动，窑上中心校王超老师和光明小学蔡琳华老师做美术公开课，与会专家与房山区60名美术教师就提高美术课堂教学质量、提升教师专业素质等方面提出指导性建议。

（丁术刚）

【新生免试就近入学】 一是加强资格审核，2009年新生入学继续坚持免试就近入学原则，适龄儿童持家庭户口簿在户口所在地或家庭实际居住地就近入学。区教委和各校成立专门领导小组，对全区小升初6900人，小学一年级新生近6000人的资格进行全面审核；二是加强学籍管理，严格学生学籍管理，严控学生的非正常流动，为1.2万名学生统一建立电子学籍档案，并及时输入市教委电子学籍档案库；三是加强住宿生的体检工作，凡要求住宿的同学必须出示4月以后在区级以上医院进行的体检合格证明，保障学生的群体利益。四是加强公开公正工作，新生入学工作要及时向社会、学生、家长公开，确保各校服务区学生入学率达到100%。

（丁术刚）

【缓解学前儿童入园难】 全区25个公办乡镇中心园采取扩大班额和增加班数等方式增强招生能力，其中班额在现有基础上增加5名，最多将达到40名，全区多招收110名；对有条件中心园进行增加班数做法，全区增加23个班，多招收780名儿童，并投资230万元改造活动室、盥洗室，增加保健设施，对路途较远的孩子增加班车，解决家长交通困难。

（丁术刚）

【2名教师获全国首届新课程课例评比一等奖】 4月，在全国新课程课例评比中，城关小学张秋立老师和行宫园学校张海滨老师获一等奖，全市获奖人数共13个，房山区获奖人数位居前列，张海滨老师作为北京市的唯一代表进行发言，发言题目为“以课题为载体，探索习作教学新路”。张秋立是音乐市级骨干教师，此次比赛的课例是音乐欣赏课《白毛女》；张海滨是语文市级骨干教师，此次参加比赛的课例是《在困难与挫折面前》。两位教师以出色的基本功和良好的课堂教学效果赢得了专家评委的一致好评。全国新课程课例评比是集中展示全国自

2002年以来的优秀课改成果，进一步推进素质教育的发展，促进学生的健康成长。

（丁术刚）

【残疾学生入校就读】 一是在良乡二小、房山三小创建特教教学班，集中服务近40名学生上学；二是在全区广泛开展残疾学生随班就读，就近解决近260名学生上学难题，减轻家长和学生困难；三是残疾学生与其他在校学生享受同等的“两免一补”补助，且学习成绩仅供个人参考，不计入各教学班考核；四是提高教师待遇，全区有残疾学生随班就读的近300名班主任每月增加20元班主任津贴，区教委每年共投入近7万元；五是为学生提供丰富的玩教具，为学生营造舒适的生活氛围。

（丁术刚）

【举行歌唱祖国，快乐“六一”主题活动】 6月1日，区教委、团区委、区少工委、区邮政局联合举行歌唱祖国，快乐“六一”主题活动，来自全区1000名师生参加活动。活动中，全区学生代表向四川省地震灾区学生邮寄了近2000封爱心信件，表达了全区学生对他们的祝福和鼓励，信件由区邮政局采取专车现场发往四川省地震灾区。来自四川省地震灾区的20名学生表演了《爱的翅膀》节目，全区近1000名学生通过歌舞等形式表演《歌唱祖国》《哇哈哈》等精彩的文艺节目。

（丁术刚）

【教师资格认定】 5月21日，房山区教师资格认定受理工作结束，从2009年起教师资格认定的受理申请进行相应调整：每年春季受理申请认定幼儿园教师资格、小学教师资格、初级中学教师资格、高级中学教师资格、中等职业学校教师资格、中等职业学校实习指导教师资格；秋季受理申请认定高校教师资格。2009年教师资格认定首次采取网上报名，现场确认的方法。共受理275人，认定268人。其中，房山职业学校和北京理工大学房山分校教育专业直接认定153人；社会报名人员参加教育教学能力测试的122人，通过115人，未通过测试5人，未参加测试2人。6月22日完成教师资格证书的发放。

（丁术刚）

【考试工作均获市优秀奖】 年内，房山区考试中心共组织46055名考生参加教育各类考试，其中高考考生为5124人；中考考生为6111人；春季和夏季高中会考共有9150人参加；全年3次自学考试考生总数为20034人；成人高考考生5636人，均未发生严重违纪事件。五类考试均获北京市教育考试院优秀奖。

（丁术刚）

【20人获“北京市紫禁杯优秀班主任”称号】 10月29日，全区20名班主任获“北京市紫禁杯优秀班主任”称号。其中：良乡三小周胜利获小学组特等奖，房山二中王海华、北京电业中学黄忠文等10名教师获中学组一、二等奖，城关小学张连芳、良乡小学王亚丽等9名教师获小学组一、二等奖，房山区获奖人数位居远郊区县前列。

（丁术刚）

职成教育

【概况】 房山成教中心有两所高等院校分校和3所中职校，教育教学设施完备，多媒体教室、计算机房、多功能厅、电子阅览室等一应俱全，能够容纳万人业余和脱产学习。中心在编教职工180名，其中专职教师85名，具有高级职称的教师29名，区级骨干教师5名。2009年，深入社区、农村、厂矿进行调研，加大了中高层次专门人才培养力度；启动家政服务培训项目和农民工技能专项培训，开展中级会计师、首都职工素质教育等培训，满足了各类社会成员的教育需求；通过“农业科技入户直通车”“巡回培训课堂”、开办“农民夜校”等形式为农民传授农业科技新知识，促进了农村劳动力转移就业；成立“全民教育讲师团”，在全区进行文明礼仪、和谐社会、心理健康等知识的大宣讲活动，提升了市民的文明素质；以创建学习型组织活动为抓手，积极为全区各单位学习型组织创建工作提供优质教育服务，推进学习型房山建设。2009年，成教中心学历教育共计招生2363人，其中中专招生753人，大专、本科合计招生1610人，毕业生1834人，在校生总计9196人。全年共完成各类社会培训13842人次，房山成教中心被评为“首都职工素质教育工程先进站点”“新型农民培养工作先进单位”“北京市教育信息化先进单位”。

（王淑红）

【7个农民培训项目获市级奖励】 2009年，北京市共评选出67个农民教育培训优秀项目。房山区有7个农民教育培训优秀项目获一、二、三等奖。其中：北京市农业广播电视学校《送教下乡，培训新型农民》项目获一等奖；南窖乡成人学校的《黄金茶种植技术推广与培训》、长阳镇成人学校的《樱桃种植技术推广与培训》获二等奖；佛子庄乡成人学校的《蜜蜂养殖技术培训》、韩村河镇成人学校的《农业畜牧养殖技术培训》、房山职业学校的《奶牛养殖技术培训》、北京广播电视中等专业学校房山分校的《农村成人学校干部教师岗位培训》4个项目分获三等奖。

（丁术刚）

【5所乡镇成人学校被评为市级示范校】 年内，全区5所乡镇成人学校成为市级示范校，5所乡镇学校分别是大石窝镇、琉璃河镇、青龙湖镇、十渡镇、河北镇。截至年底，全区共有市级示范校16所，市级示范校数量位居全市第一位。

（丁术刚）

【成人教育健康快速发展】 一是全区有乡镇成人学校23所，其中，市级示范校16所；村级成人学校（办学点）409所，其中市级示范校3所，区级示范校4所。二是全区乡村成人学校占地面积254166平方米，校舍建筑面积41683平方米，并配备图书、计算机等各种教学设备。三是截至10月底，共推广农民教育培训项目19个，其中6个项目获北京市农民教育培训优秀项目，获奖励资金115万元，提前完成全年任务；南窖乡和霞云岭乡成人学校民俗旅游实训基地获通过，市教委将给予100万元专项资金支持。四是乡镇成人学校在全市率先成为法人单位，全区23所乡镇成人学校均成为独立法人单位，共计有219名教职工，实现了成人学校“有场地、有人员、有编制”的三有历史目标。五是截至年底，开展各级各类培训15万人次。

（丁术刚）

【开展小学教师英语口语培训】 2月28日，北京广播电视大学房山分校第6期小学教师英语口语能力培训班开学，207名学员参加此期培训。至此，共有39个中心校、70多所小学的教师参加培训，累计培训1076人次，接受培训的学校覆盖率达到98%。通过培训，全面提高了全区小学英语教师和非英语专业任课教师的英语口语水平。

（王淑红）

【农广校获市农民教育培训优秀项目一等奖】 3月，“送教下乡，生态富民——房山区农广校在山区半山区开展养蜂培训”项目被北京市教育委员会评为“2008年度北京市农民教育培训优秀项目一等奖”。该校连续4年获此殊荣。

（王淑红）

【开展物流人才培训】 4月，北京市经济管理干部学院房山分院与区委组织部、区物流中心联合举办现代物流人才培训班，来自全区各乡镇、企业的主管领导和区物流园区的有关人员共计81人参加培训。

（王淑红）

【免费为阎村镇培养物流业专门人才】 4月22日，北京市农业广播电视学校房山分校阎村镇新型农民中专班举行开学典礼。该校围绕阎村镇镇域经济社会发展对人才的需求，开办物流专业中专班，学制两年，开设物流与配送基础知识、仓储管理、物流信息等课程，阎村镇22个行政村的党支部书记和187名农民免费参加学习培训。

（王淑红）

【开办全市首家农民夜校】 5月31日，由农广校房山分校开办的全市首家“农民夜校”开学，良乡镇16个行政村的党支部书记和南刘庄村20余名农民参加首期培训。“农民夜校”农忙时晚上开课，农闲时白天学习，用农民喜闻乐见的形式，宣传科学理论、传播先进文化、推广农业科技，并把课堂授课与产业基地现场讲解结合起来，手把手地在实践中向农民传授技术、培训技能，受到大家的欢迎。

（王淑红）

【首都职工素质教育工程农民工专项培训启动】 该项目将素质教育工程向农民工群体拓展，培训内容涉及文化基础知识、实用技能和对农民工的就业指导等多个领域。来自全区6个乡镇的首批800名农民工免费参加了计算机、民俗旅游、园林、养殖等相关知识培训。为农民工提升素质，提高技能搭建了有效平台，为农民工就业、创业提供了智力支持。

（王淑红）

【开展家政服务培训】 11月，电专房山分校被批准为家政服务工程指定培训机构，开设初级“普通家政服务员”“月嫂”“护工”“保洁”专业，年内共有210人参加培训，签订就业协议170份。该培训项目有效实现了下岗失业人员和农民工专业技能培训与就业的对接，促进了全区家政服务行业规范化发展。

（王淑红）

【免费为新农村建设培养实用型人才】 成教中心所属各校以提高农民文化水平、专业技能和就业能力为目标，以优化农村文化结构以推进农村中等职业教育为重点，送教上门，采取农民职业资格培训与学历教育相结合的办学模式，先后在全区10个乡镇举办新型农民中专班,使农民不离土，不离乡，在家门口就能学习知识、掌握技能。年内，全区共有3223名农业劳动者免费参加了汽车运用与维修、园林、物流等9个专业的教育培训。

（王淑红）

【北京市公共交通高级技工学校获教育教学贡献奖】 2009年，北京市公共交通高级技工学校围绕办好人民满意的职业教育目标，加强师资队伍建设，完善基础设施，认真落实各项教育教学工作。学校大力开展职工培训，与北京公共交通控股（集团）有限公司合作，举办高技能人才培训班10期，培训保修系统高技能人才498人，评选优秀学员103人；举办各类职业技能培训班34期，培训5527人次，其中：技师300名，高级工1580人次，培训本地农民工463人次，专业技术培训291人次。年内，北京市人力资源和社会保障局授予北京市技工学校教育教学贡献奖。

（王斌）

高等教育

【概况】 北京良乡高教园区按照功能划分为教学生活区、中央设施区、西部配套区、绿化景观区四大区，其中：学校教学生活区427.6公顷，占总用地面积的63.8%；中央设施区94.87公顷，占总用地面积的14.1%；西部配套区 55.27 公顷，占总用地面积的8.2%；中央绿化景观区92.87公顷，占总用地面积的13.9%。2009年，完成投资14.6亿元，比2008年增加6.7亿元，“千亿土地储备”投资完成7.8亿元，超额0.7亿元；固定资产投资完成6.8亿元，超额2.6亿元，创造2550个就业机会，实现税收0.93亿元。园区征地（除西部配套区外）共涉及18个项目，其中16个项目取得征地批复。全年完成征地拆迁投资10.4亿元。稳步推进已入驻高校建设，2009年，北京良乡高教园区入驻高校建设完成投资4.2亿元，开复工面积10.2万平方米，完成年初任务的100%。

2009年，北京理工大学房山分校以庆祝新中国成立60周年为契机，通过开展参观展览、知识讲座、培训，举办专题报告会等一系列爱国主义教育活动，对大学生深入进行思想政治教育。444名师生参加庆祝新中国成立60周年群众游行活动，并圆满完成任务。30名师生获“首都国庆60周年群众游行‘优秀工作者’”称号，120名学生获“艰苦创业方阵标兵队员”称号，98名学生获“艰苦创业方阵第四大队先进个人”称号。2009年度学校共培训学生干部87人，入党积极分子306人，发展学生党员27人。学校认真学习开展实践科学发展观，提出“一提高二服务三促进”（即提高社会责任感，服务区域经济发展，服务学生全面成才，促进学校平稳发展，促进人才培养质量，促进管理水平提升）的活动载体，着力推动学校科学发展。教学方面，学校多次召开专项研讨会，积极推行教学运行模式改革，逐步实现职业教育以就业为导向，从学科向能力的转变。教学模式成功改革的同时，学校印发了《北京理工大学高等职业技术学院（房山分校）教师手册》等相关文件，作为制度保障全面提升教学质量。2009年度，学校加大了对青年教师及骨干教师的培训力度。选送16名一线教师参加了中国高等教育培训中心举办的“全国高等职业院校院系级教学管理人员培训班”，组织7人到宁波、青岛、上海等进行异地培训，并组织召开精品课程建设座谈会，交流成果，总结经验。6月，106名学生在北京理工大学良乡校区参加了大学英语四、六级考试，269名学生参加了英语三级（A）考试，通过率为61.34%。学校加强对学生的职业技能培训。全年共进行了CAD技能等级认证（一级）、office软件2003认证、英语口语等级考试、资料员、预算员、NVQ、教师资格认证、物流师以及对外经济贸易大学网络教育（A类）和对外经济贸易大学网络教育（B类）10个项目的培训，共计培训640人次，各个项目的取证率均远高于社会平均取证率。2009年度学校增设就业指导课程，从就业形势、正确的择业观念、礼仪修养、面试技巧、材料、心理的准备、就业程序等方面，结合实例，给毕业生做好指导，扎实做好就业前的基础工作。同时走出去请进来，加强同30余家用人单位的联系，积极开拓就业渠道，为毕业生搭建良好的就业平台。学校2009届303名毕业生就业率达到99%，签约率达到67%。27名学生升入北京信息科技大学本科继续学习，14名学生获北京地区高等学校优秀毕业生称号。

（孙静　何雪红）

【大学生无偿献血活动】 3月13日，为积极响应北京红十字会血液中心关于动员广大在校大学生参加无偿献血的要求，大力弘扬“一方有难，八方支援”的高尚情操，北京理工大学房山分校组织在校大学生参加无偿献血活动。此次活动同学们报名踊跃、参与积极，学生党员、积极分子和班团干部在活动中充分发挥了模范带头作用。共有87名学生报名参加，80名学生体检合格，无偿献血。

（何雪红　龚晓庆）

【消防安全知识讲座暨灭火演练活动】 为充分保障学校师生的人身安全和财产安全，11月10日北京理工大学房山分校开展消防安全知识讲座暨首次灭火演练活动。讲座对相关的政策法规及火灾的预防和自救进行了详细的讲解，图文并茂，生动形象，学生们增长了知识并且深受教育。随后组织学生代表和教职工代表实地操作灭火器，进行灭火演练，使大家增强了安全防火的意识，提高了维护校园安全稳定的积极性和主动性。

（何雪红　龚晓庆）

【受阅队员先进事迹报告会】 11月13日，北京预备役高炮师参加国庆首都阅兵受阅队员先进典型事迹报告会在北京理工大学房山分校报告厅举行。学校近600名师生听取报告。5名预备役方阵代表做了先进事迹报告，讲述自己在参加受阅训练和受阅仪式过程中的亲身经历和真切感受，报告感人至深，催人奋进，使同学们深受教育。

（何雪红　龚晓庆）

【中层干部竞聘上岗】 2009年，北京理工大学房山分校为进一步拓宽选人渠道，激活干部选任方式，促使优秀人才脱颖而出，全年共推出教务处处长、培训部主任、招生与就业指导办公室副主任等7个岗位进行全校范围内公开竞聘，通过个人报名、资格审查、竞聘演讲、民主测评、任前公示等环节，确保干部选拔任用工作的公开、公正、公平，并取得了较好效果。

（何雪红　龚晓庆）

科　技

【概况】 2009年，区科委以“科技北京”行动计划为引领，紧紧围绕区委、区政府提出的建设“三化两区”及“三保”任务目标，按照“整合资源，促进发展”的理念，充分履行职能，加强科技创新，提高服务能力，促进科技成果转化与推广，为全区经济社会的发展提供了强有力的科技支撑。围绕区委、区政府提出的“三化两区”目标，组织实施了国家级、市级科技项目29项，共争取科技经费5686.76万元，到位科技经费为5126.76万元。围绕全区经济结构调整和重点产业升级及“三保”（保增长、保民生、保稳定）任务，组织实施了房山区五项科技计划，遴选优秀科技项目立项56个。其中社会发展14项、科技致富9项、星火计划11项、科技成果推广11项、科研试验示范11项。通过项目带动，充分显示了科技对全区各领域的引领支撑作用，促进了食用菌、磨盘柿、豆类、肉鸭、肉牛羊等产业优化升级。全区被认定为高新技术企业22家，提升了企业综合竞争能力，为经济发展注入活力。专利申请量320件，专利授权量165件；认定登记各类技术合同201项，合同成交总金额1.01亿元，其中技术交易额1.01亿元。深入开展“四个对接”工程（与首都经济创新服务体系对接，与首都创业孵化体系对接，与科研院所大专院校对接，与驻区中央、市属科研单位及企业对接），通过实施“推广教授领办乡镇”工作机制，先后有100多名教授及科技人员来到房山区，运用新技术、新品种，解决了肉鸭养殖龙头企业种鸭的快速繁育问题和休闲采摘园果品更新问题等一系列产业发展的关键问题；认真贯彻落实《全民科学素质行动计划纲要》，全区有市级科普教育基地4家；针对农村劳动者对科技的需求，举办种植、养殖等各类科技培训400期，2万人次，其中绿色证书培训2000人；利用58个远程教育站点，组织开展了“设施农业”发展等为主题的培训，8000人次受训。

（张潇）

【数字林业平台关键技术与实用效果项目获市科学技术二等奖】 12月25日，北京市人民政府对2008年度北京市科学技术奖励进行了公报，“房山区数字林业平台关键技术与实用效果”项目获2008年度北京市科学技术二等奖。项目主要完成单位为房山区园林绿化局，这是近十余年来房山区获得的北京市科学技术奖农业与林业组等级最高的奖项。该项目运用遥感技术（RS）、地理信息系统（GIS）、全球定位系统（GPS）、通讯及分布式计算等交叉学科技术，以3S技术、自动气象观测技术、视频监控技术、数据库技术和计算机网络技术等先进技术为支撑，整合基础地理数据库和林业资源数据库，建成服务于区域林业建设的数字林业平台，实现了对森林火险等级预测预报、火点定位、扑救决策、损失评估，火灾巡护人员、森林消防人员与消防车辆位置的实时监控等森林防火服务。项目重点攻克了森林防火决策系统、数字林业软硬件集成、森林资源管理位置服务和林业区域信息化业务系统构建等关键技术。

（王文伟）

【食用菌生产关键技术研究及产业化开发项目通过验收】 6月16日，市科委组织专家对北京市重大科技项目“食用菌生产关键技术研究及产业化开发”项目进行了验收，验收专家组观看了房山区食用菌产业发展专题片，听取了相关工作人员对该项目及3个课题的汇报，一致认为：该项目按合同要求按期完成项目任务，资金使用合理，组织实施有效得力，技术培训工作到位，宣传工作扎实，并通过项目实施，促进了农业结构调整和农民增收致富，为今后食用菌产业发展打下了良好的基础，一致同意通过验收。该项目由“食用菌品种选育及安全高效生产关键技术研究”“食用菌产业科技服务体系建设”“出口中高档食用菌工厂化生产及产业化开发”3个课题组成。通过项目的实施初步形成了从菌种研发、菌棒供应、基地生产、废料处理的产业链条。探索了食用菌周年工厂化生产、山区巷道生产、林地生产、设施基地规模生产等模式。项目的实施促进了农业结构战略性调整，增加了农民收入，有效地推动了房山区食用菌产业全面、协调、可持续发展，辐射带动北京食用菌产业做大做强。

（李晓明）

【木塑复合型材应用技术开发与示范课题通过验收】 9月29日，市科委组织专家对北京恒通创新木塑科技发展有限公司承担实施的北京市重大科技项目“环境友好型建筑业的科技示范——木塑复合型材应用技术开发与示范课题”进行了现场验收。在听取课题负责人实施情况汇报及现场查看后，与会专家对本课题选题及研究定位给予了高度肯定，对实施单位完成课题任务所做的深入细致工作及所取得的显著成果给予了高度评价，并一致同意通过验收。本课题实施的主要成效:一是课题研发团队依靠自主创新，开发出新型环保木塑材料的配方、工艺及设备等一系列关键技术，自主研发出木材替代产品木塑制品的生产及配套应用技术；二是建成木塑材料各类生产线25条、产能达6万余吨；三是实现新增销售收入7006万元，新增税收502万元，初步形成了科技示范效应的生产基地；四是完成了木塑模板及相关材料企业标准的编制工作；五是提高了企业自主创新能力，申请专利9项（其中发明专利2项）；六是课题中所研发的新产品在社会上得到应用，如：采用木塑模板、木塑龙骨支撑系统建造的中国科技馆、北京电视台、良乡医院、海逸半岛小区的木塑地板的安装，以及长阳镇周转房木塑整体房屋项目均采用承担单位所生产的木塑制品，项目实施成果得到了广大用户的一致认同。

（李晓明）

【生物有机肥料产品的开发及推广课题通过验收】 11月3日，市科委组织专家对北京格瑞拓普生物科技有限公司承担实施的北京市重大科技项目“环境友好型食用菌产业示范——生物有机肥料产品的开发及推广”课题进行了现场验收。在听取课题负责人实施情况汇报及现场查看后，与会专家对本课题选题及研究定位给予了高度肯定，对实施单位完成课题任务所做的深入细致工作及所取得的显著成果给予了高度评价，并一致同意通过验收。本课题实施的主要成效：一是在调查分析食用菌菌渣产生和营养成分的基础上，形成了食用菌废渣为原料的好氧堆肥生产生物有机肥料技术及工艺参数，并制定了相应的生产操作规程和企业技术标准；二是采用微生物筛选、复合技术，充分利用高效多功能复合微生物菌系（剂）改进生物有机肥生产工艺，在实现菌渣快速分解的同时，提高了生物有机肥品质；三是研制出2种生物有机肥产品，建成年产1.2万吨有机肥的生产能力，并在全区开展了万亩田间试验，取得良好效果，为实现以食用菌废渣为原料的生物有机肥料产业化提供了有益示范。

（李晓明）

【2名农村科技协调员获“全国优秀特派员”称号】 6月，长阳镇王全福、张坊镇朱茂银获科技部颁发的“全国优秀科技特派员”奖，区科委获科技部“全国科技特派员工作先进集体”。这是科技部联合人力资源社会保障部、农业部、教育部、中宣部、国家林业局、共青团中央、中国银监会8个部门共同举办“全国科技特派员工作会议暨农业科技创业行动启动会”，首次对165个全国科技特派员工作先进集体、550名全国优秀科技特派员和23个科技特派员工作省级优秀组织管理单位进行表彰，同时认定了73个科技特派员创业链。

（王文伟）

【保护知识产权宣传周活动取得成效】 4月24日，房山区科委组织北京理工大学房山分校进行知识产权宣传活动。通过制作条幅、分发1000余份宣传品，烘托了大学校园保护知识产权的气氛，使大学生进一步了解知识产权相关法律法规。同时还现场为学生提供专业咨询，耐心解答各种与知识产权有关的问题。房山区科委相关人员携带宣传品到长阳中学进行宣传，向中学生们发放图解知识产权ABC，以及在学校宣传栏张贴市局分发的各种知识产权法规宣传画，并在学校的多媒体教室播放讲座，组织学生召开以“尊重知识、崇尚创新”为题的主题班会。使学生们更直观的了解知识产权相关知识。

（李鹏）

【专利授权量稳步增长】 年内，房山区专利申请量达到320件，其中，发明专利113件，实用新型专利172件，外观设计专利35件。专利授权量达到165件，其中发明专利30件，实用新型专利111件，外观设计专利24件。

（李鹏）

【实现技术合同总金额3840.59万元】 年内，区科委技术合同登记处共认定登记各类技术合同102项，其中，技术开发合同1项，技术转让合同4项，技术咨询合同92项，技术服务合同5项。合同成交总金额3840.59万元，技术交易额3840.59万元。

（李鹏）

【房山世界地质公园成为北京市科普教育基地】 7月，房山世界地质公园被市科委、市科协命名为北京市科普教育基地。房山世界地质公园于2006年9月18日由联合国教科文组织正式批准成立，是世界上第1个位于首都城市的世界地质公园。该公园自成立以来积极参加科普教育宣传活动，制作科普宣传材料和光盘，努力实现让地质科普知识进家庭、进社区、进学校的目标。他们与中国地质大学建立了科研合作关系，为中国地质大学学生提供科普学习、实习场所。常年对学生开展各类科普展示、科普讲座等科普活动，形式多样，内容丰富，寓教于乐，对普及科学知识、弘扬科学精神起到了有力的推动作用。

（徐璐璐）

【增加 2 家“创新型科普社区”】 区科委从加强社区科普能力建设，提升公众科学文化素质的角度出发，进一步整合科普资源、突出特色，在前期的工作基础上，又有 2 家创新型科普社区被批准为“北京市创新型科普社区”，分别是窦店镇河口村和长阳镇碧波园社区。河口村依托村内产业资源优势，以建成一个“绿色生态科普社区”为目标，在社区文体公园建设一组高标准的科普宣传栏，在主要街道及示范户处树立数组科普宣传标示，利用智能温室建设 1 个科普试验基地，组织 1 支完备的科普志愿者队伍，建立 1 个社区居民科普活动室等，实现了“翠林花海享康宁，科技兴农河口村”创建主题。碧波园社区创建主题是“动感碧波，活力夕阳”。社区针对社区内老年人居多以及体育人才丰富的特色，迎合居民迫切的健身需求，通过普及科学健身的知识和方法，使老年人真正参与进来，老年生活活跃起来，从而带动整个社区居民参与社区科普活动的热情，达到丰富居民休闲生活，提高社区居民生活质量的目的。

（徐璐璐）

文化　文物

【概况】 设施建设　房山区群众文化活动中心建设工程先后通过了市发改委组织的专家评审，完成了项目立项，并与国信招标集团有限公司、北京国信兴业国际工程咨询有限公司签订了“咨询服务合同书”，与北京国泰建中管理咨询有限公司签订了“项目前期工作委托咨询、代理合同”，与北京营造无限建筑设计事务所等 3 家设计所联系，做出了初步设计方案和效果图，项目建议书得到市发改委的正式批复。开展农村数字影院建设，启动了 2009 年“文化惠民”工程，为 28 个乡镇、街道发放了室外演出灯光、音响设备；为 382 个村发放了“文化信息资源共享”工程设备；为山区 160 个自然片发放了电视机；向各乡镇发放了 2008 年农村“文艺演出星火工程”补助款；为 2008 年第二批建成的 100 个农村数字影院发放了电影设备，并安装完毕；为建成的 180 家数字影院发放建设补助资金。以上物品、资金总价值为 3000 余万元。开展基层文化设施建设工作，2009 年建成数字影院 216 个，2007 年至 2009 年共建成数字影院 472 个。2009 年 67 个行政村文化活动室的建设方案得了市发改的批复，总建筑面积合计 23100 平方米，总投资 4721 万元，建设工程正式启动。在平原乡镇、单位新建图书室 12 个，在山区乡镇新建“益民书屋”64 个，使全区 9 个山区乡镇的行政村图书室建有率达到 100%，“益民书屋”建设总数达到 280 家，基本解决了山区群众看书难的问题。为 2008 年建设的 27 个“益民书屋”补充图书近万册，为 2009 新建的“益民书屋”挂牌并配发了物品，共计发放图书 8.32 万册、音像制品 6400 盘、报刊杂志 1920 册、报刊架 64 个。协调房山歌华公司免除了全区 462 个行政村的图书室和 160 个自然村的图书室有线电视收视费。对已建设的文化信息资源共享工程基层点，围绕与党员远程教育相对接做好技术指导和设备维护工作；完成了共享工程点的电脑维护、设备线路改造的调研工作；开展共享工程人员培训，全年到基层辅导 60 次，培训 10 次。在 23 个乡镇街道建立以文化大院为中心、数字影院、图书室（文化信息共享、远程教育）、活动室、文化户

（志愿者）等为依托的“一公里文化服务圈”。完成了城关街道、西潞街道的两个社区楼道试点文化建设，通过合理利用社区楼道资源搭建了基层文化平台，受到小区群众的一致好评。

文化活动　围绕传统节日和国庆 60 周年，开展了一系列涉及面广、影响大、内容新颖的群众文化活动。重点文艺活动突破往年，实现了内容创新、形式创新。分别完成了元旦文艺演出、2009 年春节团拜会、正月十五花会表演、六一儿童节专场演出、区第十五届旅游文化节、国际长走大会、北京志愿者分中心启动仪式、云居寺佛祖舍利迎送仪式及观瞻、迎国庆系列文化活动等大小演出 1000 余场。以府前广场文化周末大舞台为主，推出了金曲周末大家唱、文化周末大戏台和文化周末大课堂。新成立 10 个乡镇文化周末大舞台，共组织演出 215 场演出，涉及演员 1 万人次，观众 30 万人次。开展了“同在一片蓝天下，人人享有观影权”主题电影展映年活动，全年共放映电影 32488 场次，观众达 212.2 万人，其中流动放映 4938 场次，固定影院放映 27550 场次。全民读书活动蓬勃开展，办理读者借阅证 2666 个，流通人次 66642 次，流通册次 202381 册；送书下乡 100 多次，行程 2 万多公里，为基层图书室实现图书轮换 10 万余册；开展各类讲座、报告会 40 次，参加活动人数 1.8 万余人次；开展“红读”系列活动 16 次，区内 10 次，市里 6 次，全区 28 所学校的 8199 名学生参加，200 余名小选手分别获得市级和区级奖项；为全区党政机关、学校、企事业单位提供二次、三次文献服务，编制《决策参考》《农业科技信息》各 6 期、《石文化》《教育信息纵横》各 6 期、《房山新闻报道集锦》3 期；针对基层农民需求，继续编辑整理 2002 年—2008 年度农业科技信息资料，归类种植信息汇总、养殖信息汇总。

文艺创作　为迎接新中国成立 60 周年，区文化委与阎村镇、霞云岭乡及蒲洼乡政府联合，推出了 3 首具有浓郁房山文化特色的原创音乐作品《为祖国祝寿》《赞歌来自咱家乡》和《大山里的小姑娘》。3 首音乐作品在国庆期间连续在中央三台、中央八台、北京电视台、湖南卫视、北京音乐台等电视台播出。2009 年创作的歌曲有《欢歌共和国》《起点》《爷爷的茅屋》《追求圆满》《老师妈妈》《为家乡做点事》等 20 余首。

非物质文化遗产保护　对区级名录包括河北镇的音乐会、太平鼓会、青石砚等十余项报告的历史渊源、传承关系、项目特色、主要价值及特色做了进一步整理，并撰写了报告；对琉璃河镇的“非遗”项目“京绣”进行了调研，组织“京绣”参加了北京市第十九届农民艺术节，在乡村擂台——首届京郊民间技艺大赛（决赛）中荣获三等奖；到佛子庄对龙神庙会进行调研，对庙会的流程、现场情况、活动内容、群众参与情况进行了详细记录，形成了完整的资料；到窦店“芦村少林会”进行考察，进行了录音、录像等资料采集工作。开始对 2009 年部分“非遗”项目进行了申报片拍摄和编辑工作。

文化市场管理　对全区 90 家文化经营单位的法人代表或负责人进行了法律法规及安全工作培训；会同区消防支队、区安监局等部门召开了印刷企业安全生产工作会，对企业的负责人进行了安全知识培训；与企业签订了“安全生产经营责任书”，督促人员密集场所和印刷企业自行邀请有资质消防企业对场所进行“两检”，即消防设施检测和电器设施检测，年内共组织、参与安全生产检查 412 家（次），排查安全生产隐患 7 处（起），指导企业进行了及时整改，确保了把隐患消灭在初始阶段的目标；对文化市场经营单位进行换发 2009 年经营许可证工作；对出版物发行单位进行了年度核验，年度核验合格单位 74 家；开展了文化相关企业普查，普查企业525家，涉及15个乡镇街道；2009年办理审批事项57起。开展“国庆平安行动”、安全生产“雷霆”行动、“护航”行动和安全生产“三项行动”等一系列专项治理行动。共组织、参与对文化市场的检查417人(次),检查服务对象414家(次),受理各类举报66件，文化市场执法立、结案5起，取缔非法经营场所、摊点14家次，督促整改安全隐患12处，收缴非法出版物600余册（张）、卫星接收设施、设备3件，全年无一例行政复议及行政诉讼案件。

文物普查　2009年，房山区继续开展文物普查工作，共完成了大石窝、佛子庄、大安山、十渡等15个乡镇的文物普查工作，复查项目174处，新发现项目76处。配合首都博物馆开展了京西地区工业遗产专项普查，自2008年10月起开始对房山区的百年企业及1950年至1979年建立的支柱产业进行调研，其中包括能源、纺织、无线电、机械、化工和钢铁6个项目，完成了4项工业遗产调研。

文物修缮　2009年，向市文物局申报《北京市文物修缮保护利用中长期规划（2010—2011年）》项目库8项。其中，文物修缮保护项目6项，包括上方山、玉虚宫、云居寺、金陵、十字寺、窦店土城；文物安全保护项目2项，包括良乡文庙、房山文庙。联合市古建设计所对良乡文庙进行设计，筹集修复资金280万元。启动了上方山诸寺抢险修缮工程。为灵鹫禅寺和弘恩寺的抢险修缮工程争取资金。

文物保护　与23个乡镇、街道签订了文物保护责任书，落实了文物保护责任制；建立了有公安、消防、安监等部门和国保、市保管理单位参加的联席会议制度，定期召开会议，交流信息，加强沟通；完成了对周口店北京人遗址、云居寺、琉璃河西周遗址、上方山、平西烈士陵园、没有共产党就没有新中国纪念馆的安全互查工作，并签订了责任书；联合房山公安分局，房山消防支队对各国保、市保单位进行实地检查。结合“世界博物馆日”，以“魅力博物馆，人文北京城”为主题，开展了文物法宣传活动，在昊天广场、各博物馆及各乡镇政府所在地开展了法律、法规咨询，发放相关宣传材料近千余册（包括云居寺、周口店北京人遗址）、宣传品1500余份，接待群众4000余人；在第四个文化遗产日，对新中国成立60周年房山文博事业取得的成就进行了广泛深入的宣传报道；围绕历史文化旅游聚集区专题活动，策划了6月23日云居寺佛舍利观瞻活动方案，制作展板60余块。邀请北京市文物研究所及西北大学对房山区琉璃河西周遗址博物馆、金陵、十字寺遗址等国保单位进行了文物保护规划前期调查工作；对全区文物古玩摊点开展了调查，完成了建立、规范文物古玩市场的前期准备工作；召开了“云居寺石经山第二藏经洞开洞调查及保护专家论证会”，为云居寺文物的进一步保护与利用进行了有益的探索。

考古与文物收藏　完成对陕京三线、京石客运专线工程房山区段征地拆迁实施方案的文物调查工作。完成了5批“绿色通道”审批项目的文物调查工作，共涉及房山区200余项工程。开展了3次文物抢救性发掘工作，2月，在阎村镇物流基地施工现场，发掘石翁仲一对，初步断定为辽金时期石刻；3月，在阎村镇南梨园村村西发现汉墓一座，出土铜镜一枚，铁刀一把，铜钱十几枚，红陶碎片等文物；6月，在大石窝镇石窝村发现两座清代墓葬，清理出铜质如意发簪一个，酱釉瓷罐一个。

（金超）

【《印记——崛起的房山新城》大型宣传画册出版】　以新中国成立60周年、区府东移11周年为契机，由房山新城规划建设管理委员会办公室策划、编制的大型宣传画册《印记——崛起的房山新城》正式出版。画册共分为领导篇、规划篇、建设篇、市政篇、环境篇、生活篇和展望篇七个篇章。画册以真实的图片配以优美的文字，生动、全面地展示了近年来房山新城在城市建设方面取得的重大成果，充分展现了当今房山新城时尚、现代的城市面貌和房山人民和谐宜居的生活状态，同时也表达了房山人民热爱家乡，建设家乡的热情和心愿。

（范丹微　张立彤）

【"送法律知识进校园"活动启动】 3月19日，区图书馆2009年"送法律知识进校园"活动启动仪式在五侯中心校举行。区司法局、区图书馆、五侯中心校领导以及全校师生共100多人参加启动仪式。

（金超）

【"寻根溯源、传承文明"主题教育活动启动】 4月4日，由中共房山区委宣传部、周口店遗址博物馆主办的"寻根溯源、传承文明"主题教育活动在周口店遗址博物馆举行。房山区委宣传部、周口店北京人遗址博物馆、有关学校领导和来自北京汇文中学、北京经济技术开发区实验中学、北师大燕化附中500余名学生参加了活动。此项活动是市委宣传部"爱国主义教育宣传月"系列活动之一。活动目的是利用中国传统节日——清明节，缅怀先祖，追忆先贤，弘扬老一辈科学家孜孜以求的探索精神，了解他们的科研成果，了解古人类知识。活动的重点为"弘扬科学精神、缅怀科学先驱、传播科学知识、传承人类文明"。此次活动的特点是将"传统节日、学习科学知识、互动体验"融为一体，内容包括三部分：缅怀追忆、探索求知、互动体验。学生们在讲解员的带领下参观了博物馆和遗址化石地点，之后参加了遗址博物馆推出的模拟发掘、模型制作、模型装架、磨制骨针等互动科普项目。

（金超）

【举行"我最喜爱的书中人物"讲故事比赛】 4月14日，"我最喜爱的书中人物"讲故事比赛在区图书馆举行。此次活动作为房山区2009年"红读"系列活动之一，由区文化委员会、区教育委员会等多家单位共同主办，区图书馆承办。比赛邀请区少年宫的老师担任评委。来自全区25所中心校的49名同学进入决赛。比赛旨在鼓励青少年通过广泛阅读相关书籍，解读祖国60年日新月异的变化，并用真情实感讲述各自心目中"最喜爱的人物"故事，提高青少年的道德情操。

（金超）

【举办"走进科普"课本剧比赛】 4月17日，区图书馆在四楼报告厅举办"走进科普"课本剧比赛。此次比赛以科普知识为主线，突出科普特色，表演的节目有"来自鸟儿王国的报告""行星不寂寞"等，17所学校110余名小学生参加。良乡第二小学7名小朋友表演的"月亮姐姐的新伙伴"获第1名。

（金超）

【举办"魅力博物馆 人文北京城"宣传活动】 5月18日，以"魅力博物馆，人文北京城"为主题的世界博物馆日宣传活动在昊天文化广场举行，此次活动由区文化委主办，云居寺文物管理处、周口店北京人遗址及拱辰街道办事处协办，发放宣传材料千余册，宣传品1500余份，接待群众4000余人。

（金超）

【举办"读书小状元"演讲比赛】 6月9日，区图书馆在四楼报告厅举办"读书小状元"演讲比赛，来自全区16所中心校的31名选手参加活动。选手们结合自己的生活实际，畅谈读书的感受和收获，充分展示了全区小学生的精神风貌。此次演讲比赛，培养了学生爱读书、读好书的习惯，提高了学生们的演讲水平，推动了学校的素质教育。

（金超）

【举办文化遗产日宣传活动】 6月13日，第4个"文化遗产日"宣传活动在区文物管理所举办。活动包括3项内容：一是展出展板20余块，内容包括《中华人民共和国文物保护法》，房山区重点文物保护单位图册及简介等；二是安排工作人员进行展版讲解，向群众开展文物保护知识宣传；三是发放《中华人民共和国文物保护法》、遗产日宣传画册等材料，共计发放宣传品近千份。

（金超）

【联合举办“祝你平安消防宣传进万家”文艺汇演】 6月19日，房山消防支队和区文化委联合举办“祝你平安消防宣传进万家”文艺汇演。市公安消防总队副总队长骆原、房山区委常委、副区长高言杰和区防火安全委员会成员单位领导出席。全区文化场所法人、负责人及区内消防安全重点单位代表、大学生代表近3000人观看演出。

（金超）

【首批64个“农家书屋”建成挂牌】 8月11日至15日，房山区首批“农家书屋”建成挂牌，包括9个山区乡镇的64个行政村，配发的物资有书柜、期刊柜、图书等。“农家书屋”实行“统一名称、统一标识、统一制度”规范化管理，管理员接受统一培训。这项工程是继广播电视“村村通”工程、全国文化信息资源共享工程之后农村文化建设的又一重要“惠农”工程，旨在解决农民群众“买书难、借书难、看书难”问题。

（金超）

【区图书馆在2009年北京市“文化共享杯”知识竞赛中夺冠】 9月1日，北京市文化局举办“文化共享杯”知识竞赛，全市19个代表队参赛。经过笔试和现场竞赛，房山区图书馆代表队获总成绩第1名。

（金超）

【“四方”签订文化执法战略合作协议】 9月4日，房山区文委、河北省保定市文化局、涿州市文体局、涞水县文教局主管文化执法工作的领导在北京市房山区文化委员会签订《北京市房山区文化委员会、河北省保定市文化局、保定涿州市文化体育局、保定涞水县文化教育局文化市场行政执法工作战略合作协议》。协议签订了四项战略合作事项，其中包括建立组织领导机制、联络员制度、信息通报会商制度和执法工作联席会议制度。协议的签订是深化京冀“扫黄打非”“护城河工程”的具体行动，是依法维护协议各方文化市场安全、健康发展的一项重要举措，也是北京市18区县首家与相邻市县签订的文化执法合作协议。

（金超）

【“‘辉煌的成就 华彩的乐章——北京博物馆60年’成就展暨数字博物馆建设成果展巡展开幕式”在周口店遗址博物馆举行】 9月8日，“‘辉煌的成就 华彩的乐章——北京博物馆60年’成就展暨数字博物馆建设成果展巡展开幕式”在周口店遗址博物馆举行。开幕式由北京文博交流馆党支部书记薛俭主持。展览回顾了北京地区博物馆在新中国成立60年来逐步繁荣的过程和办馆理念的变化，以万余字的概括论述、数百张精彩图片和准确的数据，集中回顾和展示了这60年所取得的成就和收获。“数字博物馆建设成果展”反映了北京地区数字博物馆建设的现况及新进展，通过大量图文资料，系统而全面地展示出北京数十家数字博物馆的外观及主要内容，对推动北京博物馆的发展具有重要意义。

（金超）

【“房山区老年书画研究会庆祝新中国成立六十周年书画展”开幕】 9月16日，“房山区老年书画研究会庆祝新中国成立六十周年书画展”在房山区文化馆开幕。区委宣传部、区文联、区书画协会等单位领导参加开幕式。展览展出书画作品126幅，书法内容以庆祝新中国成立60周年为主题的自创诗歌为主，作品包括行书、隶书等多种字体。绘画作品主要为山水、花鸟等，风格各异，全面展示了房山区老年书画研究会成立以来所取得的成绩。

（金超）

【原创歌曲《为祖国祝寿》在中央电视台播出】 9月18日，原创音乐作品《为祖国祝寿》在中央电视台第三套节目《音乐电视》栏目播出。《为祖国祝寿》由区文化委和北京龙人溢彩文化发展有限公司制作，著名词作家车行（代表作有《常回家看看》《好日子》等）作词，区文艺工作者陈光作曲，歌唱家阎维文演唱。作品以亲切的语言、优美的旋律、温馨的画面，表现了普通群众在建国60周年到来之时的喜悦心情和对祖国的真诚祝福。

（金超）

【"房山区庆祝新中国成立六十周年书画展"开幕】 9月25日，"房山区庆祝新中国成立六十周年书画展"开幕仪式在区文化馆举行。此次展览由区委宣传部、区文化委、区文联主办，由区文化馆与区书法美术家协会承办。展出书画作品128幅，展期5天。

（金超）

【房山区代表全国农民参加国庆在天安门广场举行的联欢晚会】 10月1日，根据首都国庆60周年联欢指挥部的统一部署，房山区2788人代表全国农民参加在天安门广场举行的联欢晚会。10月10日，在北京市委、市政府和市筹委会召开的总结表彰会上，房山区被授予"首都国庆60周年群众联欢晚会先进集体"称号。

（金超）

【房山区举行文化场所安全消防疏散演练】 6月24日，区文化委、区安监局、房山消防支队、房山公安分局、拱辰街道办事处联合在北京金天乐娱乐有限公司组织开展"房山区人员密集文化场所公共安全消防疏散演练观摩活动"。副区长卢国懿、区应急办等有关部门领导，区内人员密集文化场所法人、负责人近百人参加演练观摩活动。

（金超）

【"龙"字、"寿"字摩崖石刻揭幕】 2009年国庆节期间，九江市庐山天合谷"龙"字、"寿"字摩崖石刻刻成揭幕。这两块石刻由温凤海创作，该"寿"字是随"神六"载人飞船遨游太空的惟一一幅书法作品。"龙"字随"神七"载人飞船遨游太空，并获国家版权专利。"神六"之寿，寓意与象征俱全，预示着与日月同辉、青山同在的美好祝福。"神七"之龙，寓意祖国繁荣富强、华夏之子皆是龙的传人。"神六"之寿和"神七"之龙的落户，成为庐山天合谷景区一道亮丽的文化景观。温凤海，1959年出生，北京房山人，中国书法家协会会员、北京书画艺术研究会理事、中央民族大学美术学院客座教授。2004年，温凤海创作的"寿"字，在《人民日报》《人民政协报》《北京晚报》等多家刊物上发表，得到著名书法家苏适、李铎、刘炳森、欧阳中石等前辈的认可和赞誉，并获国家知识版权专利。

（罗雅莉）

【第四届可持续发展教育国际论坛"印象房山"文艺演出】 为迎接"第四届国际可持续发展教育论坛"在房山召开，10月23日，房山区组织了第四届可持续发展教育国际论坛"印象房山"大型文艺专场演出。演出分为"文明房山""古韵房山""奋进房山""魅力房山"4个乐章，向中外来宾展示了房山深厚的文化底蕴和辉煌的建设成果。节目内容丰富，精彩纷呈。参加这次活动的有来自北京、上海、广东、江苏、香港以及美国、印度、朝鲜、瑞典、丹麦等国代表300余人。

（金超）

【举办2009年"爱心快递"图书捐赠仪式】 11月18日，房山区图书馆举办2009年"爱心快递"图书捐赠仪式。全区13所小学9764名学生，向民仁、希望、京廖3所打工子弟学校捐赠图书15811册。

（金超）

【张文良歌词作品及个人词条被选入《中国词作家辞典》】 年内，房山区文化馆专业词作者中国音乐文学学会和中国音乐著作权协会会员张文良，其创作的《阿细跳月》《拓荒牛》《万家灯火》等5首歌词作品，以及张文良个人词条被选入《中国词作家辞典》。

（金超）

【房山区农村数字影院建设基本实现全覆盖】 12月2日，房山区2009年第2批农村数字影院放映设备发放在周口店镇文化广场举行。房山区农村数字影院经过3年建设，总量达到472个（包括452个行政村和20个社区），除整村搬迁的10个行政村外，全区基本实现了村村有影院的目标，并配备了电影放映设备。

（金超）

【阎村镇域内发现石翁仲】 2月26日，北京西南良乡物流基地阎村镇域内一村民在自家承包的大棚内进行水池改造时，发现石刻文物。经区文化委工作人员抢救发掘，清理出石翁仲一对，均残（无头），初步断代为辽金时期的石刻。经测量残缺文物高1.53米，宽0.65米，材质为房山白。文官石人呈站立姿势，无头，身穿一套辽金时期的文官服饰，手捧护板；武官呈站立姿势，无头，身穿一套辽金时期的武官服饰，双手持一把剑。这对石翁仲雕刻十分精细，服饰条纹整齐，对研究本地历史具有较高的价值。

（金超）

【阎村镇南梨园村发现1座古墓】 3月6日，北京龙建集团兴利分公司工人在阎村镇南梨园村村西110千伏变电站修建变电站消防水池时，发现古墓1座。接到报告后，区文化委文物科、文物管理所工作人员即赴现场进行抢救发掘。该古墓位于变电站主楼东侧，距地表深5米，为砖室墓，南北走向，由墓门、前室、后室三部分组成，墓葬大部分被破坏。经过近4天的工作，工作人员清理出铜镜一枚，铁刀一把，铜钱十几枚，红陶碎片。根据出土的钱币“货泉”“五铢”判断，该墓葬年代为汉代。

（金超）

【良乡镇西石羊村发现石碑文物】 3月26日，一施工队在良乡镇西石羊村修路填埋大坑时发现清代石碑1通。石碑为民国二十一年（1932）立，碑首刻有篆书“益善桥碑”，碑高1.5米，宽0.5米、碑厚0.15米，碑阴为素面。同时村民报告，在村西有清末功德碑1座，石质为房山白，碑头为万善同归，刻有祥云图案，碑高1.54米，厚0.23米，宽0.53米，碑身刻有募捐人名。经勘探，该村还发现辽金时期、明清石碑、柱础、抬石等文物。

（金超 张国庆）

【石窝村发现清代墓葬】 6月17日，大石窝镇石窝村一村民在建大棚时发现青砖。经区文化委组织相关人员勘察，发现此处为2座墓葬。经过6天的清理，在一个墓室清理出铜质如意型发簪一个，酱釉瓷罐一个。通过出土“嘉庆通宝”断定此墓葬为清代墓葬。另一个墓室未发现任何陪葬品。

（金超）

【“北京人”年代向前推进20万年】 3月12日，英国《自然》学术期刊刊登南京师范大学沈冠军、中国科学院古脊椎动物与古人类研究所高星、高斌和美国普渡大学达瑞尔·葛兰格（Darryl E. Granger）共同发表的《用铝铍埋藏测年法测定周口店直立人》，该研究认为，经过对取自北京猿人发现地周口店第1地点的石英砂和石英质石制品进行测量，测定结果为距今77万年，误差8万年。此前，学术界公认北京猿人生存在四五十万年前，这一结果被写入教科书。质谱铀系测年法曾被应用于周口店的年代测定，但60万年已是这一测年法的极限。《自然》杂志就此配发了这篇由美国学者拉塞尔·乔洪（Russell L. Ciochon）和阿瑟尔·贝特丝

（Arthur Bettis）合写的评论。

（武灵玉）

【《周口店遗址保护管理办法》施行】 3月31日，北京市人民政府第31次常务会议对《周口店遗址保护管理办法（草案）》进行讨论，原则同意《周口店遗址保护管理办法（草案）》内容，同时提出部分修改意见。4月29日，通过北京市人民政府第212号令公布，6月1日起施行。

（武灵玉）

【举行周口店遗址展】 6月13日，“远古人类的家园”——周口店遗址展开展仪式，在北京王府井古人类文化遗址博物馆举行。展览由周口店遗址博物馆和北京王府井古人类文化遗址博物馆共同举办，展期3个月。展览面积80平方米，展览内容共分6部分，分别为：前言、发现周口店遗址、五十万年前的“北京人”、三万年左右的山顶洞人、周口店遗址其他化石地点、结束语。共计13块展板，全面介绍了周口店遗址的发现、发掘及“北京人”、山顶洞人的生活。

（武灵玉）

【召开抢救性清理发掘阶段性进展暨“周口店遗址文化节”新闻发布会】 8月10日，中国科学院古脊椎动物与古人类研究所、周口店北京人遗址管理处共同召开了周口店遗址第1地点抢救性清理发掘阶段性进展暨“周口店遗址文化节”新闻发布会。周口店遗址从6月24日正式发掘开始后，发掘工作进展顺利，发现了一批具有重要科学价值的脊椎动物化石和文化遗存。脊椎动物化石数量近千件，其中大多为小型啮齿类、食虫类和鸟类化石。大中型动物化石材料基本为残破的牙齿、肢骨等。经初步鉴定，出土猕猴、熊、鹿、鬣狗、啮齿类、食虫类、鸟类7种动物化石，以及石核、石片、石锤、刮削器、砍砸器等石制品，此外，还出土了灰烬、烧骨、炭屑等一些可能的文化遗物、遗迹。

（武灵玉）

【中国古人类展开展仪式在周口店遗址举行】 10月23日，中国古人类展展览仪式在周口店遗址举行。展览由北京市文物局、房山区人民政府、中国科学院古脊椎动物与古人类研究所主办，周口店遗址博物馆、周口店北京人遗址管理处承办。展览从国内发现的200多处古人类遗址中，精选17处以“人”命名的遗址，如“北京人”“蓝田人”“金牛山人”等，按照地质年代顺序，采取图文与实物相结合，人物雕塑与场景再现相结合，多媒体与互动参与相结合等多种形式。展览分为前言、直立人、早期智人、晚期智人、结束语五部分，介绍中国古人类在人类进化过程中的重要位置。这是中国古人类在周口店遗址的首次聚会。

（武灵玉）

【纪念“北京人”第一颗头盖骨化石发现80周年国际学术研讨会闭幕式在房山区举行】

10月23日，纪念“北京人”第一颗头盖骨化石发现80周年国际学术研讨会闭幕式在房山区举行。由房山区人民政府、中国科学院古脊椎动物与古人类研究所主办；周口店遗址博物馆、周口店北京人遗址管理处承办。来自20个国家的230余名会议代表参加。

（武灵玉）

【发掘汉代古墓群】 11月，窦店镇发掘31处汉代古墓群。北京市文物研究所在窦店村对2006年勘测到的汉代古墓群进行发掘勘探。此古墓群在汉代时为“广阳城”，共有31座汉代墓室。在发掘出的墓室中，多数为一室格局，在发掘现场北侧有一处墓室中陪葬的陶器较多，其中还有大量铜钱等陪葬物品。墓葬为砖室墓，南北向，由墓道、墓门、甬道、墓室等几个主要部分组成，发掘最深的墓室达2.4米。墓室距今的具体时间，还需要文物专家进一步研究考证。该处汉代墓群的发现，对了解该镇古代历史及社会文化具有重要意义，也为研究房山地区汉代墓葬的形制特点、丧葬习俗提供了珍贵的实物资料。

（殷金玉）

【中法文化交流合作谅解备忘录签字仪式举行】 12月3日，“中法文化交流周口店遗址保护、管理、利用合作谅解备忘录签字仪式”在周口店遗址举行。副区长卢国懿主持签字仪式。法国遗产行业基金会副主席兼秘书长贝阿特丽丝女士与周口店遗址博物馆馆长杨海峰签署“中法文化交流——周口店遗址保护、管理、利用合作谅解备忘录”。联合国教科文组织、国家文物局、法国史前国家博物馆、法国遗产行业基金会、房山区人民政府、中国科学院古脊椎动物与古人类研究所、周口店遗址博物馆等相关单位领导、专家参加签字仪式。根据合作谅解备忘录，双方将开展馆际交流与合作、联合拍摄纪录片、遗产地管理人员培训和继续发挥遗产行业基金会的作用，为周口店遗址地点保护募集资金。

（武灵玉）

【云居寺南塔复建募捐】 3月22日，云居寺南塔复建募捐仪式在南塔遗址旁举行。募捐仪式上，宋振亮、刘增会两位功德主为南塔复建各捐款100万元。同时，还有10余位功德主捐款万元以上。与会领导为功德主颁发了捐款证书和锦旗。当天共募集善款217.4万元。

（董洁）

【云居寺宗教活动场所登记颁证】 6月21日，云居寺宗教活动场所颁证仪式在云居寺举行。

（董洁）

史志　档案

史志工作

【概况】 2009年，房山区史志工作以贯彻落实宣传思想文化工作为重点，加大工作力度，发挥史志资政育人功能，共编辑史志书籍6部，在市区刊物发表文史文章6篇，发表史志论文4篇。结合房山区第二轮修志工作的启动，开展对基础资料的搜集、整理工作。同时，抽调业务骨干深入修志单位辅导各行业志的编辑工作。

（许冬梅）

【《故乡情韵》出版】 4月，区史志办主任刘文江编著的《故乡情韵》由中国国际广播出版社公开出版。该书是房山区“燕都文丛”第二辑作品之一，通过一物、一人、一事的细微记叙，反映了农民的淳朴和智慧，客观地表现了半个多世纪中发生在小村的人和事，保留下了那个时期山村生活的诸多细节，既有阅读价值，又有存史价值。

（许冬梅）

【八旬老人无偿捐赠明代诰命】 12月8日，国家图书馆举行房山区80高龄的共产党员肖兰华向国家图书馆无偿捐献《明正统三年赵氏诰命》仪式。房山区政府有关领导参加仪式。《明正统三年赵氏诰命》是明廷于英宗正统三年二月二十六日颁发给正三品武官赵得堂弟赵某的封赠诰命。现存文字部分主要记载了明初“赠昭勇将军指挥使司指挥使”赵得堂弟赵某重要生平事状，以及赵某本人及祖父母、堂兄嫂，妻子等人所受朝廷封赠诸事。诰文前后分别钤有“制诰之宝”“之宝”等御鉴。卷头一角附书纫匠、织匠及托匠姓名。整件诰命做工精整，纹饰雅致，富丽华贵，与受封赠事主本人的身份地位相得益彰。

（许冬梅　赵树鑫）

档案工作

【概况】 2009年，全区档案业务水平得到提高。加强社会主义新农村建设档案工作，与新农村办联合下发了《进一步加强社会主义新农村建设档案工作的意见》，并与区新农村办开展新农村试点村档案管理专项监督检查。同时，在2008年试点基础上，继续推进农业合作社档案工作，长阳奶牛养殖合作社建档工作基本完成。服务企业档案工作，对区工业总公司、凯捷风公交客运公司、房山燕顺建筑公司、润福通公司提供业务咨询和指导。监督指导区内重大项目建设和重大活动的档案工作。配合区水务局完成南水北调工程档案业务指导；开展房山区关于筹备庆祝新中国成立60周年活动档案的业务指导工作；主动参与大型活动档案归档工作。做好突发性重大卫生事件的档案工作。与区卫生局联合下发《关于做好防控甲型H1N1流感档案整理移交工作的意见》。开展民生档案调查了解工作。主要针对医疗保险和房屋产权方面的民生档案进行了情况调查，立项开展房屋产权档案的研究；制定林权制度改革档案管理工作开展方案，对全区林权制度改革试点乡镇进行了初步调研。做好基层档案室的业务指导工作。共对112个单位的档案工作进行了指导，完成135个处级立档单位机关文件材料归档范围和保管期限表的修改审批工作。举办大型业务培训3次，培训基层档案员642人次，培训内容包括：档案综合管理和文书、声像、电子、实物档案管理，此外，结合日常业务指导，为各单位及基层举办小型培训班24次，共培训专兼职档案人员500余人。组织全区专兼职档案人员参加北京市档案专业网上继续教育培训，共有265人参加，全部通过了考核，取得结业证书。开展执法检查。在总结2008年执法检查情况的基础上，针对比较集中的问题进一步修改了检查标准，将归档门类不全和保管期限表的修改工作定为一票否决的内容，全区58个受检单位中，向54个单位发放了档案执法检查百分考核合格证，向1个单位提出了口头警告，向3个违反《中华人民共和国档案法》的单位制发了限期改正通知书，并进行跟踪复查。结合北京市第一届“档案馆日”“12·4”法制宣传日，积极开展档案法制和档案知识宣传工作，发放各类宣传材料1.4万份，进一步提高了全社会的档案意识和档案法制观念。丰富馆藏档案，为群众提供贴心快捷的档案利用服务。扩大档案接收范围。按计划接收了建委、农委等7个单位档案，共计3952卷，接收了奥运安保、中华石经博览园奠基和佛祖肉身舍利迎请、北京国际长走大会3个重大活动档案1626件，实物档案39件，照片档案16册575张，声像档案光盘24张。完成了第七批档案的开放工作，新公开档案4755卷，共计开放档案18128卷。档案馆为社会提供档案利用4449人次，查阅档案4559卷（册）。为方便群众，档案局与区民政局协商开通婚姻档案电话查档，66人次查档。接收政府信息公开69个单位的主动公开文件3621份，利用16人次。完善网站建设，为社会各界提供广泛的利用平台。在原有网站栏目基础上进行更新，更新后的栏目为政务公开、工作动态等12个栏目。关注民生档案，完善现有档案数据库。对1971年至1995年民政局、劳动局、人事局、土地局等涉及民生档案进行筛选，筛选出3365卷，并将这些档案基本划分为调动、知青、招工、毕业生分配、退伍等数据库。经过整合，新增加农转非、干部介绍信、毕业生名册等6个数据库，录入条目12750条；对劳动局移交来的74卷知青档案，建立目录数据库。新建知青民生档案数据库12个。新增数据条目55696条、全文扫描6522页，将8G档案数据刻录成26张光盘，同时做好数据备份2套，存入档案声像库房。馆藏档案数据库达到50个，条目1427363条，全文扫描88608页。完成《沧桑巨变方寸间》编研材料的编纂。举办“光辉的六十年——庆祝中华人民共和国成立六十周年图片展”，全区巡展，7万余人参观。

（高玉蜀　何涛）

【开展档案行政执法检查】 7月6日至8月17日，采取重点单位实地检查的方式，对全区58个立档单位进行年度行政执法检查。通过检查，区档案局向54个单位发放档案行政执法检查百分考核合格证，向1个单位进行了口头警告，向3个违反《中华人民共和国档案法》规定的单位下发限期改正通知书，并进行跟踪复查，均通过复查。

（高玉蜀　何涛）

【举办“光辉的六十年”展览】 9月8日，为庆祝中华人民共和国成立60周年,区档案局策划制作“光辉的六十年——庆祝中华人民共和国成立六十周年图片展”在北潞园社区展出。展览以时间为主线，采取图文并茂的形式，通过180余幅浓缩60年时光的精彩图片和2万余字，展现中华人民共和国60年间，在政治、经济、社会、科技等方面的发展历程和取得的辉煌成就。

（高玉蜀　何涛）

【完成新机关文件材料归档范围和文书档案保管期限表审定】 根据国家档案局2006年12月18日颁布的《机关文件材料归档范围和文书档案保管期限规定》（国家局8号令）和《北京市机关文件材料归档范围和文书档案保管期限规定实施细则（试行）》，区档案局自2008年初结合全区实际采取制订方案、建立试点、组织培训、全面落实四步走的方法，于2009年底完成了131个处级立档单位《文件材料归档范围和文书档案保管期限表》审批工作，经审批的保管期限表于2010年开始使用。

（高玉蜀　何涛）

【完成第7批档案开放工作】 11月18日，区档案局（馆）根据《档案法》的规定，完成了对馆藏河北省房山县委、房山县档案科等95个全宗，1979年至1980年永久、长期档案共6357卷档案进行逐卷、逐件、逐页的审查，对符合开放条件的档案向社会开放，其中开放档案4755卷，控制档案1602卷。经市档案局审批后，完成第7批档案档案开放工作。

（高玉蜀　何涛）

【举办“档案馆日”活动】 10月16日，由北京市档案局主办，18个区县档案局（馆）承办的北京市第一届“档案馆日”在房山区档案局（馆）启动。区人大常委会副主任刘顺林、副区长卢国懿、区政协副主席李惠英，区直机关单位和乡镇主管档案工作的领导和档案员，拱辰街道、西潞街道办事处20个社区的群众参加活动。活动主要有展览、咨询、讲座、现场体验、观摩互动等9项内容。“档案馆日”当天，区内3个活动地点接待群众650人，发放各类材料1.1万多份，印制发行《房山报》“档案馆日”专刊4万份。

（高玉蜀　何涛）

【区档案馆获捐巨型奥运风筝】 10月16日，良乡中学退休教师范瑞在参加北京市第一届“档案馆日”活动过程中，将自己珍藏的巨型奥运风筝无偿捐赠给房山区档案馆永久收藏。区档案馆向范瑞颁发捐赠荣誉证书。这面巨型风筝长20米，风筝上绘有奥运五环、北京奥运会会徽、吉祥福娃、北京奥运会火炬和参加2008年奥运会的204个国家（地区）的国旗（区旗）。这面奥运风筝具有收藏价值，曾在2008年奥运会期间放飞，并被《京华时报》《房山报》和房山电视台等多家媒体报道。

（高玉蜀　何涛）

【爱国主义教育基地受到表彰】 11月26日，在全市爱国主义教育基地表彰会上，房山区档案馆获 2005—2008 年度北京市爱国主义教育基地先进单位。区档案馆开展的“重走红色邮路”夏令营活动获 2005—2008 年度北京市爱国主义教育基地优秀活动二等奖。

（高玉蜀　何涛）

广播电视　信息化建设

广播电视

【概况】 2009 年，房山人民广播电台、房山电视台共播发新闻 2.75 万条（次），专题 4740 组（次），到年底，累计播发新闻 3.3 万条（次），专题 5700 组（次）；向市级以上新闻媒体报送的 90 条新闻稿件被播出，其中北京人民广播电台、北京电视台 89 条，中央电视台 1 条。增设《落实科学发展观，建设“三化两区”新房山》《记者走一线 三保新看点》《记者新观察》《“三化两区”新进程》《科学发展在身边》等挂牌专栏；拍摄录制《感动房山》大型互动访谈节目；制作播出系列专题片《光辉的记忆》和系列主题报道《小家，大家，看变化》；采制《火树银花 绚丽今宵》《璀璨焰火 祝福祖国》等新闻；对轨道交通房山线建设等工程、CSD 中央休闲购物区等项目、“走近房山——2009 春季北京国际长走大会暨第十五届房山旅游文化节”“和谐呈盛世 国宝耀房山——中华石经博览园奠基仪式暨房山云居寺佛祖肉身舍利观瞻大典”等重大活动进行宣传报道；房山人民广播电台集中精锐记者开办“‘激情房山，歌颂祖国’红歌大家唱”电台大型系列直播节目。在北京市广播电视奖评比中，1 人获北京市广播电视节目创优先进个人，《大病事前救助解民忧》获广播新闻二等奖，《三农零距离》获优秀电视栏目奖，《“小公共”改姓公》获栏目类三等奖，《房山新闻》等 5 个节目分获广播电视节目技术质量二、三等奖。认真做好安全播出发射工作，确保国庆期间的安全播出工作扎实有序开展。9 月 18 日 0 时至 2009 年 10 月 8 日 24 时，区广电中心实现房山电视台 1 套、2 套播出 756 小时，无线播出发射时间 260 小时，广播总播出时长为 399 小时，白草畔转播站发射共计发射 2520 小时，2 个资讯频道共播出 1008 小时，停播率和劣播率均为 0 秒/百小时。

（常云鸽　徐璐）

【新中国成立 60 周年宣传报道】 国庆前后，房山电视台、电台先后举办《时代节奏 大美房山》——建设“三化两区”新房山大赛；拍摄录制《感动房山》大型互动访谈节目；制作播出系列专题片《光辉的记忆》和系列主题报道《小家，大家，看变化》；电台开办了“‘激情房山，歌颂祖国’红歌大家唱”系列直播节目。全面展示新中国成立 60 周年房山发展历程和辉煌成就。

（常云鸽　徐璐）

【国庆之夜多路记者进行现场报道】 10 月 1 日晚，广电中心 5 名记者跟随房山区近 3000 名农民参加国庆 60 周年国庆联欢活动。拍摄了大量具有历史价值的画面，同时多路记者对国庆焰火燃放过程进行现场采访报道，采制《火树银花 绚丽今宵》《璀璨焰火 祝福祖国》等新闻。

（常云鸽　徐璐）

信息化建设

【概况】 2009 年，是奥运后信息化建设承前启后巩固之年和庆祝新中国成立 60 周年网络和信息安全保障之年，区信息中心坚持以深入开展学习实践科学发展观活动为动力，紧紧围绕“保增长、保民生、保稳定”工作大局，为应对国际金融危机、保证全区经济大幅度超额完成任务提供信息化支持，以抓好基础网络建设、强化政府网站管理、加快信息资源整合、确保信息网络安全为各项工作的切入点和着力点，努力在改善民生、促进城乡经济社会一体化、提升城市管理水平和增强城市竞争力等方面取得新突破，完成了区委区政府和市级主管部门交给的信息保障和信息化建设任务。

（郑桂敏）

【加快基础设施建设 确保信息网络安全】 在严格落实网络和信息安全责任的同时，区信息中心从加强网络安全基础设施着手，切实增强网络和信息安全防范措施。一是就国庆网络安保问题进行安全测评，对隐藏安全风险进行评估，做到有的放矢。二是对网络架构进行分析，查找网络传输瓶颈，对相应设备进行了升级，大大提高了处理能力，增加可靠性。三是国庆前夕对政务网络运营进行安全演练，在安全演练过程中及时更换、维修发现问题的模块和设备。同时为确保重要网络设备的安全运行，改善网络设备运行环境，加装了一台机房专用空调，保障了机房空调制冷能力。保证了国庆期间全区政务网络正常运行。

（郑桂敏）

【完成农村党员远程教育网络搭建工作】 按照市委组织部关于构建基层党员教育网络的要求，区信息中心积极协同区委组织部和歌华房山分公司完成了全区农村党员远程教育网络搭建和462个行政村的网络接入工作。在建设实施过程中同时完成了对全区各乡镇、行政村网络管理员的专项业务培训任务。

（郑桂敏）

【信息化基础设施提升计划（2009—2012年）启动】 为全面贯彻落实《北京信息化基础设施提升计划（2009—2012年）》和《北京信息化基础设施提升计划任务分工折子》及“北京信息化基础设施提升计划”联席会议精神，专门设立了由区政府主管部门和四大电信运营商等单位参加的房山区基站和宽带建设“双进入”领导小组。明确了区政府及各乡镇政府、街道办事处的任务分工，并将协调任务分解到相关责任单位。各项工作正在有序推进，北京联通房山分公司年度基站需求共26个点需要协调，完成14个点，占总量的53.8%。北京移动房山分公司年度基站需求共16个点需要协调，完成6个点，占总量的37.5%。

（郑桂敏）

【推进网站公共服务，完善网上政务公开】 提高政府在线办事能力，进一步做好政府网站的信息公开体系化、网站导航场景化，提升政府网站的文化内涵，是2009年政府网站建设中的重要内容。2009年，在不断完善和全面公开政府信息的基础上，整合全区网站上现有的资源，着重从提升网站服务的易用性和个性化服务上下工夫，将一些与民生息息相关的事项按对口单位进行了整理和比对，对政府系统和乡镇系统的邮箱名称、区内的养老服务机构信息、新的收费标准进行了全面更新与整合；新添加社会捐助接收点查询服务、薪资纳税计算、劳务报酬纳税计算、滞纳金计算等纳税缴费服务、区内驾校相关信息、机动车维修点查询服务、免疫预防门诊、接种疫苗、社会捐助等便民服务信息；在行政办事事项方面，对所涉及网上办事事项的29家单位上报的材料与市级目录的429个事项进行逐一比对，查出全区在行政办事事项方面与市级目录在办事事项上的差异和事项名称的出入共42项，从而形成了下级部门目录与上级目录的统一。同时，全面做好《房山信息网》5个主频道栏目及所含170多个子栏目、功能区域栏目和网站群所属各委办局、乡镇、企事业单位90多个子网站进行更新维护，2009年共完成各类动态信息的更新与维护共计

3835条，其中法律法规45条、政府文件62条、人事任免3条、政务信息998条、公务员招考13条、发布招聘信息348条、房产信息213条、社会新闻1255条、乡镇委办局之窗899条。发布各类动态信息其他信息（居家百科、折子工程、统计信息、公交出行）2696条。完成单位发文转发共计147条，区县热点共计上传1440条。

（郑桂敏）

【政府信息公开工作见成效】 2009年，对政府信息公开系统的数据库升级1次，系统中的政府信息公开年报系统升级18次，同时对license进行升级，对政府信息年报系统进行了重新部署，保障2009年5月1日全区政府信息公开年报系统的正常运行，全年《房山信息网》政府信息公开专栏主动公开的政府信息26927条。

（郑桂敏）

【做好网站设备维护工作 确保网站安全】 针对国庆期间政府网站的安全标准与要求，对主网站在原有网页防篡改的基础上，对SQL漏洞注入进行了整改，同时对房山区网站群进行了应用防火墙的加固，并在所有的服务器上布置了东方微点杀毒软件。同时利用中心监控系统，对网站群逐一进行了网站安全测控和攻击漏洞扫描，并向相关网站发出了安全问题通知单和反馈意见表，并及时按照各单位反馈的意见进行了逐一处理，对存在安全隐患的网站实行坚决关闭，从而确保了国庆60周年期间网站的安全运维和及时报道。

（郑桂敏）

【加快信息资源整合 加强系统应用】 “信息资源共享服务体系”是“十一五”期间房山区信息化建设的重点项目，经过两年建设已取得丰硕成果，2009年开始由建设期转向完善数据和推广应用阶段，重点突出三大基础库、空间地理信息服务和领导决策系统的应用。一是完成了市经信委、资源管理中心在房山区确定的人口库支撑部门应用的信息化试点项目（房山区人口库支撑区人口计生委育龄妇女管理系统和城关街道重点人员管理系统）。二是法人数据库系统通过数据交换，从市质监局得到22421条法人数据。通过数据副本方式调用房山区法人最新数据，以促进房山区法人数据库基础信息数据的共享和应用，通过法人库数据支撑财政、工商税收监管与运行等业务，支撑房山区经济社会发展。三是空间地理信息库获得房山区境内上水、中水、污水管线数据和良乡地区燃气管线补充数据，完成6个图层的数据加工工作，管线长度共计约54公里，使空间数据库得到进一步完善。对空间涉密数据的管理与存储，严格按照各级保密制度执行，完成了1187.5公里地下管线、1∶500、1∶2000地形图数据的隔离存储。2009年，空间地理服务系统应用范围得到了进一步的拓展。将区安监局视频监控影像数据连入系统，实现了全区110多家储罐区、高危企业、加油站视频监控图像的实时展示，8路视频可实现同时展示和单独展示的相互切换。四是领导决策系统增加了区发改委、工商分局、安监局、规划分局4家委办局领导决策信息，目前平台拥有涉及8家重点单位领导决策信息共计56类，各单位严格按照领导决策信息更新制度按时更新、及时报送，更新领导决策信息共计53类623次。五是非紧急救助系统使用状况良好，受理公众诉求、意见和建议4039件，办结4030件，办结率为99.7%，系统与79家网络单位实现了案件处理的业务协同，实现了精确、敏捷、高效、全时段、全方位的非紧急救助模式，提高了非紧急救助水平和管理效率，大大提高了房山区“12345”热线公众的满意度。

（郑桂敏）

【加快乡镇农村信息化 促进城乡一体化发展】 一是乡镇信息化项目——张坊商务网站建设基本完成，张坊镇商务网站的开通，实现了以互联网为平台，通过商务网站的形式，宣传推介张坊地域文化、旅游资源、产业发展、民俗风情和以中国磨盘柿之乡文化底蕴为依托，宣传磨盘柿价值，介绍标准化生产及农游一体化发展成果，进一步塑造全国磨盘柿基地建设品牌的功能。通过网络互动，发挥商务交流与合作的作用，以促进富民增收为目的，结合观光采摘、民俗旅游等旅游产业发展，搭建起了农民与市场之间的桥梁。张坊镇商务网站建成并投入使用，使张坊镇的信息化建设迈出了坚实一步，特别是随着后期开发力度的进一步加大，必将在张坊这个中国磨盘柿之乡的网络宣传和磨盘柿产品销售方面发挥重要作用。二是通过农村“数字家园”建设，深入推进社会主义新农村信息化建设和应用，提高农民的信息化技能，缩小城乡数字鸿沟，逐步建立起覆盖全区的农村信息化综合服务体系。2009年，完成了 23 个市级重点村“数字家园”建设。

（郑桂敏）

南窖乡花港竹楼

社会生活

人 口

【概况】 2009年，全区出生人口6017人，对城关、拱辰、石楼等16个乡镇的村级计生专干、计生宣传员进行业务知识培训近3000人次。建人口文化示范点17个。建成“四园一工程”（即亲子园、青苹果乐园、伊甸园、人口文化园和新农村人口文化图书屋工程）示范点56个。开展“我与国策共成长”为主题的征文活动及演讲比赛和漫画征集、摄影征集，共收集征文256篇。受理群众信访3398件次。办理、发放北京市第二个子女“生育服务证”369本。计卫联手开展生殖健康下乡服务共计200多个村，妇女生殖健康普查10余万人次。开展生殖健康知识讲座4次，听课人数达500多人。计划生育宣讲团共下乡讲课百余个村，听课人数达万余人次。技术中心生殖保健服务1.3万人次。依托178个村级社区计划生育服务站开展计划生育宣传、咨询、服务活动。增加37个社区计划生育服务站。继续与北京长城生物产业有限公司和区妇幼保健院合作，聘请北京妇产医院、北京同仁医院等知名医院的专家、教授为新婚夫妇、现孕妇女讲座45期，听课人员达3600人。上半年举办2009年计划生育财政贴息贷款培训班，对各乡镇、街道计生协会秘书长及项目工作人员进行培训，年发放贴息贷款3183万元，扶持820户计划生育家庭。幸福工程项目投入265万元，在14个乡镇建立27个项目基地，累计扶持258名贫困母亲。组织全区各界为“幸福工程——救助贫困母亲行动”募捐90226.8元。制定《关于在“十一五”期间广泛开展生育关怀行动的实施意见》，召开“亲情牵手暖人心 暖心工程促和谐”生育关怀推广会暨“暖心工程——特扶对象享受养老保险补贴”项目启动会。30位计生空巢家庭的特别扶助对象，分别领取2008年参加新型农村养老保险时缴纳的898元的补贴款。

（晋朝晖）

【启动人口综合信息交换平台建设工程】 根据国家人口计生委信息化建设的指导意见和国家人口统计监测项目的要求，2009年着手建立人口信息综合管理交换平台。年初区人口计生委与市人口计生委信息中心、区信息中心、东方正通科技有限公司进行可行性研究，初步制定建设方案。该系统包括宏观人口管理系统和全员人口管理系统。宏观人口管理系统即依托区信息中心《房山区信息资源门户网站》定期收集各委办局相关人口信息，以统计报表形式反映房山区的人口宏观状况。全员人口管理系统就是整合民政社区信息、经管站农村信息、流管办流动人口信息、育龄妇女综合管理信息等区内人口信息资源，建立全员人口信息库，动态反映人、户等个案信息，为房山区各项管理工作提供有价值的，及时、准确的人口数据。9月与开发公司签订软件开发合同。

（晋朝晖）

【加强计生干部教育和培训】 为落实北京市人口计生委《关于加强村级计划生育干部队伍职业化建设的意见》《北京市居村计划生育宣传员管理办法》，与各乡镇合作共同培训村级计生干部和宣传员，进一步规范和指导他们的工作，提高他们做好人口计划生育工作的能力和水平。2009年对城关、拱辰、石楼等16个乡镇的村级计生专干、计生宣传员进行业务知识培训，就政策法规、避孕节育、优质服务、生殖保健等知识内容进行了系统学习，培训近3000人次。

（晋朝晖）

【落实北京市农村部分计划生育家庭奖励扶助和特别扶助制度】 对房山区2008年享受奖励扶助对象的1293人按照规定的程序进行审核，对不符合条件的79人逐级办理退出；对2009年度符合条件的263人作为新增人员给予申报。2009年度享受奖励扶助金人数达1477人。对2008年享受特别扶助的193人进行年审，通过年审对不符合条件的5人逐级办理退出，新增人员18人，2009年享受特别扶助206人。此外，对独生子女发生意外伤残致使基本丧失劳动能力或死亡的家庭，按年满规定年龄全部落实每人给予5000元的一次性经济帮助，2009年度共计兑现7人，兑现金额3.5万元。

（晋朝晖）

【流动人口计划生育“一盘棋”格局初步构建】 出台《关于房山区流动人口计划生育工作“一盘棋”“三年三步走”实施方案》，明确目标任务。区人口计生系统落实流管工作机构和人员，成立流动人口管理科。人口计生委内部科室均把流动人口与户籍人口同安排，同服务，同管理，形成全委“一盘棋”格局。各乡镇、街道计生办，村、居委会根据流动人口数量配备工作人员，将流动人口管理服务工作覆盖到每个村居。夯实基层基础，规范各类台账，建立绿卡为主的动态管理制度。积极与区卫生局、区内6家医院协调做好流动人口出生监测登记工作，实现计生、公安、民政、卫生等部门信息资源共享。强化优质服务，满足群众需求，为部分流动人口提供就业、就医、入托、入学等服务，解除他们的后顾之忧。积极为流动人口提供生殖健康服务，免费提供技术服务率达91%。全区组建流动人口计划生育管理协会22个，吸纳会员1240人。与河北省、河南省、四川省等8个流动人口相对集中的县市计生部门长期保持电话联系，通过相互协作、互通信息，认真开展流动人口计生均等服务，形成流动人口计划生育服务管理的长效协作机制。

（晋朝晖）

【开展为民办实事工作】 为落实农村计划生育长效节育措施奖励制度，按照市人口计生委要求，坚持以人为本的理念，切实加强领导，制定具体工作实施方案，精心安排，确保体检项目、时间、人员、质量、安全均得到落实。健康体检工作以区计划生育生殖健康技术服务中心为龙头，以医疗机构为依托，以各乡镇（街道）计生办为主要责任人，采取计卫联手的方式进行。2009年，服务23个乡镇，200多个村，健康体检2.9万人。并对每一份体检报告进行计算机录入，建立电子健康档案，撰写出健康体检情况分析报告。

（晋朝晖）

【“计划生育生殖健康伴你行”下乡服务系列活动】 区人口计生委以计划生育“大篷

车”为龙头，以区内各级医院、卫生院为依托，在全区各乡镇开展妇女健康体检活动。2009年，计生卫生联手开展生殖健康下乡服务共计200多个村，妇女生殖健康普查10余万人次。

（晋朝晖）

【扩大生殖保健知识普及范围】 在2009年“三八”之际，区人口计生委与房山工商分局开展健康体检活动，与区教委合作，开展“健康工作，快乐生活”女性生殖健康知识讲座。区生殖健康服务中心派有丰富临床经验医生免费为教师员工进行多媒体授课，为区教委女职工和各学校女校长、女园长，良乡二中、行宫小学、良乡二小教师等开展生殖健康知识讲座4次，听课人数达500多人。计划生育宣讲团共下乡讲课百余个村，听课人数达到万余人次。

（晋朝晖）

【完成服务中心改造】 2009年，区人口计生委投入200多万元，改造技术中心环境、添置先进医疗设备。各科室门牌、楼层科室导引、服务流程等，更加人性化。添置彩超、全自动生化仪、全自动血压仪、电动手术床、电动妇科检查床、术后电动休息椅等各种医疗设备，努力实现服务理念人性化、服务环境家居化、服务人员专业化、服务过程规范化、服务对象全员化、服务质量标准化。

（晋朝晖）

【依托数字系统开展生殖健康门诊服务】 2009年，区生殖健康技术服务中心开展保健服务1.3万人次。依托178个村级社区计划生育服务站开展计划生育宣传、咨询、服务活动，区人口计生委结合社区计生宣传、服务要求，统一制作计划生育社区服务站四种登记手册，规范社区计划生育服务内容，定期下乡指导工作。全年增加37个社区计划生育服务站，并配备相关设备。充分发挥计划生育社区服务站的职能作用，提高村级计生、卫生握手率，使群众不出社区就能享受方便、快捷、周到的计划生育指导和生殖健康服务。

（晋朝晖）

【开展“健康生育计划”一级预防】 区人口计生委继续与北京长城生物产业有限公司和区妇幼保健院合作，聘请北京妇产医院、北京同仁医院等知名医院的专家、教授为新婚夫妇、现孕妇女讲解“如何生育一个健康聪明宝宝”等优生优育知识。2009年开展讲座45期，听课人员达3600人。免费提供叶酸增补剂是“健康生育计划”中一项重要内容。为此及时购置足量的叶酸增补剂，并请有关专家对参与叶酸领取的人员进行培训。设计知情同意书和登记表格，制定科学的发放流程。按照区人口计生委培训中心听课时间，待孕和怀孕3个月内的夫妇在参加优生讲座时，由区计划生育生殖健康技术服务中心技术人员指导，免费领取叶酸增补剂。为了育龄群众方便领取叶酸，在各乡镇（街道）计生办建立免费叶酸领取点。为加大宣传力度，将健康生育计划宣传海报张贴到各乡镇、街道、村、机关，企、事业单位，医院、卫生社区服务站等公共场所。在叶酸增补剂发放的同时做好指导、登记、统计、随访等工作，既保证叶酸的足量供应，又保证没有浪费现象。全年发放叶酸增补剂3620人，共2.1万瓶。

（晋朝晖）

【开展免费避孕药具“发放日”活动】 1月12日启动免费避孕药具“发放日”活动，规定每月的23日为发放活动日。特殊情况各乡镇另定时间，但必须将“发放日”时间安排上报区人口计生委药具站。活动中宣传国家提供的免费避孕药具的品种、供应渠道、领取方式，兼顾发放免费避孕药具。活动促进了药具工作的管理与服务，促进了政府工作者形象的提高，促进了整体人口计生工作的开展，促进育龄群众生殖健康生活水平的提高。发放日活动的开展是药具工作的一项创新，得到市人口计生委领导的认可，也深受广大育龄人群的好评。

（晋朝晖）

【利用政府贴息贷款开展帮贫致富活动】 2009年，区人口计生委向市人口计生委争取3000万元的贷款额度及贴息资金。扶持600户农村计划生育低收入家庭发展生产。举办2009年计划生育财政贴息贷款培训班，对各乡镇街道计生协会秘书长及项目工作人员进行培训，下发由区农委、区财政局、农村商业银行房山支行、区人口计生委、区计生协会共同制定的《房山区关于进一步推进利用市财政贴息贷款扶持农村计划生育低收入家庭增收致富工作的意见》，对贷款扶持对象、贷款使用范围、贷款发放和贴息程序、贷款资金的监督管理和评估以及档案管理做了进一步的规范。2009年，共发放贴息贷款3183万元，扶持820户计划生育家庭。

（晋朝晖）

【制定《关于在“十一五”期间广泛开展生育关怀行动的实施意见》】 按照十部委下发的关于在“十一五”期间广泛开展生育关怀行动的通知精神，区人口计生委联合区委宣传部、区卫生局、区民政局等11部门起草制定房山区《关于在“十一五”期间广泛开展生育关怀行动的实施意见》，意见中明确各部门的任务分工，号召全社会共同参与，整合资源，将生育关怀纳入部门工作当中，通过亲情牵手、扶贫济困、紧急救助、志愿者服务等方式，在城乡最低生活保障、医疗救助报销、慈善救助、“送温暖”“希望工程”“春蕾计划”等对计划生育家庭予以倾斜，切实关怀帮助困难家庭和人群，有效解决群众遇到的实际困难，引导人们自觉实行计划生育。

（晋朝晖）

【启动生育关怀推广会暨“暖心工程——特扶对象享受养老保险补贴”项目】 7月9日，召开“亲情牵手暖人心 暖心工程促和谐”生育关怀推广会暨“暖心工程——特扶对象享受养老保险补贴”项目启动会。会上，30位计生空巢家庭的特别扶助对象，分别领取2008年参加新型农村养老保险时缴纳的898元的补贴款，这是全区开展的首个生育关怀项目，旨在为区内参加城乡居民养老保险的计生空巢家庭的特别扶助对象解决养老问题，也是长期付诸实施的一项惠民举措，对符合条件的关怀对象每人每年按照入保低线全额进行补贴。该项目被市计生协列入市级生育关怀项目库，并为此专门拨付了5万元启动资金，其余项目经费由区财政负担。项目启动会上，在现场领取养老保险金补贴款的10位老人，与无血缘关系的“兵儿子”“村官儿女”，亲情牵手喜结国策亲戚，并拍摄了“特别亲情全家福”。至此，房山区的亲情牵手家庭拓展到15户。这些志愿者给予空巢老人无微不至的关心和照料，节假日提着水果看望老人、陪老人聊天、帮老人做家务，天冷了帮老人生火、储菜。

（晋朝晖）

【庆祝“7·11”世界人口日】 7月9日，区人口计生委、西潞街道办事处联合在安庄市场以“关爱女性身心、提高素质能力、鼓励自主创业、促进家庭和谐”为主题，举办计划生育文艺演出及宣传活动纪念第20个世界人口日。区人口计生委、西潞街道办事处领导，计生宣传员、群众及流动人口共1000多人参加活动。

（晋朝晖）

【完成全国人口和计划生育统计调查任务】 8月14日至19日，根据国家人口计生委《关于开展2009年全国人口和计划生育统计监测工作的通知》要求，在3个乡镇（街道）开展统计监测调查工作。房山区抽取燕山东风街道南里社区、窦店镇普安屯村和史家营乡莲花庵村3个样本点。为优质高效地完成任务，首先制定详细的调查方案，成立区人口计生委主任为组长的领导小组，选取

18名责任心强、业务知识过硬的计生干部作为调查员，并集中进行培训。制作统一统计监测调查证、宣传标语，购买调查用品和纪念品，在组织、人员和物资上做好充分准备。统计调查中每名调查员严格按照国家人口计生委下发的统一标准认真填写调查表，耐心询问每一项内容，加班加点对调查表进行校对和审核，市、区领导及时检查调查质量，确保调查数据的真实性和准确性。此次调查共填写调查表1189份，调查3358人，1471个自然户。完成国家人口计生委安排的任务。

（晋朝晖）

【完成市计生药械市场专项整治行动联合督查任务】 9月23日，由市人口计生委主任邓行舟任组长，市药监局、市公安局、市卫生局等单位组成的联合督查组对房山区计划生育药械市场专项整治行动工作进行联合督查。区委副书记、区长祁红出席会议。副区长马丽英从4个方面汇报区计划生育药械市场专项整治行动情况。联合督查组查看了专项整治行动相关材料，并对2个成人保健品店进行现场督查，邓行舟充分肯定房山区工作。

（晋朝晖）

【男性健康日宣传活动】 10月26日，是第10个“男性健康宣传日”。围绕2009年“关注男性健康，幸福你我同享”主题，区人口计生委、城关街道办事处邀请房山区第一医院泌尿科主任张士祥在中煤北京煤矿机械公司举办男性健康知识讲座，百余名职工参加。

（晋朝晖）

【“国策杯”全国漫画大赛】 11月11日，区人口计生委举办“辉煌中国60载，和谐计生30年‘国策杯’全国漫画大赛”作品评选活动，共评选出一等奖1名，二等奖3名，三等奖6名。

（晋朝晖）

劳动和社会保障

【概况】 2009年，全区城镇新增就业1.3万人，农村劳动力向二、三产业转移就业1.07万人；落实市、区稳定和扩大就业政策以及社保减负措施，利用市区资金和社保基金4.07亿元扶持就业。帮助5545名城镇就业困难人员和6030名农村就业困难人员实现就业，消除零就业家庭38户并保持动态为零，消除“纯农就业家庭”1790户，占总数的81%。城乡就业规模不断扩大；1.27万名城镇登记失业人员实现就业，居全市10个郊区县首位；城镇登记失业率为3.59%，超额完成市下达的4.8%和房山区下达的4%的年度控制目标，全区就业局势总体平稳。城乡居民养老保险参保总数达到21.97万人，其中农民参保20.7万人，参保人数居全市之首，参保率为98.9%。城乡养老保障制度覆盖人群总数达到52万人；城镇职工基本医疗、“一老一小”、城镇居民医疗保险和公费医疗覆盖人群总数达到30.28万人；城镇职工失业、工伤、生育保险参保人数同比增长9%。全年社保基金收支总额达37.45亿元。社保基金安全运行率达100%。1417家30人以上企业纳入监控范围，监控企业劳动合同签订率达到98.6%；解决拖欠工资案件412起，涉及6023人，解决拖欠工资3010万元，实现“无工资拖欠”目标；受理案件3061件，审限结案率100%，调解率为48.6%。妥善安置241名合同期满大学生村官，新招聘256名；引进外埠各类人才306人，其中硕士以上学位110人；义务教育学校实施绩效工资工作进展顺利；公开招考录用公务员128名，全区公务员中35岁以下比例达25%，本科以上学历比例达到70%。

（朱红）

【2个街道（乡镇）设立仲裁庭】 4月1日，房山区分别在城关街道办事处、大石窝镇设立劳动争议仲裁庭，负责辖区劳动争议案件，仲裁庭由专职仲裁员办案，同时聘任6名兼职仲裁员参与办案，2009年度共审结案件866件。仲裁庭的设立，方便劳动争议双方当事人，为当事人双方及时、快捷解决争议提供便利，同时切实有效地缓解区仲裁办案场所严重紧张和不足的矛盾，提高了劳动仲裁工作效率。

（朱红）

【帮扶企业政策资金兑现】 5月8日，房山区召开帮扶企业再动员暨第一批稳定就业政策资金兑现大会。区领导刘伟、祁红、郭先英、范文彦、苗立峰、高言杰和市人力资源和社会保障局副局长宋丰景等出席会议。会议宣读房山区关于帮扶企业应对危机的若干措施及对22家企业的初审意见和审批意见，22家企业1636名职工享受1363.59万元补贴金。第二批经市局审核通过的28家企业1295人1121.79万元的政策补贴资金9月23日拨付到位。

（朱红）

【举办房山区民营企业招聘周】 5月15日至22日，区劳动和社会保障局与区教委、区总工会、区工商联联合举办“2009年房山区民营企业招聘周”活动，并在房山区人才市场设立分场。参会的用人单位66家，涉及工种84个，岗位856个，参会人数1000余人，达成就业意向493人，发放宣传材料2000余份，培训学校签订技能培训意向280人，就业政策指导和法律援助265人次。

（朱红）

【召开企业帮扶政策落实大会】 8月6日，房山区召开全面推进企业帮扶政策落实大会。区领导刘伟、祁红、郭先英、范文彦等出席会议。参加会议的还有房山区直有关单位，银行行政正职，各乡镇、街道办事处党政正职，全区工业、农业、商业、建筑企业负责人以及区工商、区私个协会员50家企业。会议对房山区受金融危机影响、生产经营遇到较大困难，并且符合获得稳定就业岗位补贴和社会保险补贴的39家企业发放稳定就业岗位补贴、社会保险补贴资金2656.86万元，涉及待岗、轮岗职工2974人。

（朱红）

【社会保障卡网点建设动员会】 8月12日，召开房山区社会保障卡网点建设动员会。全区27个社保所所长、负责社会保障卡网点建设工作人员86人参会。参会人员系统学习《北京市社会保障卡服务网点建设方案》《北京市社会保障卡服务网点建设实施方案》《北京市社会保障卡服务网点网络建设实施方案》《北京市社会保障卡服务网点办公设备配送、调试、验收及设备管理方案》等文件。

（朱红）

【房山区人力资源和社会保障局揭牌】 11月9日，房山区人力资源和社会保障局举行揭牌仪式。副区长王忠海主持揭牌仪式。区领导郭先英、范文彦、张祝华，区编办以及各乡镇（街道办事处）主管人力资源和社会保障工作的领导、社保所所长，辖区内有关企、事业单位的领导参加揭牌仪式。

（朱红）

【召开倒买倒卖药品专项整治会】 12月3日，区人力社保局与区卫生局、房山药监分局、房山公安分局、区发改委四部门召开专题研究会，对倒买倒卖药品现象进行专项整治。区人力社保局进一步加大医疗费用的审核力度，坚决拒付不合理的医疗行为；区卫生局强化医政管理，从源头上规范不合理的医疗行为，做到合理检查、合理治疗、合理用药、合理收费；房山药监分局以不同形式打击取缔非法倒买倒卖药品行为；区发改委严把药品价格关，确保药品价格的合规性；

房山公安分局对违反药品规定、倒买倒卖药品的相关人员进行依法严肃处理。

（朱红）

【3名农民工和1家社保所受表彰】 12月11日，北京市优秀农民工表彰大会召开，房山区北京功德福餐饮有限公司第一分公司董凤静、首创子午轮胎制造有限责任公司邵红波、北京华冠商贸有限公司配送中心张东伟3名农民工获"北京市优秀农民工"称号，长阳镇社会保障事务所受到表彰。

（朱红）

【四险征缴实现网上申报】 12月14日，房山区社会保险四险征缴成功实现网上申报。北京市功德福餐饮有限公司和房山区华冠商贸有限公司率先实现网上申报试点工作。

（朱红）

民 政

【概况】 2009年，各项民政资金到位2.04亿元。区民政局社救对象危房翻建补助标准由2.1万元提高到4.5万元，优抚对象补助标准由3万元提高到5.4万元。完成农村优抚、社救对象建房1060户、3180间，其中农村特困户翻建危旧房940户、2820间，优抚对象翻建危旧房120户、360间，投资3807万元。全年审批养老服务机构9家，新增养老床位1030张，同比增长35%，增加就业400人。社区用房规范化试点首批33个社区用房建设试点总建筑面积9952平方米，项目总投资2690万元，争取市级配套资金1345万元。完成90个城市社区服务站和16个农村社区服务站试点建设任务。平西烈士陵园维修改造概算总投资1122万元，中央预算补助资金300万元，市政府固定资产投资安排684万元，房山区自筹资金138万元。成立房山区慈善协会，发放各类慈善救助资金300多万元；发放慈善医疗救助卡5273人次260多万元。第七届社区居委会选举共有113个社区参与，产生新一届社区居委会成员701名。面向社会公开招考社区工作者142名。全区注册登记社区志愿者5177人，志愿服务队297支；日常服务1.7万人次，服务累计18万小时。围绕"9064"养老服务发展目标，为3622名低保、低收入老年人发放居家养老服务补贴250万元，完成与区老龄办的工作交接。落实《北京市儿童福利机构孤儿成年后安置办法》，妥善解决3名成年孤儿安置工作，为4名孤残儿童成功实施手术。全年销售福利彩票9100万元，开展福彩爱心护眼活动等福彩公益项目，为全区4019名低保贫困老人免费配制老花镜。安置福利企业残疾职工1257人。以庆祝新中国成立60周年和中国人民解放军建军82周年为契机，全区各单位举办走访慰问等活动200余场，慰问品和慰问金达550余万元。完成丰房线、门房线、房大线联合检查工作，推进平安边界建设。开展社会组织牵手新农村活动，帮助农民就业培训5500人次，安置就业2800人次。接收安置退伍军人307名，安置率100%。

（户立恒）

【"两节"期间走访慰问民政对象工作】 "两节"期间对全区12448户、24689名城乡低保对象、1791名优抚对象、333名地退人员、部分民族宗教侨务人员进行慰问，资金550万元，采取重点走访与普遍走访相结合的方式，组织落实市、区、街道（乡镇）、村（居）四级走访慰问活动。同时开展"进百家访百户"活动，由局领导带队，深入到低保对象、优抚对象等困难群众家中及敬老院了解情况，并送去慰问金和慰问品。及时下拨救灾款、临时救助金、危旧房屋修建款等专项资金 736 万元和 4218 件棉衣被等物品，解决困难群众在吃饭、穿衣、住房、取暖方面的基本生活困难，对因病、因灾、因上学等原因造成暂时困难的家庭实施临时救助，确保困难群众安全越冬。

（户立恒）

【完成城乡低保调标工作】 1 月，区政府依据北京市民政局、北京市财政局《关于调整我市城乡社会救助相关标准的通知》（京民救发〔2008〕555 号）精神，完成城乡低保标准调标工作，城市低保标准由家庭月人均收入 390 元调整到 410 元；农村低保标准由家庭月人均收入 160 元调整到 170 元。此次调标政策惠及 12332 户、24641 人。

（户立恒）

【发放一次性生活补贴确保困难群众欢度春节】 1 月 21 日，房山区发放一次性生活补贴的对象范围为城乡居民最低生活保障对象、农村五保对象、享受国家抚恤补助的优抚对象以及新中国成立前入党的农村老党员和未享受离退休待遇的城镇老党员。补贴标准为农村低保对象和农村五保对象每人 100 元，城市低保对象每人 150 元，享受国家抚恤补助的优抚对象和新中国成立前老党员每人 180 元。经统计，为 27381 位困难群众发放中央一次性生活补贴 3346620 元，其中农村低保对象 16036 人，发放补贴 160.36 万元，农村五保对象 548 人，发放补贴 5.48 万元，城市低保对象 8508 人，发放补贴 127.62 万元，享受国家抚恤补助的优抚对象 1740 人，发放补贴 31.32 万元，新中国成立前老党员 549 人，发放补贴 9.88 万元。

（户立恒）

【房山区 2008 年度养老服务机构年检工作完成】 3 月 12 日，全区有养老服务机构 36 家，其中政府办 22 家，公办民营 2 家，社会办 12 家。检查重点包括机构证照是否齐全有效、服务管理制度是否存在重大疏漏、机构消防安全管理制度是否完善，机构值班制度尤其是夜间巡查制度是否完善等方面。36 家养老服务机构参加年检，其中一家因消防设施不合格限期整改外，其余 35 家全部合格。

（户立恒）

【完成清明节期间群众祭奠接待工作】 4 月 6 日，房山区清明节期间群众祭奠接待工作完成。据统计，清明节期间，区内 6 家公墓接待祭扫群众 98050 人次，机动车 24008 辆，与 2008 年同期相比分别增长 33.1%、35.6%，清明节期间累计上岗人员 3391 人次。

（户立恒）

【对城乡无丧葬补助居民实施丧葬补贴】 按照《北京市城乡无丧葬补助居民丧葬补贴办法》规定范围均可享受一次性 5000 元的丧葬补贴。全区各乡镇（街道）的社会事务管理科、社保所从 4 月 13 日开始受理、审核、发放定额丧葬补贴。2009 年 1 月 1 日后死亡的居民，经公安派出所注销户口后，由经办人到死亡者户籍所在地的乡镇(街道)社保所凭相关材料申请丧葬补贴。各乡镇、街道社保所初审受理后，进行 7 个工作日的张榜公示，经区民政部门核准后，社保所将对符合条件的人员发放丧葬补贴。经办人自申请当日起 20 个工作日后凭相关材料到社保所领取补贴。全年审批丧葬补贴申请 3000 份，发放补贴资金 1500 万元。

（户立恒）

【举行“抗震救灾，重建家园”福彩刮刮乐公益行动】 5 月 12 日，为纪念“5•12”抗震救灾 1 周年，区民政局在拱辰、城关地区设立 2 处销售点，开展为期 1 周的即开型彩票集中销售活动，所售彩票每张面值为 2 元，返奖率为 65%。福彩刮刮乐公益活动，是“福彩赈灾公益金”专项募集活动的重要内容，所筹集的公益金全部用于四川灾区的重建工作。

（户立恒）

【“京什手拉手 重建新家园”捐赠活动】 根据中共北京市委宣传部、北京市民政局、北京卫戍区政治部《关于开展“京什手拉手 重建新家园”社会捐赠活动的通知》，全区各乡镇（街道）、区直各委办局、驻区部队等单位参加捐赠活动，截至6月1日，区民政局捐助中心共接收社会各界捐款908264.26元，接收棉衣被80余件，参加捐款的人数近3万人。

（户立恒）

【房山区社会组织年检工作结束】 6月8日，全区社会团体应参加年检107个，实际参检102个，参检率95.3%。其中：合格的55个，基本合格的45个，不合格的2个，注销1个，待注销4个。民办非企业单位应参加年检的109个，实际参加年检的98个，参检率达到90%。其中：合格的65个，基本合格的33个，未参加年检的4个，注销1个，待注销6个。

（户立恒）

【第七届社区居委会选举工作完成】 7月8日，房山区召开第七届社区居委会选举工作总结会。会议由副区长马丽英主持，区民政局负责人作《严格依法选举 充分发扬民主 稳妥有序推进社区基层民主政治建设》报告，城关、拱辰、西潞3个街道办事作典型发言。区委副书记苗立峰出席会议并提出要求。区委常委、政法委书记刘欣国，区委常委、组织部部长张祝华参加会议。房山区第七届社区居委会选举3月启动，经过准备、实施、总结验收3个阶段，6月底完成。面向社会公开招考社区工作者142人，并通过民主途径顺利当选。全区116个社区中，有3个社区（拱辰街道拱辰大街社区、向阳街道栗园社区、西潞街道太平庄西里社区）因拆迁或转户安置未完成没有参加选举外，产生新一届居委会成员701名，其中主任113名、副主任115名。全年组织社区居委会工作人员培训，社区网站工作人员专业培训12次，200余人参加培训。

（户立恒）

【“共产党员献爱心”活动】 自6月25日“共产党员献爱心”活动启动以来，到7月14日，全区共接收“共产党员献爱心”捐献活动捐款2067278元，捐款单位102个，参加捐款的党员人数达42750人，积极分子人数1880人，群众人数1292人。

（户立恒）

【为60岁以上全口无牙低保老人免费镶牙】 按照市政府2009年在直接关系群众拟办重要实事的要求和部署，体现对老年弱势群体的关怀，区民政局开始为60岁以上全口无牙低保老人进行免费镶牙。全区约有400多名60岁以上低保老人符合条件，每副义齿费用原则上不超过1000元；对需要转诊的疑难病例，最高限额为每副总义齿1200元(含专家会诊费用)。区民政局将按义齿的质量和实际发生的费用拨付经费，超出规定标准的费用，由定点医疗机构或个人承担。10月底全部完成。

（户立恒）

【房山区农村五保供养资金调标工作完成】 7月1日起，全区农村五保供养标准由每人每年6155元提高到6889元，全区有五保对象557人。8月6日，全区农村五保供养资金调标工作完成。

（户立恒）

【区领导参加穆斯林群众“开斋节”庆祝仪式】 9月21日，区领导郭先英、范文彦、苗立峰、李福田、马丽英、李惠英分别带队到周口店镇新街清真寺、窦店镇窦店清真寺、拱辰街道常庄清真寺参加“开斋节”庆祝仪式，并为3座清真寺各赠送慰问金10万元。

（户立恒）

【开展“国际减灾日”宣传活动】 10月14日，是第20个“国际减灾日”，2009年国际减灾日活动的主题是“让灾害远离医院”。区民政局与区卫生局联合西潞街道，以北潞园社区为主会场，集中举行区“国际减灾日”宣传教育活动，通过悬挂横幅、摆放展板、发放宣传材料、医务人员现场演示自救方法等多种宣传形式，向社区居民广泛宣传防灾减灾知识，增强医疗工作者和群众的防灾减灾意识，进一步提高医院和社区的综合减灾能力。副区长马丽英参加宣传活动并向社区居民发放宣传材料。

（户立恒）

【开展村务公开民主管理专项督查暨示范单位创建活动检查活动】 11月3日，区村务公开协调小组组织区委组织部、区纪委、区农委、区新农村办、区民政局、区经管站等成员单位共分4组对全区各乡镇（街道）的村务公开民主管理工作、农村党风廉政建设工作进行专项督查。听取各乡镇的汇报，并对2009年申报的示范乡镇、示范村进行实地检查。检查的内容包括各乡镇强化农村“四个民主”建设、村“两委”换届选举情况、“难点村”综合治理情况、村务公开和民主管理各项制度的执行情况、农村党风廉政建设责任制落实情况等多个方面。检查组成员本着实事求是的精神，重点查找基层工作中存在的问题和不足，并督促镇、村两级切实把各项制度、工作落实到位。为进一步夯实农村基层民主政治建设奠定基础。2009年在前3年“村务公开民主管理示范单位创建活动”的基础上，又评选出3个市级示范乡镇、69个市级示范村。

（户立恒）

【养老服务机构新增床位1030张】 房山区有养老机构37家，床位数3932张。其中2009年新增床位1030张，同比增长35%。总投资5990万元，超额完成市级下达房山区新增1000张床位建设任务。其中：石楼镇重阳爱心护理院，4月经过验收审批通过，建设面积3500平方米，床位80张。房山区燕山养老院，4月经过验收审批通过，建设面积6000平方米，床位100张。城关敬老院扩建工程，4月完工投入使用，新增床位200张。燕山凤凰颐康老年院，新改建星城分部9月投入使用，新增床位50张。西潞街道社会福利中心，建设面积1600平方米，床位90张。城关街道鸿福老年护理院，建设面积5000平方米，床位150张。房山区窦店鑫湖苑老年公寓，建设面积7700平方米，床位210张。拱辰街道社会福利中心，建设面积1665平方米，床位150张。

（户立恒）

【开展2009年村居共建活动】 11月13日，区民政局牵头结成5个村居共建对子，活动中城关街道办事处瓜市村和北里社区、拱辰街道吴店村和行宫园社区、西潞街道办事处南尚岗村和西潞大街社区、青龙湖镇水峪村和化工厂社区、韩村河镇东南章村和大自然新城社区分别结成共建对子并签订“共建协议书”。共建双方主要从班子建设、自治建设、文化建设、环境建设、互办实事、营造氛围6方面开展共建工作，充分发挥各自特色和优势，加强双方之间的学习、交流、互助与合作，努力形成城乡互动、信息互通、优势互补、互惠互利的良好局面。通过共建活动将进一步加强相互之间的沟通、交流与合作，全面推进和谐社区建设和新农村建设。

（户立恒）

【确保困难群体安全过冬】 一是妥善安排好特殊困难群体的生活。及时对城市“三无”人员、农村五保户、高龄特困人员等逐户进行走访，了解他们的基本生活需求了解他们过冬的准备情况，检查取暖设备是否安全、电线是否需要更换，防止煤气中毒、引发火灾等事故发生。二是下发冬令期间救灾资金150万元；完成因灾建房554户2149间。确保受灾群众不挨饿、不受冻，安全越冬。三是完成1060户3180间农村优抚社救对象的危旧房改造工作，所翻建房屋均达到抗震、节能、环保的标准。四是在全区范围内广泛开展以“扶贫济困献爱心，温暖过冬促和谐”

为主题捐赠活动，所接收款物重点用于帮扶全区贫困群众。

（户立恒）

【开展国际志愿者日主题宣传实践活动】 12月5日是第24个国际志愿者日，区民政局在全区社区组织开展“志愿北京，感动社区”主题宣传实践活动。各社区广泛开展以《北京市社区志愿服务促进办法》为核心的志愿服务宣传教育，同时组织各种社区志愿服务活动，并进行社区志愿者招募和登记注册工作。活动当天各社区共发放宣传材料2万份、悬挂横幅200余条，摆放展板400余块，新登记志愿者100余人。

（户立恒）

【送温暖献爱心捐赠活动】 11月，房山区开展送温暖活动。捐赠活动以“扶贫济困献爱心，温暖过冬促和谐”为主题，所接收款物重点用于帮扶全区困难群众和支援对口帮扶地区建设。房山区捐助中心接收社会各界捐款共计82.96万元，棉衣被584件，捐款人数达19540人。

（户立恒）

【低保对象燃煤自采暖资助金发放完毕】 12月30日，全区低保对象燃煤自采暖资助金发放完毕。全区享受低保和生活困难补助对象家庭中依靠燃煤自采暖过冬的共有10630户23318人，按照每户300元标准，共计发放燃煤自采暖救助金318.9万元。

（户立恒）

【依法保障征地超转人员合法权益】 全面做好征地超转人员服务管理工作，适时组织超转人员开展有益身心健康的活动，准确、按时、足额发放征地超转人员生活、医疗补助费和报销医药费，全年接收超转人员182名，上缴财政专户资金6539.1万元。共有超转人员1099人，全年发放生活补助费和医疗费1323万元。

（户立恒）

【婚姻登记服务管理工作】 2009年，办理结婚登记10006对，其中9月9日办理结婚登记875对，创房山区单日结婚登记数量之最。离婚登记1841对，补发婚姻登记证1523对，执法合格率100%。

（户立恒）

【推动少数民族经济及社会事业发展】 一是做好2009年民族村经济和清真食品项目的跟踪检查工作，对民族经济发展提出指导性建议，进一步促进民族村经济和清真食品企业的发展；争取市民委专项资金对全区民族经济倾斜和支持。二是组织好对民族村的全面考察与论证，协调市科委专家深入民族村了解村内情况及区域发展规划，为民族村经济发展做好长远发展规划。三是做好清真饮副食网点年检工作，与区工商分局、区商务局一起加强对清真食品的管理和执法力度，进一步规范全区清真食品市场，确保少数民族群众食品安全。四是加强民族文化体育设施建设，开展丰富多彩的文化娱乐活动，不断满足各民族群众的精神文化需求。

（户立恒）

卫生

【概况】 辖区内医疗机构1089个（其中：医院、门诊部58个，社区卫生服务中心、站214个，个体诊所、医务室221个，村卫生室583个），卫生技术人员共5236人（不含个体诊所、村卫生室），其中执业医师1791人，执业助理医师209人，注册护士1907人，实有床位5583张。常住人口平均每千人拥有卫生技术人员5.7人、执业（助理）医师2.2人、注册护士2.1人、床位6.2张。完成大型活动卫生保障21次，卫生监督检查 8562 户次，覆盖率 100%；处罚 87 户次，罚款 13.25 万元，全年无重大食源性食物中毒案例发生。传染病发病率低于全市平均水平 20 个百分点，报告法定传染病 6065 例，发病率 570.97/10 万，其中乙类传染病 2652 例，发病率 254.66/10 万，无甲类传染病发生。甲型 H1N1 流感未出现疫情大规模集中爆发，确诊 324 例、收治 248 例，接种疫苗 11.35 万人。手足口病疫情快速控制，艾滋病高危人群监测力度加大，结核病人全程督导化疗率 100%，举办健康教育大课堂 505 场。医疗业务总收入突破 12 亿元，门急诊量达到 610 万人次，出院病人达到 9.6 万人次，同比分别增长 20%、33.5%、14.5%。基本公共卫生服务均等化强势推进，妇幼保健贴近居民，免费儿童体检、新生儿先天性疾病筛查 10.8 万人次，免费宫颈癌筛查 78016 人次、乳腺癌筛查 59860 人次。四种慢病筛查覆盖 15 乡镇 26 万农民，免费供药 3.47 万人，发放药品 561.76 万元。新农合保障水平继续提高，总体运行良好，收支基本平衡。社区卫生服务创新发展，健康管理服务内涵不断丰富，培训家庭保健员 3000 名，健康档案应建尽建，4 种慢病管理 9.77 万人。基本建设实现重大突破，开复工项目 10 项，建筑面积 8.46 万平方米，总投资 4.2 亿元，其中竣工 9 项，竣工面积 6.46 万平方米。队伍结构调整进度加快，评聘专业技术人员 230 名，其中正高 5 名、副高 24 名、中级 117 名。

（刘神川）

【房山区首家“军民共建医院”落户良乡】 3 月 28 日，中国人民解放军三〇七医院与房山区良乡医院签署协议，首家“军民共建医院”挂牌成立。按照协议，双方将本着“相互支持、共同发展”的原则，共同加强医疗质量建设、定期组织专家深入农村、社区联合开展义诊、健康知识讲座等活动。中国人民解放军三〇七医院还将对房山区良乡医院进行重点专业技术扶持与帮建、定期组织专家开展教学查房、会诊及手术，定期免费接收医务人员进行业务和军事素质培训。双方还建立起双向转诊绿色通道。双方共建活动，使全区居民不出区享受到三甲医院医疗服务。

（薛玉健）

【甲型 H1N1 流感防控】 3 月，甲型 H1N1 流感疫情在全球蔓延。房山区委、区政府落实市委、市政府“全面预防、有效控制”和“把好一个关口、防范三个重点、强化四种责任”的总体要求，启动突发公共卫生应急机制、开展联防联控、实施分类救治。于 8 月 29 日启动辖区定点医院（长阳卫生院原址），收治首批确诊患者。区卫生局成立了医疗救治领导小组和专家组，抽调良乡医院、房山区第一医院、房山中医医院三所二级医院优秀医务人员组建 3 支医疗救治梯队，分批进驻定点医院开展救治工作。房山区第一医院作为辖区重症病例救治医院，于 11 月 18 日启动，累计收治甲流重症病例 4 例、重症流感样病例 11 例，均治愈出院。截至 12 月 31 日，全区累计报告甲流确诊病例 324 例，所有病例全部治愈出院；开展密接者流调 1338 人，监测归国人员 457 人、集中医学观察 21 人；接种甲流疫苗 11.35 万人；无大规模疫情集中爆发和流行。

（薛玉健）

【开展脑血管造影、前交通动脉瘤介入栓塞治疗术】 6 月，57 岁的女性患者刘某，因头痛伴有呕吐到房山区第一医院神经内科就诊，经头颅 CT 检查发现刘女士大脑前交通处长有一直径约 3 毫米左右的动脉瘤，随时有破裂出血的可能，危及生命。为了彻底消除埋藏在刘某体内的“定时炸弹”，房山区第一医院神经外科于 6 月 2 日为患者实施了手术治疗，术后 24 小时，患者下地活动，没有出现任何并发症，一周后痊愈出院。该手术在全区尚数首例。

（梁建锋）

【区第一医院医用直线加速器投入使用】 7月3日,区第一医院放疗科在原有设备基础上投资1113万元,引进美国瓦里安1800直线加速器治疗机正式投入使用,该设备用于治疗各种恶性肿瘤及良性病的深浅部热疗。

（焦东杰）

【首都医科大学燕京医学院附属房山区良乡医院挂牌成立】 10月17日,区良乡医院挂牌成为首都医科大学燕京医学院附属医院,这也是首都医科大学在远郊区县医院成立的第5家附属机构。首都医科大学党委书记李明,区委副书记、区长祁红为医院成立揭牌。

（薛玉健）

【社区高血压患者自我管理全国试点工作在韩村河镇启动】 12月,房山区在韩村河镇启动社区高血压患者自我管理全国试点工作,对社区高血压患者进行干预管理,使其学习掌握控制血压技能,增强自我管理,形成互助氛围,从而达到科学降压目的。该试点是国家卫生部疾控局、中国疾病预防控制中心在总结并借鉴上海市开展的高血压患者自我管理工作经验的基础上,在全国启动的六个试点之一。旨在通过因地制宜开展以控制血压、减少慢性病相关危险因素为目的的灵活多样的社区慢性病防治活动,不断扩大社区高血压病人自我管理工作覆盖面,从而进一步提高群众健康水平。

（薛玉健）

【新型农村合作医疗制度稳步推进】 年内,全区参合农民406346人,参合率100%。共计筹集资金17078.6万元,支出17156.9万元。截至12月31日,享受合作医疗补偿共计84.9万人次,补偿费用16595.2万元;高血压、冠心病、脑卒中、糖尿病四种慢病免费筛查与用药工作试点扩大到15个乡镇,受益农民3.5万人次,累计配药金额达561.7万元。平原参合1500人以上、山区参合1000人以上的90个村级社区卫生服务站全部开通网上直报系统,农民报销更加方便、快捷。

（刘神川）

体　育

【概况】 成立房山区台球运动协会和房山区户外运动协会,使全区体育协会总数达到20个。培训各项目裁判员126名,总数达到891名,培训各级别社会体育指导员50名,总数达到1313名。新成立晨晚练辅导站点76个,总数达到576个,投资10多万元,为晨晚练辅导站点添置广场音响和教具。区体育局投资100多万元,对房山体育场道路进行改造,购置了射击用子弹、力量训练器械等各项目训练器材。投入38万元购置亚健康仪、血压仪以及配套电脑等工作设备,形成以房山区国民体质监测中心(二级站),12个乡、镇,国民体质测试站点以及2个社区站点构成的国民体质监测网络,全年测试群众3000人次。全年"体育三下乡"活动向基层发放健身书籍5000册,组织20支健身小分队下基层深入到各个乡镇、社区、村开展健身指导近100场次,推广空竹、柔力球、腰鼓、花棍、花毽等健身项目10余种。在全区行政村健身工程配建率达到100%的基础上,为50个2000人以上的村每村增加1套全民健身工程;更新2004年配建的全民健身工程122套;帮助西潞、城关、韩村河、河北、窦店、长沟6个街道、乡镇建设体育广场,使全区建有高标准体育广场的乡镇达到17个;为100个村建设篮球场。举办2009年元旦越野赛、迎新春滑雪比赛、妇女健身方法展示大赛、第二届“冠娃杯”少儿国际象棋赛、北京市第三届“和谐杯”乒乓球赛房山区预赛、“足协杯”优秀企业足球联赛等区级赛事活动，参与群众达 20 余万人。组队参加北京市农民棋类比赛获象棋快棋第 1 名、象棋慢棋第 6 名和团体第 3 名；参加北京市体育传统校比赛获足球比赛季军。全区经常参加体育锻炼人口达到 67%，比 2008 年增长 2 个百分点。全年向北京市二级运动队输送优秀运动员 16 名。在北京市各单项锦标赛中，获金牌 49 枚、银牌 31 枚、铜牌 30 枚；在各类全国比赛中获 1 个第一，1 个第二、3 个第三和 3 个第四的成绩。

（贾有雄　周梦）

【承办北京市第十六届“会员杯”门球赛】 3 月 24 日至 26 日，由北京市门球运动协会主办，房山区体育总会、区门球运动协会承办的北京市第十六届“会员杯”门球赛在房山门球场举行。全市 60 支代表队 600 多名运动员参加为期 3 天的比赛。崇文区门球协会代表队获冠军，东城区门球协会四队获亚军，房山区磁家务代表队获季军。

（贾有雄　周梦）

【开展房山区“体育三下乡”活动】 4 月 20 日，房山区以体育器材送下乡、健身知识讲下乡、健身项目传下乡为主要内容的活动在长阳体育公园启动。在贯穿全年的“体育三下乡”活动中，区体育局共为农村配建全民健身工程 50 套，更新 122 套。新建乡镇级体育广场 6 个，农村篮球场 100 个。发放全民健身书籍 5000 套。进行国民体质监测 3000 人次。

（贾有雄　周梦）

【成立房山区台球运动协会】 5 月 18 日，房山区台球运动协会在北方温泉会议中心成立。这是房山区成立的第 19 个体育类协会。区政协副主席李惠英当选为协会名誉主席，马小兰当选为主席，惠迎斌等当选为副主席。

（贾有雄　周梦）

【举办北京市第三届“和谐杯”乒乓球比赛房山区域赛】 3 月 17 日至 5 月 23 日。房山区与全市同步举办北京市第三届“和谐杯”乒乓球比赛区域赛。先后举办社区、村预赛，乡镇、办事处次赛以及全区决赛，全区共有 4.58 万人参赛，参与人数近 13 万人。选派 400 名优秀运动员代表房山区参加了北京市千台万人乒乓球展示活动。

（贾有雄　周梦）

【举办房山区第七届全民健身体育节】 6 月 18 日至 8 月 8 日，举办房山区第七届全民健身体育节。期间共举办太极拳健身气功展示大赛、“五人制”足球精英赛、全民健身机关行等 14 项区级赛事。体育节参赛人数 70136 人，参与人数 16.2 万人。

（贾有雄　周梦）

【在北京市青少年锦标赛获 118 枚奖牌】 7 月 20 日至 8 月 28 日，房山区派出 360 名运动员参加北京市 2010 年青少年锦标赛的田径、游泳、乒乓球、篮球、柔道、举重、摔跤、武术、跆拳道、射击、拳击等 13 项比赛，共获奖牌 118 枚，其中 52 枚金牌、33 枚银牌、33 枚铜牌，奖牌总数和各单项奖牌数均创历史纪录。

（贾有雄　周梦）

【500 人参加北京市万人太极拳表演】 8 月 8 日，房山区组织 500 名太极拳爱好者参加在奥林匹克公园景观大道举行的北京市万人太极拳表演创吉尼斯世界纪录活动，以 33996 人同舞太极而成功创造新的吉尼斯世界纪录。区体育局获吉尼斯总部颁发的世界纪录证书。

（贾有雄　周梦）

【马端斌在第十一届全国运动会上夺冠】 10 月 20 日，房山区输送到北京柔道队的运动员马端斌在第十一届全国运动会比赛中，获男子柔道 66 公斤级冠军。

（贾有雄　周梦）

【举办中国“贺龙杯”篮球系列赛暨房山区“碧生源杯”篮球联赛】 10月24日至27日，房山区在良乡体育场举办中国“贺龙杯”篮球系列赛暨房山区“碧生源杯”篮球联赛。区卫生局、西潞街道办事处、良乡镇、琉璃河镇、史家营乡、葫芦垡新村、保安公司、澎湃汽车城、经纬度广告公司等9支代表队100多名运动员参加比赛。琉璃河镇代表队获得冠军，西潞街道办事处代表队获亚军，澎湃汽车代表队获季军。

（贾有雄 周梦）

【举办房山区“柿柿如意杯”乒乓球比赛】 10月28日至29日，房山区“柿柿如意杯”乒乓球比赛在区体育局乒乓球训练馆举行。全区23个单位的17支男队和11支女队，140名运动员参加比赛。张天明、刘东娜获男、女单打冠军；区社会工委、房山公安分局分获男、女团体冠军。

（贾有雄 周梦）

【举办“房山·燕化杯”羽毛球公开赛】 11月7日至8日，“房山·燕化杯”羽毛球公开赛在北方温泉会议中心举行。比赛采取混合团体赛赛制，项目包括男子单打、女子单打、男子双打、女子双打、男女混合，共有22支代表队200多名运动员参加比赛。区人大常委会主任郭先英、区委常委赵佳琛、区人大常委会副主任刘顺林、副区长马丽英、羽毛球世界冠军董炯参加开幕式。

（贾有雄 周梦）

【成立房山区户外运动协会】 12月8日，房山区户外运动协会在北方温泉会议中心成立。这是房山区成立的第20个体育类协会，也是全市成立的首家区县级户外运动协会。区委常委、宣传部部长唐淑荣和原副区长任全胜当选为名誉主席，张进来当选为主席，隗甫东等当选为副主席。

（贾有雄 周梦）

【举办2010年元旦越野赛】 12月31日，房山区“服务三化两区、促进和谐发展”2010年元旦越野赛在良乡东路大街举行。越野赛由区政府主办，区体育局承办，全区各乡、镇、街道办事处，区直各部委办局、企、事业单位领导、职工，社区居民，农民，长跑爱好者和北京理工大学学生共2000名运动员参加。越野赛分领导干部男女1500米、职工中年男女3000米、职工青年男女3000米、职工老年男女1500米、乡镇中年男女3000米、乡镇青年男女3000米、乡镇老年男女1500米14个组别，秦立成、魏迎光、刘海燕等分获各组别冠军。区领导祁红、郭先英、范文彦、苗立峰、史全富、唐淑荣、王锁群、张祝华、赵佳琛、卢国懿、李惠英出席开幕式。

（贾有雄 周梦）

老龄工作

【概况】 推动城镇职工基本养老保险、基本医疗保险、新型农村社会养老保险、城乡无社会养老保障老年居民保障待遇等各项政策的落实，初步形成全区城乡养老保障体系。全区享受养老金待遇的离退休人员为50777人，2009年人均月领养老金为1746元；6.3万名城乡无保障老人每人每月领取200元的福利养老金，共累计支付福利养老金1.55亿元。完成对675名90周岁及以上高龄老人的津贴申报送审工作，并发放每人每月100元的养老津贴，为11名百岁老人发放每人每月200元的营养补贴，全年累计发放70.59万元。为62603名老年人办理了老年优待卡；全区农村、社区老年活动中心（站、室）均免费向老年人开放。281家机构为老年人提供优惠、免费和优先服务。建立了区、乡、村三级维权组织网络，设立老年人法律援助站和老年维权热线，区司法局成立老年法律援助中心，各乡镇设立老年法律服务站，村委会建立老年维权岗。司法部门对涉老案件做到优先立案、优先审理、优先执行的“三优先”制度，律师事务所、基层法律服务所为老年人开展免费法律咨询、代书服务。区司法局法律援助中心、房山区第一公证处、各乡镇司法所免费为60岁以上老年人提供法律咨询服务，代书、公证费用减免。区法律援助中心对60以上老年人的人身损害赔偿案件不审核经济标准，全区7家律师事务所实行为老年人提供法律服务费用减免。参与全国“敬老、爱老、助老”主题教育活动，开展评选“孝亲敬老”模范、“百名健康寿星”等活动，推荐敬老好儿媳刘淑东作为“感动房山十大人物”候选人；举办“盛世欢歌赞双庆　神州漫舞颂重阳”房山区庆祝重阳节联欢晚会、“松鹤杯”老年门球赛、老年书画作品展览、征文等活动。建立起以居家养老服务为基础、以社区养老服务设施为依托、以商业服务网络补充的新型社会化养老服务体系。即城市模式、平原模式、深山区模式。通过有偿、低偿、无偿服务与政府补贴服务相结合、为老服务与社区共建相结合、为老服务与社区志愿者活动相结合、为老服务与社区劳动保障就业相结合，采取结对服务、设点服务、上门服务、流动服务、跟踪服务等，为老人提供健康咨询、义诊、陪同看病、家政服务等服务。全区共有40余家包括家政、餐饮、医疗、照料等类型的公司提供居家养老服务，全年累计为3827名老年人发放294.02万元居家养老服务券。

（张芳　陈向辉）

【召开半年总结会暨老龄干部培训班】　7月9日至10日，区老龄办在十渡平西培训中心召开半年总结会暨老龄干部培训班。各乡镇（街道）分别就半年来老龄工作总体情况、突出特点、典型经验以及基层老年协会建设及活动情况等方面进行交流。区老龄办副主任张芳对全区上半年老龄工作进行了总结，并部署下半年的工作任务。10日，市老龄办副主任、老龄协会副会长陈谊就“北京市人口老龄化形势及老龄政策要点”进行授课，分别对市人口老龄化发展形势、高龄老人社会服务工作的政策设想等方面进行详细讲解。各乡镇（街道）主管领导、科长、专（兼）职干部共计80余人参加培训。

（张芳　陈向辉）

【举办第十届松鹤杯老年门球赛】　10月10日，由区老龄办主办，区门球运动协会承办的房山区第十届“松鹤杯”老年门球赛开幕，副区长卢国懿致开幕词并祝全区老年人重阳节快乐。区人大常委会主任郭先英、区政协副主席李惠英等领导为比赛开球。区民政局、区老龄办、城关街道办事处、区体育局及市门球协会领导参加开幕式。共有71支老年门球队，700余名运动员参赛，经过预赛、复赛、决赛3天3个阶段，近200场比赛，龙建集团队获冠军，农林路队获亚军，利民公司队获季军。

（张芳　陈向辉）

【举办重阳联欢晚会】　10月21日，区老龄办、区文委在良乡影剧院联合举办“盛世欢歌赞双庆 神州漫舞颂重阳”房山区庆祝重阳节联欢晚会。“北京金色时光老年合唱团”和区老年文艺爱好者为观众献上《笑迎金色时光》《祖国我为你骄傲》《唱脸谱》《常回家看看》和评剧《花为媒》报花名选段等精彩节目。同时，副区长卢国懿代表区委、区政府向全区的老年朋友们致以节日的祝贺，向关心、支持老龄事业发展的各级领导和社会各界人士表示崇高的敬意。区人大常委会主任郭先英，区委常委、政法委书记刘欣国，区民政局、区老龄办领导以及部分离退休老干部和老年群众代表，孝亲敬老之星代表，村、居委会代表等共计500余人参加。

（张芳　陈向辉）

【开展老年人权益状况调研】 11月6日至16日，全国老龄工作委员会办公室、北京科技大学公共政策与法律研究中心与房山区联合开展“老年人权益状况”调研活动。北京科技大学公共政策和法律研究中心执行主任、副教授王竹青，执行副主任徐维华及两位在读研究生与区老龄办、区民政局、区妇联、区司法局、区委老干部局、区法院、房山公安分局、区文委、区人力社保局、区卫生局、区老年病医院的领导及20余名老年人代表进行座谈。同时对入住琉璃河敬老院、城关敬老院及拱辰街道办事处、西潞街道办事处、良乡镇、阎村镇、河北镇、大安山乡的200名老年人进行《老年人权益保护项目调查问卷》的调查，了解老年人权益保护情况，为完善老年人权益保护提出立法建议。

（张芳　陈向辉）

【开展百名健康寿星评选活动】 8月27日至9月25日，区老龄办、区老年学学会联合开展房山区“百名健康寿星评选活动”。年满90周岁具有房山户籍；身体健康、性格开朗；家庭和睦、邻里团结；积极参加适合自身的各种文化、娱乐、健身活动；乐于参加力所能及的公益活动，在居住地得到群众的普遍认可的老人均可报名参加。经过4个月的报名、初审、调查等程序，最终评选出游深泽、刘玉清等106名健康寿星，其中，男性35名，女性71名。这些寿星中年龄最大的是105岁的窦店镇三街村的游深泽。12月9日，区老年学学会会长任全胜、区民政局领导对获“健康寿星”称号的老人代表进行慰问，为他们送去证书和慰问金，并祝老人身体健康。

（张芳　陈向辉）

【落实居家养老助残服务工作】 12月3日，副区长卢国懿主持召开居家养老（助残）服务工作协调会，学习《北京市市民居家养老（助残）服务“九养”办法》后，区财政局、区人力保障局、区卫生局、区残联、区老龄办就房山区的实际情况分别提出意见和建议，形成《房山区贯彻落实〈北京市市民居家养老（助残）服务办法的通知〉实施意见》。经区政府第25次常务会议审议通过。29日，正式出台《北京市房山区人民政府办公室转发区老龄办关于房山区贯彻落实北京市市民居家养老（助残）服务办法实施意见的通知》，并以区政府办名义印发全区。文件指出：为贯彻落实《北京市人民政府办公厅转发市民政局市残联关于北京市市民居家养老（助残）服务（“九养”）办法的通知》《关于贯彻落实〈北京市市民居家养老（助残）服务（“九养”）办法〉的意见》精神，制定以下实施方案：一是建立“孝亲敬老文明之星”评选表彰制度；二是建立居家养老（助残）券服务制度和百岁老人医疗补助制度；三是建立城乡、社区（村）养老（助残）餐桌；四是建立城乡社区（村）托老（残）所；五是招聘居家服务养老（助残）员；六是配备养老（助残）无障碍服务车；七是开展养老（助残）精神关怀服务；八是实施家庭无障碍设施改造；九是为老年人（残疾人）配备“小帮手”电子服务器；十是成立居家养老（助残）工作领导小组，并在区老龄办、区残联设立居家养老办公室和助残办公室。

（张芳　陈向辉）

【居家养老助残服务工作准备就绪】 12月7日，区老龄办召开居家养老（助残）服务工作部署会。会议下发《北京市房山区居家养老（助残）服务补贴实施细则》（暂行），并对基层单位进行申报、审批等程序的培训。各乡镇（街道）主管科长等30余人参加会议。同时，为了使符合条件的老年人及时申请、享受到居家养老（助残）服务，区老龄办印刷并发放20万册《房山区居家养老（助残）服务指南》。该《服务指南》对居家养老（助残）服务的概念、如何申请、需提供的材料、享受补贴的对象及标准、服务券如何使用等内容进行解答，公布各乡镇服务中心和各村（居）委会服务站的地址、联系人、电话和服务内容等信息；利用《房山报》和房山电视台等媒体对申请条件、补贴标准等内容进行全面宣传。30 日，全区完成居家养老（助残）服务券的发放工作，建立起以居家养老服务为基础、以社区养老服务设施为依托、以商业服务网络为补充的新型社会化养老服务体系。

（张芳　陈向辉）

环境保护

【概况】 2009 年，全区空气质量达到二级和好于二级的天数为 239 天，占全年总监测天数的 66%。区环保局制定房山区控制大气污染落实方案，将全年的治理大气污染工作分解，建立层级管理模式。同时，针对大气污染治理的各项任务，在建立协调会商、信息报送、情况通报、部门联动、监督互动、预案、案件移送、责任追究 8 项制度的基础上，制定《2009 年房山区空气质量联合监管工作方案》，建立日常监管和临界空气质量应急监管以及重污染天气临时限停产的空气质量联合监管机制。为完成 2009 年全区的空气质量目标，区环保局会同区建委、区市政管委、区城管执法队等部门组成联合执法组对全区范围内工地进行检查。每周一次对工地进行检查，共计检查各类工地 80 余次,300 余个工地，上报相关材料 50 份。针对机动车尾气污染防治，环保局采取了“四重三查”措施。即：在重点时间、重点路段、重点车型、重点单位进行路检路查、入户抽查，并加强对外地进京车辆检查的“四重三查”工作。从源头严把环评审批、验收关。对不符合国家及地方产业要求和技术含量低、附加值小、污染大的中小企业坚决不批和控制审批，做到“五不批，两控制”。共依法审批建设项目 1009 件。对 48 家竣工企业进行了环保设施验收，现场勘查率 100%，提前办结率达到 100%。监测站 2009 年出示检测报告及汇总表 550 多份，编写《房山区 2008 年环境质量报告书》，建立空气质量日报和预报发送信息平台，共发送空气质量日报、预报短信 1 万余条，发送邮件 800 多件。加强环保队伍建设，全年新增人员 25 人。以“6 · 25”环境日、国庆 60 周年等活动为契机，开展法制、环保理念的宣传。

（孙美珍）

【大气污染防治】 2009 年是北京市第十五阶段大气污染控制期，控制大气污染工作被列为北京市为民办 57 件实事之一和房山区为民办 30 件实事之一。为实现全区 2009 年二级和好于二级的天数达到 66%的目标，环保局分解任务，明确责任。制定房山区控制大气污染落实方案，由环境管理科主要负责，其他相关部门配合，将全年的治理大气污染工作分解，建立“主要领导—分管领导—部门负责人—具体责任人”的层级管理模式。针对大气污染治理的各项任务，在建立协调会商、信息报送、情况通报、部门联动、监督互动、预案、案件移送、责任追究 8 项制度的基础上，制定《2009 年房山区空气质量联合监管工作方案》，建立日常监管和临界空气质量应急监管以及重污染天气临时限停产的空气质量联合监管机制。3 月以来，共启动 15 次临界空气质量联合监管机制，有效遏制大气污染，提高房山区的空气质量以及二级和好于二级天数。截至 12 月 31 日，区二级和好于二级天数为 239 天，占监测天数的 65.5%。

（孙美珍）

【为乡镇安装可吸入颗粒物在线自动监测装置】 2008 年年底，区环保局在全区 16

个乡镇街道安装可吸入颗粒物在线自动监测装置，实现在线监测。2009年，全区安装可吸入颗粒物在线自动监测装置24个，基本做到全区覆盖。将可吸入颗粒物监测指标纳入乡镇领导班子的年终考核体系中，激发了基层的工作积极性，实现属地管理，全面覆盖。

（孙美珍）

【加强机动车尾气污染防治】 一是加大执法力度，坚持开展的“四重三查”（在重点时间、重点路段、重点车型、重点单位进行路检路查、入户抽查，并加强对外地进京车辆检查）工作。全年上路检查车辆2014辆，检查进京车辆138096辆，查出超标车辆4071台，劝返16086台；发挥遥感车优势，监测、筛选车辆255667辆，黄标车6097辆；对检测场加强监督和管理，发放环保标志58928张，其中绿标52028张，黄标6900张。二是抓宣传，发放宣传手册2万余份，营造良好的社会舆论氛围。三是坚持入户排查，查出超标车辆33台，处罚33台，罚款3.3万元，建立健全参检和重点行业黄标车台账。四是开设黄标车淘汰窗口，提高工作效率，联合服务窗口累计办理淘汰黄标车5668辆，其中转出3410辆，报废2258辆，受理群众来访来电咨询37824人次。

（孙美珍）

【严格实施污染物总量控制】 为进一步调整产业结构，推广清洁生产。根据《北京市人民政府关于第十五阶段控制大气污染措施的通告》《北京市工业促进局等七部门关于印发“关于北京市‘高污染、高耗能、高耗水’小水泥企业有序退出的实施意见”通知》要求，坚决退出资源性落实产业和“高污染、高耗能、高耗水”工业产业，从根本上解决传统中小工业企业污染问题。区环保局配合相关部门认真予以落实，严把环保审批、验收关，从控总量、降存量入手，扎实推进各项减排工作。其中消减化学需氧量排放量1881吨，二氧化硫排放量500吨。

（孙美珍）

【加强环境监管力度】 充分发挥排污费的经济杠杆作用，加强排污申报登记力度和排污收费力度，切实增加排污申报登记单位数量和排污收费面及数量，足额征收排污费，年底，环保局征收排污费584万元；对工业污染源状况进行认真排查，对原有的工业污染源超标排污行为、偷排行为，新建项目未经环保审批和“三同时”验收，擅自建设、生产的行为，做到发现一起，查处一起，使环境违法企业缴罚成本高于违法成本，真正对违法企业起到震慑作用；对确实污染严重、治理无望的企业，依法报区政府限期关停；切实配合有关部门，对淘汰企业进行关停，严厉打击关停的无证、无照排污企业。全年对28家违法企业进行处罚，共计42.97万元；并对查处的113家违法企业下达限期整改通知书。对10家限期整改企业进行复查，都按要求整改完毕。

（孙美珍）

【加强水环境污染监管】 加大对水体的巡查，每星期向市局报一次汛期。对区域内的重点企业、重点污染源加强巡查和监督力度，确保水污染企业污水治理稳定达标排放。结合COD、SO_2减排检查，重点企业检查，加大对辖区内污水处理厂巡查力度。加强固体废弃物及危险化学品的监管。出动人员120人次，对全区有废弃危险化学品是否妥善处理的企业、废弃回收再利用的企业，危险化学品生产、使用单位情况进行检查。对全区内的垃圾填埋场进行定期和不定期的检查，对其危险废物及固体废物收集、运输、存储、处理、转移进行全程监管。进一步加强辐射安全监管。2009年，检查辐射工作单位260多次，在全区各乡镇街道共发放辐射安全知识手册300余份。为未办理辐射安全许可证的单位组织专题培训，共培训22

单位，40余人。

（孙美珍）

【加强环境监测工作】　一是加强地表水、地下水、环境空气、噪声等环境质量监测；加强污水处理厂、废水重点污染源、废气重点污染源、垃圾场埋场等污染源监测；同时做好监督性、委托性应急监测。二是2009年出示检测报告及汇总表550多份，编写《房山区2008年环境质量报告书》，建立空气质量日报和预报发送信息平台，共发送空气质量日报、预报短信1万余条，发送邮件800多件。三是加强监测能力，完成第二批PM10建设，2月底，顺利完成计量认证工作，监测站全体人员全部通过北京市监测中心组织的人员合格证考核。另外，做好H1N1流感应急工作。联合卫生部门对医院的废水、医疗废物进行全面检查，出动人员200多次，特别是对预备医院进行经常性检查，发现问题及时解决。

（孙美珍）

【提升环保队伍建设】　11月，区环保局从工作实际出发，不断加强政治和业务学习，全局102人分3批参加法律法规培训，并全部通过执法考试。以"三定"为契机，加强队伍建设，全年新增25人。对全体干部职工提出树立"团结、协作、拼搏争先"的工作精神，要发挥"雷厉风行、严谨规范"的工作作风，提出"勤、严、实、细、快、高、新、合"的"八字"工作要求。

（孙美珍）

【完成国庆各项任务】　为保障国庆期间的环境安全和稳定，环保局为国庆期间具有良好大气质量进行周密安排。把重点进京站口，严格控制不符合进京要求的车辆。全力抓好高排放"黄标车"淘汰工作，加大扬尘污染执法检查力度，坚持"四重三查"工作。完成主要污染物二氧化硫和化学需氧量减排任务。10月1日至8日，二级和二级以上天数达到7天。在全区开展"保增长、保民生、保稳定，保证国庆期间辐射安全"的专项行动。并于2009年8月26日召开"国庆期间辐射安全监管工作会"，坚决杜绝辐射事故的发生。国庆期间，抽调4人，分别在石楼镇4个村参加维稳工作。确保负责村零上访率，完成了国庆60周年保平安工作。

（孙美珍）

【2009年环境接访工作】　2009年，区环保局接收各类信访1016件均结案，包括人大政协提案12件，政风行风65件、来电255件、来信2件、来访15件、"12369"环保热线509件、"12345"非紧急救助105件；区信访办32件、局长信箱11件。内容涉及大气700件、噪声173件、水99件、固废15件、其他29件。共向市局、区政府、信访办等部门上报600余份处理报告。

（孙美珍）

群众生活

【区城镇居民收支实现稳步增长】　2009年，区城镇居民人均可支配收入实现21955.2元，同比增长8.0%。其中：人均工资性收入达到17627.2元，同比增长8.7%，占城镇居民收入主导地位；人均转移性收入达到6905.2元，同比增长19.8%，成为居民收入增长的主要因素。区城镇居民人均消费性支出实现13885.8元，同比增长9.6%。八大类生活消费支出体现为"五升三降"，同比增长的有：食品、衣着、交通和通讯、教育文化娱乐服务及其他商品和服务，同比分别增长13%、29.4%、34.7%、12.2%和19.3%；

同比下降的有：居住、家庭设备用品及服务和医疗保健支出，同比分别下降2.5%、13.5%和20.8%。

（王雪芳）

【农村居民收支大幅增长】 2009年，全区农村居民收入实现稳定增长，延续2008年万元走势，人均纯收入达到11314.6元，同比增长12.3%，增速与2008年基本持平。农村居民人均生活消费支出达到8234.5元，同比增长19.5%，增幅比2008年提高了7.6个百分点。

（曹丽）

【2009年全区就业形势】 2009年，全区登记失业人员就业率为57.19%，比2008年同期增加1.74个百分点；登记失业率为3.59%，与2008年基本持平。当年新增登记失业人员14948人，比2008年同期减少3276人，降低18%；其中，女性7241人，占总数的48.4%，比2008年同期减少1761人；高校毕业生数为40人，较2008年同期减少70人。

（周澂）

【全区A级旅游景区（点）经营指标快速回升】 2009年，房山区A级旅游景区（点）累计营业收入达到8475万元，比2008年同期增长19.4%，门票收入5961万元，增长19.6%；接待260万人次，比2008年同期增长27.3%，受金融危机影响，境外旅游人数有所下降，本期累计12894人，比2008年同期减少12.2%。

（曹晓广）

【机械化清扫率提高】 2009年，全区清扫保洁道路面积达633.17万平方米，比2008年同期增加47.48万平方米，增长8.1%；其中机械化清扫保洁面积达303.17万平方米，同比增长13.4%。机械化清扫率为47.88%，比2008年提高2.25个百分点。

（周澂）

【园林水果丰收】 2009年，全区园林水果产量66393吨，同比增加4627.2吨，增加7.5%。主要是苹果增长1552.5吨，梨增长3698.7吨，桃增长1240吨。主要原因：一是水果大镇长阳镇、琉璃河镇、窦店镇等受2008年夏季雹灾的影响减产，2009年，生产得到恢复，产量增长。其中琉璃河镇的子母梨、广梨及早酥梨等品种2009年丰收，产量增长2114吨。二是2009年的气候条件好，适合园林水果的生长，使水果产量增加。

（刘东娜）

【城镇低保家庭人均可支配收入快速增长】 在区域经济平稳发展，居民收入稳步增长的情况下，区政府提高低收入群体收入的工作力度明显增大。据城镇低保调查资料显示：2009年，区城镇低保家庭人均可支配收入达到5830.8元，同比增长21.2%；其中：工资性收入人均达到1945元，同比增长39%，工资性收入成为拉动区低保户家庭收入增长的重要支撑。

（刘学玲）

【城镇低保家庭最低生活保障收入同比增长14.1%】 随着社会保障制度的不断完善，区城镇低保家庭生活水平有显著提高。据区城镇低保调查资料显示：2009年，区城镇低保家庭最低生活保障收入人均达到3384.3元，比2008年同期增加419元，同比增长14.1%。

（刘学玲）

【城镇低保家庭医疗负担明显减轻】 随着社会保障制度的不断完善，区城镇低保家庭医疗负担明显减轻。据低保调查资料显示：2009年，区城镇居民医疗保健支出人均1447.1元，同比下降18.9%。

（刘学玲）

【城镇低保家庭鲜菜鲜果消费同比增加】 2009年，区城镇低保居民家庭人均鲜菜支出达180.3元，同比增长7.8%；人均鲜果支出达到118.1元，同比增长33.4%。

（刘学玲）

【农村居民收入处于“比较合理”区间】 据农村住户调查资料计算得知，2009 年房山区农村居民基尼系数为 0.3349，处在“比较合理”的区间内。基尼系数是判断收入分配平均程度的指标，是国际上通用的反映居民收入差异程度的分析指标，它能以一个数值反映总体差异，考虑了全部居民的收入状况。联合国有关组织规定：基尼系数处在 0.2 以下为绝对平均； 0.2-0.3 为相对平均；0.3-0.4 为比较合理；0.4-0.5 以上为差距偏大；0.5 以上为差距悬殊。

（隗玉琴）

【农村居民“恩格尔系数”】 2009 年，区农村居民的恩格尔系数为 30.3%，比 2005 年的 32.4%下降 2.1 个百分点。恩格尔系数是指食品支出占生活消费支出的比重，恩格尔系数越低，表明生活水平和生活质量越高，反之则越低。

（隗玉琴）

【农村居民消费情况】 2009 年，从农村居民百户耐用消费品拥有量情况看：农村居民百户拥有洗衣机 107 台、移动电话 223 部、生活用汽车 15 辆、空调机 108 台、照相机 39 台、计算机 53 台，同比分别增长 0.9%、5.2%、7%、11.3%、12.4%、18.7%。据农村住户调查资料显示：2009 年，农村居民人均消费奶和奶制品 11.9 公斤，同比增长 10%、人均在外饮食支出为 482.7 元，同比增长 44.1%、肉禽及其制品 20.6 公斤，同比增长 8.9%、水产品 5.3 公斤，同比增长 21.8%，其中：消费鱼类 4.5 公斤，同比增长 20.7%。

（隗玉琴）

【农村居民 8 大类消费支出均有所增长】 2009 年，区农村居民人均生活消费支出达到 8234.5 元，同比增长 19.5%。八大类生活消费支出中，居住支出为 1728.2 元，同比增长 48.2%，增长最快；其次为食品和医疗保健支出，人均为 2493.2 元和 744.3 元，同比分别增长 15.8%、15.4%；交通通讯支出为 1100.9 元，同比增长 14.7%；衣着和家庭设备用品及服务支出为 626.8 元和 587.1 元，同比分别增长了 11.4%和 10.8%；文化教育、娱乐用品及服务支出为 823.1 元，同比增长 8.7%。

（曹丽）

【果品采摘面积产量实现双增长】 2009 年，全区采摘果园面积 463 公顷，同比增长 40.9%，其中苹果采摘果园面积增长 78.73 公顷，梨园采摘面积增长 43.4 公顷，桃园采摘面积增长 12.6 公顷。周口店镇苹果园采摘增加 78 公顷，原因是以周口店猿人遗址为主导品牌内大力发展旅游产业，外来游客增多，推动果农转变经营理念，七成果园都可以采摘。琉璃河镇在“梨花节”宣传作用下，2009 年梨园采摘面积增加 12 公顷。霞云岭三流水村梨花美景小有名气，借着霞云岭红色乡村游宣传作用，原有 33.33 公顷亩梨园 2009 年转换成采摘园。全区采摘水果产量 6293.9 吨，同比增加 803.3 吨，增加 14.6%，全部为园林水果。其中长阳镇采摘产量 1510.5 吨，同比增加 731.5 吨。

（刘东娜）

【休闲观光农业成为农村经济发展亮点】 2009 年，全区建设休闲农业观光园 101 个，接待 130.6 万人次，比 2008 年增长 16.5%，总收入为 13406.2 万元，比 2008 年增长 5.8%。其中垂钓收入 1084.8 万元，比 2088 年增长 71.4%，餐饮收入 6589.8 万元，比 2008 年增长 41.4%。发展民俗旅游农户为 2820 户，比 2008 年增加 664 户，增长 30.8%，民俗旅游接待人次为 148.8 万人次，比 2008 年增长 53.9%，总收入为 6733.5 万元，比 2008 年增长 16.5%。

（岳梅）

【2009 年实现农业现价增加值 13.8 亿元】 在农业结构调整中，区以稳定粮食生产的同时，都市型现代农业得到快速发展，促进农业增效、农民增收。2009 年，全区实现农业

现价增加值13.8亿元，同比增长4%。其中：农业增加值7亿元，比2008年增长18.4%；林业增加值0.3亿元，比2008年增长2.1%；牧业增加值6亿元，比2008年下降8.7%；渔业增加值0.3亿元，比2008年增长2.8%；农林牧渔服务业0.2亿元，比2008年增长5%，农业经济呈现稳步增长势头。

（岳梅）

【2009年房山区旅游业综合收入实现11.5亿元】 据市统计局反馈的统计结果，2009年房山区旅游业实现综合收入11.5亿元，在远郊十区县中位列第五位，收入同比增长12.7%，接待游客898.8万人，同比增长26.5%。从旅游业各构成要素看，住宿业收入和接待人次同比分别增长19.2%和14.8%；旅游区（点）收入和接待人次同比分别增长19.4%和26.4%；旅行社收入和接待人数同比分别增长13.3%和22.8%；旅游餐饮和旅游商业收入同比均增长10%；民俗旅游收入和接待人次同比分别增长9.2%和33.8%。

（吴红梅）

【2009年房山区社会消费品零售额同比增长一成】 2009年，房山区社会消费品零售额实现99.1亿元，同比增长10%。消费品市场吃、穿、用、烧类商品实现全面增长，其中，吃类商品实现零售额20.9亿元，同比增长10.3%；穿类商品实现零售额7.2亿元，同比增长15%；用类商品实现零售额47.9亿元，同比增长11.7%；烧类商品实现零售额23.1亿元，同比增长4.9%。

（丁慧萍）

【房山区设施农业实现收入2.5亿元】 2009年，设施农业占地面积1222.13公顷，比2008年增长30%。实现收入24861.9万元，增长23%。在设施农业中，蔬菜面积950公顷，增长20%，产量达64385吨，增长11.2%，实现蔬菜收入22112.8万元，占设施农业收入的89%，增长30.5%。

（胡淑香）

【房山区蔬菜产量完成21万吨】 2009年，房山区蔬菜播种面积4688.2公顷，蔬菜产量211842.8吨，受价格、产量上升双重影响，蔬菜产值实现42768.1万元，比2008年增长30.5%。由于设施蔬菜占比例越来越高，蔬菜价格比2008年提升，如菠菜、芹菜、四季豆、油菜和西红柿等平均价格分别增长20%至30%以上。

（胡淑香）

【食用菌占设施蔬菜收入的四成以上】 房山区为食用菌种植大区之一，技术先进，产量高，价格比一般蔬菜高。因此，食用菌种植仍然是设施农业中的首选，2009年扩大了窦店镇北京格瑞拓普有限公司的白灵菇、英良蟹味菇，青龙湖镇庙耳岗的平菇，城关镇田各庄的杏鲍菇、韩村河镇的金针菇等龙头企业生产规模，带动食用菌产业的发展。2009年全区食用菌种植面积达161.07公顷，产量12214.4吨，比2008年分别增长9.1%和50.3%，实现收入8925.9万元，增长50.4%，占设施蔬菜收入的40.4%。

（胡淑香）

【房山区常住人口突破91万人】 2009年，房山区常住人口达到91.2万人，占全市常住人口5.2%。其中：居住半年以上的外来人口15万人，占常住人口的16%。在全市18个区县中，房山区的常住人口位居第7位，排名第1位是朝阳区317.9万人，排名第2位是海淀区308.2万人，排名第3位是丰台区182.3万人。房山区常住人口位于10个远郊区县第4位，排名第1位是大兴区115.9万人，排名第2位是通州区109.3万人，排名第3位是昌平区102.1万人。

（李小威）

【全年核发统计从业资格证书448个】 2009年，房山区累计核发统计从业资格证书448个（其中换证46个，补办10个）。

（薛鹏）

【风雪降临菜价升温】 据2008年12月30日到2009年1月10日的监测数据分析显示，区内大白菜、油菜、芹菜、黄瓜、茄子、青椒、豆角和土豆的平均零售价格分别上涨86.27%、55.04%、35.82%、17.04%、13.73%、20.98%、9.6%和29.3%。在蔬菜类中，叶菜的上涨幅度突出，蔬菜价格上涨主要因为突然而来的暴雪，增加了蔬菜的种植和运输成本。

（黄婷婷）

位于琉璃河镇的中粮五谷道场方便面生产线

乡镇概况

燕山办事处

【概况】 燕山办事处位于房山区中部，北邻河北镇，西接佛子庄乡与周口店地区办事处，东南与城关街道办事处接壤，东北与青龙湖镇交界。总面积 40.8 平方公里。2009年，户籍人口 84745 人，全部为非农业人口。2009 年出生 553 人，出生率 6.52‰，死亡人数 202 人，自然增长率 4.14‰。办事处下辖 49 个单位，其中委、办、分局、公司 45 个，街道办事处 4 个。中央、市、区所驻单位 27 个。设居委会 32 个。办事处地处山麓地带。境内地势西北高，东南低。主要山峰有凤凰山、猴石山、西虎岭等 5 座。山地占总面积的 1/3，其余为丘陵、岗坡、河谷与小片平原。气候为温带大陆性季风气候。主要河流有东沙河、丁家洼河、双泉河等 5 条。

全年实现税收 99.5 亿元，同比增长 396%；完成区级财政收入 5.43 亿元，同比增长 114%，同口径实现财政收入 10.6 亿元，再创历史新高；实现财政支出 7 亿元，同比增长 29%。地方经济保持良好发展态势，工业、商业、建筑业分别实现收入 21.9 亿、129.4 亿和 29.6 亿元。

交通方面，燕山境内 917 线路公共汽车从早到晚往返运营。铁路有京原线，公路有京石高速公路和京周公路经过，901 线车每隔 10 分钟向北京前门发车一趟；公共设施方面，设有邮政局 1 所、电讯站 1 处；新建设工程方面，宏塔公园建设工程、中心区夜景照明工程顺利完工，城市环境得到较大改观，燕山综合服务楼如期竣工，燕房路商业街开发建设全面启动，商业服务区、金融服务区建设工程顺利封顶；地区综合体育馆建设项目设计方案初步确定；老生活区改造工作稳步推进，社区环境不断改善；地区城市功能日臻完善，城市品位大幅提升，成为燕房两地居民群众休闲娱乐的重要场所。

燕山地区现有托幼园所 7 所，其中市立园 1 所，在园幼儿 210 人。社会办园 6 所，在园（所）幼儿 991 人；市立园教职工 37 人，其中专任教师 26 人。小学 7 所，在校生 3223 人，教职工 404 人，其中专任教师 318 人。中学 5 所，其中初中校 4 所、高中校 1 所；在校生 3559 人（初中 2629 人，高中 930 人），教职工 499 人，其中专任教师 451 人。初中毕业及格率 100%，应届高考录取率 97%。中小学教师具有高级技术职称

124 人，其中小学教师 7 人，初高中教师 117 人。2009 年，改扩建前进中学工程顺利竣工投入使用，地区教育环境不断优化。

文化场馆设有影剧院，坐席 1426 个；图书馆藏书 20 万册；燕山文化广场、燕山文化馆、少年宫、工人文化宫、职工文化活动中心等多处文化活动场所。2009 年国庆前夕，举办“喜迎盛世华诞 共建和谐燕山”燕山地区庆祝新中国成立 60 周年文艺演出、“峥嵘岁月六十载 光影为媒展巨变——燕山地区庆祝建国六十周年摄影展”，为共和国 60 华诞献礼；组织燕山地区 264 名群众参加国庆天安门广场联欢集体舞表演。举办 2009 年夏日文化广场和第二届文化艺术节，包括专业团体、机关企事业单位、街道社区的 11 场演出共吸引观众 5 万余人观看。全年影剧院周末场演出 54 场，观众近 5 万人。4 辆流动电影放映车开进各社区，全年放映电影 480 场，观众 9 万多人次。

燕山地区有医疗卫生机构 56 个，其中燕山医院为一级甲等，燕化职工医院达到三级综合医院水平。两家医院有病床 501 张，医护人员 590 人，具有中级以上职称 310 人。

体育设施有职工体育场，群众健身场地有市级体育健身工程——燕山健身广场及东风、宏塔、星城 3 个社区健身广场。参与首都国庆游行和群众联欢活动，向阳小学“追风轮滑队”以精湛的技艺、矫健的身姿，赢得了社会各界广泛赞誉；筹办国庆 60 周年系列庆祝活动，举办第 24 届元宵节大家乐灯会，并获全市春节灯会“最具人气奖”；举行第十一届地区职工运动会，社区、职工体育事业蓬勃开展。

古迹有白水寺、凤凰亭、长春寺、摩崖造像等。

（初琦）

【燕山宏塔公园完工】 燕山宏塔公园建设工程于 2008 年 6 月开工，2009 年 4 月完成包括土建和绿化在内的全部工程。宏塔公园占地 1.65 万平方米，建设耗资 172.7 万元。

（孟祥）

【北京石化新材料科技产业基地建设】 北京石化新材料科技产业基地是“十一五”期间市委、市政府重点建设的五大产业基地之一。由燕山办事处、燕山石化公司、地区重点骨干企业共同出资 2.5 亿元设立的北京燕山合成新材料研究开发公司作为石化新材料基地创投力量，参与新项目的引进与生产建设，为实施新项目的合资、合作、属地纳税发挥作用。此外，投资 7000 余万元、建筑面积 1.8 万平方米的石化基地综合服务大楼年底竣工，并在 2010 年春节前挂牌投入使用。在项目落地方面，中石化拟安排在燕山石化的重点项目正式批复 12 个，总投资约 104 亿元。

（孟祥）

拱辰街道办事处

【概况】 拱辰街道是房山区委、区政府所在地，全区的政治、经济、文化活动中心，位于房山新城良乡组团的核心区。所辖区域东至小清河，与长阳镇接壤；南至长虹路，与良乡镇接壤；西至西潞大街，与西路街道办事处接壤；北与青龙湖镇及丰台区接壤。距北京市区约 20 公里，辖区总面积 24.7 平方公里。2009 年，总户数 31120 户，其中农业户 4892 户，非农业户 26138 户。户籍人口 73767 人，其中农业人口 10452 人，非农业人口 63315 人。出生人口 554 人，出生率 7.51‰；死亡人口 330 人，死亡率 4.47‰；自然增长率 3.04‰。下辖村民委员会 20 个、社区居委会 22 个。

2009年，拱辰街道办事处农村营业收入43.25亿元，利润总额-1536.3万元，税金1.02亿元。人均劳动所得6890.2元。粮食播种面积169.67公顷，公顷产4539公斤，粮食总产量770.2吨。蔬菜播种面积40.4公顷，总产量1406.5吨。干鲜果品761吨。四旁植树0.8万株，育苗面积25.3公顷。农机总动力1905.5千瓦。生猪出栏4255头，存栏871头；羊出栏3712只，存栏1163只；鲜蛋产量49.8吨，肉类总产459.9吨。

全年固定资产投资58.89亿元。税收5.64亿元，完成全年任务的132.5%。工业总产值2.61亿元，主营业务收入2.87亿元，利润总额-24.7万元。

拱辰街道以第三产业为主，是房山区商贸、金融、经济发展的核心地区，餐饮业、服务业、商贸业及建筑业占主体地位。辖区现有华冠商贸公司、苏宁电器、良乡商场、53号大厦等1000平方米以上等大型商业单位近30家；裕恒通家具建材城、盛通建材城、城东农副产品交易市场、黄辛庄市场等大型建材、农贸市场12个；肯德基、稻香村等专卖店65家；松盛源超市、百思胜等商业零售网点2000余个；中国银行、北京农村商业银行、工商银行等大型银行10余家；功德福、三益轩等面积在500平方米以上的餐饮单位23个；北方温泉会议中心、昊天假日酒店等大型会议中心、宾馆酒店20余家。

拱辰街道交通条件便利，道路四通八达。辖区内共有京石高速公路、南六环公路、京保公路和京广铁路等国家级公路、铁路4条；京周、京良等市级公路4条，良坨路、长于路等区级公路20余条；乡村级公路24条；通往市区及周边区县的917路、616路等公交线路20余条；房山轻轨在街道内设立了大学城、东羊庄、南关3个站点。

拱辰街道人文资源丰富，文化底蕴深厚。辖区现有中国社会科学院研究生院、首都医科大学、北京工商大学、首都师范大学、北京理工大学5所高等院校，西部回迁区、北部配套区建设工程正在加紧施工，园区整体建设得到突破性的实质进展。街道内拥有新华书店等大型书店2个，图书销售网点20余个，基层图书室42个，专业体育场1个。

（赵树鑫）

【良乡卫星城东大门拆除】 2月21日，轨道交通房山线拱辰段重点拆迁建筑——良乡卫星城东大门整体拆迁工程正式实施。拆迁过程中，共投入炮锤机、切割机、装载机等作业机械12台辆，施工人员60余人。作业施工中，采取降尘施工的方法，动用两辆喷水车，边拆除边喷水，降低扬尘，减少大气污染。良乡卫星城东大门主体建筑拆除完毕。

（赵树鑫）

【轨道交通房山线拱辰段拆迁告捷】 轨道交通房山线拆迁共涉及拱辰街道9个村44个宅院和71家非住宅单位，拆迁面积21392.46平方米。2月2日，拆迁工作正式启动，成立了轨道交通沿线拆迁指挥部和“一室六组”，制定了切实可行的拆迁实施方案，采取街道领导包村、村干部包户的工作方法，街道拆迁指挥部总指挥带领9个包村指导组成员，分别进驻各拆迁村，包人、包户、昼夜兼程，展开动迁工作，建立了“日汇报总结”制度。截至3月17日，轨道交通房山线涉及拱辰街道办事处44个宅院和71家非住宅单位全部签订拆迁补偿协议。

（赵树鑫）

【高教园区西部回迁区定向安置用房项目启动】 4月18日，房山区重点工程——拱辰街道高教园区西部回迁区定向安置用房项目正式奠基启动，拱辰街道干部、群众3000多人参加活动。高教园区西部回迁区项目建设涉及常庄、徐庄、于管营、纸房、三合村5个村，项目占地54.6公顷，建筑面积66.22公顷，定向安置用房规划占地

11.57公顷，规划定向安置用房建筑面积19.42万平方米，园区建设需拆迁院落1204个，拆迁总面积43.65万平方米。回迁区需拆迁院落164个，拆迁面积6.5万平方米。项目建成后可解决5个村2154户，4556名村民的回迁安置问题。截至12月底，定向安置用房1、2、3号楼施工至13层，4、5号楼施工至11层，6、7、8、9号楼施工至8层。

（赵树鑫）

【首个民营幼儿园团支部成立】 4月30日，房山区拱辰街道双语幼儿园教职工团支部正式成立，这是房山区首个民营幼儿园教职工团支部。该园下设双语实验、双语艺术等4个幼儿园，有教职工150多人。

（赵树鑫）

【北京拱辰建业房地产开发有限公司揭牌】 5月10日，北京拱辰建业房地产开发有限公司举行揭牌仪式。北京拱辰建业房地产开发有限公司是一家股份合作制公司，公司注册资金1000万元，该公司的成立主要是为了加快市级重点工程高教园区北部配套区定向安置用房建设，服务和促进拱辰地区城市化建设发展。

（赵树鑫）

【高教园区北部配套区定向安置用房项目开工】 5月10日，良乡高教园区北部配套区定向安置用房建设工程破土动工。高教园区北部配套区建设项目是拱辰街道2009年的重点工程、民心工程。该项目规划总用地面积104.53公顷。一期工程总用地面积37.79公顷，建设用地面积22.15公顷，建设规模42万平方米。其中的定向安置用房项目建成后可解决小西庄、辛瓜地、长阳农厂及徐庄、纸坊、于管营籍外人口共1485户3112人的回迁安置问题。截至12月底，定向安置用房7号楼进行3层施工，14、8、9号楼做地上1层砌砖，11、12、13号楼做地上1层顶板，24、25、26、28、29、30、31号楼完成6层施工，18、19、20号楼进行3层施工。

（赵树鑫）

【四街拆迁工作启动】 6月1日，房山区重点工程——中心区改造四街起步区二期拆迁工作正式启动。拆迁范围为：饮马井胡同以西，五街村以北，署前街以东，良乡中路以南的所有住宅、房屋和生产、办公用房，涉及83户村民住宅，拆迁面积2万平方米。截至12月底，已完成68户村民宅院拆迁，拆迁面积1.2万平方米。

（赵树鑫）

【广阳家园CD项目拆迁完成】 6月6日，拱辰街道广阳家园CD区项目拆迁工作完成。广阳家园CD项目东至京广铁路，北至广阳中路，南至吴店沟，西至昊天北大街，项目涉及吴店、后店、长阳一村，总占地面积26.78万平方米，建设用地面积14.52万平方米。完成一级开发拆除建筑面积1.19万平方米，围墙2500多米，共涉及44家商户和企业。

（赵树鑫）

【53号大厦建成投入使用】 7月18日，拱辰街道大型商业设施——拱辰53号大厦正式建成并投入使用。53号大厦于2006年9月开发建设，2008年11月整体竣工，建筑面积1万平方米，以经营品牌服装为主，商业经营面积6300平方米，已入驻商户近50家，可解决当地就业300多人，年税收200余万元。

（赵树鑫）

【桃园小区健身广场投入使用】 7月29日，拱辰街道渔儿沟村桃园小区健身广场投入使用。健身广场建设投资50万元，占地面积0.67公顷，内置有健身区和休闲观光区，健身区内建设了塑胶灯光篮球场，安装了29件健身器械和6张室外乒乓球台，休闲观光区内栽种了花草树木，配置了地下浇水龙头，铺设了地砖，安装了夜明灯，方便群众晚间锻炼。

（赵树鑫）

【金谷大厦项目完成拆迁】 11月，区政府重点工程——金谷大厦项目完成全部拆迁任务。该项目位于拱辰街道三街村，东至拱辰大街，南至良乡中路，西至三街村村民住宅，北至良乡路家胡同。由北京市金谷良乡房地产开发有限公司开发，项目总用地4499平方米，建设用地4424平方米，该项目15层为居住、商业用地，总投资2759万元。拆迁工程涉及三街村8个村民宅院及12户居民住房，总面积1700余平方米。

（赵树鑫）

【四块经营性用地上市交易】 截至12月底，拱辰街道办事处共有4块经营性用地上市交易，分别为东羊庄村（航天花园）住宅项目、一街村（良乡鸿顺园东区K2-05）住宅项目、黄辛庄村北住宅项目（圣水路小区）、住宅、商业（广阳家园C、D区）项目、其中广阳家园C、D区项目由上海绿地（集团）有限公司以17.2亿元竞得，是四块地中的最高竞得价格。

（赵树鑫）

【拱辰街道税收首次突破5亿元】 2009年，拱辰街道办事处实现税收5.64亿元，完成全年任务的132.5%，同比增长172.5%，首次突破5亿元大关。面对全球金融危机带来的不利影响，拱辰街道全面启动了一至五街中心区改造、高教园区西部回迁区建设等24项重点工程，以此拉动了建筑、建材等其它相关产业发展。同时加大固定资产投资力度，实现固定资产投资 58.89 亿元，为促进经济增长奠定了良好基础。相继建成开业了大南郊学生用品城、世纪盛坤尾货淘宝城等十几家大型商业企业。进一步加大招商引资力度，共引进纳税企业50家，注册资金1亿元，累计形成税收2000万元。同时将全街道保增长的经济指标分到各村，街道主要领导带头认领税收任务指标，带头抓经济促发展。积极协调工商、税务部门，认真进行税源清理，强化税收征管，做到应收尽收，保证了拱辰街道财政税收的大幅度增长。

（赵树鑫）

城关街道办事处

【概况】 城关街道办事处为北京燕房卫星城的重要组成部分，位于区政府驻地良乡城西南，距良乡卫星城15公里。北临青龙湖镇，西接周口店镇，东与阎村镇和窦店镇相接。境内有4条河流，即大石河、东沙河、西沙河和丁家洼河。矿产资源以花岗石为主。交通发达，北京至原平铁路经过西北隅，琉璃河至东流水铁路支线纵贯南北，另有北京市区至周口店、房山至易县两条市级公路，房山至燕山、良乡、张坊、琉璃河、窑上、河北6条区级公路。辖区总面积51平方公里。2009年，总户数30739户，其中农业户7881户、非农业户22858户。户籍人口71628人，其中农业人口17513人、非农业人口54115人。出生人口482人，出生率6.73‰；死亡人口498人，死亡率6.95‰；自然增长率-2.22‰。下辖村民委员会22个、社区居委会21个。

2009年，城关街道办事处农村营业收入90.41亿元，利润总额5705.1万元，税金9646.2万元。人均劳动所得6890.2元。粮食播种面积928.33公顷，公顷产5404.5公斤，粮食总产量5017.6吨。油料作物播种面积28.07公顷，总产量6.7万公斤。蔬菜播种面积307.8公顷，总产量 9741.3 吨。干鲜果品总产量657.5吨。2009年造林面积25.0公顷，四旁植树2.3万株，育苗面积130.0公顷。农机总动力25397.5千瓦。生猪出栏15432头，存栏12248头；羊出栏2103只，存栏3565只；鲜蛋产量35.1吨，肉类总产2109.4吨。

全年固定资产投资30.33亿元。工业总产值23.42亿元，主营业务收入24.42亿元，利润总额5859.94万元。2009年引进项目3项，总投资4.5亿元，到位资金3630万元。引进注册型企业280家，总注册资金3.4亿元。工业园区基础设施建设进一步完善，实施道路、供排水、供电设施等工程，累计投资达2.2亿元，完成土地开发面积58公顷，各地块具备土地转让和建设条件，并着手实施园区南区土地规划调整及丙地块基础设施建设。

北京石化新材料产业基地前期工作稳步推进。该基地是市政府确定的全市第五大产业基地，是推进燕房合作的重大举措，是全区五大园区之一。该基地的主要承载地区，重点抓好前后朱各庄村的搬迁安置，回迁安置房开工2栋楼3万平方米，2万平方米的周转房完成地块测量和地上物评估工作。北京石油交易所项目建立股权调整沟通协商机制，加快了项目推进。

2009年新建、改建城洪路、西外环线、顾八路和东燕路西段4条路，总里程8.8公里。田各庄垃圾填埋场、城关污水管线西干线相继竣工。城东、城中、城西锅炉房及顾册综合农贸市场改造、北大寺市场等一批重点项目进展顺利。

商住房和保障性住房建设稳步推进。楮榆树街、洪寺两项保障性住房项目完成投资16.4亿元，开工38.5万平方米，第一批摇号的386套经济适用房年内入住。圣水嘉名、兴东园两项列入千亿元土地储备项目正进行土地一级开发。完成永安西里等5个老旧小区的改造工程，实施荒山造林、南水北调沿线景观带绿化等5项生态工程，栽植树木5万余株，种植花灌木10万余株。

2009年新农村建设重点村8个，投入资金7483万元，完成五项基础设施工程，“三起来工程”及其他公共服务设施项目加快推进，新增受益农户5700余户。新建农业设施面积11.33公顷，实施设施基地节水工程15.67公顷。有农业企业36家，7家企业获QS、有机、HACCP等认证20余项。开展农民培训4000人次，新增农民专业合作社1家，累计9家合作社共计带动1284户农民增收致富。全年兑现发放各项惠农补贴1400余万元。设立大病爱心救助基金累计发放21.8万元救助35人。完成68户特困户、优抚对象危旧房翻建改造、107户贫困残疾人家庭无障碍设施改造工程。

辖区有医院2所，中学5所，小学5所，市级一级一类幼儿园2所，私立幼儿园19所。村级卫生室12个，社区卫生服务站10个。居民知情台、村邮站、数字影院实现全覆盖。村（居）文化室41个，健身场所22处，村级文化大院22个，文化广场22个。有文物15处。有秧歌队、舞狮队、高跷跷队等多种民间艺术组织。

（姜楠）

【田各庄临时垃圾卫生填埋场投入使用】　7月，城关街道办事处田各庄临时垃圾卫生填埋场投入使用。该工程总投资2535.9万元，占地面积8.25公顷，有效库容49.09万立方米，日处理垃圾300吨，可满足房山区部分乡镇未来4年城市发展和城市生活垃圾处理需求。

（姜楠）

【南水北调工程沿线景观绿化带工程完工】　年内，区域内南水北调工程沿线景观绿化工程完工。全长3公里，拆除违章建筑500平方米，建泵房1座，埋设绿化供水管线3200米；出动工程机械135台班进行场地平整，水车70台次，清运渣土2207车，换土4000立方米；种植乔木22个品种1035株，灌木20个品种1202株，其他地被植物22种。采用多色透水砖、花岗岩石板铺设人行步道、小型广场，体育运动场22763.58平方米。

（姜楠）

【北京奥得赛化学有限公司精细化工建设项目落户房山科技工业园区】 5月15日，房山工业园区开发公司与北京奥得赛化学有限公司举行项目签字仪式，该项目正式落户房山科技工业园区。该项目主要内容是建设年产电子封装剂3000吨生产线和年产电致光材料1000吨生产线。建设总投资规模2亿元，项目建设分期进行，2年至3年完工。

（姜楠）

【房山三中塑胶操场投入使用】 5月20日，房山三中操场改建工程投入使用。该工程将原有土地操场改建成拥有400米标准塑胶跑道、1个标准人工草坪足球场、2篮球场和1个排球场的塑胶操场，总投资700万元。

（姜楠）

【城关敬老院老年住宅楼投入使用】 6月，城关敬老院老年住宅楼改扩建工程投入使用。该工程投资490万元，建筑面积2100平方米。建成后比原住宅楼增加215个床位，可接纳350名老人入住。

（姜楠）

【房山区首家设施农业物资和菌用物资供应中心落户城关街道】 9月23日，房山区首家设施农业物资和菌用物资供应中心落户城关街道办事处田各庄村，完成投资300万元，建成面积2000平方米，包括销售区、产品展示区、库房等设施，供应中心采用销售信息网络系统，实现物资生产单位和物资供应中心直接对接，经营产品达几百种，建成北京最大的设施农业物资和菌用物资供应集地和转运站。

（姜楠）

【洪寺村门球场投入使用】 10月26日，洪寺村新建门球场投入使用。洪寺村门球队伍发展到10支，在2008年建立3个门球场的基础上2009年7月投资20多万元修建4个连片的门球场地。全村共有标准门球场地7个，每天参与门球活动人员达百人。

（姜楠）

【城关污水干线工程竣工】 12月1日，城关污水干线工程竣工并交付使用。该工程的竣工标志着城关污水处理厂正式全线通水。城关污水处理厂及配套污水管网工程是房山区城市基础设施建设重点工程，该工程包括污水西干线、东干线和污水开发区干线3条线路。全线施工线长约20公里，管径为0.4米至2米，贯通城关17个自然行政村。

（姜楠）

琉璃河镇

【概况】 琉璃河镇位于房山区东南，东部与北京市大兴区交界，南部与河北省涿州市接壤。琉璃河镇是房山区平原乡镇中面积最大、行政村最多的乡镇。辖区总面积110平方公里。2009年，总户数27070户，其中农户14810户、非农业户12260户。户籍人口57578人，其中农业人口35357人、非农业人口22221人。出生人口418人，出生率7.26‰；死亡人口480人，死亡率8.34‰；自然增长率-1.08‰。下辖村民委员会47个、社区居委会5个。京广铁路、京保公路、京石高速公路，南北贯穿全境。大石河、小清河、永定河流经本镇，交通发达，物产丰富，经济繁荣。

2009年，全镇农村营业收入55.07亿元，利润总额8305.8亿元，税金2498.2万元。人均劳动所得9182元。粮食播种面积5524.73公顷，公顷产5098.5公斤，粮食总产量28164.8吨。油料播种面积132.4公顷，总产量39.7万公斤。蔬菜播种面积1069.93公顷，总产量57094吨。干鲜果品总产量23448.1吨。四旁植树1.5万株，育苗面积85.6公顷。农机总动力28875.2千瓦。生猪出栏74871头，存栏47423头；羊出栏14546只，存栏10412只；鲜蛋产量768.7吨，肉类总产量20447.2吨。

全年固定资产投资11.44亿元。完成全年任务的129%。工业总产值9.74亿元，主营业务收入11.129亿元，利润总额696.54万元。全镇有乡镇企业2577家，从业人员2万人，其中集体企业19家，主要包括建筑、建材、化工、造纸、铸造、印刷、加工、运输、食品、餐饮服务和房地产等。中粮五谷道场食品有限公司生产的“五谷道场”非油炸方便面倡导健康、绿色的饮食方式，深受全国广大消费者的青睐。北京龙建天鸿顺鸭业有限公司和北京三江宏利牧业有限公司生产的肉鸭系列产品，兴河造纸厂生产的“金宇”餐巾纸、面巾纸、卫生纸和编织纸，中原肉联厂生产的“中原”熟肉制品，在全市乃至全国享有盛誉。南白小提琴厂(北京市第二提琴厂)生产的“星海”小提琴远销国外。琉璃河劳保厂生产的盾牌安全帽，被国家劳动部评为全国劳动防护用品标准化技术委员会唯一监制产品，产品行销全国。境内有35家中央、市、区属企事业单位，其中包括国家大型企业——北京市琉璃河水泥厂。拥有占地123公顷的高尔夫俱乐部，具备承办国内外正式比赛的能力。

琉璃河境内有西周燕都遗址。西周燕都遗址是西周燕国的都城，建于公元前1045年，为国家级文物保护单位。境内还有琉璃河大石桥和琉璃河老公庙等市级文物保护单位。

(祝文亮)

【中铁电气化局集团高速铁路轨道板项目落户琉璃河】 2月12日，中铁电气化局集团琉璃河高速铁路CRTSII型轨道板项目签约仪式在琉璃河镇举行。该项目选址在京石高速公路琉璃河出口琉璃河镇工业园区，3月建厂，9月底竣工并通过相关部门验收。工厂占地面积6.67公顷，主厂房和配套车间2万平方米，总投资1.4亿元。11月正式生产，带动劳动力就业120人。京石高速铁路建设是一个节能环保型项目，采取以桥代路的方式，不仅大大提高线路基础稳固程度，更节省了大量土地。高速铁路和谐号动车组列车每小时人均耗电仅15千瓦，是陆路运输方式中最节能的，实现零排放，节能环保水平为世界第一。而该项目承接的无砟轨道板比传统有咋轨道相比非常环保，既可减少维护工作量，设计寿命也是一般有砟轨道的2至6倍。

（祝文亮）

【京石客运专线琉璃河段拆迁工程完成】 3月24日，京石客运专线琉璃河段拆迁工程正式启动，该工程涉及琉璃河镇务滋、常舍、石村、北白、路村5个村，工程范围内共涉及3个村109户村民住宅及450多户承包地的拆迁。经过近一个月的工作，拆迁工程基本完成。

（祝文亮）

【举办第二届梨花文化周】 4月11日至18日，琉璃河镇第二届梨花文化周活动举办。此次梨花文化周活动的主题是：梨花之春，梨花飞歌。活动期间琉璃河镇与中央电视台第七套节目联合推出《我们的新农村》琉璃河专题节目、北京歌剧舞剧院的歌舞表演、城乡联手的地方群众演出、“北京之源杯”摄影比赛、游子联谊活动及民间手工艺绝活展示等系列活动，内容琳琅满目，其中琉璃河镇的工农业产品展示及休闲旅游推介活动贯穿此次活动的始终。据统计，活动共接待游客10万人，直接经济收入达20多万元。《北京日报》《北京青年报》《北京旅游报》《劳动午报》《京郊日报》、新浪网、人民网、新华网、搜狐网等几十家媒体通过各种形式充分介绍琉璃河、宣传琉璃河，极大地提高了琉璃河镇的知名度。

（祝文亮）

【中粮集团重组五谷道场】 2月26日，中粮集团有限公司正式入驻北京五谷道场食品技术开发有限公司，标志着中粮集团有限公司重组北京五谷道场项目取得成功。2004年10月，北京五谷道场食品技术开发有限公司在琉璃河镇兴礼村成立，该公司生产的非油炸方便面曾在国内方便面市场占有相当份额。2007年初，由于资金链断裂，公司面临破产，2008年10月，房山区法院受理了该公司申请破产重组一案，中粮集团有限公司成为重组的投资方，并出资1.09亿元专门用于五谷道场清偿债务及支付破产费用。

（祝文亮）

【北京市三夏工作会在琉璃河镇召开】 6月8日，北京市三夏工作会在琉璃河镇召开。副市长夏占义，市农业局、市农委、市发改委、市财政局、市商务局等相关部门领导，市各区县主管农业区县长，房山区委副书记、区长祁红，副区长王忠海出席会议。市农业局局长赵根武部署了2009年全市三夏工作，王忠海作为区县代表作“房山区‘三夏’工作汇报”。

（祝文亮）

【琉璃河镇村邮站建成】 9月14日，琉璃河镇村邮站建成，实现“村村建站，户户通邮”。村邮站建设工程是琉璃河镇2009年新农村建设的重点工程之一。琉璃河镇建成村邮站47个，建成后的村邮站统一悬挂站牌，统一配备邮政分拣格口，统一配发投递运输工具，由村委会安排专门的人员负责邮件、报刊的接收和投递，彻底解决了镇域农村的通邮问题。

（祝文亮）

【琉璃河镇被评为全国第二批农产品加工创业基地】 7月，琉璃河镇被中华人民共和国农业部评为全国第二批农产品加工创业基地。琉璃河镇农产品加工创业基地位于琉璃河镇京石高速公路琉璃河出口处西侧100米路南，占地面积135万平方米，基地内有企业21家，员工4560人，其中当地农民3192人。该基地21家企业固定资产投资总额6.2亿元，年实现总产值21亿元。

（祝文亮）

【贾河村京白梨大家族主题公园被批准为第四批北京市观光农业示范园】 9月，琉璃河镇贾河村京白梨大家族主题公园被市农委、市观光休闲行业协会批准为第四批北京市观光农业示范园。京白梨大家族主题公园建于2007年，位于琉璃河镇的东南部，园内有近7万株梨树。园内有120多个梨树品种，占地面积333.33公顷。该公园是集观光、度假、休闲、采摘于一体的观光农业园，京白梨产量700万公斤。2009年，接待游客1.5万人次，其中，游客采摘购买各种秋子梨2万公斤，花生1500公斤，红薯1万公斤，糯玉米5000公斤及红枣、倭瓜近500公斤,价值30余万元。9月18日和24日两天接待中外游客1300多人，其中有美国，英国，印度等十几个国家的旅游团体,采摘各种土特产近1万公斤，价值6万元。采摘期间餐饮住宿收入23万元。

（祝文亮）

【北京兴河纸业节能改造一期工程竣工投产】 11月12日，北京兴河纸业有限公司举行“节能改造一期工程竣工投产”仪式。该工程分两期完成，一期引进一套价值500万元的生活用纸生产线，二期再引进一套价值452万元的生活用纸生产线。

（祝文亮）

【琉璃河镇社区卫生服务中心投入使用】 11月，琉璃河镇新社区卫生服务中心工程全面竣工，并投入使用。新建成的社区卫生服务中心工程投资1700多万元，于2008年11月开工建设，占地8067平方米，建筑面积3720平方米，辅助用房750平方米。设有内科、外科、妇产科、中医科、口腔科、护理科、检验科、放射科、B超室、药剂科、防保科、妇幼保健科、医保办、财务室等职能科室14个。设有病床50张，拥有X光机、黑白B超机、全自动生化仪和全自动血球计数仪等医疗设备。有职工149人，卫生专业技术人员111人，具有中级专业技术职称的41人。全院下设15个社区卫生服务站和一个“120”急救站。2009年，全院门诊超过20万人次。

（祝文亮）

【琉璃河镇小学抗震加固工程完成】 11月25日，琉璃河镇小学抗震加固工程完成。该工程涉及琉璃河中心小学、路村小学、立教小学、祖村小学4所学校，由区教委和琉璃河镇共同投资650万元，从7月开始施工，完成加固任务共6198平方米。

（祝文亮）

【琉璃河镇首次实现税收过亿元】 2009年，琉璃河镇完成税收1.26亿元，超额完成2009税收过亿的任务。此举也是琉璃河镇财政税收首次突破亿元大关。

（祝文亮）

【琉璃河镇举办第一届“北京之源”杯摄影比赛活动】 2009年，中共琉璃河镇委员会、琉璃河镇人民政府、北京市摄影家协会、房山区摄影家协会联合举办琉璃河镇“北京之源”杯摄影比赛。活动大力弘扬了琉璃河镇的历史文化，充分反映了琉璃河的新发展、新变化、新成就，展示了秀美的田园风光、风土人情、新农村建设和琉璃河人崭新的精神风貌。来自五湖四海的摄影爱好者参加了比赛，评委会共收到了3000多幅参赛作品，活动取得了良好的效果。

（祝文亮）

窦店镇

【概况】 窦店镇距良乡卫星城9公里，东至小清河岸边，南邻琉璃河办事处，西至大石河，北到阎村镇界址。辖区面积64.58平方公里。2009年，总户数19869户，其中农业户12184户、非农业户7685户。户籍人口40316人，其中农业人口27627人、非农业人口12689人。出生人口299人，出生率7.42‰；死亡人口273人，死亡率6.77‰；自然增长率0.64‰。下辖村民委员会30个、社区居委会4个。

2009年，全镇农业营业收入41.70亿元，利润总额2121.8万元，税金1.18亿元。人均劳动所得 10747.8 元。粮食播种面积2989.67公顷，公顷产6226.5公顷，粮食总产量18614.6吨。油料播种面积6.86公顷，总产量2万公斤。蔬菜播种面积469.13公顷，总产量19340吨。干鲜果品总产量4113.2吨。四旁植树7.8万株，育苗面积326.6公顷。农机总动力26769.4千瓦。生猪出栏17435头，存栏15729头；羊出栏5143只，存栏5197只；鲜蛋产量1345吨，肉类总产3709.3吨。全年固定资产投资21.58亿元，工业总产值13.93亿元，主营业务收入13.85亿元，利润总额 2.66亿元。

窦店镇地势平坦，土壤肥沃，地下水资源丰富，电力充足，镇域内有丰富的地热资源，交通与通讯发达。京广铁路、京石高速公路、107国道贯穿全镇，设有高速公路出入口。区、镇、村三级公路与国道交织成网。

窦店镇城镇建设快速发展，人民生活水平不断提高。2009年，完成房地产开复工面积24万平方米。京南嘉园三期、沁园春景二期、田家园二期3个千亿元储备项目1.5亿元的总投资全部完成。完成了环城西大街建设工程，外环西路（107国道联络线）一期完成前期手续批复和勘察、设计招标工作；完成了窦店沟白草洼段治理工程，2个村的雨洪利用工程、3个村的安全饮水改造工程、4个村的净化水设备安装工程；完成了第二小学校舍主体工程建设，京石客运专线建设工程顺利施工。

现代都市农业繁荣发展。全镇新建设施温室大棚300栋，带动农户1300户，户均增收1.5万元。成立了北京市瓦窑头兴业种植专业合作社等农民专业合作组织21家，参加农户上千户，总收入1700多万元，户均收入2.5万元。初步形成了小清河沿线设施农业发展带。新农村基础设施建设全面加强。全镇12个市级新农村建设重点村圆满完成了村庄规划编制工作。共投资2700余万元，硬化道路30万平方米，修建排水管道3600米，改造卫生厕所1700户，建设6600平方米文体活动广场1座。安装太阳能热水器1000户；完成河口、西安庄、小高舍3个村太阳能公共浴室工程，解决1500户村民冬季洗澡难问题；完成窦店大型沼气二期工程和前柳村沼气集中供气工程。

全镇有法人资格的餐饮业3家，个体商业网点654家，规模集贸市场2个。2009年，全镇共引进招商项目31个，其中千万元以上的项目14家，招商引资协议总金额3.6亿元，到位资金2.6亿元。年产值超亿元的企业2家，产值超千万元的11家，规模以上工业企业28家，实现产值12.4亿元。基本形成了以和协制药、九和药业等企业为核心的生物医药产业群，以银汉华星重型汽车4S店、北重汽车改装厂等企业为核心的重型汽车装配及销售群落。村级集体经济实力进一步增强，税收超百万元的村有14个，窦店、于庄、下坡店、田园4个村税收超过1000万元。

社会保障体系进一步完善。通过开展“订单培训”等特色培训，提升农民就业技能。新提供就业岗位930个，开发社区就业岗位181个；安置城镇失业人员129人，全镇上岗就业人数达到1.9万人。努力扩大城乡居民养老保险的覆盖面，全年城乡居民养老保险参保人数达1.4万余人。累计发放最低生活保障金、临时救助款及优待金等350万元。惠民政策得到落实。及时兑现了农户粮食直补款，涉及农户9870户，直补金额5185万元；审核兑付家电、汽车等下乡产品1036台，补贴金额75.4万元。投资800万元建成交道社区卫生服务中心，大幅提升镇域东部18个村近2万人的就医环境。新型农村合作医疗参保率进一步提高，全镇参保人数近3万人，全年累计报销医药费达到1300余万元。全程办事代理共受理群众申办事项1325件，实现了办结率和群众满意率两个100%。积极组织对残疾人实施扶贫、康复训练以及技能培训等工作，使残疾人生活得到保障。

（殷金玉）

【格瑞拓普白灵菇远销5国】 8月，格瑞拓普生物科技有限公司生产的食用菌白灵菇出口到美国，至此，该公司的产品远销到美国、澳大利亚等5个国家。该公司是一家现代民营高科技农业企业，主要从事珍稀食用菌人工驯化、周年规模化人工控制环境生产、销售。他们采用农作物秸秆综合利用技术，生产出高质量的食用菌——白灵菇，年产量达到1400吨，年产值达到3000多万元，成为国内最大的白灵菇工厂化生产企业。公司带动农户达到2000余户，户年均增收1万元。

（殷金玉）

【窦店工业基地01街区征地拆迁评估】 10月18日，窦店镇召开窦店工业基地01街区拆迁工作动员会。区委政法委、区建委、区信访办、区经信委、区园林绿化局、区经管站及京西阳光投资有限公司负责人出席会议，窦店镇全体机关干部、镇派出所、城管大队、拆迁公司、评估公司、测绘公司负责人及拆迁范围涉及 3 个村两委班子成员 200 多人参加会议。窦店工业基地总用地面积 4.83 平方公里，01 街区占地 123.2 公顷，涉及窦店、望楚、二街 3 个村，有集体企业 5 家，国有单位 2 家，19 户（30 个）集体种植大棚，私人企业 3 家，苗圃基地 4 家，权益地 120 户。7 月 15 日开始，窦店镇政府工作人员 20 人分成 6 个评估工作组，协同房山区天地鸿图测绘所、北京房兴土地房地产评估有限公司、北京开元恒基房地产评估有限公司，对房山新城窦店工业基地 01 街区进行评估工作。

（殷金玉）

【京石快客窦店段拆迁工程完成】 京石客运专线窦店段共计 3.8 公里，途经河口村、前柳村、陈家房、北柳村、两间房、兴隆庄和辛庄户共 7 个村，占地 8.56 公顷，其中，永久占地宽度 18 米，临时占地宽度 4.5 米，途经村庄住宅密集及养殖小区段宽度 65 米。签订宅基地拆迁协议 48 户，非宅基地协议 166 份；权益地协议 76 份。11 月，占地拆迁工作基本完成。

（殷金玉）

【环城西大街工程建成通车】 窦店镇环城西大街建设工程南起房窑路，北至下坡店村现状路，道路全长 3118 米，总投资 4384 万元。11 月，完成用地预审意见、规划设计方案批复和环境影响评价报告表的批复。年内完成雨水、污水等管道、路灯安装，完成道路、人行步道铺设，正式通车。

（殷金玉）

【窦店沟白草洼段治理工程完工】 11 月，窦店沟白草洼段治理工程完工。该工程总投资 420 万元，主要治理从窦店村南小桥到白草洼村南涂料厂，全长 1435 米。沟道：将原沟墙下拆、河底清淤、软土夯实，采用 300 毫米厚天然级配砂石夯实，浇注 150 毫米混凝土垫层，沟上采用 250 毫米厚的现浇钢筋混凝土盖板，路口及桥板厚增至 300 毫米，盖板上每 50 米设置检查口一处，以便清淤，沟道两侧每 30 米设置一个雨水井。在白草洼村南沟道上扩建一座宽 5 米、长 12 米的行洪桥梁，村南做方砖护坡 200 平方米。

（殷金玉）

【窦店村坑塘雨洪利用一期工程完工】 12 月，窦店村坑塘雨洪利用工程一期完工。该工程占地面积 5.24 公顷，容积 37.09 万立方米，池塘中种植芦苇、菖蒲、荷花等植物，对附近工业园区、居民区的污水进行深层净化，年蓄雨水、中水能力达 40 万立方米，用来灌溉周边绿地。坑塘采用植草砖护坡，坡上修建有 2 米宽的步行道，并建有休闲广场等配套设施。坑塘雨洪利用工程的完工，被村民称为窦店村具有防汛能力的“水景公园”，成为村民们休闲娱乐新场所。

（殷金玉）

【京南嘉园三期完成一级开发】 年内，京南嘉园三期完成一级开发。该工程占地面积 3.56 公顷，建筑面积 4.31 万平方米，拆迁 63 户住宅，拆迁面积 1.49 万平方米，项目总投资 3842.55 万元，实施单位是北京万泰华联房地产开发有限公司。累计投资 1109.8 万元，完成拆迁任务。

（殷金玉）

【沁园春景二期进行一级开发】 年内，沁园春景二期进行一级开发，该项目规划占地面积 34.5 公顷，建筑面积 34.4 万平方米，共拆迁 92 户（76 个宅基地、16 个非宅基地），总拆迁面积 3.18 万平方米，该项目总投资 1.73 亿元，实施单位是北京城建燕都房地产开发有限公司。截至年底，累计完成投资 9500 万元，拆迁 76 户（62 个宅基地、14 个非宅），拆迁面积 1.25 万平方米。

（殷金玉）

【窦店村花园式工业小区建成】 年内，窦店村投资 3000 多万元，对村内 20 多公顷、深十几米的砖瓦厂大坑进行综合整治，采用雨洪利用工程，环坑周围植草坪，种植花草、树木，修筑环坑人行道和景观桥，将大坑变成花园式工业小区。完成道路、排水、供电、供热、供水、污水处理、物业等基础设施的建设。小区引进太阳能光源、汽车高端零部件、医药等6家企业，引进资金超亿元。

（殷金玉）

【窦店村税收增3倍】 年内，面对全球性金融危机，窦店村采取3条措施沉着应对：一是投资3000多万元将原村砖厂及周边40公顷土地开发为工业小区，引进6家企业，引进资金超亿元。二是窦店汽车基地引进中国重型汽车集团有限公司、北方奔驰重型汽车有限公司、陕西汽车集团有限公司、梅赛德斯4家在北京地区最标准的集销售、服务、配件于一体的重卡4S-A1类店。基地实现营业额4.84亿元，同比增长79.3%，上缴国家税金同比增长63.3%。三是窦店村医药产业基地形成初步规模，有7家企业入驻，医药基地总收入同比增长48.7%，上缴国家税金增长174.3%。此外，窦店村其他几十家企业通过加强管理，内部挖潜，改善经营，都取得良好的效益，企业利润和税收都有较大幅度的提高。

（殷金玉）

【窦店村民用上清洁能源】 年内，窦店村投资600万元建成的1000立方米沼气站投入使用，全村20栋住宅楼、1000户村民用上方便、清洁的新能源。窦店村常年饲养上千头肉牛和奶牛，有大量的牲畜粪便及各种农作物秸秆，发展沼气不仅能解决村民生活用燃料问题，沼气、沼渣又是发展无公害粮食、蔬菜的优质有机肥。沼气站的建成，形成了畜禽粪便、沼气、粮食、蔬菜生产综合利用的良性循环种养模式，这种良性循环种养模式让村民得到实惠，生活质量得到提高。

（殷金玉）

【30个村成立体育健身辅导站】 2009年，全镇累计建成村级体育健身广场27个、足球场10个，门球场4个，体育健身场地总面积达到5万余平方米，健身器材覆盖率达到100%。30个村成立了体育健身辅导站。有秧歌队24支，腰鼓队5支，舞蹈队6支。全镇参加体育锻炼的人数达到4万余人。

（殷金玉）

【机关服务推行“三诊式”】 窦店镇启动“三诊式”工作机制，扎实开展服务型机关创建工作，取得显著成效。“三诊式”工作机制的具体内容是：一是日常受理看“门诊”。建立了全程代理便民服务大厅，把办公楼分布示意图、领导班子成员照片和联系电话、接访流程、干部业务职责、办事预约等公示上墙；印制发放“窦店镇便民服务联系卡”，将办理事项、办理人、办理地点、联系电话等全部公示上卡，最大限度地方便群众办事和咨询，从根本上解决群众“找人难、办事难、投诉难”的问题。二是深入群众去“出诊”。以“作风建设年”为契机，通过“百名干部入千户”“机关作风建设月”等活动，围绕“三保”、重点工程占地拆迁、农业升级农民增收等方面深入基层调研，查找出与百姓生活息息相关的各类问题，汇总建立建设台账，逐步加以解决。同时建立结对帮扶制度，将镇机关干部和各村困难户结对帮扶，解决他们生产生活中的实际问题。三是服务企业搞“会诊”。成立企业帮扶办公室，深入各企业调查摸底，建立企业服务项目动态台账，协调召开银行、企业、担保公司融资对接会，协助有关企业获批贷款4000万元，确保重点项目按期达产；对澳特舒尔二期等投资5000万元以上的重点项目实行全面跟踪服务，建立“绿色通道”，第一时间解决排水、用电问题，促其尽快投产；免费进行劳动力专项技能培训，输送企业用工200余人；对现有闲置资产进行广泛推介，加大盘活力度。

（殷金玉）

青龙湖镇

【概况】 青龙湖镇东与丰台区隔湖相望，北与门头沟区相邻。集山区、丘陵、平原、湖泊于一体，其中山区、丘陵、平原约各占1/3。镇域东部的青龙湖，水域面积400公顷，蓄水量2900万立方米。全镇总面积91平方公里。2009年，总户数20185户，其中农业户12150户、非农业户8035户。户籍人口40301人，其中农业人口27723人、非农业人口12578人。出生人口307人，出生率7.62‰；死亡人口384人，死亡率9.53‰；自然增长率-1.91‰。下辖村民委员会32个、社区居委会2个。

2009年，全镇农村营业收入26.79亿元，利润总额1.03亿元，税金7607.2万元。人均劳动所得6863.8元。粮食播种面积1372.27公顷，公顷产4981.5公斤，粮食总产量6835.4吨。油料播种面积33.53公顷，总产量5.3万公斤。蔬菜播种面积272.4公顷，总产量11001吨。干鲜果品产量4949.6吨。2009年造林面积142.3公顷，四旁植树4.7万株，育苗面积72公顷。农机总动力35890.7千瓦。生猪出栏30559头，存栏28839头；羊出栏4436只，存栏5494只；鲜蛋产量1911.2吨，肉类总产量3107.7吨。

全年固定资产投资11.03亿元，工业总产值11.44亿元，主营业务收入12.22亿元，利润总额1.62亿元。

2009年，新引进投资项目6个。与广东碧桂园控股有限公司，签订了战略合作框架协议。完成了110千伏输变电站建设工程，启动了青龙湖社区卫生服务中心、中心区定向安置用房和新城连接线项目。

2009年，完成上万、晓幼营、辛开口等12个新农村建设重点村的工作任务。累计硬化道路56万平方米，铺设改水管道18万米，改厕4090个，绿化20万平方米，建设秸秆汽化站1个，安装太阳能路灯535盏、太阳能热水器850个，建设公共浴池4座。实施生态建设和京津风沙源治理，完成造林253.33公顷，林木覆盖率达到53%。实施靓化美化工程，投资2060万元，建成“一园一亭一线”。“一园”，投资760万元，将坨里13.33公顷荒山建成百姓休闲娱乐健身公园；“一亭”，投资100万元，将辛开口公交站建成全镇第一处“花园式”景观站亭；“一线”， 投资1200万元，对大石河沿线进行绿化，共栽植各类花卉、树木16万株。阎东路、良坨路、王三路、阎吕路沿线绿化补植45.6公里。按照建管结合的原则，累计投资1800余万元，加大对公路两侧、主要景区周边及村庄环境的整治和日常管理。

2009年，着力解决群众最关心、最直接、最现实的利益问题，年初确定的10件为民实事全部落实。累计发放各类城乡低保资金336万元，城乡居民养老保险参保人数达1.6万人；新型农村合作医疗参合人数29385人，参合率100%。社区卫生服务网络实现全覆盖，累计完成岗位技能培训719人，解决农民就业440人。全镇共有中学2所，其中：区属中学1所，镇属中学1所；中心小学2所，中心幼儿园2所，中小学及幼儿园在校生3871人，教职工505人。青龙湖中学、青龙湖中心校、坨里中心校，达到办学条件市颁标准，镇社区成人职业学校通过了市级示范校验收，青龙湖中心幼儿园顺利晋升为“北京市一级一类园”。

（赵洁　李涛）

【青龙湖中心幼儿园晋升一级一类幼儿园】
6月26日，青龙湖中心幼儿园通过北京市一级一类幼儿园验收。青龙湖中心幼儿园占地4000平方米，建筑面积1870平方米，绿化面积1200平方米，户外活动场地面积2000平方米，幼儿活动及辅助用房906平方米，分为大、中、小6个教学班，在园幼儿162名，教职工33名。

（赵洁　李涛）

【食用菌产业形成】 一是资金支撑。投资500万元，新建4500平方米的智能联栋温室和3000平方米的菌棒培养车间，并通过小额贷款、银农合作、财政资金、专项资金等方式给种菇户一定的资金支持调动农民种菇的积极性。二是科技支撑。依托北京市食用菌协会和北京农科院，为龙头企业、基地、种菇户提供科技支撑，同时食用菌产销协会成立食用菌技术服务小组和食用菌技术培训中心，对菇农进行技术指导与跟踪服务，负责引进、推广新品种，新工艺，对菇农进行培训。三是信息支撑。通过《致富经》《京郊大地》《三农零距离》农合网等栏目进行宣传和通过培养农村经纪人的手段，建设食用菌产销信息平台，每季度出版一份食用菌信息专刊，包括生产技术指导、市场信息、新品种介绍、龙头大户致富经等内容。

（赵洁　李涛）

【实施“一园一亭一线”环境美化提升工程】 年内，青龙湖镇投资2060万元，实施“一园一亭一线”环境美化提升工程。即：“一园”投资760万元，将坨里13.33公顷荒山建成群众休闲娱乐健身公园；“一亭”投资100万元，将辛开口公交站建成全镇第一处“花园式”景观站亭；“一线”投资1200万元，在大石河两岸栽植各类树木8万株、乔灌木6万株、花卉2万株。

（马海鸥　李涛）

【青龙湖镇110千伏变电站投入使用】 11月，青龙湖镇小苑上村110千伏变电站投入使用。该项目投资7000万元，占地0.67公顷，建设用地5124平方米。

（马海鸥　李涛）

韩村河镇

【概况】 韩村河镇位于房山区西南部，地处太行山脉。地势西北高东南低，依次为山区、丘陵、平原，各占1/3。北与石楼镇和周口店镇接壤，东与琉璃河镇为邻，南与长沟镇和河北省东仙坡交界，西与霞云岭乡、大石窝镇和张坊镇相接。镇域总面积100.8平方公里。2009年，总户数16934户，其中农业户10765户、非农业户6169户。户籍人口39095人，其中农业人口28498人、非农业人口10597人。出生人口310人，出生率7.93‰；死亡人口303人，死亡率7.75‰；自然增长率0.18‰。下辖村民委员会27个、社区居委会1个。

2009年，全镇农村营业收入27.11亿元，人均劳动所得5314.8元。粮食播种面积3721.73公顷，公顷产4491公斤，粮食总产量16712.8吨。油料播种面积8.66公顷，总产量2.5万公斤。蔬菜播种面积111.8公顷，总产量4114.5吨。干鲜果品总产量1425吨。2009年造林面积92公顷，四旁植树6万株，育苗面积119.7公顷。农机总动力16175.6千瓦。生猪出栏17548头，存栏16248头；羊出栏7004只，存栏7483只；鲜蛋产量512吨，肉类总产1851.9吨。

全年固定资产投资3.25亿元，工业总产值2.24亿元，主营业务收入2.14亿元，利润总额375.11万元。

韩村河镇东部为平原，西部为山区，有龙门口和天开两座水库，夹括河自北向东南流经境内，水资源较丰富，适合农业发展。

全镇有镇办企业6家，村办企业5家，私营个体1732家；其中农业企业88家，完成收入1469万元；工业企业134家，完成22843万元；建筑业110家，完成220062万元；交通运输业917家，完成9775万元；批发零售业256家，完成3645万元；住宿餐饮业51家，完成1174万元；社会服务业187家，完成2075万元。

2009年全镇新农村建设共投资3768.7万元，完成验收主路70353平方米、支路175867平方米、排污管线6400米、新建太阳能浴池2座、安装太阳能路灯334盏、太阳能热水器514台、大型集中沼气站1座、户用沼气50户、新建公厕13处、农户改厕2150户，完成村庄规划5个。

全镇有中学3所，小学6所，中小学在校生3276人，入学率100%。有镇级卫生院1所，社区卫生服务中心1所，社区卫生服务站23个，村级卫生室4个，医疗服务人员120人。

全镇共有文物古迹23处。其中，市级文物4处，分别是：上方山诸寺及云水洞、天开村元代应公长老寿塔、孤山口村明代周吉祥塔、皇后台村清代伊桑阿墓。区级文物2处：曹章村汉代陶井、天开村天开塔。一般级文物共17处。

（孟德坤）

【圣水峪村出现“地租农民”】 5月，韩村河镇圣水峪引进投资2200万元，建成集香椿生产、中药种植、休闲度假、会务餐饮等于一体的圣水绿洲生态园项目。该项目依法流转圣水峪村荒山133.33公顷，通过农地资源优化配置推进农村经济发展和群众就业增收。年内，该村150名租地农民就地转换身份，成为“地租农民”和“职业工人”。他们每年除了可以拿到每公顷2700元的土地租金外，还通过参加生态园绿化美化工作，赚取稳定的工资收入，男劳力每人每天工资50元，女劳力每人每天工资30元，人均年工资收入均达万元以上。同时，租地农户中60岁以上老人、残疾人、无劳动能力者由圣水绿洲生态园发放每人每月200元生活补助。

（孟德坤）

【举办残疾人就业专场招聘会】 5月19日，韩村河镇举办残疾人就业专场招聘会，来自全镇各村的170余名残疾人参加招聘寻找就业机会。此次招聘会由韩村河镇政府与区残联共同举办，旨在解决残疾人就业难、拓宽残疾人就业渠道。招聘会邀请北京御生堂、三江华宇物流、普莱曼化学工程有限公司等5家企业参加招聘，吸引当场80余名残疾人报名。经过用人单位与求职者的当面交流，现场达成就业意向50人。

（孟德坤）

【清洁小流域治理完工】 6月，韩村河镇清洁小流域治理工程完工，总投资350万元。该项目完成河道治理1000米，垒砌浆砌石护岸600米，垒砌干砌石护岸380米，宾格网箱护岸600米，修筑护坡600米。该工程在作好治理水土流失、改善农业生产条件的基础上，把水源保护、污染源控制、产业开发、人居环境改善、新农村建设等有机结合起来，为人们提供了居住、休闲、观光、旅游的场所。

（孟德坤）

【韩村河镇成立龙门助学基金会】 8月26日，韩村河镇举办龙门助学基金会成立暨首批助学金发放仪式。仪式上，龙门助学基金会会长尤西森、受助学生代表、学生家长代表分别发言。尤西森代表基金会向20名品学兼优、家庭生活困难的高考录取新生现场发放8.3万元的助学金。龙门助学金主要用于资助房山区优秀、贫困的应届大学生，该助学金项目计划在今后4年内每年资助20名学生，累计资助80名学生。首批发放助学金10万元，以后每年翻番发放助学金。

（孟德坤）

【韩村河建立农村实用人才实训基地】10月29日，韩村河镇在孤山口村举行农村实用人才培训基地授牌仪式。仪式上，王建文、张爱菊等5位实训基地负责人被授予"农村实用人才实训基地"铜牌。授牌结束后，来自该镇17个村的百余名农村实用人才现场接受养殖培训。他们根据自身工作情况，每月到基地学习5天至10天。

（张莹莹）

阎村镇

【概况】阎村镇位于房山新城西侧，距区政府驻地1.5公里，距北京城近20公里。辖区面积48.5平方公里。2009年，总户数16877户，其中农业户8837户、非农业户8040户。户籍人口37717人，其中农业人口21121人、非农业人口16596人。出生人口251人，出生率8.78‰；死亡人口231人，死亡率6.12‰；自然增长率2.65‰。下辖村民委员会22个、社区居委会3个。

2009年，全镇农村营业收入24.56亿元，人均劳动所得9671.7元。粮食播种面积1269.87公顷，公顷产5625公斤，粮食总产量7143.4吨。油料播种面积2.27公顷，总产量0.9万公斤。蔬菜播种面积272.93公顷，总产量18668吨。干鲜果品总产量1266.9吨。四旁植树2万株，育苗面积52.4公顷。农机总动力31761.6千瓦。生猪出栏33159头，存栏10343头；羊出栏6322只，存栏3803只；鲜蛋产量733吨，肉类总产5626吨。

全年固定资产投资20.64亿元，工业总产值11.09亿元，主营业务收入10.41亿元，利润总额2109.8万元。

全镇有幼儿园3所；小学6所，在校生1595人；中学2所，在校生800人；中小学教职工共288人。镇内有良乡五中寄宿制学校1所，北京理工大学房山分校1所。

文化名镇建设实现跨越式发展。投资560万元，建成占地面积3700平方米的"阎村镇中心健身园"；投资300万元，建成560平方米的南梨园武术馆。整理出版《成就聚焦》集邮册及《阎村掠影》《名镇阎村史话》《燕都·阎村专刊》等刊物，充分展示了全镇各项事业发展建设的成果，全方位提高了对外知名度。

以弘扬龙乡文化为主线，充分发挥武术、摄影等13家文体协会及紫园艺术团的组织作用，先后联合中央、市区等文化部门举办"落实科学发展观构建和谐新阎村——梦想之旅走进阎村""以城市化建设为龙头'抓发展促三保'诚交天下朋友""为祖国放歌 为祖国骄傲——庆祝新中国成立60周年系列文化活动启动仪式"等10场大型文艺演出活动，观众达3万余人。全年开展各类群众性文体活动120余场次，参与群众达5万余人。在全镇营造了健康和谐的社会氛围。

基础设施建设全面覆盖。共完成南梨园、焦庄等8个市级重点村道路硬化16.134万平方米，农村安全饮水铺设管道83.5公里，改造雨、污水排放管道87.8公里，建设村民活动设施及场所6830平方米，全镇新增绿化面积9.32万平方米。实现新农村"五项基础设施"建设全覆盖。新建529.7平方米武术馆一座，新建村级数字影院7座，新建文娱活动场所20处，新建村级邮站20个，新建公主坟村642平方米的新型办公楼。进一步改善农民居住环境，提高生活水平。

社会保障体系扎实推进。为225人办理了失业登记,发放"再就业优惠证"150本，为95人发放失业金，为358名农村劳动力办理了转移就业登记，城乡 773 名劳动力实现了就业。整合资源，在爱心家园、温馨家园的基础上建立了博爱超市，通过在爱心家园、温馨家园、博爱超市共救助困难群众 653 人，救助物品达 2641 件，食品达 9613 公斤。为农村优抚对象 99 人、低保对象 486 人、五保户 22 人、274 户城乡低保户、优抚对象和25名困难群众发放各类补助及慰问金203 万元。出台《阎村镇城乡无保障老年居民养老保障制度和城乡居民养老保险制度的实施细则》，办理城乡无保障老人待遇 800 人，享受每月 200 元的养老补贴，城乡居民养老保险参保人员 6903 人。同时，进一步扩大对弱势群体的救助面，弘扬尊老、敬老、爱老的传统美德，对全镇老年人进行详细摸底，建立高龄老人档案，在享受国家发放的 300 元补贴的基础上，由镇政府出资为全镇 20 名 90 岁以上高龄老人和 7 名新中国成立前老党员每人每月发放 200 元高龄补贴。推行居家养老工作，使全镇 231 名（含 20 名 90 岁以上的）名老人享受居家养老服务补贴。不断提高群众的幸福指数。另外，为便于镇党委、政府与分散居住的轨道交通拆迁户进行联系沟通，及时准确了解和解决他们生活中的各类困难，为轨道交通拆迁的后沿村村民赠送了价值 10 万元的固定无线电话——农村信息机300台及6.6万元的通讯费，将迁后群众的服务工作落到实处。

办学条件日趋完善。连续 5 年开展“一助一”捐资助学活动，组织机关科级以上干部和部分企业厂长 60 位资助者帮助 62 名困难家庭的中小学生完成学业。各村投入 21.3 万元，对考入大中专院校学生进行奖励和补贴。

卫生条件晋级现代化。开展高血压、糖尿病、冠心病和脑卒中四种慢性疾病筛查和免费服药工作，为全镇 22 个村参加农村合作医疗 5329 名的 40 周岁以上人员进行了免费体检，免费发放药品 2549 人。农民新型合作医疗参合率保持100%，报销金额544 万余元。进一步甲型 H1N1 流感防控工作，印发了《阎村镇防控甲型 H1N1 流感工作通知》，制定《阎村镇防控甲型 H1N1 流感应急预案》，实行日报告制度，并要求基层单位成立以单位第一把手为组长的基层防控工作领导小组，与各村、社区、驻镇单位签订了责任书，对全镇防控工作进行部署。加大计划生育管理服务力度，开展幸福工程和生育关怀行动，投资 5 万元为全镇育龄群众进行免费健康检查，积极办理农村奖扶、特扶对象申报和复审手续 77 份，为 18 户独生子女家庭办理贴息贷款 75.6 万元，投资 33.2 万元为 3400 户独生子女家庭免费加入新农村合作医疗。

城市管理水平不断提升。完成了阎村镇卫生院社区、阎村小学、主要城市道路绿化、美化工作，绿化面积 13322 平方米，粉刷建筑物外立面 2.5 万余平方米；全镇中心镇区绿化总面积达 153.43 公顷；面向社会开放二类公厕 12 座，全部实行专人管理；购买垃圾收集车 22 辆，实行垃圾密闭化运输及无害化管理；治理沙坑 3.3 公顷；裸露农田得到 100%有效治理。

（王苗）

【枇杷树种植成功】 2006 年，阎村镇龙人绿业设施农业种植示范基地由南方引进枇杷树试种栽培。经过两年培育，2009 年 3 月 27 日收获第一批枇杷，填补了房山区种植设施枇杷的空白。

（王苗）

【全区首个第 5 代日光温室建成并使用】 4 月 24 日，房山区首个第 5 代日光温室在阎村镇建成并使用。该大棚墙体高 2 米、厚度为 1 米的板打土墙，外包 200 毫米厚陶粒砖砌块。大棚节能保温效果显著。大棚棚架为直径 25.20 毫米焊接钢管，拉洁筋为直径 12 毫米钢筋，钢架水平面距 1.0 米，坚固耐用。

（王苗）

【阎村镇中心小学竣工】 5月6日，阎村镇中心小学竣工。该小学总投资1500万元，总建筑面积4983平方米，教学楼建筑面积4679平方米，平房建筑面积304平方米，可容纳12个教学班。

（王茁）

【阎村镇社区卫生服务中心竣工】 6月8日，阎村镇社区卫生服务中心举行竣工典礼。社区卫生服务中心占地面积2.2公顷，建筑面积5825平方米，投资2600万元。设有医疗、康复、健康教育、计划免疫、行政办公五大功能区，20个临床科室、98张病床，1万元至10万元设备41台，10万元以上设备1台。

（王茁）

【紫园路二期工程竣工】 8月25日，阎村镇紫园路二期工程全面竣工，该工程总投资1116万元，全长1300米，路宽35米。道路铺设雨水管线，安装照明路灯，与紫园路对接，使镇中心区内规范道路进一步向南延伸，解决了中心区东南部的道路及排水问题。

（王茁）

【龙乡书画苑落成】 年内，阎村镇投资700万元，建成占地面积2000平方米，建筑面积670平方米，全区首家集文化交流、作品展示、文化人才培养于一体的龙乡书画苑，分为书画类、字画类两个区域。

（王茁）

【“舞墨轩”书画廊】 年内，阎村镇以中国传统文化为依托，建成占地面积200平方米的舞墨轩书画廊，为书画家建立了创作基地。画廊内富有古典韵味的书法用具齐全，环境优越，条件一流，文化气息浓烈。一次可接待40位宾客，并可容纳12位书画家同时书写绘画。书画廊成立以来，先后有中国书法家协会、北京市书法家协会、北京市九三学社、涿州市书法协会、四季青书法协会等100多位书法界领导和艺术家们前来进行艺术切磋与交流，累计创作500幅书画作品，形成艺术价值150万元。

（王茁）

【制作5首MTV】 年内，以阎村镇近年来城市化建设、经济建设、社会事业发展为背景，聘请文化人才参与创作《请到阎村来》《小镇寄情》《阎村，我美丽的家乡》等5首歌曲并制作成MTV，通过歌咏比赛、文艺演出、在中央电视台黄金时段滚动播放等形式进行宣传，广泛传唱。

（王茁）

大石窝镇

【概况】 大石窝镇位于北京西南75公里，南部与河北省涿州市、涞水县接壤，东邻长沟镇，西邻张坊镇，镇域面积96平方公里，山地、丘陵、平原各占1/3，自北向南呈狭长梯次分布。2009年，总户数17969户，其中农业户11563户、非农业户6406户。户籍人口37205人，其中农业人口28704人，非农业人口8501人。出生人口325人，出生率8.74‰；死亡人口286人，死亡率7.69‰；自然增长率1.05‰。下辖村民委员会24个。

2009年，全镇农村营业收入11.49亿元，利润总额248.6万元，税金1113.7万元。人均劳动所得9151.2元。粮食播种面积2758.8公顷，公顷产5730公斤，粮食总产量15807.7吨。油料播种面积40.66公顷，总产量10.7万公斤。蔬菜播种面积294.66公顷，总产量12308吨。干鲜果品总产量3720.7吨。2009年造林面积30公顷，四旁植树2万株，育苗面积12.3公顷。农机总动力23155千瓦。生猪出栏12270头，存栏9700头；羊出栏8237只，存栏8386只；鲜蛋产量377吨，肉类总产2995.7吨。

全年固定资产投资3.81亿元，工业总产值2.58亿元，主营业务收入2.26亿元，利润总额1020.6万元。

镇内蕴藏有大量的汉白玉、大理石、红砂岩和白云石等矿产资源，以汉白玉为主的大理石储量2450万立方米，以石材为主导产业的企业135家。石作文化村落入围北京市非物质文化遗产。中华石雕艺术园及云居国际文化园被列入《中国房山世界地质公园总体规划》中，同步推进石经碑林建设工程，已完成初步设计方案。

全镇以现代农业、石材开发、民俗旅游、文化创意产业为主导产业，形成"两带三区四镇"的发展战略。南部最美的乡村南河村的有机蔬菜基地为龙头的蔬菜产业强势发展，18村累计发展蔬菜大棚2000栋。北部以市级民俗旅游专业村和首都文明村的水头村为代表，依托云居寺文化优势，大力发展民俗旅游项目。以菱枣种植、菱枣采摘和吃农家饭、住农家院为主体的"农游合一"新产业，集"吃、住、行、游、购、娱"为一体的旅游观光项目，带动了水头、下庄、三岔等村的沟域经济建设；发展市级民俗村3个，市级民俗户48家；注册蔬菜、菱枣、民俗旅游等专业合作组织9个；2009年，水头村被评为北京最美的乡村；大石窝镇被评为"京郊发展乡村观光"旅游先进单位。

境内佛教圣地云居寺堪称世界佛经镌刻之最，赢得了"北京的敦煌"的美誉，是国家AAAA级旅游景区、全国重点文物保护单位。市级文物保护单位有塔照村的七级密檐塔、高庄村的玉皇塔，区级文物保护单位有镇江营村新石器时代文化遗址和镇江塔、石窝明代铜钟、蔡庄的战国古城址等。一级保护古树树龄在300年以上的古槐3株。

镇域内交通便利，距京石高速公路20公里，京广铁路镇域内有车站，房易路穿境而过。917路公共汽车直通北京，12路（始发站云居寺）、31路（始发于三岔村）、18路公交车直通区府所在地，6路公共汽车通往涿州。有邮政局1所，电信局1处，变电站1座。

镇内中学2所，完全小学5所，中心幼儿园1所，在校生2063人，教职工240人，中小学入学率100%，升学率100%。镇内有标准的文化健身广场30个，健身器材538件。2009年，全镇农村新型合作医疗和新农保参保率分别为100%和98.9%。

（符秀玲）

【科技创新型乡镇】 年初，大石窝镇与北京农学院建立长期合作机制，建立菱枣主题科技园33.33公顷，聘请专家指导，扩大枣品种栽培，发展百枣园。年内引进葫芦枣、冬枣、金丝小枣、无核小枣等新品种进园试种，列入国家科技计划项目衔接北京市星火计划，被北京市科委确定为全市第37个科技创新型乡镇，奖励扶持资金80万元。

（符秀玲）

【社区卫生服务中心投入使用】 大石窝镇社区卫生服务中心是一所一级甲等医院和北京市基本医疗保险定点医院，占地面积0.4公顷，建筑面积3500平方米，总投资1400万元。镇社区卫生服务中心建成后的卫生院总床位达30个，增加和更新设备12台。有10个社区卫生服务站，服务半径10公里，服务人口近4万人。9月25日，举行落成典礼并投入使用。

（符秀玲）

【国际蔬菜年会专家到南河村参观】 11月22日至24日，来自日本、印度、南非等近20个国家的30多位外国蔬菜研发种植专家走进南河村。在南河村的蔬菜大棚内，蔬菜专家交流着生菜在不同地理条件下的生长状况和营养价值及口感，旨在为麦当劳公司提供最优品种。麦当劳亚太区蔬菜加工商年会是由OSI中国区主办，中国唯一供应商Husi Produce Co.（可诺耐食品公司）——McD' s第一次在北京承办。从2006年开始，南河有机生菜正式打入麦当劳市场，每年向麦当劳公司配送有机生菜4000吨。该村种植有机生菜2公顷，年产高品质生菜4000余吨，产值达1600万元，生菜种植户户均增收5万元。

（符秀玲）

【实施10项惠民工程】 一是完成设施蔬菜基地建设工程，新增蔬菜面积66.67公顷；二是完成伊势(中国)农业有限公司一期建设工程；三是完成南河蔬菜加工厂建设工程；四是完成石经博览园一期基础设施建设工程；五是继续实施新农村建设工程，完成后石门、岩上等10个村建设任务；六是完成塔照、三岔、后石门村矿山修复30.47公顷，塔照村荒山造林33.33公顷生态建设工程；七是完成社区卫生服务中心建设工程，并于9月投入使用；八是完成南泉水河湿地建设工程，对下营、高庄、水头村的7眼自然泉排水渠、泵站进行综合治理；九是实施环境建设工程；十是实施石材保护有序开采，石雕产品深加工和新产品的开发。

（符秀玲）

【新产业新业态】 大石窝镇以资源和产业优势发展观光采摘和吃农家饭、住农家院为主体的“农游合一”新产业，以“吃、住、行、游、购、娱”为一体的民俗旅游项目，全镇民俗户发展到300家以上。年内，南河村被市农委、市旅游局评为市级民俗旅游村，后石门“小河人家”农家院被评为市级民俗旅游新业态之乡村酒店。

（符秀玲）

周口店镇

【概况】 周口店镇是北京人的故乡，是人类文明之脉源。位于北京西南，距市区46公里，东邻城关街道办事处，北接燕化，南连韩村河镇，西与十渡镇、霞云岭乡相连。镇域东西宽17公里，南北长18公里，地形自西北向东南呈山地、丘陵、平原依次垂降分布，各占1/3。辖区面积126平方公里。2009年，总户数16412户，其中农业户8799户、非农业户7613户。户籍人口36177人，其中农业人口20931人，非农业人口15246人。出生人口254人，出生率7.02‰；死亡人口326人，死亡率9.01‰；自然增长率-1.99‰。下辖村民委员会24个、社区居委会5个。

2009年，全镇农村营业收入21.57亿元，利润总额4742.1万元，税金6533.1万元。粮食播种面积970.27公顷，公顷产5721公斤，粮食总产量5550.7吨。油料播种面积17.67公顷，总产量3.3万公斤。蔬菜播种面积58.73公顷，总产量2071.3吨。干鲜果品总产量3975吨。2009年造林面积67公顷，四旁植树4万株，育苗面积6.7公顷。农机总动力26269.4千瓦。生猪出栏40773头，存栏29090头；羊出栏3707只，存栏4245只；鲜蛋产量417.4吨，肉类总产量3924.9吨。

全年固定资产投资6.33亿元，工业总产值9.21亿元，主营业务收入9.11亿元，利润总额6351.04万元。

周口店镇作为“两城八镇”和“燕房组团”的拓展区域，是加快全区基本退出传统资源型低端产业，构建都市型现代农业重点乡镇之一，通过政策和资金支持，全镇的经济发展活力和可持续发展的能力不断增强。资源型低端产业逐步退出，关闭煤矿和非煤矿山工作迈出坚实步伐。全镇累计关闭煤矿8家（10个井口），关闭非煤矿山56家，水泥立窑生产线13条。严厉打击非法开采，有效遏制了关闭煤矿的死灰复燃。

周口店矿产资源十分丰富，可开采的各种资源56种，尤以石灰石、煤炭、大理石、花岗岩而闻名。依托丰富的矿产资源，乡镇企业发展迅速，逐步形成建材、煤炭、化工、建筑、运输、商饮6大支柱产业，被列为“京郊建材基地”。

全镇有中小学9所、在校生3715人、教职工492人。有幼儿园、托儿所、学前班15个。图书馆、文化站23个，文化大院24个，文化队18支，体育馆1座，体育设施54处。有镇社区卫生服务中心1所，病床25张，初、中级卫生技术人员81人。有敬老院、福利院3所，收养人数58人。

周口店镇是北京历史悠久的重镇，风光秀丽，有着丰富的历史文化底蕴，境内享誉国内外的“北京人遗址”，被联合国确定为“世界自然与文化遗产”，年旅游接待人数达8万人。有北京历史上第一个皇家陵寝——金陵、唐代大诗人贾岛故居——贾岛峪、明代避暑胜地——红螺三险及庄公院、宝金山、棋盘山、云峰寺等名胜古迹，计22处。地理位置优越，交通便利。

（尚晓娇）

【牛奶草莓迎来外宾】 随着周口店镇的生态环境不断改善，观光旅游的人也不断增多，周口店鸿运飞飞采摘园的牛奶草莓也迎来了他们的第十五批“洋客人”，这些客人分别来自美国、德国、西班牙等16个国家。牛奶草莓营养价值高，通过种植技术改良，培育出山楂和牛奶口味的草莓。

（尚晓娇）

【大韩继小学生坐上“爱心班车”】 大韩继村投资40万元购买了一辆班车，每天早、中、晚免费接送全村小学生上下学，有效的保证村内小学生上下学安全。

（尚晓娇）

【举行西藏小型猪养殖实验基地签字仪式】 3月5日，西藏小型猪养殖实验基地签字仪式在大韩继村举行。该项目是由解放军军事医学科学院实验动物中心、周口店镇政府、周口店镇高西忠养殖场共同协商、合作推进的。该项目占地26.67公顷，投资4000万元，总建筑面积2.26万平方米，可实现劳动力就业150人。其中：建标准猪舍30栋、教学科研用房40余间。建成猪舍2栋。军事医学实验动物中心主任曾林介绍了项目的操作方法及先进的技术。据了解，西藏小型猪食新品种试验动物在生物医药领域应用广泛，肉质鲜美、风味独特。

（尚晓娇）

【种植薄皮核桃53.33公顷】 周口店镇在西部山区村开发建设53.33公顷薄皮核桃基地，共种树苗2.2万余株，现进入管护期。为保障核桃树苗的成活率，便于后期管理，该镇投资近百万元修建了配套的蓄水池13座，铺设给水管道5500米，安装提开泵6台，低压架空线800米。请林果专家培训80名专职管护员。

（尚晓娇）

【周口店镇京津风沙源治理工程竣工】 2009年，周口店镇京津风沙源治理工程竣工。工程共用时3个月，总投资600万元，人工挖坑7.4万个，修建作业道路4000米，架设高扬泵3台，柴油机水泵6台，架设水利管线2万余米，使用地膜61卷、复合肥67吨、保水剂1.5吨。栽植苗木7.4万株，其中：火炬2万株，油松1.1万株，元宝枫8000株，侧柏25240株，山杏3000株，黄栌5000株，核桃1760株。

（尚晓娇）

【生态清洁小流域治理工程完成】 年内，周口店镇生态清洁小流域治理工程完成。工程主要包括生产道路建设700米，观光步道250米，宾格网箱护岸250米，护村坝300米，农户改厕144户，新建停车场以及景观小品各1处，新建拦沙坝4处，并对河道进行清理总施工量达3000立方米，干砌石护岸500米，同时完成村庄美化绿化等多项工程，以“生态、高效、节能”为治理原则。此次小流域清洁治理工程主要以泗马沟村、黄元寺村为主。

（尚晓娇）

【周口店镇残疾人无障碍设施改造工程完成】 周口店镇投资240万元在主要街道和地区、机关单位建二类公厕16座，全部设置了残疾人专用间和坡道扶手，并且投资100万元在房易路两侧建设了全长6公里的盲道为镇域内135户残疾人家庭改造无障碍设施，极大方便了残疾人的出行。

（尚晓娇）

长阳镇

【概况】 长阳镇是房山区距市区最近的乡镇，位于房山、丰台、大兴3区交汇处，辖区面积91.37平方公里。2009年，总户数15073户，其中农业户9337户，非农业户5736户。户籍人口32715人，其中农业人口22589人，非农业人口10126人。出生人口355人，人口出生率10.85‰；自然增长率10.85‰。下辖社区居委会6个，村民委员会37个。

2009年，全镇农村营业收入26.74亿元，利润总额5268.5万元，税金5037.8元。人均劳动所得11851.7元。粮食播种面积701公顷，公顷产4921.5公斤，粮食总产量3450.4吨。油料播种面积25.67公顷，总产量19.4万公斤。蔬菜播种面积532.53公顷，总产量17951.5吨。干鲜果品总产量7923.6吨。四旁植树10.9万株，育苗面积60.8公顷。农机总动力34208千瓦。现有水面3.36公顷。生猪出栏14855头，存栏10762头；羊出栏9286只，存栏7083只；鲜蛋产量1554.7吨，肉类总产1564.7吨。

全年固定资产投资86.36亿元，工业总产值14.33亿元，主营业务收入14.45亿元，利润总额6726.83万元。全镇企业总数1922家，其中：农林牧渔业186家、工业企业207家、建筑业92家、交通运输仓储业765家、批发零售业348家、住宿及餐饮业129家、社会服务业195家。2009年，全镇新建工业项目3个，总投资1.12亿元；续建项目5个，总投资7.72亿元。

长阳镇交通优势明显，紧邻首都规划建设的五环、六环路，境内有京九、京广、良黄铁路和京周、京良、京保公路，京石高速公路在长阳设有2个出口，驱车抵达市区仅需15分钟，917、646、321、391、993等路市郊公共汽车在长阳镇设站经过。

长阳镇地热资源分布面积大，蕴藏丰富，具有出水温度高，富含多种矿物质的热点，在宾馆、娱乐场所及民用住宅取暖、洗浴等领域广泛应用。

全镇有中学2所，在校生653人，教职工107人，小学6所，在校生1454人，教职工137人。卫生院1所，社区卫生服务站11个，卫生技术人员40人，病床30张。民间乡土文化有公议庄村的五虎少林会，水碾屯的铜锣会等。长阳镇公议庄五虎少林会入选北京市非物质文化遗产名录，北京仁和酒业有限责任公司“菊花白”酒酿制技艺入选国家级非物质文化遗产项目。

（石晶）

【阎仙垡客运场站投入使用】 5月21日，长阳镇阎仙垡客运场站投入使用。该工程位于阎仙垡村南，总投资165万元，占地面积5700平方米，42路公交车入驻该客运站。

（石晶）

【组建稻田地区联合党支部】 6月26日，长阳镇召开稻田地区联合党支部成立大会，全区第一个村级联合党支部挂牌成立，该支部按照“三不变”即：行政区域不变、村民自治主体不变、集体资产产权不变；

"三统一"即：在工作上统一规划、统一部署、统一落实；"三独立"即：在财务上保持独立建账、独立核算、独立管理的原则开展工作。支部设书记 1 名、副书记 1 名、支部委员 5 名。

（石晶）

【长周路北部排水管网建设完工】 年内，长周路北部排水管网建设完工。该工程由大宁二路排水管线、稻田路排水管线、纬一路排水管线、京良路排水管线、纬五支二路排水管线 5 条排水管线组成，总长度 7535 米。长周路北部排水工程建成后，可有效解决长阳镇北部地区小区及各村雨水排放问题，均排放到小清河河内。

（石晶）

【长阳镇第一批周转过渡房小区正式启用】 9 月，长阳镇第一批周转房即东区周转房正式启用，该项目占地 36.77 公顷，总建筑面积 15.5 万平方米，主体采用新型木塑结构，水电到位，厨房卫生间配套，周转房分为两居和三居两种户型，面积为 71 平方米和 81 平方米，住户每户每月租金为 1100 元和 1350 元。解决 1300 余户的住房问题。

（石晶）

【原香小镇房地产项目落户长阳】 9 月 19 日，世界 500 强企业——中国铁建股份有限公司投资建设的原香小镇房地产项目落户长阳。该项目位于长阳镇长阳一村，总投资 12.6 亿元，距京石高速长阳出口 1.8 公里，总占地面积 22 万平方米，分四期实施，一期推出 8 栋小高层洋房，户型以 90 平方米两居为主，11 月开盘预售。项目 2012 年完工。

（石晶）

【保合庄村压缩天然气站投入使用】 11 月 18 日，保合庄村举行压缩天然气通气仪式。该工程占地约 0.2 公顷，压缩天然气站包括高压引入口两个、调压设备和低压输送设备等。压缩天然气的投入使用，标志着长阳镇村级天然气得到开发和利用。

（石晶）

西潞街道办事处

【概况】 西潞街道办事处位于区政府西北部，是房山新城良乡组团的核心区，东至西潞大街，与拱辰街道办事处接壤，南至长虹路，与良乡镇毗邻，西至东沿村，与阎村镇相连，北至安庄村，与青龙湖镇相接。街道地处平原地带，地势开阔，地理位置优越，是良乡卫星城的西大门，是北京西南大门的交通要冲，在全区社会发展中具有重要地位。

西潞街道办事处交通便利。京石高速公路、京周公路穿境而过，轻轨房山线、616 路、646 路等公交总站设在地区内，917 路、971 路、952 路等公交车站点众多，西潞大街、良坨路、翠柳大街等城市干道以及连村路网纵横交错，交通便捷，是全区物流中心、客流中心，地理位置的优越性成为建设新城交通枢纽的最大优势。辖区面积 10.4 平方公里。2009 年，总户数 12689 户，其中农业户 1562 户、非农业户 11127 户。户籍人口 32608 人，其中农业人口 3425 人，非农业人口 29183 人。出生人口 281 人，出生率 8.62‰；死亡人口 90 人，死亡率 2.76‰；自然增长率 5.86‰。下辖村民委员会 7 个、社区居委会 12 个。

2009 年，西路街道办事处农村营业收入 16.93 亿元，利润总额 1863.9 万元，税金 3601.4 万元。人均劳动所得 12558.2 元。粮食播种面积 56.8 公顷，公顷产 3579 公斤，粮食总产量 203.3 吨。蔬菜播种面积 34.2 公顷，总产量 1109.5 吨。干鲜果品总产量 40 吨。四旁植树 6 万株，育苗面积 20.3 公顷。

农机总动力373.3千瓦。生猪出栏2358头，存栏742头；羊出栏241只，存栏151只；鲜蛋产量9.9吨，肉类总产243.9吨。

全年固定资产投资21.22亿元，工业总产值2.54亿元，主营业务收入2.94亿元，利润总额30.5万元。

西潞街道基础设施完善。境内有市区重点学校北京师范大学良乡附属中学、北潞园学校和良乡三小，还有街道所属的2所中学、3所小学和13所幼儿园，教职工500多名，在校生4000多名；医疗设施齐全，邮政局、电信局、银行、医院等配套设施完备。

西潞街道经济发展态势良好。几年来，街道以城市经济为主，以商贸、餐饮、服务、都市农业为主导产业，着力提升经济发展的竞争力，拥有注册企业700多家，华龙市场、中大瑞祥百货市场、福良苑等近2000家商业企业，其中有美廉美、权金城、金百万、大鸭梨等25家连锁商业企业，商业网点100多个。

（张良）

【举办“春风行动”招聘会】 2月20日，西潞街道办事处联合区劳动保障局在苏庄翠柳大街举办“春风行动”招聘会，辖区3500多名就业困难人员前来应聘。此次招聘会有59家招聘单位累计提供221个工种、1425个岗位，700多人达成就业意向。

（张良）

【西潞街道轨道交通拆迁工程完成】 轨道交通房山线由苏庄大街站至郭公庄站，线路全长约24760米，在西潞街道办事处区域内全程4000米，建停车场1座，占地面积约23公顷。涉及夏庄社区和苏庄、东沿村2个行政村,企事业单位及非公企业81个，拆迁户数624户，拆迁宅院431个，伐移树木5万余株，迁移坟墓300余座。2月23日动迁，3月27日拆迁任务完成。

（张良）

【安庄村建立青年便民服务站】 5月4日，安庄村团支部青年便民服务站正式挂牌成立。青年便民服务站建立和完善了以科技信息、家电修理、公共服务等为内容的各种便民服务设施。

（张良）

【太平庄村乒乓球馆开馆】 6月6日，区乒乓球运动协会“群健乒乓球俱乐部”西潞街道办事处太平庄乒乓球活动站开馆。该馆位于村委会办公楼，使用面积300多平方米。共设有乒乓球台6个，周一至周五14:00至18:00、周末全天向村民开放。

（张良）

【参加北京市第七届全民健身体育节开幕式】 6月20日，西潞街道组织100名乒乓球爱好者，参加在奥林匹克公园景观大道举行的北京市第七届全民健身体育节开幕式暨“和谐杯”千台万人乒乓球展示活动，同乒乓球世界冠军邓亚萍、国际友人、大中小学生等上万人一起进行乒乓球展示。活动中，晟世健身舞蹈队在开幕式上表演了热情洋溢的红绸舞，受到在场领导和观众的热烈欢迎与好评。

（张良）

【南尚岗村投资2100多万元建设新农村】 南尚岗村加大新农村建设投资力度。全年累计投资2100多万元，修建河道护坡2000余米、翻修环村道路2100米、建大型室内文化体育活动场馆1处、建天然气站1座、建太阳能公共浴池1座。

（张良）

【“共建和谐社区”书画笔会在西潞园社区举行】 8月20日，由农工民主党房山总支组织的“共建和谐社区”书画笔会在西潞街道西潞园社区举行。来自北京市东方书画研究会和房山区书法美术家协会的书画名家们挥毫泼墨，一展风采，吸引了许多居民前来观看。一幅幅国画山水、花鸟和书法作品在艺术家手中迅速诞生,《和谐社会结硕果》

《和谐之家》《和谐家园》等作品表达了艺术家们对共建和谐社区的美好祝福。

（张良）

【安庄村计生工作实现人性化管理】 安庄村计生领导小组成员通过与育龄妇女实行“零距离”“面对面”的人性化管理，使全村计划生育工作开展得扎实有效。为更好地了解育龄妇女的需求，有针对性地开展帮扶服务，村计生领导小组成员坚持定期到育龄群众家中进行走访，对其提出的需求进行梳理、归纳。针对实际情况逐一制定帮扶计划，为6户独生子女家庭解决了她们所提出的实际问题。同时，还为育龄妇女建立了健康档案，每年为育龄妇女进行健康体检，并聘请专家进行健康知识讲座，受到育龄群众的欢迎。

（张良）

【开展各类失业人员培训班】 受全球金融危机的影响，西潞街道办事处失业人员数量不断增多，给社会增加了许多不稳定因素。针对这一社会问题，办事处从年初就把对失业人员的培训作为重点工作，按照“按需施教，学以致用”的原则，先后举办了计算机、家政服务、收银等培训班，不断提升失业人员的就业技能。辖区内共有百余名失业人员参加劳动就业部门举办的各类就业培训班，有不少学员通过培训，找到了合适的工作岗位。

（张良）

【安庄村招商引资工作成绩显著】 在新农村建设中，安庄村认真分析自身优势，采取“资源招商”“产业招商”等方法，引进北京利民恒华农业科技有限公司、北京仁君绿原生态观光园、北京祥盛达汽车修理等企业，吸引资金近亿元，形成了具有一定规模的创业产业群，增强了集体经济实力，并使全村320名劳动力得到安置。

（张良）

石楼镇

【概况】 石楼镇东临窦店镇，南接琉璃河镇，西连韩村河镇、周口店镇，北衔燕房卫星城。辖区面积48平方公里。2009年，总户数14457户，其中农业户9351户，非农定户5106户。户籍人口29084人，其中农业人口22552人，非农业人口6532人。出生人口234人，出生率8.05‰；死亡人口242人，死亡率为8.32‰；人口自然增长率-0.28‰。下辖村民委员会12个、社区居委会1个。

2009年，全镇农村营业收入15.02亿元，利润总额2199.3万元，税金455.9万元。人均劳动所得4386.2元。粮食播种面积3919.73公顷，公顷产6319.5公斤，粮食总产量24768.2吨。蔬菜播种面积456.4公顷，总产量26818吨。干鲜果品总产量73.1吨。四旁植树4.9万株，育苗面积32.9公顷。农机总动力11815千瓦。生猪出栏40559头，存栏19694头；羊出栏6246只，存栏4418只；鲜蛋产量204吨，肉类总产3936.4吨。

全年固定资产投资4.51亿元，工业总产值6.41亿元，主营业务收入6.19亿元，利润总额1648.48万元。

大石河、周口店河、马刨泉河3条河流在境内蜿蜒穿绕。镇域内水源充足，水质良好。石楼镇属季风性气候，年平均气温11.6℃，平均相对湿度为55%。石楼镇交通便捷、四通八达，房琉路、房窑路、双郑路、瓦梨路、夏琉路三横两纵区级公路穿境而过。距京石高速公路4公里。镇内有石楼火车站，与京广铁路干线相连。30路、40路客运车直达城关街道办事处，42路客运车直达良乡街道办事处。通讯发达，有1.2万门程控电话分局可通过光纤电缆与国内外直拨电话，与国际互联网接通。现有11万伏输变电站1座，天然气加压站1座，为投资兴业提供可靠的电力能源支持。

精神文明建设进一步加强。群众文化生活得到极大丰富，完成12个村级数字电影播放室，村村都有健身场地。全年完成电影放映1203场，邀请专业文艺团队演出12场，成功举办了石楼镇迎奥运“和谐社区杯”乒乓球、篮球等体育比赛，文化建设取得较大成果。

镇内有规模的中小学校7所、幼儿园5所，健身乐园2处、文体活动中心23处、老年康复中心1处，医疗保障网络辐射全镇。

（张学刚）

【投资2027万元改善中小学校办学条件】 石楼镇共投入资金2027万元对全镇中小学校进行了改建和修缮。完成了5500平方米石楼中学建设工程，对石楼中心小学和夏村小学进行了修缮，完成中小学幼儿园食堂、宿舍的改造工程。

（张学刚）

【新建2座太阳能公共浴室】 年内，石楼镇分别投资166万元、110万元，在夏村、襄驸马庄村新建两座建筑面积为580平方米、260平方米太阳能公共浴室，解决4500人洗澡的问题。

（张学刚）

【新建3个区级农业标准化基地】 年内，石楼镇新建区级农业标准化基地3个：即北京嘉禾运通种植基地、北京盛夏裕农种植基地、夏村双益养殖场，标准化提升1个，即夏村蔬菜标准化基地。在无公害认证工作中，石楼镇取得无公害认证2个，即北京嘉禾运通无公害基地和北京盛夏裕农无公害基地，石楼镇累计完成无公害认证10家。

（张学刚）

【农业综合开发工程完工】 该项目总投资1697万元，涉及石楼镇南庄、北庄、大次洛和支楼4个村，总面积600公顷。完成排涵105座，排水沟11592米、修路20287米、土壤改良增施有机肥600公顷、施配方肥600公顷、秸秆还田548公顷，土壤深松390公顷、建立长期定位监测网络站13个，菜田治理示范区1个，控制农药污染农田5466.66公顷，控制陆地蔬菜和设施蔬菜53.33公顷，生物防治放赤眼蜂892.33公顷，栽植树木38394株。

（张学刚）

【“三起来工程”完工】 石楼镇梨园店村安装太阳能路灯155盏，基本实现主、支路“亮”起来；夏村建成日产气量2000立方米的大型沼气池1座，实现全村1400余户村民的炊事用气“着”起来；石楼村建设完成户用地采暖工程70铺、户用沼气工程50户；吉羊村户用沼气工程50户，实现村庄环境“净”起来。

（张学刚）

【成立居家养老服务中心】 1月，石楼镇成立居家养老服务中心，为80周岁以上老年人开展居家养老服务。共投资10万元，建成自助浴室、理发室、康复训练室、按摩室、理疗室、针灸室等基础设施，并配备办公家具、电脑、空调、自行车、电动车等设施。

（张学刚）

长沟镇

【概况】 长沟镇位于北京西南，房易路、云居寺路穿境而过，交通便利。全镇总面积40平方公里，地势平原、丘陵、山区各占1/3。这里依山傍水，水资源十分丰富。有南、北泉水河蜿蜒曲折，形成水系。特别是发源于西北山脚下的长沟母亲河——北泉水河，贯穿长沟全境。甘池泉，有比目鱼故乡之说。1万多个泉眼长年喷流不断，涌流不息，一年四季恒温14摄氏度，年流量近2000万立方米，自古无断流、无溺水，当地百姓称之为“神泉”。

近年来，长沟镇依托丰富的水资源和地理优势，从环境入手倾力打造“京南水乡”，实现了以环境促发展，镇村面貌发生了巨大变化，人民生活质量得到极大提升。先后被确定为全国小城镇建设试点镇和全国重点镇，获“全国环境优美乡镇”“国家卫生镇”等称号。2009年，被北京市政府确定为重点发展的42个小城镇之一，全市7个旅游集散特色镇之一。

2009年，全镇总户数11604户，其中农户6072户、非农业户5532户。户籍人口26157人，其中农业人口15787人，非农业人口10370人。出生人口243人，出生率9.29‰；死亡人口191人，死亡率7.3‰；自然增长率1.99‰。下辖社区居委会1个，村民委员会18个。

2009年，全镇农村营业收入14.55亿元，利润总额3633.7万元，税金3594.5万元。人均劳动所得9595.7元。粮食播种面积1617.4公顷，公顷产6264公斤，粮食总产量10131.3吨。油料播种面积48.73公顷，总产量13.9万公斤。蔬菜播种面积160.93公顷，总产量11836.5吨。干鲜果品总产量982.8吨。2009年造林面积37公顷，四旁植树2万株，育苗面积45.8公顷。农机总动力10060.5千瓦。生猪出栏26276头，存栏14740头；羊出栏4548只，存栏3002只；鲜蛋产量239.4吨，肉类总产2990.8吨。

全年固定资产投资7.86亿元，工业总产值1.95亿元，主营业务收入2.50亿元，利润总额1636.68万元。全镇企业总数为1381个，其中，镇属企业15个，从业人员890人；村属企业2个，从业人员19人；个体私营企业1287个，从业人员28730人。二、三产业实现收入136631万元。

全镇有完全中学1所，教职工136人，在校生943人，其中初中545人，高中398人；小学3所，在校生990人，教职工103人；中心幼儿园1所，教职工36人，入园儿童294人。镇中心卫生院1所，卫生技术人员48人，病床44张。全镇村级文化大院达到19个、村级数字影院18处、文体活动中心1处。释芳艺术团自编自导自演，歌唱长沟、赞美长沟，展现家乡风采，极大地丰富了群众的业余文化生活。

长沟镇历史悠久，汉代置乡，唐宋发轫，明清腾达，成为富庶之地，历史文化源远流长，政区沿革历尽沧桑，距今有2300多年历史，是华夏神州最古老的邑落之一。汉代城垣、金代严行大德灵塔、清代27块乾隆御笔诗碑、清朝贵族的宝顶饱经沧桑，雄姿犹在。

（刘新）

【沿村拆迁工程启动】 沿村拆迁工程是长沟镇旅游集散特色镇建设迁村并居工程的一期工程，涉及沿村全体村民，共696户，人口2134人，宅院549座。此次拆迁是长沟镇第一次大规模、全村整建制搬迁。村民全部搬迁后，可腾转工矿用地60公顷，为实现村民居住地土地的整合发展，大力发展旅游产业及相关替代产业创造条件。

（刘新）

河北镇

【概况】 河北镇位于房山区西北部浅山区，距北京市中心45公里，东与青龙湖镇接壤，西与佛子庄乡毗邻，北与门头沟区潭柘寺镇交界，南与燕山石油化工总公司相连，是房山区西北部山区的门户。辖区面积70平方公里。2009年，总户数10468户，其中农户3904户、非农户6564户。户籍人口22536人，其中农业人口8429人，非农业人口14107人。出生人口177人，出生率7.85‰；死亡人口171人，死亡率7.59‰；自然增长率0.27‰。下辖村民委员会19个、社区居委会2个。

2009年，全镇农村营业收入8.63亿元，利润总额-107.0万元，税金1628.3万元。人均劳动所得6066.5元。粮食播种面积191.33公顷，公顷产2008.5公斤，粮食总产量384.3吨。油料播种面积2.23公顷，总产量0.5万公斤。蔬菜播种面积28.27公顷，总产量672.4吨。干鲜果品总产量1266吨。2009年造林面积67公顷，四旁植树1万株，育苗面积13.7公顷。农机总动力58666千瓦。生猪出栏1763头，存栏1422头；羊出栏1766只，存栏4415只；鲜蛋产量73.1吨，肉类总产216吨。

全年固定资产投资4.24亿元，工业总产值2.73亿元，主营业务收入2.72亿元，利润总额1571.72万元。

河北镇地处华北平原与太行山交界地带。地势西北高东南低，地势落差大，最高海拔831.9米，最低海拔90.7米。镇中心海拔150米。镇域内河谷沟壑纵横，群峰耸立，有凤凰山、荞麦山、南大山、将军坨、朝阳洞山、半壁山等。山间沟谷交错、山泉丰沛，有主沟67条，支沟710条。大石河自西向东蜿蜒流经镇境中部，流程15公里。村庄多依山傍水，沿河谷沟域分布。

河北镇地理位置优越，地势平缓，交通发达，良陈铁路沿境而伸，108国道穿境而过。京昆复线、闫东路、良三路、万窑路，交织在境内，村村通柏油路。917路、948路公交车由天桥、石景山车站直通河北镇，每15分钟一车次。全镇通讯发达，程控电话、移动通讯网遍布全镇。

河北镇年平均气温10.6℃，1月平均气温-5℃，7月平均气温26℃。年降雨量600毫米左右。年无霜期200天以上。季风气候明显，春季多偏北风，夏季盛行偏南风，一年中最大风力8级，主要集中在春季。夏季有风雹灾害交替发生，秋冬之际和初春之际时有冻害发生。

河北镇历史悠久，镇内名胜古迹较多，旅游资源丰富。中国四大名洞之一石花洞坐落境内，并与周边洞穴共同构成了房山世界地质公园的溶洞观赏区和国家级重点风景名胜区，景区内唐代花塔、万佛龙泉宝殿及明代铁瓦寺，至今保存完好。其他还有清代王陵，传说中的孙膑庞涓学艺台，清朝王爷坟以及张良洞、孔水洞、蝙蝠洞等。镇内有1处国家级文物保护单位、1处市级文物保护单位、2处区级文物保护单位以及17处历史遗迹。

河北镇民间乡土文化丰富多彩，有河北村的高跷会、磁家务村的小车会、半壁店村的太平鼓等。半壁店村的太平鼓和高跷、河北村的高跷3个项目进入房山区非物质文化遗产名录。

河北镇矿产资源丰富，出产石灰石、煤炭、石板、大理石等，近年按照产业结构调整的要求，传统资源型产业正在加快退出，为此镇党委政府提出了“以旅游产业为龙头，商贸服务业为支撑，新兴产业为增长点，大力发展文化旅游，打造都市第三空间”的发展思路。养生休闲、特色种养、商贸服务、民俗旅游等新兴友好型产业正在逐渐壮大，颐年山庄、玫瑰休闲港接待能力已达到1300张床位，3个市级民俗旅游专业村有市级标准民俗户120户。玫瑰系列产品、黄土坡青石砚、社火手工艺品等规模品位不断提升，围游而农的特色农产品主要有豆类、薯类、柿子、核桃、苹果、菱枣、桃、杏、梨、花椒等。

2008年至2009年，河北镇获市级“五好乡镇党委”“基层党组织建设先进乡镇”，河北镇被列为全市42个重点建设的小城镇之一。

（高立勇）

【举行《圣泉记忆》首发式】 2月19日，河北中心校举行老教师从教生涯文集《圣泉记忆》首发式。《圣泉记忆》是河北中心校50岁以上老教师从教生涯回忆记录及经验总结。

（高立勇）

【山区联络线二标段建设工程完工】 河北镇山区联络线建设工程起点位于半壁店村与闫东路交叉口，终点位于河北镇与佛子庄乡交界处，道路全长14.87公里，工程总投资7024万元。建设内容主要包括道路工程、桥涵工程、排水工程、交通工程和绿化工程。该工程于2008年11月1日正式开工建设，此次二标段建设工程的启动，标志着山区联络线建设工程的全线开工，工程于2009年11月30日竣工。

（高立勇）

【北京市科学研究院16年助教】 “六一”儿童节前夕，北京市科学技术研究院到河北镇中心小学开展“科技促发展、科技促和谐”助教活动，向学校捐赠价值12万元的电脑、天文望远镜、图书等教学用品，与学校签订协议，设立《北科奖学金》，奖励品学兼优的20名学生，连续5年每年每人奖励1000元。至此，北京市科学研究院连续16年助教。

（高立勇）

【河北卫生院开展“五个一天”活动】 10月，河北卫生院开展 “五个一天”活动，即：读一天，集中至少一天时间通读学习材料，精读重点篇目，联系实际学习理论；听一天，邀请有关领导围绕自主创新、医疗卫生事业改革与发展等方面作专题报告；访一天，党员领导干部联系职责分工，就工作中的薄弱环节走访党员群众，听取基层意见；讲一天，党员领导干部到分管科室作专题辅导报告；谈一天，组织党员领导干部就学习实践体会进行交流座谈。

（高立勇）

张坊镇

【概况】 张坊镇位于房山区西南的拒马河畔，距京城75公里。辖区面积152.4平方公里。2009年，总户数11278户，其中农业户7229户，非农业户4049户。户籍人口20934人，其中农业人口16006人，非农业人口4928人。出生人口156人，出生率7.45‰；死亡人口154人，死亡率7.36‰；自然增长率0.1‰。下辖村民委员会15个。

2009年，全镇农村营业收入8.41亿元，利润总额-400.1万元，税金758.8万元。人均劳动所得6099.7元。粮食播种面积1476.6公顷，公顷产3919.5公斤，粮食总产量5786.4吨。油料播种面积76.93公顷，总产量17.7万公斤。蔬菜播种面积34.26公顷，总产量1443.4吨。干鲜果品总产量4796.8吨。2009年造林面积187公顷，四旁植树3万株，育苗面积13.2公顷。农机总动力3584千瓦。生猪出栏6394头，存栏8645头；羊出栏

10190只，存18603只；鲜蛋产量139.5吨，肉类总产676.6吨。

全年固定资产投资4.59亿元，工业总产值8212.03万元，主营业务收入7681.56万元，利润总额1406.58万元。

张坊镇有中学1所，在校生464人；小学4所，在校生733人；中小学教师163人。中心幼儿园1所，社区卫生服务中心1个，社区卫生服务站5个，农村商业银行、电信局、邮政局各1个。境内公路里程72公里，对外联电话线路6560条，自来水用户11182户。

（王秀立）

【开发建设绿色仙栖谷】 该工程总投资1930万元，分3期完成。主要建设3个精品生态园林、7个采摘体验乐园，并扩建溶洞奇石仙境，打造休闲观光圣地，实现产业经济、生态平衡、观光休闲、文化科普4大功能，为当地经济可持续发展奠定基础。项目建成后，每年客流量达到100万人次，民俗户收入净增150万元，将有效促进一产向三产的融合，促进农业与农村经济的发展，扩展就业渠道，增加农民就业机会，解决1500人以上农村农民工就业。

（王秀立）

佛子庄乡

【概况】 佛子庄乡位于房山区西北，东与河北镇交界，南连燕山办事处和周口店地区办事处，西邻南窖、史家营、霞云岭、大安山乡，北与门头沟区接壤。108国道贯穿全乡境内25.6公里。佛子庄乡地处太行山余脉，属中低山区，大部分区域为山前暖区，较适合农业的发展。境内山脉大部分为中低山脉，蕴藏着许多矿产资源，而且储量丰富。其中建材石灰石储量达50亿立方米，大理石储量1.8亿立方米，石板储量3亿立方米，原煤矿储量在400万吨以上，叶蜡石储量700万吨。

佛子庄乡辖区面积150平方公里。2009年，总户数7496户，其中农业户4117户，非农业户3379户。户籍人口15597人，其中农业人口8817人，非农业人口6780人。出生人口125人，出生率8.01‰；死亡人口190人，死亡率12.18‰；自然增长率-4.17‰。下辖村民委员会18个。

2009年，全乡农村营业收入8644.2万元，利润总额-687.7万元，税金87.4万元。人均劳动所得3117.7元。粮食播种面积296.4公顷，公顷产1570.5公斤，粮食总产量465.3吨。油料播种面积1.8公顷，总产量1000公斤。蔬菜播种面积6.13公顷，总产量38.7吨。干鲜果品总产量2391.5吨。2009年造林面积240公顷，四旁植树0.5万株，育苗面积0.7公顷。农机总动力3104.1千瓦。生猪出栏1286头，存栏2043头；羊出栏3529只，存栏9031只；鲜蛋产量145吨，肉类总产180.1吨。

全年固定资产投资3.59亿元，工业总产值312.53万元，主营业务收入322.06万元，利润总额61.04万元。

全乡有天然大理石、石板、化工、铸造、煤炭、石灰、矿泉水、旅游等多种行业，近百余种产品。境内的旅游资源主要有被誉为“华北地下明珠”的银狐洞和待开发的有北窖唐人洞、中英水英水岩溶洞等“喀斯特地貌”岩溶洞穴，有黑龙关龙神庙、上英水真武庙、东班各庄佛香禅寺等佛教文化古迹、中英水北台民俗度假山庄和上英水村旅游接待服务中心等配套设施。

佛子庄乡现有中心小学1所，教职工88人，在校生430人，入学率达100%。中心幼儿园1个，下设2个分园，入园儿童134

人。乡社区卫生服务中心1所，卫生服务站和卫生室18个，覆盖率达100%。

民间乡土文化有长操村的音乐会，大鼓会；陈家台村的小车会；东班各庄村的腰鼓会、叉会；北窖村的狮子会、吵子会、大鼓会、银音会等。2009年北窖狮子会被北京市政府评定为北京市第三批非物质文化遗产名录。

（马志江）

【佛子庄乡举办2009年二月二酬龙节】 2月26日，佛子庄乡举办2009年二月二酬龙节，此次活动首次特邀中国奇人艺术团、北京空竹协会表演艺术团等文艺团体，表演了呼啦圈、脚踏晃板表演、鼻子喝牛奶、眼睛喷字、眼睛吹灭蜡烛、吃灯泡、抖空竹以及二人转、评剧《杨三姐告状》等精彩节目，民间艺人表演了泥人、糖人、拉洋片、面人制作，来自佛子庄乡的银音会、叉会、大鼓会、狮子会等16档花会也奉献了精彩的节目。

（马志江）

【佛子庄蟹味菇实现出口】 3月19日，北京英良农业发展有限公司蟹味菇工厂化生产厂生产的蟹味菇，与房山地区其他几家企业的食用菌，打上“房山菌业”商标，首批1.5吨装箱开始向新加坡、泰国、马来西亚等东南亚国家出口，实现了佛子庄乡农副产品进军国外市场的“零”突破。

（马志江）

【建设竹柳繁育总部基地】 佛子庄乡竹柳种苗繁育基地加强合作和策划包装，以扩大规模，强化营销，努力开辟外埠市场为手段，打造最大、最强、最有把握的国家级林业品牌，截至2009年末，分别在山东、河北、宁夏、天津、山西等地建成5个总规模1250万株的竹柳繁育基地。

（晋嗣伯）

【乡中心幼儿园改造工程竣工】 5月26日，佛子庄乡举行中心幼儿园改造工程竣工仪式暨“六一”庆祝活动。佛子庄中心幼儿园组建于2005年8月，是在山区中小学资源整合的基础上，利用中心校搬迁后遗存的设施而建的，是佛子庄乡有史以来第一所标准化幼儿园。下设4个分园，占地面积5200平方米，建筑面积3262平方米。现有教职工31人，专任教师28人，大班5个、小班3个，在园幼儿97名。建园以来，共获集体荣誉13项，获个人荣誉64人次，其中，全国级6人次，市级3人次，区级55人次，2006年至2008连续两个学年度获房山区全面实施素质教育综合评价一等奖。

（晋嗣伯）

【5档花会进入市、区“非遗”名录】 6月，佛子庄乡北窖村灯花会、吵子会、大鼓会、银音会、狮子会5档花会被房山区政府批准为房山区非物质文化遗产；北窖狮子会于10月被列入北京市第三批非物质文化遗产名录。

（马志江）

【《美丽的青春》在佛子庄乡取景拍摄】 10月，电影故事片《美丽的青春》摄制组在佛子庄乡取景拍摄。该片以佛子庄乡关闭传统资源型产业、推进产业转型的光辉历程为背景，讲述了主人公辛美大学毕业后响应号召来到大山深处的金田峪村，当上一名“村官”。在看到村办企业——富民煤炭精选有限公司在带动一方富裕同时给当地生态遭到破坏后，克服重重压力历尽艰辛关掉洗煤厂，发展替代产业的艰辛历程，使金田峪村终于走出了可持续发展、社会和谐稳定的新路子，反映了当代大学生“村官”在新农村建设中历练成长的感人一幕和农村干部面对产业调整所作出的艰难抉择。

（晋嗣伯）

【水利部与佛子庄中心小学结对共建】 10月26日，水利部水文局与佛子庄中心小学举行“城乡统筹、共建文明”签字仪式。水文局发挥技术和人才优势，为该校开展了 3 次信息技术培训和指导，在学校建设多媒体数字图书馆系统方面提供了物质支持，同时开展了一次大型的水利水文科普活动，大力传播科学文化，不断拓宽学生的知识面，努力提高广大学生对社会的认知能力，实现了相互学习，相互借鉴，取长补短，共同提高。

（晋嗣伯）

良乡镇

【概况】 良乡镇南与窦店镇接壤，东与长阳镇接壤，北至长虹路与拱辰街道办事处接壤，西与阎村镇接壤。全镇总面积 33.9 平方公里。2009 年，总户数 8125 户，其中农业户 5449 户，非农业户 2676 户。户籍人口 15505 人，其中农业人口 12033 人，非农业人口 3472 人。出生人口 135 人，出生率 8.71‰；死亡人口 133 人，死亡率 8.58‰；自然增长率 0.13‰。下辖村民委员会 16 个。

2009 年，全镇农村营业收入 11.33 亿元，利润总额 575.4 万元，税金-1059.1 万元。人均劳动所得 8959.8 元。粮食播种面积 1189 公顷，公顷产 5907 公斤，粮食总产量 7023.1 吨。油料播种面积 24.33 公顷，总产量 5.5 万公斤。蔬菜播种面积 424.47 公顷，总产量 14245.5 吨。干鲜果品总产量 1815 吨。四旁植树 6.1 万株，育苗面积 3.4 公顷。农机总动力 15043 千瓦。生猪出栏 12889 头，存栏 6560 头；羊出栏 4596 只，存栏 2985 只；鲜蛋产量 706.5 吨，肉类总产 2173.1 吨。

全年固定资产投资 5.33 亿元，工业总产值 4.36 亿元，主营业务收入 4.43 亿元，利润总额 955.7 万元。

良乡镇交通发达，处于北京六环线南北两侧，六环路出口位于良乡镇域内，京广铁路、良常路、白杨东西路、长周路纵贯全镇，形成了便捷的交通网络。良乡镇工业发展迅速，全镇现有企业 55 家，其中镇工业基地内有梦幻三星涂装设备有限公司、北京考利特电气设备有限公司、企星冶金机电技术工程有限公司等 10 家千万元以上企业入驻。良乡镇有中学 1 所、中心校 1 所、小学 3 所、幼儿园 1 所，入学率均为 100%。在校生和幼儿 1261 人，教职工 161 人。有社区卫生服务中心 1 所，建筑面积 3323.6 平方米；标准化卫生室 16 个，乡村医生 25 人；邮政所 1 所；电管站 1 所。镇内设电信局 1 所，电信交换机总容量 5000 门，交换机实占总容量 87%；农村商业银行 1 所。全镇 90%以上村具备完善的文化体育设施。

（张国庆）

【垃圾碳化消解炉投入使用】 3 月 30 日，位于良乡镇工业基地的北京亿利康泰环保设备有限公司自主研发的垃圾碳化消解炉正式投入运营。该设备不用电、不用油、不使用任何燃料，对各种垃圾、废弃物进行碳化处理，吸引了全国各地企事业单位人员前来选购。

（张国庆）

【西石羊村道路改造完工】 4 月 5 日，良乡镇西石羊村 2009 年民心工程——道路改造工程正式启动。工程总投资 400 万元，新建中心路一条，填埋渣土 1.4 万立方米。硬化全村 11 条支路、胡同 2000 平方米。10 月底工程完工。

（张国庆）

【后石羊建成宿根花卉专业村】 良乡镇后石羊村在村绿化美化中，以打造全区最大的宿根花卉专业村为目标，大力栽植色泽艳丽、种类繁多、抗性极强的宿根花卉来增加农村绿化品位，实现村民致富增收。共投资 200 万元，在设施大棚四周、街心公园、绿地广场等地新种植符合地区生长的黑心菊、鸢尾、玉簪、马兰、金娃娃萱草等20余种宿根花卉6.67公顷，共100万株，形成宿根花卉群落。

（张国庆）

【富庄村以花为媒打造京南月季第一村】 良乡镇富庄村以花为媒，大力发展月季花卉产业，通过打造月季花卉主题公园、建花卉展销市场和培育花卉、苗木生产基地，实现全村三季有花、四季常绿，村民生态宜居和创业增收双盈，年底各种月季达10万株。

（张国庆）

【良乡镇内种植油葵13.33公顷】 7月，良乡镇黑古台村百亩油葵主题公园对外开放。该镇以打造优美环境、助农增收为主线，分别在后石羊、黑古台、鲁村、南刘庄、小营5个村种植13.33公顷油葵，吸引众多游客前来观光采摘，实现利润100万元。

（张国庆）

【种植天价葡萄0.67公顷】 北京满庭芳生态观光园位于房山区良乡镇刘丈村，离西六环良乡出口2公里。园区面积17.33公顷，主要种植优质无核葡萄和冬枣。葡萄全园采用套袋、无公害种植。园内种植天价葡萄0.67公顷，天价葡萄学名瑞锋无核葡萄，单果重可达12克左右，果粒近圆形，紫红色，果肉脆，多汁，无涩味，口味酸甜，有草莓香味。

（张国庆）

十渡镇

【概况】 十渡镇位于房山区西南，东与张坊镇为邻，南与河北省涞水县接壤，北与蒲洼乡、霞云岭乡为邻。辖区面积193平方公里。2009年，总户数6272户，其中农业户4073户、非农业户2199户。户籍人口11275人，其中农业人口8419人，非农业人口2856人。出生人口103人，出生率9.14‰；死亡人口91人，死亡率8.07‰；人口自然增长率1.06‰。下辖村民委员会21个。

2009年，全镇农村营业收入6.10亿元，利润总额1660.8万元，税金419.0万元。人均劳动所得6964元。粮食播种面积476.13公顷，公顷产2532公斤，粮食总产量1205.5吨。油料播种面积3.47公顷，总产量0.9万公斤。蔬菜播种面积44.8公顷，总产量1486.1吨。干鲜果品总产量798.9吨。2009年造林面积206.7公顷，四旁植树2万株，育苗面积3.1公顷。农机总动力5574.6千瓦。生猪出栏851头，存栏1114头；羊出栏6600只，存栏15598只；鲜蛋产量76.5吨，肉类总产176.9吨。

全年固定资产投资3.89亿元，工业总产值590.50万元，主营业务收入583.92万元，利润总额 23.12万元。

十渡镇处于太行山深山区，地势西北高，东南低，最高处海拔1245.8米，最低处海拔90余米，这里资源丰富，概括的讲就是自然风景独特、文化底蕴丰厚、生物资源殷实、社会条件优越、发展基础良好。自然风景独特。这里以独特的喀斯特地貌称绝，是华北地区最大的岩溶峰林大峡谷。这里山奇水秀，谷壁峭立，峰林叠翠，石美洞幽，风景如画的风景区使十渡的旅游业得到了迅速的发展。2009年景区共接待游客148万人，实现旅游综合收入2.83亿元。

十渡生物资源殷实。以“大红袍花椒、磨盘柿、流水养鱼”为主，年产花椒6万公斤，素有“椒乡”之称。

十渡镇现有中心小学1所，教职工65人，教学班13个，学生328人，住宿生221人。现有中心幼儿园1所，分园2所，教职工27人，共有6个教学班，入园儿童152人。现有镇成人学校1所，教职工6人。有社区卫生服务中心1个，社区卫生服务站4个职工50人。

另有村卫生室12个，健康促进室4个。

2009年基层文化体育设施建设进一步完善，增加4套健身器材。全面规划各村文化大院，完成了5个村级文化大院建设。培育培养农民文化体育队伍，丰富群众文化生活；积极配合区文委、体育局的文体活动，组织了5场镇级大型文化活动。

（杨新潮）

【市妇联慰问十渡镇贫困儿童】 1月4日，市妇联主席赵津芳到十渡镇走访慰问了七渡村老妇救会主任、西庄村巧姑靓嫂旅游示范基地妇女及九名贫困儿童。市、区领导详细了解了妇女儿童的生活情况，并送去了粮、油等慰问品及慰问金3万元。

（杨新潮）

史家营乡

【概况】 史家营乡位于、房山区西北部山区，距区政府 65 公里，西北两面与门头沟区接壤，东邻大安山乡和佛子庄乡，南接霞云岭乡。全乡总面积109.87平方公里。2009年，总户数5066户，其中农业户3704户，非农业户1362户。户籍人口11101人，其中农业人口8921人，非农业人口2180人。出生人口127人，出生率11.44‰；死亡人口97人，死亡率8.74‰；人口自然增长率2.7‰。下辖12个村民委员会。

2009年，全乡农村营业收入5.71亿元，利润总额1.21亿元，税金1782.5万元。人均劳动所得14825.2元。粮食播种面积201.87公顷，公顷产807公斤，粮食总产量163.0吨。干鲜果品总产量450吨。2009年造林面积200公顷，四旁植树1.8万株。农机总动力10千瓦。生猪出栏752头，存栏939头；羊出栏4199只，存栏3432只；鲜蛋产量9吨，肉类总产115.1吨。

全年固定资产投资2.63亿元，工业总产值3.59亿元，主营业务收入3.56亿元，利润总额8057.17万元。

全乡地处太行山系白花山脉东南麓，地势西高东低，境内山峦起伏，沟壑纵横，山体走向为东北——西南，山峰高度一般都在500米至800米之间，属低山地貌，是大石河北支源头。最高处海拔1991.8米，最低处海拔359米。年最高气温月平均26.5℃，最低气温月平均6.4℃。史家营乡是重点产煤乡镇，现有 12座规模以上煤矿。

史家营乡积极应对煤矿关闭退出等不利因素，面对产业转型的严峻形势，及时对全乡功能定位和发展战略进行了调整，全力建设“生态旅游之乡、文明宜居之乡、友好产业之乡”，全面实施“生态立乡、产业强乡”两大战略，全力做好“品牌旅游、生态环境、安全稳定、城乡联动”四篇文章，依托生态资源和资金优势，加快实施产业结构调整。在山内累计投资4亿元对圣莲山、百花山两大景区进行了开发建设，依托两大景区拉动，乡村旅游、特色种植、绿色养殖、旅游产品加工等产业得到了有序发展；在山外通过搭建平台，引导民营资本，参与良乡新城建设，发展设施农业、都市工业、房地产等新型产业。

2009年，史家营乡生态环境建设取得明显成效，全乡环境面貌得到极大改善。同时，不断完善基础设施建设，村村修通了柏油路，程控电话入户率达98%，移动网络覆盖率达95%。

（陈云海 李宝芬）

【威风锣鼓队】 5月，史家营乡投资15万元组建了110人的“史家营乡威风锣鼓队”，并聘请临汾的知名教练前来传授技艺。

从杨林水村挑选出一批文艺爱好者进行培训，经过教练悉心指导和队员们认真刻苦的训练，形成了一只粗犷、镖悍、雄奇，独具自然特色的威风锣鼓队。

（陈云海　李宝芬）

【基础设施工程完成】　完善基础设施，全面推进全乡11个市级新农村重点建设村建设步伐。全面硬化圣莲山路段、史家营、秋林铺及元阳水村环村公路。完成道路硬化面积22.25万平方米；街坊路绿化8.65万平方米；铺设输水管线3626余米，排水管线1300余米；安装太阳能路灯230盏。建联村供水深水井工程，实施安全供水。全乡累计投入资金1300余万元。

（陈云海　李宝芬）

【北京灵珍源保健食品有限公司投产】北京灵珍源保健食品有限公司位于圣莲山脚下，具有现代经营管理水平和利用高科技手段专业研发、生产、加工、销售为一体的企业。拥有自己的现代化厂房和国际先进技术的生产线。拥有一大批优秀的专业科研和管理人才。2009年投资2800万元，收益300万元。采用北京寿春堂医药保健品公司专利技术，以纯天然“中草药”为主的保健茶研制与开发。其主导产品有“黄芩茶”“养颜茶”“护肝茶”“清泉茶”“清咽茶”“清脂茶”等。

（陈云海　李宝芬）

【区动监局向史家营乡捐赠1万尾鱼苗】4月28日，区动监局无偿向史家营乡柳林水村捐助1万尾花白鲢鱼苗。1万尾鱼苗，全部纯天然饲养，利用水库内自有资源存活。此次投放的鱼苗长大后可开展垂钓，可有效带动该村民俗旅游及餐饮业发展，人均可增收200元左右。

（陈云海　李宝芬）

【史家营乡200公顷荒山造林工程完工】5月13日，史家营乡200公顷荒山造林工程完工。工程涉及鸳鸯水、杨林水、柳林水、青林台、金鸡台5个村的荒山区，共栽植元宝枫、侧柏、油松、黄栌、火炬等苗木20余万株。为保证树木有效存活，架设了3台水泵，铺设输水管线2700米，使用有机肥200吨、生根粉177袋、保水剂5.1吨及地膜308捆。

（陈云海　李宝芬）

【地质环境治理工程通过验收】　12月18日，市国土局组织专家组检查验收史家营乡西岳台村榆东坡废弃煤矿地质环境治理工程。经过专家组仔细评审，该工程通过专家组验收。工程总投资943.73万元，治理面积约20公顷，对地面塌陷及地裂缝、矸石堆及环境进行集中治理。建设工程全面完工，工程新增农用地面积20公顷。

（陈云海　李宝芬）

【鸳鸯水村美鹿养殖基地建设工程完工】5月19日，史家营乡鸳鸯水村美鹿养殖基地开园。基地占地面积8公顷，投资260万元。完成鹿舍、混凝土围墙、围栏、道路、办公室等基础设施建设。一期引入60头梅花鹿进行散养。美鹿基地力争在3年内达到1000头梅花鹿、300头狍子的养殖规模。基地将围绕梅花鹿加工开发鹿酒、鹿茸等一系列鹿产品。美鹿养殖基地将打造成集驯养、旅游观光、特色餐饮、特色产品为一体的特种基地，有效带动鸳鸯水村经济发展。

（陈云海　李宝芬）

霞云岭乡

【概况】　霞云岭乡位于房山区西部深山区，大石河上游。东与南窖乡、周口店镇、韩村河镇相连，西南与蒲洼乡、十渡镇和张坊镇接壤，北与史家营乡、佛子庄乡相邻，西北与河北省涞水县和门头沟区毗连。乡政府驻地霞云岭村距区政府约65公里。108国道贯穿全乡，境内全长44公里。乡域面积218平方公里，占全区总面积的1/10。2009年，总户数5242户，其中农业户3846户，非农业户1396户。户籍人口10700人，其中农业人口8682人，非农业人口2018人。出生人口67人，出生率6.26‰；死亡人口119人，死亡率11.12‰；自然增长率-4.86‰。村民委员会15个。

2009年，全乡农村营业收入3.31亿元，利润总额1181.2万元，税金600.3万元。人均劳动所得7824.5元。粮食播种面积1416.2公顷，公顷产729公斤，粮食总产量343.8吨。蔬菜播种面积15.46公顷，总产量125吨。干鲜果品总产量2399.7吨。2009年造林面积367公顷，四旁植树2万株。农机总动力1837千瓦。生猪出栏668头，存栏637头；羊出栏4697只，存栏11547只；鲜蛋产量35吨，肉类总产130吨。

全年固定资产投资4.10亿元，工业总产值9399.27万元，主营业务收入9153.29万元，利润总额918.29万元。

地势西北高，东南低，最高处白草畔五指峰海拔2161米。主要地貌类型为石灰岩山地，峰峦延绵、沟壑纵横。霞云岭村设有房山山区唯一一个气象观测站。气候与房山平原迥异，为典型山地气候，年平均气温10.80℃，无霜期150天左右，年平均降水量657.3毫米。由于受地形影响，长年盛行东南风。因多高山密林，是房山区主要野生动物栖居地之一，境内有狼、獾、野猪、狍子以及豹子等动物。主要矿产资源有煤、灰禄岩、石英石等。全乡有基层党支部18个，并按经济社会发展区域设有5个联合党总支。全乡生态环境良好，旅游资源丰富，主要有天然次生林、灌林木、油松林、落叶林等，林木覆盖率73.19%，拥有亚洲食鱼蝙蝠大足鼠耳蝠研发与保护基地。

干鲜果品主要有核桃、仁用杏、红宵梨、柿子、栗子、花椒、红果等。2009年硬化道路13公里。全乡有邮政所1所，供电所1所。有完全小学2所，中心幼儿园1所，下设分园4所，现有教学班12个，在校学生247人，住宿学生220人，教职工80人，升学率100%。全乡有成人教育学校1所，村级成人学校9所，教职工8人。有卫生院1所，下设3个社区卫生服务站（堂上、四马台、龙门台）。有村医疗室10个，健康促进室1个，乡村医生25人。卫生技术人员30人，病床20张。

（杨培培）

【乡中心小学安装直饮水设备】 霞云岭中心小学是霞云岭乡唯一一所小学，共有学生247人，其中住宿生220余人，学校集资5万元购入了直饮水设备2台。该设备通过反渗透膜技术经过三级（PP+KDF+活性炭）过滤和高温杀菌处理造成纯净水，并将水烧至100℃后冷却至适宜饮用的温度，其特点是健康、安全、方便，确保校园师生健康安全。

（郑杰东 杨培培）

【四马台村农副产品加工厂建成】 该加工厂总投资1000万元，厂区建筑面积1600平方米，有冷榨车间、热榨车间及杏仁粉生产加工车间，通过对该村和乡域内的仁用杏、核桃等干鲜果品和小杂粮进行特色深加工，提升农副产品附加值。该项目完工后，年可完成杏仁粉生产1000吨，实现产值8000万元；压榨核桃油100吨，实现产值300万元；完成杏仁油生产及精炼400吨，实现产值1.2亿元。解决当地100余人就业。

（郑杰东 杨培培）

【荒山造林工程完成】 工程总投资3300万元，造林面积366.67公顷，涉及全乡15个村，共栽植油松、侧柏、黄栌、元宝枫、火炬、白腊、杏树、枣树共计37万多株。

（郑杰东 杨培培）

【霞云岭乡小流域综合治理工程完成】 该工程涉及石板台、银水两个村，总投资800万元，总治理面积16平方公里。整修梯田32公顷，栽植经济林27.3公顷，建谷防坝6座，砌护坡700延米，绿化植树3450株，硬化道路6000平方米。工程年底全部完成。

（郑杰东　杨培培）

【龙门台村整建制搬迁】 工程于6月开始动工，总建筑面积约3万平方米，其中住宅面积约2万平方米，共建两层别墅48栋，包括一居、两居、三居3种户型，改变了原来独门独院的建筑格局。这样既节省了占地面积，又节省了工料，还有利于冬季室内保温，节约能源消耗量。建成后将实现人均约40平方米住房面积，彻底改善了全村207户，494人的住房环境。全部工程10月底完成。

（郑杰东　杨培培）

【加大环境整治力度】 一是结合108国道大修工程，建停车港湾12处，修建排水沟17公里，铺设排水管线350米，硬化路肩2万平方米，建绿化带2.5万平方米，砌挡水墙35.6万立方米、护坡墙3.9万立方米。二是实施了8.7公里村级道路硬化和中心小学210平方米漫水桥建设工程，全乡村级道路硬化达到73%。三是实施上石堡、石板台小流域综合治理工程，总治理面积16平方公里，通过清淤处理，蓄水量达到8.3万立方米。

（郑杰东　杨培培）

【打击私挖盗采】 一是重检查，乡矿山管理部门联系执法队对乡域内的矿山企业进行突击检查，未发现私挖盗采现象。对存在安全隐患的企业要求立即整顿，并采取了断电、断路等措施严防私挖盗采。二是重责任，建立了乡党政班子领导、矿管办工作人员、执法人员、村干部四位一体监管机制，按照属地管理的原则，细化工作，责任到人，确保不出现私挖盗采。三是重教育，加强对企业负责人、职工进行安全生产知识培训，切实提高广大职工的安全生产意识和自保意识。四是重宣传，通过广播、发放宣传材料等方式，号召全乡党员干部群众加入到打击非法开采工作中来，乡政府设立群众举报电话，加强社会监督。

（郑杰东　杨培培）

【九项措施专项治理工程建设领域突出问题】 一是规范工程建设项目决策行为，通过加强项目建设程序监管，加强节能评估，健全重大项目决策制度，向社会公示建设项目信息等手段，建立科学有效的工程建设环境；二是规范招投标活动，确保依法应公开招标的项目实行公开招标；三是规范土地使用权，矿业审批权和出让行为，建立健全统一规范的土地、矿业权等要素市场，完善土地审批、供应、使用等管理和矿业权管理；四是规范城乡规划管理工作，依法对城乡规划的制定、审批、修改进行行政管理，采取论证会、听证会、座谈会、公示等多种形式听取社会各界意见、建议；五是加强工程建设实施和工程质量管理；六是加强工程建设安全管理，督促企业完善并落实安全生产责任制；七是加强物资采购和资金安排使用的管理，严格概算，预算管理；八是推进工程建设项目信息公开和诚信体系建设；九是加大违法案件的查办力度，健全协调办案机制，严肃查处工程建设领域典型案件。

（郑杰东　杨培培）

【108国道霞云岭段大修工程完成】 108国道霞云岭段大修工程共45公里，涉及11个村，整修后的道路从根本上改善了多年来路面存在的大面积龟裂、网裂、沉陷、坑槽等现象，共修建停车港湾12处，完成道路周边绿化4000平方米。

（郑杰东　杨培培）

【霞云岭乡四项措施确保劳动力实现就业】

一是加大政府引导，通过产业发展拉动、重点工程建设推动、开发公益性岗位，安排

4000余名劳动力就业，使全乡富余劳动力实现全部就业。二是加强专业技能培训，依托乡成人职业教育学校和农民业余文化学校，开展劳动技能和农民实用技术培训，举办农村富余劳动力转移、果树管理、旅游服务等培训班，共培训3000余人次，农民从业实用技能得到了进一步提升。三是加大劳务输出，通过乡社会事务保障所和劳动力信息市场平台，全年共输出劳动力270人。四是对20名就业困难的城镇失业人员实施了就业援助，安置22人，职业指导64人，推荐就业岗位14个，实现了全乡劳动力全部就业。

（郑杰东　杨培培）

大安山乡

【概况】 大安山乡位于房山区西北部深山区，属太行山余脉，位于百花山中山地带，大石河流域，北面老龙窝、寺上梁、大寒岭与门头沟区交界，西有大塌梁与史家营乡接壤，南、东两面与佛子庄乡为邻。乡内主要公路是红大公路，乡政府距108国道15公里。现有村级公路8条，总长度28公里。辖大安山、西苑、赵亩地、寺尚、中山、水峪、瞧煤涧、宝地洼8个行政村和大安山矿社区，乡政府所在地在大安山村。辖区面积70平方公里。2009年，总户数3746户，其中农业户1441户，非农业户2305户。户籍人口8989人，其中农业人口3136人，非农业人口5853人。出生人口78人，出生率8.86‰；死亡人口193人，死亡率21.47‰；自然增长率-12.79‰。

2009年，全乡农村营业收入4805.6万元，利润总额3935万元，税金0元。人均劳动所得3923.9元。粮食播种面积145.33公顷，公顷产586.5公斤，粮食总产量85.3吨。蔬菜播种面积15.13公顷，总产量88.4吨。干鲜果品总产量79.6吨。2009年造林面积235公顷，四旁植树10.3万株。农机总动力368.1千瓦。生猪出栏1391头，存栏413头；羊出栏1587只，存栏1572只；鲜蛋产量24.2吨，肉类总产202.3吨。

全年固定资产投资1.15亿元，工业总产值400万元，主营业务收入400万元，利润总额100万元。

大安山乡属深山区，地形地貌复杂，地势起伏，山势陡峻，西高东低，境内海拔最高点老龙窝1645.8米，最低海拔点274.6米，相对高差1371.2米，无霜期180天左右，常年降雨量550毫米左右，年平均气温11摄氏度。

全乡有小学1所，在校生602人，教职工71人，幼儿园2所，在校生63人，教职工11人；社区卫生服务中心1所，社区卫生服务站（室）1个，卫生技术人员17人，病床21张。村级文化广场8个，体育综合场馆1所，篮球场5座、篮球队8个、秧歌队8个。村级数字影院8个。

（加培培）

【优质核桃基地建设工程完工】 2009年，克服极端干旱天气造成的困难，完成乡域东部瞧煤涧、宝地洼、中山和水峪4个村158公顷10.52万株优质核桃苗木栽种工作，全乡核桃树总量达到21.12万株，实现人均拥有30株核桃树的目标。同时，抓好核桃树苗的日常养护管理，全面采取了埋土、包裹的越冬措施；继续实施老核桃树的挖潜改造，老树产量有明显增加。

（加培培）

【发展绿色农产品生产】 依托巷道蘑菇的品牌，建成了菌棒生产、农产品工厂车间，发展蘑菇巷道15条，年产鲜菇45万公斤，形成了菌棒生产、蘑菇种植、产品加工和销售产业链条，实现年产值近300万元。成功注册“安山绿苑”商标。小白平菇、秀珍菇、绿豆、红小豆、大豆、谷子等9种农产品通过了无公害农产品认证。生产、加工、销售蜂蜜、杂粮、干果、柴鸡蛋、巷道蘑菇等各类农产品，销售收入70多万元。

（加培培）

【精品肉鸽基地建设工程】 年内，大安山乡全力打造“北京鸽乡”。新建鸽舍5栋、2000平方米，种鸽存栏达到2.6万对，出栏肉鸽1万羽，形成综合效益200万元。完善种鸽繁育、菜鸽饲养、产品加工和销售等各环节，编制了大安山乡鸽产业发展规划初稿，完成商标注册和无公害农产品认证程序，启动鸽文化博物馆建设选址和规划设计工作。

（加培培）

【投资955万元用于中小学建设】 年内，大安山乡投资955万元用于中小学建设。一是投资490万元改善中心小学教学条件，其中旱厕改造20万元、活动室等装修费用50万元、新建塑胶跑道150万元、解决饮用水投资270万元。二是365万元翻修乡第二小学，此次改造是该校成立30余年来第一次翻修，更换上下水管道、供电线路、加固房顶、更换学校大院护网，使该校硬件建设水平达到有关部门标准。三是投资100万元对乡幼儿园进行了迁址，并购买了教学办公用品和大型游乐设施。

（加培培）

【新农村建设】 全乡7个村共完成投资2179.4万元，硬化道路19.5万平方米；完成街坊路绿化14.15万平方米，主要栽植垂柳3万株、快柏4万株、地锦3万株；完成公厕改造10座；建村民文化室7处，健身广场8个；建数字影院6个；完成8个村邮站建设；建小型户用沼气池50座；建太阳能公共浴室一处；完成134盏太阳能街巷灯设计和安装；全面实行了新型农村合作医疗，参保率100%。各村结合自身的实际情况，成立了护村队伍、卫生管护、清洁队伍，建立了长效管理机制，设立了建后有人管的管理服务体系。

（加培培）

【巩固煤矿关闭成果】 一是充分发挥好乡党委政府在打非中的坚强核心作用。坚持一手抓打击偷挖盗采，一手抓生态产业发展，统筹安排矿山安全管理与产业转型，在保持煤矿关闭成果的同时，初步实现了生态产业发展的良好开局；二是重视发挥基层党组织和广大党员干部的中坚作用。各村党组织成为打击偷挖盗采重要堡垒，专职村干部全力配合矿山巡查大队开展工作；坚持把打非成效与在职党员干部考核挂钩，纳入考评指标；三是切实发挥乡矿山巡查大队的先锋队作用。通过军训、落实奖惩措施、开展专题学习教育活动等，有效提高了战斗力。坚持节假日不休息，昼夜巡查不放松，始终保持了打非工作的高压态势。同时，实行外来务工人员登记制度，结合西沟封堵大坝、东沟口检查站的科技防范手段，全面控制了非法务工人员的进入，阻断了原材料上山和煤炭外运通道，全乡偷挖盗采行为得到有效控制。

（加培培）

【解决劳动力就业问题】 大安山乡积极应对产业转型过程中乡办企业缺失、转型项目刚刚起步等造成就业空间有限的困难，坚持村吸纳一批。在实施重点工程、开展新农村建设中尽量安置当地群众；坚持乡安置一批。通过开发就业岗位，充分利用政策转岗就业等，实现劳动力在当地就业；坚持向外输出一批。通过城乡“手来手”职业介绍、举办招聘会等形式，以及企业定向招聘、招工等多种办法，推动劳动力向外输出，使劳动力在外地实现就业。实现季节性就业1500人，劳动力就业率继续保持在95%以上。

（加培培）

【大安山乡矿区存煤清运任务完成】 6月15日起，大安山乡历时5个月完成采区内封存原煤和采矿设备清运工作，共清运存煤30余万吨，煤矸石8万吨；清理装载机21台，卡车12辆，机动三轮车3辆，粉碎机4台，电机等矿用设备和坑木23车，清理看场人员45人。

（加培培）

南窖乡

【概况】 南窖乡位于房山西北部深山区，山体呈东北——西南走向，连绵完整，岭谷相间排列分明。距良乡卫星城45公里，通过红南公路与108国道相连，东邻佛子庄乡，西与霞云岭乡接壤，南与周口店镇交界。辖区面积40平方公里。2009年，总户数3248户，其中农业户1621户，非农业户1627户。户籍人口7003人，其中农业人口3390人，非农业人口3613人。出生人口68人，出生率9.71‰；死亡人口68人，死亡率9.71‰；自然增长率0。下辖8个村民委员会。

2009年，全乡农村营业收入1.11亿元，利润总额2016.1万元，税金968.1万元。人均劳动所得4837.8元。粮食播种面积61.6公顷，公顷产1483.5公斤，粮食总产量91.4吨。蔬菜播种面积10.93公顷，总产量19.9吨。干鲜果品总产量1498.4吨。2009年造林面积87公顷，四旁植树1.2万株。农机总动力249.6千瓦。生猪出栏755头，存栏380头；羊出栏365只，存栏936只；鲜蛋产量11.4吨，肉类总产61.5吨。

全年固定资产投资9410万元，工业总产值6569.57万元，主营业务收入6596.95万元，利润总额653.79万元。全乡有煤炭企业2家；煤矸石综合利用加工厂累计销售煤矸石6万吨，实现收入135万元；板栗加工厂完成二期工程；新建纸箱厂1个。

2009年，南窖乡继续发展“高山现代农业”，完善九九桃王、京枣39等八大农业基地基础设施建设，新发展核桃、美国扁桃等特色种植66.67公顷，新种植桃树、薄皮核桃1万棵，嫁接树苗6000株，硬化上山路面总长4400米；建设6600平方米高山联栋温室大棚一座，建成了特色养殖小区4个，同时，按照百村帮扶工作要求，扩大了肉鸭养殖场的规模，完成了花港药材种植基地建设。南窖乡打造以水峪古宅古碾古中幡为代表的民俗旅游业，设计修建了标志性大门，建设了拓展训练基地，恢复了古商道遗址，购置了观光旅游车，完成停车场和接待中心建设。建设花港桃园接待中心、中窖红岭佛山景区和三合村青港沟风景区的旅游基础设施建设；举办第四届金秋采摘节，扩大了旅游产业知名度。2009年，全乡接待游客1.5万人次，实现旅游综合收入120多万元。

南窖乡有区级公路11公里，乡级公路18.3公里。8个村全部安装有线电视，无线通讯网络覆盖全乡，有深水井14眼，大口井7眼，充分保障了群众生产生活用水。

南窖乡有中心幼儿园1所，入学儿童86人，幼儿教师16名，达到市级标准；寄宿制中心小学1所，软、硬件全部达标，实现规模办学的要求，在校生181人，教职工33人，升学率达到100%；有成人教育职业学校1所，教师6人；成人教育作为全国成教协会理事单位参加了全国的成果展示。社区卫生服务中心1所，建筑面积2600平方米，医务人员24人，村级卫生室5个，社区卫生服务站2个，实现了全乡医疗设施覆盖100%。

南窖乡8个村均有文化中心、数字影院，

有 14 支文艺表演队伍。全年开展庆新春文艺演出、周末大舞台及迎国庆系列文艺活动，组织观看各类教育影片 30 场，组织、参与各类文化体育活动 50 场，水峪中幡出色完成了国庆汇演任务。

（闫伟群　刘兴娜）

【南窖村物业服务公司成立】　3 月，由乡、村两级出资 25 万元，成立了南窖村物业服务公司，是北京市山区农村首个物业服务公司。主要负责对村内街道、饮水排污管线、广场、公厕等设施的日常管理与维护，并承担全村环境保洁和垃圾清理工作。拥有员工 36 人，电动垃圾清运车 1 辆。

（闫伟群　刘兴娜）

【水峪村迎来首批游客】　9 月 20 日，水峪村迎来了首批游客，110 多名游客到南窖乡进行了参观旅游。游客们参加了义务植树、参观当地历史文化古宅、古碾、女子队中幡表演、篝火晚会和观看电影等活动。

（闫伟群　刘兴娜）

【水峪村中幡队参加首都国庆 60 周年联欢活动】　南窖乡水峪中幡队参加首都国庆 60 周年群众联欢特色文化展示活动。参演的 40 多名队员把传统武术和杂技动作与中幡表演巧妙结合，创作出了“站肩乌龙绞柱”“左右大盘肘”“卧看巧云”等高难动作，使表演的整套动作更加和谐完美，更具有艺术性和观赏性。

（闫伟群　刘兴娜）

【三合村村民回迁上楼】　三合村于 1998 年因采空区整建制搬迁到拱辰街道于管营村，2003 年，在高教园区工商大学建设中，三合村先期拆迁了村委会、商贸公司和 10 户村民住宅。2007 年，在高教园区建设 16 号路时，三合村拆迁了 36 户村民任宅，按照高教园区中央设施区拆迁工作要求，从 10 月 10 日起，三合村进入第 3 次整体拆迁阶段。三合村搬迁至于管营村已经 10 年，期间经历了煤矿关闭和二次拆迁，全村群众顾全大局，积极配合良乡高教园区的开发建设，截至年底三合村完成第 3 次拆迁任务，全体村民回迁上楼。

（闫伟群　刘兴娜）

蒲洼乡

【概况】　蒲洼乡位于房山区西南部边远深山区，东邻霞云岭乡，南与十渡镇旅游风景区相接，西与河北省涞水县马各庄村相邻，北与河北省涞水县南边桥村接壤。地势西北高东南低，四周群山林立，海拔 407 米至 1870 米之间，素有北京的“小西藏”之称，乡域总面积 63 平方公里。2009 年，总户数 2465 户，其中农业户 1777 户、非农业户 688 户。户籍人口 4585 人，其中农业人口 3691 人，非农业人口 894 人。出生人口 35 人，出生率 7.63‰；死亡人口 35 人，死亡率 7.63‰；自然增长率 0。辖村民委员会 8 个。

2009 年，全乡农村营业收入 3737.5 万元，利润总额-66.5 万元，税金 7.1 万元。人均劳动所得 2612.5 元。粮食播种面积 165.6 公顷，公顷产 1081.5 公斤，粮食总产量 179.2 吨。蔬菜播种面积 26.86 公顷，总产量 262.8 吨。干鲜果品总产量 115.7 吨。2009 年造林面积 17 公顷，四旁植树 3 万株。农机总动力 574 千瓦。生猪出栏 379 头，存栏 514 头；羊出栏 1275 只，存栏 6857 只；鲜蛋产量 22.1 吨，肉类总产 63.3 吨。

2009 年固定资产投资 5543 万元，工业总产值 72.73 万元，主营业务收入 74.94 万元，利润总额 36.36 万元。全乡有煤炭、建材、汽修、山野菜加工厂等行业。山野菜加工厂产品主要有花椒芽、香椿、木兰菜、茼蒿、霸王菜等 20 多种，远销河北省、天津市、北京郊区等各大商场、宾馆、饭店，备受广大消费者青睐。

全乡文教卫生事业发展较快，有中心幼儿园 1 所，幼儿班 1 个，入园儿童 8 人，入园率达 100%；寄宿制完全小学 1 所，学生 107 人，入学率 100%，巩固率 100%，及格率 96%。中心卫生院 1 所，医务人员 8 人，卫生覆盖率为 100%。山村文化娱乐中心 8 处，村级文化大院 4 处，安装体育健身器材 13 套。邮政所 1 个。

蒲洼乡交通较发达，108 国道和张宝公路呈“T”型贯穿全境，其中国防路 23 公里，张宝公路 17.6 公里，乡村级公路 117 公里。水泥硬化进村路 15 条，实现了“村村通”。

（张靖）

【蒲洼山野菜繁育基地建成】 年内，蒲洼乡建立了集山野菜研发、育苗、试验示范、种植推广、加工配送于一体的蒲洼山野菜繁育基地。该基地占地面积 8.67 公顷，建成温室大棚 33 栋、阳光棚 10 栋，完成集雨工程 1 处，打井 1 眼，修建排水沟 3000 米，道路 2400 平方米，铺设节水管路 3.5 万米，完成木兰芽育苗 1 万株、霸王菜育苗 6 万株、山桃树育苗 5000 株、核桃树育苗 1 万株。

（张靖）

【东村种植林下食用菌 33.33 公顷】 蒲洼乡东村在海拔 1200 米的高山松树林地带种植塑膜覆盖食用菌 33.33 公顷，生长期从 4 月中旬延至 10 月中旬，生产系列品种香菇 15 万公斤，年收入 75 万元。解决 35 人就业。

（张靖）

新镇街道办事处

【概况】 新镇街道辖区位于房山区的东部，距房山区政府 9 公里，东、南、西三面与阎村镇接壤，北距青龙湖镇仅 4 公里，是一个北高南低的半丘陵地带。辖区面积约为 1.72 平方公里，分为中国原子能科学研究院的工作区和生活区。

生活区内设 2 个居民委员会，有居民楼 126 栋，总户数 4795 户，常住人口约 1 万人。2009 年，出生人口 80 人。有社区居委会 2 个。生活区内九成居民为原子能院的职工及家属，其中科技人员较多，文化层次较高；同时，老年人占总人口比例已达 20%以上，是一个典型的老龄化社区。

为丰富居民生活，街道社区时常开展种类繁多的文体活动，深受居民欢迎。同时，生活区内各类文体设施建全，设有老年活动站、儿童乐园、游泳池、篮球场、中心花园、室内运动馆、室外健身场、足球场等，足球场还铺设了人工草坪，能够举行大型的体育运动会。此外，生活区内各类教育、生活、福利设施齐全。有研究生院、中学、小学、幼儿园；有浴室、煤气站、书店、邮局；有职工医院、招待所、商场、银行；另有各种维修、服务和餐饮行业，在辖区附近有 2 个集贸市场，经营品种齐全。生活区内还铺设了闭路电视网和宽带网，能够收看 64 个频道的节目，极大地丰富了居民的业余生活。辖区内楼房林立，环境优美，三季有花，四季常绿，林木覆盖率达 40%，被评为首都绿化先进单位和花园式单位。

街道辖区除原子能院生活区外还包括原子能院工作区。中国原子能科学研究院隶属中国核工业集团公司，系全额拨款事业单位，在职职工 3000 余人，其中高级科研与工程技术人员 600 余人，博士生导师 110 余人，两院院士 4 人。

新镇地区交通便利，有市郊干线 917（天桥至河北镇）、971（刘家窑至坨里镇）在此通过，除有公交车线路外，社区内定时有原子能院进城班车，出行十分方便。

（张巍）

佛子庄乡上英水村北京英良农业发展有限公司白玉菇车间

主要组织机构及领导名录

2009 年房山区主要组织机构全称及简称对照表

区委机构

表 2

全称	简称
（一）工作机构	
中共北京市房山区纪律检查委员会机关	区纪委
中共北京市房山区纪律检查委员会办公室	区纪委办公室
中共北京市房山区纪律检查委员会领导干部廉洁自律工作室（房山区领导干部廉洁自律办公室）	区纪委干部廉洁自律室
中共北京市房山区纪律检查委员会宣传教育室	区纪委宣教室
中共北京市房山区纪律检查委员会纠正部门和行业不正之风工作室（房山区人民政府纠正行业不正之风办公室、区“三服务”活动领导小组办公室）	区纪委纠风室
中共北京市房山区纪律检查委员会信访室（房山区人民政府举报中心）	区纪委信访室
中共北京市房山区纪律检查委员会执法监察室	区纪委执法监察室
中共北京市房山区纪律检查委员会案件检查室	区纪委案件检查室
中共北京市房山区纪律检查委员会案件审理室	区纪委案件审理室
中共北京市房山区委员会办公室	区委办
中共北京市房山区委员会组织部	区委组织部
中共北京市房山区委员会宣传部	区委宣传部

续表2

全　称	简　称
北京市房山区精神文明建设委员会办公室（挂靠中共北京市房山区委员会宣传部）	区文明办
北京（房山）历史文化旅游集聚区规划建设管理办公室（2月成立，政府工作机构，不占机构数，挂靠区委宣传部）	集聚办
中共北京市房山区委员会统一战线工作部（中共北京市房山区委员会台湾工作办公室挂北京市房山区人民政府台湾事务办公室牌子，与中共北京市房山区委员会统一战线工作部合署办公）	区委统战部（区台办）
中共北京市房山区委员会政法委员会（北京市房山区社会治安综合治理委员会办公室与中共北京房山区委员会政法委员会合署办公）	区委政法委（区综治办）
北京市房山区维护稳定工作领导小组办公室（设在中共北京市房山区委员会政法委员会）	区维稳办
北京市房山区流动人口和出租房屋管理委员会办公室（与北京市房山区社会治安综合治理委员会办公室合署办公）	区流动人口和出租房屋管理办
中共北京市房山区委员会北京市房山区人民政府研究室	区研究室
北京市房山区机构编制委员会办公室（与区人事局合署办公，10月区人事局撤销，区编办独立设置）	区编办
中共北京市房山区委员会区直属机关工作委员会	区直机关工委
中共北京市房山区委社会工作委员会（与北京市房山区社会建设工作办公室合署办公）	区委社会工委
（二）部门管理机构	
中共北京市房山区委员会老干部局（由区委组织部管理）	区委老干部局
中共北京市房山区委员会保密委员会办公室（挂北京市房山区国家保密局牌子）	区委保密办（区保密局）
（三）与区政府部门合署办公机构	
中共北京市房山区委员会教育工作委员会（与区教委合署办公）	区委教工委
中共北京市房山区委员会农村工作委员会（与区农委合署办公）	区委农工委
（四）派出机构	
中共北京市房山区委员会燕山工作委员会（副局级）	区委燕山工委
中共北京市房山区委员会燕山工委纪律检查委员会机关（燕山监察分局）	燕山工委纪委（燕山监察分局）
中共北京市房山区委员会燕山工作委员会办公室	燕山工委办公室
中共北京市房山区委员会燕山工作委员会组织部	燕山工委组织部
中共北京市房山区委员会燕山工作委员会宣传部	燕山工委宣传部
中共北京市房山区委员会燕山工作委员会政法办公室（燕山社会治安综合治理办公室）	燕山工委政法办公室（燕山综治办）

房山区人民代表大会常务委员会工作机构

续表 2

全　称	简　称
北京市房山区人大常委会机关	区人大机关
区人大常委会办公室（加挂研究室牌子）	区人大办（区人大研究室）
区人大常委会代表联络室	区人大代表室
区人大常委会财政经济工作委员会	区人大财经委
区人大常委会城市建设与环境保护工作委员会	区人大城建环保委
区人大常委会内务司法工作委员会	区人大内司委
区人大常委会教科文卫工作委员会	区人大教科文卫委
区人大常委会农村工作委员会	区人大农村委

区政府机构

续表 2

全　称	简　称
（一）工作部门	
北京市房山区人民政府办公室（挂北京市房山区人民政府外事办公室牌子；区政府信息化工作办公室设在区政府办公室，10 月撤销；北京市房山区应急委员会办公室设在区政府办公室，加挂房山区应急指挥中心牌子）	区政府办（区外事办、区应急办、应急指挥中心）
北京市房山区发展和改革委员会	区发展改革委
北京市房山区教育委员会 （北京市房山区人民政府教育督导室由区教委代管）	区教委 （区教育督导室）
北京市房山区科学技术委员会 （挂北京市房山区知识产权局牌子）	区科委 （区知识产权局）
北京市房山区工业局 （挂北京市房山区乡镇企业局牌子，10 月撤销）	
北京市房山区经济和信息化委员会（10 月成立）	区经济信息化委
北京市房山区监察局 （与区纪委机关合署办公，区行政投诉中心设在区监察局）	区监察局 （行政投诉中心）
北京市房山区民政局 （挂北京市房山区民族宗教事务委员会牌子）	区民政局 （区民族宗教委）
北京市房山区司法局	区司法局
北京市房山区财政局	区财政局
北京市房山区人事局（10 月撤销）	
北京市房山区劳动和社会保障局（10 月撤销）	
北京市房山区人力资源和社会保障局（10 月成立）	区人力社保局

续表2

全　称	简　称
北京市房山区建设委员会 （10月更名为北京市房山区住房和城乡建设委员会，挂北京市房山区人民政府住房保障和改革办公室牌子）	区住房城乡建设委 （区政府房改办）
北京市房山区环境保护局	区环保局
北京市房山区市政管理委员会（10月更名为北京市房山区市政市容管理委员会，挂北京市房山区城乡环境建设委员会办公室牌子）	区市政市容委 （区环境建设办）
北京市房山区交通局	区交通局
北京市房山区农业委员会（10月更名为北京市房山区农村工作委员会）	区农委
北京市房山区水务局	区水务局
北京市房山区商务局（10月更名为北京市房山区商务委员会，挂房山区粮食局牌子）	区商务委（区粮食局）
北京市房山区文化委员会	区文化委
北京市房山区卫生局	区卫生局
北京市房山区人口和计划生育委员会	区人口计生委
北京市房山区审计局	区审计局
北京市房山区社会建设工作办公室（与区委社会工委一个机构，两块牌子，不计入区政府机构个数）	区社会办
北京市房山区安全生产监督管理局	区安全监管局
北京市房山区体育局	区体育局
北京市房山区统计局	区统计局
北京市房山区农业局（10月成立，挂房山区动物卫生监督管理局牌子）	区农业局 （区动物卫生监督局）
北京市房山区林业局 （10月撤销，房山区绿化委员会办公室与林业局合署办公）	
北京市房山区园林绿化局（10月成立，挂北京市房山区绿化委员会办公室牌子）	区园林绿化局 （区绿化办）
北京市房山区旅游局	区旅游局
北京市房山区人民政府法制办公室	区法制办
中共北京市房山区委北京市房山区人民政府信访办公室	区信访办
北京市房山区城市管理监察大队	区城管大队
（二）直属特设机构	
北京市房山区人民政府国有资产监督管理委员会（8月列入区政府工作部门）	区国资委
（三）议事协调机构的常设办事机构	
北京市房山区民防局（10月列入区政府工作部门）	区民防局
北京市房山区整顿和规范矿产资源开发秩序工作领导小组办公室	区整规办

续表2

全　称	简　称
（四）市垂直管理部门	
北京市公安局房山分局	房山公安分局
北京市房山区地方税务局	区地税局
北京市工商行政管理局房山分局（北京市房山区人民政府食品安全监督协调办公室设在房山工商分局）	房山工商分局（区食品安全办公室）
北京市房山区质量技术监督局	区质监局
北京市药品监督管理局房山分局	房山药监分局
北京市国土资源局房山分局	房山国土分局
北京市规划委员会房山分局	房山规划分局
北京市公安局燕山分局	燕山公安分局
北京市地税局燕山分局	燕山地税分局
北京市工商行政管理局燕山分局	燕山工商分局
北京市质量技术监督局燕山分局	燕山质监分局
（五）派出机构	
北京市房山区人民政府燕山办事处	燕山办事处
燕山办事处办公室（燕山工委办事处信访办公室，挂房山区燕山地区突发公共事件应急委员会办公室牌子）	
燕山办事处发展和改革委员会（燕山办事处经济体制改革办公室、粮食办公室）（加挂房山区燕山安全生产监督管理分局牌子）	
燕山办事处教育委员会（燕山办事处教育督导室）	
燕山办事处监察分局	
燕山办事处民政分局	
燕山办事处财政分局	
燕山办事处人事分局（燕山办事处劳动和社会保障分局）	
燕山办事处建设委员会（燕山办事处住房制度改革办公室）	
燕山办事处市政管理委员会	
燕山办事处文化卫生分局	
燕山办事处审计分局	

政协北京市房山区委员会工作机构

续表2

全　称	简　称
中国人民政治协商会议北京市房山区委员会机关	区政协机关
中国人民政治协商会议北京市房山区委员会机关办公室	区政协办
中国人民政治协商会议北京市房山区委员会机关研究室	区政协研究室
中国人民政治协商会议北京市房山区委员会专委会工作一室	区政协专委一室
中国人民政治协商会议北京市房山区委员会专委会工作二室	区政协专委二室
中国人民政治协商会议北京市房山区委员会专委会工作三室	区政协专委三室
中国人民政治协商会议北京市房山区委员会专委会工作四室	区政协专委四室

市区双管单位

续表2

全　称	简　称
北京市房山区气象局	区气象局
北京市路政局房山公路分局（9月更名为北京市交通委员会路政局房山公路分局）	房山公路分局
北京市房山区邮政局	区邮政局
北京市公安局公安交通管理局房山支队	房山交通支队
北京市房山区国家税务局	区国税局
中国人民解放军北京市房山区人民武装部	区人武部
北京陆军预备役高炮某团	预备役团

检察院与法院

续表2

全　称	简　称
北京市房山区人民检察院（北京市房山区反贪污贿赂局）	区检察院（区反贪局）
北京市房山区人民法院	区法院

街道（地区）办事处及乡镇

续表2

全　称	简　称
北京市房山区人民政府西潞街道办事处	西潞街道办事处
北京市房山区人民政府拱辰街道办事处	拱辰街道办事处

续表 2

全　称	简　称
北京市房山区人民政府良乡地区办事处（北京市房山区良乡镇人民政府）	良乡地区办事处（良乡镇）
北京市房山区人民政府城关街道办事处	城关街道办事处
北京市房山区人民政府琉璃河地区办事处（北京市房山区琉璃河镇人民政府）	琉璃河地区办事处（琉璃河镇）
北京市房山区青龙湖镇人民政府	青龙湖镇
北京市房山区韩村河镇人民政府	韩村河镇
北京市房山区窦店镇人民政府	窦店镇
北京市房山区大石窝镇人民政府	大石窝镇
北京市房山区人民政府周口店地区办事处（北京市房山区周口店镇人民政府）	周口店地区办事处（周口店镇）
北京市房山区阎村镇人民政府	阎村镇
北京市房山区长阳镇人民政府	长阳镇
北京市房山区石楼镇人民政府	石楼镇
北京市房山区长沟镇人民政府	长沟镇
北京市房山区河北镇人民政府	河北镇
北京市房山区张坊镇人民政府	张坊镇
北京市房山区佛子庄乡人民政府	佛子庄乡
北京市房山区十渡镇人民政府	十渡镇
北京市房山区霞云岭乡人民政府	霞云岭乡
北京市房山区史家营乡人民政府	史家营乡
北京市房山区大安山乡人民政府	大安山乡
北京市房山区南窖乡人民政府	南窖乡
北京市房山区蒲洼乡人民政府	蒲洼乡
北京市房山区人民政府新镇街道办事处	新镇街道办事处

部分事业单位

续表 2

全　称	简　称
中共北京市房山区委党校（北京市房山区行政学校）	区委党校（区行政学校）
中共北京市房山区委党史资料征集办公室（北京市房山区方志编纂委员会办公室）	区史志办
北京市房山区农村合作经济经营管理站	区经管站
北京市房山区老龄问题委员会办公室	区老龄办
北京理工大学房山分校	理工大房山分校
北京市房山区档案局（北京市房山区档案馆）	区档案局
房山云居寺文物管理处	云居寺文物管理处

续表 2

全　称	简　称
北京市房山区上方山管理处	上方山管理处
北京市房山区工业园区建设管理委员会办公室	区园区办
北京市房山区石花洞风景区管理委员会（6 月更名为石花洞风景名胜区管理处）	石花洞管理处
北京市房山区信息中心	区信息中心
北京市房山区地震局	区地震局
北京市房山区机关事务服务中心	区机关服务中心
北京宏达永顺市场经营服务中心	区市场中心
北京市房山区燃气开发中心	区燃气中心
北京市房山区投资服务中心	区投资服务中心
北京市房山区成人教育中心	区成教中心
北京良乡高教园区建设管理委员会办公室	区高教园区办公室
北京市房山区广播电视中心	区广电中心
北京市房山区种植业服务中心（北京市房山区农机服务中心）	区种植中心（区农机中心）
北京市房山区养殖业服务中心（1 月成立）	区养殖中心
北京西南良乡物流基地管理委员会办公室	良乡物流基地管委办
周口店遗址博物馆（周口店北京人遗址管理处）	周口店遗址博物馆（周口店北京人遗址管理处）
北京市房山区林果科技服务中心	区林果科技服务中心
北京市房山世界地质公园管理处	地质公园管理处
北京市房山区山区人口迁移办公室	区山区人口迁移办
北京市房山区燕山成人教育中心	燕山成教中心
北京市房山区燕山体育运动中心	燕山体育运动中心
北京市燕山市场服务中心	燕山市场服务中心
北京市房山区燕山交通管理处	燕山交通管理处
北京市房山区燕山东流水管理委员会	燕山东流水管委
北京市房山区蒲洼自然保护区管理处	蒲洼自然保护区管理处

人民团体

续表 2

全　称	简　称
北京市房山区总工会	区总工会
中国共产主义青年团北京市房山区委员会	团区委
北京市房山区妇女联合会	区妇联
北京市房山区科学技术协会	区科协
北京市房山区文学艺术界联合会	区文联
北京市房山区工商业联合会	区工商联

续表2

全　称	简　称
北京市房山区红十字会	区红十字会
北京市房山区残疾人联合会	区残联

十　部分企业单位

续表2

全　称	简　称
北京房建投资集团有限责任公司	房建投资公司
北京房建建筑股份有限公司	房建股份公司
北京韩建集团有限公司	韩建集团
北京龙建集团有限公司	龙建集团
北京市房山城建集团有限公司	城建集团
北京昊远隆基房地产开发总公司	昊远隆基总公司
北京双山水泥集团	双山水泥集团
北京市食品公司房山区分公司	区食品公司
北京市房山区供销合作总社	区供销总社
北京京房国鑫物资有限责任公司	区京房国鑫公司
北京市房山区旅游实业开发公司	区旅游开发公司
北京市房山区商贸有限公司	区商贸公司
北京市房山粮油贸易总公司	区粮油总公司
北京市房山区烟草专卖局（北京市房山烟草公司）	区烟草专卖局(房山烟草公司)
北京市房山区对外贸易公司	区外贸公司
北京市房山区工业总公司	区工业总公司
北京市房山服装集团公司	区服装集团
华北电网有限公司北京电力公司房山供电公司	房山供电公司
北京市煤炭总公司房山区公司	区煤炭公司
北京市房山燕房石化物资总公司	燕房物资总公司
中国农业发展银行北京市房山区支行	农发行房山支行
中国建设银行北京市房山区支行	建行房山支行
中国工商银行北京市房山支行	工行房山支行
北京农村商业银行股份有限公司房山支行	农商行房山支行
北京农村商业银行良乡支行(5月降为非管辖支行并入房山支行管理)	
中国农业银行北京市房山区支行	农行房山支行
中国邮政储蓄银行有限责任公司北京房山区支行	邮储银行房山支行
中国人寿保险公司北京市房山区支公司	寿保房山支公司
中国人民财产保险股份有限公司北京市房山支公司	人保财险房山支公司
北京人投资发展公司	北京人投资发展公司
北京市房山区燕山烟草专卖分局	燕山烟草专卖分局
中国网通（集团）有限公司北京市房山区分公司	中国网通北京市房山区分公司
北京良乡经济开发区实业总公司	良实开公司

2009年房山区领导名录

中共房山区第六届委员会

书　　记　刘　伟
副 书 记　祁　红
　　　　　苗立峰
常　　委　史全富（11月免）
　　　　　唐淑荣(女,11月免)
　　　　　刘欣国
　　　　　王锁群（12月免）
　　　　　张祝华
　　　　　高言杰
　　　　　王智慧（11月任）
　　　　　李　江（11月任）
　　　　　赵佳琛（女）
　　　　　韩　裕（12月任）

中共房山区纪律检查委员会

书　　记　史全富（11月免）
　　　　　王智慧（11月任）
副 书 记　马俊怀
　　　　　杨玉香（女）
　　　　　李　学
常　　委　李凤华（女）
　　　　　张志友
　　　　　王文久
　　　　　王文路
　　　　　汤连成

区纪委办公室

主　　任　汤连成

区纪委干部廉洁自律工作室

主　　任　李凤华（女）

区纪委执法监察室

主　　任　刘守祥

区纪委案件检查室

主　　任　王洪祥

区纪委案件审理室

主　　任　张　涛

区纪委纠风室

主　　任　杨晓梅（女）

区纪委信访室

主　　任　郭志贵（7月免）

区纪委宣教室

主　　任　杨　琼（女）

区委办公室

主　　任　陈硕林
副 主 任　魏广勋
　　　　　邵志杰
　　　　　宋春福

区委组织部

部　　长　张祝华
常务副部长　马成彪
副 部 长　陈立新
　　　　　耿纪民
　　　　　金守江（兼）
　　　　　史　建（女，10月任）

区委宣传部

部　　长　唐淑荣（女，12月免）
　　　　　赵佳琛（女，12月任）
常务副部长　邓思博
副 部 长　孙丽娟（女）
　　　　　王英开（7月免）
　　　　　李进伟
　　　　　李春晖（女，7月任）
　　　　　孙　泽（兼，7月免）
　　　　　孙宝和

区文明办

主　　任　孙宝和
副 主 任　孙根生（7月免）
　　　　　刘丽杰（女）
　　　　　孙桂华（女，7月任）

区新闻中心
（设在宣传部）

主　　任　孙丽娟（女，兼）

集聚办
（8月成立）

主　　任　杨海峰（8月任）

区委统战部

部　　长　王晓芝（女）
常务副部长　贾　斌
副 部 长　贾进军

区台办

主　　任　王晓芝（女，兼）
副 主 任　贾　斌
　　　　　贾进军

区委政法委

书　　记　刘欣国

副书记 游来清
张辉华（7月免）
隗功民（7月任）
王聚成（兼）
韩士军（兼）
杨四奇（兼）
政治部主任 隗淑萍（女）

区综治办

主任 游来清（兼）
副主任 井顺（7月免）

区维稳办

主任 游来清（兼）
副主任 白树林
刘焕忠

区流管办

主任 游来清（兼，7月免）
赵书国（7月任）
副主任 隗功民（7月免）

区研究室

主任 魏广勋
副主任 邢东升（7月免）
王金恒

区编办

主任 金守江
副主任 彭菲（女，10月任）

区直机关工委

书记 赵磊明
副书记 王忠胜
王秀兰（女）

区委老干部局

局长 史建（女）
副局长 魏振山
王玉仓

区委保密办

（挂区保密局牌子）

主任 隗永敏
局长 隗永敏

区学习办

主任 郭志族
常务副主任 顾成强

区山区人口迁移办

主任 张英
副主任 王爱振

房山区第六届人民代表大会常务委员会

主任 郭先英（女）
副主任 李福田
梁顺
刘顺林
田雄（不驻会）
王淑红（女，不驻会）
委员 马成彪
王仪
王辉（女）
王媛（女）
王心松（女）
刘元涛
刘永富
刘晓燕（女）
刘增会
许世臣
杜鹏飞
李倩梅（女）
宋耀民
张兵
张玉玲（女）
张立英（女）
张维勋
周俊岭
赵进珍
高武军
翟瑞元

区人大常委会办公室

主任 周俊岭
副主任 刘清生
贯艳杰（女）

区人大常委会研究室

主任 贾克忠
副主任 韩生银（女）

区人大常委会代表室

主任 宋耀民
副主任 谈素芬（女）

区人大常委会财经委

主任 刘元涛
副主任 毕武强

区人大常委会城建环保委

主任 刘永富
副主任 李建新

区人大常委会内司委

主任 杜鹏飞
副主任 王建国

区人大常委会教科文卫委

主任 赵进珍（7月免）
邢东升（7月任）
副主任 尹姝忠（女）

区人大常委会农委

主任 王心松（女）

政协房山区第六届委员会

主　　席　范文彦
副 主 席　王晓芝（女）
　　　　　李惠英（女）
　　　　　高维魁
　　　　　万金峰（不驻会）
　　　　　赵润东（不驻会）
　　　　　肖　武（女，不驻会）
秘 书 长　李金田
常务委员　丁长海
　　　　　于　平（女）
　　　　　孔凡生
　　　　　马向丽（女）
　　　　　马志宏
　　　　　王　峙
　　　　　王　寂
　　　　　王宝盛
　　　　　王雪梅（女）
　　　　　卢　宁
　　　　　石　福
　　　　　刘长安
　　　　　刘军超（女）
　　　　　刘希广
　　　　　孙志强
　　　　　孙桂华（女）
　　　　　孙爱华（女）
　　　　　许兆雄
　　　　　张　玉
　　　　　张　磊（女）
　　　　　张文战
　　　　　李晓云（女）
　　　　　肖凤云（女）
　　　　　肖希鹏
　　　　　杨树德
　　　　　金永男
　　　　　金英华（女）
　　　　　耿纪民
　　　　　耿春奉
　　　　　贾　斌
　　　　　高　明（女）
　　　　　常福林
　　　　　蒋小钢
　　　　　程美生（1月任）
　　　　　焦启超
　　　　　阚立英（女）

区政协办公室

主　　任　肖凤云（女,7月免）
　　　　　于　平（女,7月任）
副 主 任　骆金萍（女）

区政协研究室

主　　任　焦启超
副 主 任　隗合旺（7月免）
　　　　　邱鸿伟（7月任）

区政协专委一室

主　　任　于　平（女,7月免）
　　　　　陈海忠（7月任）
副 主 任　辛艳茜（女,7月任）

区政协专委二室

主　　任　杨树德
副 主 任　陈海忠（7月免）
　　　　　林晓燕（女,7月任）

区政协专委三室

主　　任　马志宏（7月免）
　　　　　王英开（7月任）
副 主 任　栗景鸿

区政协专委四室

主　　任　程美生
副 主 任　李增禄

房山区人民政府

区　　长　祁　红
副 区 长　高言杰
　　　　　李　江（12月任）
　　　　　王忠海（12月免）
　　　　　卢国懿
　　　　　马丽英（女）
　　　　　吴会杰

区政府办公室

主　　任　刘建平
副 主 任　陈志华
　　　　　许金涛
　　　　　冯长利
　　　　　曲　肃（女）

区外事办

（设在区政府办）

主　　任　陈志华

区信息化工作办公室

（设在区政府办，10月撤销）

主　　任　刘荣秀（女,10月免）
副 主 任　刘海涛（10月免）

区应急委办公室（区应急指挥中心）

（设在区政府办）

主　　任　王　波（12月免）

区国资委

党委书记　刘建儒（7月免）
副 书 记　赵大栓
　　　　　李绍华
　　　　　白文祥
纪委书记　白文祥（兼）
主　　任　赵大栓
副 主 任　李绍华
　　　　　隗有田
　　　　　郭尽辉（1月任）

区发改委

党组书记　张宝山（7月免）
副书记　崔　山（7月免）
　　徐宗军（7月任）
主任　崔　山（10月免）
　　徐宗军（10月任）
副主任　石银山
　　张　福（8月免）
　　薛满德
　　宋云峰
　　张进海
　　王广兴
　　刘荣秀（女，8月任）

区工业局

（挂区乡镇企业局牌子）
（10月撤销）

党组书记　赵　军（10月免）
副书记　常　勇（10月免）
　　赵忠贤（10月免）
纪检组组长　赵忠贤（兼，10月免）
局长　赵　军（10月免）
副局长　常　勇（10月免）
　　金守贵（8月免）
　　张　杰（10月免）
　　栗国清（10月免）
　　宋爱茹（女，8月任，10月免）
乡镇企业局局长　赵　军（兼，10月免）

区经济和信息化委

（10月成立）

党组书记　赵　军（10月任）
副书记　赵忠贤（10月任）
纪检组组长　赵忠贤（兼，10月任）
主任　赵　军（10月任）
副主任　常　勇（10月任）
　　张　杰（10月任）
　　栗国清（10月任）
　　刘荣秀（女，兼，10月任）
　　宋爱茹（女，10月任）

区商务局

（挂区粮食局牌子）
（10月更名为区商务委员会）

党组书记　许世君（7月免）
　　赵东升（7月任，10月免）
副书记　朱仕生（10月免）
纪检组组长　王树民（10月免）
局长　朱仕生（10月免）
副局长　许世君（8月免）
　　许志增（10月免）
　　吕俊英（女，10月免）
　　冯万利（10月免）
粮食局局长　朱仕生（兼）

区商务委员会

（挂区粮食局牌子）

党组书记　赵东升（10月任）
副书记　朱仕生（10月任）
纪检组组长　王树民（10月任）
主任　朱仕生（10月任）
副主任　许志增（10月任）
　　吕俊英（女，10月任）
　　冯万利（10月任）
粮食局局长　朱仕生（兼）

区教委

工委书记　任玉海
副书记　郭志族
纪工委书记　张广明
主任　郭志族
副主任　顾成强
　　杜成喜
　　赵瑞兰（女）
　　米忠诚
　　刘立钦（女）

区科委

党组书记　张海鹏
主任　张海鹏
副主任　李宝泉
　　赵洪新（女）

区监察局

局长　杨三香（女）
副局长　王文久
　　王文路
　　刘守祥

区行政投诉中心

（设在区监察局）

主任　杨玉香（女，兼）
副主任　栗桂平（女）

区民政局

党组副书记　刘胜国
纪检组组长　赵丽萍（女，兼，7月免）
　　刘新宇（7月任）
局长　刘胜国
副局长　杨秀东
　　曹志红（女）
　　赵丽萍（女）
　　邢景旺

区司法局

党组书记　孙玉成
纪检组组长　谭德茂
局长　孙玉成
副局长　张德印（8月免）
　　高建荣（女）
　　杨兆宇
　　任全悦

区财政局

党组书记　董瑞臣
副书记　孟令金
纪检组组长　武振芳（7月免）
　韩民东（7月任）
局长　董瑞臣
副局长　冉照华
　孟令金
　李小英（女）
　游向荣（女,8月任）

区人事局
（10月撤销）

党组书记　金守江（10月免）
纪检组组长　万传斌（10月免）
局长　金守江（10月免）
副局长　隗有清（10月免）
　晏利平（8月免）
　彭菲（女,10月免）

区劳动保障局
（10月撤销）

党组副书记　杨东升（10月免）
纪检组组长　孙智（7月免）
局长　杨东升（10月免）
副局长　白秀国（10月免）
　蔡国（10月免）
　卢祥（10月免）
　晋合荣（女,10月免）

区人力资源和社会保障局
（10月成立）

党组副书记　杨东升（10月任）
纪检组组长　万传斌（10月任）
局长　杨东升（10月任）
副局长　白秀国（10月任）
　蔡国（10月任）
　卢祥（10月任）
　晋合荣（女，10月任）
　隗有清（10月任）

房山规划分局

党组书记　李博
纪检组组长　杨仲
局长　李博
副局长　韩树权
　崔立新
　杜治斌（2月免）
　曹荷红（女,4月任）

区建委
（10月更名为区住房和城乡建设委）

党组书记　段维鹏（10月免）
副书记　马杰（5月去世）
纪检组组长　济和平（10月免）
主任　段维鹏（10月免）
副主任　黄文江（10月免）
　郭长泉（10月免）
　绳有兴（10月免）
　章戎（10月免）

区住房和城乡建设委
（挂区政府住房保障和改革办公室牌子）

党组书记　段维鹏（10月任）
纪检组组长　济和平（10月任）
主任　段维鹏（10月任）
副主任　黄文江（10月任）
　郭长泉（10月任）
　绳有兴（10月任）
　章戎（10月任）

区市政管委
（10月更名为区市政市容管委）

党组书记　苗宗启（10月免）
副书记　潘康（10月免）
纪检组组长　毛林（女,10月免）
主任　苗宗启（10月免）
副主任　王学海（8月免）
　杨文淑（女，8月免）
　郭安（10月免）
　吴家顺（10月免）
　张战鹏（8月任，10月免）

区市政市容管委
（挂城乡环境建设委员会办公室牌子）

党组书记　苗宗启（10月任）
副书记　潘康（10月任）
纪检组组长　毛林（女,10月任）
主任　苗宗启（10月任）
副主任　郭安（10月任）
　吴家顺（10月任）
　张战鹏（10月任）

区交通局

党委书记　吴五一（7月免）
副书记　周文海
纪委书记　王晓军（女）
局长　周文海
副局长　张晋敏（女）
　付建华
　陈建民

区农委
（10月更名为区农村工作委员会）

工委书记　郭志明
副书记　赵永祥
　郭秀妍（女，7月任）
　张建国（兼）
纪工委书记　郭秀妍（女，7月任）
主任　赵永祥（10月免）
副主任　刘志义（8月免）
　马良瑞（10月免）
　朱文生（10月免）

焦迎彦(女,10月免)

房山区农村工作委员会

工委书记　郭志明
副 书 记　赵永祥
　　　　　郭秀妍（女）
　　　　　张建国（兼）
纪工委书记　郭秀妍（女，兼）
主　　任　赵永祥（10月任）
副 主 任　马良瑞（10月任）
　　　　　朱文生（10月任）
　　　　　焦迎彦(女,10月任)

区文化委

党组副书记　李立新
纪检组组长　张凯军（7月免）
　　　　　姜品英(女,7月任)
主　　任　李立新
副 主 任　赵润东
　　　　　马京云（女）
　　　　　苏文江
　　　　　陈　光

区卫生局

党委书记　吴卫星
副 书 记　张建国
　　　　　李芳玲(女,7月免)
　　　　　王立平(女,7月任)
纪委书记　李芳玲(女,兼,7月免)
　　　　　王立平(女,兼,7月任)
局　　长　张建国
副 局 长　张淑云（女）
　　　　　王　东
　　　　　张金兵
　　　　　杜国栓（8月任）

区人口计生委

党组书记　张广华
纪检组组长　石向红(女,7月任)
主　　任　张广华
副 主 任　杜国栓（8月免）
　　　　　刘玉霞（女）
　　　　　李书会（女）
　　　　　邱珍国（8月任）

区审计局

党组书记　张立忠
副 书 记　李树民
纪检组组长　张　健（8月任）
局　　长　李树民
副 局 长　李庆海（8月免）
　　　　　李　亮
　　　　　范江梅（女）
　　　　　郭凤岭（8月任）

区社会办

工委书记　王占勇（7月任）
副 书 记　张丽红（女，7月任）
主　　任　王占勇（8月任）
副 主 任　晏利平（8月任）
　　　　　王雪梅（女，8月任）

区环保局

党组书记　隗功勋
副 书 记　顾金锁（7月任）
纪检组组长　姜亚丽（女）
局　　长　隗功勋（10月免）
　　　　　顾金锁（10月任）
副 局 长　张凤荣（女）
　　　　　李素明
　　　　　于德华
　　　　　孙爱华(女,10月任)

区统计局

党组书记　彭耀荣
副 书 记　张福志
　　　　　左志国
纪检组组长　芮登福（7月任）
局　　长　张福志
副 局 长　刘江峰
　　　　　史毓龙
　　　　　祖春荣（女）

国家统计局房山调查队

队　　长　左志国

北京市房山区经济社会调查队

副 队 长　刘磐生
　　　　　申　忞（女）

区农业局

（挂动物卫生监督管理局牌子）
（10月成立）

党组书记　张建国（10月任）
副 书 记　吴宝祥（10月任）
纪检组组长　马　莉（女，10月任）
局　　长　吴宝祥（10月任）
副 局 长　付凤生（10月任）
　　　　　邓更喜（10月任）

区水务局

党组书记　李骏雄
副 书 记　杨建忠
　　　　　李丽莫（女）
纪检组组长　李丽莫（女，兼）
局　　长　杨建忠
副 局 长　霍　忠
　　　　　高福金
　　　　　张敬宇

区林业局

（10月撤销）

党组书记　顾金琐（7月免）
　　　　　孔庆远（7月任，10月免）
副 书 记　孔庆远（7月免）

臧建忠（7 月任，10 月免）
纪检组组长 马　莉（女,7 月免）
张凯军（7 月任，10 月免）
局　　长 孔庆远（10 月免）
副 局 长 朱　凯（10 月免）
王良合（10 月免）
陈慧明（10 月免）
何庶民（10 月免）

区园林绿化局

（挂区绿化委员会办公室牌子）
（10 月成立）

党组书记 孔庆远（10 月任）
副 书 记 臧建忠（10 月任）
纪检组组长 张凯军（10 月任）
局　　长 孔庆远（10 月任）
副 局 长 朱　凯（10 月任）
王良合（10 月任）
陈慧明（10 月任）

区绿化办

主　　任 顾金锁（兼,8 月免）
孔庆远（8 月任）
副 主 任 何庶民（10 月任）

区安全生产监督管理局

党组书记 周德运
纪检组组长 霍和平
局　　长 周德运
副 局 长 刘细秋
王桂政
刘继承
李劲松（1 月任）

区旅游局

党组书记 冀显江
副 书 记 王秉军
高建波
纪检组组长 高建波（兼）
局　　长 冀显江
副 局 长 王秉军
王晓燕（女）
高建波
杨进宇

区体育局

党组书记 苏宝华
副 书 记 路建华
刘福成
纪检组组长 刘福成（兼）
局　　长 路建华
副 局 长 侯士正
蔡丽丽（女）
郭东云（女,1 月任）

区法制办

主　　任 卢永春
副 主 任 赵凤奎（8 月免）
李彩柱
金　玲（女,8 月任）

区信访办

主　　任 韩晓明（女）
副 主 任 王雪梅（女,8 月免）
毛彦林
魏建华
石玉霞（女,8 月任）

区城管监察大队

党委书记 孟宪江
副 书 记 刘　金
政　　委 孟宪江
纪委书记 钱荣吉（7 月免）
大 队 长 刘　金
副大队长 刘玉珍（女）
靳小强
李兴文
李东喜

房山公安分局

党委书记 王聚成
副 书 记 张景利（7 月免）
纪委书记 谭　钟（7 月免）
刘国纲（10 月任）
政　　委 张景利（5 月免）
分 局 长 王聚成
副分局长 曹荣利
吴明新
刘志刚
柏　林
谭　钟（4 月任）
马志刚（4 月任）
政治处主任 季超宏

房山工商分局

党组书记 王华鑫
副 书 记 张玉河
纪检组组长 李　飞
局　　长 王华鑫
副 局 长 张玉河
李力君
杨晓军

区食品安全办公室

（设在房山工商分局）

主　　任 王华鑫（兼）

区地税局

党组书记 万国喜
纪检组组长 安永刚
局　　长 万国喜
副 局 长 晋国常
谭巨科
王冠凯
邵明东

区质监局

党组书记 钱希杰（10月免）
杨兆生（11月任）
纪检组组长 戴英华（女）
局　　长 钱希杰（11月免）
杨兆生（11月任）
副 局 长 董树萍（女）
宋同飞
田承山（11月任）

房山药监分局

党组书记 曹长安
纪检组组长 侯宝亮
局　　长 曹长安
副 局 长 张桂敏（女）

房山国土分局

党组书记 任振秋
副 书 记 李泽田
纪检组组长 李泽田（兼）
局　　长 任振秋
副 局 长 周振国
李雪生

区民防局

局　　长 刘文礼
副 局 长 王守礼
曹进国

区气象局

党组书记 杨玉华
局　　长 杨玉华
副 局 长 冯永芳（女）

房山公路分局

党委书记 翟瑞元
副 书 记 焦怀军
纪委书记 焦怀军（兼）
局　　长 翟瑞元
副 局 长 焦怀军
路培峰
赵德全

中国联通北京市房山区分公司

党委书记 李新华
副 书 记 张友军
纪委书记 张友军（兼）
总 经 理 李新华
副总经理 张友军
李长文
顾春敬

区邮政局

党委书记 张锡南（4月免）
朱家康（4月任）
局　　长 张锡南（1月免）
朱家康（1月任）

房山交通支队

党委书记 张克军
副 书 记 张国平
纪委书记 张国平（兼）
政　　委 张国平
支 队 长 张克军
副支队长 蒋金山
孙国辉
高景利

区国税局

党组书记 胡文学
纪检组组长 田　强
局　　长 胡文学
副 局 长 邢文朋
刘建辉
张立东
濮　璐（女）

区人武部

党委书记 韩　裕
政　　委 韩　裕
部　　长 王锁群（10月免）
郝恭平（10月任）
副 部 长 牛玉忠（2月免）
董华昌（2月任）

预备役团

政　　委 吕维宾（2月免）
欧祝彪（2月任）
团　　长 张　杰
参 谋 长 许绪明（2月免）
陈　亮（2月任）
政治处主任 王　谦

区法院

党组书记 孙国鸣（12月免）
蔡慧永（12月任）
纪检组组长 邢金梅（女）
院　　长 孙国鸣（12月免）
蔡慧永（12月代）
副 院 长 蔡慧永（12月任）
佟海东
张仲侠
王军武
李长生（10月免）
佟　淑(女,10月任)
政治处主任 佟　淑 (女)

区检察院

党组书记 张笑英（女）
纪检组副组长 石福林
检 察 长 张笑英（女）
副检察长 张　凯
郭志平
李京生
南德杭

王秀梅（女，挂职）
政治处主任　顾建军

区反贪局

局　　长　王建明

区委燕山工委

工委书记　史全富（11月任）
副 书 记　史全富（兼，11月免）
　　　　　翟　东（12月任）
　　　　　刘希广
　　　　　徐忠义
　　　　　张志友
工委委员　张维勋
　　　　　吴艳京（女）
　　　　　王华强
　　　　　赵世圈

燕山纪委

书　　记　张志友
副 书 记　吴雅静（女，7月免）
　　　　　丁卫华（8月任）
　　　　　胡建明（8月免）
　　　　　杨红宇（女，7月任）

燕山监察分局

局　　长　胡建明（8月免）
　　　　　丁卫华（8月任）

燕山工委办公室

主　　任　于　勇

燕山工委组织部

部　　长　张维勋

燕山工委宣传部

部　　长　吴艳京（女）

燕山工委政法办（综治办）

主　　任　张荣波

燕山直属机关党委

党委书记　黄晓龙

燕山人大政协联络室

主　　任　金洪生

燕山办事处

主　　任　史全富（12月免）
　　　　　翟　东（12月任）
副 主 任　李桂珍（女，8月免）
　　　　　吕志士
　　　　　线长安
　　　　　段长虹（女）
　　　　　樊勇勇
　　　　　韩　强（8月任）

燕山办事处办公室（信访办）

主　　任　樊宗军（8月免）
　　　　　吴雪峰（8月任）

燕山工会

主　　席　仲伟华

燕山妇联

主　　席　刘燕勤（女）

燕山发展和改革委员会

主　　任　张中科

燕山教委

党委书记　郝伟莉（女）
主　　任　王大利

燕山教育督导室

主　　任　刘保华

燕山成教中心

主　　任　车丽梅（女）

燕山民政分局

党组书记　黄文胜
局　　长　王炳蔚（女，8月免）
　　　　　黄文胜（8月任）

燕山财政分局

党组书记　黄文胜（7月免）
　　　　　吴雅静（女，7月任）
局　　长　韩　强（8月免）
　　　　　樊宗军（8月任）

燕山人事分局（劳动和社会保障分局）

局　　长　吴雪峰（8月免）
　　　　　韩　玲（女，8月任）

燕山建委

主　　任　赵世圈

燕山市政管委

党委书记　张淑兰（女，7月免）
　　　　　朱蕴德（7月任）
副 书 记　王金红（女）
主　　任　赵长永

燕山文卫分局

党委书记　董金萍（女）
局　　长　王保勤

燕山审计分局

局　　长　夏　辉

燕山城管监察中队

中队长 赵学东

燕山体育运动中心

主任 李忠健

燕山市场服务中心

主任 王涛（8月免）
周健（8月任）

燕山工业区管委会

主任 樊勇勇（兼）
常务副主任 周健（8月免）
王军（8月任）

燕山交通管理处

主任 冯杰（8月免）
王涛（8月任）

燕山国税局

党组书记 尚旭
局长 尚旭
副局长 赵振华
赵波
韩毅

燕山人武部

部长 赵世圈

燕山公安分局

党委书记 王华强
副书记 贾鹏
纪委书记 白志强
分局长 王华强
副分局长 高岩
赵军
张宏欣
政委 贾鹏

燕山地税分局

党组书记 董雪涛（11月免）
王炜（11月任）
局长 董雪涛（11月免）
王炜（11月任）
副局长 缴荫龙
田贵远
杜新立
邢小虎
安庆宪（10月任）

燕山工商分局

党组书记 张新
局长 张新
副局长 王莉（女）
李君

燕山质监分局

党组书记 许建民（11月免）
张立新（11月任）
局长 许建民（11月免）
张立新（11月任）

燕山残疾人联合会

理事长 侯福利（7月免）
胡建明（7月任）

燕山安监分局

局长 张中科

燕山司法办

主任 孙宝军

迎风街道

工委书记 张志平
副书记 孟丽华（女）
张国庆（7月免）
邓国红（7月任）
纪工委书记 张国庆（7月免）
邓国红（7月任）
主任 孟丽华（女）
副主任 卢宁
徐秀敏（女）
鲁自立

东风街道

工委书记 王春海（女，7月免）
王炳蔚（女，7月任）
副书记 付建军
韩崇丽（女，7月免）
王芳（女，7月任）
纪工委书记 韩崇丽（女，7月免）
王芳（女，7月任）
主任 付建军
副主任 田小平
石晓懿（女）
朱必强

向阳街道

工委书记 朱海良
副书记 柴海泉
关曙光（女）
纪工委书记 关曙光（女，兼）
主任 柴海泉
副主任 刘淑霞（女）
闫国启
李立伟（8月任）

星城街道

工委书记 张建华
副书记 张会生
刘玉增
纪工委书记 刘玉增（兼）
主任 张会生
副主任 李玉兰（女，8月免）
徐秀琴（女，8月免）
曹胜利

冯　杰（8月任）
张宝云（8月任）

良乡地区办事处（良乡镇）

工委书记　赵东升（7月免）
胡玉富（7月任）
副书记　胡玉富（7月免）
李更宇（7月任）
王希武（7月免）
肖立英（女，7月任）
人大联络室主任　赵东升（兼，7月免）
胡玉富（兼，7月任）
副主任　张　云（7月免）
晋淑婷（女，7月任）
纪工委书记　王　珊（女）
组织部长　乔　茹（女，7月免）
陈东明（7月任）
宣传部长　崔艳霞（女）
武装部长　刘近伏
主　任　胡玉富（8月免）
李更宇（8月任）
副主任　刘景水（8月免）
王清涛
张丽红（女，8月免）
毛宝东
王文洪（8月任）
乔　茹（女，8月任）
党委书记　赵东升（7月免）
胡玉富（7月任）
副书记　胡玉富（7月免）
李更宇（7月任）
王希武（7月免）
肖立英（女，7月任）
人大主席　赵东升（兼，7月免）
胡玉富（兼，11月任）
副主席　张　云（7月免）
晋淑婷（女，11月任）
纪委书记　王　珊（女）
镇　长　胡玉富（7月免）
李更宇（11月任）
副镇长　刘景水（7月免）
王清涛
张丽红（女，7月免）
毛宝东
乔　茹（女，11月任）
王文洪（11月任）

拱辰街道办事处

工委书记　吕守军
副书记　李光明（7月免）
陈广利（7月任）
隗福状
人大街工委主任　吕守军（兼）
副主任　赵振东
纪工委书记　张红梅（女）
组织部长　李志全（女）
宣传部长　曹玉清（女，7月免）
胡巧坤（女，7月任）
武装部长　陈广利
主　任　李光明（8月免）
陈广利（8月任）
副主任　陈广利（8月免）
芮登福（8月免）
姜绍亮
付卓君（女，8月免）
臧金凤（女）
李　岩（8月任）
祁向东（8月任）
徐振安（8月任）

西潞街道办事处

工委书记　曹　磊
副书记　胡淑苹（女）
肖立英（女，7月免）
臧艳芳（女，7月任）
人大街工委主任　任全龙（7月免）
曹　磊（兼，7月任）
副主任　赵福英（女，7月任）
纪工委书记　许树河
组织部长　周海杰（7月免）
王新华（7月任）
宣传部长　刘凤霞（女）
武装部长　谢金海（8月免）
周海杰（8月任）
主　任　胡淑苹（女）
副主任　谢金海（8月免）
陈广生
臧艳芳（女，8月免）
刘殿学
王海艳（女，8月任）
周海杰（8月任）

城关街道办事处

工委书记　陆大勇
副书记　李爱军
王继会（7月免）
李秀梅（女，7月任）
人大街工委主任　王继会（兼，7月免）
王华先（7月任）
副主任　于腊梅（女）
纪工委书记　李秀梅（女，7月免）
张春杰（7月任）
组织部长　蔡小会
宣传部长　赵丽杰（女）
武装部长　姜振国
主　任　李爱军
副主任　李　岩（8月免）
张冠亚
张月明
王华先（8月免）
陈君英（女）
贾凤月
赵金龙（8月任）
李　志（8月任）

琉璃河地区办事处
（琉璃河镇）

工委书记 刘宝忠
副书记 豆宝才（7月免）
陈 水（7月任）
李建坡（7月免）
周有成（7月任）
人大联络室主任 李建坡（兼，7月免）
刘宝忠（兼，8月任）
副主任 李会军
纪工委书记 周有成（7月免）
徐建国（7月任）
组织部长 赵冬梅（女）
宣传部长 郑迪飞（7月免）
王雄越（7月任）
武装部长 王学武（8月免）
郑 涛（8月任）
主任 豆宝才（8月免）
陈 水（8月任）
副主任 闫淑会（女）
秦立成
朱大海
王海涛（8月免）
闫其杰
王红娟（女）
郑迪飞（8月任）
党委书记 刘宝忠
副书记 豆宝才（7月免）
陈 水（7月任）
李建坡（7月免）
周有成（7月任）
人大主席 李建坡（兼，7月免）
刘宝忠（兼，8月任）
副主席 李会军
纪委书记 周有成（7月免）
徐建国（7月任）
镇长 豆宝才（7月免）
陈 水（8月任）
副镇长 闫淑会（女）
秦立成
朱大海
王海涛（7月免）
王红娟（女，3月任）
郑迪飞（8月任）

青龙湖镇

党委书记 吴宝祥（7月免）
任正宽（7月任）
副书记 樊会来
张 雷
人大主席 李洪宝（7月免）
任正宽（兼，8月任）
副主席 穆启华（8月任）
纪委书记 张桂冬（女）
组织部长 张长华（女）
宣传部长 马海鸥（女）
武装部长 吴 永
镇长 樊会来
副镇长 穆启华（7月免）
张文军（7月免）
王险峰
张福利
王淑红（女）
隗永龙（8月任）
赵振宇（8月任）

窦店镇

党委书记 徐宗军（7月免）
于英虎（7月任）
副书记 于英虎（7月免）
朱立增（7月任）
赵建英（女）
人大主席 范福利
纪委书记 顾春生
组织部长 陈天三
宣传部长 石宝军（女）
武装部长 朱立增（8月免）
薛全英（8月任）
镇长 于英虎（7月免）
朱立增（8月任）
副镇长 彭文峰（7月免）
王文洪（7月免）
朱立增（8月免）
高 倩（女）
薛全英
王希武（8月任）
高运华（8月任）
孙建国（8月任）

韩村河镇

党委书记 康宝和
副书记 杨生军（7月免）
豆宝才（7月任）
隗合红（7月免）
王春年（7月任）
人大主席 刘殿新
纪委书记 陈 泽（7月免）
何福文（7月任）
组织部长 高运华（7月免）
崔凤香（女，7月任）
宣传部长 高大辉
武装部长 郑 涛（8月免）
王学武（8月任）
镇长 杨生军（7月免）
豆宝才（8月任）
副镇长 许恩堂
李翠平（女，7月免）
侯汉海（7月免）
郑 涛（7月免）
郭泽峰
李 文（8月任）
谢朝阳（8月任）
纪艳杰（女，8月任）

周口店地区办事处
（周口店镇）

工委书记 张海生
副书记 陈 水（7月免）
杨生军（7月任）

吴长明
人大联络室主任　吴长明（兼）
副　主　任　张春来(7月免)
刘志富(8月任)
纪工委书记　徐志刚
组织部长　王怀才
宣传部长　刘志富（7月免）
刘月辉(女,7月任)
武装部长　许志华
主　任　陈　水（8月免）
杨生军（8月任）
副主任　崔美利
许志华
李淑红（女）
李建民
张　平
党委书记　张海生
副书记　陈　水（7月免）
杨生军（7月任）
吴长明
人大主席　吴长明（兼）
副主席　张春来（7月免）
刘志富（8月任）
纪委书记　徐志刚
镇　长　陈　水（7月免）
杨生军（8月任）
副镇长　崔美利
李建民
李淑红（女）
许志华
张　平（3月任）

大石窝镇

党委书记　任正宽（7月免）
李光明（7月任）
副书记　李中华
隗合庆
人大主席　任正宽(兼,7月免)
李光明(兼,8月任)
副主席　李志军（7月免）
韩玉平（女，8月任）
纪委书记　孙玉生
组织部长　姜洪国
宣传部长　魏建青（女）
武装部长　丁瑞良
镇　长　李中华
副镇长　安小平（女）
魏春水
王化棋（7月免）
隗永勤（7月免）
李学文（8月任）
宿建军（8月任）

阎村镇

党委书记　柳铁良
副书记　安保良
范丽娟（女）
人大主席　范丽娟（女，兼）
副主席　郭玉书（7月免）
常凤莉（女，8月任）
纪委书记　姜建军（7月免）
郭玉书（7月任）
组织部长　刘　询
宣传部长　张　鹏
武装部长　李向录
镇　长　安保良
副镇长　李向录
张天更
顾淑莲（女）
吴艳玲（女）
李春秋

长阳镇

党委书记　李　军
副书记　齐文东
李　军
人大主席　游良民
纪委书记　任景全
组织部长　栗鹏程
宣传部长　马金燕(女,7月免)
刘文静(女,7月任)
武装部长　朱明浩
镇　长　齐文东
副镇长　李彦山
贺淑平(女,7月免)
杨增会
赵　龙
杨永青（女）

石楼镇

党委书记　王春菊（女）
副书记　钱新宇
刘文杰
人大主席　王春菊（女，兼）
副主席　冯　娟（女）
纪委书记　穆甫元
组织部长　谢朝阳（7月免）
隗功晋（7月任）
宣传部长　郑　雷（7月免）
林建强（7月任）
武装部长　高玉光
镇　长　钱新宇
副镇长　祁向东（7月免）
宋　然
杨俊霞（女）
赵春来
郑　雷（8月任）

长沟镇

党委书记　王占勇（7月免）
李　仲（7月任）
副书记　李　仲（7月免）
杨文淑(女,7月任)
王春年（7月免）
隗合红（7月任）
人大主席　王占勇(兼,7月免)
隗合红(兼,8月任)
副主席　杜福山
纪委书记　张德林
组织部长　陈峰岩

宣传部长 赵立明
武装部长 王宝海
镇　　长 李　仲（7月免）
杨文淑（女，8月任）
副镇长 李文亮
张秀芳（女）
李国梁
刘雪松
李　文（7月免）
王海涛（8月任）

河北镇

党委书记 陈剑波
副书记 王红英（女）
宿廷虎（7月免）
郑明存
翟凤航（7月任）
人大主席 陈剑波（兼）
副主席 李树营（7月免）
陈长卫（8月任）
纪委书记 沙建东
组织部长 谭　斌（女）
宣传部长 陈长卫（7月免）
任建新（女，7月任）
武装部长 吴　进（8月免）
孟友龙（8月任）
镇　　长 王红英（女）
副镇长 王彩云（女）
刘振平（7月免）
王树国
孟友龙
侯景义（8月任）

张坊镇

党委书记 高海军
副书记 慈建民
王长存
人大主席 高海军（兼）
副主席 隗有海（7月免）
穆甫彦（9月任）
纪委书记 赵俊安
组织部长 张铁成（7月免）
隗合宇（7月任）
宣传部长 隗合宇（7月免）
刘秀春（7月任）
武装部长 陈荣刚（8月免）
王福顺（8月任）
镇　　长 慈建民
副镇长 刘福生
穆甫彦（7月免）
崔小梅（女）
王福顺
程秀阁（9月任）

佛子庄乡

党委书记 于瑞林
副书记 赵书国（7月免）
宿廷虎（7月任）
孙玉军
人大主席 于瑞林（兼）
副主席 栗桂宝（7月免）
张进奉（8月任）
纪委书记 张宝义（7月免）
于德才（7月任）
组织部长 张　强
宣传部长 张春霞（女）
武装部长 王爱武
乡　　长 赵书国（7月免）
宿廷虎（8月任）
副乡长 张进奉（7月免）
于德才（7月免）
胡建华
付海滨（女）
张爱国（8月任）
张宝义（8月任）

十渡镇

党委书记 杨建坡
副书记 刘永玘
许广宝
人大主席 杨建坡（兼，7月免）
许广宝（兼，8月任）
副主席 隗永启
纪委书记 梁文菲
组织部长 蔡丰春
宣传部长 马振祥
武装部长 隗有才（8月免）
周宝东（8月任）
镇　　长 刘永玘
副镇长 隗永龙（7月免）
周宝东
翟凤航（7月免）
穆红霞（女）
张小飞（8月任）
王学普（8月任）

霞云岭乡

党委书记 孟凡兴
副书记 陈兴柱
董世民
人大主席 孟凡兴（兼，7月免）
董世民（9月任）
副主席 霍振生
纪委书记 刘守东（7月免）
孙晓东（7月任）
组织部长 李增仙（女）
宣传部长 郑杰东
武装部长 任正福（8月免）
李学红（8月任）
乡　　长 陈兴柱
副乡长 张春杰（7月免）
张小飞（7月免）
李学红
任全伶
胡玉江（9月任）
郭　伟（9月任）

大安山乡

党委书记 苏秀春
副书记 胡建光

　　晋显存
人大主席　晋显存（兼）
副主席　王桂华
纪委书记　王怀栓
组织部长　郭寒松
宣传部长　王志强
武装部长　王伟雄
乡长　胡建光
副乡长　王悦堂（7月免）
　　刘银（7月免）
　　赵俊英（女）
　　白玉呈
　　琚云鹏（8月任）
　　张东光（8月任）

史家营乡

党委书记　董凤山
副书记　齐树水
　　霍奇国
人大主席　董凤山（兼）
副主席　陈宏歧
纪委书记　王正山
组织部长　马良宁
宣传部长　董永利
武装部长　牛振学
乡长　齐树水
副乡长　牛振学
　　晋淑婷（女，7月免）
　　史文喜（7月免）
　　任全起
　　琚云鹏（7月免）
　　王丙禄（8月任）
　　郑桂彬（女，8月任）

南窖乡

党委书记　王永年
副书记　孙建华
　　孙术
人大主席　刘天坤
纪委书记　张健（7月免）
　　刘守东（7月任）
组织部长　徐建国（7月免）
　　董永云（女，7月任）
宣传部长　闫伟群
武装部长　杨守宾（8月免）
　　赵连合（8月任）
乡长　孙建华
副乡长　张合（7月免）
　　孟令宗
　　赵连合
　　刘桂清（女）
　　张铁成（8月任）

蒲洼乡

党委书记　穆建山
副书记　王学峰
　　戴兵
人大主席　穆建山（兼）
副主席　梁明臣
纪委书记　梁明义（7月免）
　　刘文利（7月任）
组织部长　朱华俊
宣传部长　杨春彦（女）
武装部长　刘占祥（8月免）
　　王永刚（8月任）
乡长　王学峰
副乡长　王学普（7月免）
　　王永刚
　　于立华（女）
　　李岩
　　梁明义（8月任）

新镇街道办事处

工委书记　孟祥友
副书记　刘宝忠
纪工委书记　刘宝忠（7月任）
人大街工委主任　曲桂荣（女）
主任　孟祥友
副主任　钱宁

区委党校

党委书记　刘天福
副书记　黄凤才
党校校长　苗立峰（兼）
常务副校长　刘天福
副校长　黄凤才
　　马金生（7月免）
　　任正坤
　　冯后钊

区行政学校

党委书记　刘天福
副书记　黄凤才
校长　高言杰（12月任）
常务副校长　刘天福
副校长　黄凤才
　　马金生（8月免）
　　任正坤
　　冯后钊

区史志办

主任　刘文江
副主任　赵喜成
　　李桂清（女）

区经管站

党组书记　王和群
站长　王和群
副站长　刘志勇
　　吕福荣（女）
　　万士芸（女）

区老龄办

主任　刘胜国（兼）
副主任　张芳（女）

理工大学房山分校

党委书记　刘卫军
纪委书记　侯德起

校　　长　马丽英（女，兼）
常务副校长　刘卫军
副 校 长　焦建国
　　　　　王建民
　　　　　陈　亮（8月免）
　　　　　魏淑娟（女,8月任）

区档案局

党组书记　张志元
局　　长　张志元
副 局 长　宋曙光（女）
　　　　　刘殿来（8月任）

区档案馆

馆　　长　张志元
副 馆 长　宋曙光（女）
　　　　　刘殿来（8月任）

区机关服务中心

主　　任　蔡中师
副 主 任　崔殿新
　　　　　武素梅（女）
　　　　　刘学锋（8月任）

区信息中心

主　　任　刘荣秀（女）

区考试中心

主　　任　隗永博

区地震局

局　　长　张国胜
副 局 长　李宏银

区游子联络站

站　　长　梁树刚
副 站 长　陈秀玲（女）

云居寺文物管理处

主　　任　云桂荣（女）

区市场中心

主　　任　李春林（10月免）
　　　　　佟海山（10月任）
副 主 任　常　征
　　　　　徐　静（女，4月免）
　　　　　李宝林

区燃气中心

主　　任　于明振
副 主 任　陈广恒
　　　　　姜永利
　　　　　李淑丽（女）
　　　　　刘化山

区投资服务中心

主　　任　马春雷
副 主 任　王秀华（女）
　　　　　王翠美（女，1月任）

区成教中心

党委书记　顾成强（10月任）
主　　任　顾成强（8月任）
副 主 任　魏淑娟（女，8月免）
　　　　　曹世儒（8月免）
　　　　　闫立成
　　　　　陈　亮（8月任）
　　　　　杨志兰（女，8月任）

区高教园区管委会办公室

副 主 任　刘桂华
　　　　　宋爱茹（女，8月免）
　　　　　杨学忠（8月任）

区广电中心

党委书记　孙　泽（7月免）
　　　　　吕井财（7月任）
副 书 记　张连萍（女）
　　　　　李晓梅（女,7月任）
主　　任　孙　泽（8月免）
　　　　　李晓梅（女,8月任）
副 主 任　吕井财（8月免）
　　　　　李晓梅（女,7月免）
　　　　　张　英

区种植中心

党委书记　赵国富
副 书 记　方玉祥
主　　任　方玉祥
副 主 任　赵国富
　　　　　于海军
　　　　　仉立民

区养殖业服务中心

党委书记　张建国
副 书 记　刘志义（7月免）
　　　　　吴宝祥（7月任）
主　　任　刘志义（8月免）
　　　　　吴宝祥（8月任）
副 主 任　付凤生

区动物卫生监督管理局

（10月撤销党组）

党组书记　张建国（10月免）
副 书 记　刘志义（7月免）
　　　　　吴宝祥（7月任，10月免）
纪检组组长　马　莉（女7月任10月免）
局　　长　刘志义（8月免）
　　　　　吴宝祥（8月任）
副 局 长　付凤生
　　　　　邓更喜

北京西南良乡物流基地管委会办公室

主　　任　肖树合
副 主 任　陈　雯（女）
　　　　　王全来
　　　　　孙文升（1月任）

周口店遗址博物馆

馆　　长　杨海峰
副 馆 长　董翠平（女）

郭永华

周口店北京人遗址管理处

主　　任　杨海峰
副 主 任　董翠平（女）
　　　　　郭永华

区林果科技服务中心

主　　任　顾金锁(兼,8月免)
　　　　　孔庆远（8月任）
副 主 任　张喜利
　　　　　燕学理
　　　　　顾志亮

区总工会

党组书记　李　忠（7月免）
　　　　　崔　山（7月任）
副 书 记　李　忠（7月任）
主　　席　李　忠
常务副主席　李建坡（7月任）
副 主 席　侯振海
　　　　　邵雅芬（女）
　　　　　刘殿来（7月免）

团区委

党组书记　李更宇（7月免）
　　　　　肖　丹(女,7月任)
书　　记　李更宇（7月免）
　　　　　肖　丹(女,7月任)
副 书 记　孙桂华(女,7月免)
　　　　　苗　松

区妇联

党组书记　刘晓燕（女）
主　　席　刘晓燕（女）
副 主 席　尤淑华（女）
　　　　　张艳珍（女）

区科协

党组书记　祝庆忠
主　　席　祝庆忠
副 主 席　高德民
　　　　　张　志

区文联

党组书记　唐淑荣(女,12月免)
　　　　　赵佳琛(女,12月任)
主　　席　史长义

区工商联

党组书记　隗功跃
主　　席　孙志强
常务副主席　耿春奉
副 主 席　杨　勇（7月免）
秘 书 长　杨　勇(兼,7月免)

区残联

理 事 长　赵国先
副理事长　刘桂珍（女）
　　　　　林国华

区红十字会

（7月设立党组）

党组书记　李芳玲(女,7月任)
副 书 记　樊毅平（7月任）
会　　长　任全胜（7月免）
　　　　　卢国懿(兼,7月任)
常务副会长　樊毅平
秘 书 长　苏仁明（7月免）
　　　　　贺淑平(女,7月任)

房建投资公司

党委书记　王　会
副 书 记　马万明
纪委书记　马万明（兼）
董 事 长　王　会
副董事长　马万明
总 经 理　王　会
常务副总经理　马万明

房建股份公司

董 事 长　王　会
总 经 理　王　会
常务副总经理　马万明

韩建集团

党委书记　田　雄
副 书 记　田　兴
　　　　　田国杰
董 事 长　田　雄
总 经 理　田　兴
副总经理　田国杰
　　　　　李德奎
　　　　　郑晏文
　　　　　田玉波（7月任）
　　　　　田玉涛（7月任）

龙建集团

党委书记　许世臣
副 书 记　孟兆海
　　　　　刘　涛
纪委书记　孟兆海（兼）
董 事 长　许世臣
总 经 理　许世臣
常务副总经理　孟兆海
副总经理　刘　涛
　　　　　张志清
　　　　　王文军
　　　　　赵凤春

城建集团

董 事 长　王新成
副董事长　王宗奎
总 经 理　王新成
常务副总经理　王宗奎
副总经理　安玉栋
　　　　　董瑞峰

北京昊远隆基房地产开发总公司

总 经 理　张　宝
副总经理　张雪莲（女）
　　　　　李丹彤

王　刚（1月任）

双山水泥集团

党委书记 韩德顺
副书记 余自强
纪委书记 程远才
董事长 余自强
总经理 张春华

区食品公司

党委书记 白　俊
经理 白　俊

区供销总社

党委副书记 栗桂君
解春华
主任 栗桂君
副主任 解春华
吕宝金
王永贵
张　建

北京京房国鑫物资有限责任公司

董事长 梅雪峰
总经理 梅雪峰
副经理 张金兰
吴卫东

区旅游开发公司

经理 胡永生

区商贸有限公司

党委书记 常月光
副书记 孔繁茂
纪委书记 孔繁茂（兼）
董事长 马士杰
副董事长 常月光
安春祥
总经理 安春祥
副总经理 张增慧

区粮油总公司

党委书记 佟海山（10月免）
副书记 马育川
张大勇（12月任）
纪委书记 佟海山（兼,10月免）
张大勇（12月任）
总经理 马育川
副总经理 佟海山（10月免）
孙小林
刘玉江
田文东

区烟草专卖局（房山烟草公司）

党组书记 杨　军
局长 杨　军
副局长 李志显
经理 杨　军
副经理 孟庆伟
贾志杰

区外贸公司

经理 赵卫民（10月免）
副经理 豆长红（12月任）

区工业总公司

党委书记 姜　希（女）
副书记 张耀春（10月免）
赵卫民（10月任）
纪委书记 姜　希（女，兼）
董事长 张耀春（10月免）
赵卫民（10月任）
总经理 张耀春（10月免）
赵卫民（10月任）
副总经理 吴占河
孙　刚（2月免）
蔡春强
韩卫东（10月免）
王明辉（5月任）

区服装集团

党委书记 王黎黎（女）
副书记 刘启文
纪委书记 沈巧君（女）
经理 刘启文

房山供电公司

党委书记 王志刚
副书记 薛福军
经理 刘大龙
副经理 常克林（3月免）
李长海（3月免）
谢连富
杨一坚（3月任）
魏宽民（3月任）

区煤炭公司

经理 张文刚
副经理 褚建刚
于　飞（4月任）

燕房物资总公司

党组书记 李书明
副书记 陈翠连（女）
经理 李书明
副经理 李　会
史长琴（女）
魏　君

农商行房山支行

党委书记 梁大学（6月免）
田英志（6月任）
副书记 刘学东
纪委书记 刘学东（兼）
行长 梁大学（6月免）
田英志（6月任）

农商行良乡支行

（5月并入房山支行管理）

行长 杨海兴（6月免）

副行长　刘　勇（6月免）

农发行房山支行

行　长　李廷民
副行长　赵东来（10月任）
　　　　付德荣

建行房山支行

党委书记　高连兴
行　长　高连兴
副行长　高敏娟（女）
　　　　张守庆（6月免）
　　　　王洪生
　　　　朱明礼（10月任）

工行房山支行

党委书记　王　凯
副书记　张　健
纪委书记　李崇一
行　长　王　凯
副行长　张　健
　　　　范　文
　　　　李淑欣（女）
　　　　潘端升（12月任）

农行房山支行

党委书记　李连桐（10月免）
　　　　杨树敏（10月任）
纪委书记　刘　明
行　长　李连桐（10月免）
　　　　杨树敏（10月任）
副行长　韩春华
　　　　刘　明

邮储银行房山支行

行　长　褚庆锐
副行长　刘晓平（兼）

人寿保险公司房山分公司

经　理　贾京平
副经理　栗宝祥
　　　　王瑞雪（女，7月免）
　　　　刘凤玲（女）
　　　　王　健（7月任）

财产保险公司房山支公司

经　理　刘团聚
副经理　李　杰

区园区办

主　任　赵　军（兼）
副主任　张　杰（兼）
　　　　邢文利
　　　　庞永宁
　　　　李　志（8月免）
　　　　栗国清

北京良乡经济开发区实业总公司

经　理　齐彦军
副经理　杨文龙
　　　　史　军
　　　　胡丽玲

北京人投资发展公司

经　理　豆长增
副经理　续雅君（女）

区整规办

主　任　柴林峰
副主任　倪　旺
　　　　张进堂

地质公园建设管理处

主　任　冀显江（9月任）
副主任　王秉军（兼，9月任）
　　　　朱仕学（9月任）

附 录

2009年房山区部分市级以上先进集体（单位）一览表

表3

获奖单位	奖项名称	颁发单位	获奖时间
霞云岭乡四马台村支部委员会、西潞街道北潞园社区支部委员会	北京市思想政治工作优秀单位	中共北京市委	1月
房山区国家税务局	全国税务系统先进集体	国家税务总局	1月
十渡镇	全国创建文明村镇工作先进村镇	中央精神文明建设指导委员会	1月
房山区法院	2008年度全国法院网络宣传先进单位	中国法院网	1月
窦店村	全国创建文明村镇工作先进村	中央精神文明建设指导委员会	2月
龙建集团	全国优秀施工企业	中国企业协会	3月
窦店粮食收储库	中国粮油学会科学技术三等奖	中国粮油学会	3月
房山区工业总公司	奥运文明拉拉队“工人先锋号”	中华全国总工会	4月
长沟镇人民政府	第二次全国农业普查先进集体	国务院第二次全国农业普查领导小组、国家统计局	4月
窦店村团总支	全国五四红旗团支部	团中央	5月
北京韩建集团有限公司	全国建筑企业AAA级信用企业	中国建筑业协会	5月
房山区人口和计划生育委员会	全国基层宣传工作先进集体	国家人口和计划生育委员会、人口与计划生育杂志社	7月

续表3

获奖单位	奖项名称	颁发单位	获奖时间
房山区委组织部	2009年度《党建》杂志社学刊用刊先进集体	中共中央宣传部	8月
房山区工业总公司	全国先进离退休干部党支部	中共中央组织部	9月
云居寺文物管理处	全国三八红旗集体	中华全国妇女联合会	9月
房山区法院	2008年度全国法院思想宣传工作先进单位	最高人民法院、人民法院报社	10月
房山区法院	全国应用法研究先进单位	最高人民法院《人民司法》杂志社	10月
北京房山城建集团有限公司	企业文化建设优秀单位	中国企业文化促进会	10月
阎村镇、长沟镇	首都国庆60周年联欢晚会工作突出贡献奖	首都国庆60周年北京市筹备委员会联欢指挥部	10月
大安山乡人民政府	整顿和规范矿产资源开发秩序工作先进集体	国土资源部、国家发展和改革委员会、工业和信息化部、公安部、监察部、财政部、环境保护部、商务部、国家工商行政管理总局、国家安全生产监督管理总局	10月
北京韩建集团有限公司	据国家统计局固定资产统计司数据显示，贵公司综合实力荣列2008—2009年度中国建筑业500强	中国行业企业信息发布中心	11月
房山区体育局	2009年全民健身活动先进单位	国家体育总局	12月
拱辰街道	第二次全国经济普查先进集体	国务院第二次全国经济普查领导小组	12月
北京昊远隆基房地产开发总公司开发的北潞馨（北潞·尚界）项目	2009—2010中国地产100十大最佳人居环境典范楼盘	中国住宅产业化建设促进会、中国商业地产协会、中国房地产品牌企业联合会、中国绿色康居工程发展研究会、全国楼市指数研究中心	12月
北京昊远隆基房地产开发总公司	全国安全行产督导人员培训先进集体	全国安康杯竞赛组委会办公室	12月
北京房建建筑股份有限公司	全国就业与社会保障先进民营企业	人力资源和社会保障部、中华全国总工会、中华全国工商业联合会	2009年

2009年房山区部分市级以上先进个人一览表

表4

姓 名	奖项名称	颁发单位	获奖时间
隗 苇	2008年度全国法院网络宣传先进个人	中国法院网	1月
吴艳京 史淑英 刘开平	北京市优秀思想政治工作者	中共北京市委	1月
高贺亮	2005—2008年度首都社会治安综合治理先进工作者	首都社会治安综合治理委员会、北京市人力资源和社会保障局	6月
厉 莉	全国“三八”红旗手	中华全国妇女联合会	9月
姜 希	全国“三八”红旗手	中华全国妇女联合会	9月
田 雄	新中国成立60周年“三农”模范人物	中华人民共和国农业部	9月
王亚斌	从事财会工作满30年，为社会主义建设事业作出贡献	中华人民共和国财政部	9月
高 松	全国工程质量监督系统先进个人	中国建筑业协会工程建设质量监督分会	10月
崔京龙	整顿和规范矿产资源开发秩序工作先进个人	国土资源部、国家发展和改革委员会、工业和信息化部、公安部、监察部、财政部、环境保护部、商务部、国家工商行政管理总局、国家安全生产监督管理总局	10月
田 雄	庆祝共和国60周年最受尊敬的企业家60人	中国最受尊敬的企业家60人评选活动组委会、中国乡镇企业协会、乡镇企业导报杂志社	12月
张 平	国家级第二次经济普查先进个人	国务院第二次全国经济普查领导小组	12月

2009年房山区公开或内部出版的部分书刊目录

表5

书　名	编著者	出版社	·公开或内部出版	出版时间
《周口店遗址通览》	区文联	同心出版社	公开	1月
《法官告诉你如何防范合同风险》	孙国明主编	法律出版社	公开	2月
《燕都》第35期	区文联	——	内部	2月
燕都文丛第二辑《心比天大》	凸　凹	中国国际广播出版社	公开	4月
燕都文丛第二辑《西山知秋》	段天顺等	中国国际广播出版社	公开	4月
燕都文丛第二辑《大事小情》	董　华	中国国际广播出版社	公开	4月
燕都文丛第二辑《闻喜堂续记》	赵思敬	中国国际广播出版社	公开	4月
燕都文丛第二辑《故乡情韵》	刘文江	中国国际广播出版社	公开	4月
燕都文丛第二辑《从眼角落下的文字》	宁　建	中国国际广播出版社	公开	4月
燕都文丛第二辑《守护者》	王　健	中国国际广播出版社	公开	4月
燕都文丛第二辑《人在旅途》	阎朝来	中国国际广播出版社	公开	4月
燕都文丛第二辑《情系青山》	杨树德	中国国际广播出版社	公开	4月
燕都文丛第二辑《雨缘》	张红英	中国国际广播出版社	公开	4月
燕都文丛第二辑《露珠》	王凤梧	中国国际广播出版社	公开	4月
燕都文丛第二辑《世相剪影》	张　昊	中国国际广播出版社	公开	4月
燕都文丛第二辑《恩爱火狐》	索　俐	中国国际广播出版社	公开	4月
燕都文丛第二辑《小城春秋》	刘泽林	中国国际广播出版社	公开	4月
燕都文丛第二辑《故乡月》	张振乾	中国国际广播出版社	公开	4月
燕都文丛第二辑《炼“金”记》	苏宝敦	中国国际广播出版社	公开	4月
燕都文丛第二辑《周口店之恋》	王德恒	中国国际广播出版社	公开	4月

续表 5

书 名	编著者	出版社	公开或内部出版	出版时间
燕都文丛第二辑《弯弯桃河水》	张永顺	中国国际广播出版社	公开	4月
燕都文丛第二辑《晨雾》	张玉泉	中国国际广播出版社	公开	4月
燕都文丛第二辑《爱之幻梦》	孙海潮	中国国际广播出版社	公开	4月
《燕都》第36期	区文联	——	内部	7月
《党建探索与创新——房山区优秀党建调研成果选编》	区委组织部	——	内部	9月
《房山六十年》	区统计局 区档案局	——	内部	9月
《祖国颂——房山区纪念新中国成立六十周年书画集》	区文化委 区文联	——	内部	10月
《经典——经营工作典型材料选编》	区经管站	——	内部	10月
《振兴之路——房山区农村集体经济发展典型经验选编》	区经管站	——	内部	10月
《内审之家》2009年第2、3期	区审计局	——	内部	4月、10月
《拒马警魂》	师永祥	大众文艺出版社	公开	11月
《燕都》第37期	区文联	——	内部	12月
《印记——崛起的房山新城》画册	房山新城规划建设管理委员会办公室	——	内部	12月
《北京韩建集团》画册	韩建集团	——	内部	12月
《房山民防》第5、6期	区文联 区民防局	——	内部	6月、12月
《房山工商》	房山工商分局学会	——	内部	季刊
《房山卫生》	区卫生局	——	内部	2009年出版2期
《阎村掠影》	阎村镇	——	内部	不定期

2009年房山区部分作品获奖情况一览表

表6

作品名称	作者	奖项名称	主办单位	获奖时间
《仨大学生村官与一个孤儿》	隗合军	2008年北京日报社记者站好新闻（通讯）一等奖	北京日报社	5月
《新世纪新阶段人防部门领导作用发挥问题研究》	张俊秀	调研文章三等奖	北京军区人民防空办公室	8月
《老师妈妈》	张文良作词	感动中国原创歌曲大赛三等奖	文化部、大众音协	9月
《消协作主56户农民跨省打赢维权官司》	朱德水 李丹丹	2008年度北京市好新闻二等奖	北京市记者协会	10月
《独轮车下岗记》	王大水	2008年度北京市好新闻二等奖	北京市记者协会	10月
《黑与绿的变奏》	肖　楠	2008年度北京市好新闻三等奖	北京市记者协会	10月
《追求圆满》	张文良作词	金月亮杯词曲大赛金奖	文化部、中国音协	11月
魔术表演《变花》	宋秀兰	中国青岛第二届魔术杂技大赛最佳表演奖	青岛市魔术家协会	11月
歌曲《窦店之歌》	仉锁忠 崔春华 赵成立	全国首届激情新农村·幸福新农民村歌评选活动获优秀村歌奖	中国大众音乐协会 中国合作经济学会	11月
《把孩子摆在恰当的位置上》	王秋玲	2009年度农家书屋读书征文活动二等奖	新闻出版总署农家书屋办公室、新闻出版总署出版管理局	11月
《破产重整：让“五谷道场”重新复活》	鲍　雷 刘玉民 陈　实	人民政协报《法官视点》栏目优秀作品一等奖	政协全国委员会	12月
《老年人：该如何保护自己的财产权益》	陈　实	人民政协报《法官视点》栏目优秀作品三等奖	政协全国委员会	12月
《人到老年　财产安排更要慎重》	陈　实	北京日报《法官讲法》栏目好作品评选一等奖	北京日报报业集团	12月

2009年房山区在市级以上刊物发表的部分作品一览表

表7

作品名称	作者	发表刊物名称	刊物主办单位	发表时间
《“百村帮扶”助推新农村建设——房山区促进低收入农村增收的实践与思考》	张祝华	《前线》	中共北京市委员会	2009年第3期
《按照科学发展观的要求构建城乡一体化的基层党建新格局》	张祝华	《前线》	中共北京市委员会	2009年第7期
《昔日“难活村”今日南河美——房山区大石窝镇南河村60年变迁》	李海燕 魏建青	《前线》	中共北京市委员会	2009年第10期
《完善大学生“村官”出路机制》	李海燕	《中国人事报》	国家人力资源和社会保障部	2009年6月
《下基层要念好“实、正、用”三字经》	张祝华	《中国人事报》	国家人力资源和社会保障部	2009年7月
《帮助大学生“村官”融入农村》	李海燕	《中国人事报》	国家人力资源和社会保障部	2009年12月
《“九条规矩”让群众过上富日子》	张永顺	《农民日报》	中华人民共和国农业部	2009年8月
《我爱北京》	张永顺	《党建研究》	中共中央组织部	2009年第10期
《弘扬志愿服务精神 构建民防志愿服务体系》	刘文礼	《中国人民防空》	国家人民防空办公室	2009年6月
《创新应用“数字学校”模式，提升教育培训效能》	王华鑫	《工商行政管理》	国家工商行政管理总局	2009年第11期
《创新思路，解决工商热点难点问题》	王华鑫	《工商行政管理》	国家工商行政管理总局	2009年第14期
《房山分局：纳入社会综治“清无”社会问题社会办》	王华鑫	《工商行政管理》	国家工商行政管理总局	2009年第14期
《围绕干部队伍建设年，提高分局竞争力》	王华鑫	《工商行政管理》	国家工商行政管理总局	2009年第14期

2009年度评审的各系统获高级技术职称部分人员一览表

表8

姓名	职称名称	评审时间	姓名	职称名称	评审时间
贾克忠	高级经济师	2009年3月	高玉珍	中学高级教师	2009年7月
张桂红	中学高级教师	2009年7月	高玉占	中学高级教师	2009年7月
王丽华	中学高级教师	2009年7月	王学农	中学高级教师	2009年7月
宋彦海	中学高级教师	2009年7月	王绍亮	中学高级教师	2009年7月
石敬军	中学高级教师	2009年7月	王海欧	中学高级教师	2009年7月
周亚东	中学高级教师	2009年7月	陈永刚	中学高级教师	2009年7月
弥文生	中学高级教师	2009年7月	张玉芬	中学高级教师	2009年7月
张冬生	中学高级教师	2009年7月	范宝合	中学高级教师	2009年7月
刘　静	中学高级教师	2009年7月	牛砥柱	中学高级教师	2009年7月
赵　文	中学高级教师	2009年7月	薛爱玲	中学高级教师	2009年7月
景桂华	中学高级教师	2009年7月	李志强	中学高级教师	2009年7月
赵云峰	中学高级教师	2009年7月	焦红艳	中学高级教师	2009年7月
陈贵红	中学高级教师	2009年7月	王　坤	中学高级教师	2009年7月
付秀华	中学高级教师	2009年7月	李冬梅	中学高级教师	2009年7月
段洪礼	中学高级教师	2009年7月	雷海霞	中学高级教师	2009年7月
张晓霞	中学高级教师	2009年7月	郭素惠	中学高级教师	2009年7月
杨志静	中学高级教师	2009年7月	刘　庚	中学高级教师	2009年7月
夏丽娟	中学高级教师	2009年7月	马铁骑	中学高级教师	2009年7月
解桂英	中学高级教师	2009年7月	于春深	中学高级教师	2009年7月
张春华	中学高级教师	2009年7月	王淑珍	中学高级教师	2009年7月
常淑丽	中学高级教师	2009年7月	隗秀红	中学高级教师	2009年7月
刘晓新	中学高级教师	2009年7月	高金玲	中学高级教师	2009年7月
张　强	中学高级教师	2009年7月	宋志山	中学高级教师	2009年7月
吴锦程	中学高级教师	2009年7月	王红书	中学高级教师	2009年7月
张爱军	中学高级教师	2009年7月	朱　旭	中学高级教师	2009年7月

续表 8

姓名	职称名称	评审时间	姓名	职称名称	评审时间
陈永兵	中学高级教师	2009 年 7 月	李林立	中学高级教师	2009 年 7 月
蔡树元	中学高级教师	2009 年 7 月	许　光	中学高级教师	2009 年 7 月
刘文梅	中学高级教师	2009 年 7 月	张新颖	中学高级教师	2009 年 7 月
史巳龙	中学高级教师	2009 年 7 月	罗艳丽	中学高级教师	2009 年 7 月
陈　涛	中学高级教师	2009 年 7 月	高庆红	中学高级教师	2009 年 7 月
张进宝	中学高级教师	2009 年 7 月	张春启	中学高级教师	2009 年 7 月
凡　杰	中学高级教师	2009 年 7 月	李学深	中学高级教师	2009 年 7 月
孙　立	中学高级教师	2009 年 7 月	刘文云	中学高级教师	2009 年 7 月
张国梅	中学高级教师	2009 年 7 月	王　生	中学高级教师	2009 年 7 月
王振勇	中学高级教师	2009 年 7 月	彭雪梅	主任医师	2009 年 11 月
郑学锋	中学高级教师	2009 年 7 月	刘宝芝	主任医师	2009 年 11 月
穆小平	中学高级教师	2009 年 7 月	宋文萍	主任医师	2009 年 11 月
侯　飞	中学高级教师	2009 年 7 月	王秋萍	主任医师	2009 年 11 月
杨　宏	中学高级教师	2009 年 7 月	黄立新	主任医师	2009 年 11 月
姜海燕	中学高级教师	2009 年 7 月	马海侠	主任医师	2009 年 11 月
刘国军	中学高级教师	2009 年 7 月	张新荣	主任医师	2009 年 11 月
宋学永	中学高级教师	2009 年 7 月	郭艳梅	主任医师	2009 年 11 月
尉广兵	中学高级教师	2009 年 7 月	吕世臣	主任药师	2009 年 11 月
高素华	中学高级教师	2009 年 7 月	周玉华	主任护师	2009 年 11 月
隗永田	中学高级教师	2009 年 7 月	李宗梅	副主任药师	2009 年 11 月
刘学忠	中学高级教师	2009 年 7 月	李志强	副主任医师	2009 年 11 月
马立平	中学高级教师	2009 年 7 月	刘红丹	副主任医师	2009 年 11 月
王秀红	中学高级教师	2009 年 7 月	李　宏	副主任医师	2009 年 11 月
李春海	中学高级教师	2009 年 7 月	李雪梅	副主任医师	2009 年 11 月
汤淑红	中学高级教师	2009 年 7 月	任全刚	副主任医师	2009 年 11 月
王秀清	中学高级教师	2009 年 7 月	朱亚斌	副主任医师	2009 年 11 月
张海岩	中学高级教师	2009 年 7 月	别明波	副主任医师	2009 年 11 月
张建红	中学高级教师	2009 年 7 月	焦怀福	副主任医师	2009 年 11 月
张金燕	中学高级教师	2009 年 7 月	赵艳梅	副主任医师	2009 年 11 月
刘艳君	中学高级教师	2009 年 7 月	黄会英	副主任护师	2009 年 11 月

续表8

姓名	职称名称	评审时间	姓名	职称名称	评审时间
常宇娟	副主任医师	2009年11月	曹红敏	副主任医师	2009年11月
王玉玲	副主任医师	2009年11月	金利婷	副主任医师	2009年11月
孔繁呈	副主任医师	2009年11月	张翠敏	副主任医师	2009年11月
权正红	副主任医师	2009年11月	邢红艳	副主任医师	2009年11月
朱雅霖	副主任医师	2009年11月	张文湛	副主任医师	2009年11月
程红杰	副主任医师	2009年11月	于海柱	副主任医师	2009年11月
孔令新	副主任医师	2009年11月	马淑玲	副主任医师	2009年11月
张　海	副主任医师	2009年11月	王凤珍	副主任技师	2009年11月

社会经济主要指标概况

表9

	单 位	2009年	2008年	2009年比2008年±%
一、基本情况				
街道、镇、乡数	个	28	28	0.0
#街道	个	8	8	0.0
镇	个	14	14	0.0
乡	个	6	6	0.0
村民委员会	个	462	462	0.0
社区居委会	个	120	113	6.2
年末常住人口	万人	91.2	90.5	0.8
年末户籍人口	人	767318	764951	0.3
#非农业	人	403515	394660	2.2
男	人	385864	384861	0.3
女	人	381454	380090	0.4
地区生产总值（初步核算数）	万元	2550401	2003495	28.7(可比价)
二、财税、金融				
财政收入	万元	527241.0	220407	139.2
#一般预算收入	万元	233367.0	169900	37.4
财政支出	万元	1004617.0	635098.0	58.2
各项税收	万元	1452586.6	566842.8	156.3
#区级税收	万元	273269.7	142408.0	91.9
人民币存款余额	万元	5783282.9	4113522.3	40.6
#城乡居民储蓄余额	万元	3342984.3	2623871.6	27.4
各项贷款余额	万元	1418108.6	1160646.7	22.2
三、农业				
农村从业人员	人	285206	273208	4.4
耕地面积	亩	389852.3	424174.9	-8.1

注：地区生产总值为初步核算数，以下一年度年鉴最终核算数为准。

续表9

	单　位	2009年	2008年	2009年比 2008年±%
农林牧渔业总产值	万元	412630.2	397409.2	3.8
农业	万元	169927.7	147952.5	14.9
林业	万元	17648.7	16987.3	3.9
牧业	万元	209361.4	217378.2	-3.7
渔业	万元	7211.6	7014.3	2.8
农林牧渔服务业	万元	8480.8	8076.9	5.0
粮食产量	吨	157588.6	155651.0	1.2
蔬菜产量	吨	211842.8	209803.7	1.0
干鲜果品产量	吨	69096.8	64579.1	7.0
出栏生猪	头	357426	330061	8.3
出栏肉牛	头	10033	11934	-15.9
出栏羊	只	114335	115755	-1.2
鲜蛋产量	吨	9399.5	9114.1	3.1
水产品产量	万公斤	260.0	260.0	0.0
四、工业				
工业企业单位数	个	2341	2348	-0.3
#规模以上	个	313	356	-12.1
工业总产值	万元	7797518.6	8378104.8	-6.9
#规模以上	万元	7560708.1	8139664.1	-7.1
主营业务收入	万元	8130613.7	8549831.6	-4.9
#规模以上	万元	7741686.6	8338283.5	-7.2
利润总额	万元	513559.3	-326675.8	——
#规模以上	万元	542688.6	-335942.3	——
五、建筑业				
建筑业总产值	万元	2216532.6	1682150.5	31.8

续表9

	单位	2009年	2008年	2009年比2008年±%
房屋施工面积	万平方米	1892.1	1570.0	20.5
房屋竣工面积	万平方米	480.4	324.0	48.3
六、固定资产投资				
全社会固定资产投资(按项目建设地)	万元	3497944.0	1595777.0	119.2
#区 属	万元	2708344.0	1310360.0	106.7
#农村投资	万元	928141.0	734520.0	26.4
城镇投资	万元	1634036.0	113440.0	1340.4
七、房地产业				
房地产开发投资	万元	935767.0	450714.0	107.6
商品房屋销售面积	万平方米	138.3	41.4	234.1
商品房屋销售额	万元	980685.0	274257.0	257.6
八、商 业				
社会消费品零售额	万元	990524.0	900647.0	10.0
食品类	万元	208867.8	189354.0	10.3
穿着类	万元	71706.6	62329.9	15.0
日用品类	万元	478467.6	428205.4	11.7
燃料类	万元	231482.0	220757.7	4.9
网点数	个	24707	21409	15.4
批发零售业	个	22701	19799	14.7
住宿餐饮业	个	2006	1610	24.6
九、外经、外贸、旅游				
出口总额	亿美元	1.74	1.57	10.9
实际利用外资(当年)	万美元	3689.3	3608.5	2.2
接待游客人数	万人次	898.8	710.5	26.5
旅游综合收入	万元	115390.4	102369.6	12.7

续表9

	单 位	2009年	2008年	2009年比 2008年±%
十、教 育				
学校数				
小 学	个	112	121	-7.4
普通中学	个	51	52	-1.9
职业中学	个	5	6	-16.7
在校学生				
小 学	人	37398	39631	-5.6
初级中等学校	人	22427	22855	-1.9
高级中等学校	人	10190	11542	-11.7
职业中学	人	2403	2866	-16.2
十一、文 化				
文化馆、站	个	25	25	0.0
公共图书馆	个	3	2	50.0
公共图书馆藏数	万册(件)	90.8	70.0	29.7
影剧院个数	个	3	3	0.0
区级以上重点文物保护单位	处	77	68	13.2
十二、卫 生				
卫生机构数	个	1124	1081	4.0
#医 院	个	24	23	4.3
卫生院	个	20	20	0.0
床位数	张	5583	5345	4.5
#医 院	张	4926	4700	4.8
卫生院	张	630	625	0.8
卫生技术人员	人	6461	5491	17.7
#执业医师	人	2024	1971	2.7

续表9

	单 位	2009年	2008年	2009年比2008年±%
十三、生态环境				
林木绿化率	%	53.33	52.09	1.24个百分点
城市绿化覆盖率	%	47.53	47.28	0.25个百分点
人均公共绿地面积	平方米	17.34	17.34	0.0
空气质量二级和好于二级的天数	天	239	248	-3.6
十四、人民生活				
城镇居民人均可支配收入	元	21955.2	20328.9	8.0
城镇居民人均生活消费支出	元	13885.8	12664.1	9.6
农村居民人均纯收入	元	11314.6	10073.0	12.3
农村居民人均生活消费支出	元	8234.5	6888.9	19.5

房山一日

表10

	单 位	2009年	2008年
工业总产值	万元	21363.1	22953.7
全社会固定资产投资	万元	9583.4	4372.0
建筑业总产值	万元	6072.7	4608.6
社会消费品零售额	万元	2713.8	2467.5
外贸出口额	万美元	47.7	43.0
财政收入	万元	1444.5	603.9
各项税收	万元	3979.7	1553.0
蔬菜产量	吨	580.4	574.8
出栏生猪	头	979.2	904.3
出栏肉牛	头	27.5	32.7
出栏肉鸡	万只	1.8	1.8
粮食产量	吨	431.7	426.4
接待游客人数	万人次	2.5	1.9
报刊流转额	万元	3.1	4.4
清运垃圾	吨	553.7	512.3
邮政函件出口量	万件	2.2	1.3
在岗职工平均工资	元	98.8	101.3
城镇居民人均可支配收入	元	60.2	55.7
农村居民人均纯收入	元	31.0	27.6
出生人口	人	16.5	16.5
死亡人口	人	13.9	11.9
登记结婚对数	对	27.4	22.1
登记离婚对数	对	5.0	4.4

注：1.出生人口不含流动人口。

2.按365天计算。

3.登记离婚对数来源于房山区民政局，不含法院判离数。